Das Rechtsinstitut der Führungsaufsicht unter besonderer Berücksichtigung von § 145a StGB

Europäische Hochschulschriften Recht

European University Studies in Law

Publications Universitaires Européennes de Droit

Band/Volume **6195**

David Julian Lehmann

Das Rechtsinstitut der Führungsaufsicht unter besonderer Berücksichtigung von § 145a StGB

Probleme bei der Rechtsanwendung und Auslegung von § 145a StGB

PETER LANG

Bibliografische Information der Deutschen Nationalbibliothek
Die Deutsche Nationalbibliothek verzeichnet diese Publikation in der Deutschen Nationalbibliografie; detaillierte bibliografische Daten sind im Internet über http://dnb.d-nb.de abrufbar.

Zugl.: Erlangen, Nürnberg, Univ., Diss., 2019

D 29 (n 2)
ISSN 0531-7312
ISBN 978-3-631-81830-5 (Print)
E-ISBN 978-3-631-83609-5 (E-PDF)
E-ISBN 978-3-631-83610-1 (EPUB)
E-ISBN 978-3-631-83611-8 (MOBI)
DOI 10.3726/b17616

Diese Publikation wurde begutachtet.

www.peterlang.com

Meinen Eltern

Vorwort

Diese Arbeit wurde im Wintersemester 2019/2020 von dem Fachbereich Rechtswissenschaft der Friedrich-Alexander Universität Erlangen-Nürnberg als Dissertation angenommen. Vor der Veröffentlichung wurde die Arbeit nochmals überarbeitet und befindet sich nun auf dem Stand von Dezember 2019. Der Arbeitstitel, der vor der Veröffentlichung umbenannten Arbeit, lautete: Die Strafbewehrung von Führungsaufsichtsweisungen nach § 145a StGB. Probleme bei der Rechtsanwendung und Auslegung von § 145a StGB.

Mein ganz herzlicher Dank gilt meiner Doktormutter Prof. Dr. Gabriele Kett-Straub für ihre stetige Unterstützung und ihre hilfreichen Anregungen. Durch ihr persönliches Engagement und ihre wertvollen Ratschläge hat sie das Entstehen dieser Arbeit stets begleitet und gefördert.

Darüber hinaus danke ich Herrn Prof. Dr. Hans Kudlich für die zügige Erstellung des Zweitgutachtens und seine konstruktiven Anmerkungen.

Mein besonderer Dank gilt meinen Eltern Rolf Lehmann und Irene Litterst-Lehmann, die mir ihr Vertrauen schenkten, mir immer und in jeder Hinsicht ideell und finanziell zur Seite standen und die Arbeit Korrektur gelesen haben. Ihnen ist diese Arbeit gewidmet.

Außerdem Danke ich Herrn Dr. Nikolaus Lange, der mit seiner engagierten Korrektur und als kritischer Gesprächspartner entscheidend zu dem Gelingen dieser Arbeit beigetragen hat.

Zum Schluss verdient meine geliebte Ehefrau Anneliese Lehmann einen besonderen Dank dafür, dass sie mich von Beginn der Arbeit unterstützt und mich ermutigt hat die hier vorliegende Arbeit zum Abschluss zu bringen.

Vergelt´s Gott!

David Lehmann
Rottweil, im Dezember 2019

Inhaltsverzeichnis

§ 1 Einleitung

In der Rechtsprechung des Bundesgerichtshofes und der Oberlandesgerichte führte der Straftatbestand des § 145a StGB[1] lange Zeit ein Schattendasein. Auf Grund der daraus resultierenden relativ geringen Anzahl von Verurteilungen wurde dem Straftatbestand auch in der Wissenschaft eine geringe Bedeutung beigemessen. Dies führte dazu, dass § 145a StGB kaum Hauptgegenstand wissenschaftlicher Arbeiten wurde, weshalb ein nicht unerheblicher Teil der zitierten Literatur aus den 60-er, 70-er und 80-er Jahren des letzten Jahrhunderts stammt. Eine größere Bedeutung in Rechtsprechung und Literatur bekam § 145a StGB erst in den letzten Jahren verliehen, in denen etliche Urteile gefällt wurden und mehrere Publikationen zu den §§ 68 ff StGB erschienen sind.

Obwohl die Zahlen, der auf Grund von § 145a StGB erfolgten Verurteilungen, immer noch verhältnismäßig gering sind, stieg die praktische Bedeutung des Straftatbestands in den letzten Jahren kontinuierlich an. Dies hängt unter anderem mit der Rechtsprechung des Europäischen Gerichtshofs für Menschenrechte zusammen, der die rückwirkende Verlängerung der Sicherungsverwahrung als konventionswidrig bewertete.[2] In Folge des Urteils mussten mehrere Sicherungsverwahrte ohne ausreichende Vorbereitung aus dem Maßregelvollzug entlassen werden.[3] Eine Reaktion des Gesetzgebers auf diese Entscheidung war die Einführung der nun in § 68 Abs. 1 S. 1 Nr. 12 StGB normierten elektronischen Aufenthaltsüberwachung, mit der die entlassenen Maßregelprobanden engmaschig überwacht werden sollten.[4]

Auffallend ist in diesem Zusammenhang auch, dass die Zahl der Führungsaufsichtsprobanden in den letzten Jahren kontinuierlich anstieg. Im Jahr 2013 standen circa 35.113 Personen im gesamten Bundesgebiet unter Führungsaufsicht.[5] Im Jahr 2015 stieg die Zahl auf 36.248 Personen an während sie im Jahr 2018 leicht auf 35.298 Personen zurückging.[6] Wie deutlich der Anstieg dennoch

---

1 Strafgesetzbuch.

2 EGMR NJW 2010, 2495 (2495 ff.).

3 Kett-Straub, FS Streng, S. 309 (314).

4 Vgl. zu der Reaktion des Gesetzgebers auf die Entscheidung des Europäischen Gerichtshofs für Menschenrecht: Kaiser, Auf Schritt und Tritt, S. 39 ff.

5 Vgl. hierzu auch Stein BewHi 1975, 215 (219), der davon berichtet, dass zum damaligen Zeitpunkt lediglich 3.000 Personen unter Führungsaufsicht gestanden haben sollen.

6 https://www.dbh-online.de/sites/default/files/doku/vortraege/zahlen_fuehrungsaufsicht_2018_0.pdf; abgerufen am 21.12.2019.

ausgefallen ist, wird aus dem Vergleich mit dem Jahr 2008 deutlich, in dem „lediglich" 24.818 Personen unter Führungsaufsicht gestanden haben sollen.[7]

Die „Polizeiliche Kriminalstatistik" weist die Verfahren nach § 145a StGB seit 2010 separat aus und ermöglicht dadurch erstmals die Entwicklung der Verfahrenszahlen dezidiert nachzuvollziehen. Die zunehmende praktische Bedeutung von § 145a StGB wird daran deutlich, dass in der Zeit zwischen 2009 und 2016 die Anzahl der Verfahren von 695 Fällen auf insgesamt 2.415 Fälle anstieg.[8] Im Jahr 2017 stieg die Zahl der erfassten Verfahren weiter auf 2.847 an.[9] Das entspricht einer Steigerungsrate von 409 % innerhalb von neun Jahren. Auffällig ist insbesondere die hohe Anzahl der verhängten Freiheitsstrafen und der Anteil derer hieran, die nicht zur Bewährung ausgesetzt werden konnten. Das wird aus der Strafverfolgungsstatistik 2015 deutlich, die 635 Verurteilungen nach § 145a StGB nach allgemeinem Strafrecht ausweist, wobei 367 Mal Freiheitsstrafen verhängt wurden und nur in 268 Fällen Geldstrafen verhängt werden konnten.[10] Im Jahr 2017 sank die Anzahl der nach allgemeinem Strafrecht verurteilten Personen, trotz der gestiegenen Anzahl der Verfahren, hingegen auf 516 ab, wobei 278 Mal Freiheitsstrafen und 238 Mal Geldstrafen verhängt wurden.[11]

Die gestiegene Anzahl der Verfahren und die häufig verhängten Freiheitsstrafen führten in den letzten Jahren dazu, dass etliche obergerichtliche Urteile zu § 145a StGB ergingen.[12] Praktische Bedeutung gewinnt der Straftatbestand des § 145a StGB vor allem in den Fällen, in denen sich die Führungsaufsicht an eine voll verbüßte Haftstrafe oder eine für erledigt erklärte Maßregel anschließt.

Auffallend bei der Analyse der obergerichtlichen Entscheidungen ist, dass die zu § 145a StGB ergangenen erstinstanzlichen Urteile in aller Regel aufgehoben wurden, wenn sich die Weisungsadressaten entschlossen den Instanzenzug zu beschreiten. Ein wichtiger Grund für die revisionsrechtlichen Beanstandungen der erstinstanzlichen Urteile sind insofern die fehlende Bestimmtheit der von den Instanzgerichten abgefassten Führungsaufsichtsweisungen. Darüber hinaus werden Weisungen häufig unsauber abgefasst, sodass sie nicht von der

---

7 Vgl. zu den genannten Zahlen: https://www.dbh-online.de/sites/default/files/doku/vortraege/zahlen_fuehrungsaufsicht_2018_0.pdf; abgerufen am 21.12.2019.

8 BKA, PKS 2010 und BKA, PKS 2016.

9 BKA, PKS 2017.

10 Bundesamt für Statistik, Strafverfolgungsstatistik 2015.

11 Bundesamt für Statistik, Strafverfolgungsstatistik 2017.

12 Wegen der gestiegenen Bedeutung der §§ 68 ff. StGB wird konstatiert, dass die Führungsaufsicht kein Schattendasein mehr fristet: Rohrbach MschrKrim 2014, 245 (262).

gesetzlichen Grundlage gedeckt waren, die der Gesetzgeber in § 68b Abs. 1 StGB zur Verfügung gestellt hat.

Ziel der Arbeit ist es insofern zu untersuchen, ob es möglich ist § 145a StGB dadurch schärfere Konturen zu verleihen, dass die einzelnen Tatbestandsmerkmale der Norm im Lichte der Anordnungs- und Eintrittsgründe der Maßregel Führungsaufsicht ausgelegt werden. Diese Frage kann im Rahmen der

- verfassungsrechtlichen Bewertung des Straftatbestands,
- Ermittlung des von § 145a StGB geschützten Rechtsgutes,
- Charakterisierung von § 145a StGB als abstraktes oder konkretes Gefährdungsdelikt und
- der Auslegung der Strafbarkeitsvoraussetzung „Gefährdung des Maßregelzwecks"

an Bedeutung gewinnen. Zur Beantwortung dieser Frage wird insbesondere die aktuelle Rechtsprechung, sowie die zu § 145a StGB erschienene Primär- und Sekundärliteratur, ausgewertet werden.

Im ersten Teil der Arbeit wird die historische Entwicklung des § 145a StGB dargestellt, um die Entwicklung des Rechtsinstituts hin zu seiner heutigen Form, insbesondere in Abgrenzung zum Rechtsinstitut der Polizeiaufsicht, zu veranschaulichen. Da die historische Entwicklung der Führungsaufsicht in den letzten Jahren Gegenstand mehrerer juristischer Veröffentlichungen war, wird sie in der vorliegenden Arbeit nur insoweit dargestellt, als dass sie für das heutige Verständnis von § 145a StGB relevant ist.[13]

In dem sich hieran anschließenden zweiten Teil der Arbeit wird zu dem Wesen und Zweck des Rechtsinstituts Führungsaufsicht (§§ 68 ff. StGB) Stellung genommen. Die separate Betrachtung von §§ 68 ff. StGB und § 145a StGB ist nötig, da der Anwendungsbereich des § 145a StGB nicht in jedem Fall eröffnet ist, in dem die Führungsaufsicht durchgeführt wird. § 145a StGB kann vielmehr nur dann angewandt werden, wenn von den die Führungsaufsicht ausgestaltenden Gerichten eine der in § 68b Abs. 1 StGB enthaltenen Weisungen angeordnet worden ist. Der Anwendungsbereich des Straftatbestands ist demgegenüber nicht eröffnet, wenn Führungsaufsichtsweisungen auf Grundlage von § 68b Abs. 2 StGB angeordnet worden sind, oder wenn auf die Anordnung von Führungsaufsichtsweisungen vollständig verzichtet wurde.

Nichtsdestotrotz werden an den um die §§ 68 ff. StGB geführten Diskussionen einige der Probleme deutlich, die auch bei der Anwendung des § 145a StGB

13 Vgl. hierzu: Rohrbach, S. 56 ff. und Ruderich, S. 6 ff.

auftreten können. Das gilt unter anderem für die sich überlagernden Kompetenzen von Aufsichtsstellen und Bewährungshilfe und für das Verhältnis, in dem Betreuungs- und Überwachungsfunktion zueinander stehen. Daher wird neben der Charakterisierung des Rechtsinstituts auch zu der an §§ 68 ff. StGB geäußerten Kritik Stellung genommen, und es werden die vorgeschlagenen Alternativen zu dem Rechtsinstitut vorgestellt. Besonderes Augenmerk wird dabei auf die Eintrittsgründe der Führungsaufsicht gelegt, da im Laufe der Arbeit untersucht werden wird, welche Auswirkungen die Anordnungs- und Eintrittsgründe auf die Anwendung und Auslegung des § 145a StGB haben können.

In dem dritten Teil der Arbeit wird auf die an § 145a StGB geäußerten verfassungsrechtlichen Bedenken eingegangen. Die gegen den Straftatbestand vorgebrachten Bedenken gründen vor allem darauf, dass es sich bei § 145a StGB um einen Tatbestand handelt dessen Notwendigkeit bestritten, und der vielfach für überflüssig gehalten wird. Diese Kritik hängt eng mit dem Umstand zusammen, dass die dem Maßregelrecht zugeordneten § 68 ff. StGB durch § 145a StGB in den Anwendungsbereich eines Straftatbestands einbezogen werden. Bezweifelt wird insbesondere, ob § 145a StGB im Einklang mit dem Bestimmtheitsgebot des Art. 103 Abs. 2 GG[14] und dem Gesetzlichkeitsprinzip steht. Darüber hinaus wird angezweifelt, ob durch bloße Weisungsverstöße ein derart hohes Maß an Unrecht verwirklicht werden kann, dass es angemessen ist hierauf mit einer strafrechtlichen Verurteilung zu reagieren. Diese Frage muss nicht nur für § 145a StGB selbst, sondern für jede der ihn ausfüllenden Führungsaufsichtsweisungen nach § 68b Abs. 1 StGB beantwortet werden. Ebenso wird zu untersuchen sein, ob es angemessen ist auf die Missachtung von Führungsaufsichtsweisungen mit einer Freiheitsstrafe von bis zu drei Jahren zu reagieren.

Neben diesen die Metaebene betreffenden Problemen soll im vierten Teil, der den Hauptteil der Arbeit darstellt, dem Straftatbestand selbst schärfere Konturen verliehen werden.

In diesem Zusammenhang soll auf einige der bisher nur ansatzweise gelösten Anwendungs- und Auslegungsfragen zu § 145a StGB eingegangen werden. Hierzu werden die strittigen Rechtsfragen und der aktuelle Meinungsstand dargestellt, um in einem zweiten Schritt entsprechende Lösungsansätze zu entwickeln. Hierbei wird unter anderem auf folgende Fragen einzugehen sein:

- Welches Rechtsgut wird durch § 145a StGB geschützt?
- Handelt es sich bei der Täterstellung um ein besonderes persönliches Merkmal im Sinne des § 28 Abs. 1 StGB?

14 Grundgesetz.

- Welchen Grad an Bestimmtheit müssen Führungsaufsichtsweisungen nach § 68b Abs. 1 StGB erreichen, damit sie das Blankett des § 145a StGB erfüllen können?
- Wie stark dürfen die Weisungsadressaten durch Führungsaufsichtsweisungen gem. § 68b Abs. 3 StGB belastet werden?
- Handelt es sich bei der „Gefährdung des Maßregelzwecks" um eine objektive Bedingung der Strafbarkeit oder um ein Tatbestandsmerkmal?
- Welche Voraussetzungen müssen erfüllt sein, damit in Folge von Weisungsverstößen eine Gefährdung des Maßregelzwecks eingetreten ist?
- Stellt das Anhörungserfordernis nach § 68a Abs. 6 StGB eine Wirksamkeitsvoraussetzung für den Strafantrag der Aufsichtsstelle nach § 145a S. 2 StGB dar?

Im Anschluss daran wird ein weiterer Schwerpunkt der Arbeit in der Untersuchung und der Auseinandersetzung mit den im Katalog des § 68b Abs. 1 StGB enthaltenen Weisungen bestehen. Neben dem Zweck, der mit den einzelnen Weisungen verfolgt wird, soll der potentielle Regelungsgehalt und die Grenzen jeder einzelnen Weisung nach § 68b Abs. 1 S. 1 Nr. 1-12 StGB dargestellt werden. In diesem Zusammenhang wird auch auf die strittigen Rechtsfragen einzugehen sein, die beantwortet werden müssen, um die Weisungen rechtmäßig abfassen zu können. Exemplarisch sei auf die Fragen verwiesen:

- Dürfen auf Grundlage von § 68b Abs. 1 S. 1 Nr. 4 StGB Weisungen angeordnet werden, die in ihrer Wirkung einem Berufsverbot gleichkommen?
- Dürfen die durch eine Rauschmittelkontrolle gewonnen Erkenntnisse verwertet werden, wenn eine strafrechtliche Verurteilung erfolgen soll, weil eine Abstinenzweisung missachtet wurde (§ 68b Abs. 1 S. 1 Nr. 10 StGB)?

§ 2 Historische Entwicklung des § 145a StGB

Bei der Strafvorschrift des § 145a StGB handelt es sich seit jeher, um die umstrittenste im Zusammenhang mit dem Rechtsinstitut Führungsaufsicht stehende Vorschrift.

Auf Grundlage von § 145a StGB können die unter Führungsaufsicht stehenden Personen zu einer Freiheitsstrafe von bis zu drei Jahren oder einer Geldstrafe verurteilt werden, wenn sie gegen strafbewehrte Führungsaufsichtsweisungen verstoßen haben und hierdurch der Zweck der Maßregel gefährdet worden ist. Im Extremfall kann eine Verurteilung nach § 145a StGB gem. § 66 Abs. 1 S. 1 Nr. 1 lit. c StGB sogar die Anordnung von Sicherungsverwahrung zur Folge haben.

Systematisch ist § 145a StGB den am 01.01.1975 in Kraft getretenen §§ 68 ff. StGB zuzuordnen, durch die das umstrittene Rechtsinstitut der Polizeiaufsicht abgelöst werden sollte.[15] Bei dem Rechtsinstitut der Polizeiaufsicht handelte es sich um eine der Sicherung der Polizeiaufsichtsprobanden dienende Maßregel. Diese Konzeption hatte zur Konsequenz, dass die von den Betroffenen ebenfalls benötigte Hilfe und Betreuung nicht in ausreichendem Umfang von staatlicher Seite geleistet werden konnte.[16] Bereits eine Untersuchung aus dem Jahr 1890 förderte die Erkenntnis zutage, dass es mit Hilfe der Maßregel kaum gelang, wesentliche Besserungserfolge bei den Polizeiaufsichtsprobanden zu erzielen.[17] Schon damals wurde an der Polizeiaufsicht kritisiert, dass das Rechtsinstitut eher dazu geeignet sei Schäden anzurichten als Nutzen zu erzeugen.[18]

Die Regelungen zur Polizeiaufsicht waren in den Paragraphen §§ 38, 39 und § 361 des Reichsstrafgesetzbuchs enthalten. Über den Eintritt der Polizeiaufsicht hatten gem. § 38 S. 2 RStGB die höheren Landespolizeibehörden zu entscheiden, die nach Anhörung der Gefängnisverwaltungen die Polizeiaufsichtsprobanden für eine Dauer von maximal 5 Jahren unter Polizeiaufsicht stellen konnte. Die Gerichte waren im Anschluss daran nur noch dafür zuständig die Zulässigkeit der Maßregel auszusprechen. Es bestand zudem die Möglichkeit,

---

15 Vgl. zu der historischen Entwicklung des Rechtsinstituts die in den letzten Jahren erschienenen ausführlichen Darstellungen von: Rohrbach, S. 56 ff. und Ruderich, S. 6 ff. Die Führungsaufsicht wird zum Teil auch als deutlich veränderte Nachfolgerin der Polizeiaufsicht verstanden: Kinzig NKrimP 2015, 230 (232).

16 Jacobsen MschrKrim 1984, 254 (255).

17 Fuhr, S. 234 f.

18 Hassenpflug, S. 91.

den Polizeiaufsichtsprobanden die in § 39 RStGB abschließend aufgezählten Weisungen aufzuerlegen. Auf Grundlage von § 39 Nr. 1 RStGB konnte den Polizeiaufsichtsprobanden der Aufenthalt an einzelnen bestimmten Orten untersagt werden, und es konnten gem. § 39 Nr. 2 RStGB Ausländer aus dem Bundesgebiet ausgewiesen werden. Außerdem unterlagen Hausdurchsuchungen gem. § 39 Nr. 3 RStGB keinen Beschränkungen hinsichtlich der Zeit, zu der sie durchgeführt werden dürfen. Wenn die Polizeiaufsichtsprobanden eine dieser Weisungen missachteten, bestand die Möglichkeit sie auf Grundlage von § 361 RStGB strafrechtlich zu belangen.

Trotz der erheblichen Kritik blieb das Rechtsinstitut der Polizeiaufsicht bis zu dem 31.12.1974 in nahezu unveränderter Form bestehen.[19] Der den § 361 RStGB ablösende § 145a StGB erhielt seine wesentliche, und bis heute erhaltene, Gestalt in den Beratungen der großen Strafrechtskommission zu dem E 1962[20]. Bei den Beratungen der großen Strafrechtskommission firmierte das Rechtsinstitut noch unter dem Namen Sicherungsaufsicht.[21] Die in dieser Form nie in Kraft getretene Sicherungsaufsicht war in den §§ 91–98 und § 429 des E 1962 geregelt. Den §§ 91 ff. E 1962 lag die Erkenntnis zugrunde, dass nicht nur Personen, die zur Bewährung aus dem Strafvollzug entlassen wurden, der staatlichen Aufsicht bedürfen können, sondern ebenfalls Personen, die ihr Haftstrafe voll verbüßt haben oder deren Unterbringung im Maßregelvollzug für erledigt erklärt worden ist. Allerdings wird schon aus dem Begriff Sicherungsaufsicht deutlich, dass auch bei diesem Rechtsinstitut der Schutz der Allgemeinheit und damit die Überwachungsfunktion im Vordergrund stehen sollte.[22] § 93 Abs. 1 E1962 und § 93 Abs. 2 E 1962 differenzierten dabei – wie es heute die § 68b Abs. 1 StGB und § 68b Abs. 2 StGB tun – zwischen strafbewehrten und nicht strafbewehrten Weisungen. Wenn die Betroffenen eine auf Grundlage von § 93 Abs. 1 E 1962 angeordnete strafbewehrte Weisung missachten sollten, sollte dies gem. § 429 E 1962 strafrechtlich geahndet werden können.

Von dem generellen Vorrang der Überwachungsfunktion gegenüber der Betreuungsfunktion nahm der Gesetzgeber erst im Rahmen der Ausgestaltung der §§ 68 ff. StGB Abstand, was dadurch zum Ausdruck gekommen ist, dass dem Rechtsinstitut der Name Führungsaufsicht verliehen worden ist.[23] Dennoch

---

19 Dessecker NKrimP 2015, 251 (251 f.) weist darauf hin, dass die Führungsaufsicht am 01.01.2015 seit genau 40 Jahren besteht.

20 Entwurf eines Strafgesetzbuches von 1962.

21 E 1962, BT-Drucks. IV/650, S. 220 ff.

22 Bruns ZStW 71 (1959), 210 (245 f).

23 Vgl. zur historischen Entwicklung auch: Stein BewHi 1975, 215 (215-217).

werden auch im Rahmen der Führungsaufsicht Verstöße gegen qualifizierte Weisungen nach wie vor strafrechtlich geahndet, wenn die Voraussetzungen des § 145a StGB erfüllt sind.

Das Rechtsinstitut der Führungsaufsicht wurde im Jahr 2007 durch das FührAufRefG[24] erstmals in größerem Umfang reformiert. Neben der Erweiterung des in § 68b Abs. 1 StGB enthaltenen Katalogs strafbewehrter Weisungen wurde die maximale Strafandrohung des § 145a StGB von Freiheitsstrafe bis zu einem Jahr auf Freiheitsstrafe bis zu drei Jahren angehoben.[25] Eine weitere Reform erfuhr das Rechtsinstitut im Jahr 2011. Mit der Einführung des § 68b Abs. 1 S. 1 Nr. 12 StGB wurde die Möglichkeit eröffnet den Aufenthaltsort der Führungsaufsichtsprobanden elektronisch zu überwachen. Zudem schuf der Gesetzgeber die Möglichkeit, dass bei bestimmten Weisungsverstößen auf Grundlage von § 66 Abs. 1 S. 1 Nr. 1 lit. c StGB, Sicherungsverwahrung angeordnet werden kann, wenn zuvor eine Verurteilung nach § 145a StGB erfolgt ist. Im Jahr 2017 wurden zudem durch die Einführung des § 68b Abs. 1 S. 5 StGB die Voraussetzungen für die Anordnung der elektronischen Fußfessel abgesenkt. Hierdurch soll insbesondere ermöglicht werden extremistische Straftäter elektronisch überwachen zu können.[26]

---

24 Führungsaufsichtsreformgesetz.

25 Vgl. hierzu BT-Drucks: 16/1993, S. 24.

26 Vgl. hierzu: BT-Drucks. 18/11162, S. 1 ff.

§ 3 Wesen und Zweck der §§ 68 ff. StGB

Ein Zweck des modernen Strafrechts besteht darin, die straffällig gewordenen Personen nicht nur einzusperren, sondern aktiv auf sie einzuwirken, um sie so auf ein gesetzestreues Leben in Freiheit vorzubereiten.[27] Das deckt sich damit, dass es ein Ziel der §§ 68 ff., § 145a StGB ist, über den Gedanken des Schuldausgleichs hinaus, an der Resozialisierung und Wiedereingliederung der Führungsaufsichtsprobanden in die Gesellschaft mitzuwirken.[28] Das soll gem. § 68a Abs. 2 StGB zum einen dadurch geschehen, dass den Führungsaufsichtsprobanden durch die an der Durchführung der Führungsaufsicht beteiligten staatlichen Stellen helfend und betreuend zur Seite gestanden wird. Zum andern soll die Allgemeinheit vor der erneuten Begehung von Straftaten geschützt werden, indem die Weisungsadressaten gem. § 68a Abs. 3 StGB überwacht werden.[29]

A. Charakterisierung der §§ 68 ff. StGB[30]

Bei dem Rechtsinstitut Führungsaufsicht handelt es sich um eine Maßregel der Besserung und Sicherung.[31] Als Maßregel der Besserung und Sicherung verfügt die Führungsaufsicht über keinen Strafcharakter.[32] Daraus, dass die Führungsaufsicht sowohl helfend, als auch überwachend wirken soll, resultiert jedoch ein Spannungsverhältnis, das in § 145a StGB in ganz besonderem Maße zum Ausdruck kommt.[33] Bereits bei isolierter Betrachtung der §§ 68 ff. StGB ist die Frage schwer zu beantworten, ob den Führungsaufsichtsprobanden durch die Maßregel

---

27 MüKo-StGB/*Groß*, Vor §§ 68 ff. Rn. 1.

28 Zum von § 145a StGB geschützten Rechtsgut wird unter Gliederungspunkt § 5 A. Stellung genommen.

29 Vgl. zu den mit den §§ 68 ff. StGB verfolgten Zwecken: BVerfGE 55, 28 (29); Baumann/Weber/Mitsch, AT, 11. Auflage, § 35 Rn. 10; Kwaschnik, S. 123; Röttle/Wagner, Rn. 372.

30 Bei der Führungsaufsicht handelt es sich um ein speziell deutsches Rechtsinstitut, das in anderen Ländern in dieser Form nicht vorkommt: Graebsch/Burkhardt, S. 2 (Fn. 5).

31 BT-Drucks. 17/3403, S. 1; Fischer, StGB, Vor § 68 Rn. 2; MüKo-StGB/*Groß*, Vor §§ 68 ff. Rn. 1.

32 Streng, Rn. 384.

33 Beispiele für das auch im Rahmen des Strafvollzugs bestehende Spannungsverhältnis zwischen Resozialisierung und Sicherung finden sich in: Kudlich JA 2003, 704 (704 ff.).

vorrangig geholfen werden soll, oder ob der Schutz der Allgemeinheit im Vordergrund steht. Noch schwieriger zu beantworten ist diese Frage, wenn auf Grundlage von § 68b Abs. 1 StGB Weisungen angeordnet worden sind, deren Missachtung eine strafrechtliche Verurteilung nach § 145a StGB zur Folge haben kann. Die große Auswirkung, die die beiden Zwecke auf den Straftatbestand entfalten, wird deutlich, wenn bedacht wird, dass die Bestrafung nur erfolgen darf, wenn durch den Weisungsverstoß der Zweck der Maßregel Führungsaufsicht gefährdet worden ist.[34]

Eine Möglichkeit das Spannungsverhältnis aufzulösen besteht darin den Schutz der Allgemeinheit als vorrangiges Ziel der Maßregel anzusehen. Bei diesem Verständnis wäre § 145a StGB regelmäßig verwirklicht, wenn Weisungen nach § 68b Abs. 1 StGB missachtet würden. Sieht man hingegen die Hilfe und Betreuung der Führungsaufsichtsprobanden als vorrangig an, rückt der sozialpädagogische Anspruch der Maßregel in den Vordergrund. Eine Verurteilung käme nur in Betracht, wenn sie geeignet ist den Weisungsadressaten dabei zu helfen künftig keine Straftaten mehr zu begehen. Um einen ersten Anhaltspunkt für die Beantwortung dieser Frage zu gewinnen, ist im Folgenden zu untersuchen in welchem Verhältnis die Überwachungsfunktion und die Betreuungsfunktion im Rahmen der §§ 68 ff. StGB zueinander stehen.

Eine mögliche Sichtweise besteht darin dem Ziel die Führungsaufsichtsprobanden zu resozialisieren die gleiche Bedeutung beizumessen wie dem Sicherungszweck der Maßregel.[35] Weiterhin ist es möglich die Betreuungsfunktion gegenüber der Überwachungsfunktion als vorrangig anzusehen.[36] Für die Führungsaufsichtsprobanden hätte der Vorrang der Betreuungsfunktion den Vorteil, dass sie nach ihrer Entlassung aus dem Strafvollzug weiter betreut und auf ihrem Weg zurück in die Legalität unterstützt würden, ohne dabei mit einer sie überwachenden Behörde konfrontiert zu werden. Bei diesem Verständnis der §§ 68 ff. StGB würden die Führungsaufsichtsprobanden im Rahmen der Führungsaufsicht, im Anschluss an den Strafvollzug, in ambulanter Form weiter behandelt (sog. „after care“[37]) werden.

---

34 Vgl. hierzu Gliederungspunkt § 5 C. III.

35 Harders, S. 125; Kinzig NKrimP 2015, 230 (234); Lackner/Kühl, StGB, § 68 Rn. 1; Meier, S. 296; S/S/*Kinzig*, § 68 Rn. 3; Streng, Rn. 384.

36 BT-Drucks. 7/1261, S. 8. Im Ergebnis zustimmend: OLG Bremen NStZ 2011, 216 (217); Jacobsen, Forschungsergebnisse zum Themenkomplex Führungsaufsicht, S. 10 (44); Kretschmer, S. 236; LK-StGB/*Schneider*, § 68a Rn. 6; NK-StGB/*Ostendorf*, Vor §§ 68 – 68g Rn. 10; Quadt ZfStrVo 1978, 36 (38); SK-StGB/*Sinn*, § 68a Rn. 3. Als wohl herrschende Meinung bezeichnet diese Ansicht: Kinzig NKrimP 2015, 230 (233).

37 Schwind/Blau, 1. Auflage, S. 409.

Für den Vorrang der Betreuungsfunktion gegenüber der Überwachungsfunktion sprechen vor allem historische Gründe.[38] Die Führungsaufsicht ist zumindest mittelbar das der mittlerweile abgeschafften Polizeiaufsicht nachfolgende Rechtsinstitut.[39] Bei der Polizeiaufsicht handelte es sich um ein vorrangig repressiv wirkendes Rechtsinstitut, das wegen seines primären Sicherungscharakters als wenig effektiv galt. Wenn die Führungsaufsicht nun dazu geeignet sein soll, die Defizite der Polizeiaufsicht tatsächlich zu überwinden, spricht viel dafür, dass die Betreuungsfunktion im Vordergrund der Maßregel stehen muss. Das deckt sich auch mit der historischen Entwicklung, die die §§ 68 ff. StGB bis zu ihrem Inkrafttreten durchgemacht haben. Im Unterschied zur heutigen Bezeichnung war im E 1962 noch der Name Sicherungsaufsicht für das Rechtsinstitut vorgesehen. Durch die Umbenennung des Rechtsinstituts von Sicherungsaufsicht in Führungsaufsicht sollte zum Ausdruck gebracht werden, dass die Überwachungsfunktion gegenüber der Betreuungsfunktion nicht vorrangig ist.[40] Neben diesen historischen Gründen können ebenfalls systematische Erwägungen für den Vorrang der Betreuungsfunktion angeführt werden. Auffallend sind die Ähnlichkeiten, die die §§ 68 ff. StGB zu den die Bewährungshilfe regelnden §§ 56 ff. StGB aufweisen.[41] Insoweit sei nur auf die Gemeinsamkeiten verwiesen, die zwischen den Weisungskatalogen nach § 56c Abs. 2 StGB und § 68b Abs. 1 StGB bestehen. Erhebliche Ähnlichkeiten bestehen beispielsweise zwischen den in § 56c Abs. 2 Nr. 3 StGB und § 68b Abs. 1 S. 1 Nr. 3 StGB normierten Kontaktverboten und den in § 56c Abs. 2 Nr. 4 StGB und § 68b Abs. 1 S. 1 Nr. 5 StGB normierten Besitzverboten. Die vorhandenen Ähnlichkeiten könnten dahingehend interpretiert werden, dass die Führungsaufsichtsweisungen, ähnlich wie Bewährungshilfeweisungen, vorrangig bei der Legalbewährung helfen sollen.[42]

---

38 NK-StGB/*Ostendorf*, Vor §§ 68 – 68g Rn. 10.

39 Ähnlich: Kinzig NKrimP 2015, 230 (232).

40 Stöckel, FS Bruns, S. 299 (309). Kritisch zur Namensgebung: von Glasenapp ZRP 1979, 31 (32).

41 BT-Drucks. V/4095, S. 35; Baur/Groß JuS 2010, 404 (404) bezeichnen die Führungsaufsicht gar als Bewährungshilfeersatz. Nach Maelicke NKrimP 2004, 75 (75) unterscheidet sich die Führungsaufsicht in der praktischen Anwendung kaum von der Bewährungshilfe.

42 Zum Vorrang der Betreuungsfunktion im Rahmen von § 56c Abs. 2 StGB: OLG Jena, Beschl. vom 13.12.2010 – 1 Ws 455/10 Rn. 23: „Hilfestellung zur Lebensführung"; NK-StGB/*Ostendorf*, § 56c Rn. 1: „Hilfecharakter dominierend sein".

Die Gegenmeinung nimmt hingegen an, dass die Überwachungsfunktion der Betreuungsfunktion im Rahmen der §§ 68 ff. StGB vorgeht.[43] Folgt man dieser Ansicht verliert die Führungsaufsicht ihren vorrangig helfenden Charakter. Stattdessen rückt das Ziel die Allgemeinheit vor der erneuten Begehung von Straftaten zu schützen in den Vordergrund.[44] Um dieses Ziel zu erreichen, sollen die Führungsaufsichtsprobanden in Freiheit ambulant verwahrt werden.[45]

Für den Vorrang der Überwachungsfunktion spricht, dass in all den Fällen, in denen die Verurteilten ihre Strafe voll verbüßt haben oder ihre Maßregel für erledigt erklärt worden ist, ein kriminalpolitisches Bedürfnis besteht sie nach der Entlassung in Freiheit zu begleiten. Diesem Verständnis der §§ 68 ff. StGB liegt die Annahme zugrunde, dass sich die Maßregel Führungsaufsicht hauptsächlich an kriminalitätsgefährdete Verurteilte richtet, die aus dem Straf- oder Maßregelvollzug entlassen worden sind, und denen bei dem Übergang in die Freiheit geholfen werden soll.[46] Vom Rechtsinstitut sollen überwiegend Rückfalltäter, Täter mit schlechter Legalprognose, Schwerkriminelle und Unterbringungsfälle erfasst sein.[47] Ein Beispiel für eine Tätergruppe, die regelmäßig mit einer negativen Legalprognose aus dem Strafvollzug entlassen wird, sind die sog. Vollverbüßer, bei denen die Führungsaufsicht gem. § 68f Abs. 1 S. 1 StGB eingetreten ist. Die besondere Kriminalitätsgefährdung dieser Klientel zeigt sich daran, dass die Freiheitsstrafe weder nach § 56 StGB zur Bewährung ausgesetzt werden konnte noch eine Aussetzung des Strafrests (§ 57 StGB) erfolgt ist. Für beides wäre eine positive Legalprognose erforderlich gewesen. Ohne die §§ 68 ff. StGB könnte auf die betroffenen Personen weder mit Hilfe von Bewährungsauflagen (§ 56b StGB) noch mit Hilfe von Bewährungsweisungen (§ 56c StGB) eingewirkt

---

43 Rohrbach MschrKrim 2014, 245 (262 f.). Von ambulanter Verwahrung der Führungsaufsichtsprobanden sprechen: LK-StGB/*Hanack*, 11. Auflage, § 68a Rn. 13 zur Aufsichtsstelle und Stöckel BayVbl. 1975, 5 (6). Zudem wird darauf hingewiesen, dass die Führungsaufsicht faktisch nahezu ausschließlich der Überwachung dienen soll: Brusten BewHi 1986, 273 (286). Kritisch auch: Popp, Zur „Verpolizeilichung" des Maßregelrechts, S. 113 (117), der eine teilweise Verpolizeilichung der Führungsaufsicht feststellt. Schüddekopf StraFo 2008, 141 (143) spricht von der „polizeicharakterlichen Überwachungsfunktion der Führungsaufsicht".

44 OLG Karlsruhe GA 1981, 269 (270); Stöckel BewHi 1974, 251 (252).

45 Vgl. auch Bruns ZStW 71 (1959), 210 (245), der die Sicherungsaufsicht als ambulante Sicherungsverwahrung bezeichnete. Von ambulanter Verwahrung spricht zudem: LK-StGB/*Schneider*, Vor. 68 Rn. 3.

46 Lackner/Kühl, StGB, Vor. § 68, Rn. 1. Vgl. zudem die Erhebung von Baur/Kinzig, S. 42 ff.

47 Stöckel, FS Bruns, S. 299 (310 f.).

werden, da sie nach ihrer Entlassung aus dem Strafvollzug nicht unter Bewährungsaufsicht stehen. Um zu verhindern, dass die Kontrolle über die Verurteilten zum Zeitpunkt ihrer Haftentlassung vollständig verloren geht, bedarf es der Führungsaufsicht. Insofern besteht allerdings die Besonderheit, dass es in diesen Konstellationen nicht möglich ist die Führungsaufsichtsprobanden mit dem drohenden Widerruf der Bewährung zur Einhaltung der Führungsaufsichtsweisungen zu motivieren. Gleiches gilt, wenn die Unterbringung im Maßregelvollzug für erledigt erklärt worden ist. Um dieses Zwischenziel der Führungsaufsicht dennoch erreichen zu können, wurde der repressiv wirkende Straftatbestand des § 145a StGB geschaffen. Durch § 145a StGB sollen die Führungsaufsichtsprobanden zur Beachtung der Weisungen animiert und die Allgemeinheit vor der erneuten Begehung von Straftaten geschützt werden.

Aus der gerade versuchten Charakterisierung der §§ 68 ff. StGB wird deutlich, dass der Versuch das Verhältnis, in dem die Betreuungsfunktion und die Überwachungsfunktion zueinander stehen, alleine anhand der Historie, Systematik und der gesetzlichen Konzeption der Maßregel abschließend zu beurteilen, zu kurz greift. Das gilt, obwohl vor allem die Historie der Norm auf den Vorrang des betreuenden Elements hindeutet. In diesem Zusammenhang muss ebenfalls berücksichtigt werden, dass sämtliche Reformen der letzten Jahre den Kontrollcharakter der Maßregel verstärkt haben.[48] Das gilt sowohl für das FührAufRefG, durch das der Strafrahmen des § 145a StGB von bis zu einem auf bis zu drei Jahren angehoben wurde, wie auch für das SichVNOG[49], durch das die Möglichkeit eröffnet wurde die Führungsaufsichtsprobanden elektronisch zu überwachen (§ 68b Abs. 1 S. 1 Nr. 12 StGB). Mit der Einführung der elektronischen Aufenthaltsüberwachung für extremistische Straftäter, wurde zudem ein Instrument eingeführt, das „ausschließlich unter einer polizeirechtlichen Handlungslogik sinnvoll einsetzbar ist“[50] In der Literatur wird neuerdings weiterhin vorgeschlagen die Anordnungsvoraussetzungen der elektronischen Aufenthaltsüberwachung in Fällen von häuslicher Gewalt abzusenken.[51] All diese Entwicklungen decken sich damit, dass der Vorrang der Betreuungsfunktion zumindest dann nicht sinnvoll wäre, wenn die von der Führungsaufsicht erfasste Klientel, wie von der Gegenmeinung behauptet, erheblich kriminalitätsgefährdet wäre.

---

48 Kett-Straub, FS Streng, S. 309 (314 f.) weist insofern daraufhin, dass sich die Akzente in Folge der letzten Gesetzesreformen in Richtung Sicherheit verschoben haben.

49 Gesetz zur Neuordnung des Rechts der Sicherungsverwahrung und zu begleitenden Regelungen.

50 Baur KriPoZ 2017, 119 (122).

51 Fünfsinn/Kolz StV 2016, 191 (194).

Ein maßgebliches Indiz für die Charakterisierung der §§ 68 ff. StGB kann demnach aus dem von der Führungsaufsicht erfassten Personenkreis abgeleitet werden. Würde der größte Teil des erfassten Personenkreises über eine positive Legalprognose verfügen, wäre es widersprüchlich die Überwachungsfunktion als vorrangig anzusehen, wobei gleiches im umgekehrten Fall gelten muss. In diesem Sinne werden im Folgenden die Anordnungs- und Eintrittsgründe der Führungsaufsicht insbesondere unter dem Aspekt untersucht, ob die erfassten Weisungsadressaten über eine positive oder eine negative Legalprognose verfügen.

I. Der Adressatenkreis der Führungsaufsicht

1. Tätergruppen mit häufig negativer Legalprognose

a. Die Führungsaufsicht kraft Richterspruchs, § 68 Abs. 1 StGB

Die Gerichte haben gem. § 68 Abs. 1 StGB die Möglichkeit die Führungsaufsicht kraft Richterspruch anzuordnen, wenn die Täter wegen einer Straftat, bei der das Gesetz die Anordnung von Führungsaufsicht ausdrücklich zulässt, verurteilt wurden, eine Freiheitsstrafe von mindestens sechs Monaten verwirkt haben und die Gefahr besteht, dass sie weitere Straftaten begehen werden. Gesetzliche Befugnisse zur Anordnung der Führungsaufsicht finden sich beispielsweise in den § 89a Abs. 6, § 129a Abs. 9, § 129b Abs. 1 S. 1, § 181b, § 233b Abs. 1, § 239c, § 245, § 256 Abs. 1, § 262, § 263 Abs. 6, § 263a Abs. 2, § 321 StGB und § 34 BtMG[52].

Sofern die Täter eine der Straftaten begangen haben, bei denen das Gesetz die Anordnung von Führungsaufsicht ausdrücklich zulässt, wird vermutet, dass die Wiederholungsgefahr besonders hoch ist.[53] Das kann dahingehend interpretiert werden, dass die Allgemeinheit durch die kraft Richterspruchs angeordnete Führungsaufsicht vor der erneuten Begehung von Straftaten, der nach wie vor gefährlichen Führungsaufsichtsprobanden, geschützt werden soll. Darüber hinaus lässt § 68 Abs. 1 StGB die Anordnung der Führungsaufsicht nur zu, wenn nach der richterlichen Überzeugung die Gefahr besteht, dass die Führungsaufsichtsprobanden weitere Straftaten begehen könnten.[54]

52 Betäubungsmittelgesetz.

53 Kritisch hierzu: LK-StGB/*Schneider*, § 68 Rn. 3. Bemängelt wird, dass nicht bei jedem der gerade genannten Delikte eine erhöhte Rückfallgefahr statistisch nachgewiesen werden können soll.

54 Fischer, StGB, § 68 Rn. 5; Lackner/Kühl, StGB, § 68 Rn. 4; Roxin/Stree/Zipf/Jung, S. 99; SSW-StGB/*Jehle/Harrendorf*, § 68 Rn. 6; S/S/*Kinzig*, § 68 Rn. 6; SK-StGB/*Sinn*, § 68 Rn. 7; Walter, Strafaussetzung zur Bewährung, Bewährungshilfe und Führungsaufsicht, S. 151 (170).

Da die Führungsaufsicht kraft Richterspruchs nur angeordnet werden darf, wenn die Gefahr besteht, dass die Führungsaufsichtsprobanden erneut straffällig werden, verfügen diese regelmäßig über eine negative Legalprognose.

b. § 67d Abs. 2 S. 2, 3 in Verbindung mit § 68 Abs. 2 StGB

Gem. § 67d Abs. 2 S. 2 StGB muss die weitere Vollstreckung der Sicherungsverwahrung zur Bewährung ausgesetzt werden, wenn die Unterbringung unverhältnismäßig geworden ist. Spätestens zu den in § 67e Abs. 2 StGB genannten Zeitpunkten muss gerichtlich geprüft werden, ob den Untergebrachten ein den Anforderungen des § 66c Abs. 1 Nr. 1 StGB genügendes Betreuungsangebot gemacht worden ist. Ist dies nicht geschehen wird das von dem jeweils zuständigen Gericht festgestellt, und es ordnet Angebote an, die den Untergebrachten unterbreitet werden müssen. Zudem wird eine Frist von maximal sechs Monaten gesetzt, innerhalb derer die Umsetzung zu erfolgen hat. Die Aussetzung zur Bewährung hat gem. § 67d Abs. 2 S. 2 HS. 2 StGB zu erfolgen, wenn die gerichtlich bestimmte Frist abgelaufen ist, ohne dass den Betroffenen eine ausreichende Betreuung angeboten wurde. § 67d Abs. 2 S. 2 StGB ist somit Ausdruck des ultima ratio Prinzips der Sicherungsverwahrung.[55]

Zweck des § 67d Abs. 2 S. 2 StGB ist es die Vollzugsbehörden zu motivieren sämtliche Möglichkeiten auszuschöpfen, die die Gefährlichkeit der Verurteilten reduzieren können. Er ist zudem ein Druckmittel, durch das erzwungen werden kann, dass die Unterbringung nach den Vorgaben des § 66c Abs. 1 Nr. 1 StGB durchgeführt wird.[56] Bei Nichteinhaltung der Vorgaben sind die Untergebrachten selbst dann aus dem Maßregelvollzug zu entlassen, wenn sie noch gefährlich sind.[57]

Daher kann die Aussetzung der Unterbringung zur Bewährung nach § 67d Abs. 2 S. 2 2 StGB nicht als Indiz dafür gewertet werden, dass die Untergebrachten zwischenzeitlich über eine positive Legalprognose verfügen. Der Umstand, dass die Maßregel nicht bereits zuvor zur Bewährung ausgesetzt worden ist, spricht vielmehr dafür, dass den Führungsaufsichtsprobanden in aller Regel eine negative Legalprognose gestellt werden muss.

---

55 Fischer, StGB, § 67d Rn. 13a.

56 Renzikowski NJW 2013, 1638 (1640).

57 SSW-StGB/*Jehle/Harrendorf*, § 67d Rn. 9.

c. § 67d Abs. 3 S. 2 in Verbindung mit § 68 Abs. 2 StGB

Die Gerichte sind gem. § 67d Abs. 3 S. 1 StGB verpflichtet die Unterbringung in der Sicherungsverwahrung für erledigt zu erklären, wenn sie seit zehn Jahre vollzogen worden ist.[58] Das gilt allerdings nur, wenn nicht die Gefahr besteht, dass die Untergebrachten weitere erhebliche Straftaten begehen werden, durch die die Opfer seelisch oder körperlich schwer geschädigt werden. Mit der Erledigungserklärung tritt gem. § 67d Abs. 3 S. 2 StGB kraft Gesetzes Führungsaufsicht ein.

Aus der gesetzlichen Regelungstechnik wird deutlich, dass § 67d Abs. 3 S. 1 StGB so konzipiert ist, dass die Erledigung der Maßregel im Regelfall mit Ablauf von zehn Jahren erklärt werden muss. Für die Charakterisierung der von § 67d Abs. 3 S. 1 StGB erfassten Tätergruppe ist in diesem Zusammenhang wichtig, dass die Erledigungserklärung nicht voraussetzt, dass die Untergebrachten über eine positive Legalprognose verfügen. Vielmehr muss den Untergebrachten eine negative Prognose gestellt werden, um die Unterbringung über die zehn Jahres Grenze hinaus ausnahmsweise weiter vollziehen zu können.[59]

Folglich kann alleine daraus, dass die Maßregel für erledigt erklärt worden ist, nicht die Erwartung abgeleitet werden, dass die Weisungsadressaten künftig ein gesetzestreues Leben führen werden. Sie werden im Gegenteil vielmehr regelmäßig über eine negative Legalprognose verfügen. Das ergibt sich daraus, dass die Maßregel weder am Ende des Strafvollzugs (§ 67c Abs. 1 StGB), noch während der kompletten Dauer der Sicherungsverwahrung, zur Bewährung ausgesetzt werden konnte.

d. § 67d Abs. 4 S. 1, 3 in Verbindung mit § 68 Abs. 2 StGB

Weiterhin tritt gem. § 67d Abs. 4 S. 3 StGB kraft Gesetzes Führungsaufsicht ein, wenn die Höchstfrist der Unterbringung nach § 67d Abs. 1 S. 1 StGB abgelaufen ist. Mit Ablauf der Höchstfrist ist die Unterbringung gem. § 67d Abs. 4 S. 2 StGB für erledigt zu erklären. Die Untergebrachten werden unabhängig, ob ihre

---

58 Beachtenswert ist die Entscheidung des BVerfGE 128, 326 (331 f.), in der § 67d Abs. 3 StGB für verfassungswidrig erklärt worden ist. Die Verfassungswidrigkeit der Norm ergab sich jedoch aus ihrem Zusammenspiel mit anderen Normen, sodass § 67d Abs. 3 StGB selbst nicht geändert werden musste.

59 BVerfGE 109, 133 (160 f.); Fischer, StGB, § 67d Rn. 15; SSW-StGB/*Jehle/Harrendorf*, § 67d Rn. 23; S/S/*Kinzig*, StGB, § 67d Rn. 17; SK-StGB/*Sinn*, § 67d Rn. 16. Zu den Problemen bei dem Erstellen einer Prognose: Boetticher NStZ 2005, 417 (418 ff.); Kröber MschrKrim 2004, 261 (269 f.); Laubenthal ZStW 116 (2004), 703 (728 f.).

Therapie erfolgreich gewesen ist oder nicht, aus dem Maßregelvollzug entlassen.[60]

Die von § 67d Abs. 4 S. 3 StGB erfassten Personen haben mindestens zwei Jahre im Maßregelvollzug verbracht, ohne dass die dortige Unterbringung früher zur Bewährung ausgesetzt werden konnte. Die Entlassung dieser ohnehin kriminalitätsanfälligen Täter ist besonders risikobehaftet, wenn sie in Freiheit nicht weiter betreut werden. Folglich erfasst § 67d Abs. 4 StGB in der Praxis einen besonders problematischen Personenkreis.[61] Dieser verfügt regelmäßig über eine negative Legalprognose.[62]

e. § 67d Abs. 5 S. 2 in Verbindung mit § 68 Abs. 2 StGB

Die Unterbringung in einer Entziehungsanstalt ist gem. § 67d Abs. 5 S. 1 StGB für erledigt zu erklären, wenn die Voraussetzungen des § 64 S. 2 StGB nicht mehr vorliegen. Mit der Entlassung aus dem Maßregelvollzug tritt gem. § 67d Abs. 5 S. 2 StGB kraft Gesetzes Führungsaufsicht ein.

Die Unterbringung in einer Entziehungsanstalt darf gem. § 64 S. 2 StGB nur angeordnet und aufrechterhalten werden, wenn die hinreichend konkrete Aussicht darauf besteht die Untergebrachten durch die Behandlung zu heilen, oder über eine erhebliche Zeit, vor dem Rückfall in den Hang zu bewahren und dadurch von der Begehung erheblicher rechtswidriger Taten abzuhalten, die auf den Hang zurückgehen. Dieses Ziel kann nicht mehr erreicht werden, wenn keine hinreichend konkrete Aussicht darauf besteht, dass die Behandlung Erfolg haben wird.[63] Das ist der Fall, wenn es an der konkreten Behandlungsaussicht fehlt die Untergebrachten zu heilen oder zumindest für eine gewisse Zeit vor dem Rückfall in den Hang zu bewahren und sie dadurch von der erneuten Begehung erheblicher rechtswidriger Taten abzuhalten.[64]

Mit der Einführung des § 64 S. 2 StGB verfolgt der Gesetzgeber das Ziel, die Therapieanstalten von therapieresistenten Verurteilten zu entlasten.[65] Das war erforderlich, da diese Art von Untergebrachten eine erhebliche Belastung für die Anstalten dargestellt haben. Um dieses Ziel zu erreichen, wurde in

---

60 Fischer, StGB, § 67d Rn. 17; S/S/*Kinzig*, StGB, § 67d Rn. 13.

61 BT-Drucks. 16/1993, S. 16; Fischer, StGB, § 67d Rn. 17; LK-StGB/*Schneider*, Vor § 68 Rn. 9.

62 Roxin/Stree/Zipf/Jung, S. 99; Ruderich, S. 51.

63 BVerfGE 91, 1 (34 f.).

64 OLG Celle, Beschl. vom 22.02.2010 – 2 Ws 41/10 –, juris Rn. 7; AnwK-StGB/*Kilian*, § 67d Rn. 24; LK-StGB/*Rissing-van Saan/Peglau*, § 67d Rn. 37.

65 Vgl. insoweit: BT-Drucks. 10/2720, S. 12.

§ 67d Abs. 5 S. 1 StGB die Verpflichtung normiert die Unterbringung für erledigt zu erklären, wenn die Voraussetzungen des § 64 S. 2 StGB nicht oder nicht mehr vorliegen.

Folglich werden von der Regelung des § 67d Abs. 5 StGB Täter erfasst, deren Behandlung in der Entziehungsanstalt nicht erfolgreich verlaufen ist. Hätte die Therapie Erfolg gehabt, wäre die Unterbringung bereits zuvor in entsprechender Anwendung des § 67c Abs. 2 S. 5 StGB für erledigt erklärt worden.[66] Daraus, dass die Maßregel nicht gem. § 67c Abs. 2 S. 5 StGB, sondern nach § 67d Abs. 5 S. 1 StGB, für erledigt erklärt worden ist, ergibt sich, dass die erfassten Täter nicht erfolgreich behandelt worden sind. Folglich verfügen Personen, bei denen die Führungsaufsicht gem. § 67d Abs. 5 S. 2 StGB eingetreten ist, regelmäßig über eine negative Legalprognose.[67]

f. § 67d Abs. 6 S. 4 in Verbindung mit § 68 Abs. 2 StGB

Weiterhin muss die Maßregel gem. § 67d Abs. 6 S. 1 StGB für erledigt erklärt werden, wenn nach Beginn der Vollstreckung der Unterbringung in einem psychiatrischen Krankenhaus festgestellt wird, dass die Voraussetzungen der Maßregel nicht mehr vorliegen oder die weitere Vollstreckung der Maßregel unverhältnismäßig wäre.[68] Mit Rechtskraft der Erledigungsentscheidung tritt gem. § 67d Abs. 6 S. 4 StGB kraft Gesetzes Führungsaufsicht ein.

Die Maßregel ist gem. § 67d Abs. 6 S. 1 Alt. 1 StGB für erledigt zu erklären, wenn der Zustand, auf Grund dessen die Unterbringung nach § 63 StGB angeordnet worden ist, nicht[69] oder nicht mehr[70] besteht. Im Rahmen des § 67d Abs. 6 S. 1 Alt. 1 StGB ist zwischen drei möglichen Fallgruppen zu

---

66 OLG Karlsruhe GA 1983, 87 (88); Fischer, StGB, § 67d Rn. 21; NK-StGB/*Pollähne*, § 67d Rn. 39; S/S/*Kinzig*, StGB, § 67d Rn. 14; a.A. (= andere Ansicht) LK-StGB/*Rissing-van Saan/Peglau*, § 67d Rn. 37 und SSW-StGB/*Jehle/Harrendorf*, § 67d Rn. 21, die in diesem Fall die Unterbringung nach § 67d Abs. 2 StGB zur Bewährung aussetzen wollen.

67 Im Ergebnis zustimmend: LK-StGB/*Schneider*, Vor § 68 Rn. 9; Meier, 3. Auflage, S. 258.

68 Zum historischen und kriminalpolitischen Hintergrund der Norm: Koller, FS Venzlaff, S. 229 (234 ff.).

69 LG Landau NStZ–RR 2007, 354 (355); Koller R&P 2007, 57 (61); Koller, FS Venzlaff, S. 229 (252 ff.); LK-StGB/*Rissing-van Saan/Peglau*, § 67d Rn. 49; MüKo-StGB/*Veh*, § 67d Rn. 30; a.A. OLG Dresden, Beschl. vom 03.08.2007 – 2 Ws 329/07 –, juris Rn. 10 ff.

70 Berg/Wiedner StV 2007, 434 (435); LK-StGB/*Rissing-van Saan/Peglau*, § 67d Rn. 49; MüKo-StGB/*Veh*, § 67d Rn. 26, 30.

unterscheiden derentwegen die Unterbringung im Maßregelvollzug für erledigt erklärt werden muss.

Die Unterbringung ist für erledigt zu erklären, wenn festgestellt wird, dass sich die Untergebrachten nicht oder nicht mehr in einem schuldausschließenden (§ 20 StGB) oder schuldvermindernden (§ 21 StGB) Zustand befinden (1. Fallgruppe). Voraussetzung für die Erledigungserklärung ist, dass die Untergebrachten vollständig geheilt worden sind.[71] Zudem muss mit Sicherheit festgestellt werden können, dass sie sich nicht mehr in einem unter die §§ 20 f. StGB fallenden Zustand befinden. Das setzt die im Vollstreckungsverfahren getroffene Feststellung voraus, dass die Voraussetzungen der Unterbringung nicht oder nicht mehr gegeben sind.[72] Hierbei ist unerheblich, ob die Voraussetzungen des § 63 StGB von Anfang an nicht vorgelegen haben, oder ob sie auf Grund einer später eingetretenen Heilung weggefallen sind.[73]

Die Maßregel ist auch dann für erledigt zu erklären, wenn die für § 63 StGB vorausgesetzte Gefährlichkeit nicht oder nicht mehr besteht (2. Fallgruppe).[74] Allerdings muss beachtet werden, dass das Gesetz in § 67d Abs. 2 StGB ebenfalls die Möglichkeit eröffnet die Maßregel zur Bewährung auszusetzen, wenn die Verminderung der Gefährlichkeit das Resultat von Therapieerfolgen ist. Um § 67d Abs. 2 StGB nicht zu unterlaufen darf die Erledigung gem. § 67d Abs. 6 S. 1 Alt. 1 StGB nur erklärt werden, wenn das bei der Bewährungsaussetzung in Kauf zu nehmende Restrisiko ausgeschlossen werden kann.[75] Das setzt entweder die vollständige Heilung oder den vollständigen Wegfall der Gefährlichkeit des Täters voraus. Diese Voraussetzungen können erfüllt sein, wenn eine Änderung des körperlichen Zustands die erneute Begehung von Delikten, die der Unterbringung zugrunde liegen, physisch unmöglich macht.

Die dritte Fallgruppe des § 67d Abs. 6 S. 1 Alt. 1 StGB erfasst die sog. Fehleinweisungen aus tatsächlichen Gründen. Eine solche Fehleinweisung liegt vor,

71 OLG Zweibrücken, Beschl. vom 28.07.2010 – 1 Ws 195/10 –, juris Rn. 6; HK-GS/*Braasch*, StGB, § 67d Rn. 17; Koller R&P 2007, 57 (62 f.); MüKo-StGB/*Veh*, § 67d Rn. 28; S/S/*Kinzig*, StGB, § 67d Rn. 24; a.A. NK-StGB/*Pollähne*, §67d Rn. 62; SSW-StGB/*Jehle/Harrendorf*, § 67d Rn. 27.

72 OLG Rostock, Beschl. vom 14.11.2011 – I Ws 273/11 –, juris Rn. 14; OLG Frankfurt NStZ 2003, 222 (223).

73 S/S/*Kinzig*, StGB, § 67d Rn. 24.

74 So z.B.: OLG Zweibrücken, Beschl. vom 10.06.2008 – 1 Ws 154/08 –, juris Rn. 16 f.

75 BT-Drucks. 15/2887, S. 14 f.; Kaspar FPP 2007, 217 (219); LK-StGB/*Rissing-van Saan/Peglau*, § 67d Rn. 51; MüKo-StGB/*Veh*, § 67d Rn. 29; Radtke, FS Schöch, S. 695 (703); SSW-StGB/*Jehle/Harrendorf*, § 67d Rn. 27; a.A.NK-StGB/*Pollähne* § 67d Rn. 62.

wenn die Betroffenen auf Grund von fehlerhaften Beobachtungen im Ausgangsverfahren im Maßregelvollzug untergebracht worden sind.[76] Das kann der Fall sein, wenn sich während der Vollstreckung ergibt, dass bei der Verurteilung zu Unrecht ein Defekt im Sinne von § 20 StGB angenommen worden ist. Eine Erledigungserklärung setzt jedoch voraus, dass die Gründe für die Fehldiagnose in dem tatsächlichen Bereich liegen. Eine alleine auf Rechtsfehlern des Tatrichters beruhende Fehleinweisung genügt hingegen nicht.[77]

Zudem ist die Maßregel gem. § 67d Abs. 6 S. 1 Alt. 2 StGB für erledigt zu erklären, wenn ihre weitere Vollstreckung unverhältnismäßig wäre. Wenn die Unterbringung im Maßregelvollzug lange andauert, kann der weitere Vollzug unverhältnismäßig werden, obwohl die materiellen Voraussetzungen des § 63 StGB nach wie vor gegeben sind.[78] Die Dauer der Freiheitsentziehung muss mit den Anlasstaten und dem Gewicht der erwarteten Taten abgewogen werden, wobei es auf das Gewicht der gefährdeten Rechtsgüter und den Grad an Wahrscheinlichkeit, mit dem neue Taten erwartet werden, ankommt. Aus Gründen der Verhältnismäßigkeit werden die Anforderungen umso strenger je länger der Maßregelvollzug andauert.[79] Gem. § 67d Abs. 6 S. 2 StGB ist die Unterbringung in einem psychiatrischen Krankenhaus im Regelfall nicht länger als sechs Jahre zulässig.[80] Nach zehnjähriger Unterbringung im Maßregelvollzug darf die Unterbringung sogar nur unter den strengen Voraussetzungen des § 67d Abs. 3 S. 1 StGB in Verbindung mit § 67d Abs. 6 S. 3 StGB weiter vollzogen werden. Das kann dazu führen, dass Personen aus dem Vollzug entlassen werden müssen, die nach wie vor gefährlich sind.

Dass Personen, die auf Grundlage des § 67d Abs. 6 S. 1 Alt. 2 StGB aus dem Vollzug entlassen worden sind, in der Regel über eine negative Legalprognose verfügen, ergibt sich schon daraus, dass die Maßregel andernfalls zuvor gem. § 67d Abs. 2 StGB zur Bewährung ausgesetzt worden wäre.

---

76 BGH NStZ 2009, 323 (324); OLG Jena NStZ–RR 2011, 61 (61).

77 BVerfG NStZ–RR 2007, 29 (30); OLG Frankfurt StV 2007, 430 (431); LK-StGB/*Rissing-van Saan/Peglau*, § 67d Rn. 56; SSW-StGB/*Jehle/Harrendorf*, § 67d Rn. 28; a.A. Berg/Wiedner StV 2007, 434 (436 ff.); Leygraf FPP 2010, 3 (8). Kritisch: Hofstetter/Rohner R&P 2007, 51 (55 f.).

78 OLG Hamburg NStZ–RR 2005, 40 (41 f.). Zusammenfassend hierzu: Rueber, jurisPR-StrafR 9/2013 Anm. 2.

79 BVerfGE 70, 297 (315).

80 Vgl. zur neuen Rechtslage: OLG Rostock, Beschl. vom 21.09.2016 – 20 Ws 234/16 –, juris Rn. 11 ff.

Allerdings kann es auch im Rahmen von § 67d Abs. 6 S. 1 Alt. 1 StGB zur Entlassung hochgefährlicher Personen kommen. Das kann passieren, wenn der der Unterbringung zugrundeliegende Zustand nicht oder nicht mehr besteht oder eine Fehleinweisung vorliegt, die Gefährlichkeit des Betroffenen aber fortbesteht.[81] Wie gefährlich die aus dem Maßregelvollzug entlassenen Personen noch sein können, zeigt sich daran, dass die Erledigungserklärung nach § 67d Abs. 6 S. 1 Alt. 1 StGB in Extremfällen die Anordnung der nachträglichen Sicherungsverwahrung gem. § 66b S. 1 StGB zur Folge haben kann. Dafür, dass die Führungsaufsichtsprobanden in der Regel über eine negative Legalprognose verfügen, spricht weiterhin, dass die Führungsaufsicht kraft Gesetzes eintritt, wenn das Gericht nicht nach § 67d Abs. 6 S. 3 StGB ausdrücklich ihr Entfallen anordnet. Von dieser Grundregel wird nur dann eine Ausnahme gemacht, wenn der Anordnung der Unterbringung zweifelsfrei eine Fehldiagnose zugrunde lag.[82] In diesem Fall kommt bereits § 67d Abs. 6 S. 4 StGB nicht zur Anwendung. Eine fehlerhafte Einweisung kann die mit der Führungsaufsicht einhergehende Einschränkung der Grundrechte der Führungsaufsichtsprobanden nicht rechtfertigen.

Im Umkehrschluss bedeutet dies, dass immer dann, wenn die Führungsaufsicht eingetreten und ihr Entfallen nicht angeordnet worden ist, davon ausgegangen werden muss, dass die Führungsaufsichtsprobanden über eine negative Legalprognose verfügen.[83]

g. § 68f Abs. 1 S. 1 in Verbindung mit § 68 Abs. 2 StGB

Gem. § 68f Abs. 1 S. 1 StGB tritt mit der Entlassung der Strafgefangenen aus dem Strafvollzug kraft Gesetzes Führungsaufsicht ein, wenn eine (Gesamt-) Freiheitsstrafe von mindestens zwei Jahren wegen einer vorsätzlichen Straftat oder eine (Gesamt-) Freiheitsstrafe von mindestens einem Jahr wegen Straftaten der in § 181b StGB[84] genannter Art vollständig vollstreckt worden ist. Da die Freiheitsstrafe vollständig vollstreckt wurde, stehen die Führungsaufsichtsprobanden nach ihrer Entlassung aus dem Strafvollzug nicht unter Bewährung und

---

81 Fischer, StGB, § 67d Rn. 25a.

82 OLG Jena NStZ-RR 2011, 61 (62); OLG Frankfurt NStZ 2010, 217 (217 f.); OLG Dresden StV 2008, 316 (317); OLG Dresden StraFo 2005, 432 (432); a.A. MüKo-StGB/*Veh*, § 67d Rn. 33.

83 Baur/Groß JuS 2010, 404 (405), wonach Führungsaufsicht im Fall des § 67d Abs. 6 StGB nur bei zweifelhafter Legalprognose eintritt.

84 Bei den dort genannten Delikten besteht ein erhöhtes Rückfallrisiko (Vgl. Schneider MschrKrim 2002, 251 (253 f.) zu den Rückfallraten bei Sexualstraftätern). Kritisch hierzu: Dessecker, FS Kreuzer, S. 103 (114 f.).

können in Freiheit von keinem Bewährungshelfer unterstützt werden. Dennoch kann die Allgemeinheit ein Bedürfnis nach der Sicherung der Führungsaufsichtsprobanden haben, weshalb in diesen Fällen Führungsaufsicht eintritt.

Der von § 68f Abs. 1 S. 1 StGB erfasste Personenkreis ist mit dem von § 67d Abs. 3 S. 2 StGB und § 67d Abs. 4 S. 3 StGB erfassten vergleichbar. Dies gilt für § 67d Abs. 3 StGB insoweit, als dort bestimmt ist, dass die Sicherungsverwahrung nach zehnjährigem Vollzug in der Regel für erledigt zu erklären ist. Noch größere Gemeinsamkeiten weist § 68f StGB mit § 67d Abs. 4 StGB auf, der vorschreibt, dass die Betroffenen mit Ablauf der Höchstfrist der Unterbringung zu entlassen sind. In beiden Fällen sind die Betroffenen aus dem Vollzug zu entlassen, ohne dass hierfür eine positive Legalprognose erforderlich wäre. Die für § 68f Abs. 1 S. 1 StGB erforderliche vollständige Vollstreckung der Freiheitsstrafe deutet vielmehr daraufhin, dass der erfasste Personenkreis über eine negative Legalprognose verfügt.[85] Hätten die Betroffenen eine positive Legalprognose gestellt werden können, wäre ein Teil der Haftstrafe zuvor nach § 57 StGB zur Bewährung ausgesetzt worden. Das deckt sich damit, dass die Gerichte gem. § 68f Abs. 2 StGB das Entfallen der Maßregel anzuordnen haben, wenn erwartet wird, dass die Betroffenen auch ohne die Führungsaufsicht keine Straftaten mehr begehen. Durch § 68f Abs. 2 StGB wird sichergestellt, dass die Betroffenen nur dann unter Führungsaufsicht gestellt werden, wenn sie tatsächlich kriminalitätsgefährdet sind. Ist hingegen zu erwarten, dass sie die Führungsaufsicht nicht zur Legalbewährung benötigen, ordnen die Gerichte das Entfallen der Maßregel an.

Hieraus wird deutlich, dass die Führungsaufsichtsprobanden jedenfalls dann über eine negative Legalprognose verfügen, wenn die Führungsaufsicht gem. § 68f Abs. 1 StGB eingetreten ist und die Gerichte keinen Gebrauch von der Möglichkeit des § 68f Abs. 2 StGB gemacht haben.

2. *Tätergruppen mit häufig positiver Legalprognose*

a. *§ 67b Abs. 2 in Verbindung mit § 68 Abs. 2 StGB*

Sofern die Gerichte die Unterbringung von Straftätern in einem psychiatrischen Krankenhaus oder einer Entziehungsanstalt angeordnet haben, besteht die Möglichkeit die Vollstreckung der Maßregel zugleich zur Bewährung auszusetzen. Die Aussetzung darf gem. § 67b Abs. 1 S. 1 StGB nur erfolgen, wenn besondere

---

85 LK-StGB/*Schneider*, Vor § 68 Rn. 4 bescheinigt Tätern, bei denen die Führungsaufsicht gem. § 68f Abs. 1 S. 1 StGB eingetreten ist, eine häufig negative Sozialprognose; Meier, 3. Auflage, S. 258; Roxin/Stree/Zipf/Jung, S. 99; Ruderich, S. 51.

Umstände die Erwartung begründen, dass der Zweck der Maßregel auch ohne die Unterbringung erreicht werden kann.

Die in der Tat, der Person der Täter oder ihrer gegenwärtigen oder künftigen Lage liegenden Umstände sind dabei besonders, wenn sie die Prognose rechtfertigen, dass durch sie die von den Tätern ausgehende Gefahr, dass erneut Straftaten begangen werden, abgewendet werden kann. Ausreichend ist, dass die von den Tätern ausgehende Gefahr so abgeschwächt wird, dass ein Verzicht auf den Maßregelvollzug gewagt werden kann.[86] Diese Erwartung ist allerdings nur gerechtfertigt, wenn die besonderen Umstände, die zur Anordnung der jeweiligen Maßregel erforderliche negative Prognose soweit abmildern, dass der Verzicht auf den Vollzug verantwortet werden kann.[87] Die Aussetzung zur Bewährung darf zudem nur dann erfolgen, wenn zu erwarten ist, dass den Tätern ohne die Unterbringung in gleichem Maße geholfen werden kann keine weiteren erheblichen Straftaten zu begehen.[88]

Immer wenn die Vollstreckung der Maßregel auf Grundlage des § 67b Abs. 1 S. 1 StGB zur Bewährung ausgesetzt werden kann, besteht ein gewisses Vertrauen in die Führungsaufsichtsprobanden, dass sie keine weiteren erheblichen rechtswidrigen Taten mehr begehen werden. Insofern wird den von § 67b StGB erfassten Personen im Regelfall eine günstige Legalprognose zu stellen sein.[89]

b. § 67c Abs. 1 S. 1 HS 2 in Verbindung mit § 68 Abs. 2 StGB

Bei der Ermittlung und Charakterisierung des von § 67c Abs. 1 S. 1 StGB erfassten Personenkreises muss zwischen der ersten und der zweiten Nummer der Norm unterschieden werden.

Von § 67c Abs. 1 S. 1 Nr. 1 StGB werden Fälle erfasst, in denen zunächst die Freiheitsstrafe vollzogen wurde, obwohl in derselben Sache eine freiheitentziehende Maßregel angeordnet worden ist und am Ende des Vollzugs der Freiheitsstrafe festgestellt wird, dass die Unterbringung im Maßregelvollzug nicht mehr erforderlich ist. Folge dieser Feststellung ist, dass die Vollstreckung der Unterbringung im Maßregelvollzug zur Bewährung ausgesetzt werden muss.

---

86 BGH NStZ-RR 2010, 171 (171); Fischer, StGB, § 67b Rn. 3.

87 BGH StV 1988, 104 (104); Lackner/Kühl, StGB, § 67b Rn. 4.

88 LK-StGB/*Rissing-van Saan/Peglau*, § 67b Rn. 25.

89 Böhm, Maßregelrecht im Wandel, S. 23 (24); Koller R&P 2007, 57 (62); S/S/*Kinzig*, StGB, § 67b Rn. 7; a.A. SK-StGB/*Sinn*, § 67b Rn. 2, der eine negative Vollstreckungsprognose verlangt.

Grundsätzlich gilt, dass die in derselben Sache angeordneten Maßregeln nach §§ 63, 64 StGB vor einer ebenfalls verhängten Freiheitsstrafe zu vollziehen sind (§ 67 Abs. 1 StGB). Daher spielt § 67c Abs. 1 S. 1 Nr. 1 StGB hauptsächlich in den Fällen eine Rolle, in denen gem. § 67 Abs. 2 StGB von der Grundregel des § 67 Abs. 1 StGB abgewichen worden ist. Relevanz hat § 67c Abs. 1 S. 1 Nr. 1 StGB zudem, wenn es um die Maßregel Sicherungsverwahrung geht, die von dem Regelfall des Vorwegvollzugs von Maßregeln ausgenommen ist.

Umstritten ist, ob die Unterbringung im Maßregelvollzug nur unter der Voraussetzung zur Bewährung ausgesetzt werden kann, dass den Untergebrachten eine günstige Legalprognose im Sinne des § 67d Abs. 2 S. 1 StGB gestellt werden kann.[90] Zum Teil wird vertreten, dass die Aussetzung der Unterbringung zur Bewährung bereits dann erfolgen muss, wenn den Tätern keine die Maßregelanordnung rechtfertigende ungünstige Legalprognose mehr gestellt werden kann.[91] Von dem Gesetzgeber selbst wurde diese Frage offengelassen.[92] Für die praktische Anwendung des § 67c Abs. 1 S. 1 Nr. 1 StGB spielt der Streit jedoch in der Regel keine Rolle.[93] Wenn den Untergebrachten keine günstige Legalprognose gestellt werden kann, besteht ihre Gefährlichkeit in der Regel fort, sodass die Unterbringung weiterhin erforderlich ist. Nur in Zweifelsfällen, in denen es nicht möglich ist eine der beiden Prognosen zu stellen, ist der Streit entscheidungserheblich.[94] Verlangt man, dass den Tätern eine positive Legalprognose gestellt werden muss, damit sie aus dem Maßregelvollzug entlassen werden können, wirken sich Zweifel zu Lasten der Untergebrachten aus. Demgegenüber wirken sich Zweifel zu ihren Gunsten aus, wenn die erneute Bestätigung der Anordnungsvoraussetzungen verlangt wird.

Auf die Führungsaufsicht übertragen bedeutet dies, dass die Führungsaufsichtsprobanden in der Regel über eine positive Legalprognose verfügen, wenn

---

90 BVerfG NStZ–RR 2005, 187 (188); OLG Düsseldorf, Beschl. vom 03.03.2010 – III-4 Ws 94/10 –, juris Rn. 9; OLG Frankfurt NStZ–RR 1999, 348 (349); AnwK-StGB/*Kilian*, § 67c Rn. 4; Heintschel-Heinegg/*Ziegler*, StGB, § 67c Rn. 3; HK-GS/*Braasch*, StGB, § 67c Rn. 3; Müller, S. 107.

91 LK-StGB/*Rissing-van Saan/Peglau*, § 67c Rn. 56; NK-StGB/*Pollähne*, § 67c Rn. 20; S/S/*Kinzig*, § 67c Rn. 7.

92 Vgl. BT-Drucks. 17/9874, S. 20, jedenfalls für den Bereich der Sicherungsverwahrung tendiert der Gesetzgeber dazu, dass der Beginn der Vollstreckung der Maßregel die Feststellung einer (weiterhin) negativen Prognose erfordert.

93 SSW-StGB/*Jehle/Harrendorf*, § 67c Rn. 7.

94 LK-StGB/*Rissing-van Saan/Peglau*, § 67c Rn. 48; SSW-StGB/*Jehle/Harrendorf*, § 67c Rn. 7.

die Führungsaufsicht eingetreten ist, weil die Vollstreckung der Unterbringung zur Bewährung ausgesetzt worden ist. Nur wenn ein Zweifelsfall vorliegt und die Verurteilten entlassen worden sind, weil die erneute Bestätigung der Anordnungsvoraussetzungen nicht möglich war, bestehen Besonderheiten. In diesem Fall hat das die Führungsaufsicht ausgestaltende Gericht anhand der Umstände des jeweiligen Einzelfalls zu prüfen, ob die Führungsaufsichtsprobanden über eine positive oder eine negative Prognose verfügen.

Etwas anderes gilt jedoch, wenn die Vollstreckung der Unterbringung auf Grundlage des § 67c Abs. 1 S. 1 Nr. 2 StGB zur Bewährung ausgesetzt wurde.[95] Die Aussetzung erfolgt, wenn die Unterbringung in der Sicherungsverwahrung unverhältnismäßig ist, weil den Verurteilten im Strafvollzug keine ausreichende Betreuung zu Teil geworden ist. Ziel des § 67c Abs. 1 S. 1 Nr. 2 StGB ist es ein Fehlverhalten der Vollzugsbehörden zu sanktionieren.[96] Daher handelt es sich bei der Regelung um ein Mittel um die Vollzugsbehörden zu disziplinieren.[97] Darauf, ob den Straftätern eine günstige Legalprognose gestellt werden kann, kommt es hingegen nicht an.[98] Der Vollzug der freiheitsentziehenden Maßregel wird unabhängig von einer solchen Prognose zur Bewährung ausgesetzt, so dass die Entlassenen über eine negative Prognose verfügen.[99]

c. § 67c Abs. 2 S. 4 HS 2 in Verbindung mit § 68 Abs. 2 StGB

§ 67c Abs. 2 S. 1 StGB regelt den Fall, dass der Maßregelvollzug drei Jahre nach Rechtskraft seiner Anordnung noch nicht begonnen hat und die Vollstreckung nicht gem. § 79 Abs. 4, 5 StGB verjährt ist.[100] In dieser Konstellation darf die Unterbringung nur noch erfolgen, wenn dies gem. § 67c Abs. 2 S. 1 StGB gerichtlich angeordnet wird.

Von dieser Grundregel gibt es allerdings zwei Ausnahmen. Das sind erstens die unter § 67c Abs. 1 StGB fallenden Fälle, in denen die verzögerte Unterbringung darauf beruht, dass die wegen derselben Tat(en) angeordnete Freiheitsstrafe

---

95 Zum Teil wird § 67c Abs. 1 S. 1 Nr. 2 StGB für verfassungswidrig gehalten: SK-StGB/*Sinn*, § 67c Rn. 3. Kritisch hinsichtlich der Rechtsfolge: Pollähne StV 2013, 249 (253); Peglau JR 2013, 249 (253 f.).

96 Renzikowski NJW 2013, 1638 (1640); S/S/*Kinzig*, StGB, § 67c Rn. 8.

97 SK-StGB/*Sinn*, § 67c Rn. 3.

98 KG Berlin NStZ 2014, 273 (274); Fischer, StGB, § 67c Rn. 8.

99 Obwohl diese Fallgruppe systematisch dem Gliederungspunkt § 3 A. I. 1. zuzuordnen ist, wird sie an dieser Stelle besprochen, da die Führungsaufsicht ebenfalls gem. § 67c Abs. 1 S. 1 HS 2 StGB kraft Gesetzes eintritt.

100 MüKo-StGB/*Veh*, § 67c Rn. 14; S/S/*Kinzig*, StGB, § 67c Rn. 13.

vorwegvollzogen worden ist. Zweitens die Fälle des § 67b StGB, in denen die Vollstreckung der Maßregel zur Bewährung ausgesetzt wurde und daher nicht mit dem Maßregelvollzug begonnen worden ist. In allen anderen Fällen ordnen die Gerichte den Maßregelvollzug nur an, wenn der Zweck der Maßregel die Unterbringung noch erfordert.[101] § 67c Abs. 2 StGB stellt den zuständigen Gerichten dabei drei Entscheidungsmöglichkeiten zur Verfügung. Die Maßregel kann gem. § 67c Abs. 2 S. 5 StGB für erledigt erklären werden, sie kann gem. § 67c Abs. 2 S. 4 StGB zur Bewährung ausgesetzt werden oder es kann ihr unbedingter Vollzug angeordnet werden (§ 67c Abs. 2 S. 1, 3 StGB).

Wird die Maßregel gem. § 67c Abs. 2 S. 4 StGB zur Bewährung ausgesetzt, weil der Maßregelzweck noch nicht erreicht ist, besondere Umstände aber erwarten lassen, dass dies durch die Aussetzung der Vollstreckung geschehen kann, tritt gem. § 67c Abs. 2 S. 4 HS 2 StGB kraft Gesetzes Führungsaufsicht ein. Die Prüfung, ob der Maßregelvollzug zur Bewährung ausgesetzt werden kann, orientiert sich dabei an den Kriterien des § 67b Abs. 1 StGB.[102] Die in der Tat, in der Person des Täters oder seiner gegenwärtigen oder künftigen Lage liegenden Umstände sind besonders im Sinne des Norm, wenn sie erwarten lassen, dass durch sie die von ihm ausgehende Gefahr weiterer Straftaten abgewendet werden kann. Ausreichend ist ebenfalls, dass die Gefahr abgeschwächt wird und daher der Verzicht auf den Maßregelvollzug gewagt werden kann.[103]

Für die Charakterisierung des von der Norm erfassten Personenkreises bedeutet dies, dass zumindest ein gewisses Maß an Vertrauen in die Täter vorhanden sein muss, was eine günstige Legalprognose voraussetzt. Für das Vorliegen einer positiven Legalprognose spricht ebenfalls, dass sich die Täter drei Jahre lang in Freiheit befunden haben ohne durch die Begehung von Straftaten aufzufallen, die die Vollziehung der Maßregel erforderlich gemacht hätten.

---

101 Die herrschende Meinung nimmt an, dass die der Maßregel zugrundeliegende Gefährlichkeitsprognose neu zu treffen ist: OLG Hamm NStZ-RR 2009, 151 (151); LK-StGB/*Rissing-van Saan/Peglau*, § 67c Rn. 170; MüKo-StGB/*Veh*, § 67c Rn. 19; SSW-StGB/*Jehle/Harrendorf*, § 67c Rn. 16. Streng, Strafrechtrechtliche Folgenorientierung und Kriminalprognose, S. 97 (112) spricht von der Pflicht zur „Neubegründung der Maßregel".

102 HK-GS/*Braasch*, StGB, § 67c Rn. 7; LK-StGB/*Rissing-van Saan/Peglau*, § 67c Rn. 172; MüKo StGB/*Veh*, § 67c Rn. 20; SSW-StGB/*Jehle/Harrendorf*, § 67c Rn. 16.

103 BGH NStZ-RR 2010, 171 (171); Fischer, StGB, § 67b Rn. 3.

d. § 67d Abs. 2 S. 1, 3 in Verbindung mit § 68 Abs. 2 StGB

Gem. § 67d Abs. 2 S. 1 StGB wird die weitere Unterbringung im Maßregelvollzug zur Bewährung ausgesetzt, wenn zu erwarten ist, dass die Untergebrachten außerhalb des Maßregelvollzugs keine rechtswidrigen Taten mehr begehen werden. Von § 67d Abs. 2 S. 1 StGB werden Täter, gegen die Maßregeln auf Grundlage der § 63 StGB und § 64 StGB angeordnet worden sind, erfasst. Gleiches gilt für Sicherungsverwahrte, bei denen die Vollstreckung zur Bewährung ausgesetzt werden soll.

Trotz aller Unterschiede, die zwischen den drei von der Regelung erfassten Maßregeln bestehen, besteht die Gemeinsamkeit, dass die Vollstreckung der Maßregel nur deshalb zur Bewährung ausgesetzt werden kann, weil erwartet wird, dass die Untergebrachten in Freiheit keine rechtwidrigen Taten mehr begehen werden. Voraussetzung für die Aussetzung der Unterbringung zur Bewährung ist daher, dass den Führungsaufsichtsprobanden eine positive Legalprognose gestellt werden kann.[104]

II. Charakterisierung der Führungsaufsicht

Bei der Analyse von § 68 StGB fällt auf, dass die Mehrzahl der Anordnungs- und Eintrittsgründe Tätergruppen erfassen, die über eine negative Legalprognose verfügen. Das Vorliegen einer negativen Legalprognose ist folglich eine häufig auftretende Gemeinsamkeit vieler Führungsaufsichtsprobanden.[105] Ob diese auch zahlenmäßig den größten Teil der Führungsaufsichtsprobanden ausmachen, kann für die Vergangenheit nicht sicher bestimmt werden, da statistisch nur die Anordnungen der Führungsaufsicht kraft Richterspruchs erfasst wurden. Die Anzahl der Personen, die auf Grundlage der in § 68 Abs. 2 StGB genannten Eintrittsgründe kraft Gesetzes unter Führungsaufsicht gestellt

---

104 Vgl. Fischer, StGB, § 67d Rn. 8a; Lackner/Kühl, StGB, § 67d Rn. 3; LK-StGB/*Rissing-van Saan/Peglau*, § 67d Rn. 86; MüKo-StGB/*Veh*, § 67d Rn. 16; Roxin/Stree/Zipf/Jung, S. 99 die den Vorrang der Resozialisierungsfunktion betonen; SSW-StGB/*Jehle/Harrendorf*, § 67d Rn. 3; Walter, Strafaussetzung zur Bewährung, Bewährungshilfe und Führungsaufsicht, S. 151 (169); a.A. SK-StGB/*Sinn*, § 67d Rn. 18, der eine negative Vollstreckungsprognose verlangt.

105 Fischer, StGB, Vor § 68 Rn. 2; von Glasenapp ZRP 1979, 31 (31); Hager BewHi 1976, 126 (130); Lackner/Kühl, StGB, Vor. § 68, Rn. 1; Raabe, S. 123; Schwind/Blau, 1. Auflage, S. 409; Stöckel BewHi 1974, 251 (252). SSW-StGB/*Jehle/Harrendorf*, Vor § 68 Rn. 2: Die zahlenmäßig größte Gruppe sollen die sog. Vollverbüßer sein.

werden, wurde hingegen nicht erhoben.[106] Die im Rahmen einer bundesweiten Evaluation der Führungsaufsicht erhobenen Daten deuten allerdings darauf hin, dass der weitaus größte Teil der Führungsaufsichtsprobanden auf Grundlage von § 68 f Abs. 1 S. 1 StGB unter Führungsaufsicht gestellt worden ist.[107] Dies wird neuerdings auch aus einer vom Bundesamt für Justiz erstellen Statistik belegt.[108] Nach dieser waren circa 61 % der Führungsaufsichtsprobanden im Jahr 2015 sog. Vollverbüßer (§ 68f StGB). Weitere nennenswerte Anteile entfallen nur noch auf § 67d Abs. 2 StGB (circa 13,8 %), § 67d Abs. 5 StGB (8,7 %) und § 67b Abs. 2 StGB (5,2 %).

Aus diesem Befund darf allerdings nicht geschlossen werden, dass die Überwachungsfunktion stets das den Charakter der §§ 68 ff. StGB bestimmende, und die Betreuungsfunktion überlagernde, Element ist. Das folgt schon daraus, dass es ebenfalls vier Fallgruppen gibt, in denen die Führungsaufsicht kraft Gesetzes eintritt, obwohl den Führungsaufsichtsprobanden zuvor eine positive Legalprognose gestellt worden ist.[109] Aus der Analyse des § 68 StGB wird vielmehr deutlich, dass der Adressatenkreis der §§ 68 ff. StGB so heterogen ist, dass nicht von einem einheitlichen Charakter des Rechtsinstituts gesprochen werden kann.[110] Das hat zur Konsequenz, dass die §§ 68 ff. StGB weder generell als intensivierte Form der Bewährungshilfe, noch als effiziente Möglichkeit die Führungsaufsichtsprobanden zu kontrollieren, verstanden werden dürfen.[111]

Richtigerweise muss die gesetzliche Zielrichtung der Maßregel anhand einer sich am jeweiligen Einzelfall orientierenden teleologischen Differenzierung

---

106 Vgl. hierzu auch die Untersuchung von Kober zur Führungsaufsicht in Berlin, die allerdings wegen der geringen Anzahl von Führungsaufsichtsprobanden nicht repräsentativ ist: Kober, S. 41 ff.

107 Baur/Kinzig, S. 43.

108 https://www.dbh-online.de/sites/default/files/doku/vortraege/fa-statistik-stand_nov.17.pdf; abgerufen am 21.12.2019. Es gilt allerdings zu beachten, dass in der Statistik nicht alle Fälle der Führungsaufsicht erfasst wurden.

109 Dennoch wird in der Literatur zum Teil der Eindruck erweckt, dass für die Führungsaufsichtsprobanden generell eine negative Legalprognose kennzeichnend sei (Vgl. AnwK-StGB/*Kilian*, § 68 Rn. 1; Harders, S. 126; Lackner/Kühl, StGB, Vor. § 68, Rn. 1; Weigelt/Hohmann-Fricke BewHi 2006, 216 (217)).

110 LK-StGB/*Schneider*, Vor § 68, Rn. 1. Vgl. auch LK-StGB/*Schöch*, Vor § 61 Rn. 33, der konstatiert, dass der Besserungs- und Sicherungszweck der Führungsaufsicht untrennbar miteinander verschlungen ist.

111 So auch: Floerecke, Was leistet die Führungsaufsicht? S. 51 (73 f.).

ermittelt werden.[112] Bei der Gewichtung des betreuenden und des überwachenden Elements kann die zuvor herausgearbeitete Unterscheidung zwischen den Anordnungs- und Eintrittsgründen mit positiver und denen mit negativer Legalprognose hilfreich sein. Sie bietet einen ersten Anhaltspunkt dafür, ob die betreuende oder die überwachende Funktion im jeweiligen Einzelfall im Vordergrund steht.

Die an der Durchführung der Führungsaufsicht beteiligten Stellen können in der Regel davon ausgehen, dass die Betroffenen über eine negative Legalprognose verfügen, wenn die Führungsaufsicht kraft Richterspruchs angeordnet wurde (§ 68 Abs. 1 StGB). Gleiches gilt, wenn die Führungsaufsicht kraft Gesetzes eintrat und dies auf Grundlage der § 67c Abs. 1 S. 1 Nr. 2 StGB, § 67d Abs. 2 S. 2, Abs. 3 S. 1, Abs. 4 S. 1, Abs. 5 S. 1, Abs. 6 S. 1, § 68f Abs. 1 S. 1 StGB geschehen ist. Ein weiteres Indiz, das auf das Vorliegen einer negativen Legalprognose hindeutet, ist die unbefristete Anordnung der Führungsaufsicht gem. § 68c Abs. 2 und Abs. 3 StGB.[113] In diesen Konstellationen steht regelmäßig der Überwachungscharakter der Maßregel im Vordergrund, sodass die Führungsaufsicht so auszugestalten ist, dass der Schutz der Allgemeinheit der dominierende Zweck ist.

Etwas anderes gilt jedoch, wenn die Führungsaufsicht auf Grundlage der § 67b Abs. 1, § 67c Abs. 1 S. 1 Nr. 1, Abs. 2 oder gem. § 67d Abs. 2 S. 1 StGB eingetreten ist. In diesen Fällen erfolgte die Entlassung aus dem Straf- oder Maßregelvollzug, weil den Verurteilten eine positive Legalprognose gestellt werden konnte oder sie den Vollzug wegen der positiven Prognose bereits nicht antreten mussten. In all diesen Konstellationen soll den Führungsaufsichtsprobanden durch die §§ 68 ff. StGB in erster Linie bei der Resozialisierung und dem Übergang von dem Straf- oder Maßregelvollzug in die Freiheit, geholfen werden. Die Maßregel ist so auszugestalten, dass sie der Wiedereingliederung der Weisungsadressaten in die Gesellschaft dient.

Allerdings darf nicht alleine anhand der Anordnungs- und Eintrittsgründe automatisch auf den Vorrang der Betreuungsfunktion oder der Überwachungsfunktion geschlossen werden. In einem zweiten Schritt muss das Ziel der Resozialisierung der Führungsaufsichtsprobanden mit dem Sicherheitsinteresse der Allgemeinheit in einen angemessenen Ausgleich gebracht werden.[114] Die beiden

---

112 Ähnlich: LK-StGB/*Schneider*, Vor § 68 Rn. 5; MüKo-StGB/*Groß*, Vor 68 ff. Rn. 1; Ruderich, S. 50 f.; Schulz, S. 86 f.

113 Lackner/Kühl, StGB, § 68c Rn. 1b, 1f.

114 Ein ähnliches Problem besteht im StVollzG. Vgl. hierzu Schwind/Böhm/Jehle/Laubenthal, StVollzG, § 2 Rn. 20.

Ziele müssen sorgsam miteinander abgewogen werden, wobei darauf zu achten ist, dass die Resozialisierung nicht durch eine kontraproduktiv strenge Überwachung behindert wird.[115]

Zusammenfassend ist festzuhalten, dass sich die Gerichte bei der Beurteilung der Frage, wie stark die Lebensführung der Führungsaufsichtsprobanden durch die Führungsaufsicht beeinflusst werden soll, bewusst zu machen haben, welchem der beiden Zwecke der Vorrang einräumt werden soll. Diese Grundsätze gelten dabei nicht nur für die Strafvollstreckungskammern, sondern sind ebenfalls für die Bewährungshilfe, die forensische Ambulanz und die Aufsichtsstellen von Bedeutung. Ähnlich wie die Gerichte bei der Anordnung und Ausgestaltung der Führungsaufsicht müssen sie bei der Durchführung der §§ 68 ff. StGB den mit der Maßregel verfolgten Zweck berücksichtigen. Dies gilt insbesondere für die Aufsichtsstellen, wenn sie das ihnen durch § 145a S. 2 StGB eingeräumte Ermessen ausüben und entscheiden müssen, ob sie einen Strafantrag stellen. Um eine Beeinträchtigung der Resozialisierungsbemühungen der Weisungsadressaten zu vermeiden, sollten sich die Aufsichtsstellen bei der Ausübung ihrer Befugnisse stets bewusst machen, auf welcher Grundlage die Führungsaufsicht angeordnet wurde beziehungsweise eingetreten ist.[116] Nur wenn sich die Ausgestaltung der Führungsaufsicht an den unterschiedlichen Bedürfnissen der jeweiligen Entlassenen orientiert, kann sie einen Beitrag zur Senkung der Rückfallgefahr leisten.[117]

B. Kritik am Rechtsinstitut der Führungsaufsicht

An dem Rechtsinstitut Führungsaufsicht wird jedoch nicht alleine kritisiert, dass die Bestimmung des mit dem Rechtsinstitut verfolgten Ziels Schwierigkeiten bereitet. Auf Grund der Doppelfunktionalität wird die Sinnhaftigkeit des Rechtsinstituts in der Literatur vielmehr ganz generell angezweifelt.[118]

I. Mehrfachbetreuung und Kompetenzkonflikte

Kritik entflammt an dem Umstand, dass an der Durchführung der Führungsaufsicht bis zu vier staatliche Stellen beteiligt sein können.[119] In sämtlichen Fällen

115 S/S/*Kinzig*, StGB, § 68 Rn. 3.

116 Im Ergebnis zustimmend: LK-StGB/*Schneider*, Vor § 68 Rn. 5; Zipf JuS 1974, 271 (277).

117 Meier, S. 297.

118 Als Janusköpfig bezeichnen die §§ 68 ff. StGB: Jacobsen, Führungsaufsicht und ihre Klientel, S. 175; Rasch, Wie soll es weitergehen mit der Führungsaufsicht? S. 157 (160).

119 Bereits Jescheck SchwZStr 1975, 1 (42) wies darauf hin, dass der Erfolg der Maßregel durch eine gelungene Aufgabenverteilung bedingt ist.

unterstehen die Weisungsadressaten gem. § 68a Abs. 1 StGB den Institutionen Gericht, Aufsichtsstelle und Bewährungshilfe.[120]

Zudem wurde durch das FührAufRefG die Möglichkeit eröffnet forensische Ambulanzen (§ 68a Abs. 7 StGB) an der Durchführung der §§ 68 ff. StGB zu beteiligen.[121] Die Einführung von forensischen Ambulanzen war notwendig, weil die vor Ort niedergelassenen Therapeuten häufig nicht bereit oder in der Lage waren, die Weisungsadressaten in fachlich angemessener Weise zu betreuen.[122] In der Praxis bietet sich die Beteiligung forensischer Ambulanzen an der Durchführung der Führungsaufsicht insbesondere an, wenn Weisungen nach § 68b Abs. 1 S. 1 Nr. 11 StGB oder nach § 68b Abs. 2 S. 2 StGB und § 68b Abs. 2 S. 3 StGB angeordnet worden sind.

Auf Grund der föderalen Struktur der Bundesrepublik Deutschland konnte in § 68a StGB nur der rechtliche Rahmen der Tätigkeit forensischer Ambulanzen geregelt werden. Die Organisationsform und die inhaltliche Ausgestaltung der Tätigkeit bleiben demgegenüber den Bundesländern vorbehalten.[123] Das hat zur Konsequenz, dass die forensischen Ambulanzen in den jeweiligen Bundesländern unterschiedlich organisiert und ausgestaltet sind. Schätzungen nach soll es im Jahr 2013 jedenfalls 90 forensische Ambulanzen im Bundesgebiet gegeben haben.[124] In diesem Zusammenhang ergab eine Befragung, dass 37,7 % der forensischen Ambulanzen ein Einzugsgebiet von bis zu 80 Kilometern, und 26,4 % von bis zu 160 Kilometern, haben, wobei in 22,6 % der Fälle das Einzugsgebiet gar eine Entfernung von mehr als 160 Kilometern umfassen soll.[125]

Aufgabe der forensischen Ambulanzen ist es eine qualifizierte forensische Nachsorge im Abschluss an den Straf- oder Maßregelvollzug sicherzustellen.[126] Der Gesetzgeber konstatierte insoweit, dass eine spezialisierte forensische

120 Die Staatsanwaltschaft ist hingegen nicht an der Überwachung und Durchführung der Führungsaufsicht beteiligt. Vgl. hierzu: OLG Dresden RPfleger 2016, 117 (117).

121 S/S/*Kinzig*, StGB, § 68a Rn. 10a.

122 Pitzing, Ambulante Psychotherapie, S. 65 (65); Schneider NStZ 2007, 441 (445).

123 In den Bundesländern Hamburg und Bayern wird im Rahmen der forensischen Nachsorge zwischen Probanden unterschieden, die aus dem Straf- und aus dem Maßregelvollzug entlassen wurden: Markwardt, FS Stöckel, S. 433 (436); Schatz/Thiel FS 2009, 118 (119). In anderen Bundesländern stehen die Einrichtungen demgegenüber sowohl Maßregelprobanden, wie auch Personen, die aus dem Strafvollzug entlassen worden sind, offen: Baur/Kinzig, S. 181.

124 Baur/Kinzig, S. 184.

125 Baur/Kinzig, S. 189.

126 BT-Drucks. 16/1993, S. 18.

Nachsorge vor allem im Bereich der forensischen Psychiatrie vorhanden ist und – punktuell – für entlassene Sexualstraftäter, deutlich zu gering ausgebaut ist.[127] Aus § 68 Abs. 7 StGB wird nun jedoch allerdings deutlich, dass sich die Zuständigkeit der forensischen Ambulanzen nicht nur auf Maßregelpatienten, sondern auf sämtliche Führungsaufsichtsprobanden erstrecken soll.

Hieran wird kritisiert, dass die forensischen Ambulanzen lediglich in das Gesamtkonzept von Behandlung und Betreuung von Maßregelprobanden passend eingefügt werden können.[128] Für entlassene Strafgefangene sollen forensischen Ambulanzen demgegenüber völlig fremd sein.[129] Mit dieser Kritik korrespondiert die Feststellung, dass es sich, bei den in den forensischen Ambulanzen behandelten Personen, vorwiegend um Personen handeln soll, die auf Grundlage von § 63 StGB und § 64 StGB im Maßregelvollzug untergebracht gewesen sind.[130] Führungsaufsichtsprobanden, die aus der Sicherungsverwahrung oder dem Strafvollzug entlassen worden sind, werden demgegenüber selten behandelt.[131]

Konkret haben die forensischen Ambulanzen, im Einvernehmen mit der Bewährungshilfe und den Aufsichtsstellen, an der Betreuung der Führungsaufsichtsprobanden mitzuwirken. Darüber hinaus haben sie, wie aus § 68a Abs. 7 S. 2, Abs. 3 StGB deutlich wird, die Aufsichtsstellen bei ihren Überwachungsaufgaben zu unterstützen.[132] Da § 68a Abs. 7 S. 2 StGB die Anwendung des § 68a Abs. 4 und Abs. 5 StGB ausschließt, ist die forensische Ambulanz hierbei der gerichtlichen Einflussnahem weitestgehend entzogen, wodurch ihre therapeutische Unabhängigkeit gewahrt werden soll.[133] Besondere Leistungen, die forensischen Ambulanzen für Personen erbringen, die aus dem Justizvollzug entlassen worden sind, sind das Aufnahmeverfahren, die Diagnostik und Therapieplanung, die Betreuung und Behandlung, das Case-Management und die jeweils dazugehörende Dokumentation.[134] Das wichtigste Instrument der forensischen Ambulanzen stellen dabei Einzelgespräche dar, im Rahmen derer ein kontinuierliches „risk monitoring" erfolgt.[135] Zudem nehmen die Mitarbeiter

127 BT-Drucks. 16/1993, S. 18.

128 SSW-StGB/*Jehle/Harrendorf*, § 68a Rn. 7.

129 SSW-StGB/*Jehle/Harrendorf*, § 68a Rn. 7.

130 Baur/Kinzig, S. 188.

131 Baur/Kinzig, S. 188.

132 A.A. SK-StGB/*Sinn*, § 68a Rn. 7, der den forensischen Ambulanzen nur Hilfs- und Betreuungsaufgaben zuweisen will.

133 SK-StGB/*Sinn*, § 68a Rn. 7.

134 Schatz/Thiel FS 2009, 118 (119).

135 Zum Bundesland Berlin: Lau, Forensische Ambulanzen, S. 165 (S 169).

der forensischen Ambulanz an Helferkonferenzen teil und initiieren Gespräche mit der Bewährungshilfe und der jeweils zuständigen Strafvollstreckungskammer.[136] Im Bundesland Hamburg sollen die forensischen Ambulanzen darüber hinaus vor der Entlassung aus dem Strafvollzug oder aus der Sicherungsverwahrung, einen Erstbefund erstellen, der den Strafvollstreckungskammern dabei hilft die Führungsaufsicht passgenau auszugestalten.[137] Positiv ist insofern anzumerken, dass es nach Einschätzung der Mitarbeiter der forensischen Ambulanzen in nicht unerheblichem Umfang gelingt anfänglich unmotivierte Probanden zur Aufnahme einer Therapie zu motivieren.[138]

Mit Blick auf die anfangs gestellte Frage nach einer drohenden Mehrfachbetreuung und damit einhergehenden Kompetenzkonflikten ist anerkannt, dass die Gerichte als bestimmendes Organ an der Spitze der Hierarchie der beteiligten Institutionen stehen.[139] Dem sollen die Aufsichtsstellen als Exekutivorgan nachfolgen, denen wiederum die Bewährungshilfe (eventuell auch die forensische Ambulanz) als Hilfsorgan untergeordnet ist.[140] Obwohl das Gesetz nicht ausdrücklich eine Überordnung der Aufsichtsstelle über die Bewährungshilfe normiert, ist eine solche zumindest faktisch vorhanden.

Für die faktische Überordnung spricht, dass die Aufsichtsstellen in die sozialpädagogische Kompetenz der Bewährungshilfe eingreifen können, da bei der Betreuung der Führungsaufsichtsprobanden gem. § 68a Abs. 2 StGB Einvernehmen zwischen den Stellen hergestellt werden muss. Darüber hinaus wird den Aufsichtsstellen in § 68a Abs. 4 StGB die Möglichkeit eröffnet sich bei Streitigkeiten, die den Bereich des § 68a Abs. 2 StGB betreffen, per Gerichtsbescheid gegen die Bewährungshilfe durchzusetzen.[141] Diese Möglichkeit besteht nur, wenn zwischen den beiden Institutionen darüber Meinungsunterschiede bestehen wie die

---

136 Zum Bundesland Berlin: Lau, Forensische Ambulanzen, S. 165 (S 169 f.).

137 Schatz/Thiel FS 2009, 118 (119).

138 Vgl. insofern Baur/Kinzig, S. 183.

139 Kinzig NKrimP 2015, 230 (241); Mainz, S. 239 (246); MüKo-StGB/*Groß*, § 68a Rn. 18, S/S/*Kinzig*, StGB, § 68a Rn. 11. Differenzierend: Mainz NStZ 1987, 541 (542 f.).

140 MüKo-StGB/*Groß*, § 68a Rn. 18. Kritisch: Mainz NStZ 1987, 541 (541), der das Verhältnis der Stellen als „kompliziert und problemhaft" bezeichnet; a.A. LK-StGB/*Hanack*, 11. Auflage, § 68a Rn. 13.

141 Vgl. zu den vorgetragenen Argumenten: NK-StGB/*Ostendorf*, Vor §§ 68-68g Rn. 13. Weiterhin wird bemängelt, dass die Aufsichtsstelle in einigen Bezirken auf die Bestellung der Bewährungshelfer Einfluss nimmt, indem sie der Strafvollstreckungskammer einen zu bestellenden Bewährungshelfer vorschlägt. Hierdurch kann der Eindruck der Überordnung der Aufsichtsstelle entstehen (Vgl. zu den Bedenken: Breuckmann, Innenansichten, Innenansichten, S. 118 (130)).

Führungsaufsichtsprobanden am besten betreut werden sollen.[142] Betreffen die Streitigkeiten hingegen den gem. § 68a Abs. 3 StGB vorrangig den Aufsichtsstellen zugewiesenen Bereich der Überwachung der Führungsaufsichtsprobanden, hat die Bewährungshilfe keine Möglichkeit sich per Gerichtsbescheid gegen die Aufsichtsstellen durchzusetzen. Meinungsverschiedenheiten, die Überwachungsmaßnahmen, und damit die Sicherungsfunktion der §§ 68 ff. StGB betreffen, fallen nicht in den Anwendungsbereich des § 68a Abs. 4 StGB.[143]

Probleme bei dem Vollzug der §§ 68 ff. StGB können dadurch entstehen, dass die Führungsaufsichtsprobanden sowohl von der Bewährungshilfe, wie auch von den Aufsichtsstellen (und evtl den forensischen Ambulanzen), betreut werden.[144] Das folgt aus § 68a Abs. 2, Abs. 7 S. 1 StGB, wo normiert ist, dass Bewährungshilfe, forensische Ambulanzen und Aufsichtsstellen im Einvernehmen miteinander den Führungsaufsichtsprobanden helfend und betreuend zur Seite stehen sollen. Da sich die Aufgabenfelder von Aufsichtsstelle und Bewährungshelfer in dem Aufgabenbereich der Betreuung überlagern, kann es zu Zuständigkeitskonflikten und Kompetenzproblemen kommen.[145] Dieser Umstand birgt die Gefahr in sich, dass die Führungsaufsichtsprobanden, auf Grund der Doppelbetreuung, die beteiligten Institutionen gegeneinander auszuspielen.[146] Das kann in der Form geschehen, dass die Führungsaufsichtsprobanden der Bewährungshilfe den Eindruck vermitteln den Aufsichtsstelle unterlegen zu sein.[147] Weiterhin besteht die Gefahr eines unkoordinierten parallelen Tätigwerdens der beiden Stellen und es droht die Situation, dass sich jede Stelle auf das

---

142 Dies kommt jedoch äußerst selten vor. Vgl. insoweit: Mainz, S. 239 (247). In jüngster Zeit wurde durch die Untersuchung von Baur/Kinzig, S. 143 bestätigt, dass es in der Praxis kaum vorkommt, dass ein zwischen Bewährungshilfe und Aufsichtsstellen bestehender Streit durch die Gerichte entschieden werden muss.

143 Klarstellend sei erwähnt, dass die Überordnung der Aufsichtsstelle nicht so weit geht, dass ihr ein Weisungsrecht gegenüber dem Bewährungshelfer eingeräumt worden ist: Lackner/Kühl, StGB, § 68a Rn. 8; LK-StGB/*Schneider*, § 68a Rn. 13.

144 Traditionell wird noch von Doppelbetreuung gesprochen: Röttle/Wagner, Rn. 998. Nach der Einführung der forensischen Ambulanzen kann es zu einer Situation kommen, in der die Weisungsadressaten von drei Institutionen betreut werden.

145 LK-StGB/*Schneider*, § 68a Rn. 2; LAG Niedersachsen BewHi 1986, 298 (298). Bedenken wurden vom Bundesrat bereits in BT-Drucks. 7/550, S. 469 geäußert.

146 Antons BewHi 1992, 282 (284); Kühnel BewHi 1972, 22 (30).

147 Antons BewHi 1992, 282 (284).

Tätigwerden der anderen verlässt und letztlich alle untätig bleiben.[148] Durch die Mehrfachbetreuung drohen jedenfalls komplizierte und schwerfällige Abstimmungsverfahren.[149] Hierdurch kann wiederum eine resozialisierungsfeindliche Wirkung erzeugt und positive Entwicklungen der Führungsaufsichtsprobanden können behindert werden.[150]

II. Gegenläufigkeit von Betreuungs- und Überwachungsfunktion

Neben der Mehrfachbetreuung und den Kompetenzkonflikten wird in der Literatur häufig die bereits mehrfach erwähnte Zwitterfunktion des Rechtsinstituts beklagt.[151] Die Kritik an der Zwiespältigkeit geht so weit, dass die mit den §§ 68 ff. StGB verfolgten Zwecke den Führungsaufsichtsprobanden einerseits zu helfen und die Allgemeinheit andererseits vor ihnen zu sichern als bis zu einem gewissen Grad antagonistisch bezeichnet werden.[152] Andere behaupten, dass sich die Zwecke in der Regel gegenseitig ausschlössen.[153]

Ein Argument hierfür ist, dass zwischen den beiden Aufgaben der Führungsaufsicht ein Spannungsverhältnis besteht.[154] Diese ohnehin bestehende Spannung wird durch den Straftatbestand des § 145a StGB noch weiter verschärft.[155] Durch § 145a StGB droht die repressive Seite immer dann das dominierende Element der Führungsaufsicht zu werden, wenn auf Grundlage von § 68b Abs. 1 StGB strafbewehrte Weisungen angeordnet werden. Das ist auch deshalb problematisch, weil die Übernahme von Überwachungsaufgaben dem Berufsverständnis vieler Bewährungshelfer widersprechen soll.[156]

148 Konflikte zwischen Aufsichtsstelle und Bewährungshilfe sollen vor allem dort auftreten, wo die Aufsichtsstellen mit Sozialarbeitern besetzt sind. Vgl. hierzu: Wegener, Die Führungsaufsichtsstelle im Kooperationsgefüge der Sozialen Dienste, S. 252 (256 f.).

149 Auf diese Kritik hinweisend: SSW-StGB/*Jehle/Harrendorf*, Vor § 68 Rn. 2.

150 Breuckmann, Innenansichten, S. 118 (125). Für eine klare Trennung der verschiedenen Funktionen spricht sich aus: Rasch, Wie soll es weitergehen mit der Führungsaufsicht, S. 157 (164).

151 Zu den Schwierigkeiten für die Praxis ebenfalls: Klug/Schaitl, S. 26 ff.

152 Lackner/Kühl, StGB, Vor. 68 Rn. 1; Patry/Schrattbauer np 2000, 176 (181 f.) merken zum ähnlichen Konflikt im Rahmen der §§ 56 ff. StGB an, dass der Versuch die Zwecke auszugleichen „fast eine schizoide Rolle" des Bewährungshelfers erzeugt.

153 Horn ZStW 89 (1977), 547 (554). Siehe insofern auch Schipholt NStZ 1993, 470 (470 ff.) zum Parallelproblem bei der Bewährungshilfe.

154 Lackner/Kühl, StGB, § 68a Rn. 1; LK-StGB/*Schneider*, Vor § 68 Rn. 4.

155 NK-StGB/*Ostendorf*, Vor §§ 68-68g Rn. 14.

156 Kaiser, S. 44. Vgl. zum mittlerweile geänderten Selbstverständnis der Bewährungshilfe: Kammermeier BewHi 2013, 159 (171).

Die Gegenläufigkeit der Zwecke kann die Bewährungshilfe insbesondere dann vor konkrete Probleme stellen, wenn Führungsaufsichtsprobanden bei ihr Rat suchen und sie hierdurch Kenntnis von Weisungsverstößen erhalten. Die Bewährungshilfe steht den Führungsaufsichtsprobanden nicht nur helfend und betreuend zur Seite, sondern muss das Interesse der Allgemeinheit wahren vor ihnen geschützt zu werden. Das bedeutet, dass die Bewährungshilfe unter gewissen Umständen Mitteilungspflichten gegenüber der Aufsichtsstelle treffen.[157] Durch das Weiterleiten von Informationen an die Aufsichtsstelle kann jedoch das Vertrauensverhältnis zu den hilfesuchenden Führungsaufsichtsprobanden irreparabel beschädigt werden.

Wird diese Kritik konsequent zu Ende gedacht, liegt die Annahme nahe, dass eine zufriedenstellende Lösung nur erreicht werden kann, wenn die Aufgabe den Führungsaufsichtsprobanden zu helfen gänzlich von derjenigen sie zu überwachen getrennt wird.[158]

III. Abschaffung der §§ 68 ff. StGB und mögliche Reformen

1. Abschaffung der Führungsaufsicht

Teile der Literatur zweifeln die Notwendigkeit des Rechtsinstituts Führungsaufsicht daher ganz grundsätzlich an.[159] Die Kritik an den §§ 68 ff. StGB geht zum Teil soweit, dass ihre vollständige Abschaffung als wünschenswert erachtet wird.[160]

Besonders heftige Kritik am Rechtsinstitut wurde von Seiten der Bewährungshilfe geäußert.[161] Ein Argument für die Abschaffung ist, dass die ohnehin schon hohe Arbeitsbelastung der Bewährungshilfe reduziert werden könnte, wenn sich diese nur mit den Bewährungshilfeprobanden beschäftigen müssten.[162] Indem der Bewährungshilfe die Betreuung der Führungsaufsichtsprobanden

---

157 Fischer, StGB, § 68a Rn. 7; LK-StGB/*Schneider*, § 68a Rn. 21; S/S/*Kinzig*, StGB, § 68a Rn. 10; SK-StGB/*Sinn*, § 68a Rn. 5.

158 Roxin/Stree/Zipf/Jung, S. 98; Zipf JuS 1974, 273 (277).

159 Blau/Schwind, 2. Auflage, S. 369; Zipf JuS 1974, 273 (277). Maurach, Deutsche Strafrecht, S. 905 bezeichnet die Führungsaufsicht als eine verfehlte Maßnahme des Gesetzgebers.

160 Dünkel/Spieß BewHi 1992, 117 (129).

161 Für die Abschaffung sprachen sich aus: LAG Niedersachsen BewHi 1986, 298 (298). Ebenso: LAG Baden-Württemberg BewHi 1986 295 (295).

162 Auf die hohe Arbeitsbelastung der Bewährungshilfe weist hin: SK-StGB/*Sinn*, § 68 Rn. 5.

abgenommen wird, könnte den Bewährungshelfern mehr Zeit verschafft werden, sich um die klassische Klientel der Bewährungshilfe kümmern zu können.

Andere Stimmen bewerten die Abschaffung der §§ 68 ff. StGB zumindest dann als vertretbar, wenn ihr Wegfall durch flankierende Maßnahmen entschärft wird, und die Gesellschaft gleichzeitig bereit ist ihr Sicherheitsbedürfnis zurückzustellen.[163] Zum einen könnten die bestehenden Betreuungs- und Hilfsangebote ausgebaut werden, die die Führungsaufsichtsprobanden auf freiwilliger Basis in Anspruch nehmen können, und die sozialen Dienste im Vollzug gestärkt werden. Zum anderen könnten den Verurteilten auf freiwilliger Basis und zeitlich befristet Bewährungshelfer bestellt werden.[164] Vorteil der freiwilligen Betreuung ist, dass bei den Führungsaufsichtsprobanden der Eindruck vermieden wird, dass sie trotz der vollständigen Verbüßung ihrer Haftstrafe weiter gegängelt werden.

Allerdings kommt diese Ansicht nur bei bedingt entlassenen Verurteilten, die ohnehin der Bewährungshilfe unterstehen, zu vertretbaren Ergebnissen. Weniger überzeugend ist der Lösungsansatz bei Vollverbüßern und Maßregelpatienten, bei denen die Unterbringung für erledigt erklärt worden ist und denen nur Angebote auf freiwilliger Basis gemacht werden können.[165] In diesem Zusammenhang wird auch kritisiert, dass auf freiwilliger Basis beruhende Angebote nicht flächendeckend im gesamten Bundesgebiet vorhanden sind.[166]

Ein weiteres Argument für die Beibehaltung der Führungsaufsicht kann aus der Funktion, die das Rechtsinstitut im strafrechtlichen Sanktionensystem erfüllen soll, abgeleitet werden. Durch die §§ 68 ff. StGB wurden die strafrechtlichen Kontrollmöglichkeiten ausgeweitet. Nun können Straftäter erreicht werden, deren Haftstrafe nicht gem. § 56 ff. StGB zur Bewährung ausgesetzt werden konnte und, die daher nach ihrer Entlassung nicht unter Bewährungshilfe stehen.[167] Dies ist wichtig, weil nicht in allen Fällen darauf vertraut werden kann, dass die Täter ohne die Führungsaufsicht zu einer freiwilligen Kooperation mit der Bewährungshilfe bereit wären. In bestimmten Fällen ist es zudem unrealistisch zu erwarten, dass sich die Führungsaufsichtsprobanden aus eigenem Antrieb um Hilfe bemühen werden.[168] Speziell bei erheblich kriminalitäts- und

---

163 Lemke/Vetter BewHi 1992, 146 (151).

164 Vgl. zu dieser Argumentation: Lemke/Vetter BewHi 1992, 146 (148 f.).

165 Dünkel/Spieß BewHi 1992, 117 (129).

166 Schöch, Gutachten, S. 111.

167 Floerecke, Was leistet die Führungsaufsicht? S. 51 (74). Vgl. auch: Böhm, Rn. 403, der das Rechtsinstitut für sehr begrüßenswert hält.

168 Dieser Vorschlag wurde auch vom 59. Deutscher Juristentag abgelehnt (Vgl. Deutscher Juristentag NJW 1992, 3016 (3023)).

rückfallgefährdeten Personen zeigt die Erfahrung, dass diese Tätergruppen häufig nicht in der Lage sind sich selbstständig Hilfe zu suchen.[169] Von den Führungsaufsichtsprobanden kann jedenfalls nicht mehr Kooperationsbereitschaft erwartet werden, als von der Gruppe der Bewährungshilfeprobanden, die immerhin über eine positive Legalprognose verfügt.

Ohne die §§ 68 ff. StGB gäbe es keine Möglichkeit Straftäter zu überwachen, die nach ihrer Entlassung noch gefährlich sind. In diesen Fällen besteht jedoch ein kriminalpolitisches Bedürfnis die Täter auf ihrem Weg zurück in die Freiheit zu begleiten, weil sie nach der vollständigen Vollstreckung ihrer Haftstrafe mit einer schlechten Legalprognose aus dem Vollzug entlassen worden sind. Gerade in diesen Situationen darf der Sicherungsgedanke nicht hinten angestellt werden[170]

Unter Berücksichtigung dieser Argumente ist das Bedürfnis nach einer Sonderbetreuung der Führungsaufsichtsprobanden anzuerkennen. Das gilt, obwohl die Charakterisierung der Führungsaufsicht als „Bollwerk zur Kriminalitätsbekämpfung"[171] schon wegen der praktischen Vollzugsmängel, die beispielsweise aus der geringen Anzahl von Mitarbeitern an den Aufsichtsstellen resultieren, nicht überzeugen kann. Schon auf dem 59. Deutschen Juristentag wurde der Forderung nach Abschaffung der §§ 68 ff. StGB mit großer Mehrheit widersprochen.[172] Auf das Rechtsinstitut kann schon deshalb nicht verzichtet werden, weil es als Mittel der Aufsicht und Kontrolle nach wie vor erforderlich ist.[173] Die Führungsaufsicht erfüllt zudem eine kriminalpolitisch und sozialpädagogisch bedeutsame Funktion.[174] Ein Großteil der vorgetragenen Kritik bezieht sich zudem auf behebbare Mängel im Verhältnis der an der Führungsaufsicht beteiligten Institutionen. Die Vorteile, die die Führungsaufsicht bei sachgerechter Anwendung bietet, werden hingegen selten in Zweifel gezogen.[175] Durch das Rechtsinstitut können kriminell besonders gefährdete Personen sinnvolle amtliche Unterstützung erhalten.[176] Insbesondere wenn der Eintritt der

169 Neubacher BewHi 2004, 73 (76).

170 Lackner/Kühl, StGB, Vor. § 68 Rn. 1; Nißl, NStZ 1995, 525 (525).

171 Anm. Ostendorf zu OLG München, ZJJ 2004, 199 (199).

172 Deutscher Juristentag NJW 1992, 3016 (3023). So auch die Mehrheit der Bundesländer im Jahr 2004: Sonderausschuss, Unveröffentlichter Bericht, S. 57.

173 ArG Niedersachsen BewHi 1987, 213 (213).

174 AK Führungsaufsichtsstellen BewHi 1988, 237 (237).

175 Nißl NStZ 1995, 525 (525).

176 Böhm, Rn. 403.

Führungsaufsicht auf Fälle schwerwiegender Kriminalität begrenzt wird, ist sie ein taugliches kriminalpolitisches Instrument.[177]

2. *Abschaffung der Führungsaufsicht kraft Richterspruchs (§ 68 Abs. 1 StGB)*

Weiterhin wird die Abschaffung der Führungsaufsicht kraft Richterspruchs (§ 68 Abs. 1 StGB) gefordert.

Problematisch an § 68 Abs. 1 StGB ist, dass die Richter die Gefahr, dass die Verurteilten, und späteren Führungsaufsichtsprobanden, weitere Straftaten begehen werden, bereits im Urteil feststellen müssen.[178] Die Vornahme dieser antizipierten Prognose bereitet in der Praxis erhebliche Schwierigkeiten.[179] Es ist höchst zweifelhaft wie die Richter im Zeitpunkt der Aburteilung in der Lage sein sollen zu prognostizieren, welchen Einfluss der Strafvollzug auf die Verurteilten haben wird.[180] Es ist durchaus möglich, dass sich die Verurteilten im Zeitraum zwischen Aburteilung und der Entlassung aus dem Strafvollzug positiv entwickeln. Diese Entwicklung kann zu dem Wegfall ihrer Gefährlichkeit führen, sodass die Führungsaufsicht nicht mehr erforderlich ist. Dennoch würden die im Vollzug resozialisierten Straftäter nach ihrer Entlassung staatlich kontrolliert werden. Hierdurch droht die Blockade von Ressourcen, die die Aufsichtsstellen tatsächlich betreuungsbedürftigen Probanden zuwenden sollten. Darüber hinaus werden unter Umständen Personen überwacht, die mittlerweile für die Allgemeinheit überhaupt nicht mehr gefährlich sind. Um dieses unbillige Ergebnis zu vermeiden, und den Eintritt der Führungsaufsicht zu verhindern, wird vertreten, dass § 68f Abs. 2 StGB[181] oder die §§ 68e, 68g Abs. 2 StGB[182] entsprechend

---

177 So schon: Baumann, S. 220 zur Sicherungsaufsicht.

178 Fischer, StGB, § 68 Rn. 5; Lackner/Kühl, StGB, § 68 Rn. 4; LK-StGB/*Schneider*, § 68 Rn. 14; S/S/*Kinzig*, StGB, § 68 Rn. 8.

179 Dieses Problem tritt nur bei Freiheitsstrafen von unter zwei Jahren auf und nur dann, wenn sie vollständig vollstreckt worden sind. Bei höheren Freiheitsstrafen geht die kraft Gesetzes eingetretene Führungsaufsicht der Führungsaufsicht kraft Richterspruchs vor, § 68e Abs. 1 S. 1 Nr. 3 StGB. Wurde die Strafe zur Bewährung ausgesetzt oder ist eine Reststrafaussetzung erfolgt, kann das Ruhen der Führungsaufsicht auf Grundlage des § 68g Abs. 2 StGB angeordnet werden. Mit Straferlass endet die Führungsaufsicht gem. § 68g Abs. 3 StGB.

180 Vgl. zu dieser Problematik: NK-StGB/*Ostendorf*, § 68 Rn. 10.

181 AG Hamburg MDR 1989, 180 (180); S/S/*Kinzig*, StGB, § 68 Rn. 8; SK-StGB/*Sinn*, § 68 Rn. 13; a.A. OLG Düsseldorf NStZ 1995, 34 (34); OLG Hamm MDR 1983, 953 (954).

182 MüKo-StGB/*Groß*, § 68 Rn. 9.

auf § 68 Abs. 1 StGB anzuwenden sind, um das Entfallen der Führungsaufsicht zu ermöglichen.

Jedoch zeigt bereits die Notwendigkeit eines solchen Kunstgriffs wie misslungen die Führungsaufsicht kraft Richterspruchs ist. § 68 Abs. 1 StGB liegt die Vorstellung zugrunde, dass bestimmte Tätergruppen einer dauerhaften Überwachung bedürfen.[183] Zudem ist der Anordnungsgrund überflüssig, da mit den freiheitsentziehenden Sanktionen und der Bewährungshilfe Alternativen zur Verfügung stehen, die ebenfalls geeignet sind, die Begehung weiterer Straftaten zu verhindern.[184]

Trotz dieser überzeugenden Argumente hat sich der Gesetzgeber dagegen entschieden, die richterlich angeordnete Führungsaufsicht abzuschaffen. Dies geschah in dem Wissen, dass § 68 Abs. 1 StGB in der Praxis ohnehin nur eine marginale Rolle spielt. Der Gesetzgeber stellte sich auf den Standpunkt, dass der ihm bei der Entscheidung über die Abschaffung der Norm zustehende Spielraum durch das Bedürfnis der Bevölkerung nach Sicherheit begrenzt sei.[185] Zudem wird vorgebracht, dass eine, ohne zwingenden Grund vorgenommene, Abschaffung des § 68 Abs. 1 StGB nicht sinnvoll sei, da die richterliche Führungsaufsicht in Einzelfällen einen Beitrag zur Stabilisierung der Lebensführung leisten könnte.[186]

Diese Argumente können jedoch weder in rechtlicher noch tatsächlicher Hinsicht überzeugen. Die geringe praktische Bedeutung des § 68 Abs. 1 StGB spricht vielmehr dagegen, dass das Sicherheitsbedürfnis der Bevölkerung die Beibehaltung der Norm erforderlich macht. Andernfalls müssten die Gerichte weit häufiger von der Möglichkeit Gebrauch machen die Führungsaufsicht auf Grundlage von § 68 Abs. 1 StGB anzuordnen. Die geringe Zahl der Anordnungen deutet vielmehr darauf hin, dass die Gerichte, die gegen § 68 Abs. 1 StGB vorgebrachten Einwände ernst nehmen und Bedenken haben bereits im Urteil eine negative Prognose für die Zeit nach der Strafverbüßung zu stellen.[187] Für die Abschaffung des § 68 Abs. 1 StGB spricht ebenfalls, dass die Führungsaufsicht so effektuiert werden könnte. Die Maßregel könnte gezielt auf Tätergruppen angewendet werden, die der Führung durch die Aufsichtsstelle tatsächlich

183 Jescheck/Weigend, AT, S. 824.

184 Dessecker BewHi 2007, 276 (280).

185 BT-Drucks. 16/1993, S. 13 f.

186 Böhm, Maßregelrecht im Wandel, S. 23 (32), der sich auf den Sonderausschuss für die Strafrechtsreform beruft.

187 Schöch NStZ 1992, 364 (370).

bedürfen.[188] Konsequenterweise hat sich auch der 59. Deutsche Juristentag für die Abschaffung der Führungsaufsicht kraft richterlicher Anordnung ausgesprochen.[189]

3. *Weitere Reformvorschläge der Führungsaufsicht*

Erkennt man an, dass es Personen gibt, die nach ihrer Entlassung einer Sonderbetreuung in Form der Führungsaufsicht bedürfen, stellen sich die Folgefragen, ob und wenn ja, wie die §§ 68 ff. StGB geändert werden sollen.[190] Insofern werden Änderungen vorgeschlagen, die rein organisatorischer Natur sind und solche die eine Reform der §§ 68 ff. StGB erforderlich machen würden.

a. *Korrekturen im Rahmen der Organisation und des Gesetzesvollzugs*

Eine erste Möglichkeit die Mängel der Führungsaufsicht zu beheben, besteht darin, Änderungen in der Organisation und in der Art und Weise, in der die §§ 68 ff. StGB von der Praxis angewandt werden, vorzunehmen.[191]

Diesem Vorschlag liegt die Erkenntnis zugrunde, dass sich die Tätigkeit der Aufsichtsstellen häufig in der aktenmäßigen Verwaltung des ihr unterstellten Personenstammes erschöpft.[192] Um das Verkümmern der Aufsichtsstellen zu einer bloßen Überwachungsinstanzen zu verhindern, wird vorgeschlagen, ihre Mitarbeiter von ihren sonstigen Verpflichtungen zu entbinden.[193] Hierdurch soll ihnen mehr Zeit für den Vollzug der Führungsaufsicht verschafft werden.[194] Eine weitere Möglichkeit die Durchführung der Führungsaufsicht zu effektuieren, besteht darin die Zuständigkeitsbereiche der Aufsichtsstellen zu verkleinern. Hierdurch kann ein direkter Kontakt zwischen den Aufsichtsstellen und

---

188 Schöch, Gutachten, S. 112.

189 Deutscher Juristentag NJW 1992, 3016 (3023). Schöch NStZ 1992, 364 (370) schlug schon 1992 vor solange freiwillig auf die Anwendung des § 68 Abs. 1 StGB zu verzichten, bis sich der Gesetzgeber zur Streichung der Norm entscheidet. Dölling ZStW 104 (1992), 259 (288) spricht sich dafür aus die Streichung zumindest zu prüfen.

190 Lemke GA 1992, 235 (236 f.), der einige der möglichen Veränderungen in seiner Rezension kurz darstellt.

191 Nißl NStZ 1995, 525 (528) sieht eine Änderung des Gesetzes als nicht vordringlich an.

192 Für Baden-Württemberg: Schulz, S. 166.

193 Vgl. insoweit Schulz, 163, der von ähnlichen Vorschlägen aus der Praxis berichtet.

194 Brusten BewHi 1972, 201 (213) empfiehlt alle Mitarbeiter der Aufsichtsstelle von der Bindung an andere Institutionen und Aufgaben zu befreien; Jacobsen, Führungsaufsicht und ihre Klientel, 186: Eine effektive Führungsaufsicht fordert die ungeteilte Aufmerksamkeit der in der Aufsichtsstelle tätigen Personen.

den Weisungsadressaten ermöglicht werden.[195] Zudem werden mehr forensische Ambulanzen und ausreichend viele Krisenbetten im Maßregelvollzug benötigt.[196]

Durch die Umsetzung der Reformen und die Verbesserung der organisatorischen Strukturen soll die Führungsaufsicht in die Lage versetzt werden, einen nennenswerten Beitrag zur Rückfallvermeidung zu leisten. In diesem Zusammenhang lohnt sich der Blick auf zwei Modellprojekte („Intensivierte Führungsaufsicht" im LG Bezirk Kiel und „Konzentrierte Führungsaufsicht" im LG Bezirk Darmstadt), in denen es gelungen ist, die Führungsaufsicht nach diesen Maßstäben aufzubauen und den Probanden die benötigte Betreuung zukommen zu lassen. Bei den Projekten wurde festgestellt, dass Rückfälle vermieden werden können, wenn Hilfe und Betreuung in intensiver Form geleistet werden.[197]

Vorteil dieser Reformvorschläge ist, dass ein wirkungsvollerer Vollzug der Führungsaufsicht ermöglicht werden kann, ohne dass ein aufwändiges Gesetzgebungsverfahren durchgeführt werden muss. Allerdings drängen sich mit Blick auf die ökonomischen Folgen der Vorschläge Zweifel auf, ob sie tatsächlich umgesetzt werden können. Sämtliche der vorgeschlagenen Maßnahmen sind mit Mehrkosten verbunden, weshalb zweifelhaft ist, ob die Bundesländer bereit sind die genannten Vorschläge aufzugreifen und umsetzen.

b. Änderung der Aufgabenverteilung

Eine weitere Möglichkeit die Mängel der Führungsaufsicht zu beheben besteht darin die in § 68a StGB enthaltenen Aufgabenverteilung zwischen Aufsichtsstellen und Bewährungshilfe zu modifizieren.

Die Aufgabe der Betreuung und die der Überwachung könnten jeweils ausschließlich einer Stelle zugewiesen werden. Der Kompetenzkonflikt zwischen Aufsichtsstellen und Bewährungshilfe könnte zum einen dadurch aufgelöst werden, dass den Aufsichtsstellen die ihnen aktuell übertragenen Aufgaben vollständig entzogen werden. Folge wäre, dass die Bewährungshilfe die Aufgabe der Betreuung und Überwachung vollständig übernehmen müsste und die Aufsichtsstellen nur noch Verwaltungsaufgaben zu erfüllen hätten.[198] Zum anderen könnte der Kompetenzkonflikt aufgelöst werden, indem die Aufgabe des Helfens und Betreuens vorrangig der Bewährungshilfe zugewiesen wird.[199]

195 Schulz, 164.
196 Schneider NStZ 2007, 441 (447).
197 Kwaschnik, S. 461 f., S. 465.
198 Vgl. hierzu: Ruderich, S. 87.
199 Vgl. zu diesem Vorschlag: Antons BewHi 1992, 282 (285).

Die Aufsichtsstellen wären hingegen für die Überwachung und eine eventuell notwendige Sanktionierung der Weisungsadressaten zuständig.[200] Ziel des zweiten Vorschlags ist es, die Bewährungshilfe von ihren Überwachungsaufgaben zu entlasten, damit ihr ausreichend Ressourcen zur Verfügung stehen, um die ihr obliegenden Betreuungsaufgaben ordnungsgemäß erfüllen zu können.

In eine ähnliche Richtung geht der Vorschlag, den Aufsichtsstellen in erster Linie die Koordination der Entlassungsvorbereitung und die Durchführung der Führungsaufsicht zu übertragen.[201] Die Bewährungshilfe soll hingegen für die Vermittlung der notwendigen sozialtherapeutischen Maßnahmen zuständig sein und sich um sonstige unmittelbare Hilfen für die Führungsaufsichtsprobanden kümmern.[202] Weiterhin könnten, die Aufsichtsstellen in einen eigenständigen sozialen Dienst der Justiz umgewandelt werden. Dies könnte geschehen, indem den Führungsaufsichtsstellen therapeutische Zentren angegliedert werden.[203] Alternativ könnten sie zu einer „Intensivstation der Straffälligenhilfe“[204] ausgebaut werden. Weitere Möglichkeiten sind es, die Aufsichtsstellen zu einem sozialpädagogischen und sozialtherapeutischen Dienstleistungszentrum aufzuwerten[205] oder in ein der Bewährungshilfe zur Verfügung stehendes Beratungszentrum umzuwandeln[206]. Wieder andere schlagen vor die Aufsichtsstellen als Kontaktstellen zu verstehen, die das Zusammenwirken von Gericht, Staatsanwaltschaft, Bewährungshelfern, Gerichtshelfern, Polizei und sonstigen Behörden koordinieren.[207] Alle diese Vorschläge weißen die Gemeinsamkeit auf, dass in den reformierten Aufsichtsstellen Sozialarbeiter und Bewährungshelfer beschäftigt sein sollen, die speziell für diese Aufgabe geschult wurden.[208]

Zudem könnten drohenden Kompetenzstreitigkeiten vorgebeugt werden, indem die Aufgaben von Aufsichtsstelle und Bewährungshilfe anhand von

200 Vgl. zu diesem Vorschlag: Antons BewHi 1992, 282 (285).

201 Schwind/Blau, 1. Auflage, S. 415 f.

202 Vgl. zu diesem Vorschlag: Jacobsen KrimJ 1985, 113 (116); Schwind/Blau, 1. Auflage, S. 415 f.

203 So unter Verweis auf den Sonderausschuss für die Strafrechtsform: von Bülow, Führungsaufsicht und Führungsaufsichtsstellen, S. 145 (149).

204 Vgl. hierzu: Schöch, Die Rechtswirklichkeit und präventive Effizienz strafrechtlicher Sanktionen, S. 291 (316): Zumindest in den Fällen des § 67d Abs. 2 StGB soll sie diesem Ideal nahekommen.

205 NK-StGB/*Freehse/Ostendorf*, 2. Auflage, Vor §§ 68-68g Rn. 19.

206 Jacobsen, Führungsaufsicht und ihre Klientel, S. 186.

207 Röttle/Wagner, Rn. 1005.

208 ArG Niedersachsen BewHi 1987, 213 (214).

zeitlichen Kriterien verteilt werden. Nach dem ersten Kontaktgespräch mit dem Führungsaufsichtsprobanden treffen Aufsichtsstellen und Bewährungshilfe eine inoffizielle Vereinbarung, in der sie festlegen, wer von ihnen die Führungsaufsichtsprobanden betreuen soll.[209] Um eine optimale Betreuung sicherzustellen, sollten Bewährungshilfe und Aufsichtsstellen während der Dauer der Durchführung der Führungsaufsicht in regelmäßigen Abständen Fallbesprechungen durchführen.[210] Die Häufigkeit und der Umfang dieser Besprechungen orientieren sich am jeweiligen Einzelfall.[211] Die zurücktretende Stelle wird erst aktiv, wenn sie von der federführenden Stelle darum gebeten wird. In eine ähnliche Richtung geht der Vorschlag, die direkte Einwirkung auf die Führungsaufsichtsprobanden primär der Bewährungshilfe zu überlassen.[212] Die Aufsichtsstellen sollen die Bewährungshilfe in erster Linie unterstützen und nur mittelbar auf die Führungsaufsichtsprobanden einwirken. Folge dieses Vorschlags ist allerdings, dass die Bewährungshilfe faktisch nicht nur helfend und betreuend tätig sein kann, sondern ebenfalls Überwachungsaufgaben wahrnehmen muss.

Gegen diese Lösungsansätze spricht jedoch, dass durch die Übernahme der Überwachungsaufgaben durch die Bewährungshilfe das Vertrauensverhältnis zwischen Bewährungshelfer und Führungsaufsichtsprobanden noch weiteren Schaden nehmen würde. Wenn die Führungsaufsichtsprobanden damit rechnen müssen, dass die Bewährungshilfe beim Vorliegen gewisser Umstände auf das Stellen eines Strafantrags nach § 145a S. 2 StGB hinwirkt, ist es unwahrscheinlich, dass sich zwischen den beiden Beteiligten eine offene Gesprächsatmosphäre entwickelt. Die Gewichtigkeit dieser Bedenken wird untermauert, wenn berücksichtigt wird, dass schon jetzt ein nicht unerheblicher Teil der Bewährungshelfer ihre vorrangige Aufgabe darin sieht die Führungsaufsichtsprobanden zu kontrollieren und überwachen.[213] Es wird zudem verkannt, dass auch hochgradig gefährliche Täter in den Anwendungsbereich der §§ 68 ff. StGB fallen, die der Überwachung durch die Aufsichtsstellen bedürfen. Die Bewährungshilfe, deren Kernkompetenz das Leisten von Hilfe und Betreuung ist, kann diese Aufgabe nicht gleichwertig erfüllen. Da etliche der obigen Reformvorschläge die

---

209 Schöch NStZ 1992, 364 (371).

210 Breuckmann, Innenansichten, S. 118 (131 f).

211 Breuckmann, Innenansichten, S. 118 (131 f).

212 Quadt BewHi 1976, 121 (124).

213 Vgl. hierzu Baur/Kinzig, S. 150 f.: 48,2 % der befragen Bewährungshelfer gaben an, dass ihre Arbeit eher sichernd als betreuend motiviert ist. Nur 18,4 % der befragten Bewährungshelfer charakterisieren ihre Arbeit als eher oder ausschließlich bessernd.

Betreuungsfunktion der Führungsaufsicht zu weit in den Vordergrund rücken, sind sie im Ergebnis abzulehnen.

c. Führungsaufsicht als reines Kontrollinstrument

Weiterhin wird vorgeschlagen die Aufgabe der Führungsaufsicht darauf zu beschränken die Führungsaufsichtsprobanden zu kontrollieren.[214] Demzufolge sollen diejenigen Täter aus dem Anwendungsbereich der §§ 68 ff. StGB ausscheiden, die ohnehin schon unter Bewährungshilfe stehen.[215] Ziel ist es den Anwendungsbereich der Führungsaufsicht auf gefährliche Täter zu beschränken, die in besonderem Maße der Überwachung bedürfen. Auf die Bestellung eines Bewährungshelfers soll daher verzichtet werden können. Vorteil dieses Lösungsansatzes ist die hierdurch eintretende Entlastung der Bewährungshilfe, die die Führungsaufsichtsprobanden nicht mehr betreuen müssen. Ein weiterer Vorteil ist, dass die Gruppe der besonders gefährlichen Täter, die zu dem Schutz der Allgemeinheit überwacht werden muss, und bei der die Überwachungsfunktion im Vordergrund steht, effektiv und sachgerecht betreut werden kann.

Hiergegen spricht allerdings, dass die Führungsaufsicht zur Polizeiaufsicht zurückentwickelt werden würde. Die Polizeiaufsicht wurde gerade deswegen abgeschafft, weil sie sich in der Praxis als stigmatisierend erwiesen und die von ihr Betroffenen vielfach von der Resozialisierung abgehalten hat.[216] Unter Berücksichtigung dieser Erfahrungen hat der Gesetzgeber die §§ 68 ff. StGB eingeführt. In den Paragraphen kommt der Wunsch zum Ausdruck Betreuungs- und Überwachungsfunktion in einen angemessenen Ausgleich zu bringen. Sofern die Aufsichtsstelle zu einer reinen Kontrollbehörde umfunktioniert werden würde, würde der gesetzgeberische Wille unterlaufen und die Führungsaufsicht in die Nähe der Polizeiaufsicht gerückt. Das ist nicht mit dem Ziel der Strafrechtsreform vereinbar, durch die versucht werden sollte die Defizite der Polizeiaufsicht zu überwinden.[217]

---

214 Vgl. hierzu: Lemke/Vetter BewHi 1992, 146 (149 f.).

215 Das ist beispielsweise in den Fällen der Fall, in denen die Unterbringung im Maßregelvollzug zur Bewährung ausgesetzt worden ist.

216 Vgl. hierzu Gliederungspunkt § 2.

217 In diesem Zusammenhang wird allerdings vertreten, dass sich die Führungsaufsicht durch das FührAufRefG bereits zur Sicherungsaufsicht zurückentwickelt habe: Pollähne, FS Kargl, S. 425 (435).

d. Vollstreckungsaussetzung mit gleichzeitiger Bewährungsunterstellung

Ein weiterer Vorschlag ist es, die §§ 68 ff. StGB durch ein Konzept der Vollstreckungsaussetzung mit gleichzeitiger Bewährungsunterstellung zu ersetzen.[218]

Keine Besonderheiten bestehen für Täter, denen eine positive Legalprognose gestellt werden konnte, und die deshalb aus dem Straf- oder Maßregelvollzug entlassen worden sind. Diese Personen stehen ohnehin gem. §§ 56 ff. StGB unter der Aufsicht eines Bewährungshelfers. Besonderheiten bestehen hingegen bei Verurteilten, deren Strafe nicht zur Bewährung ausgesetzt werden konnte und bei Untergebrachten, deren Maßregel für erledigt erklärt worden ist. Damit auf diese Personen nach der Entlassung noch Druck ausgeübt werden kann, wird vorgeschlagen, einen Rest der Strafe obligatorisch zur Bewährung auszusetzen. Das bedeutet, dass bei Verurteilten, die über keine positive Legalprognose verfügen automatisch ein Strafrest zur Bewährung ausgesetzt werden müsste, ohne dass es hierfür einer Prognoseentscheidung der Strafvollstreckungskammer bedürfte.[219] Für die Verurteilten hat dieser Lösungsansatz den Vorteil, dass sie sich Stück für Stück an die neu gewonnene Freiheit gewöhnen können. Während der Bewährungszeit werden die aus dem Strafvollzug Entlassenen, unabhängig davon, ob sie mit einer positiven oder negativen Prognose aus dem Vollzug entlassen wurden, durch den verbleibenden Strafrest animiert, an ihrer eigenen Resozialisierung mitzuwirken. Ein weiterer Vorteil besteht darin, dass der bei Vollverbüßern häufig vorhandene Eindruck vermieden wird, dass es sich bei der Führungsaufsicht um ein zusätzliches und nicht gerechtfertigtes Übel handelt.[220] Schließt sich die Führungsaufsicht an eine voll verbüßte Haftstrafe an, sehen die Führungsaufsichtsprobanden ihre Schuld vielfach als ausgeglichen und eine in Freiheit erfolgende staatliche Einwirkung als nicht gerechtfertigt an. Indem dieser Eindruck bei den Führungsaufsichtsprobanden vermieden wird, kann verhindert werden, dass sie sich gegen die Führungsaufsicht und die ihnen auferlegten Verhaltensregeln auflehnen.

Trotz dieses berechtigten Anliegens ist der Vorschlag im Ergebnis abzulehnen, da er das Spannungsverhältnis von Betreuung und Überwachung einseitig zugunsten der Verurteilten auflöst. Es ist nicht gerechtfertigt Personen trotz negativer Legalprognose aus dem Vollzug zu entlassen und hierdurch die Allgemeinheit der Gefahr auszusetzen, dass die Entlassenen erneut straffällig werden. Zudem muss berücksichtigt werden, dass die Vorgabe des § 57 StGB, dass eine

218 Vgl. hierzu: Lemke/Vetter BewHi 1992, 146 (149 f.).

219 Neubacher NKrimP 2005, 28 (29).

220 Auf diese Gefahr weist hin: Neubacher BewHi 2004, 73 (74).

positive Legalprognose Voraussetzung für die vorzeitige Entlassung aus dem Strafvollzug ist, in ihr Gegenteil verkehrt werden würde. Bei der Einführung einer obligatorischen Strafaussetzung würde eine besonders negative Sozialprognose dazu führen, dass die Verurteilten aus dem Vollzug entlassen werden.[221] Neben dem Widerspruch zu § 57 StGB spricht vor allem der Umstand, dass den Verurteilten jedwede Motivation genommen wird im Strafvollzug an ihrer Resozialisierung mitzuwirken, gegen diesen Lösungsansatz. Da die Verurteilten wissen, dass sie ohnehin vorzeitig aus dem Vollzug entlassen werden, bestehen für sie keinerlei Anreize die ihnen im Vollzug angebotenen Resozialisierungsmöglichkeiten in Anspruch zu nehmen.

e. *Nacheinander von Bewährungshilfe und Führungsaufsicht*

Eine weitere Alternative zu der aktuellen Gesetzeslage wäre es, jede Führungsaufsicht als Bewährungshilfe beginnen zu lassen.[222] So würde jedem Führungsaufsichtsprobanden die Möglichkeit eröffnet, durch gesetzeskonformes Verhalten den Eintritt der freiheitsbeschränkenden Maßregel Führungsaufsicht zu verhindern. Zudem würden die Führungsaufsichtsprobanden motiviert an den Resozialisierungsbemühungen der Bewährungshilfe mitzuwirken. Erst wenn sich herauskristallisiert, dass die Führungsaufsichtsprobanden nicht bereit sind sich an ihrer sozialen Wiedereingliederung zu beteiligen, und sie sich den helfenden Maßnahmen entziehen, ordnen die Gerichte den Vollzug der Führungsaufsicht an. Ab diesem Zeitpunkt scheiden die Betroffenen aus dem Zuständigkeitsbereich der Bewährungshilfe aus und werden in die Zuständigkeit der Aufsichtsstellen überführt. Folge des Zuständigkeitswechsels wäre, dass Zuwiderhandlungen gegen die angeordneten Weisungen eine strafrechtliche Sanktion nach sich ziehen können. Die Sanktion soll jedoch nicht in Form einer Strafe, sondern in Form einer freiheitsentziehenden Maßnahme eintreten.[223]

Kritisch an diesem Vorschlag ist allerdings der Automatismus, nach dem der Betreuungsfunktion zu Beginn der Führungsaufsicht stets der Vorrang gegenüber der Überwachungsfunktion eingeräumt werden soll. Hierdurch können Situationen erzeugt werden, in denen der Schwerpunkt der staatlichen Einwirkung, zulasten der Allgemeinheit, auf die Betreuung der Führungsaufsichtsprobanden gelegt wird. Insofern wird verkannt, dass es Straftäter gibt, bei denen bereits im Zeitpunkt ihrer Entlassung klar ist, dass die Allgemeinheit vor ihnen

221 Lemke/Vetter BewHi 1992, 146 (149 f.).
222 Bewährungshilfe e.V. Bonn BewHi 1968, 115 (121 f.).
223 Bewährungshilfe e.V. Bonn BewHi 1968, 115 (122).

geschützt werden muss. In diesen Fällen kann es nicht verantwortet werden, die Führungsaufsicht als Bewährungshilfe beginnen zu lassen und dem betreuenden Element den Vorrang einzuräumen.

Selbst wenn man dies anders beurteilen sollte, stehen dem Vorschlag zudem rechtliche Gründe entgegen. Mit Eintritt der Führungsaufsicht sollen Weisungsverstöße durch eine freiheitsentziehende Maßnahme sanktioniert werden. Was unter dem Begriff freiheitsentziehende Maßnahme zu verstehen ist, wird nicht näher erläutert und bleibt nebulös. Da die Einführung eines Straftatbestands abgelehnt wird, kann nur eine freiheitsentziehende Maßregel der Besserung und Sicherung gemeint sein. Von den durch das StGB zur Verfügung gestellten freiheitsentziehenden Maßregeln käme einzig die Sicherungsverwahrung in Betracht. Allerdings lassen die §§ 66 ff. StGB in ihrer derzeitigen Form die Anordnung der Sicherungsverwahrung bei Weisungsverstößen nicht zu. Einzig, wenn eine Verurteilung nach § 145a StGB erfolgt ist, kann dies unter den hohen Voraussetzungen des § 66 Abs. 1 S. 1 Nr. 1 lit. c StGB der Fall sein. Mit Blick auf den Verhältnismäßigkeitsgrundsatz ist es allerdings schwer vertretbar, darüber hinaus die Anordnung der Sicherungsverwahrung als Reaktionsmöglichkeit auf bloße Weisungsverstöße zu dem Regelfall zu machen, um hierdurch § 145a StGB zu ersetzen.

f. Das Entflechtungsmodell

Nach dem sog. Entflechtungsmodell ist eine Reform der §§ 68 ff. StGB schon deshalb notwendig, weil die der Führungsaufsicht ursprünglich zugedachte Aufgabe, die Weisungsadressaten zu betreuen und zu überwachen, in der Praxis nicht erreicht wird. Ziel des Entflechtungsmodells ist es die Führungsaufsicht von Personen zu entlasten, die ein vergleichsweise geringes Rückfallrisiko aufweisen.[224] Dieses Ziel kann erreicht werden, indem die Anordnung der Führungsaufsicht auf besonders problematische Fälle beschränkt wird. Es wird vorgeschlagen die Führungsaufsicht nur bei Vollverbüßern (§ 68f Abs. 1 StGB), Personen, die wegen Therapieunfähigkeit aus der Entziehungsanstalt entlassen wurden (§ 67d Abs. 5 StGB) und Personen, die nach zehn Jahren aus der Sicherungsverwahrung entlassen worden sind (§ 67d Abs. 3 StGB), eintreten zu lassen. Ein weiterer Vorschlag ist die Führungsaufsicht in den Fällen des § 68f Abs. 1 S. 1 StGB nicht pauschal mit der vollständigen Verbüßung der

224 Neubacher NKrimP 2005, 28 (29); Neubacher BewHi 2004, 73 (77 f.). LK-StGB/*Schneider*, Vor § 67 Rn. 27a, 27c steht diesem Vorschlag positiv gegenüber.

Freiheitsstrafe eintreten zu lassen, sondern auf einen harten Kern von schwerwiegenden Fällen zu beschränken.[225]

Ein großer Vorteil dieser Lösung besteht darin, dass durch die Reduzierung der Fälle, in denen die Führungsaufsicht kraft Gesetzes eintritt (§ 68 Abs. 2 StGB), gewährleistet werden kann, dass die staatliche Kontrolle von aus dem Straf- und Maßregelvollzug entlassenen Personen nicht zu weit ausgedehnt wird. Zudem können durch die Beschränkung der Eintrittsvoraussetzungen Kapazitäten bei den Aufsichtsstellen freigesetzt werden, die diese dann besonders rückfallgefährdeten Täter zuwenden können.

Allerdings sprechen insbesondere die Fälle, in denen die Führungsaufsichtsprobanden mit einer positiven Legalprognose aus dem Vollzug entlassen werden dagegen, den Anwendungsbereich der §§ 68 ff. StGB zu beschränken. Um zu verhindern, dass die Führungsaufsichtsprobanden durch die Beschränkung der Eintrittsgründe mittelbar stärker belastet werden, bietet sich eine andere Lösung an. Die Führungsaufsicht sollte in den Fällen, in denen sie auf Grundlage der §§ 67b Abs. 2, 67c Abs. 1 S. 1, 67c Abs. 2 S. 4, 67d Abs. 2 S. 3 StGB eingetreten ist, nicht kraft Gesetzes eintreten. Vielmehr sollte die Entscheidung über den Eintritt der Führungsaufsicht in das Ermessen des über die Aussetzung zur Bewährung entscheidenden Gerichts gestellt werden. Hierdurch kann sichergestellt werden, dass stets die Möglichkeit offen steht die Führungsaufsicht anzuordnen, wenn das Voraussetzung dafür ist die Unterbringung im Maßregelvollzug zur Bewährung auszusetzen, ohne dass zugleich ein dahingehender Automatismus besteht.

IV. Stellungnahme zu der an den §§ 68 ff. StGB geäußerten Kritik

Trotz der vielen gegen die derzeitige Form der Führungsaufsicht vorgebrachten Argumente, sprechen auch etliche Gründe für die Beibehaltung der aktuellen gesetzlichen Konzeption.[226] Das Ziel kriminalitätsgefährdete Personen für eine gewisse Zeit zu unterstützen und zu überwachen, um sie so von der Begehung weiterer Straftaten abzuhalten, ist im Grundsatz legitim. Ob das Ziel durch die praktische Anwendung der §§ 68 ff. StGB vollends erreicht wird, soll für die verfassungsrechtliche Bewertung unbeachtlich sein.[227] Diese Feststellung entbindet allerdings nicht von der Pflicht die Frage zu beantworten, ob das

225 Popp, Zur „Verpolizeilichung" des Maßregelrechts, S. 113 (125).
226 Für die Doppelfunktion sprechen sich aus: Klug/Schaitl, S. 26 ff.
227 BVerfGE 55, 28 (29). Bestätigt durch: BVerfG EuGRZ 2011, 88 (89). Kritisch zur bisherigen Anwendung der §§ 68 ff. StGB: Schmidt-Jortzig NStZ 1998, 441 (442).

Rechtsinstitut in seiner derzeitigen Form praktisch den gestellten Ansprüchen genügt, oder ob es reformbedürftig ist.

So sind die Bedenken, dass die Mehrfachbetreuung resozialisierungsfeindlich wirken könnte, größtenteils theoretischer Natur.[228] In der Praxis kommt es nur selten zu einer kontraproduktiven und konfliktbeladenen Mehrfachbetreuung.[229] Die Zusammenarbeit von Aufsichtsstellen und Bewährungshilfe funktioniert meist unproblematisch.[230] Insbesondere in den Fällen der elektronischen Aufenthaltsüberwachung (§ 68b Abs. 1 S. 1 Nr. 12 StGB) sind Bewährungshilfe und Aufsichtsstellen mit der Zusammenarbeit zufrieden.[231] Zudem wird in den meisten Bundesländern sowohl die Betreuung der Führungsaufsichtsprobanden wie auch ihre Überwachung, alleine von der Bewährungshilfe wahrgenommen.[232] Die derzeit für den Maßregelvollzug vorhandenen personellen und sachlichen Mittel reichen zudem nur für bescheidene Aktivitäten der Aufsichtsstellen aus.[233] Abgesehen von der nur formal vorhandenen Doppelunterstellung ändert sich für die Führungsaufsichtsprobanden daher nicht viel im Vergleich zu Personen, die lediglich unter Bewährungsaufsicht stehen.[234]

Nichtsdestotrotz setzt eine funktionierende Doppelbetreuung voraus, dass die an der Durchführung der Führungsaufsicht beteiligten Stellen miteinander kooperieren. Eine funktionierende Kooperation erfordert eine funktionale Aufgabenverteilung, die in bestimmtem Umfang verbindlich ist.[235] Um Konflikte zwischen Aufsichtsstellen und Bewährungshilfe zu vermeiden, ist es notwendig die Kompetenzen klar aufzuteilen und sicher zu stellen, dass die Aufteilung von den beteiligten Stellen akzeptiert wird. In der Praxis hat sich herauskristallisiert, dass Hilfe und Betreuung schwerpunktmäßig von der Bewährungshilfe geleistet

228 Aus Sicht der Polizei funktioniert die Zusammenarbeit mit der Bewährungshilfe etwas besser als mit den Aufsichtsstellen. Vgl. hierzu die Befragung von: Kammermeier BewHi 2016, 73 (80). Vgl. zudem die Ergebnisse der Untersuchung von Baur/Kinzig, S. 106 ff.

229 Zur Organisation der sozialen Dienste der Justiz in den einzelnen Bundesländern: Lutzebäck FS 2014, 78 (78 ff.)

230 Kurze, S. 462.

231 Bräuchle, S. 134.

232 AnwK-StGB/*Kilian*, § 68a Rn. 15; Fischer, StGB § 68a Rn. 4; Floerecke, Was leistet die Führungsaufsicht? S. 51 (58 f.); Kawamura-Reindl/Schneider, S. 175: Führungsaufsicht wird faktisch von der Bewährungshilfe wahrgenommen; LK-StGB/*Schneider*, § 68a Rn. 11; Maelicke NKrimP 2004, 75 (75).

233 Lackner/Kühl, StGB, Vor. § 68, Rn. 2.

234 Jacobsen, Forschungsergebnisse zum Themenkomplex Führungsaufsicht, S. 10 (14).

235 Quadt BewHi 1976, 121 (123 f.).

werden.[236] Demgegenüber sollen die Aufsichtsstellen hauptsächlich Koordinierungsaufgaben erfüllen.[237] Dies kann dadurch geschehen, dass sie Kontakt zu den helfenden (Arbeits-, Jugend-, Sozialamt, ...) oder überwachenden Stellen (Polizei) halten.[238] In diesem Zusammenhang ist festzuhalten, dass in den meisten Bundesländern sowohl die Aufgabe der Betreuung, wie auch die der Überwachung, alleine von der Bewährungshilfe wahrgenommen wird.[239] Daher ist die Abgrenzung der Kompetenzen aus rein praktischen Gründen von geringer Bedeutung. Ist dennoch eine Zusammenarbeit zwischen den an der Durchführung der Führungsaufsicht beteiligten Stellen erforderlich, wird diese als „nahezu harmonisch und intensiv“[240] bezeichnet.[241] Insofern sollten die der Hilfe und Kontrolle dienenden Maßnahmen sach- und personenbezogen aufeinander abgestimmt werden.

Allerdings lassen sich durch eine funktionierende Aufgabenverteilung lediglich eine kontraproduktive Mehrfachbetreuung und eventuelle Kompetenzkonflikte vermeiden. Der in der Doppelfunktion enthaltene Grundkonflikt der Gegenläufigkeit der Zwecke kann hierdurch nicht aufgelöst werden.

Um die Frage beantworten zu können, ob die §§ 68 ff. StGB in ihrer derzeitigen Form dennoch zu befürworten sind, kommt der Funktion, die die Führungsaufsicht im Gesamtkonzept der Maßregeln zu erfüllen hat, entscheidende Bedeutung zu. Bevor die Gerichte im Urteil die vorbehaltene Sicherungsverwahrung anordnen können, müssen sie prüfen, ob mit der Führungsaufsicht ein gleich geeignetes Mittel zur Verfügung steht, um den angestrebten Maßregelzweck zu erreichen.[242] Wenn dies bejaht wird, geht die Anordnung der Führungsaufsicht gem. § 72 Abs. 1 S. 2 StGB derjenigen der Sicherungsverwahrung vor. Einen ähnlichen Effekt können die §§ 68 ff. StGB auch dann entfalten,

---

236 Lackner/Kühl, StGB, § 68a Rn. 4; LK-StGB/*Schneider*, § 68a Rn. 11; Kurze, S. 462. Zu Konflikten zwischen Bewährungshelfer und Aufsichtsstelle kann es dort kommen, wo letztgenannte mit Sozialarbeitern besetzt ist: Wegener, Die Führungsaufsichtsstelle im Kooperationsgefüge der Sozialen Dienste, S. 251 (256).

237 BT-Drucks. V/4095, S. 35; Kurze, S. 462; Lackner/Kühl, StGB, § 68a Rn. 7; LK-StGB/*Schneider*, § 68a Rn. 15; Mainz, S. 239 (245); MüKo-StGB/*Groß*, § 68a Rn. 22.

238 LK-StGB/*Schneider*, § 68a Rn. 11.

239 AnwK-StGB/*Kilian*, § 68a Rn. 15; Fischer, StGB, § 68a Rn. 4; LK-StGB/*Schneider*, § 68a Rn. 11; Maelicke NKrimP 2004, 75 (75).

240 Kurze, S. 468.

241 Von einer guten Zusammenarbeit von Bewährungshilfe, Aufsichtsstelle und forensischer Ambulanz berichtet ebenfalls: Manzewski FS 2012, 345 (346).

242 LK-StGB/*Schneider*, Vor § 68 Rn. 26a, 27c.

wenn eine bereits angeordnete stationäre Maßregel zur Bewährung ausgesetzt werden soll. In manchen Fällen kann die stationäre Unterbringung nur deshalb nach § 67d Abs. 2 StGB zur Bewährung ausgesetzt werden, weil die Führungsaufsichtsprobanden in Freiheit unter Führungsaufsicht stehen.[243] Erst durch die §§ 68 ff. StGB erhält ein Teil der Untergebrachten eine realistische Chance darauf, aus dem Vollzug entlassen zu werden.[244] Die positive Auswirkung, die die §§ 68 ff. StGB auf die Aussetzungsentscheidung entfalten, kommt dadurch zum Ausdruck, dass sich die Dauer der Unterbringungen seit der Einführung der Führungsaufsicht verkürzt haben.[245] Dieser positive Effekt kann allerdings nur erzeugt werden, wenn Untergebrachte mit zweifelhafter Legalprognose in Freiheit weiterhin überwacht werden. Nur, wenn gewährleistet ist, dass die Weisungsadressaten in Freiheit weiter überwacht werden, kann es mit Blick auf das Sicherheitsbedürfnis der Allgemeinheit in bestimmten Fällen verantwortet werden, dass die für die Entlassung aus dem Maßregelvollzug nötige günstige Legalprognose gestellt wird. Würde die Maßregel hingegen nur der Betreuung in Freiheit dienen, könnten die Gerichte dazu tendieren die Unterbringung im Maßregelvollzug in Zweifelsfällen nicht zur Bewährung auszusetzen. Da die Führungsaufsicht die Anordnung der Sicherungsverwahrung als mildere Maßregel vermeiden kann, kann sie in dem Interesse der Führungsaufsichtsprobanden liegen.[246]

Ein weiteres Argument für die Sinnhaftigkeit der Führungsaufsicht ist, dass es eine erhebliche Anzahl krimineller Personen gibt, die nach ihrer Entlassung für die Allgemeinheit gefährlich sind und der Überwachung durch die Aufsichtsstelle bedürfen. Ohne die Aufsichtsstellen würde es an einer staatlichen Stelle fehlen, die ihnen dort bei der Resozialisierung hilft, wo die Möglichkeiten der Bewährungshilfe nicht ausreichen.[247] Außerdem ist auch das Anliegen

---

243 Dölling ZStW 104 (1992), 259 (288); Kaiser, S. 46; NK-StGB/*Ostendorf*, Vor §§ 68-68g Rn. 18; Schöch NStZ 1992, 364 (370); Weber, S. 116.

244 Der Eintritt der Führungsaufsicht und die Möglichkeit Führungsaufsichtsweisungen anzuordnen kann einen Beitrag dazu leisten, dass die für die Aussetzung der Unterbringung erforderliche positive Legalprognose gestellt werden kann: BGH StV 1988, 260 (260). Kritisch hierzu (Bericht von der DBH (Fachverband für Soziale Arbeit, Strafrecht und Kriminalpolitik) Bundestagung): Horstkotte BewHi 1992, 90 (95 f.).

245 Athen MschrKrim 1985, 34 (38 f.); Kaiser, S. 46; Neubacher BewHi 2004, 73 (76). Kritisch hierzu: Pollähne, Führungsaufsicht als Grenzwache, S. 87 (88), der bezweifelt, dass die §§ 68 ff. StGB die Anordnung von Sicherungsverwahrung vermeiden können.

246 Hanack, S. 68 (90). Für einen Ausbau der Führungsaufsicht, um den Eintritt der Sicherungsverwahrung zu vermeiden spricht sich aus: Freund GA 2010, 193 (208).

247 Jescheck SchwZStr 1975, 1 (42).

die Allgemeinheit vor der erneuten Begehung von Straftaten zu schützen ein anerkennenswertes Motiv. Wenn festgestellt wird, dass die Führungsaufsichtsprobanden nach ihrer Entlassung aus dem Straf- oder Maßregelvollzug noch gefährlich sind, kann eine Überwachung in Freiheit nötig sein.

Aus forensisch-psychiatrischer Sicht wird die Führungsaufsicht zudem zum Teil als grundlegendes und wichtiges Element des Maßregelrechts bewertet.[248] Ihre Abschaffung könnte sich insofern als kontraproduktiv erweisen, als dass sich die Unterbringungsdauer hierdurch verlängern könnte.[249] Außerdem besteht die Gefahr, dass an die Stelle der Führungsaufsicht ein kompromissloseres Werkzeug sozialer Kontrolle treten könnte.[250]

248 Weber, S. 116 f.

249 Schöch, Die Rechtswirklichkeit und präventive Effizienz strafrechtlicher Sanktionen, S. 291 (317).

250 Auf die diesbezüglich in der Literatur geäußerten Bedenken weist hin: Jacobsen, Forschungsergebnisse zum Themenkomplex Führungsaufsicht, S. 10 (48).

§ 4 Verfassungskonformität von § 145a StGB

Die Frage, ob § 145a StGB im Einklang mit den Vorgaben des Grundgesetzes steht, ist in der Literatur lebhaft umstritten. Nach Meinung des Bundesverfassungsgerichts stehen jedenfalls der Möglichkeit strafbewehrte Abstinenzweisungen anzuordnen keine grundsätzlichen verfassungsrechtlichen Bedenken entgegen.[251] Allerdings ging das Verfassungsgericht in seiner Entscheidung nicht näher auf die an § 145a StGB geäußerte Kritik ein. Von daher ist nach wie vor fraglich, wie stichhaltig die gegen § 145a StGB vorgebrachten Bedenken sind. In diesem Zusammenhang werden insbesondere die Fragen zu untersuchen sein, ob § 145a StGB mit dem Bestimmtheitsgrundsatz nach Art. 103 Abs. 2 GG und dem Grundsatz der Gewaltenteilung nach Art. 20 Abs. 2 GG vereinbar ist.

Zu Beginn wird allerdings die um § 145a StGB geführte rechtpolitische Diskussion dargestellt, da die an § 145a StGB geäußerte verfassungsrechtliche Kritik vielfach eng mit rechtspolitischen Bedenken verflochten ist.

A. Die rechtspolitische Diskussion um § 145a StGB

Trotz der erheblichen Kritik, die an der gesetzlichen Konstruktion und der Sinnhaftigkeit der Führungsaufsicht geübt wird, sind die §§ 68 ff. StGB bei weitem nicht der am stärksten kritisierte Teil des Rechtsinstituts Führungsaufsicht. Vielmehr steht der Straftatbestand des § 145a StGB im Zentrum der Kritik.[252] In den, der Einführung der §§ 68 ff. und des 145a StGB, vorausgehenden Jahren wurde die Diskussion um § 145a StGB am hitzigsten geführt. Jedoch riss die Kritik auch in den nachfolgenden Jahren nicht ab und der Straftatbestand wurde als verfassungsrechtlich problematisch eingeordnet.[253]

§ 145a StGB bestimmt, dass diejenigen, die während der Führungsaufsicht gegen eine bestimmte Weisung der in § 68b Abs. 1 StGB bezeichneten Art verstoßen, und dadurch den Zweck der Maßregel gefährden, mit Freiheitsstrafe bis zu

---

251 BVerfG StV 2016, 661 (662) zu § 68b Abs. 1 S. 1 Nr. 10 Alt. 1 StGB. Noch offengelassen von: BVerfGE 55, 28 (32).

252 Positiv bewertet wird § 145a StGB hingegen von den Polizeibehörden. Vgl. hierzu die Befragung von: Kammermeier BewHi 2016, 73 (83 f.).

253 Maurach/Schroeder/Maiwald, BT 2, § 104 Rn. 1; Ostendorf JZ 1987, 335 (336). Für verfassungsrechtlich noch akzeptabel halten § 145a StGB hingegen: Lackner/Kühl, StGB, § 145a Rn. 1; Matt/Renzikowski/*Dietmeier*, StGB, § 145a Rn. 1.

drei Jahren oder mit Geldstrafe bestraft werden kann.[254] Ein mittelbares Ziel der Vorschrift ist es sicherzustellen, dass die auf Grundlage des § 68b Abs. 1 StGB angeordneten Weisungen befolgt werden, um hierdurch gefahrgeneigtem Handeln vorzubeugen.

Bereits bei den Beratungen zu dem 2. Strafrechtsreformgesetz wurde vorgeschlagen, das System der §§ 68 ff. StGB sanktionslos aufzubauen und auf die Pönalisierung etwaiger Weisungsverstößen zu verzichten.[255] Den Weisungsadressaten sollte keine Strafe drohen, wenn sie die angeordneten Führungsaufsichtsweisungen missachten, sondern besondere Aufmerksamkeit zugewendet werden.[256]

Weiterhin wird kritisiert, dass der sozialpädagogische Anspruch der Führungsaufsicht verloren zu gehen droht, wenn die Missachtung von Führungsaufsichtsweisungen strafrechtlich sanktioniert wird.[257] Das gilt jedenfalls dann, wenn es Ziel der Führungsaufsichtsweisungen wäre den Weisungsadressaten dabei zu helfen, in ein gesetzestreues Leben zurückzufinden. Es wäre problematisch, dass Weisungen, die eigentlich helfend wirken sollen, in ihr Gegenteil verkehrt werden, indem ihre Missachtung unter Strafe gestellt wird. § 145a StGB erzeugt somit die Gefahr, dass das komplette Rechtsinstitut zur reinen Repressionsinstanz verkommt.[258] Diese Problematik verschärft sich weiter, wenn bedacht wird, dass auf die Weisungsadressaten nach ihrer Entlassung aus dem Vollzug in Freiheit durch Aufsichtsstellen, Polizei und Strafdrohung erheblichen Druck ausgeübt wird. Folge kann sein, dass die Weisungsadressaten sozial isoliert werden und hierdurch eventuelle Resozialisierungsbemühungen behindert werden.

---

254 Für die Einbeziehung von § 68b Abs. 2 StGB in den Anwendungsbereich des § 145a StGB: Preiser ZStW 81 (1969), 912 (915); Wolf, Strafvollstreckungskammer und Nachsorge, S. 231 (244). Vgl. auch Raabe, S. 136 ff., der darzulegen versucht, dass die Erstreckung des § 145a StGB auf § 68b Abs. 2 StGB verfassungsrechtlich zulässig ist. Dieser Vorschlag ist allerdings abzulehnen, da er den Gedanken der Effektivität der Führungsaufsicht zu weit in den Vordergrund rückt. Zudem sind die im Katalog des § 68b Abs. 2 StGB aufgeführten Weisungen nicht abschließend normiert, sodass gegen den Gewaltenteilungsgrundsatz verstoßen werden würde, wenn die Gerichte qualifizierte Weisungen erfinden dürften. Gegen die Einbeziehung von § 68b Abs. 2 StGB in den Anwendungsbereich des § 145a StGB auch: Sonderausschuss, Unveröffentlichter Bericht, S. 72.

255 Jescheck, Niederschriften, Band 3, S. 237.

256 Schmidt, Niederschriften, Band 3, S. 237.

257 Auf diese Gefahr weist hin: Hager BewHi 1976, 126 (132).

258 Hager BewHi 1976, 126 (132).

Hiermit deckt sich, dass aus kriminalpolitischer Sicht angezweifelt wird, ob der Straftatbestand überhaupt geeignet ist, die Führungsaufsichtsprobanden davon abzuhalten, erneut Straftaten zu begehen.[259] Die Verhängung von Kriminalstrafen soll kein geeignetes Mittel sein, um abstrakte Rückfallgefahren einzudämmen.[260] Insofern wird grundsätzlich in Frage gestellt, ob eine Strafandrohung zur präventiven Einwirkung auf Täter geeignet ist, die ohnehin nicht bereit sind an ihrer eigenen Resozialisierung mitzuwirken.[261] Vielmehr könnte umgekehrt ein ausschließlich für Führungsaufsichtsprobanden geltender Straftatbestand diese geradezu in Versuchung führen, den Tatbestand zu verwirklichen.[262] Es soll widersprüchlich sein, kriminalitätsgefährdete Personen durch die Eröffnung einer neuen Möglichkeit sich strafbar zu machen vor dem Rückfall in die Kriminalität abhalten zu wollen.[263] Wie unerwünscht die Folgen des § 145a StGB sein können, wird am Beispiel von sich einwandfrei verhaltenden Führungsaufsichtsprobanden deutlich, die lediglich bei der Erfüllung der ihnen auferlegten Weisungen nachlässig sind.[264] Es ist bedenklich Führungsaufsichtsprobanden, die sich legal im Rahmen der Rechtsordnung bewegen, nur deshalb strafrechtlich zu belangen, weil sie eine Meldeverpflichtung missachtet haben. Insofern wird § 145a StGB auch als kriminalpolitische „self-fulfilling-prophecy" bezeichnet.[265] Denjenigen, die ohnehin schon kriminell anfällig sind, wird es leicht gemacht die in sie gesetzten negativen Erwartungen zu erfüllen.

Neben den kriminalpolitischen Bedenken werden ebenfalls verfahrensrechtliche Gründe für die Abschaffung von § 145a StGB angeführt.[266] Es wird bemängelt, dass sich die Führungsaufsichtsprobanden nur im Rahmen von § 145a StGB auf die Unschuldsvermutung berufen können.[267] Wird hingegen eine zuvor erfolgte Aussetzung des Strafrests nach § 67g Abs. 1 S. 1 Nr. 2 StGB widerrufen, weil die Weisungsadressaten gröblich oder beharrlich gegen Weisungen verstoßen haben, gilt die Unschuldsvermutung nicht. Der Grundsatz in

259 Für einen Verzicht auf § 145a StGB: Schöch, Die Rechtswirklichkeit und präventive Effizienz strafrechtlicher Sanktionen, 291 (318).
260 Jescheck/Weigend, AT, S. 823 f.
261 S/S/*Sternberg-Lieben*, StGB, § 145a Rn. 2.
262 Jescheck, Niederschriften, Band 3, S. 237.
263 Raabe, S. 162 f. Auf diese Bedenken weist auch hin: SSW-StGB/*Jeßberger*, § 145a Rn. 4.
264 Zusammenfassend zu der an § 145a StGB geäußerten Kritik: LK-StGB/*Roggenbuck*, § 145a Rn. 3.
265 Horn ZStW 89 (1977), 547 (556).
266 Mrozynski JZ 1978, 255 (259).
267 Mrozynski JZ 1978, 255 (259).

dubio pro reo ist nicht anwendbar, da es sich bei dem Widerruf der Bewährung um keine strafrechtliche Verurteilung handelt.[268] Das führt zu dem widersprüchlichen Ergebnis, dass sich die Führungsaufsichtsprobanden bei dem gleichen Lebenssachverhalt einmal auf die Unschuldsvermutung berufen können und ein anderes Mal nicht.

Für die Beibehaltung des Straftatbestands spricht hingegen, dass § 145a StGB, trotz all seiner Mängel, ein notwendiges Druckmittel ist, das beibehalten werden sollte.[269] § 145a StGB beruht auf der Erwägung, dass bei der Führungsaufsicht im Fall von Weisungsverstößen in der Regel nicht mit dem Widerruf der Bewährung gedroht werden kann.[270] Folge der fehlenden Widerrufsmöglichkeit ist eine Lücke im Rechtsfolgensystem. Das wird in all den Fällen deutlich, in denen sich die Führungsaufsicht an eine voll verbüßte Freiheitsstrafe oder eine für erledigt erklärte freiheitsentziehende Maßregel anschließt.[271] In beiden Konstellationen stehen die Führungsaufsichtsprobanden nicht unter Bewährung, sodass es an der Möglichkeit fehlt, diese gem. § 57 Abs. 5 StGB oder gem. § 68g StGB zu widerrufen. Die Führungsaufsicht kann ihren Zweck jedoch nur erfüllen, wenn die Einhaltung der zu ihrer Zweckerreichung angeordneten Weisungen erzwungen werden kann. Das setzt wiederum voraus, dass ein Verstoß gegen die für den Erfolg der Maßregel bedeutungsvollen Weisungen nicht ungeahndet bleibt. Selbst, wenn anerkannt wird, dass die Sanktionsandrohung in all den Fällen wirkungslos ist, in denen die Weisungsadressaten ohnehin nicht zur Resozialisierung bereit sind, ändert sich an dieser Bewertung nichts. Obwohl § 145a StGB die Weisungsadressaten in diesen Fällen nicht von der Begehung weiterer Straftaten abhalten kann, bleibt festzuhalten, dass die Führungsaufsichtsweisungen, nach § 68b Abs. 1 StGB, ohne die Pönalisierung einen Großteil ihrer Wirkung verlieren würden.[272] Das ist schon deshalb problematisch, weil die qualifizierten Weisungen ein wichtiges Instrument der Führungsaufsicht sind und es vielfach von ihrer Befolgung abhängt, ob die Weisungsadressaten von der Begehung weiterer Straftaten abgehalten werden können. Mangels Widerrufsmöglichkeit kann die Sanktion nur in einer strafrechtlichen Ahndung von Weisungsverstößen

---

268 Vgl. hierzu: BVerfG NStZ 1993, 482 (482).

269 Kammermeier BewHi 2013, 159 (175). Vgl. hierzu auch den Bericht von der DBH Fachtagung: Harders/Rohrbach BewHi 2011, 196 (198).

270 Maurach/Schroeder/Maiwald, BT 2, § 104 Rn. 1.

271 Vgl. BT-Drucks. 7/1261, S. 8, wo der Gesetzgeber darauf hinweist, dass wegen des Fehlens einer Widerrufsmöglichkeit ein Bedürfnis für § 67d Abs. 4 S. 3 StGB besteht.

272 Schafheutle, Niederschriften, Band 3, S. 245.

bestehen.[273] Ohne die Sanktionsmöglichkeit ist zu befürchten, dass die Weisungen von den Führungsaufsichtsprobanden nicht ernst genommen werden.[274] Die Weisungen drohen den Charakter von unverbindlichen Verhaltensempfehlungen zu erhalten.

Daher ist der Gesetzgeber der Forderung des 59. Deutschen Juristentages, § 145a StGB abzuschaffen, zu Recht nicht gefolgt.[275] Im Jahr 2007 hat der Gesetzgeber diese Entscheidung erneut bestätigt, als er die Strafandrohung des § 145a StGB von Freiheitsstrafe bis zu einem auf nun bis zu drei Jahre angehoben hat.[276]

B. Vereinbarkeit von § 145a StGB mit Art. 103 Abs. 2 GG

Art. 103 Abs. 2 GG enthält mit dem Gesetzlichkeitsprinzip, dem Bestimmtheitsgebot, dem Analogieverbot und dem Rückwirkungsverbot vier verfassungsrechtliche Garantien, die dogmatisch als Konkretisierung des Rechtsstaatsgebots einzuordnen sind.[277] Mit Blick auf § 145a StGB bereiten nur das Bestimmtheitsgebot und das Gesetzlichkeitsprinzip verfassungsrechtliche Bedenken. Aus Gründen der Bestimmtheit ist es problematisch, wenn die Komplexität der Normen durch Verweisungen und Verweisungsketten erhöht wird, was die Tatbestände für die Normadressaten schwerer verständlich macht. Darüber hinaus besteht die Gefahr, dass der Gesetzgeber legislative Aufgaben auf die Verwaltung oder die Judikative überträgt.

I. Blankettstrafgesetz und Bestimmtheitsgebot

Fraglich ist, ob der Blankettstraftatbestand des § 145a StGB ausreichend bestimmt ist, um mit Art. 103 Abs. 2 GG vereinbar zu sein. Dies ist an Art. 103 Abs. 2 GG zu messen, der das allgemeine rechtsstaatliche Bestimmtheitsgebot strafrechtsspezifisch verschärft.[278]

---

273 E 1962, BT-Drucks IV/650, S. 613 f. Zur Sicherungsaufsicht: Schäfer, Niederschriften, Band 3, S. 241. Ähnlich: Voll, Niederschriften, Band 3, S. 242 f.

274 Vgl. S/S/*Sternberg-Lieben*, StGB, § 145a Rn. 1.

275 Deutscher Juristentag NJW 1992, 3016 (3023). Zum gleichen Ergebnis kommend: Schöch, Gutachten, 112 f.

276 Hierdurch sollte das Rechtsinstitut nach außen hin sichtbar aufgewertet werden: BT-Drucks. 16/1993, S. 24.

277 Sachs/*Degenhart*, GG, Art. 103 Rn. 53, der zudem darauf hinweist, dass Art. 103 Abs. 2 GG ein allgemeines Präzisierungsgebot enthält.

278 BVerfGE 78, 374 (381 ff.); 49, 168 (181); von Münch/Kunig/*Kunig*, GG, Art. 103 Rn. 27. Nach Dreier/*Schulze-Fielitz*, GG, Art. 103 II Rn. 39 unterstreicht Art. 103

1. Vorliegen eines Blankettstraftatbestandes

Ein Blankettstrafgesetz ist ein förmliches Gesetz, das nur Bestimmungen zu Art und Maß der Strafe enthält und im Übrigen anordnet, dass die Strafe nur denjenigen trifft, der eine durch die ausfüllende Norm festgesetzte Unterlassungs- oder Handlungspflicht verletzt.[279] Besonders an dieser Regelungstechnik ist, dass eine Vollvorschrift erst aus der Zusammenschau von Blankett- und ausfüllender Norm entsteht. Insbesondere bei detailreichen Regelungen kann sich das Korsett von formellen Parlamentsgesetzen als zu eng erweisen.[280]

Der Straftatbestand des § 145a StGB ist erfüllt, wenn gegen eine bestimmte Weisung der in § 68b Abs. 1 StGB genannten Art verstoßen worden und dadurch eine Gefährdung des Maßregelzwecks eingetreten ist. Bei isolierter Betrachtung des § 145a StGB ist nicht erkennbar, welche Weisungsverstöße die Strafbarkeit auslösen können. Voraussetzung einer strafrechtlichen Verurteilung ist, dass gegen ein Gebot verstoßen wird, das nicht selbst in der Norm enthalten ist. Die Vollvorschrift entsteht daher erst aus der Zusammenschau von § 145a StGB und der auf Grundlage des § 68b Abs. 1 StGB angeordneten richterlichen Weisungen. Folglich handelt es sich bei § 145a StGB um einen Blankettstraftatbestand.[281]

2. Vereinbarkeit von Blankettstraftatbeständen mit dem Grundgesetz

Da es sich bei § 145a StGB um einen Blankettstraftatbestand handelt, muss geprüft werden, ob das Grundgesetz die Anwendung dieser Regelungstechnik gestattet und welche Voraussetzung Art. 103 Abs. 2 GG an sie stellt.

Für die Zulässigkeit von Blankettgesetzen spricht, dass die Legislative, auf Grund der langwierigen und schwerfälligen Gesetzgebungsverfahren, andernfalls schnell an ihre Leistungsgrenze stoßen würde.[282] Ohne die Flexibilität von Blankettstraftatbeständen wäre der Gesetzgeber nicht in der Lage auf den ständigen Anpassungsbedarf bestimmter Gesetze zu reagieren. Das regelmäßige Eintreten neuer Lebenssachverhalte hätte das Entstehen strafrechtsfreier Räume

---

Abs. 2 GG das allgemeine Bestimmtheitsgebot lediglich, um dessen besondere Bedeutung für das eingriffsintensive Strafrecht hervorzuheben.

279 Fischer, StGB, § 1 Rn. 9.

280 Hoven NStZ 2016, 377 (379).

281 Im Ergebnis zustimmend: KG Berlin JR 1987, 124 (124); Fernholz-Niemeier, S. 87; Groth NJW 1979, 743 (748); Lackner/Kühl, StGB, § 145a Rn. 1; Raabe, S. 130; Ruderich, S. 203. Nach Fischer, StGB, § 145a Rn. 6 gleicht § 145a StGB lediglich einer Blankettvorschrift.

282 Zu den Schwierigkeiten der Praxis: Volkmann ZRP 1995, 220 (220).

zur Folge, was der Bevölkerung wiederum nur schwer vermittelt werden könnte. Daher ist zu Recht anerkannt, dass der Gesetzgeber Blankettstrafgesetze erlassen darf. Allerdings besteht die Besonderheit, dass das Bestimmtheitsgebot auf zwei Ebenen zu berücksichtigen ist.[283] Die doppelte Berücksichtigung ist notwendig, weil sich die Strafbarkeit erst aus der Gesamtschau von Straftatbestand und ausfüllender Norm ergibt.[284]

Art. 103 Abs. 2 GG will sicherstellen, dass jeder Bürger erkennen kann, welches Verhalten unter Strafe steht, damit er sich dementsprechend verhalten kann und vor Überraschungen geschützt ist.[285] Dieses Ziel kann nur erreicht werden, wenn der Gesetzgeber Straftatbestände präzise formuliert.[286] Der Blankettstraftatbestand muss die Voraussetzungen der Strafbarkeit so konkret umschreiben, dass dessen Tragweite und Anwendungsbereich erkennbar sind und sich durch Auslegung ermitteln und konkretisieren lassen.[287] Diese Voraussetzung ist nicht erfüllt, wenn die Norm auf Grund von Verweisungsketten einen so hohen Grad an Komplexität erreicht, dass sie für den Normadressaten nicht mehr ohne weiteres verständlich ist.[288]

II. Vereinbarkeit von § 145a StGB mit Art. 103 Abs. 2 GG

Der Gesetzgeber hat in § 145a StGB mit einer kurzen Verweisungskette gearbeitet. Das Blankett des § 145a StGB verweist lediglich auf § 68b Abs. 1 StGB, der wiederum durch richterliche Weisungen zu konkretisieren ist. Das Arbeiten mit einer solch kurzen Verweisungskette macht die Norm für die Normadressaten nicht unverständlich. Die Verständlichkeit der Norm hat allerdings nicht automatisch zur Folge, dass § 145a StGB und § 68b Abs. 1 StGB im Einklang mit dem verfassungsrechtlichen Bestimmtheitsgebot stehen.

Um diese Frage beantworten zu können ist zu prüfen, ob es sich bei § 145a StGB um ein „unechtes“ oder ein „echtes“ Blankettgesetz handelt. Bei einem „unechten“ Blankettgesetz wird ein im selben Gesetz geregelter, fest

283 Vgl. hierzu: BVerfGE 41, 314 (319); 14, 245 (252 f.); Otto, FS Seebode, S. 81 (81 ff.); Schünemann, FS Lackner, S. 367 (370 ff.).

284 MüKo-StGB/*Schmitz*, § 1 Rn. 60; LK-StGB/*Dannecker*, § 1 Rn. 152.

285 Kingreen/Poscher, Grundrechte, Rn. 1257; Mangoldt/Klein/Stark/*Nolte/Aust*, GG, Art. 103 Rn. 140; Ruderich, S. 202; Sachs/*Degenhart*, GG, Art. 103 Rn. 63; Sodan, GG, Art. 103 Rn. 15.

286 BVerfGE 105, 135 (152 f.); 41, 291 (319); BVerfG NJW 1978, 1423 (1423).

287 BVerfGE 105, 135 (153); 47, 109 (120); 25, 269 (285).

288 BVerfGE 23, 258 (269); 22, 1 (18).

umrissener Straftatbestand, durch das Blankett mit Strafe bewehrt.[289] Im Unterschied hierzu sind bei einem „echten" Blankettgesetz die rechtssetzende und die normausfüllende Instanz nicht identisch.[290]

Der Straftatbestand des § 145a StGB verweist auf § 68b Abs. 1 StGB und damit auf ein formelles Gesetz. Sofern der Straftatbestand bereits durch § 68b Abs. 1 StGB den nötigen Grad an Bestimmtheit erreichen würde, wäre § 145a StGB als „unechtes Blankettgesetz" zu qualifizieren. Das ist jedoch nur der Fall, wenn die Anforderungen des Art. 103 Abs. 2 GG bereits durch die Gesamtschau von § 145a StGB und § 68b Abs. 1 StGB erfüllt werden würden. Sollte die ausfüllende Norm (§ 68b Abs. 1 StGB) ihrerseits der Konkretisierung durch das Gericht bedürfen, würde es sich bei § 145a StGB um ein „echtes" Blankettgesetz" handeln.

1. *Verstoß gegen eine „bestimmte Weisung"*

a. *§ 145a StGB als „unechtes" oder „echtes" Blankettgesetz?*

Umstritten ist, ob § 145a StGB und § 68b Abs. 1 StGB isoliert betrachtet ausreichend bestimmt sind, um mit Art. 103 Abs. 2 GG vereinbar zu sein oder, ob es hierzu der Konkretisierung durch die richterlich angeordnete Weisung bedarf.

In der Literatur wird vertreten, dass § 145a StGB bereits in Verbindung mit § 68b Abs. 1 StGB den nötigen Grad an Bestimmtheit erreicht.[291] Sämtliche in § 68b Abs. 1 StGB enthaltene Weisungen sollen ausreichend bestimmt und durchweg unbedenklich sein.[292] Ausreichend soll sein, dass die Führungsaufsichtsprobanden unter Berücksichtigung der allgemeinen Lebenserfahrung und der in der Anlasstat zum Ausdruck kommenden charakterlichen Labilität, die Situationen erkennen können, für die sie sich als kriminell anfällig erwiesen haben.[293]

Dieser Lösungsansatz kann sich auf die verfassungsrechtliche Rechtsprechung berufen, nach der die aus dem Bestimmtheitsgebot fließenden Anforderungen an

---

289 LK-StGB/*Dannecker*, § 1 Rn. 150.

290 Diese Terminologie verwenden auch: Baumann/Weber/Mitsch, AT, 11. Auflage, § 8 Rn. 102; Warda, S. 11. Andere Stimmen in der Literatur unterscheiden zwischen Blankettsstrafgesetzen im „engeren" und „weiteren" Sinne: Vgl. Frank, S. 3.

291 Göppinger/Witter, S. 222; Anm. Groth zu KG Berlin JR 1988, 258 (259); Groth NJW 1979, 743 (748 f.); Ruderich, S. 204 f. Zweifelnd: NK-StGB/*Schild*, 3. Auflage, § 145a Rn. 8.

292 Groth NJW 1979, 743 (748 f.).

293 Groth NJW 1979, 743 (749).

Straftatbestände nicht übersteigert werden dürfen. Strafvorschriften sollen nicht starr und kasuistisch sein, sondern der Vielgestaltigkeit des Lebens, dem Wandel der Verhältnisse und den Besonderheiten des Einzelfalls Rechnung tragen.[294] Um diesen Anforderungen gerecht werden zu können, müssen Strafgesetze abstrakt und allgemein formuliert sein. Sie dürfen Begriffe enthalten, die auslegungsbedürftig sind und bei den Adressaten Zweifel hervorrufen können, ob ein Verhalten noch unter den Straftatbestand fällt.[295] Neben diesen verfassungsrechtlichen Erwägungen sprechen dogmatische Gründe für diese Lösung. Nur wenn § 145a StGB und § 68b Abs. 1 StGB aus sich heraus ausreichend bestimmt sind, kann der Konflikt mit dem Gesetzlichkeitsprinzip und dem Gewaltenteilungsgrundsatz, vermieden werden, der entsteht, wenn das Blankett den nötigen Grad an Bestimmtheit erst durch die richterliche Weisung erreichen würde.

Gegen diese Ansicht spricht jedoch, dass die Rechtsprechung des Bundesverfassungsgerichts zur Bestimmtheit von Straftatbeständen nicht auf § 145a StGB übertragbar ist. § 145a StGB unterscheidet sich insofern von den vom Bundesverfassungsgericht entschiedenen Fällen, als dass die ausfüllungsbedürftigen Normen dort nicht durch richterliche Weisungen auszufüllen waren. Außerdem handelt es sich bei Straftatbeständen um abstrakt generelle Regelungen, die unbestimmte Rechtsbegriffe und Generalklauseln enthalten dürfen. Die das Blankett des § 145a StGB ausfüllenden Weisungen beanspruchen hingegen keine abstrakte Geltung, sondern nur eine konkret individuelle. Das folgt schon daraus, dass durch die Führungsaufsicht, die Begehung weiterer Straftaten vermieden werden soll, was dadurch geschieht, dass die Führungsaufsichtsprobanden betreut und überwacht werden. Dieses Ziel kann nur erreicht werden, wenn die Weisungen in jedem Einzelfall individuell auf die kriminelle Gefährdung des jeweiligen Betroffenen zugeschnitten sind.[296] Die Weisungen sind die individuelle Reaktion des Staates auf die spezifische kriminelle Gefährdung der jeweiligen Führungsaufsichtsprobanden. Um dieses Ziel erreichen zu können, müssen die konkret individuell wirkenden Weisungen, bestimmter sein als es ein Straftatbestand ist. Zudem sind die in § 68b Abs. 1 StGB enthaltenen Weisungen zum Teil so offen formuliert, dass der Weisungskatalog nicht als aus sich

294 BVerfGE 48, 48 (56); 45, 363 (371).

295 Welchen Grad an Bestimmtheit die Weisungen genau erreichen müssen, um das Blankett des § 145a StGB auszufüllen wird unter Gliederungspunkt § 4 B. abstrakt und unter Gliederungspunkt § 5 C. II. 1. a. für jede einzelne Weisung konkret dargestellt.

296 OLG Dresden StV 2010, 642 (643); OLG Dresden NJW 2009, 3315 (3316); OLG Dresden NStZ-RR 2008, 326 (326 f.); NK-StGB/*Kretschmer*, § 145a Rn. 14.

heraus ausreichend bestimmt angesehen werden kann.[297] Exemplarisch sei nur auf § 68b Abs. 1 S. 1 Nr. 2 und Nr. 5 StGB verwiesen, auf deren Grundlage den Führungsaufsichtsprobanden das Betreten bestimmter Orte beziehungsweise der Besitz bestimmter Gegenstände untersagt werden kann.

Anhand dieser Beispiele wird deutlich, dass Weisungen, die nur den Wortlaut des § 68b Abs. 1 StGB wiederholen, ohne auf den jeweiligen Einzelfall konkretisiert zu sein, im Regelfall nicht ausreichend bestimmt sind.[298] Führungsaufsichtsweisungen sind nur dann geeignet das Blankett des § 145a StGB auszufüllen, wenn sie durch die Gerichte konkretisiert wurden.[299] Es ist Aufgabe und Kunst der zuständigen Richter die Weisungen im Einzelfall präzise genug abzufassen. Das bedeutet, dass rechtssetzende und normausfüllende Instanz nicht identisch sind, und es sich bei § 145a StGB um kein „unechtes" Blankettgesetz handelt.

b. Vereinbarkeit von § 145a StGB mit dem Gesetzlichkeitsprinzip, Art. 103 Abs. 2 GG

Da rechtssetzende und normausfüllende Instanz nicht identisch sind, handelt es sich bei § 145a StGB um ein „unechtes Blankettgesetz". Die von der Legislative erlassene Norm des § 145a StGB wird durch eine Weisung der Judikative ausgefüllt. Insofern stellt sich die Folgefrage, ob diese Regelungstechnik mit dem Gesetzlichkeitsprinzip vereinbar ist.

Erhebliche verfassungsrechtliche Bedenken bestehen, weil der Straftatbestand des § 145a StGB durch eine richterliche Weisung ergänzt und konkretisiert werden muss, um den nötigen Grad an Bestimmtheit zu erreichen. Das strafbare Verhalten wird im Wesentlichen durch den Inhalt der richterlichen Weisung bestimmt.[300] Diese Regelungstechnik steht im Konflikt mit dem Gesetzlichkeitsprinzip, das gewährleisten soll, dass der Gesetzgeber, und nicht die Judikative, über die Strafbarkeit und ihre Reichweite entscheidet.[301]

Art. 103 Abs. 2 GG schreibt vor, dass eine Strafe nur auf der Grundlage eines Gesetzes verhängt werden darf (nulla poena sine lege scripta). Das Gesetzlichkeitsprinzip wird von dem Bundesverfassungsgericht als strenger Parlamentsvorbehalt verstanden, was bedeutet, dass die Tragweite und der

297 Preiser ZStW 81, 249 (257 f.) zum Rechtsinstitut der Sicherungsaufsicht.

298 OLG Dresden StV 2010, 642 (642); LK/Roggenbuck, § 145a Rn. 5; SK-StGB/Wolters § 145a Rn. 8.

299 LK-StGB/Roggenbuck § 145a Rn. 5; MüKo-StGB/*Groß* § 145a Rn. 4.

300 BGHSt 58, 136 (137 f.).

301 BVerfGE 87, 399 (411).

Anwendungsbereich des Straftatbestands und die Art der Strafe in einem formellen Gesetz geregelt sein müssen.[302] Der Parlamentsvorbehalt bezweckt zum einen den rechtsstaatlichen Schutz des Einzelnen, der erkennen können muss, welches Verhalten strafbar ist und welches nicht.[303] Zum anderen sorgt er dafür, dass nur der demokratisch legitimierte Gesetzgeber abstrakt-generell über die Strafbarkeit bestimmter Verhaltensweisen entscheidet.[304] Bei der Ausgestaltung von Gesetzen hat der Gesetzgeber darauf zu achten, dass die Leitlinien, die er dem Richter zu Anwendung des Straftatbestandes an die Hand gibt, umso konkreter sein müssen, je schwerer die angedrohte Strafe wiegt.[305]

Kern des Problems ist somit die Rechtsfrage, ob ein Blankettgesetz durch eine Weisung der dritten Gewalt ausgefüllt werden darf. Unter Berücksichtigung des Gesetzlichkeitsprinzips könnte es unzulässig sein, dass der nötige Grad an Bestimmtheit nicht von dem Gesetzgeber selbst, sondern erst durch die Judikative, erzeugt wird.[306] Das Gesetzlichkeitsprinzip verlangt, dass die normativen Voraussetzungen der Strafbarkeit und die Art der Strafe von dem Bürger auf Grund eines Gesetzes erkannt und vorausgesehen werden können. Bei einer richterlichen Weisung handelt es sich jedoch weder um ein „Gesetz" im formellen noch im materiellen Sinne.

Bei der Beantwortung dieser Frage ist zu berücksichtigen, dass in Rechtsprechung und Literatur anerkannt ist, dass ein Strafgesetz auf untergesetzliche Normen, wie zum Beispiel administrative Rechtsakte[307], verweisen darf, um den nötigen Grad an Bestimmtheit zu erreichen. Es kann zulässig sein, dass ein Blankett durch eine Rechtsverordnung[308] oder eine Satzung[309] ausgefüllt wird. Zulässig kann ebenfalls sein, dass im Blankett auf einen Verwaltungsakt als strafbarkeitsbegründende Voraussetzung Bezug genommen wird.[310] Dies wird an der Aufzählung einiger Beispiele deutlich. Nach § 284 Abs. 1 StGB macht sich strafbar, wer ohne behördliche Erlaubnis ein öffentliches Glücksspiel veranstaltet

---

302 BVerfGE 78, 374 (382); 75, 329 (340 f.); BVerfG NStZ 1991, 88 (88).

303 BVerfGE 87, 399 (411), Dreier/*Schulze-Fielitz*, GG, Art. 103 II Rn. 28.

304 BVerfGE 105, 135 (153).

305 BVerfGE 105, 135 (156 f.); 14, 245 (251).

306 So z.B.: Anm. Groth zu KG, JR 1988, 258 (259), Fernholz-Niemeier, S. 88; NK-StGB/*Schild*, 2. Auflage, § 145a Rn. 8; Ruderich, S. 204.

307 Dreier/*Schulze-Fielitz*, GG, Art. 103 II Rn. 37; Sachs/*Degenhart*, GG, Art. 103 Rn. 66; Schmidt-Bleibtreu/Hofmann/Henneke/*Schmahl*, GG, Art. 103 Rn. 62.

308 BVerfG NJW 1998, 669 (670).

309 BGHSt 42, 79 (84); Sachs/*Degenhart*, GG, Art. 103 Rn. 65.

310 BVerfGE 78, 374 (382 f.).

und § 287 Abs. 1 StGB pönalisiert das Veranstalten einer Lotterie oder einer Ausspielung, wenn dies ohne „behördliche“ Erlaubnis geschieht. Ein weiteres Beispiel findet sich in § 324 Abs. 1 StGB, der die Verunreinigung von Gewässern unter Strafe stellt, sofern dies unbefugt, das heißt ohne „behördliche“ Erlaubnis, erfolgt. Aus dieser, bei weitem nicht abschließenden, Aufzählung wird deutlich, dass ein Straftatbestand zulässigerweise an ein Handeln der Exekutive anknüpfen darf.

Wenn nun schon eine behördliche Entscheidung, der Zweckmäßigkeitserwägungen zugrunde liegen können, ein Blankett ausfüllen kann, muss dies erst Recht für eine richterliche Entscheidung gelten. Es wäre widersprüchlich die Ausfüllung eines Blanketts durch die Maßnahme einer Verwaltungsbehörde zuzulassen, während die höherwertige richterliche Entscheidung nicht ausreichen soll. Folglich ist es zulässig, dass ein Blankett durch eine richterliche Weisung ausgefüllt wird.

Dennoch ist dies nur in den von dem Gesetzlichkeitsprinzip selbst vorgegebenen Grenzen zulässig. Das Gesetzlichkeitsprinzip setzt voraus, dass die normativen Voraussetzungen der Strafbarkeit und die Art der Strafe bereits aus dem Gesetz für den Bürger erkennbar und voraussehbar sind, wenn das Blankett auf untergesetzliche Regelungen oder Einzelanordnungen verweist.[311] Auch § 145a StGB und § 68b Abs. 1 StGB müssen sich an diesen Vorgaben messen lassen. Voraussetzung ist, dass der Gesetzgeber in den Normen selbst den Inhalt und die Grenzen des strafrechtlichen Schutzes festgelegt hat. Die Verhaltenspflichten, die nun den Führungsaufsichtsprobanden auferlegt werden können, sind im enumerativen Katalog des § 68b Abs. 1 StGB abschließend aufgezählt. Die Führungsaufsichtsprobanden können aus dem Wortlaut des § 68b Abs. 1 StGB ablesen, welche Verhaltenspflichten ihnen auferlegt werden können und, aus § 145a StGB, wann der Verstoß dagegen strafbar ist. Aufgabe des Richters ist lediglich das ihm in § 68b Abs. 1 StGB zur Verfügung gestellte Handlungsinstrumentarium auf den jeweiligen Einzelfall anzupassen. Dadurch, dass die Gerichte nicht befugt sind strafbewehrte Weisungen anzuordnen, die ihre Grundlage nicht in § 68b Abs. 1 StGB haben, ist sichergestellt, dass die normativen Voraussetzungen der Strafbarkeit von dem Gesetzgeber selbst bestimmt worden sind. Gleiches gilt für die drohende Strafe, die in § 145a StGB mit Geldstrafe oder Freiheitsstrafe bis zu drei Jahren bestimmt ist.

---

311 BVerfGE 75, 329 (342) am Beispiel einer Rechtsverordnung.

Im Ergebnis ist festzuhalten, dass die auf Grundlage des § 68b Abs. 1 StGB angeordneten richterlichen Weisungen geeignet sind das Blankett des § 145a StGB auszufüllen.[312] Ein Verstoß gegen das Gesetzlichkeitsprinzip liegt nicht vor.

2. *Gefährdung des Maßregelzwecks*

Im nächsten Schritt ist zu prüfen, ob der unbestimmte Rechtsbegriff „Gefährdung des Maßregelzwecks" im Einklang mit Art. 103 Abs. 2 GG steht.

Grundsätzlich gilt, dass die Verwendung auslegungsbedürftiger unbestimmter Rechtsbegriffe nicht generell unzulässig ist und gegen Art. 103 Abs. 2 GG verstößt.[313] Auf Grund der Vielgestaltigkeit des Lebens dürfen auch solche Rechtsbegriffe verwendet werden, die nicht eindeutig allgemeingültig umschrieben werden können, sondern in besonderem Maße der Auslegung durch den Richter bedürfen. Voraussetzung ist, dass der Gesetzgeber die tatbestandliche Grenze selbst gezogen hat und diese nur im Ausnahmefall dem gerichtlichen Auslegungsspielraum überlassen bleibt.[314]

Der Strafbarkeitsvoraussetzung „Gefährdung des Maßregelzwecks" soll der notwendige Grad an Bestimmtheit erst durch eine mühsame und gewagte Interpretation verliehen werden können, sodass bezweifelt wird, ob sie ausreichend bestimmt ist.[315] Allerdings weist die Auslegung der Strafbarkeitsvoraussetzung keine besonderen, über den durchschnittlichen Fall hinausgehenden, Schwierigkeiten auf. Mit sämtlichen Führungsaufsichtsweisungen wird das spezialpräventive Ziel verfolgt, die Begehung weiterer Straftaten zu verhindern. Da alle Weisungen dem gleichen Endziel dienen, ist der Zweck der Maßregel für den Führungsaufsichtsprobanden erkennbar.

Neben dem Zweck der Maßregel muss für die Führungsaufsichtsprobanden bestimmbar sein, wann dieser gefährdet ist. Die „Gefährdung des Maßregelzwecks" ist eine normative Strafbarkeitsvoraussetzung, die der Auslegung bedarf. Normativ sind solche „Tatumstände, die nur unter der logischen Voraussetzung einer Norm gedacht und vom Richter nur im Wege eines ergänzenden

---

312 BGHSt 58, 72 (75); OLG Dresden StV 2010, 642 (642); OLG Frankfurt a.M. NStZ–RR 2009, 27 (28); Baur/Kinzig, S. 479; Groß, jurisPR-StrafR 1/2015 Anm. 1; Kwaschnik, S. 230; MüKo-StGB/*Groß*, § 145a Rn. 4; SSW-StGB/*Jeßberger*, § 145a Rn. 6. Vgl. auch: Raabe, S. 131 f., der die richterliche Weisung allerdings einer Rechtsverordnung gleichstellen will.

313 BVerfGE 86, 288 (311); 45, 363 (371 f.).

314 Dreier/*Schulze-Fielitz*, GG, Art. 103 II Rn. 40.

315 NK-StGB/*Schild*, 2. Auflage, § 145a Rn. 8.

Werturteils festgestellt werden können“[316]. Die Verwendung unbestimmter Rechtsbegriffe ist solange zulässig, wie eine zuverlässige Auslegung und Anwendung der Strafbarkeitsvoraussetzung möglich ist.

Diesen Anforderungen wird die Strafbarkeitsvoraussetzung „Gefährdung des Maßregelzwecks“ noch gerecht, da unter Berücksichtigung der charakterlichen Schwächen der Führungsaufsichtsprobanden und der allgemeinen Lebenserfahrung erkannt werden kann, welche Umstände sie in die Versuchung führen können erneut straffällig zu werden. Unter Berücksichtigung dieser Kriterien können die Umstände ermittelt werden, die die Führungsaufsichtsprobanden in die Versuchung führen können erneut straffällig zu werden und damit den Zweck der Maßregel gefährden.[317] Der unbestimmte Rechtsbegriff „Gefährdung des Maßregelzwecks“ ist demzufolge mit Art. 103 Abs. 2 GG vereinbar.

C. Vereinbarkeit von § 145a StGB mit dem Gewaltenteilungsgrundsatz

Zweifelhaft ist allerdings, ob es mit dem Gewaltenteilungsgrundsatz vereinbar ist, dass das Blankett des § 145a StGB durch eine richterliche Weisung ausgefüllt wird. Aus Art. 20 Abs. 2 GG folgt, dass alleine die Legislative für den Erlass von Gesetzen zuständig ist. Die Gesetzgebungskompetenz darf weder auf die Exekutive noch auf die Judikative übertragen werden. In diesem Zusammenhang hat das Bundesverfassungsgericht bereits mehrfach darauf hingewiesen, dass der Gesetzgeber die Entscheidung über die Strafbarkeit nicht der Strafjustiz überlassen darf.[318] Gerichte sind nicht befugt die Gesetzesnorm durch extensive Auslegung zu korrigieren oder einer neuen Entscheidung der Legislative vorzugreifen.[319]

Anders, als es auf den ersten Blick erscheinen vermag, wird nicht gegen Art. 20 Abs. 2 GG verstoßen, indem das Blankett des § 145a StGB durch eine richterliche Weisung ausgefüllt wird. Bei näherer Betrachtung von § 145a StGB und § 68b Abs. 1 StGB wird deutlich, dass die Gesetzgebungskompetenz nicht auf die Judikative verlagert worden ist. Der Gesetzgeber hat mit § 68b Abs. 1 StGB selbst einen ausdifferenzierten Katalog von Weisungen geschaffen, auf den die

---

316 Wessels/Beulke/Satzger, AT, Rn. 198.

317 Im Ergebnis zustimmend: Fernholz-Niemeier, S. 90 f.; Groth NJW 1979, 743 (747 f.); Kwaschnik, S. 231; Ruderich, S. 205.

318 BVerfGE 105, 135 (153); 78, 374 (382); 75, 329 (341).

319 BVerfGE 71, 108 (115 f.); Schmidt-Bleibtreu/Hofmann/Henneke/*Schmahl*, GG, Art. 103 Rn. 68; Umbach/Clemens/*Zierlein*, GG, Art. 103 Rn. 136.

die Führungsaufsicht ausgestaltenden Gerichte zurückgreifen können. Wichtig ist, dass der Katalog des § 68b Abs. 1 StGB eine abschließende Aufzählung enthält und der Gesetzgeber selbst entschieden hat, welche Weisungen strafbewehrt angeordnet werden dürfen und unter welchen Voraussetzungen dies geschehen darf. Hierin liegt der entscheidende Unterschied zu dem Katalog des § 68b Abs. 2 StGB, der keine abschließende, die Kompetenz der Gerichte begrenzende, Aufzählung von Weisungen enthält. Dies ist nicht zwingend erforderlich, weil diese Weisungen nicht in den Anwendungsbereich des § 145a StGB mit einbezogen sind. Wollen die Gerichte hingegen strafbewehrte Weisungen anordnen, können sie nicht frei entscheiden, welche Verhaltensweisen sie pönalisieren wollen und welche nicht. Da die Gerichte bei der Ausgestaltung der Führungsaufsicht, durch die von dem Gesetzgeber mit der jeweiligen Weisung verfolgten Zwecke beschränkt sind, erfolgte keine Übertragung legislativer Aufgaben auf die Judikative. Die Gerichte sind lediglich dazu befugt den von dem Gesetzgeber normierten Anwendungsbereich des § 145a StGB zu eröffnen, in dem sie Weisungen aus dem Katalog des § 68b Abs. 1 StGB anordnen. Durch die Anordnung strafbewehrter Weisungen setzen die Gerichte dann die Bedingungen, an die der Gesetzgeber mit § 145a StGB anknüpft. Die Entscheidung über die Strafbarkeit hat der Gesetzgeber hingegen selbst getroffen. Die Gerichte haben nur die Aufgabe aus dem Katalog des § 68b Abs. 1 StGB die passenden Weisungen auszuwählen, diese zu konkretisieren und zu personalisieren.

D. Verstoß gegen das Verbot der Doppelbestrafung, Art. 103 Abs. 3 GG

Darüber hinaus muss untersucht werden, ob die Verurteilung auf Grundlage von § 145a StGB eine gem. Art. 103 Abs. 3 GG unzulässige Doppelbestrafung zur Folge haben kann.

Die Gefahr der doppelten Sanktionierung von Weisungsverstößen besteht, wenn auf Bewährung entlassene Straftäter mit strafbewehrten Führungsaufsichtsweisungen belegt worden sind. Verstoßen die Führungsaufsichtsprobanden grob oder beharrlich gegen Führungsaufsichtsweisungen, kann dies gem. § 67g Abs. 1 S. 1 Nr. 2 StGB den Widerruf der Aussetzung der Unterbringung zur Folge haben. Zusätzlich droht den Weisungsadressaten die Bestrafung nach § 145a StGB. Es sind also Situationen denkbar, in denen auf die Missachtung von Weisungen mit dem Widerruf der Aussetzung der Unterbringung und zusätzlich einer strafrechtlichen Verurteilung reagiert wird.

Um dieses unbillige Ergebnis zu vermeiden, wird vertreten, dass bei dem Bestehen der Wahlmöglichkeit zwischen den zwei Reaktionsformen alleine der Widerruf der Bewährung statthaft sei.[320] Hierfür spricht, dass eine Bestrafung nach § 145a StGB nur nötig ist, wenn nicht zugleich die Möglichkeit besteht mit dem drohenden Widerruf Druck auf die Führungsaufsichtsprobanden auszuüben.[321]

Allerdings enthält das Gesetz selbst keine Anhaltspunkte dafür, dass der Aussetzungswiderruf gegenüber einer Verurteilung nach § 145a StGB vorrangig sein soll. Weiterhin besteht kein zwingendes Exklusivitätsverhältnis zwischen dem Aussetzungswiderruf und § 145a StGB.

An der verfassungsrechtlichen Zulässigkeit dieser gesetzgeberischen Grundentscheidung ändert sich auch unter Berücksichtigung von Art. 103 Abs. 3 GG nichts. Art. 103 Abs. 3 StGB schreibt vor, dass niemand wegen derselben Tat auf Grund der allgemeinen Strafgesetze mehrmals bestraft werden darf. Fraglich ist insoweit, ob es sich bei § 67g StGB um ein Strafgesetz handelt, das einer neuerlichen Verurteilung entgegensteht.

Insoweit kann allerdings eine Parallele zum Dienststrafrecht gezogen werden, da die dort normierten Sanktionsmöglichkeiten nicht als Strafgesetze zu qualifizieren sind, die einer späteren strafrechtlichen Verurteilung entgegenstehen.[322] Das bedeutet, dass beispielsweise auch dann eine strafrechtliche Verurteilung erfolgen darf, wenn zuvor dienstrechtliche Maßnahmen gegen die Straftäter ergriffen wurden. Das Verbot der Doppelbestrafung ist außerdem nicht tangiert, wenn eine auf Grundlage der §§ 56 ff. StGB zur Bewährung ausgesetzte Freiheitsstrafe vollstreckt werden muss, weil die Bewährung widerrufen worden ist. Das ergibt sich daraus, dass der Widerruf der Bewährung keine neuerliche Bestrafung darstellt.[323]

Da der Widerruf der Bewährung nicht als neuerliche Bestrafung zu qualifizieren ist, muss das problematische Verhältnis von § 145a StGB und

---

320 Göppinger/Witter, S. 223. LK-StGB/*Schneider*, § 68a Rn. 25, hält eine Bestrafung bei gleichzeitigem Aussetzungswiderruf für unzulässig; a.A. LK-StGB/*Roggenbuck*, § 145a Rn. 38; SK-StGB/*Wolters*, § 145a Rn. 20.

321 Eine ähnliche Problematik kann sich stellen, wenn der Anwendungsbereich der Krisenintervention nach § 67h StGB eröffnet ist. § 145a StGB könnte in diesen Konstellationen gegenüber § 67h StGB subsidiär sein: Anm. Baur zu LG Verden StraFo 2017, 514 (515).

322 Zum Dienststrafrecht: BVerfGE 21, 391 (401).

323 Im Ergebnis zustimmend: NK-StGB/*Kretschmer*, § 145a Rn. 26; SK-StGB/*Wolters*, § 145a Rn. 20.

§ 67g Abs. 1 S. 1 Nr. 2 StGB auf einfachgesetzlicher Ebene gelöst werden. Spielraum für die Lösung dieses Konflikts bietet einerseits das den Aufsichtsstellen in § 145a S. 2 StGB eingeräumte Strafantragsrecht. Eine Bestrafung hat in der Regel zu unterbleiben, wenn gleichzeitig die Aussetzung zur Bewährung widerrufen worden ist.[324] Das bedeutet, dass die Aufsichtsstellen nur Strafanträge stellen sollten, wenn auf die Weisungsverstöße nicht bereits mit dem Widerruf der Unterbringung zur Bewährung reagiert worden ist.

Kommt es dennoch zur Stellung eines Strafantrags ist zu prüfen, ob die Strafverfahren auf Grundlage der §§ 153 ff. StPO[325] eingestellt werden können. Wenn eine Einstellung der Strafverfahren nicht möglich ist, ist die Lösung auf der Ebene der Strafzumessung zu suchen. Im Disziplinarrecht ist anerkannt, dass eine zuvor erfolgte strafrechtliche Verurteilung berücksichtigt werden muss, wenn zu einem späteren Zeitpunkt eine Disziplinarmaßnahme verhängt werden soll.[326] Unzulässig ist beispielsweise eine zuvor verhängte disziplinäre Arreststrafe bei der späteren strafrechtlichen Verurteilung zu einer Freiheitsstrafe nicht zu berücksichtigen.[327]

Wenn nun aber bei der Verhängung von Disziplinarnahmen, eine zuvor erfolgte strafrechtliche Verurteilung zu berücksichtigen ist, spricht viel dafür dies auch im Rahmen von § 145a StGB zu verlangen. Obwohl es sich bei dem Widerruf der Bewährung um keine Strafe im Sinne des Art. 103 Abs. 3 GG handelt, werden die Führungsaufsichtsprobanden dennoch erheblich belastet. Daher muss ein zuvor erfolgter Bewährungswiderruf zumindest im Rahmen der Strafzumessung strafmildernd berücksichtigt werden, wenn zusätzlich eine Verurteilung auf Grundlage von § 145a StGB erfolgen soll.

E. Verhältnismäßigkeit des § 145a StGB

Fraglich ist weiterhin, ob § 145a StGB ein verhältnismäßiges Mittel darstellt, um die Missachtung von Weisungen und damit letztlich die Allgemeinheit vor der Begehung weiterer Straftaten durch die Führungsaufsichtsprobanden zu schützen.[328] Dieser, schon seit Einführung der Führungsaufsicht geführte Streit, hat

---

324 A.A. LK-StGB/*Roggenbuck*, § 145a Rn. 38.

325 Strafprozessordnung.

326 BVerfGE 27, 180 (194).

327 BVerfGE 21, 378 (384, 388).

328 Morgenstern diagnostiziert insofern ebenfalls, dass § 145a StGB gegen die europäischen Grundsätze für gemeindebezogene Sanktionen und Maßnahmen verstößt (= European Rules on Community Sanctions and Measures): Morgenstern, S. 281 f.

mit den durch das FührAufRefG erfolgten Anhebung des Strafrahmens erneut an Bedeutung gewonnen.[329]

Insofern muss untersucht werden, ob durch die Missachtung von Weisungen nennenswertes Unrecht verwirklicht wird, und ob die Verhängung von Freiheitsstrafen eine angemessene Reaktion hierauf darstellt. Das setzt voraus, dass mit § 145a StGB ein legitimer Zweck verfolgt wird und der Straftatbestand geeignet, erforderlich und angemessen ist, um die Allgemeinheit vor der erneuten Begehung von Straftaten zu schützen. Weiterhin muss § 145a StGB in einem recht gewichteten und ausgewogenen Verhältnis zu dem von ihm angestrebten Ziel stehen.[330]

Erste Voraussetzung, um von der Verhältnismäßigkeit des Straftatbestands ausgehen zu können ist, dass das mit § 145a StGB verfolgte Ziel ein legitimes ist. Da § 145a StGB darauf abzielt die Allgemeinheit vor der erneuten Begehung von Straftaten zu schützen ist diese Voraussetzung erfüllt.[331]

I. Geeignetheit des § 145a StGB

Geprüft werden muss, ob § 145a StGB ein geeignetes Mittel darstellt, um die Allgemeinheit vor der erneuten Begehung von Straftaten durch die Weisungsadressaten zu schützen.

Unabhängig von der Anordnung strafbewehrter Weisungen wird im Rahmen der §§ 68. ff StGB versucht dieses Ziel zu erreichen, indem den Führungsaufsichtsprobanden helfend und betreuend zur Seite gestanden wird und sie gleichzeitig durch die Leitung und Kontrolle der Aufsichtsstellen bei der Legalbewährung unterstützt werden. An dieser Konzeption wird, wie bereits erwähnt, ganz grundsätzlich bemängelt, dass sich die mit der Führungsaufsicht verfolgten Zwecke, den Führungsaufsichtsprobanden einerseits zu helfen und sie andererseits zu überwachen, gegenseitig ausschlössen.[332] Diese Gegensätze erzeugen die Gefahr, dass das Rechtsinstitut auseinanderbricht. Das Spannungsverhältnis wird dadurch weiter verstärkt, dass § 145a StGB der repressiven Seite der Führungsaufsicht zuzuordnen ist und die Sicherheit der Allgemeinheit gegenüber der Betreuungsfunktion in den Vordergrund rückt. Das kommt beispielsweise

---

Nach den „European Rules" ist es unzulässig, dass alleine der Verstoß gegen Auflagen beziehungsweise gegen Weisungen für sich genommen eine Strafbarkeit begründet.

329 Vgl. hierzu Gliederungspunkt § 4 A.

330 Allgemein hierzu: Kingreen/Poscher, Grundrechte, Rn. 340.

331 Vgl. hierzu Gliederungspunkt § 5 A.

332 Vgl. hierzu Gliederungspunkt § 3 B. II.

dadurch zum Ausdruck, dass die im Katalog des § 68b Abs. 1 StGB enthaltenen Weisungen primär sichernde Wirkung entfalten.[333]

Hieran kann zum einen kritisiert werden, dass die Aufdeckung von Weisungsverstößen in all den Fällen, in denen die Überwachung der Führungsaufsichtsprobanden im Vordergrund steht, praktisch ineffektiv ist. Rückfallgefährdete Täter werden sich nicht durch schwer überwachbare Weisungen von der Begehung weiterer Straftaten abhalten lassen. Wie personalintensiv die Kontrolle der Einhaltung einzelner Führungsaufsichtsweisungen sein kann, wird am Beispiel der § 68b Abs. 1 S. 1 Nr. 1 StGB und § 68b Abs. 1 S. 1 Nr. 2 StGB deutlich. Um sicherzustellen, dass die Weisungsadressaten die jeweiligen Gebotszonen nicht verlassen oder die vom Ortsverbot erfassten Orte nicht betreten, bedarf es einer Rundumüberwachung.[334] Bei der großen Anzahl von Führungsaufsichtsprobanden wird eine solche Kontrolle in vielen Fällen wegen der dünnen Personaldecke der Behörden schon aus praktischen Gründen nicht zu leisten sein.[335]

Zum anderen richtet sich die Führungsaufsicht auch an Personen, die eine langjährige kriminelle Karriere hinter sich liegen haben und ohnehin nicht bereit sind an ihrer eigenen Resozialisierung mitzuwirken. Es ist fraglich, ob die Strafandrohung in diesen Fällen überhaupt geeignet ist die Weisungsadressaten zur Einhaltung der Weisungen zu motivieren und hierdurch die Begehung weiterer Straftaten zu verhindern. Vor allem Weisungen, die der Resozialisierung der Weisungsadressaten dienen, sind auf deren freiwillige Mitarbeit, Aufgeschlossenheit und Verständnis angewiesen.[336] Auch wenn nach hier vertretener Ansicht durch sämtliche in § 68b Abs. 1 StGB enthaltene Führungsaufsichtsweisungen vorrangig sichernd auf die Weisungsadressaten eingewirkt werden soll, spielt ihre Betreuung für einige Weisungen zumindest eine untergeordnete Rolle.[337] Die aktive Mitarbeit an der eigenen Resozialisierung kann realistischerweise jedenfalls nicht von solchen Führungsaufsichtsprobanden erwartet werden, die über eine negative Legalprognose verfügen und weiterhin nicht resozialisierungsbreit sind.

Darüber hinaus kann an der Geeignetheit des Straftatbestands auf Grund der mit der Polizeiaufsicht und dabei insbesondere mit § 361 Nr. 1 RStGB gemachten

333 Vgl. zu den Zwecken der einzelnen Weisungen Gliederungspunkt § 5 D.

334 Das gilt jedenfalls dann, wenn die Weisungen nicht durch § 68b Abs. 1 S. 1 Nr. 12 StGB flankiert werden.

335 2013 standen circa 35.000 Personen unter Führungsaufsicht: Rohrbach MschrKrim 2014, 245 (248).

336 Floerecke KrimJ 1985, 120 (123); Maurach, Gutachten, S. 44.

337 Vgl. hierzu Gliederungspunkt § 5 D.

Erfahrungen gezweifelt werden. § 361 Nr. 1 RStGB war als Übertretungstatbestand ausgestaltet und pönalisierte Zuwiderhandlungen gegen Weisungen eines unter Polizeiaufsicht stehenden Verurteilten mit Haft von im Höchstmaß sechs Wochen. Die praktischen Erfahrungen förderten die Erkenntnis zutage, dass sich die Polizeiaufsichtsprobanden kaum von den zur Verfügung stehenden Sanktionsmitteln beeindrucken ließen.[338] Daher war § 361 Nr. 1 RStGB nicht geeignet, um die Allgemeinheit vor der erneuten Begehung von Straftaten zu schützen. In diesem Zusammenhang wurde auch vorgebracht, dass Vollverbüßer oder untergebrachte Straftäter, deren Maßregel für erledigt erklärt worden ist, nicht mit Hilfe eines Straftatbestands davon abgehalten werden können sich von den Fesseln der Weisungen zu befreien.[339]

Diese Bedenken lassen sich auch auf § 145a StGB übertragen, der im System der §§ 68 ff. StGB eine ähnliche Funktion wie § 361 Nr. 1 StGB a.F. im Rahmen der Polizeiaufsicht zu erfüllen hat. Wird auf Grundlage von § 145a StGB eine Freiheitsstrafe verhängt, kann diese wegen des geringen Unrechtsgehalts und Schuldgehalts vieler Weisungsverstöße im Regelfall keine langfristige Haftstrafe rechtfertigen. Konsequenz ist, dass im Strafvollzug nicht über einen längeren Zeitraum auf die weisungswidrig handelnden Führungsaufsichtsprobanden eingewirkt werden kann. Entschließen sich die aburteilenden Gerichte hingegen dazu, eine Geldstrafe anzuordnen, besteht das Problem, dass ein Teil der Weisungsadressaten wegen der zuvor verbüßten Haftstrafe beziehungsweise der Unterbringung im Maßregelvollzug über keine ausreichenden liquiden Mittel verfügen wird, um die Geldstrafe zu begleichen. Das könnte wiederum zur Folge haben, dass die Weisungsadressaten die angeordneten Weisungen nicht ernstnehmen und die Sanktionsandrohung daher psychologisch unwirksam wird.

Zudem wird vorgebracht, dass die Bestrafung schon deshalb unangebracht sei, weil die Situation von Führungsaufsichtsprobanden, mit der von Strafgefangenen vergleichbar ist. Letztgenannte werden nicht mittels Strafandrohung vor dem Ausbruch aus dem Gefängnis abgehalten.[340] Der Ausbruch aus dem Gefängnis wurde deshalb nicht unter Strafe gestellt, da die Strafgefangenen in Folge des Freiheitsentzugs unter so großem Druck stehen, dass ihnen der

338 Vgl. hierzu: Fuhr, S. 234 f.

339 Maurach, Gutachten, S. 45.

340 Maurach, Gutachten, S. 45. Kritisch ebenfalls: Pollähne, Führungsaufsicht als Grenzwache, S. 87 (94), der anmerkt, dass die Flucht aus dem Strafvollzug zurecht nicht unter Strafe steht.

Gefängnisausbruch nicht vorgeworfen werden können soll.[341] Überträgt man diesen Gedanken auf die Führungsaufsicht könnte man vertreten, dass die Weisungsadressaten durch die Führungsaufsichtsweisungen so stark unter Druck gesetzt werden, dass ihnen die Missachtung strafbewehrter Führungsaufsichtsweisungen nicht vorgeworfen werden kann.

Dieser Vergleich ist allerdings schon deshalb nicht überzeugend, weil sich die Situation, in der sich Strafgefangene befinden, deutlich von der der Führungsaufsichtsprobanden unterscheidet. Der auf Strafgefangenen lastende Druck, denen die Freiheit komplett entzogen worden ist, wiegt wesentlich schwerer, als der der Weisungsadressaten, die lediglich in Freiheit verpflichtet werden, bestimmte Weisungen zu beachten. Bei der Führungsaufsicht handelt es sich eben um keine freiheitsentziehende, sondern lediglich um eine freiheitsbeschränkende, Maßregel. Die Führungsaufsichtsprobanden erleiden lediglich partielle Freiheitseinbußen, die bei weitem nicht mit dem Freiheitsentzug im Gefängnis vergleichbar sind. Wegen der weniger starken Einwirkung ist die Motivation eine Strafnorm zu missachten bei Strafgefangenen ungleich größer, als bei Weisungsadressaten. Da sich die Situation, in der sich Strafgefangene befinden, erheblich von derjenigen der Weisungsadressaten unterscheidet, ist es nicht widersprüchlich die Missachtung von Weisungsverstößen, anders als den Ausbruch aus dem Gefängnis, unter Strafe zu stellen.[342]

Auch die sonstigen gegen § 145a StGB vorgebrachten Bedenken sind nicht geeignet durchgreifende Zweifel daran zu begründen, dass der Straftatbestand geeignet ist die Allgemeinheit vor der Begehung weiterer Straftaten durch die Weisungsadressaten zu schützen. Der an § 145a StGB geäußerten Kritik liegt vielfach die unausgesprochene Annahme zugrunde, dass viele der Führungsaufsichtsprobanden über eine so negative Legalprognose verfügen, dass selbst ein Straftatbestand nicht geeignet ist sie von der erneuten Begehung von Straftaten abzuhalten.

Die Annahme, dass der Kreis der Personen, an die sich die Führungsaufsicht typischerweise richtet, nicht für eine Resozialisierung offen ist und sich realistischerweise nicht mittels einer Strafandrohung resozialisieren lassen wird, ist jedoch nicht überzeugend.[343] Der Adressatenkreis der §§ 68 ff. StGB ist zu heterogen, um davon ausgehen zu können, dass sämtliche Weisungsadressaten

341 Vgl. hierzu schon: E 1962, BT-Drucks IV/650, S. 610. Ausführlich zu dieser Problematik: Helm, S. 237 ff.

342 Im Ergebnis zustimmend Groth NJW 1979, 743 (744); Ruderich, S. 192.

343 Schröder, Referat, E3 (21).

resozialisierungsunwillig sind. Neben der Gruppe der resozialisierungsunfähigen Straftäter stehen auch Personen unter Führungsaufsicht, die durch die Sanktionsandrohung motiviert werden können die Gesetze einzuhalten und bei denen eine berechtigte Hoffnung auf Wiedereingliederung besteht.[344] Exemplarisch sei auf die Gruppe der Führungsaufsichtsprobanden verwiesen, bei denen die Maßregel auf Grundlage der § 67b Abs. 1, § 67c Abs. 1 S. 1 Nr. 1, Abs. 2 oder § 67d Abs. 2 S. 1 StGB eingetreten ist. Außerdem besteht selbst in den Fällen, in denen Personen mit einer negativen Legalprognose aus dem Vollzug entlassen worden sind, die Möglichkeit, dass sie in Freiheit eine Entwicklung durchmachen, in deren Folge ihnen eine positive Prognose gestellt werden kann.

Nicht überzeugend ist es ebenfalls, die Unzweckmäßigkeit von § 145a StGB aus dem Vergleich mit dem wirkungslosen § 361 Nr. 1 RStGB a.F. abzuleiten. Anders als § 361 Nr. 1 StGB a.F. ist § 145a StGB nicht als Übertretungstatbestand, sondern als Vergehen ausgestaltet und mit Freiheitsstrafe von bis zu drei Jahren oder Geldstrafe bewehrt. Auf Grund der höheren Strafbewehrung kann mehr Druck auf die Führungsaufsichtsprobanden ausgeübt werden, um sie zur Beachtung der Weisungen zu animieren.[345] Besonders in den Situationen, in denen die Weisungsadressaten in eine vorübergehende Krisensituation geraten und ihre Resozialisierung anfängt negativ zu verlaufen, kann mittels strafrechtlichem Druck auf die Betroffenen eingewirkt und im besten Fall das erneute Abgleiten in die Kriminalität vermieden werden.

Gegen die Verfassungswidrigkeit spricht zudem, dass das Bundesverfassungsgericht dem Gesetzgeber bei der Beurteilung, ob ein Gesetz zur Erreichung des angestrebten Ziels geeignet ist, einen Einschätzungsspielraum einräumt. Immer, wenn mit Hilfe eines Straftatbestands der gewünschte Erfolg zumindest gefördert wird, ist die Norm geeignet, um ihr Ziel zu erreichen.[346] Ziel eines jeden Straftatbestands ist es, das von ihm geschützte Rechtsgut davor zu schützen, verletzt zu werden. Nicht erforderlich ist hingegen, dass der erstrebte Erfolg vollständig in jedem Einzelfall eintritt. Es besteht insbesondere kein Optimierungsgebot in dem Sinne, dass das wirkungsstärkste Mittel eingesetzt werden muss.[347] Das Bundesverfassungsgericht hat dem Gesetzgeber vielmehr einen weiten Beurteilungsspielraum eingeräumt.[348] Das bedeutet, dass der Gesetzgeber über einen

344 Fernholz-Niemeier, S. 80; Groth NJW 1979, 743 (744); Ruderich, S. 190.
345 Groth NJW 1979, 743 (744).
346 BVerfGE 92, 262 (273); 90, 145 (172); 30, 292 (316).
347 BVerfGE 118, 277 (374).
348 BVerfGE 90, 145 (173); Roxin, AT I, § 2 Rn. 87.

Gestaltungs- und Einschätzungsspielraum verfügt, der von dem Verfassungsgericht zu achten ist.[349] In Anwendung dieser Rechtsgrundsätze prüft das Bundesverfassungsgericht meist nur, ob die Prognose des Gesetzgebers sachgerecht und vertretbar, oder ob das Gesetz evident ungeeignet ist, um das erstrebte Ziel zu erreichen.[350]

Entscheidend ist somit, ob die Prognose des Gesetzgebers noch vertretbar ist, dass die Allgemeinheit durch § 145a StGB vor der erneuten Begehung von Straftaten geschützt werden kann. Diese Frage ist trotz aller Mängel des Rechtsinstituts und der Defizite bei dem Vollzug der §§ 68 ff. StGB zu bejahen. Es ist durchaus vorstellbar, dass es Personen gibt, die durch das Damoklesschwert des § 145a StGB den zur Einhaltung der Weisungen nötigen Grad an Selbstbeherrschung erlangen, und denen hierdurch bei der Legalbewährung geholfen wird. Zudem kann sich die Strafandrohung insofern positiv auswirken, als dass sie den Angewiesen bewusst macht, dass ein Weisungsverstoß keine Lappalie darstellt und sie hierdurch in ihrem Beschluss bestärkt werden künftig straffrei zu leben.[351] All dies spricht dafür, dass der Straftatbestand geeignet ist, um die Allgemeinheit vor Begehung weiterer Straftaten zu schützen. Das gilt jedenfalls solange wie die Geeignetheit der Strafvorschrift nicht eindeutig widerlegt ist.[352]

Nicht überzeugend ist es hingegen, § 145a StGB schon deshalb als geeignet anzusehen, weil mit seiner Hilfe der Kontakt zu den Führungsaufsichtsprobanden wiederhergestellt werden kann, um sie so zur weiteren Zusammenarbeit zu bewegen. Es ist möglich, den Kontakt zu den Weisungsadressaten wiederherzustellen, indem die Aufsichtsstellen von der ihnen gem. § 145a S. 2 StGB eingeräumten Befugnis einen Strafantrag zu stellen Gebrauch machen und so ein Ermittlungsverfahren anstoßen, in dessen Rahmen ein Haftbefehl erlassen werden kann.[353] Ziel eines solchen Vorgehens kann es sein, den Weisungsadressaten in schwierigen Situationen zur Seite stehen zu können und ihnen bei der Resozialisierung zu helfen, was nur möglich ist, wenn es den Aufsichtsstellen gelingt den abgerissenen Kontakt wiederherzustellen. So löblich dieses Ziel auch sein mag, hilft es dennoch nicht darüber hinweg, dass die §§ 112 ff. StPO bei dieser Anwendung in systemwidriger Weise missbraucht werden würden. Der Wunsch, den abgebrochenen Kontakt zu den Führungsaufsichtsprobanden

---

349 BVerfGE 110, 141 (157 f.); 90, 145 (173); 81, 156 (193).

350 BVerfGE 30, 250 (263): Sachgerecht und vertretbar. BVerfGE 65, 116 (126); 61, 291 (313 f.): Evident ungeeignet.

351 Kett-Straub, FS Streng, S. 309 (319).

352 Kett-Straub, FS Streng, S. 309 (319).

353 Vgl. Nißl NStZ 1995, 525 (526) zur Rechtslage vor dem FührAufRefG.

wiederherzustellen, stellt keinen Haftgrund im Sinne der §§ 112 ff. StPO dar. Außerdem besteht für ein solches Vorgehen vielfach kein praktisches Bedürfnis. Die Aufsichtsstellen können die Führungsaufsichtsprobanden gem. § 463a Abs. 1 S. 2 StPO zur Aufenthaltsermittlung ausschreiben. In den Fällen des § 68b Abs. 1 S. 1 Nr. 7, 11 StGB haben sie sogar gem. § 463a Abs. 3 S. 1 StPO die Möglichkeit den Erlass eines Vorführungsbefehls zu beantragen.[354]

II. Erforderlichkeit des § 145a StGB

Um mit dem verfassungsrechtlichen Verhältnismäßigkeitsgebot vereinbar zu sein, muss die Pönalisierung von Weisungsverstößen zudem erforderlich sein, um das mit § 145a StGB verfolgte Ziel zu erreichen.[355] Eine Norm ist immer dann erforderlich, wenn kein milderes die Grundrechte weniger intensiv beschränkendes Mittel zur Verfügung steht, durch das das erstrebte Ziel ebenso effektiv erreicht werden kann.[356] Bei Strafgesetzen sind, neben der Eigenart der betroffenen Rechtsgüter, besonders die Intensität mit der Rechtspositionen verkürzt werden, sowie die wirtschaftlichen Folgen und die Zahl der Betroffenen von Bedeutung.[357] Beachtet werden muss zudem, dass der Gesetzgeber nur dann ein milderes Mittel wählen muss, wenn der intensivere Grundrechtseingriff, gemessen am Regelungszweck, keinen besseren Erfolg verspricht.[358] Darüber hinaus wird dem Gesetzgeber auch bei der Beurteilung der Erforderlichkeit von dem Bundesverfassungsgericht ein weiter Beurteilungsspielraum eingeräumt.[359]

1. Verzicht auf die Pönalisierung

Eine erste Möglichkeit, milder auf Weisungsverstöße zu reagieren, wäre es, den Straftatbestand des § 145a StGB abzuschaffen. Der Verzicht auf § 145a StGB stellt ein milderes Mittel dar, da so nicht in die Rechte der Führungsaufsichtsprobanden eingegriffen wird. Auch ohne § 145a StGB bestünde weiterhin die Möglichkeit, Weisungen nach § 68b Abs. 1 StGB anzuordnen. Allerdings wären die

354 Die Möglichkeit einen Vorführungsbefehl zu beantragen erhöht die Termintreue der Weisungsadressaten: Kammermeier BewHi 2013, 159 (176).

355 Dreier/*Schulze-Fielitz*, Art. 20 (Rechtsstaat) Rn. 171, der die Erforderlichkeit als Kern des Übermaßverbots bezeichnet.

356 BVerfGE 92, 277 (327); 67, 157 (176).

357 Sachs/*Sachs*, GG, Art. 20 Rn. 152.

358 BVerfGE 57, 250 (270).

359 BVerfGE 90, 145 (173); 81, 156 (193); Schmidt-Bleibtreu/Hofmann/Henneke/*Hofmann*, GG, Art. 20 Rn. 72.

Weisungen solchen nach § 68b Abs. 2 StGB gleichgestellt und nicht strafbewehrt. Auf den ersten Blick scheint dieses Ergebnis in all den Fällen zu gerechten Ergebnissen zu führen, in denen die Unterbringung im Maßregelvollzug zur Bewährung ausgesetzt worden ist und mit der Aussetzung Führungsaufsicht eintrat. Daher wird vertreten, dass die Führungsaufsicht zumindest in diesen Fallkonstellationen entbehrlich sei.[360] Da bei Weisungsverstößen die Möglichkeit besteht, die Bewährung zu widerrufen, besteht ein ausreichendes Druckmittel, um die Führungsaufsichtsprobanden zur Einhaltung der Weisungen zu motivieren.

Dennoch ist es in vielen Fällen nicht ausreichend, lediglich mit dem drohenden Aussetzungswiderruf Druck auf die bedingt entlassenen Führungsaufsichtsprobanden ausüben zu können. Besonders bei langjährig Untergebrachten kann die intensive Einwirkung mittels strafbewehrter Weisungen erforderlich sein, um ihnen bei dem Übergang von dem Vollzug in die Freiheit zu helfen und zugleich die Allgemeinheit zu schützen. Gerade Weisungsadressaten, die gewillt sind sich zu bewähren, die aber nur schwer in der Lage sind die als sinnvoll erkannten Weisungen selbstständig einzuhalten, kann durch die Strafandrohung bei der Selbstdisziplinierung geholfen werden.[361] Das gilt vor allem in den Fällen, in denen die Höchstdauer der Unterbringung in absehbarer Zeit erreicht sein wird. Demzufolge ist der Aussetzungswiderruf kein gleich geeignetes Mittel, um Druck auf die Führungsaufsichtsprobanden auszuüben. Ein weiteres Argument für die Beibehaltung des Straftatbestands ist, dass seine Abschaffung in vielen Fällen gar kein milderes Mittel darstellen würde. Ein Vorzug der Führungsaufsicht ist, dass unter Umständen erst durch sie die für die Entlassung aus dem stationären Maßregelvollzug oder den Verzicht auf die Unterbringung erforderliche Legalprognose gestellt werden kann.[362] Wenn die Einhaltung der Weisungen nicht mehr über § 145a StGB erzwungen werden könnte, droht das Vertrauen in die Effektivität des Rechtsinstituts verloren zu gehen. Infolge dessen könnte die Abschaffung mittelbar zur Verlängerung der Unterbringungsdauer führen und sich damit als kontraproduktiv erweisen.[363]

---

360 Schöch, Gutachten, S. 112 f.

361 MüKo-StGB/*Groß*, § 145a Rn. 7.

362 Kaiser, S. 46; Weber, S. 118. Ein praktisches Beispiel findet sich hierzu in: BGH NStZ-RR 2014, 77 (77 f.). Kritisch zur Annahme, dass die §§ 68 ff. StGB die Anordnung von Sicherungsverwahrung vermeiden können: Pollähne, Führungsaufsicht als Grenzwache, S. 87 (88).

363 Schöch, Die Rechtswirklichkeit und präventive Effizienz strafrechtlicher Sanktionen, S. 291 (317).

Betrachtet man hingegen die Gruppe der Vollverbüßer isoliert, könnte die Abschaffung des Straftatbestands tatsächlich ein milderes Mittel darstellen. Diese müssen wegen der vollständigen Verbüßung ihrer Haftstrafe ohnehin zwingend und unbedingt entlassen werden. Sofern § 145a StGB wegfallen würde, wären sie nach ihrer Entlassung nicht mehr durch strafbewehrte Führungsaufsichtsweisungen in ihrer Freiheit beschränkt.

In diesem Zusammenhang wird vertreten, dass § 145a StGB schon deshalb entbehrlich sein soll, da durch Weisungsverstöße regelmäßig eine Art der Selbstbestrafung eintritt.[364] Die Selbstbestrafung soll darin liegen, dass die Missachtung von Weisungen zu einer Erhöhung der staatlichen Kontrolldichte führt, die daraus resultiert, dass die Führungsaufsichtsprobanden in den Fokus der mit der Durchführung der Führungsaufsicht befassten Stellen geraten.[365] Folge der erhöhten Kontrolldichte soll sein, dass sich das Verurteilungsrisiko im Fall der neuerlichen Begehung von Straftaten erhöht.[366] Diese Form der Selbstbestrafung soll sachnäher und effektiver sein als es die Strafandrohung nach § 145a StGB ist.[367] Darüber hinaus soll die drohende Selbstbestrafung ein ausreichendes Druckmittel sein, um die Führungsaufsichtsprobanden zur Beachtung der Weisungen zu motivieren. Eine darüberhinaus gehende Sanktionierung soll hingegen nicht erforderlich sein.[368] Dieses Vorgehen hat zudem den Vorteil, dass einer eventuellen Renitenz der Führungsaufsichtsprobanden gegen die Weisungen vorgebeugt werden kann. Häufig sehen Verurteilte, die ihre Strafe vollständig verbüßt haben, ihre Schuld als vergolten an. Wenn diese Personen nach ihrer Entlassung weiterhin durch die Aufsichtsstellen reglementiert werden, besteht die Gefahr, dass sie die bei Weisungsverstößen drohende Sanktionierung als bloße Schikane verstehen. Eine solche innere Einstellung der Weisungsadressaten zu der als ungerecht empfundenen Überwachung der eigenen Lebensführung kann zu Abwehrreaktionen führen.[369]

Zweifel an der Effektivität dieses Vorschlags drängen sich jedoch auf, wenn bedacht wird, dass die Vollverbüßer ohne § 145a StGB folgenlos gegen Weisungen verstoßen und sich der Gefahr der erneuten Begehung von Straftaten

---

364 Schöch NStZ 1992, 364 (370 f.). Auf den Aspekt der drohenden Selbstbestrafung weisen ebenfalls hin: Neubacher ZStW 118 (2006), 855 (874 f.); Neubacher BewHi 2004, 73 (83 f.); Schöch BewHi 2003, 211 (224).

365 Schöch NStZ 1992, 364 (370).

366 Neubacher ZStW 118 (2006), 855 (874 f.).

367 Schöch NStZ 1992, 364 (370).

368 Hanack, S. 68 (90); Neubacher BewHi 2004, 73 (83).

369 Raabe, S. 163 f.

aussetzen könnten. Anders als den bedingt entlassenen Führungsaufsichtsprobanden, droht den Vollverbüßern nicht einmal der Widerruf der Strafaussetzung. Folge wäre, dass es sich bei richterlichen Weisungen faktisch nur noch um Verhaltensempfehlungen handeln würde.[370] Dadurch würden die Weisungen viel von ihrer Wirksamkeit verlieren und kaum ihre Aufgabe erfüllen können, die Allgemeinheit vor der erneuten Begehung von Straftaten durch die Weisungsadressaten zu schützen. Es ist zumindest unwahrscheinlich, dass die Weisungsadressaten bereit sind den Weisungen ohne Zwang nachzukommen.[371] Für den Erfolg der Maßregel ist es daher von entscheidender Bedeutung, dass der Verstoß gegen die Weißungen nicht ungeahndet bleibt.[372]

Ohne die Strafandrohung stünde kein gleich wirksames Mittel zur Verfügung, um die Führungsaufsichtsprobanden zur Einhaltung der Weisung zu motivieren.[373] Daher ist der Vorschlag, § 145a StGB abzuschaffen, nicht gleich geeignet, um die Führungsaufsichtsprobanden von der erneuten Begehung von Straftaten abzuhalten.

2. *Der Verstoß gegen Weisungen als Ordnungswidrigkeit*

Eine weitere Alternative zu § 145a StGB besteht darin, den Straftatbestand zur Ordnungswidrigkeit herabzustufen.[374] Fraglich ist, ob die Ahndung von Weisungsverstößen als Ordnungswidrigkeit genauso effektiv ist, wie die durch einen Straftatbestand, um die Weisungsadressaten zur Führung eines gesetzeskonformen Lebens zu animieren.

Gegen die Herabstufung von § 145a StGB zu einer Ordnungswidrigkeit spricht zum einen, dass sich diejenigen Führungsaufsichtsprobanden, die bereit sind einen Straftatbestand zu ignorieren, sich erst Recht nicht von einer Ordnungswidrigkeit beeindrucken lassen werden.[375] Zum anderen muss berücksichtigt werden, dass sich der Adressatenkreis des § 145a StGB auch aus vermögenslosen Personen zusammensetzt. Das resultiert daraus, dass die Weisungsadressaten, vor dem Eintritt der Führungsaufsicht, in aller Regel eine längere Zeit im Straf- oder Maßregelvollzug verbracht haben, wo sie keiner regulären Erwerbstätigkeit

---

370 Fernholz-Niemeier, S. 81.

371 Kwaschnik, S. 200.

372 Groth NJW 1979, 743 (743).

373 Vgl. E 1962, BT-Drucks IV/650, S. 221, 614; Schafheutle, Niederschriften, Band 3, S. 245; Dreher, Niederschriften, Band 12, S. 328.

374 So: Baumann GA 1964, 193 (197); Lange, Niederschriften, Band 3, S. 243.

375 Groth NJW 1979, 743 (745).

nachgehen konnten. Obwohl Bußgeldentscheidungen gem. § 89 OWiG[376] vollstreckt werden können, hat die Vollstreckung auf Grund der Vermögenslosigkeit der Führungsaufsichtsprobanden in der Regel kaum Chancen darauf, erfolgreich betrieben zu werden. Konsequenz der Nichtvollstreckbarkeit der verhängten Geldbußen kann die Anordnung von Erzwingungshaft sein.[377] Allerdings ist die Anordnung von Erzwingungshaft gegenüber zahlungsunfähigen Personen gem. § 96 Abs. 1 Nr. 2, 4 OWiG nur bedingt möglich ist. Wenn es den Betroffenen auf Grund ihrer wirtschaftlichen Verhältnisse unzumutbar ist, die Geldbuße zu entrichten, werden ihnen die Gerichte gem. § 96 Abs. 2 S. 1 OWiG Zahlungserleichterungen bewilligen. Folge der Herabstufung von § 145a StGB zu einer Ordnungswidrigkeit könnte daher sein, dass die Weisungsadressaten, ohne Angst vor Konsequenzen, gegen die angeordneten Führungsaufsichtsweisungen verstoßen könnten.[378]

Obwohl die Ahndung von Weisungsverstößen als Ordnungswidrigkeit ein milderes Mittel darstellt, ändert dies nichts an der Erforderlichkeit von § 145a StGB, da die Ahndung als Ordnungswidrigkeit nicht in gleichem Maße geeignet ist, die Weisungsadressaten von der erneuten Begehung von Straftaten abzuhalten. Zum Schutz der Allgemeinheit vor gefährlichen Führungsaufsichtsprobanden ist vielmehr eine wirksame Sanktionierung von Weisungsverstößen erforderlich.[379] Würde man § 145a StGB zur Ordnungswidrigkeit herabstufen, könnte dieses Ziel nicht mit der gleichen Wirksamkeit erreicht werden.

3. *Schaffung einer Widerrufsmöglichkeit in sämtlichen Fällen*

Eine weitere Alternative zu § 145a StGB wäre es, in sämtlichen Fällen der Führungsaufsicht eine Widerrufsmöglichkeit zu schaffen, sodass auf Weisungsverstöße stets mit dem Widerruf der Aussetzung reagiert werden könnte. Hierzu ist erforderlich, dass zwingend ein gewisser Straf- oder Maßregelrest zur Bewährung ausgesetzt werden muss.[380] Die Aussetzung muss unabhängig davon erfolgen, ob die Verurteilten in die Aussetzung des Strafrests zur Bewährung eingewilligt haben und unabhängig davon sein, ob den jeweiligen Untergebrachten eine positive Legalprognose gestellt werden kann. Praktisch bedeutet dies, dass jeder Straftäter, losgelöst von seiner Sozialprognose, bedingt entlassen werden muss,

---

376 Ordnungswidrigkeitengesetz.
377 Rosenkötter/Louis, OWiG, Rn. 780–782; Thieß, OWiG, Rn. 829 ff.
378 Groth NJW 1979, 743 (745); Ruderich, S. 191.
379 Ruderich, S. 191 f.
380 Fernholz-Niemeier, S. 83.

bevor seine Strafe vollständig vollstreckt ist.[381] Hierdurch wird die Möglichkeit geschaffen, auf Weisungsverstöße mit dem Widerruf der Aussetzung des Straf- oder Maßregelrests zu reagieren. Es bedarf daher keines Straftatbestands, um auf die Führungsaufsichtsprobanden Druck auszuüben.[382]

Bedenken gegen diese Lösung bestehen, weil sie gegenüber § 145a StGB nicht zwingend das mildere Mittel darstellt. Die Folgen des Widerrufs können mit denen einer Verurteilung nach § 145a StGB vergleichbar sein oder gar noch schwerer wiegen.[383] Zudem besteht die Gefahr, dass den Verurteilten die Motivation genommen wird, sich im Strafvollzug gut zu führen und am Erreichen des Vollzugsziels mitzuarbeiten, wenn sie ohnehin vorzeitig entlassen werden. Entscheidend ist jedoch, dass es Fälle gibt, in denen eine drohende Bestrafung und ein drohender Aussetzungswiderruf keine gleich geeigneten Maßnahmen sind, um das erstrebte Ziel zu erreichen. Das wird insbesondere mit Blick auf die Personen deutlich, die zu dem Zeitpunkt ihrer bedingten Entlassung bereits den Großteil ihrer Haftstrafe verbüßt haben. Das Druckmittel Aussetzungswiderruf besteht nur so lange bis der Straf- oder Maßregelrest vollständig verbüßt ist. Ab diesem Zeitpunkt fällt das Druckmittel weg, unabhängig davon, ob die Weisungsadressaten alleine in der Lage sind sich in Freiheit zu bewähren.

Eine weitere Schwäche dieses Vorschlags besteht darin, dass das vermeintlich mildere Mittel Aussetzungswiderruf mittelbar strafschärfende Wirkung entfalten könnte. Es besteht die Gefahr, dass die Gerichte im Bewusstsein, dass die Straftäter ohnehin vorzeitig entlassen werden, dazu animiert werden, längere Freiheitsstrafen zu verhängen. Folge der vermeintlich milderen Lösung könnte daher sein, dass die Verurteilten mittelbar stärker belastet werden. In diesem Fall würde die bedingte Entlassung bereits kein milderes Mittel gegenüber § 145a StGB darstellen.

4. *Warnarrest/ Präventivhaft*

Eine weitere Alternative zu § 145a StGB könnte es sein, mit der Anordnung eines Warnarrests oder mit der Verhängung von Präventivhaft auf Weisungsverstöße zu reagieren.

Statt mit dem scharfen Schwert einer strafrechtlichen Verurteilung, könnte mit einem zeitlich eng begrenzten Warnarrest auf Weisungsverstöße reagiert

381 Vorgeschlagen im Alternativ-Entwurf eines Strafgesetzbuches von 1966 in § 48 Abs. 1.

382 Fernholz-Niemeier, S. 83 f.

383 Fernholz-Niemeier, S. 84; Kwaschnik, S. 220 f.; Ruderich, S. 193.

werden. Vorteil ist, dass auf die Führungsaufsichtsprobanden eingewirkt werden kann, ohne dass es gleich zu einer strafrechtlichen Verurteilung kommen muss.[384]

Dem ist jedoch entgegengehalten, dass ein zeitlich eng begrenzter Arrest vielfach nicht geeignet sein wird, um hafterprobte Personen zu beeindrucken. Hierfür spricht auch, dass der Arrest, schon auf Grund der im Vergleich zu § 145a StGB geringeren maximalen Unterbringungsdauer nicht in gleicher Weise geeignet ist, um die Führungsaufsichtsprobanden von der erneuten Begehung von Straftaten abzuhalten. Vielmehr droht, dass die Weisungsadressaten die ihnen im Fall eines Weisungsverstoßes drohende Sanktion nicht ernst nehmen. Darüber hinaus kann nicht erwartet werden, dass es gelingt die Weisungsadressaten innerhalb von wenigen Wochen beziehungsweise Monaten in die Lage zu versetzen, ihr Verhalten nachhaltig zu verändern. Das gilt umso mehr, als dies nicht schon während dem Eintritt der Führungsaufsicht vorausgehenden Straf- oder Maßregelvollzug gelungen ist. Daher ist ein zeitlich eng begrenzter Warnarrest kein gleich geeignetes Mittel, um die Allgemeinheit vor der erneuten Begehung von Straftaten zu schützen.

5. Anordnung von Sicherungsverwahrung

Eine letzte Alternative zu § 145a StGB ist es, auf Weisungsverstöße mit der Anordnung von Sicherungsverwahrung zu reagieren, anstatt mit der Verhängung von Kriminalstrafen.[385] Die Führungsaufsichtsprobanden könnten durch die drohende Unterbringung in der Sicherungsverwahrung motiviert werden, die Führungsaufsichtsweisungen zu beachten. Für diesen Lösungsansatz spricht, dass zwei zentrale Kritikpunkte an § 145a StGB entkräftet werden können.

Ein häufig an § 145a StGB geäußerter Kritikpunkt ist, dass lediglich Ungehorsam gegenüber der Justiz pönalisiert wird.[386] Verstöße gegen Führungsaufsichtsweisungen sollen regelmäßig einen geringen Unrechtsgehalt aufweisen, sodass lediglich die Ahndung als Ordnungswidrigkeit gerechtfertigt sein soll.[387] Diesen

---

384 Vorgeschlagen wurde die Einführung eines Erzwingungsarrests, der wiederholt und gestuft für eine Dauer von sechs bis zwölf Monaten verhängt werden soll (Sonderausschuss, Unveröffentlichter Bericht, S. 15). Ähnlich: Boetticher, Rechtliche Rahmenbedingungen, S. 15 (34), der vorschlägt über präventiv wirkende (nachhaltige) Sanktionsmöglichkeiten nachzudenken.

385 So z.B.: Hassenpflug, S. 134 zur Sicherungsaufsicht.

386 Kritisch ebenfalls: Jescheck, ZStW 80 (1968), 54 (86); Kühnel BewHi 1972, 22 (29); Streng, Rn. 393.

387 Für die Herabstufung zur Ordnungswidrigkeit: Baumann GA 1964, 193 (197); Lange, Niederschriften, Band 3, S. 243.

Kritikpunkten wird der Boden entzogen, wenn auf einen Weisungsverstoß nicht mit Strafe, sondern der nächstschärferen Maßregel gleicher Zielsetzung, nämlich der Sicherungsverwahrung, reagiert wird.[388] Anders als die Verhängung von Kriminalstrafen, dient die Anordnung einer Maßregel nicht dem Schuldausgleich, sondern soll bessernde und sichernde Wirkung entfalten. Darüber hinaus könnte es als kriminalpädagogisch vorzugswürdig angesehen werden, eine freiheitsentziehende Maßregel anzuordnen, wenn die, ebenfalls dem Maßregelrecht zuzuordnende freiheitsbeschränkende Führungsaufsicht, nicht ausreichend ist, um die Weisungsadressaten von der erneuten Begehung von Straftaten abzuhalten. Diesen Gedanken aufgreifend wird vorgeschlagen, die Gerichte zu ermächtigen, für den Fall der künftigen Zuwiderhandlung gegen erteilte Weisungen bereits im Strafurteil die Zulässigkeit der nachträglichen Anordnung der Sicherungsverwahrung aussprechen zu können.[389]

Gegen diesen Ansatz spricht jedoch, dass die strengen Voraussetzungen, die für die Anordnung der Sicherungsverwahrung nach §§ 66 ff. StGB erfüllt sein müssen, bei Weisungsverstößen, mit Ausnahme des § 66 Abs. 1 S. 1 Nr. 1 lit. c StGB, in der Regel nicht erfüllt sind. Daher scheidet die Anordnung von Sicherungsverwahrung in den allermeisten Fällen bereits aus rechtstatsächlichen Gründen aus. Ein weiteres Argument gegen diesen Lösungsansatz ist, dass die dem Schutz der Allgemeinheit vor gefährlichen Straftätern dienende Maßregel Sicherungsverwahrung zweckentfremdet würde. Mit der Maßregel würde nicht mehr das Ziel verfolgt, die Allgemeinheit vor gefährlichen Straftätern zu schützen. Die verschuldete Nichterfüllung der Weisungen sagt nämlich nichts über den Stand der Resozialisierung der Weisungsadressaten aus, der einen Rückschluss auf ihre aktuelle Gefährlichkeit erlauben würde. Die Maßregel Sicherungsverwahrung würde vielmehr dem bloßen Ungehorsamsstrafrecht zugeordnet, was dadurch zum Ausdruck kommt, dass es für ihre Anordnung nicht auf die Gefährlichkeit der Täter ankommt.[390] Folge wäre, dass die Sicherungsverwahrung einen Sanktionscharakter erhalten würde, der mit ihrer Konzeption als Sicherungsmittel nicht vereinbar ist. Darüber hinaus ist es mit Blick auf die sich im Maßregelvollzug befindliche Klientel nur schwer vertretbar diejenigen, die gegen Führungsaufsichtsweisungen verstoßen haben, mit den sich

388 Baumann GA 1964, 193 (197) zum Rechtsinstitut der Sicherungsaufsicht; Schmidt, Niederschriften, Band 3, S. 237; Jescheck, Niederschriften, Band 3, S. 238; Skott, Niederschriften, Band 3, S. 243.

389 Sieverts, Niederschriften, Band 3, S. 163.

390 Lackner JZ 1963, 617 (620).

typischerweise in Sicherungsverwahrung befindenden Tätern zusammen unterzubringen.

Abschließend ist aus verfassungsrechtlicher Sicht anzumerken, dass dieser Vorschlag weder erforderlich noch angemessen ist. Zum einen ist die Sicherungsverwahrung im Vergleich zur Führungsaufsicht kein milderes Mittel. Durch die Unterbringung in der Sicherungsverwahrung würden die weisungswidrig handelnden Führungsaufsichtsprobanden erheblich stärker belastet, als durch die Freiheitsbeschränkung, die mit der Führungsaufsicht einhergeht. Zum anderen wäre es eine unverhältnismäßige Reaktion auf den Verstoß gegen eine Führungsaufsichtsweisung, mit der Anordnung der nächstschwereren Maßregel Sicherungsverwahrung zu reagieren.[391] Es ist beispielsweise schwer vorstellbar, dass die Allgemeinheit durch den Verstoß gegen eine Meldeweisung so stark gefährdet wird, dass die Verwahrung des Weisungsadressaten in der Sicherungsverwahrung zu ihrem Schutz erforderlich ist.

III. Verhältnismäßigkeit von § 145a StGB im weiteren Sinne

Umstritten ist weiterhin, ob es verhältnismäßig ist, die Missachtung gegen sämtlicher der in § 68b Abs. 1 StGB aufgezählten Weisungen unter Strafe zu stellen.

Der Straftatbestand des § 145a StGB ist nur dann verhältnismäßig, wenn die Schwere des Eingriffs in einem angemessenen Verhältnis zu dem Gewicht der durch die Maßnahme geförderten Allgemeinwohlbelange steht.[392] Insofern muss geprüft werden, ob der Straftatbestand in einem angemessenen Verhältnis zu dem von ihm bezweckten Rechtsgüterschutz steht.[393] Um diese Frage beantworten zu können, müssen die von § 145a StGB für die Betroffenen ausgehenden Nachteile mit den für die Allgemeinheit erzeugten Vorteilen abgewogen werden. Grundsätzliche Voraussetzung, um von der Angemessenheit des Straftatbestandes ausgehen zu können, ist daher, dass der Straftatbestand ein verhältnismäßiges Mittel darstellt, um die Führungsaufsichtsprobanden zur Einhaltung der Weisungen, und damit letztlich zur Legalbewährung, zu motivieren.

Weitere Besonderheiten ergeben sich allerdings daraus, dass es sich bei § 145a StGB um einen Blankettstraftatbestand handelt, der durch die auf Grundlage von § 68b Abs. 1 StGB angeordneten Weisungen ausgefüllt wird. Um die

391 Im Ergebnis zustimmend: Groth NJW 1979 743 (745); K. Schäfer, Niederschriften, Band 3, S. 241; Krille, Niederschriften, Band 3, S. 240; NK-StGB/*Kretschmer*, § 145a Rn. 9; Raabe, S. 128 ff., Ruderich, S. 192 f.

392 Zur Verhältnismäßigkeit: Mangoldt/Klein/Stark/*Sommermann*, GG, Art. 20, Rn. 314.

393 BVerfGE 92, 277, (326).

Angemessenheit des Straftatbestands beurteilen zu können, muss in einem ersten Schritt das Blankett des § 145a StGB selbst untersucht werden. Straftatbestände stellen nur dann ein angemessenes Mittel dar, wenn das von ihnen erfasste Verhalten als Kriminalunrecht zu qualifizieren ist.[394] In einem zweiten Schritt wird zu prüfen sein, ob durch sämtliche die das Blankett ausfüllenden Weisungen nach § 68b Abs. 1 StGB, Tathandlungen erfasst werden, durch die strafwürdiges Unrecht verwirklicht werden kann. In dem dritten und letzten Schritt wird zu prüfen sein, ob die Höhe der Strafandrohung in einem angemessenen Verhältnis zu dem durch das weisungswidrige Verhalten verursachten Unrecht steht. In diesem Zusammenhang muss insbesondere untersucht werden, ob es angemessen ist die von § 145a StGB erfassten Tathandlungen mit Geldstrafe oder Freiheitsstrafe bis zu drei Jahren zu bestrafen.

1. *Angemessenheit von § 145a StGB*

Bezüglich § 145a StGB wird vertreten, dass das durch § 145a StGB zu Kriminalunrecht erhobene Verhalten allenfalls dem Ordnungswidrigkeitenrecht zugeordnet werden darf.[395] Es wird bezweifelt, ob durch die bloße Zuwiderhandlung gegen eine richterliche Weisung strafwürdiges Unrecht verwirklicht wird, und ob ein Weisungsverstoß überhaupt eine Rechtsgutsverletzung zur Folge haben kann.[396] Dem liegt die Annahme zu Grunde, dass die von § 145a StGB erfassten Tathandlungen über keinen wirklichen strafrechtlichen Unwertgehalt verfügen. Durch das bloße Zuwiderhandeln gegen Führungsaufsichtsweisungen soll jedenfalls solange kein materielles Unrecht verwirklicht werden, bis die Weisungsadressaten erneut straffällig werden.[397] Sofern diese Grenze, trotz der Missachtung von Weisungen, nicht überschritten wird, soll sich das Verhalten im Ungehorsam gegenüber dem Richter erschöpfen, was allenfalls dem Ordnungswidrigkeitenrecht zuordenbar sein soll.[398]

Insofern wird auch vorgebracht, dass es einem Schuldstrafrecht grundsätzlich fremd sei, bloßen Ungehorsam strafrechtlich zu sanktionieren.[399] Zum Teil

---

394 Kwaschnik, S. 221; Ruderich, S. 194.

395 Baumann GA 1964, 193 (197) zur Sicherungsaufsicht; Dessecker BewHi 2007, 276 (279). Von Ordnungsbußen spricht: Lange, Niederschriften, Band 3, S. 243.

396 Neubacher ZStW 118 (2006), 855 (874 f.).

397 Jescheck, ZStW 80 (1968), 54 (86) zur Sicherungsaufsicht.

398 Für die Zuordnung zum Ordnungswidrigkeitenrecht ebenfalls: Dessecker BewHi 2007, 276 (279).

399 Kühnel BewHi 1972, 22 (29).

wird die Kritik so scharf formuliert, dass § 145a StGB dem Strafrecht ein einem Rechtsstaat unwürdiges, polizeistaatliches Gesicht verleiht, das einem modernen Strafrecht unwürdig sei.[400] Wiederum andere bezeichnen die Pönalisierung von Weisungsverstößen als unerträglich und mit rechtsstaatlichen Grundsätzen unvereinbar.[401]

Für die Verfassungswidrigkeit des Straftatbestands könnte zudem der Vergleich von § 145a StGB mit der Situation bei dem Nichtantritt einer Freiheitsstrafe sprechen. Durch den Nichtantritt der Freiheitsstrafe widersetzen sich die verurteilten Personen der in der strafrechtlichen Verurteilung implizit enthaltenen richterlichen Weisung die verhängte Freiheitsstrafe anzutreten. Missachten die Verurteilten diese Weisung wird auf den Nichtantritt der Haftstrafe nicht mit einer erneuten strafrechtlichen Verurteilung reagiert.[402] Konsequenz des Nichtantritts der Haftstrafe ist vielmehr, dass gem. § 457 Abs. 2 S. 1 StPO ein Haftbefehl erlassen wird. Es ist fraglich, wieso der Nichtantritt einer Haftstrafe den Erlass eines Haftbefehls nach sich zieht, während der Verstoß gegen eine richterlich angeordnete Führungsaufsichtsweisung mit Geldstrafe oder Freiheitsstrafe sanktioniert werden soll. Wenn die beiden Situationen tatsächlich miteinander vergleichbar sein sollten, wäre es naheliegender auf die Missachtung von Führungsaufsichtsweisungen ebenfalls mit Zwangsmitteln, wie Zwangsgeld und Zwangshaft, zu reagieren.[403]

Darüber hinaus wird der Verstoß gegen strafbewehrte Führungsaufsichtsweisungen mit der Missachtung von Bewährungshilfeweisungen verglichen. Durch die Missachtung von Bewährungsweisungen soll kein strafwürdiges Unrecht verwirklicht werden, das eine neuerliche strafrechtliche Verurteilung rechtfertigen könnte.[404] Das gleiche könnte für Verstöße gegen Führungsaufsichtsweisungen gelten, die auf Grundlage von § 68b Abs. 1 StGB angeordnet worden sind. Hieraus könnte geschlossen werden, dass alleine der Umstand, dass die Praxis die Strafandrohung als Druckmittel benötigt und die Gefahr besteht, dass die Führungsaufsichtsprobanden die Weisungen andernfalls nicht ernst nehmen würden, nichts daran ändert, dass durch die Weisungsverstöße an sich kein strafwürdiges Unrecht verwirklicht wird.

---

400 Jescheck ZStW 80 (1968), 54 (86).

401 Schultz JZ 1966, 113 (123) zur Sicherungsaufsicht.

402 Baumann GA 1964, 193 (197).

403 Vgl. hierzu: MüKo-StGB/*Groß*, § 145a Rn. 3. Dort wird dieser Vorschlag im Ergebnis aber abgelehnt.

404 Grünwald, ZStW 76 (1964), 633 (664) zur Sicherungsaufsicht.

Bei isolierter Betrachtung des Tatbestandsmerkmals Verstoß gegen eine bestimmte Weisung kann sich demnach durchaus der Eindruck aufdrängen, dass durch § 145a StGB tatsächlich nur Ungehorsam gegenüber der Judikative unter Strafe gestellt wird.[405] Dem muss jedoch entgegengehalten werden, dass der Verstoß gegen strafbewehrte Führungsaufsichtsweisungen nicht mit der Missachtung von auf Grundlage des § 56c StGB angeordneten Bewährungshilfeweisungen vergleichbar ist. Das folgt schon aus dem unterschiedlichen Adressatenkreis der Rechtsinstitute und der großen Bedeutung, die die Überwachungsfunktion im Rahmen von § 145a StGB spielt. Das wird allerdings erst aus einer Zusammenschau von § 145a StGB und den im Katalog des § 68b Abs. 1 StGB enthaltenen Weisungen deutlich.[406]

2. Angemessenheit von § 68b Abs. 1 StGB

Im Folgenden ist daher zu untersuchen, ob von sämtlichen der im Katalog des § 68b Abs. 1 StGB aufgeführten Weisungen Tathandlungen erfasst werden, durch die strafwürdiges Unrecht verwirklicht werden kann. Das setzt voraus, dass jede der in § 68b Abs. 1 StGB enthaltenen Weisungen geeignet ist, die Begehung weiterer Straftaten zu verhindern.[407] Um diese Frage beantworten zu können, muss ermittelt werden, worin bei der Missachtung jeder einzelnen Führungsaufsichtsweisung das verwirklichte strafwürdige Unrecht bestehen kann, und welchen Beitrag die Weisungen zur Verhinderung weiterer Straftaten leisten können.

Bei der Analyse von § 68b Abs. 1 StGB und den mit den einzelnen Weisungen verfolgten Zwecken, muss dabei zwischen den Weisungen nach § 68b Abs. 1 S. 1 Nr. 2–6, 10 StGB und denen nach § 68b Abs. 1 S. 1 Nr. 1, 7–9, 11, 12 StGB unterschieden werden.[408]

a. Angemessenheit der § 68b Abs. 1 S. 1 Nr. 2–6, 10 StGB

Fraglich ist, ob durch die Missachtung von Weisungen, die auf Grundlage von § 68b Abs. 1 S. 1 Nr. 2–6, 10 StGB angeordnet worden sind, strafwürdiges Unrecht verwirklicht werden kann. Um diese Frage beantworten zu können, müssen die

405 Groß, jurisPR-StrafR 10/2009 Anm. 3.

406 Auch das Bundesverfassungsgericht hat keine grundsätzlichen Bedenken gegen die Zulässigkeit von strafbewehrten Führungsaufsichtsweisungen (BVerfG StV 2016, 661 (662) zu § 68b Abs. 1 S. 1 Nr. 10 StGB).

407 Zu beachten ist allerdings, dass die Weisungen nie Genugtuungszwecken dienen dürfen: Kett-Straub/Kudlich, Sanktionenrecht, § 17 Rn. 15.

408 Vgl. zu den Zwecken der jeweiligen Weisungen Gliederungspunkt § 5 D.

mit den jeweiligen Weisungen verfolgten Zwecke ermittelt werden und es muss untersucht werden, welche Gefahren entstehen können, wenn die Führungsaufsichtsweisungen missachtet werden.

Der Zweck des Verbots bestimmte Orte zu betreten (§ 68b Abs. 1 S. 1 Nr. 2 StGB) besteht beispielsweise darin, die von bestimmten Orten ausgehenden kriminogenen Reize auszuschalten.[409] Das ergibt sich schon aus dem Wortlaut der Norm, der den Ausspruch von Aufenthaltsverboten nur bezüglich solcher Orte erlaubt, die den Führungsaufsichtsprobanden Gelegenheit oder Anreiz zur Begehung weiterer Straftaten bieten können.

Hiermit deckt sich, dass § 68b Abs. 1 S. 1 Nr. 2 StGB als Instrument verstanden wird, das überwiegend auf die Kriminalitätsbereiche „Sexualität, Drogenhandel, (alkoholbedingten) Gewalttätigkeiten, die an bestimmte Lokalitäten oder Milieubezüge gebunden sind, aber auch oft Beschaffungs- (Eigentums-)kriminalität, mit der Drogen- oder Spielsucht finanziert wird“[410], zugeschnitten ist. Andere Beweggründe können die Anordnung eines Ortsverbots nicht rechtfertigen. Ein Ortsverbot darf insbesondere nicht deshalb angeordnet werden, um die Weisungsadressaten besser überwachen zu können.[411] Ebenso wenig darf das Ortsverbot den primären Zweck verfolgen die erneute Kontaktaufnahme zu dem früheren Tatopfer zu unterbinden.

Soll die Kontaktaufnahme zu bestimmten Personen unterbunden werden, ist vielmehr auf das in § 68b Abs. 1 S. 1 Nr. 3 StGB zur Verfügung gestellte Kontaktverbot zurückzugreifen. Ziel des Verbots, Kontakt zu bestimmten Personen zu haben (§ 68b Abs. 1 S. 1 Nr. 3 StGB), ist es den Kontakt der Weisungsadressaten mit bestimmten Personen, die sie in die Versuchung führen könnten erneut straffällig zu werden, zu unterbinden.[412]

Auch das Tätigkeitsverbot nach § 68b Abs. 1 S. 1 Nr. 4 StGB bezweckt die Ausschaltung kriminogener Reize, die mit der Ausübung bestimmter Tätigkeiten verbunden sein können. Kriminalitätsbereiche, in denen die Anordnung von Tätigkeitsverboten Sinn macht, sind, neben Sexualverbrechen, „Tätigkeiten, die Zugang zu Informationen über günstige Einbruchsgelegenheiten verschaffen, Tätigkeiten in einem Handelsgewerbe, die zur Hehlerei, im Kreditgewerbe, die zu Betrügereien missbraucht werden können usw.“[413]. Die Weisung darf

---

409 BtMPrax/*Jehle*, 11. Kapitel, Rn. 312; LK-StGB/*Schneider*, § 68b Rn. 21; Ruderich, S. 150; SSW-StGB/*Jehle/Harrendorf*, § 68b Rn. 6; S/S/*Kinzig*, StGB, § 68b Rn. 6.

410 NK-StGB/*Ostendorf*, § 68b Rn. 10.

411 MüKo-StGB/*Groß*, § 68b Rn. 14; SK-StGB/*Sinn*, § 68b Rn. 8.

412 Etwas anderes gilt nur, wenn dem Führungsaufsichtsprobanden der Kontakt zu seinem früheren Tatopfer untersagt wird.

413 NK-StGB/*Ostendorf*, § 68b Rn. 12.

hingegen nicht mit dem Ziel angeordnet werden die effektive Überwachung der Führungsaufsichtsprobanden durch die Aufsichtsstellen sicherzustellen.[414]

Gleiches gilt für § 68b Abs. 1 S. 1 Nr. 5 StGB und § 68b Abs. 1 S. 1 Nr. 6 StGB, durch die den Führungsaufsichtsprobanden der Besitz und die Nutzung bestimmter Gegenstände (§ 68b Abs. 1 S. 1 Nr. 5 StGB) oder das Halten und Führen von Kraftfahrzeugen (§ 68b Abs. 1 S. 1 Nr. 6 StGB) untersagt werden können.[415] Zweck von Besitzverboten ist es kriminogene Reize auszuschalten, die entstehen können, wenn Führungsaufsichtsprobanden bestimmte Gegenstände besitzen oder nutzen.[416] Der Zweck von Fahrzeugverboten besteht darin kriminelle Reize auszuschalten, die von dem Halten und Führen eines Fahrzeugs ausgehen können. Ein solches Verbot kann beispielsweise erforderlich sein, wenn die Führungsaufsichtsprobanden durch das Halten eines Fahrzeugs dazu verleitet werden könnten, alkoholisiert Auto zu fahren.

Aus der Analyse der § 68b Abs. 1 S. 1 Nr. 2–6 StGB wird deutlich, dass jede der dort aufgeführten Weisungen dazu dient kriminogene Reize auszuschalten, für die sich die Weisungsadressaten in der Vergangenheit als anfällig erwiesen haben.[417] Wird gegen eine auf Grundlage der § 68b Abs. 1 S. 1 Nr. 2–6 StGB angeordnete Weisung verstoßen, können die Weisungsadressaten mit Gefahren in Berührung kommen, für die sie sich in der Vergangenheit als kriminell anfällig erwiesen haben, und die sie dazu verführen können erneut straffällig zu werden. Weisungsverstöße erhöhen somit das Risiko, dass die Führungsaufsichtsprobanden erneut Straftaten begehen werden und setzen hierdurch die Allgemeinheit der Gefahr aus erneut Opfer von Straftaten zu werden. Durch die bewusste Missachtung kriminalpräventiv wirkender Weisungen wird die von den Weisungsadressaten ausgehende abstrakte Gefahrenlage erhöht, wodurch strafwürdiges Unrecht verwirklicht werden kann. Die Strafwürdigkeit rechtfertigt sich außerdem daraus, dass die Weisungen individualisiert auf jeden einzelnen Führungsaufsichtsprobanden zugeschnitten sein müssen. Bei den §§ 145a, 68b Abs. 1 StGB handelt es sich folglich um ein Sonderstrafrecht, durch das ausnahmsweise punktuell und für einen gewissen Zeitraum Handlungen unter Strafe gestellt werden, die für alle nicht unter Führungsaufsicht stehenden Personen straffrei sind. In diesen Sonderkonstellationen ist die Pönalisierung

---

414 So aber: LK-StGB/*Schneider*, § 68b Rn. 27.

415 Zu § 68b Abs. 1 S. 1 Nr. 5 StGB: SSW-StGB/*Jehle/Harrendorf*, § 68b Rn. 9.

416 SSW-StGB/*Jehle/Harrendorf*, § 68b Rn. 9.

417 Fernholz-Niemeier, S. 72 f., die sich allerdings nur auf § 68b Abs. 1 S. 1 Nr. 2–6 StGB bezieht.

von Weisungsverstößen ein angemessenes Mittel, um die Allgemeinheit vor der erneuten Begehung von Straftaten zu schützen. Daher ist die Pönalisierung der von § 68b Abs. 1 S. 1 Nr. 2–6 StGB erfassten Tathandlungen verfassungsrechtlich nicht zu beanstanden.

Einzig gegen die Abstinenzweisung nach § 68b Abs. 1 S. 1 Nr. 10 Alt. 1 StGB werden verfassungsrechtliche Bedenken vorgebracht.[418] § 68b Abs. 1 S. 1 Nr. 10 StGB wurde im Jahr 2007 im Rahmen des FührAufRefG in den Katalog des § 68b Abs. 1 StGB aufgenommen. Damit trug der Gesetzgeber dem Umstand Rechnung, dass der Missbrauch von Alkohol, Drogen und sonstigen Suchtmitteln häufig ein zentrales Rückfallrisiko darstellt.[419] Zumindest wird das Rückfallrisiko durch den Rauschmittelmissbrauch regelmäßig erhöht.[420] Für eine erfolgsversprechende Wiedereingliederung der Führungsaufsichtsprobanden in die Gesellschaft wird es als erforderlich angesehen die Behörden in die Lage zu versetzen, den Rauschmittelmissbrauch frühzeitig erkennen zu können.[421] Hierdurch soll die Möglichkeit eröffnet werden dem Abgleiten in alte Verhaltensmuster effektiv entgegenzuwirken.

Abstinenzweisungen könnten allerdings zumindest dann verfassungsrechtlich bedenklich sein, wenn sie an suchtmittelabhängige Führungsaufsichtsprobanden adressiert sind. Hiergegen spricht jedoch, dass Abstinenzweisungen, ebenso wie die Weisungen nach § 68b Abs. 1 S. 1 Nr. 2–6 StGB, an den Zweck der Führungsaufsicht rückgebunden sind. Das ergibt sich daraus, dass Abstinenzweisungen nur angeordnet werden dürfen, wenn bestimmte Tatsachen vorliegen, die die Annahme rechtfertigen, dass der Rauschmittelkonsum zur erneuten Begehung von Straftaten beitragen wird. Durch das Verbot soll die Allgemeinheit vor der kriminalitätsstimulierenden Wirkung geschützt werden, der Konsum von Rauschmitteln auf die Weisungsadressaten entfalten kann.[422] Wenn

---

418 Bedenken bezüglich der Verfassungskonformität der Pönalisierung von Abstinenzweisungen äußert beispielsweise: Fischer, StGB, § 145a Rn. 3. Das Bundesverfassungsgericht hat hingegen festgestellt, dass keine grundsätzlichen verfassungsrechtlichen Bedenken gegen strafbewehrte Abstinenzweisungen bestehen (BVerfG StV 2016, 661 (662)).

419 Böhm, Maßregelrecht im Wandel, S. 23 (25); Seifert/Möller-Mussavi NStZ 2006, 131 (134); Seifert/Bolten/Möller-Mussavi MschrKrim 2003, 127 (132); SK-StGB/*Sinn*, § 68b Rn. 14.

420 Peglau NJW 2007, 1158 (1159).

421 BT-Drucks. 16/1993, S. 19; SK-StGB/*Sinn*, § 68b Rn. 14.

422 NK-StGB/*Ostendorf*, § 68b Rn. 18; Ostendorf, Die Neugestaltung der Führungsaufsicht, S. 405 (410).

die Weisungsadressaten nun weisungswidrig Rauschmittel konsumieren, setzen sie die Allgemeinheit der Gefahr aus erneut Opfer von Straftaten zu werden. An diesem Umstand ändert sich selbst dann nichts, wenn sich die Weisung an einen rauschmittelabhängigen Adressaten richtet. In dieser Situation ist vielmehr zu prüfen, ob die konkrete Ausgestaltung der Abstinenzweisung den Weisungsadressaten zugemutet werden kann (§ 68b Abs. 3 StGB).[423] Nur, wenn diese Frage bejaht werden kann, sind Abstinenzweisungen überhaupt geeignet das Blankett des § 145a StGB auszufüllen.

b. Angemessenheit der § 68b Abs. 1 S. 1 Nr. 1, 7–9, 11, 12 StGB

Näherer Untersuchung bedarf weiterhin die Frage, ob durch die Missachtung von Weisungen, die auf Grundlage der § 68b Abs. 1 S. 1 Nr. 1, 7–9, 11, 12 StGB angeordnet worden sind, strafwürdiges Unrecht verwirklicht werden kann.

Anders als die § 68b Abs. 1 S. 1 Nr. 2–6, 10 StGB dienen die § 68b Abs. 1 S. 1 Nr. 1, 7–9, 11, 12 StGB nicht unmittelbar dazu kriminogene Reize auszuschalten, für die sich die Weisungsadressaten in der Vergangenheit als anfällig erwiesen haben. Vorrangiger Zweck der in § 68b Abs. 1 S. 1 Nr. 1, 7–9, 11, 12 StGB enthaltenen Weisungen ist es, mit unterschiedlicher Akzentuierung, betreuend und überwachend auf die Weisungsadressaten einzuwirken. Problematisch an der fehlenden Rückanbindung an die kriminellen Anfälligkeiten der Weisungsadressaten ist zum einen, dass ein erhöhter Rechtfertigungsbedarf dafür besteht die Missachtung der Weisungen unter Strafe zu stellen, da mit ihnen nicht unmittelbar auf bestimmte kriminelle Reize reagiert wird. Zum anderen könnte es, insbesondere in den Fällen der § 68b Abs. 1 S. 1 Nr. 8 StGB und § 68b Abs. 1 S. 1 Nr. 9 StGB, problematisch sein den Führungsaufsichtsprobanden helfend zur Seite stehen zu wollen, und die Nichtinanspruchnahme dieser Hilfe zu einem späteren Zeitpunkt strafrechtlich zu ahnden.

(1) Angemessenheit der § 68b Abs. 1 S. 1 Nr. 1, 7, 11, 12 StGB

Auf Grundlage des § 68b Abs. 1 S. 1 Nr. 1 StGB kann den Führungsaufsichtsprobanden beispielsweise untersagt werden, den Wohnort, den Aufenthaltsort oder einen anderen bestimmten Bereich ohne die Erlaubnis der Aufsichtsstelle zu verlassen.[424]

---

423 Im Ergebnis zustimmend: LK-StGB/*Roggenbuck*, § 145a Rn. 6; Ruderich, S. 196.

424 Für die Verfassungskonformität von § 68b Abs. 1 S. 1 Nr. 1 StGB: Kwaschnik, S. 226; LK-StGB/*Schneider*, § 68b Rn. 18; Ruderich, S. 196; a.A. NK-StGB/*Schild*, 3. Auflage, § 145a Rn. 5; Raabe, S. 151 f.; Rohrbach, S. 43. Kritisch ebenfalls: NK-StGB/*Kretschmer*, § 145a Rn. 6.

Die Mobilitätsbeschränkung nimmt wegen ihrer speziellen Ausgestaltung eine Sonderstellung im Katalog der § 68b Abs. 1 S. 1 Nr. 1, 7–9, 11, 12 StGB ein und ist daher zu Beginn isoliert zu betrachten. Die besondere Stellung der Mobilitätsbeschränkung resultiert daraus, dass die Weisung einige Ähnlichkeiten zu den in § 68b Abs. 1 S. 1 Nr. 2–6, 10 StGB enthaltenen Weisungen aufweist. Dadurch, dass die Weisungsadressaten die Gebotszone nicht ohne Erlaubnis der Aufsichtsstellen verlassen dürfen, soll sichergestellt werden, dass die Aufsichtsstellen durchgehend Kenntnis von ihren Aufenthaltsorten haben. Hauptzweck des Mobilitätsverbots ist daher die planmäßige Überwachung der Führungsaufsichtsprobanden durch die Aufsichtsstelle sicherzustellen.[425] Hierin wurde schon in der Begründung zu dem E 1962 der Zweck der Weisung gesehen.[426] Allerdings muss ebenfalls berücksichtigt werden, dass durch Weisungen nach § 68b Abs. 1 S. 1 Nr. 1 StGB in das Freizügigkeitsrecht des Art. 11 GG eingegriffen wird. Art. 11 Abs. 2 Alt. 5 GG gestattet die Einschränkung des Freizügigkeitsrechts unter der Voraussetzung, dass dies zur Verhütung strafbarer Handlungen erforderlich ist. Vorbeugende Maßnahmen gegenüber Straftätern sind nur dann von der Rechtfertigungsmöglichkeit des Art. 11 Abs. 2 Alt. 5 StGB gedeckt, wenn sie dazu dienen weitere Straftaten zu verhindern.[427] Mit der Einführung der §§ 68 ff. StGB hat der Gesetzgeber von dieser Rechtfertigungsmöglichkeit Gebrauch gemacht.[428] Das spricht dafür, dass mit Hilfe des Mobilitätsverbots, neben der planmäßigen Überwachung, ebenfalls kriminelle Gefährdungen ausgeschaltet werden sollen, mit denen die Führungsaufsichtsprobanden außerhalb ihres Wohn- und Aufenthaltsbereichs in Berührung kommen können.[429] Wenn Mobilitätsbeschränkungen demnach ebenfalls der Neutralisierung bestimmter kriminogener Reize dienen sollen, könnte man § 68b Abs. 1 S. 1 Nr. 1 StGB der

---

425 Vgl. OLG München, Beschl. vom 14.08.2012 – 1 Ws 599/12, 1 Ws 654 – 658/12, 1 Ws 654/12, 1 Ws 655/12, 1 Ws 656/12, 1 Ws 657/12, 1 Ws 658/12 –, juris Rn. 16; AnwK-StGB/*Kilian*, § 68b Rn. 9; Baur/Kinzig, S. 375; Fischer, StGB, § 68b Rn. 4; LK-StGB/Schneider, § 68b Rn. 20; SSW-StGB/*Jehle/Harrendorf*, § 68b Rn. 5; S/S/*Kinzig*, StGB, § 68b Rn. 5.

426 E 1962, BT-Drucks IV/650, S. 222.

427 Jarass/Pieroth, Art. 11 Rn. 17; Mangoldt/Klein/Stark/*Gusy*, GG, Art. 11 Rn. 62.

428 Mangoldt/Klein/Stark/*Gusy*, GG, Art. 11 Rn. 63; von Münch/Kunig/*Kunig*, GG, Art. 11 Rn. 27.

429 Vgl. BT-Drucks. 17/3403, S. 38; BGH NStZ 2014, 203 (205) mit kritischer Anm. Piel zu BGH, NStZ 2014, 204 (206 f.); MüKo-StGB/*Groß*, § 68b Rn. 12; a.A. OLG München, Beschl. vom 14.08.2012 – 1 Ws 599/12, 1 Ws 654 – 658/12 –, juris Rn. 16; Baur/Kinzig, S. 376; S/S/*Kinzig*, StGB, § 68b Rn. 5; SK-StGB/*Sinn*, § 68b Rn. 7.

ersten Gruppe von Weisungen zuordnen. In diesem Fall würden bezüglich des Mobilitätsverbots keine verfassungsrechtlichen Bedenken bestehen, weil die Weisung dazu dienen würde kriminelle Reize auszuschalten und damit unmittelbar an den Zweck der Führungsaufsicht rückgebunden wäre.

Ein Unterschied der Mobilitätsbeschränkung zu den § 68b Abs. 1 S. 1 Nr. 2–6, 10 StGB besteht allerdings darin, dass die Aufsichtsstellen den Führungsaufsichtsprobanden erlauben können die Gebotszone zu verlassen. Daran, dass das Verlassen der Gebotszone gestattet werden kann, wird deutlich, dass die Intensität der hierdurch eintretenden Gefährdung hinter derjenigen der Weisungen nach § 68b Abs. 1 S. 1 Nr. 2–6, 10 StGB zurückbleibt, von denen die Aufsichtsstellen die Weisungsadressaten nicht befreien können. Ein weiterer Unterschied besteht darin, dass die Mobilitätsbeschränkung nicht in allen Fällen unmittelbar an den Zweck der Führungsaufsicht rückgebunden ist. Es ist keine zwingende Voraussetzung für die Anordnung der Weisung, dass bestimmte Tatsachen vorliegen müssen, die die Annahme rechtfertigen, dass das Verlassen der Gebotszone zu der erneuten Begehung von Straftaten beitragen wird. Hauptzweck der Weisung ist die planmäßige Überwachung der Führungsaufsichtsprobanden durch die Aufsichtsstellen sicherzustellen. Obwohl ein auf Grundlage des § 68b Abs. 1 S. 1 Nr. 1 StGB angeordnetes Mobilitätsverbot daneben das Ausschalten kriminogener Reize zum Ziel haben kann, ist es seinem Wesen nach den Weisungen nach § 68b Abs. 1 S. 1 Nr. 7, 8, 11, 12 StGB ähnlicher.

Daher stellt sich die Frage, ob durch die Tathandlung unerlaubtes Verlassen der Gebotszone strafwürdiges Unrecht verwirklicht wird. In diesem Zusammenhang ist weiterhin zweifelhaft, ob es zulässig ist, die Führungsaufsichtsprobanden zu verpflichten sich bei einer bestimmten Stelle zu melden oder vorzustellen (§ 68b Abs. 1 S. 1 Nr. 7, 11 StGB) und die Missachtung der Weisungen unter Strafe zu stellen. Angezweifelt wird in diesem Zusammenhang, ob alleine durch das weisungswidrige Unterlassen der Kontaktaufnahme strafwürdiges Unrecht verwirklicht werden kann.[430] Verfassungsrechtliche Zweifel werden in der Literatur ebenfalls an § 68b Abs. 1 S. 1 Nr. 11 StGB geäußert.[431] Insofern könnte bedenklich sein, dass der Gesetzgeber weder in § 68b Abs. 1 S. 1 Nr. 7 StGB noch § 68b Abs. 1 S. 1 Nr. 11 StGB eine Rückbindung an den Zweck der

---

430 Zu § 68b Abs. 1 S. 1 Nr. 7 StGB: NK-StGB/*Schild*, 3. Auflage, § 145a Rn. 5; Raabe, S. 151 f.; Rohrbach, S. 43. Kritisch ebenfalls: NK-StGB/*Kretschmer*, § 145a Rn. 6. Anders: SK-StGB/*Wolters*, § 145a Rn. 7, der für den Fall des § 68b Abs. 1 S. 1 Nr. 7 StGB eine verfassungskonforme Reduzierung des § 145a StGB vorschlägt.

431 Rohrbach, S. 43.

Führungsaufsicht vorgenommen hat. Anders als bei den § 68b Abs. 1 S. 1 Nr. 2–6, 10 StGB setzt die Anordnung dieser Weisungen nicht voraus, dass durch ihre Missachtung Missbrauchsmöglichkeiten entstehen können, oder dass das Unterlassen der Meldung Anreiz oder Gelegenheit zur Begehung weiterer Straftaten bieten kann.

Dennoch dienen die Weisungen nach § 68b Abs. 1 S. 1 Nr. 1, 7, 11, 12 StGB zumindest mittelbar der Vermeidung künftiger Straftaten, in dem das Entstehen krimineller Reize überwacht wird. Für § 68b Abs. 1 S. 1 Nr. 7 StGB ergibt sich der Vorrang der Überwachungsfunktion zudem aus dem Vergleich mit § 68b Abs. 1 S. 1 Nr. 11 StGB. Wenn labilen oder kranken Führungsaufsichtsprobanden durch die Meldepflicht tatsächlich bei der Resozialisierung geholfen werden sollte, wäre es zielführender Vorstellungsweisungen nach § 68b Abs. 1 S. 1 Nr. 11 StGB anzuordnen. Mit Hilfe von Vorstellungsweisungen kann sichergestellt werden, dass die Führungsaufsichtsprobanden in bestimmten Abständen mit Ärzten, Psychotherapeuten oder forensischen Ambulanzen in Kontakt kommen. Diese Spezialisten sind in der Regel geeigneter, um dem hilfsbedürftigen Führungsaufsichtsprobanden betreuend zur Seite zu stehen, als die Mitarbeiter der Meldestellen.[432]

Darüber hinaus ist die Überwachungsfunktion selbst im Rahmen von § 68b Abs. 1 S. 1 Nr. 11 StGB der dominierende Zweck der Führungsaufsichtsweisung.[433] Das ergibt sich daraus, dass die Vorstellungsweisungen nur therapiebedürftigen Weisungsadressaten auferlegt werden dürfen, deren Therapiebereitschaft überwacht werden soll. Als sich der Gesetzgeber dazu entschloss, die Vorstellungsweisung in den Katalog des § 68b Abs. 1 StGB aufzunehmen, verfolgte er insofern eine doppelte Zielsetzung.[434] Es ging zum einen darum den

432 Dennoch wird vertreten, dass die Meldestellen den Weisungsadressaten bei dem Überwinden von persönlichen Krisensituationen helfen sollen und § 68b Abs. 1 S. 1 Nr. 7 StGB, neben der Überwachung, ebenfalls ihrer Betreuung dient: OLG Hamm, Beschl. vom 11.03.2010 – III-2 Ws 39/10 –, juris Rn. 21; OLG Stuttgart NStZ 1990, 279 (279). Geholfen werden soll in dem während des persönlichen Erscheinens bei der Meldestelle auf die Führungsaufsichtsprobanden eingewirkt werden soll ein Betreuungsangebot anzunehmen: S/S/*Kinzig*, StGB, § 68b Rn. 12.

433 Für den Vorrang der Überwachungsfunktion: OLG Köln, Beschl. vom 10.08.2007 – 2 Ws 392/07 –, juris Rn. 10; Baur/Groß JuS 2010, 404 (406); Edinger DRiZ 2006, 346 (346); S/S/*Kinzig*, StGB, § 68b Rn. 14b. Auf den Zweck, im Notfall auf die Weisungsadressaten einwirken zu können, weist auch hin: Kett-Straub, FS Streng, S. 309 (311).

434 BT-Drucks. 16/1993, S. 19; Böhm, Maßregelrecht im Wandel, S. 23 (26); LK-StGB/*Schneider*, § 68b Rn. 37; MüKo-StGB/*Groß*, § 68b Rn. 23; NK-StGB/*Ostendorf*, § 68b Rn. 19; Peglau NJW 2007, 1158 (1159); Ruderich, S. 167; Vollbach MschrKrim 2006, 40 (42).

persönlichen Kontakt zwischen den Führungsaufsichtsprobanden und ihren Ärzten erstmalig herzustellen (sog. Initialzwang). Ein solcher Initialzwang kann nötig sein, wenn bei den Weisungsadressaten Hemmungen bestehen Kontakt zu einem Therapeuten aufzunehmen. Anlässlich der Vorstellung bei einem Therapeuten soll bei den Weisungsadressaten die Motivation geweckt und gefördert werden, sich einer Therapie zu unterziehen.[435] Zum anderen soll durch die Weisung sichergestellt werden, dass die Weisungsadressaten regelmäßig fachmännisch kontrolliert werden. Durch die Kontrolle soll es den an der Durchführung der Führungsaufsicht beteiligten Organen, insbesondere durch die den Ärzten in § 68a Abs. 8 StGB auferlegte Meldepflicht, ermöglicht werden, kritische Entwicklungen rechtzeitig zu erkennen und hierauf reagieren zu können.

Unabhängig von der unterschiedlichen Gewichtung der mit den einzelnen Weisungen verfolgten Zwecken ist auffallend, dass sämtliche Weisungen eine Gemeinsamkeit aufweisen. Wenn die Weisungen missachtet werden, können die Aufsichtsstellen beziehungsweise die Meldestellen die planmäßige Überwachung der Weisungsadressaten nicht mehr gewährleisten. Dies geschieht bei der Missachtung von Vorstellungs- beziehungsweise Meldeweisungen dadurch, dass kritische Entwicklungen nicht rechtzeitig erkannt werden können und bei der Missachtung von Mobilitätsbeschränkungen, dass der Aufenthaltsort der Führungsaufsichtsprobanden unbekannt ist. Hieran wird deutlich, dass sämtliche der in § 68b Abs. 1 S. 1 Nr. 1, 7, 11 StGB aufgeführten Weisungen der repressiven Seite der Führungsaufsicht zuzuordnen sind.

Die Gefahrenlage wird bei der Missachtung von Weisungen dadurch erzeugt, dass ohne Kontakt zu den Weisungsadressaten in Gefahrenfällen nicht unmittelbar auf ungünstige Entwicklungen reagiert werden kann. Gerade bei Weisungsadressaten, die über eine negative Legalprognose verfügen und, die die Gebotszone ohne Erlaubnis der Aufsichtsstelle verlassen beziehungsweise Meldepflichten missachten, kann dies das Entstehen einer Gefahrenlage zur Folge haben. Durch die Missachtung der Weisungen tritt ein Kontrollverlust ein, der so groß ist, dass seine Folge das Entstehen einer strafrechtlich relevanten Gefahrenlage ist. In dem die Weisungsadressaten diese abstrakte Gefahrenlage erzeugen, können sie strafwürdiges Unrecht verwirklichen. Um dem Entstehen solcher Gefahrenlagen vorzubeugen, stellt die Strafbewehrung von Weisungsverstößen

---

435 NK-StGB/*Ostendorf*, § 68b Rn. 19; S/S/*Kinzig*, StGB, § 68b Rn. 14b; Schalast R&P 2006, 59 (61).

ein angemessenes Mittel dar. Das gilt sowohl für § 68b Abs. 1 S. 1 Nr. 1 StGB[436], wie auch für § 68b Abs. 1 S. 1 Nr. 7 StGB[437] und § 68b Abs. 1 S. 1 Nr. 11 StGB[438].

Nichts anderes kann im Ergebnis für § 68b Abs. 1 S. 1 Nr. 12 StGB gelten, der im Katalog des § 68b Abs. 1 StGB eine Sonderstellung einnimmt. Das wird schon daran deutlich, dass die Anordnung der elektronischen Aufenthaltsüberüberwachung an die zusätzlichen Voraussetzungen des § 68b Abs. 1 S. 3 StGB geknüpft ist.

Die elektronische Aufenthaltsüberwachung kann entweder in Kombination mit anderen Führungsaufsichtsweisungen oder isoliert angeordnet werden.[439] Beide Fälle haben gemein, dass die Überwachungsfunktion im Vordergrund der Weisung steht.[440] Die große Bedeutung der Überwachungsfunktion wird auch daran deutlich, dass die Führungsaufsicht bei 2/3 der elektronisch überwachten Führungsaufsichtsprobanden auf Grundlage von § 68f StGB eingetreten ist.[441] Diese Gruppen von Weisungsadressaten wird regelmäßig mit einer negative Legalprognose aus dem Strafvollzug entlassen.

Verstoßen die Führungsaufsichtsprobanden gegen die Weisung, entziehen sie sich der für ihre erfolgreiche Legalbewährung dringend benötigten staatlichen Kontrolle. Die große Bedeutung der Überwachungsfunktion wird im ersten Fall schon daran deutlich, dass mit Hilfe der elektronischen Aufenthaltsüberwachung kontrolliert werden soll, ob die ebenfalls angeordneten Mobilitätsverbote oder Ortsverbote von den Weisungsadressaten beachtet werden.[442] Darüber hinaus

---

436 Für § 68b Abs. 1 S. 1 Nr. 1 StGB im Ergebnis zustimmend: Fernholz-Niemeier, S. 86; Kwaschnik, S. 226 f.; Ruderich, S. 196 a.A. Raabe, S. 151 f.; Rohrbach S. 43. Kritisch: NK-StGB/*Kretschmer*, § 145a Rn. 6.

437 Zu § 68b Abs. 1 S. 1 Nr. 7 StGB: Kwaschnik, S. 226; LK-StGB/*Schneider*, § 68b Rn. 18; Ruderich, S. 196; a.A. Rohrbach, S. 43. Kritsch: NK-StGB/*Kretschmer*, § 145a Rn. 6.

438 Ruderich, S. 197; a.A. Rohrbach, S. 43.

439 MüKo-StGB/*Groß*, § 68b Rn. 24 schlägt vor von § 68b Abs. 1 S. 1 Nr. 12 StGB möglichst nur im Zusammenhang mit § 68b Abs. 1 S. 1 Nr. 1 StGB oder § 68b Abs. 1 S. 1 Nr. 2 StGB Gebrauch zu machen. In der Praxis dient die elektronische Aufenthaltsüberwachung regelmäßig der Überprüfung, ob Mobilitätsbeschränkungen oder Ortsverbote eingehalten werden: Bräuchle, S. 110 ff.

440 So auch: Brauneisen StV 2011, 311 (312); Harders, S. 127; Rohrbach, S. 145 f. und Stern BewHi 1990, 335 (341), die die elektronische Aufenthaltsüberwachung als ausschließlich überwachend einordnen. Vgl. auch Heintschel-Heinegg/Heuchemer, StGB, § 68b Rn. 17.4: „Zweck der Weisung ist die dem Rechtsgüterschutz dienende dauernde Überwachung der betroffenen Person".

441 Bräuchle, S. 96 f.

442 Die elektronische Aufenthaltsüberwachung darf auch mit Weisungen nach § 68b Abs. 1 S. 1 Nr. 3-11 StGB kombiniert werden. Allerdings dürfen die durch die

sollen die Weisungsadressaten durch das Wissen, dass der eigene Aufenthaltsort nachweisbar dokumentiert wird, dazu animiert werden, die ihnen auferlegten Weisungen zu beachten. Wird die elektronische Aufenthaltsüberwachung hingegen isoliert angeordnet, soll die Weisung ihre spezialpräventive Wirkung dadurch entfalten, dass die Führungsaufsichtsprobanden lückenlos überwacht werden. Durch die Überwachung soll den Weisungsadressaten ins Bewusstsein gerufen werden, dass sie im Fall der erneuten Begehung von Straftaten einem erhöhten Entdeckungsrisiko ausgesetzt sind.[443] Zudem soll der für die Überwachung zuständigen Behörde ein rechtzeitiges Einschreiten ermöglich werden, wenn eine akute und erhebliche Gefährdungslage für Dritte entstanden ist.[444] Lediglich nachrangig wird das Ziel verfolgt den Weisungsadressaten bei dem Entwickeln von Eigenkontrolle zu helfen. Dieser mittelbare Effekt kann erzeugt werden, in dem den Weisungsadressaten bewusst gemacht wird, dass ihr Aufenthaltsort nachvollzogen werden kann, wodurch ihnen dabei geholfen werden soll die Motivation aufzubringen kriminellen Versuchungen zu wiederstehen.[445]

Wie stark die Überwachungsfunktion bei § 68b Abs. 1 S. 1 Nr. 12 StGB im Vordergrund steht, wird außerdem daraus deutlich, dass § 68b Abs. 1 S. 3 Nr. 3 StGB die Anordnung der Weisung nur zulässt, wenn die Gefahr besteht, dass die Weisungsadressaten erneut Straftaten im Sinne des § 66 Abs. 3 S. 1 StGB begehen werden. Die strengen Anordnungsvoraussetzungen des § 68b Abs. 1 S. 3 StGB stellen sicher, dass die Weisungen nur Führungsaufsichtsprobanden auferlegt wird, von denen eine erhebliche Gefährdung für die Allgemeinheit ausgeht. Wegen der hohen Gefährlichkeit des von § 68b Abs. 1 S. 1 Nr. 12 StGB erfassten Personenkreises und der Schwere der in der Vergangenheit verwirklichten Straftaten, besteht ein Bedürfnis danach, die Führungsaufsichtsprobanden in Freiheit

---

Aufenthaltsüberwachung gewonnen Daten nur in den Fällen des § 463a Abs. 4 S. 2 StPO, ohne Einwilligung der Führungsaufsichtsprobanden, verwertet werden.

443 BT-Drucks. 17/3403, S. 17; S/S/*Kinzig*, StGB, § 68b Rn. 14c; SK-StGB/Sinn, § 68b Rn. 16. Kritisch hierzu: Haverkamp/Schwedler/Wößner R&P 2012, 9 (16 f.). Bezweifelt wird, dass die elektronische Überwachung eine psychologische Wirkung entfaltet, die mit der einer Therapie vergleichbar ist.

444 Vgl. BT-Drucks. 17/3403, S. 17; OLG Hamm, Beschl. vom 21.06.2012 – III-2 Ws 190-191/12 –, juris Rn. 62; OLG Bamberg StV 2012, 737 (740), OLG Rostock NStZ 2011, 521 (522).

445 Stets erforderlich ist, dass die elektronische Aufenthaltsüberwachung in einem Mindestmaß stützend wirkt und Resozialisierungspotentiale der Überwachten nicht aus reinem Überwachungsinteresse heraus gefährdet werden: OLG Hamburg, Beschl. vom 05.11.2013 – 2 Ws 190/13 –, juris Rn. 98; OLG Saarbrücken, Beschl. vom 02.10.2013 – 1 Ws 160/13, 1 Ws 194/13 –, juris Rn. 51.

zu überwachen. Entziehen sich die Führungsaufsichtsprobanden der für ihre Legalbewährung notwendigen Kontrolle, hat das auch hier das Entstehen einer abstrakten Gefährdungslage zur Folge. Demnach kann strafwürdiges Unrecht verwirklicht werden, wenn die Führungsaufsichtsprobanden die für die elektronische Überwachung des Aufenthaltsortes erforderlichen technischen Mittel nicht ständig in betriebsbereitem Zustand bei sich führen oder deren Funktionsfähigkeit beeinträchtigen.[446]

(2) Angemessenheit der § 68b Abs. 1 S. 1 Nr. 8-9 StGB

Am stärksten umstritten ist allerdings die Frage, ob durch die Missachtung von Weisungen, die auf Grundlage von § 68b Abs. 1 S. 1 Nr. 8 StGB und § 68b Abs. 1 S. 1 Nr. 9 StGB angeordnet worden sind, strafwürdiges Unrecht verwirklicht werden kann.[447]

Die Weisungsadressaten können auf Grundlage von § 68b Abs. 1 S. 1 Nr. 8 StGB verpflichtet werden, jeden Wechsel ihrer Wohnung oder ihres Arbeitsplatzes den Aufsichtsstellen zu melden. Ebenfalls können sie auf Grundlage von § 68b Abs. 1 S. 1 Nr. 9 StGB verpflichtet werden, sich bei der zuständigen Agentur für Arbeit oder einer anderen zur Arbeitsvermittlung zuständigen Stelle zu melden. Sie können hingegen nicht angewiesen werden eine ihnen angebotene Arbeitsstelle anzunehmen.

An diesen Weisungen ist besonders problematisch, dass sich die beiden Weisungen von den anderen in § 68b Abs. 1 StGB aufgeführten Weisungen insoweit unterscheiden, als dass dem Betreuungselement eine besondere Bedeutung zukommen soll. Es ist rechtsstaatlich bedenklich die Weisungsadressaten mittels von strafrechtlichem Druck zu zwingen Hilfe anzunehmen.

Bezüglich der Anzeigepflicht nach § 68b Abs. 1 S. 1 Nr. 8 StGB wird vertreten, dass der Weisung im Einzelfall eine erzieherische Bedeutung zukommen könne.[448] Die Führungsaufsichtsprobanden sollen durch die Weisung motiviert

---

446 Für die Verfassungskonformität auch: LK-StGB/*Schneider*, § 68b Rn. 18; Ruderich, S. 197.

447 Für die Verfassungswidrigkeit: Kwaschnik, S. 226 f.; LK-StGB/*Schneider*, § 68b Rn. 18; LK-StGB/*Hanack*, 11. Auflage, § 145a Rn. 6; NK-StGB/*Kretschmer*, § 145a Rn. 6; Raabe, S. 151 f.; Rohrbach, S. 43; Ruderich, S. 197 f.; SSW-StGB/*Jehle/Harrendorf*, § 145a Rn. 4 spricht von „verfassungsrechtlich bedenklich"; S/S/*Sternberg-Lieben*, StGB, § 145a Rn. 2, der von „verfassungswidrig sein dürfte" spricht. Anders: SK-StGB/*Wolters*, § 145a Rn. 7, der für die Fälle des § 68b Abs. 1 S. 1 Nr. 8, 9 StGB eine verfassungskonforme Reduzierung des § 145a StGB vorschlägt.

448 LK-StGB/*Schneider*, § 68b Rn. 34 zur Anzeigepflicht eines Arbeitsplatzwechsels.

werden, solche Wechsel des Wohnortes und Aufenthaltsortes zu unterlassen, die ihnen keine Vorteile bringen.[449] Hierdurch soll ihnen geholfen werden, einen beständigen, die Legalbewährung fördernden, Lebensstil zu entwickeln.

Es bestehen jedoch erhebliche Bedenken dagegen dem Betreuungselement eine derart hohe Bedeutung beizumessen, da fraglich ist, ob Weisungen nach § 68b Abs. 1 S. 1 Nr. 8 StGB überhaupt geeignet sein können einen derartigen Effekt zu erzeugen. Insofern ist schon zweifelhaft, ob eine bloße Anzeigepflicht überhaupt geeignet sein kann, die Führungsaufsichtsprobanden von häufigen Wechseln von Wohnort und Arbeitsstelle abzuhalten.[450] Zweifel ergeben sich daraus, dass § 68b Abs. 1 S. 1 Nr. 8 StGB den Wechsel nicht von der vorherigen Zustimmung der Aufsichtsstellen abhängig macht, sondern lediglich die nachträgliche Anzeige des bereits erfolgten Wechsels verlangt. Bei der Anzeige handelt es sich um einen rein formalen Akt, der nicht geeignet ist, einen Wechsel und die damit einhergehende Diskontinuität in der Lebensführung zu verhindern. Der Wechsel der Wohnung oder des Arbeitsplatzes steht, anders als § 68b Abs. 1 S. 1 Nr. 1 StGB, unter keinem Erlaubnisvorbehalt. Dies bedeutet, dass die Aufsichtsstellen keinen direkten Einfluss auf die Wohnsituation oder Arbeitssituation der Weisungsadressaten nehmen können. Durch die Anzeigeverpflichtung wird lediglich sichergestellt, dass die Aufsichtsstellen Kenntnis über die aktuelle Wohnsituation und Arbeitssituation haben.

Für den Vorrang der Überwachungsfunktion spricht darüber hinaus, dass die Anzeigepflicht die Aufsichtsstellen in die Lage versetzen soll Gefährdungen erkennen zu können, mit denen die Führungsaufsichtsprobanden in ihrem Wohnumfeld oder ihrer Arbeitsumgebung in Berührung kommen können. Zweck von § 68b Abs. 1 S. 1 Nr. 8 StGB ist es daher nicht kriminelle Reize auszuschalten, mit denen die Weisungsadressaten in Berührung kommen könnten.[451] Ebenfalls nicht bezweckt wird die Betreuung der Weisungsadressaten. Es soll vielmehr das Entstehen kriminogener Reize überwacht werden, die infolge des Wechsels der Wohnung oder des Arbeitsplatzes entstehen können.

Ein weiteres Argument für den Vorrang der Überwachungsfunktion lässt sich aus der Historie der Norm ableiten. Der Gesetzgeber hat § 68b Abs. 1 S. 1 Nr. 8 StGB durch das FührAufRefG dahingehend abgeändert, dass nun nicht mehr nur der Wechsel des Wohnortes, sondern auch derjenige der Wohnung anzeigepflichtig ist. Dem lag die Erkenntnis zugrunde, dass es

---

449 LK-StGB/*Schneider*, § 68b Rn. 34 zur Anzeigepflicht eines Arbeitsplatzwechsels.

450 NK-StGB/*Ostendorf*, § 68b Rn. 16 zur Anzeigepflicht eines Arbeitsplatzwechsels.

451 Hierauf stellt das OLG Hamm R&P 2010, 98 (99) ab.

uneffektiv und ineffizient war, dass der Umzug innerhalb eines Ortes den Aufsichtsstellen nicht angezeigt werden musste.[452] Hieran wird deutlich, dass mit der Reform von § 68b Abs. 1 S. 1 Nr. 8 StGB nicht das Ziel verfolgte, den Führungsaufsichtsprobanden verstärkt dabei zu helfen einen beständigen, die Legalbewährung fördernden Lebensstil, zu entwickeln. Entscheidende Erwägung für die Neufassung der Norm war das aus der Praxis bekannte Bedürfnis genau zu wissen, wo die Weisungsadressaten wohnen und arbeiten, um sie so besser überwachen zu können.

Für dieses Ergebnis spricht weiterhin die Systematik des § 68b Abs. 1 StGB und dabei vor allem, dass § 68b Abs. 1 S. 1 Nr. 8 StGB nur die Anzeige gegenüber den Aufsichtsstellen gestattet. Die Aufsichtsstellen sind gem. § 68a Abs. 3 StGB vorrangig dafür zuständig, das Verhalten der Führungsaufsichtsprobanden und die Erfüllung der Weisungen zu überwachen. Demgegenüber besteht im Rahmen von § 68b Abs. 1 S. 1 Nr. 7 StGB ebenfalls die Möglichkeit, die Bewährungshilfe als Meldeadressat einzusetzen, die nach der gesetzlichen Konzeption weitaus stärker helfend und betreuend tätig wird als es die Aufsichtsstellen tun. Anhand dieser Unterscheidung wird die große Bedeutung deutlich, die der Gesetzgeber der Überwachungsfunktion für § 68b Abs. 1 S. 1 Nr. 8 StGB beimisst. Der Zweck der Überwachung steht bei § 68b Abs. 1 S. 1 Nr. 8 StGB somit noch deutlicher im Vordergrund, als es bei § 68b Abs. 1 S. 1 Nr. 7 StGB der Fall ist. Wenn man die Pönalisierung von Verstößen gegen die Weisung nach § 68b Abs. 1 S. 1 Nr. 7 StGB für verfassungskonform hält, muss dies demnach erst Recht für § 68b Abs. 1 S. 1 Nr. 8 StGB gelten.[453] Zweck der Anzeigepflicht nach § 68b Abs. 1 S. 1 Nr. 8 StGB ist es folglich, die Überwachung der Weisungsadressaten durch die Aufsichtsstelle zu erleichtern.[454]

Probleme wirft weiterhin die Frage auf, ob durch die Missachtung einer auf Grundlage von § 68b Abs. 1 S. 1 Nr. 9 StGB angeordneten Weisung strafwürdiges Unrecht verwirklicht werden kann. Hierbei ist insbesondere problematisch, dass den Führungsaufsichtsprobanden durch die Anordnung der Meldepflicht bei der Resozialisierung geholfen werden soll, in dem ihnen eine geregelte Arbeit vermittelt wird.[455] Es soll sichergestellt werden, dass die Weisungsadressaten

---

452 BT-Drucks. 16/1993, S. 26.

453 Im Ergebnis zustimmend: Fernholz-Niemeier, S. 86; LK-StGB/*Roggenbuck*, § 145a Rn. 6.

454 Heintschel-Heinegg/*Heuchemer*, StGB, § 68b Rn. 16; MüKo-StGB/*Groß*, § 68b Rn. 20; S/S/*Kinzig*, StGB, § 68b Rn. 13.

455 LK-StGB/*Schneider*, § 68b Rn. 35; NK-StGB/*Ostendorf*, § 68b Rn. 17; Ruderich, S. 163; S/S/*Kinzig*, StGB, § 68b Rn. 14.

zumindest über die vorhandenen Arbeitsmöglichkeiten informiert werden. Anders als bei den Weisungen nach § 68b Abs. 1 S. 1 Nr. 1, 7, 8, 11, 12 StGB geht es im Rahmen von § 68b Abs. 1 S. 1 Nr. 9 StGB daher nicht primär darum die Führungsaufsichtsprobanden zu überwachen. Stattdessen soll ihnen dabei geholfen werden, einen Arbeitsplatz zu finden, um damit selbst für ihren Lebensunterhalt sorgen zu können. Diese Hilfe kann erforderlich sein, weil die Rückfallgefahr im Zustand der Arbeitslosigkeit besonders hoch ist.[456] Wenn nun aber die Betreuungsfunktion im Vordergrund von § 68b Abs. 1 S. 1 Nr. 9 StGB stehen sollte, bestehen erheblich Bedenken die Nichtinanspruchnahme von Hilfe bei der Arbeitsvermittlung strafrechtlich zu ahnden.

Für die Verfassungskonformität der Weisung spricht jedoch, dass ausschließlich erwerbslose Personen, die durch die vermittelnde Arbeit präventiv von der Begehung weiterer Straftaten abgehalten werden sollen, potentielle Adressaten der Weisung sind. Das ist weiter dahingehend einzuschränken, dass die erwerbslosen Personen gerade auf Grund ihrer Erwerbslosigkeit kriminell gefährdet sein müssen und durch die vermittelnde Arbeit präventiv von der Begehung weiterer Straftaten abgehalten werden sollen. In diesen Konstellationen kann die Gefahr entstehen, dass sich die arbeitslosen Führungsaufsichtsprobanden treiben lassen und der Versuchung ausgesetzt werden ihren Lebensunterhalt durch Straftaten zu verdienen. Dem soll entgegengewirkt werden, indem die Betroffenen angewiesen werden sich arbeitssuchend zu melden.[457] Ziel der Weisung ist es daher, auf kriminogene Risikofaktoren zu reagieren, die mit der Erwerbslosigkeit verbunden sein können.[458] Letztlich wird mit Hilfe der Meldepflicht versucht, den Weisungsadressaten eine dauerhafte Beschäftigung zu vermitteln, die sie in wirtschaftlicher und psychischer Hinsicht stabilisiert.[459] Um dieses Ziel zu erreichen muss § 68b Abs. 1 S. 1 Nr. 9 StGB dahingehend verfassungskonform reduziert werden, dass die Weisung nur angeordnet werden darf, wenn die ansonsten mittellosen Weisungsadressaten gerade auf Grund ihrer Mittellosigkeit kriminell gefährdet sind.[460] Nur wenn durch diese ungeschriebene Anordnungsvoraussetzung sichergestellt wird, dass die Weisung an den Zweck

---

456 Seifert/Möller-Mussavi NStZ 2006, 131 (133).

457 LK-StGB/*Roggenbuck*, § 145a Rn. 6.

458 Baur/Kinzig, S. 404; Heintschel-Heinegg/*Heuchemer*, StGB, § 68b Rn. 17.

459 LG Bamberg, Beschl. vom 04.08.2015 – StVK 229/13 –, juris Rn. 16.

460 Für diese zusätzliche Anordnungsvoraussetzung auch: MüKo-StGB/*Groß*, § 68b Rn. 21.

der Führungsaufsicht rückgebunden ist, ist es gerechtfertigt Verstöße gegen § 68b Abs. 1 S. 1 Nr. 9 StGB strafrechtlich zu ahnden.[461]

An diesem Ergebnis ändert auch der Umstand nichts, dass ein Verstoß gegen § 68b Abs. 1 S. 1 Nr. 9 StGB nur in den seltensten Fällen dazu geeignet sein wird den Straftatbestand zu erfüllen. Selbst, wenn die Weisung im Regelfall keinen Einfluss darauf haben sollte, ob die Weisungsadressaten erneut straffällig werden, kann sie diese Wirkung im Einzelfall entfalten. Wird eine Weisung angeordnet, die für die Erreichung des Maßregelzwecks von vorneherein irrelevant ist, wird von einer verfehlten Weisung gesprochen.[462] Bei dem Problem, wie mit verfehlten Weisungen umzugehen ist, handelt es sich jedoch um keine verfassungsrechtliche Problematik. Die Problematik wird vielmehr auf der Tatbestandsebene dadurch gelöst, dass eine verfehlte Weisung denknotwendig nicht geeignet ist den Maßregelzweck zu gefährden.[463] Konsequenz hieraus ist, dass in diesen Fällen keine Bestrafung gem. § 145a StGB erfolgen darf.

Im Ergebnis bleibt festzuhalten, dass durch jeden Verstoß gegen eine auf Grundlage von § 68b Abs. 1 StGB angeordnete Weisung strafwürdiges Unrecht verwirklicht werden kann. Allerdings muss berücksichtigt werden, dass die kriminelle Gefährdung bei Verstößen gegen Weisungen nach § 68b Abs. 1 S. 1 Nr. 2–6, 10 StGB regelmäßig deutlicher zutage tritt, als es bei Weisungen nach § 68 b Abs. 1 S. 1 Nr. 1, 7–9, 11, 12 StGB der Fall ist. Gerade in den zuletzt genannten Fällen muss von den erkennenden Gerichten besonders intensiv geprüft werden, ob die Strafbarkeitsvoraussetzung „Gefährdung des Maßregelzwecks" erfüllt ist.

3. *Der Strafrahmen des § 145a StGB*

Neben der Frage, ob durch die von § 145a StGB erfassten Tathandlungen strafwürdiges Unrecht verwirklicht wird, ist ebenfalls zu prüfen, ob die Strafrahmenhöhe mit Blick auf das verwirkliche Unrecht angemessen ist. Die Anhebung des Strafrahmens durch das FührAufRefG hat die Diskussion um die Angemessenheit der Strafrahmenhöhe erneut befeuert. Seit dem Inkrafttreten der Reform

---

461 Streng genommen ist § 68b Abs. 1 S. 1 Nr. 9 StGB daher der ersten Gruppe von Weisungen nach § 68b Abs. 1 S. 1 Nr. 2–6, 10 StGB zuzuordnen, da die Weisungen dazu dient kriminelle Reize auszuschalten.

462 MüKo-StGB/*Groß*, § 145a Rn. 17. NK-StGB/*Kretschmer*, § 145a Rn. 15 ordnet untaugliche Weisungen hingegen als rechtswidrig ein.

463 Für die Verhältnismäßigkeit der Meldepflicht nach § 68b Abs. 1 S. 1 Nr. 9 StGB: OLG Schleswig SchlHA 2002, 145 (145); SSW-StGB/*Jehle/Harrendorf*, § 68b Rn. 13. Zustimmend: LK-StGB/*Roggenbuck*, § 145 Rn. 6.

kann auf Weisungsverstöße mit Geldstrafe oder mit Freiheitsstrafe von bis zu drei Jahren reagiert werden.[464]

Die Höhe der Strafandrohung wird seit der Anhebung des Strafrahmens als deutlich überzogen bewertet.[465] Zudem wird an der Wirksamkeit der durch § 145a StGB aufgebauten Drohkulisse gezweifelt.[466] Die Anhebung des Strafrahmens soll dazu dienen ein in der Bevölkerung vorhandenes Strafbedürfnis zu befriedigen.[467] Dem Gesetzgeber wird insofern vorgeworfen lediglich strafrechtlich aufrüsten zu wollen.[468] Die Kritik geht zum Teil so weit, dass die Reform des § 145a StGB als naive und wenig intelligente Verbeugung vor dem repressiven Zeitgeist bezeichnet wird.[469]

Neben den gerade erwähnten kriminalpolitischen Vorbehalten werden auch verfassungsrechtliche Bedenken gegen die Strafrahmenhöhe vorgebracht. Grundsätzlich gilt, dass eine Strafandrohung nur verhältnismäßig ist, wenn ihre Höhe in einem angemessenen Verhältnis zu dem Gewicht und der Dringlichkeit der durch sie geförderten Allgemeinwohlbelange steht.[470]

An der Anhebung des Strafrahmens kann in diesem Sinne kritisiert werden, dass die Höhe der angedrohten Strafe immer dem Wert des durch den Tatbestand geschützten Rechtsgutes entsprechen muss. Insofern wird vorgebracht, dass bereits der ursprünglich vorhandene Strafrahmen von Freiheitsstrafe bis zu einem Jahr verfassungsrechtlich bedenklich gewesen sein soll.[471] Demnach hätte der Strafrahmen allenfalls nach unten korrigiert werden dürfen. Eine Anhebung hätte hingegen keinesfalls erfolgen dürfen.

Die Inakzeptabilität des Strafrahmens wird zudem mit einem rechtsvergleichenden Argument begründet.[472] Es wird vorgebracht, dass das durch § 145a StGB verwirklichte Unrecht mit dem eines Verstoßes gegen ein Berufsverbot (§ 145c StGB), einer Beleidigung (§ 185 StGB), einer Bedrohung (§ 241 StGB), von Trunkenheit im Verkehr (§ 316 StGB) oder der Gefährdung

---

464 Zuvor wurden Weisungsverstöße gem. § 145a StGB mit Geldstrafe oder Freiheitsstrafe bis zu einem Jahr geahndet.

465 SSW-StGB/*Jeßberger*, § 145a Rn. 14.

466 Lackner/Kühl, StGB, § 145a Rn. 5.

467 Morgenstern NKrimP 2006, 152 (153).

468 Neubacher ZStW 118 (2006), 855 (875).

469 Groß, FS Böttcher, S. 579 (587 f.).

470 Mangoldt/Klein/Stark/*Sommermann*, GG, Art. 20, Rn. 314.

471 Vgl. hierzu die an § 145a StGB geäußerte Kritik unter Gliederungspunkt § 4 A.

472 Der folgende rechtsvergleichende Absatz ist dem Sinn nach entnommen aus: Groß, FS Böttcher, S. 579 (588 f.).

einer Entziehungskur (§ 323b StGB) verwirklichten Unrecht vergleichbar sein soll. All diese Straftatbestände verfügen nur über eine Strafandrohung von Freiheitsstrafe bis zu einem Jahr. Demgegenüber sollen Delikte, die mit Freiheitsstrafe von bis zu drei Jahren bedroht sind, regelmäßig über einen wesentlich höheren Unrechtsgehalt verfügen. Beispielhaft wird auf die Gefangenenbefreiung (§ 120 StGB), den Landfriedensbruch (§ 125 StGB), die Abtreibung (§ 218 StGB), die Unterschlagung (§ 246 StGB), den Wucher (§ 291 StGB), die Vorteilsnahme und die Vorteilsgewährung (§§ 331, 333 StGB) verwiesen. Einen ohnehin schon grenzwertigen Straftatbestand mit einer solch hohen Strafandrohung zu versehen, verschärft die bestehende verfassungsrechtliche Problematik noch weiter.

Ein weiteres Argument gegen die Angemessenheit der Strafrahmenhöhe ist, dass diejenigen, die auf Grundlage von § 145a StGB verurteilt werden, nach der Verbüßung ihrer Haftstrafe in der Regel erneut unter Führungsaufsicht stehen werden. Entweder wird die alte Führungsaufsicht fortdauern, oder die Führungsaufsicht wird in Folge der verbüßten Haftstrafe erneut angeordnet werden. Folglich kann es dazu kommen, dass sich die gerade skizzierten Vorgänge beliebig oft wiederholen und die Führungsaufsichtsprobanden in eine Sanktionsspirale geraten. Zugespitzt könnte formuliert werden, dass die Weisungsadressaten in die Tretmühle der Präventionslogik geraten, aus der sie nur noch schwer herauskommen können.[473] Ein zweites Argument für die Unverhältnismäßigkeit des Strafrahmens kann aus dem Vergleich der Strafrahmenhöhe von § 145a StGB mit den Strafandrohungen der Tatbestände, die die Anordnung oder den Eintritt der Führungsaufsicht zur Folge haben können, abgeleitet werden.[474] Gem. § 68 Abs. 1 StGB kann die Führungsaufsicht kraft Richterspruchs bei bestimmten Delikten bereits dann angeordnet werden, wenn eine mindestens sechsmonatige Freiheitsstrafe verhängt worden ist. Darüber hinaus tritt die Führungsaufsicht gem. § 68f Abs. 1 S. 1 StGB kraft Gesetzes ein, wenn die Führungsaufsichtsprobanden eine Freiheitsstrafe von mindestens einem beziehungsweise zwei Jahren vollständig verbüßt haben. Bei der Betrachtung von § 68 Abs. 1 StGB und § 68f Abs. 1 S. 1 StGB fällt auf, dass die die Führungsaufsicht auslösende Anlassverurteilung weit unter drei Jahren Freiheitsstrafe liegen kann und damit unter der durch § 145a StGB angedrohten Maximalfreiheitsstrafe. Aus diesem Befund könnte geschlossen werden, dass die Androhung

473 Vgl. hierzu: Pollähne KritV 2007, 386 (413), der von einem Verstoß gegen das Übermaßgebot spricht.

474 Kerner BewHi 2006, 49 (53); Pollähne KritV 2007, 386 (413).

einer Freiheitsstrafe von bis zu drei Jahren, als Reaktion auf einen Weisungsverstoß, überzogen ist.[475] Infolge dessen wird das Änderungsgesetz, mit dem der Strafrahmen auf drei Jahre angehoben wurde, vereinzelt für verfassungswidrig erachtet.[476]

Für die Erhöhung des Strafrahmens wird hingegen vorgebracht, dass der Haftgrund Fluchtgefahr (§ 112 Abs. 2 Nr. 2 StPO) nun leichter bejaht werden kann.[477] Dieses Argument kann allerdings schon deshalb nicht überzeugen, weil es im Widerspruch zu dem Zweck der §§ 112 ff. StPO steht. Zweck der Untersuchungshaft ist es, den Anspruch der staatlichen Gemeinschaft auf die vollständige Aufklärung der Tat und die rasche Bestrafung des Täters durchzusetzen.[478] Mit diesem Ziel ist es nicht vereinbar, die §§ 112 ff. StPO dazu einzusetzen, gefährliche Führungsaufsichtsprobanden in Untersuchungshaft zu verwahren, um die Allgemeinheit vor ihnen zu schützen. Andernfalls würden die §§ 112 ff. StPO zweckentfremdet, um eine zeitlich befristete Unterbringung zu ermöglichen. Dass dies nicht zulässig sein kann, wird außerdem deutlich, wenn berücksichtigt wird, dass die befristete Wiederinvollzugsetzung der Unterbringung in § 67h StGB geregelt ist. Die erneute Unterbringung im Maßregelvollzug ist nach § 67h StGB nur zulässig, wenn die Unterbringung nach § 63 StGB oder § 64 StGB zuvor zur Bewährung ausgesetzt worden ist.[479] Da sich der Gesetzgeber bewusst dagegen entschieden hat einen bei Vollverbüßern an die Stelle des § 67h StGB tretenden Warnarrest beziehungsweise Präventivhaft einzuführen, darf dessen Wirkung nicht faktisch auf Grundlage der §§ 112 ff. StPO erzeugt werden.[480]

Entscheidend für die Beurteilung der Angemessenheit des Strafrahmens ist vielmehr der mit § 145a StGB verfolgte Strafzweck. Sieht man den Zweck von Strafe alleine darin die von dem Täter verwirklichte Schuld auszugleichen, bestehen erhebliche Bedenken gegen die Verhältnismäßigkeit der Strafandrohung. Bei diesem Verständnis von Strafe wird auf das verwirklichte Unrecht mit

---

475 Kerner BewHi 2006, 49 (53); Pollähne KritV 2007, 386 (413); Vollbach MschrKrim 2006,40 (44).

476 Ruderich, S. 201, die eine verfassungskonforme Auslegung des Straftatbestands vornehmen will.

477 Schneider NStZ 2007, 441 (444).

478 BVerfGE 19, 342 (347 f.); Graf, StPO, § 112 Rn. 4; HK-StPO/*Posthoff*, Vor. §§ 112 ff. Rn. 8; Meyer-Goßner/Schmitt, Vor § 112 Rn. 4; Pfeiffer, Vor §§ 112–131 Rn. 1.

479 Zumindest im Bereich von § 63 StGB soll § 67h StGB dazu beitragen, dass Bewährungswiderrufe vermieden werden können: Steinböck/Schlie R&P 2015, 132 (138).

480 Vgl. hierzu Gliederungspunkt § 4 E. II. 4.

einer in Dauer und Härte entsprechenden Strafe reagiert werden. Die von dem Täter verwirklichte Schuld wird durch die Strafe vergolten, ausgeglichen und gesühnt, und hierdurch wird die Gerechtigkeit wiederhergestellt.[481] Wird in der Schuldvergeltung der einzige Zweck von Strafe gesehen, würde die Androhung einer derart hohen Strafe keine angemessene Reaktion darstellen, um auf das verwirklichte Handlungsunrecht zu reagieren. Es fällt schwer sich Situationen vorzustellen, in denen beispielsweise durch das unerlaubte Verlassen der Erlaubniszone, das Unterlassen einer Meldung nach § 68b Abs. 1 S. 1 Nr. 7–9 StGB oder die Missachtung einer Vorstellungsweisung (§ 68b Abs. 1 S. 1 Nr. 11 StGB) nennenswertes Unrecht verwirklicht wird. Selbst, wenn durch den Weisungsverstoß der Maßregelzweck gefährdet wird, wird das hierdurch verwirklichte Unrecht kaum geeignet sein eine Freiheitsstrafe von bis zu drei Jahren zu rechtfertigen.

Der Blickwinkel verändert sich allerdings, wenn der Zweck von Strafe nicht alleine in dem Ausgleich von Schuld, sondern ebenfalls in der präventiven Verhinderung künftiger Straftaten gesehen wird. Das gilt insbesondere, wenn Strafe nicht nur dem Schuldausgleich, sondern darüber hinaus der General- und Spezialprävention dienen soll.[482] Der Zweck von Strafe kann demnach auch darin liegen die Straftäter zu bessern und vor Rückfällen in die Kriminalität zu bewahren. Darüber hinaus soll die Allgemeinheit vor den Straftätern geschützt werden, indem sie eingesperrt werden.

Wird das Ziel der Spezialprävention ernst genommen, die Straftäter bessern zu wollen, spricht viel dafür die durch § 145a StGB angedrohte Strafe als angemessen anzusehen. Wegen des hohen Strafrahmens besteht im Ernstfall die Möglichkeit eine längere Freiheitsstrafe anzuordnen. Hierdurch wird die Möglichkeit eröffnet im Strafvollzug nachhaltig und positiv auf die Weisungsadressaten einzuwirken. Gerade in den Fällen, in denen die Führungsaufsicht auf Grundlage der § 67c Abs. 1 S. 1 Nr. 2 StGB, § 67d Abs. 2 S. 2, Abs. 3 S. 1, Abs. 4 S. 1, Abs. 5 S. 1, Abs. 6 S. 1 Alt. 2, § 68 Abs. 1, § 68f Abs. 1 S. 1 StGB eingetreten ist, verfügen die Weisungsadressaten häufig über eine negative Legalprognose. Gerade dieser problematische Personenkreis bedarf einer besonders zeitintensiven Betreuung, um sich von eigenen kriminalitätsfördernden Verhaltensweisen zu trennen. Wenn der Strafrahmen niedriger angesetzt wäre und nur kurze Freiheitsstrafen angeordnet werden könnten, würde das Ziel unterlaufen auf die Führungsaufsichtsprobanden in ausreichendem Umfang resozialisierend einwirken zu können.

---

481 Vgl. Hierzu die Darstellung von: Roxin, AT I, § 3 Rn. 2.

482 Zur Vereinigungstheorie: BVerfGE 45, 187 (253 f.).

Dem kann zwar entgegengehalten werden, dass es zweifelhaft ist, ob die Einwirkung im Strafvollzug geeignet ist resozialisierende Wirkung zu entfalten. In vielen Fällen waren die Führungsaufsichtsprobanden bereits vor dem Eintritt der Führungsaufsicht längere Zeit im Straf- oder Maßregelvollzug.[483] Aus welchem Grund es gelingen sollte im Rahmen der neuerlich verhängten Strafhaft erfolgreicher auf die Weisungsadressaten einzuwirken als durch die die Führungsaufsicht auslösende Verurteilung, ist zweifelhaft.

In diesem Zusammenhang ist allerdings ebenfalls zu berücksichtigen, dass, neben spezialpräventiven, auch generalpräventive Erwägungen für die Anhebung des Strafrahmens sprechen. Letztlich soll durch die Bestrafung nach § 145a StGB die Allgemeinheit vor der nochmaligen Begehung von Straftaten präventiv geschützt werden. Die Motivation, eine Weisung zu beachten, könnte dabei umso größer sein, je höher die Strafe im Falle eines Weisungsverstoßes auszufallen droht. Dem liegt die Annahme zugrunde, dass sich ein rational handelnder Täter vor der Tatbegehung stets bewusst machen wird, welche Konsequenzen ihm im Falle einer strafrechtlichen Verurteilung drohen.

Diese Erwägung könnte dahingehend interpretiert werden, dass durch die Anhebung des Strafrahmens in erster Linie Abschreckungseffekte erzeugt werden sollen, was an den Strafzweck der negativen Generalprävention erinnert. Zweck von Strafe soll es demnach sein die Allgemeinheit durch das Androhen und Verhängen von Strafe präventiv von der Begehung weiterer Straftaten abzuhalten.[484]

In diesem Zusammenhang ist allerdings darauf hinzuweisen, dass die Frage, ob sich potentielle Straftäter durch Strafe, beziehungsweise die Höhe der Strafandrohung, von delinquentem Verhalten abringen lassen äußerst umstritten.[485] In der Literatur gibt es etliche Stimmen, die diese Frage negativ beantworten.[486]

---

483 Weigelt ZRP 2006, 253 (254).

484 Vgl. zum Strafzweck der Generalprävention: Kett-Straub/Kudlich, Sanktionenrecht, § 3 Rn. 13-15, § 4 Rn. 2 f.; Meier, S. 22 ff., 27 ff.; Streng, Rn. 22-29; Rn. 59-66.

485 Die Frage, ob und wenn ja welche Wirkungen die einzelnen Strafzwecke entfalten, kann in der vorliegenden Arbeit nicht beantwortet werden und ist zudem empirisch nach wie vor nicht abschließend geklärt. Im Folgenden sollen anhand von § 145a StGB lediglich einige der Bedenken dargestellt werden, die gegen ein rein auf Abschreckung zielendes Strafrecht geäußert werden.

486 Vgl. hierzu exemplarisch für viele: Hermann/Dölling, S. 85: Diese Untersuchung stellt die universelle Gültigkeit einer Prävention durch Abschreckung in Frage. Zudem wird angemerkt, dass die erwartete Schwere und Art der Sanktion regelmäßig keine abschreckende Wirkung entfaltet: Herberger, 132 ff, S. 142. In diesem Zusammenhang wird allerdings zugleich davor gewarnt die empirischen Daten über

Das Abwägen von Kosten und Nutzen einer Straftat soll, wenn überhaupt, für die Entscheidung, ob leichte Delikte begangen werden, eine Rolle spielen.[487] Diese Feststellung wird darüber hinaus dahingehend eingeschränkt, dass sie vor allem für soziale Gruppen gelten soll, die ohnehin verhältnismäßig rechtskonform handeln.[488] Zudem wird gegen das Prinzip der Abschreckung vorgebracht, dass Abschreckungseffekte regelmäßig nicht zu gesetzeskonformem Verhalten der Bürger führen, sondern lediglich dazu, dass tatgeneigte Personen Strategien zur Risikovermeidung entwickeln.[489]

Allerdings kann die Konsequenz dieser Feststellung, selbst bei unterstellter Richtigkeit, nicht sein, dass der Straftatbestand des § 145 StGB als überflüssig eingeordnet und deshalb als streichenswert bewertet wird.[490] Insofern darf insbesondere der Umstand, dass bereits das Vorhandensein eines funktionierenden Strafrechtssystems abschreckende Wirkung auf potentielle Straftäter entfaltet, nicht unberücksichtigt bleiben.[491] Ebenfalls berücksichtigt werden muss, dass es durch den prinzipiellen Verzicht auf Strafe zu Einbußen der generalpräventiven Wirkungskraft des Strafrechts kommen kann.[492] Demnach muss, wenn die Frage gestellt wird, ob Strafe oder die konkrete Strafhöhe abschreckende Wirkung entfaltet, stets einschränkend formuliert werden, dass es lediglich um „die Frage einer möglichen Steigerung des grundsätzlichen Abschreckungseffekts durch glaubwürdigere oder stärker punitive Abschreckungsdrohungen“[493] gehen kann.

Unabhängig hiervon ist zu berücksichtigen, dass der Zweck von Strafe auch darin gesehen werden kann das Rechtsbewusstsein und das Vertrauen der Allgemeinheit in die Rechtsordnung zu stärken.[494] Unter Zugrundelegung dieses Verständnisses soll durch die Verhängung von Strafe auf die Gesellschaft im Ganzen

---

zu interpretieren: Streng, Rn. 60 f. Kritisch auch: Kett-Straub/Kudlich, Sanktionenrecht, § 5 Rn. 11 f.

487 Hermann, S. 333.

488 Hermann, S. 333.

489 Streng, FS Schünemann, S. 827 (839). Vgl. hierzu auch: Schöch, FS Jescheck, S. 1081 (1103-1105). Kritisch zu den bisherigen Forschungsergebnissen: Bock JuS 1994, 89 (96).

490 Auch Schöch, FS Jescheck, S. 1081 (1103) widerspricht der These, dass Strafe bei leichteren und mittelschweren Delikten entbehrlich sei und durch außerstrafrechtliche Erledigungsarten ersetzt werden könne.

491 Dölling, Strafeinschätzung und Delinquenz, S. 51 (75). So auch: Dölling, ZStW 102 (1990), 1 (7); Streng, Rn. 61.

492 Schöch, FS Jescheck, S. 1081 (1104).

493 Streng, Rn. 61.

494 Vgl. hierzu beispielsweise: SSW-StGB/*Eschelbach*, § 46 Rn. 32.

eingewirkt werden und nicht nur auf die Verurteilten selbst.[495] Zweck von Strafe ist es demnach die Geltung elementarer Normen, die für eine freiheitlich soziale Integration erforderlich sind, sicherzustellen.[496] Wird die Erwartung nicht erfüllt, dass die sanktionsbewehrten Normen eingehalten werden, wird hierauf mit der Verhängung von Kriminalstrafen reagiert. Die Bedeutung einer Norm kommt dabei unter anderem durch die Höhe der maximal angedrohten Freiheitsstrafe zum Ausdruck, die im Falle ihrer Missachtung droht.[497]

Unter Berücksichtigung dieser Erwägungen ist festzuhalten, dass es legitim sein kann den Stellenwert einer Norm dadurch zu erhöhen, dass ihr Strafrahmen angehoben wird. Dieses Ziel verfolgte der Gesetzgeber als er die Führungsaufsicht, durch die Anhebung des Strafrahmens, in generalpräventiver Weise nach außen hin deutlich aufwerten wollte.[498] Durch die Reform des § 145a StGB sollte insbesondere das Vertrauen der Allgemeinheit in die Durchsetzbarkeit der Rechtsordnung gestärkt werden. Eine erwartete Freiheitsstrafe von bis zu einem Jahr war, wegen der niedereren Strafandrohung, nicht in gleichem Maße geeignet das Vertrauen der Allgemeinheit in die Funktionsfähigkeit der Maßregel dauerhaft zu erhalten. Das liegt unter anderem daran, dass ohne die Sanktionsdrohung des § 145a StGB keine durchsetzbare Einwirkungsmöglichkeit auf die Führungsaufsichtsprobanden bestünde.[499]

Bei der durch das FührAufRefG durchgeführten Änderung des § 145a StGB geht es daher nicht in erster Linie darum, die Weisungsadressaten durch eine möglichst eindrucksvolle Strafkulisse davon abzuschrecken die strafbewehrten Führungsaufsichtsweisungen zu missachten. Ziel der Reform ist es vielmehr die Allgemeinheit vor der erneuten Begehung von Straftaten zu schützen. Mit Blick auf die generalpräventive Notwendigkeit des Straftatbestands ist die Erhöhung des Strafrahmens demnach verfassungsrechtlich als noch zulässig zu bewerten.[500]

Trotz der verfassungsrechtlichen Zulässigkeit des Strafrahmens, bereitet die Strafzumessung, auf Grund der Eigenart des Delikts und dem besonderen Täterkreis, vielfach Probleme.[501] Die Probleme ergeben sich insbesondere aus der die

---

495 Roxin, AT I, § 3 Rn. 21.

496 Kindhäuser/Zimmermann, AT, § 2 Rn. 14.

497 Kett-Straub/Kudlich, Sanktionenrecht, § 3 Rn. 12.

498 BT-Drucks. 16/1993, S. 24; Peglau NJW 2007, 1558 (1559).

499 Nißl NStZ 1995, 525 (526).

500 Auch von Teilen der Praxis wird die Erhöhung begrüßt: Manzewski FS 2012, 345 (346). Für eine nachdrückliche Strafandrohung auch: Wolf, Strafvollstreckungskammer und Nachsorge, S. 231 (244).

501 Vgl. hierzu beispielsweise: NK-StGB/*Kretschmer*, § 145a Rn. 8.

Täter treffenden Schuld (§ 46 Abs. 1 S. 1 StGB) und den durch § 145a StGB vorgegebenen Strafrahmen. Die Diskrepanz zwischen angedrohter Strafe und tatsächlichem Unrechtsgehalt der Tathandlung tritt auf der Ebene der Strafzumessung in voller Schärfe zutage. Selbst, wenn man, wie in der vorliegenden Arbeit annimmt, dass durch § 145a StGB strafwürdiges Unrecht pönalisiert wird, kann die Strafzumessung, wegen des geringen Unrechtsgehalts einiger Tathandlungen, Probleme bereiten.

Bei der Ermittlung der schuldangemessenen Strafe sollten sich die Gerichte daher am Gewicht der Weisungsverstöße und am Grad der aus ihnen resultierenden Gefahrenlage orientieren.[502] Konsequenz hieraus ist, dass ein Großteil der verhängten Freiheitsstrafen die sechs Monatsgrenze nicht überschreiten werden.

Damit deckt sich, dass im Jahr 2015 das Strafmaß in circa 47 % der Fälle, in denen Freiheitsstrafen angeordnet worden sind, nicht die sechs Monatsgrenze überstieg.[503] Ähnliche Werte ergeben sich in den Jahren 2016 und 2017, in denen jeweils circa 51 %[504] (2016) und circa 43 %[505] (2017) der Täter zu Freiheitsstrafen von nicht mehr als sechs Monaten verurteilt wurden. In diesen Fällen war es auf Grundlage von § 47 StGB grundsätzlich möglich, die Freiheitsstrafe in eine Geldstrafe umzuwandeln. Allerdings stehen der Umwandlung vielfach kriminalpädagogische Erwägungen entgegen. Die regelmäßig vermögenslosen Führungsaufsichtsprobanden könnten durch die Verhängung von Geldstrafen im schlimmsten Fall in die Versuchung geführt werden, neue Straftaten zu begehen, um sich das für die Begleichung der Geldstrafe notwendige Geld zu beschaffen. Darüber hinaus scheitert die Aussetzung zur Bewährung meist an der fehlenden günstigen Legalprognose (§ 56 StGB). Dies zeigt sich auch anhand der Strafverfolgungsstatistiken der letzten Jahre in denen jeweils nur in circa 48 %[506]

---

502 Fischer, StGB, § 145a Rn. 12.

503 Im Jahr 2015 wurden 367 Freiheitsstrafen auf Grundlage von § 145a StGB verhängt. Darunter waren 174 Verurteilungen mit einer Freiheitsstrafe von unter sechs Monaten: Statistisches Bundesamt, Strafverfolgungsstatistik 2015.

504 Im Jahr 2016 wurden 297 Freiheitsstrafen auf Grundlage von § 145a StGB verhängt. Darunter waren 152 Verurteilungen mit einer Freiheitsstrafe von unter sechs Monaten: Statistisches Bundesamt, Strafverfolgungsstatistik 2016.

505 Im Jahr 2017 wurden 278 Freiheitsstrafen auf Grundlage von § 145a StGB verhängt. Darunter waren 120 Verurteilungen mit einer Freiheitsstrafe von unter sechs Monaten: Statistisches Bundesamt, Strafverfolgungsstatistik 2017.

506 Im Jahr 2015 wurden von 367 Freiheitsstrafen auf Grundlage von § 145a StGB verhängten Freiheitsstrafen 177 zur Bewährung ausgesetzt: Statistisches Bundesamt, Strafverfolgungsstatistik 2015.

(2015), circa 49 %[507] (2016) und circa 56 %[508] (2017) der Fälle Freiheitsstrafen zur Bewährung ausgesetzt werden konnten. Hieran ändert auch die Behauptung nichts, dass bereits die Verurteilung nach § 145a StGB eine heilsame Warnung auf die Führungsaufsichtsprobanden entfaltet, die bei der Entscheidung über die Strafaussetzung berücksichtigt werden muss.[509] Konsequenz hieraus ist, dass es häufig zu der Verhängung kurzer Freiheitsstrafen kommt.

All diese Erwägungen hat der die Tat aburteilende Richter zu berücksichtigen, wenn er die tat- und schuldangemessene Strafe ermittelt. In durchschnittlichen Fällen sollten die Gerichte Strafen verhängen, die sich im unteren Drittel des Strafrahmens bewegen. Das gilt insbesondere für solche Fälle, in denen gegen Weisungen verstoßen wurde, die auf Grundlage der § 68b Abs. 1 S. 1 Nr. 1, 7–9, 11 StGB angeordnet worden sind. Eine höhere Strafe sollte nur verhängt werden, wenn der Weisungsverstoß schwer wiegt und durch ihn die konkrete Gefahr entstanden ist, dass die Weisungsadressaten erneut straffällig werden könnten.

---

507 Im Jahr 2016 wurden von 297 Freiheitsstrafen auf Grundlage von § 145a StGB verhängten Freiheitsstrafen 148 zur Bewährung ausgesetzt: Statistisches Bundesamt, Strafverfolgungsstatistik 2016.

508 Im Jahr 2017 wurden von 278 Freiheitsstrafen auf Grundlage von § 145a StGB verhängten Freiheitsstrafen 156 zur Bewährung ausgesetzt: Statistisches Bundesamt, Strafverfolgungsstatistik 2016.

509 SK-StGB/*Wolters*, § 145a Rn. 17.

§ 5 Der Tatbestand des § 145a StGB

A. Das von § 145a StGB geschützte Rechtsgut

Um die Frage, welches Rechtsgut durch § 145a StGB geschützt wird, beantworten zu können, bedarf es zunächst eines Blicks auf das Ziel, das der Gesetzgeber erreichen will, wenn er sich entscheidet ein bestimmtes Verhalten strafrechtlich zu ahnden.[510] Hierbei gilt, dass der Bestimmung des vom jeweiligen Straftatbestand geschützten Rechtsguts schon deshalb von besonderer Bedeutung ist, weil es einen wichtigen Anhaltspunkt für die sachgemäße Auslegung und Anwendung der Norm bietet.[511]

Zweck des gesamten Strafrechts und jedes einzelnen Straftatbestands ist es bestimmte Rechtsgüter des Einzelnen und solche der Allgemeinheit zu schützen.[512] Diese Rechtsgüter werden als so wichtig angesehen, dass zu ihrem Schutz strafrechtliche Vorschriften erlassen werden müssen. Eines über den zivilrechtlichen hinausgehenden strafrechtlichen Schutz bedarf es jedoch nur, wenn er erforderlich ist, um den Rechtsfrieden zu sichern und die Grundwerte der jeweiligen Gesellschaft zu garantieren.[513] Als Rechtsgüter werden die Lebensgüter, Sozialwerte und rechtlich anerkannten Interessen des Einzelnen beziehungsweise der Allgemeinheit bezeichnet, die wegen ihrer herausragenden Bedeutung für die Gesellschaft besonderen Rechtsschutz genießen.[514] Hierbei ist zwischen Individual- und Universalrechtsgütern zu unterscheiden. Universalrechtsgüter dienen dem Schutz von Gemeinschaftswerten. Beispiele für solche Universaltrechtsgüter sind der Bestand des Staates und seiner freiheitlich demokratischen Grundordnung, die Umwelt, die Unbestechlichkeit von Amtsträgern, die Zuverlässigkeit von Urkunden im Rechtsverkehr, die Rechtspflege und die Sicherheit des Straßenverkehrs.[515] Individualrechtsgüter dienen hingegen dem Schutz des jeweiligen Individuums.[516]

---

510 Im Rechtsgutsbegriff kann beispielsweise ein Kriterium gesehen werden, anhand dessen die Legitimität von Straftatbeständen geprüft werden kann: Kudlich ZStW 127 (2015), 635 (653).

511 Wessels/Beulke/Satzger, AT, Rn. 12. So auch: Kudlich ZStW 127 (2015), 635 (652).

512 Vgl. hierzu: Baumann/Weber/Mitsch/Eisele, AT, § 2 Rn. 7 ff., 17; Heinrich, AT, Rn. 3; Kindhäuser/Zimmermann, AT, § 2 Rn. 6; Krey/Esser, AT, Rn. 5.

513 Heinrich, AT, Rn. 3.

514 So im Grundsatz: Krey/Esser, AT, Rn. 7; Wessels/Beulke/Satzger, AT, Rn. 11.

515 Siehe hierzu: Wessels/Beulke/Satzger, AT, Rn. 11.

516 Individualrechtsgüter sind beispielsweise: Leben, körperliche Unversehrtheit, Freiheit, Hausrecht, Geheimsphäre, Briefgeheimnis, Eigentum, Vermögen.

Kritisch wird die Rechtsgutslehre in neuerer Zeit vom Bundesverfassungsgericht in seiner sogenannten Inzestentscheidung gesehen.[517] Das Bundesverfassungsgericht stellte sich in dieser Entscheidung auf den Standpunkt, dass die Befugnis des Gesetzgebers, die durch das Strafrecht zu schützenden Rechtsgüter zu bestimmen, nicht ohne weiteres durch die Rechtsgutslehre begrenzt werden dürfe. Diese Befugnis soll dabei insbesondere „nicht unter Berufung auf angeblich vorfindliche oder durch Instanzen jenseits des Gesetzgebers „anerkannte" Rechtsgüter eingeengt werden"[518] können. Stattdessen sollen die verfassungsrechtlichen Grenzen für die Pönalisierung bestimmter Verhaltensweisen nur von der Verfassung selbst gezogen werden.[519] Obwohl diese Entscheidung als Absage an die strafrechtliche Rechtsgüterlehre verstanden werden kann, wird in der Literatur nach wie vor vertreten, dass das Strafrecht dem Schutz bestimmter Rechtsgüter dienen soll.[520] Praktische Konsequenz der Entscheidung des Bundesverfassungsgerichts soll demnach alleine sein, dass die Entscheidung, was als Rechtsgut einzuordnen ist, dem Gesetzgeber vorbehalten bleibt.[521]

Eine erste Möglichkeit das von § 145a StGB geschützte Rechtsgut zu bestimmen besteht darin das geschützte Rechtsgut im jeweiligen Einzelfall anhand der dem Eintritt der Führungsaufsicht zugrundeliegenden Anlasstat zu ermitteln. Dass die kriminelle Anfälligkeit der Führungsaufsichtsprobanden in ganz besonderem Maße in den Anlasstaten zum Ausdruck gekommen ist, legt nahe den Zweck der Führungsaufsicht darin zu sehen die erneute Verletzung des bereits geschädigten Rechtguts zu verhindern. Hierfür spricht auf den ersten Blick auch, dass die Gerichte verpflichtet sind die Führungsaufsicht so auszugestalten, dass sie auf die speziellen kriminellen Gefährdungen der Führungsaufsichtsprobanden zugeschnitten sind. Ein maßgeblicher Umstand für die Individualisierung wird dabei regelmäßig die in der Anlasstat zum Ausdruck gekommenen kriminellen Anfälligkeiten sein. Bei diesem Verständnis würde § 145a StGB das durch die Anlasstat verletzte Rechtsgut davor schützen, erneut verletzt zu werden. Wäre die Führungsaufsicht zum Beispiel eingetreten, weil die Führungsaufsichtsprobanden wegen mehrerer Eigentumsdelikte verurteilt worden wären, wäre das Eigentum das geschützte Rechtsgut. § 145a StGB würde daher immer

517 BVerfGE 120, 224 (224 ff.).
518 BVerfGE 120, 224 (242).
519 BVerfGE 120, 224 (242).
520 Murmann, Grundkurs, § 8 Rn. 14.
521 Murmann, Grundkurs, § 8 Rn. 14.

dann Individualrechtsgüter schützen, wenn durch die Anlasstat ein solches verletzt worden wäre.

Allerdings sprechen ebenfalls erhebliche Gründe gegen diesen Lösungsansatz. Erstens wird verkannt, dass die Führungsaufsicht generell dazu dient präventiv die Begehung künftiger Straftaten zu verhindern. Wenn man nun annähme, dass das durch § 145a StGB geschützte Rechtsgut, mit dem durch die Anlasstat verletzten identisch ist, dürften die strafbewehrten Weisungen nur dazu dienen dessen erneute Verletzung zu verhindern. Ziel der Führungsaufsicht ist jedoch, dass die Führungsaufsichtsprobanden überhaupt keine Straftaten, gleich welcher Art, mehr begehen. Eine Konnexitätserfordernis in dem Sinne, dass nur solche Straftaten verhindert werden sollen, die der Anlasstat gleichen, besteht nicht.[522] Ein zweites Argument gegen diesen Lösungsansatz ergibt sich mit Blick auf die Eintrittsgründe der Führungsaufsicht. Exemplarisch sei auf § 68f Abs. 1 S. 1 Alt. 1 StGB verwiesen, der die Führungsaufsicht kraft Gesetzes eintreten lässt, wenn eine Gesamtfreiheitsstrafe wegen vorsätzlicher Straftaten von mindestens zwei Jahren vollständig vollstreckt worden ist. In diesem Fall haben die Weisungsadressaten mehrere Straftaten begangen, durch die mehrere unterschiedliche Rechtsgüter verletzt worden sein können, und die zu einer Gesamtfreiheitsstrafe zusammengefasst worden sind. Wenn man nun annehmen würde, dass das durch § 145a StGB geschützte Rechtsgut mit dem der Anlasstat identisch ist, ergeben sich erhebliche Schwierigkeiten für das die Straftat nach § 145a StGB aburteilende Gericht. Nicht in jedem Fall ist erkennbar zur Vermeidung welcher Straftaten, dass die Führungsaufsicht ausgestaltende Gericht welche Weisung angeordnet hat. Wenn die Gerichte aber nicht erkennen können, auf welchen Teil der Anlasstat sich die Weisung bezieht, ist es ihnen praktisch nicht möglich das im jeweiligen Einzelfall von § 145a StGB geschützte Rechtsgut zu ermitteln.

Hilfreich für die Ermittlung des von § 145a StGB geschützten Rechtsguts ist vielmehr die Bestimmung, welche Schutzrichtung der Straftatbestand verfolgt. Ein Ziel von § 145a StGB besteht darin die Funktionsfähigkeit der Maßregel Führungsaufsicht zu erhalten.[523] Insbesondere in den Fällen, in denen die Haftstrafe voll verbüßt oder die Maßregel für erledigt erklärt worden ist, bedarf es der Strafandrohung, um die Führungsaufsichtsprobanden zur Einhaltung der Weisungen zu motivieren.

---

522 Vgl. hierzu Gliederungspunkt § 5 C. II. 2. c.

523 OLG Hamburg NJW 1985, 1232 (1233); Kindhäuser/Hilgendorf, StGB, § 145a Rn. 1.

§ 145a StGB weist somit Ähnlichkeiten zu § 145c StGB und § 323b StGB auf, die ebenfalls die Funktionsfähigkeit der Maßregel zu dem Schutzzweck der Norm erheben.[524] § 145c StGB soll sicherstellen, dass ein strafgerichtlich angeordnetes Berufsverbot eingehalten wird.[525] § 323b StGB schützt hingegen die Erfolgsaussichten einer behördlich angeordneten Entziehungskur vor Störungen durch Dritte.[526] Ziel ist es den Unterbringungszweck staatlich angeordneter Entziehungskuren zu sichern.[527]

Würde § 145a StGB als konkretes Gefährdungsdelikt eingeordnet,[528] bestünde die Besonderheit, dass, im Unterschied zu den abstrakten Gefährdungsdelikten § 145c StGB und § 323b StGB, der Schutzzweck des Straftatbestands (die Funktionsfähigkeit der Maßregel Führungsaufsicht) zum Tatbestandsmerkmal erhoben wird.[529] In diesem Sinne wird vertreten, dass das Rechtsgut des § 145a StGB nur in funktionaler Beziehung zu dem Rechtsinstitut der Führungsaufsicht bestimmt werden kann.[530] Die Führungsaufsicht kann ihre Aufgabe als Maßregel der Besserung und Sicherung nur erfüllen, wenn die Einhaltung der angeordneten Weisungen bei Bedarf erzwungen werden kann.[531] Konsequent zu Ende gedacht müsste das zur Folge haben, dass das hinter § 145a StGB stehende Rechtsgut mit den hinter den §§ 68 ff. StGB stehenden Zwecken identisch sein muss. Demnach würde die Doppelfunktion der Führungsaufsicht auch im Rahmen von § 145a StGB Wirkung entfalten. Zweck des § 145a StGB könnte zum einen sein den Weisungsadressaten helfend und betreuend zur Seite zu stehen. Zum anderen könnte § 145a StGB der Überwachung der Führungsaufsichtsprobanden und damit dem Schutz der Allgemeinheit dienen.

Gegen dieses Ergebnis spricht jedoch, dass es kein Rechtsgut des risikolosen Lebenswandels gibt.[532] Schutzzweck des Straftatbestandes kann es daher nicht

---

524 Klesczewski, BT, § 19 Rn. 24.

525 S/S/*Sternberg-Lieben*, StGB, § 145c Rn. 1.

526 HK-GS/*Verrel*, StGB, § 323b Rn. 1; Kindhäuser/Hilgendorf, StGB, § 323b Rn. 1; Lackner/Kühl, StGB, § 323b Rn. 1; S/S/*Sternberg-Lieben/Hecker*, StGB, § 323b Rn. 1.

527 Fischer, StGB, § 323b Rn. 1. Als behördlich angeordnete Unterbringungen kommen insbesondere die strafrichterliche Unterbringung nach §§ 63, 64 StGB und die Unterbringung nach den Landesunterbringungsgesetzen in Betracht: Lackner/Kühl, StGB, § 323b Rn. 2.

528 Entgegen der hier vertretenen Meinung. Vgl. Gliederungspunkt § 5 C. III. 1.

529 Vgl. hierzu: Fischer, StGB, § 145a Rn. 10; LK-StGB/*Roggenbuck*, § 145a Rn. 27.

530 NK-StGB/*Kretschmer*, § 145a Rn. 3.

531 E 1962, BT-Drucks IV/650, S. 613.

532 MüKo-StGB/*Groß*, § 145 Rn. 2.

sein die Führungsaufsichtsprobanden bei dem Führen eines gesetzestreuen Lebens zu unterstützen. Darüber hinaus zeigt sich bei der Gesamtbetrachtung von § 145a StGB und § 68b Abs. 1 StGB, dass die Überwachungsfunktion, zumindest im Anwendungsbereich des § 145a StGB, Vorrang vor der Betreuungsfunktion hat.[533] Der Vorrang der Überwachungsfunktion wird daraus deutlich, dass sämtliche im Katalog des § 68b Abs. 1 StGB enthaltenen Führungsaufsichtsweisungen in erster Linie dazu dienen Sicherungsaufgaben zu erfüllen.[534] Ein weiteres Ziel der strafrechtlichen Absicherung ist daher die Einhaltung der repressiv wirkenden Führungsaufsichtsweisungen sicherzustellen.[535] Da § 145 StGB dazu dient die Begehung weiterer Straftaten zu verhindern, in dem die Weisungsadressaten überwacht werden, wird deutlich, dass ihre erfolgreiche Betreuung nicht Zweck des Straftatbestandes sein kann.

Das könnte nun wiederum so verstanden werden, dass die Überwachungsfunktion soweit in den Vordergrund gerückt wird, dass durch § 145a StGB die bloße Missachtung von Richtersprüchen unter Strafe gestellt werden soll. Ziel des Straftatbestandes wäre es demnach die Weisungsadressaten zu zwingen die vom Gericht angeordneten Weisungen zu beachten. Das von § 145a StGB geschützte Rechtsgut könnte dann allenfalls die Autorität der Justiz sein.[536] Konsequenz wäre, dass letztlich alleine die Autorität des Richterspruchs geschützt werden würde und es letztlich nicht darauf ankommt, ob durch die Missachtung der Weisungen strafwürdiges Unrecht verwirklicht wird.

Wie wenig überzeugend dieser Lösungsansatz ist, wird offenbar, wenn bedacht wird, dass es nicht strafbar ist, wenn sich zu einer Haftstrafe verurteilte Straftäter durch Flucht der Strafvollstreckung entziehen.[537] Das gilt, obwohl auch die

---

533 So auch: SK-StGB/*Wolters*, § 145a Rn. 1. Vgl. auch: Schröder, Referat, E3 (21).

534 LK-StGB/*Roggenbuck*, § 145a Rn. 1; Schröder, Referat, E3 (20). Vgl. auch Groß, FS Böttcher, S. 579 (590), der darauf hinweist, dass im Katalog des § 68b Abs. 1 StGB – abgesehen von Kontrollweisungen und Weisungen, die der Arbeitssuche dienen – stets der Aspekt der kriminellen Gefährdung genannt wird.

535 Hierin liegt kein Widerspruch zu dem unter Gliederungspunkt § 3 A. II. gefundenen Ergebnis, wonach der Zweck der §§ 68 ff. StGB an Hand des jeweiligen Einzelfalls zu bestimmen ist. Spätestens, wenn durch die Anordnung strafbewehrter Weisungen der Anwendungsbereich des § 145a StGB eröffnet wird, verändert sich der Charakter des Rechtsinstituts dahingehend, dass die Allgemeinheit vor dem Führungsaufsichtsprobanden geschützt werden soll.

536 Groß, jurisPR-StrafR 10/2009 Anm. 3 bezeichnet den „Ungehorsam gegenüber dem Gericht“ als Rechtsgut. Ähnlich wohl: Ostendorf JZ 1987, 335 (337 f.), der § 145a StGB der Deliktsgruppe „Auflehnung gegen die Staatsgewalt“ zuordnet.

537 MüKo-StGB/*Groß*, § 145 Rn. 2.

Freiheitsstrafe durch einen Richterspruch angeordnet worden ist. Konsequenz des Nichtantritts der Freiheitsstrafe ist „lediglich“ der Erlass eines Haftbefehls auf Grundlage von § 457 Abs. 2 S. 1 StPO. Grund für die Straffreiheit ist, dass die bloße Missachtung der richterlichen Weisung „Antritt der Haftstrafe“ einem Ordnungsverstoß gleicht. Derartige Verstöße werden typischerweise nicht mit neuerlichen strafrechtlichen Verurteilungen sanktioniert, sondern werden mit vollstreckungsrechtlichen Zwangsmitteln (Zwangsgeld, Zwangshaft) durchgesetzt. All dies spricht dafür, dass das geschützte Rechtsgut ebenfalls nicht in der „Autorität der Justiz“ gesehen werden kann.

Ein erster auf das tatsächlich geschützte Rechtsgut hindeutender Anhaltspunkt ergibt sich aus der systematischen Einordnung von § 145a StGB in das StGB. Der Straftatbestand ist im 7. Abschnitt des StGB zu finden, der den Namen „Straftaten gegen die öffentliche Ordnung“ trägt.[538] Das deutet darauf hin, dass mit § 145a StGB mehr bezweckt wird, als den Gehorsam gegenüber den richterlichen Weisungen und damit die Autorität der Justiz sicherzustellen. Zudem muss berücksichtigt werden, dass die §§ 68 ff. StGB systematisch Teil des Maßregelrechts sind. Es ist daher am überzeugendsten das Rechtsgut des § 145a StGB im Lichte des allgemeinen Zwecks der §§ 61 ff. StGB zu bestimmen. Der Zweck von Maßregeln besteht darin Gefahren für strafrechtlich geschützte Rechtsgüter abzuwehren.[539] Dieser Zweck soll sowohl durch bessernde Einwirkung, wie auch durch die Sicherung des Straftäters, erreicht werden.[540] In der Doppelfunktion der Führungsaufsicht und dem hieraus resultierenden Spannungsverhältnis wird die doppelte Zielsetzung besonders deutlich. § 145a StGB dient dem Zwischenziel die Führungsaufsichtsprobanden zur Einhaltung der Weisungen zu motivieren. Endziel ist jedoch präventiv die Begehung weiterer Straftaten zu verhindern. Da bei den Weisungen nach § 68b Abs. 1 StGB die Überwachungsfunktion das dominierende Element ist, wird deutlich, dass durch § 145a StGB vorrangig die Allgemeinheit geschützt werden soll. § 145a StGB will dieses Ziel dadurch erreichen, dass durch die sichernde Einwirkung der Führungsaufsichtsweisungen gefährliche oder gefährdete Täter davon abgehalten werden neue Straftaten zu begehen.[541] Das bedeutet wiederum, dass sich die Missachtung

538 Rengier, AT, § 3 Rn. 2 weist daraufhin, dass die meisten Straftatbestände nach den geschützten Rechtsgütern geordnet sind.

539 Matt/Renzikowski/*Eschelbach*, StGB, § 61 Rn. 6. Vgl. auch BVerfGE 128, 326 (377): Der Zweck der Maßregel liegt in dem Schutz der Allgemeinheit vor dem gefährlichen Täter.

540 LK-StGB/*Schöch*, Vor § 61 Rn. 31.

541 NK-StGB/*Kretschmer*, § 145a Rn. 3.

strafbewehrter Weisungen nicht im bloßem Ungehorsam gegenüber dem Richter und seinen Richtersprüchen erschöpft. § 145a StGB dient demnach auch nicht dazu konkretisierte Individualgefahren abzuwehren. Stattdessen soll die Allgemeinheit vor abstrakten Gefahren geschützt werden, die von Führungsaufsichtsprobanden erzeugt werden, die gegen bestimmte Führungsaufsichtsweisungen verstoßen. Hieraus wird deutlich, dass das Schutzobjekt des § 145a StGB kein Individualrechtsgut, sondern nur ein Universaltrechtsgut sein kann.[542] In dem sich die Führungsaufsichtsprobanden kriminellen Reizen aussetzen, für die sie sich als anfällig erwiesen haben, oder sich der für ihre Legalbewährung nötigen Kontrolle entzogen haben, wird eine abstrakte Gefährdungslage erzeugt. Wenn die Weisungsverstöße zudem dazu geführt haben, dass die Gefahr der Begehung weiterer Straftaten entstanden ist, haben die Weisungsadressaten eine Lage erzeugt, die ihnen die Gelegenheit bietet erneut straffällig zu werden. In dieser Situation sind die Führungsaufsichtsprobanden für die Allgemeinheit gefährlich. Diese Argumentation aufgreifend wird § 145a StGB als Straftat gegen die „öffentliche Ordnung"[543] oder die „öffentliche Sicherheit"[544] verstanden. Diese Einordnung ist jedoch insoweit missverständlich als die Begriffe öffentliche Sicherheit und öffentliche Ordnung dem Polizei- und Sicherheitsrecht entnommen sind. Besser ist es daher das Rechtsgut im „Schutz der Allgemeinheit vor der Begehung weiter Straftaten" zu sehen.[545]

B. Anwendbarkeit von § 28 Abs. 1 StGB

Der Tatbestand des § 145a StGB kann nur von Personen, die unter Führungsaufsicht stehen, und die eine, auf Grundlage des § 68b Abs. 1 StGB, angeordnete – an sie adressierte – richterliche Weisung missachten, verwirklicht werden. Da nur Führungsaufsichtsprobanden Täter des Straftatbestands sein können, handelt es sich bei § 145a StGB um ein echtes Sonderdelikt.[546]

---

542 So auch: Fernholz-Niemeier, S. 67.

543 von Glasenapp ZRP 1979, 31 (31).

544 Fernholz-Niemeier, S. 67; Kwaschnik, S. 226; Ruderich, S. 198.

545 Im Ergebnis zustimmend: AnwK-StGB/*Graf v. Schlieffen*, § 145a Rn. 1. Vgl. auch: Aulinger, FS Böttcher, S. 555 (571), die den Zweck ebenfalls in der Verhinderung weiterer Straftaten sieht.

546 Fischer, StGB, § 145a Rn. 2; LK-StGB/*Roggenbuck*, § 145a Rn. 28; NK-StGB/*Kretschmer* § 145a Rn. 23; SSW-StGB/*Jeßberger*, § 145a Rn. 12; S/S/*Sternberg-Lieben*, StGB, § 145a Rn. 10; SK-StGB/*Wolters*, § 145a Rn. 4.

Fraglich ist allerdings, ob es sich bei der Täterstellung um ein strafbarkeitsbegründendes, besonderes persönliches Merkmal handelt. Nur, wenn diese Frage bejaht werden sollte, darf § 28 Abs. 1 StGB im Rahmen von § 145a StGB angewandt werden.[547] Für die Teilnehmer hätte die Anwendung des § 28 Abs. 1 StGB den Vorteil, dass das sie möglicherweise treffende maximale Strafmaß gem. § 49 Abs. 1 StGB zwingend zu mildern wäre.[548]

Für die Beantwortung dieser Frage muss in einem ersten Schritt untersucht werden, ob es sich bei der Täterstellung um ein „persönliches Merkmal" im Sinne des § 28 Abs. 1 StGB handelt. Der Begriff des „besonderen persönlichen Merkmals" wird in § 14 Abs. 1 StGB legal definiert. Besondere persönliche Merkmale sind demnach solche, die die besonderen persönlichen Eigenschaften, Verhältnisse oder Umstände beschreiben. Diese Definition stimmt zwar inhaltlich nicht vollumfänglich mit der des § 28 Abs. 1 StGB überein.[549] Dennoch kann sie für die Auslegung des § 28 Abs. 1 StGB hilfreich sein.[550] Unter persönlichen Verhältnissen wird demnach die „Beziehung der Person zur Mitwelt"[551], die sich durch die äußere Beziehung zu anderen Menschen, Institutionen oder Sachen auszeichnet.[552]

In § 145a StGB werden die Führungsaufsichtsprobanden ausdrücklich als Normadressaten benannt, woraus ihre persönliche Beziehung zu den an der Durchführung der Führungsaufsicht beteiligten staatlichen Institutionen deutlich wird. Demnach handelt es sich bei der Eigenschaft Führungsaufsichtsproband zu sein, und damit Täter von § 145a StGB sein zu können, um ein „persönliches Merkmal".

Zweite Voraussetzung ist, dass es sich bei dem „persönlichen Merkmal" Führungsaufsichtsproband zu sein, um ein „besonderes Merkmal" im Sinne des

---

547 Zur Anwendbarkeit von § 28 StGB: BGHSt 55, 229 (231 f.) zu § 235 Abs. 4 Nr. 2 Alt. 2 StGB; BGH NStZ-RR 2002, 277 (277) zu § 30 Abs. 2 Nr. 2 BtMG; Fischer, StGB, § 28 Rn. 3; S/S/*Heine/Weißer*, StGB, § 28 Rn. 10.

548 Vgl. zu der dreischrittigen Prüfung, ob § 28 Abs. 1 StGB anwendbar ist: MüKo-StGB/*Joecks*, § 28 Rn. 17.

549 Blauth, S. 109 ff.; Bruns GA 1982, 1 (13 f.); Gallas ZStW 80 (1968), 1 (21 f.); Herzberg ZStW 88 (1976), 68 (110); a.A. Langer, FS Lange, S. 241 (254 ff.).

550 Heintschel-Heinegg/*Kudlich*, StGB, § 28 Rn. 2. Die Unterscheidung von § 14 StGB und § 28 StGB rechtfertigt sich daraus, dass durch § 14 StGB besondere persönliche Merkmale einem Dritten zugerechnet werden, während die Akzessorietät durch § 28 StGB für Dritte gelockert wird.

551 Heintschel-Heinegg/*Kudlich*, StGB, § 28 Rn. 6.

552 BGHSt 6, 260 (262); Fischer, StGB, § 28 Rn. 5; MüKo-StGB/*Joecks*, § 28 Rn. 21; S/S/*Heine/Weißer*, StGB, § 28 Rn. 13.

§ 28 Abs. 1 StGB handelt. Zweck von § 28 Abs. 1 StGB ist es, dass Merkmale, durch die besonderes Unrecht oder besondere Schuld zum Ausdruck kommen, und die nur bei den Straftätern selbst vorliegen, den Teilnehmern nicht in vollem Umfang zugerechnet werden sollen.[553]

Allerdings wird in Rechtsprechung und Literatur die Frage, auf welchem Weg zu ermitteln ist, ob ein persönliches Merkmal ein besonderes ist, unterschiedlich beantwortet. Bis heute ist es nicht gelungen allgemeingültige Kriterien zu entwickeln anhand derer die Abgrenzung vorgenommen werden kann.

Nach der sog. Einheitslösung[554] fallen alle Merkmale, die nicht gem. § 25 Abs. 1 Alt. 2 StGB in mittelbarer Täterschaft verwirklicht werden können, in den Anwendungsbereich des § 28 Abs. 1 StGB. Täter des § 145a StGB kann nur sein, wer unter Führungsaufsicht steht, und an den eine auf Grundlage des § 68b Abs. 1 StGB ergangene Weisung gerichtet ist. Für die Verwirklichung von § 145a StGB reicht es hingegen nicht aus, wenn andere Personen dafür ursächlich werden, dass die Führungsaufsichtsprobanden eine Weisung missachten. Demnach kann § 145a StGB nicht in mittelbarer Täterschaft verwirklicht werden.[555] Die Einheitstheorie kommt folglich zu dem Ergebnis, dass es sich bei der Täterstellung in § 145a StGB um ein besonderes persönliches Merkmal handelt.

Die sog. Differenzierungslösung[556] will die Unterscheidung zwischen tatbezogenen (= nicht besonders persönlichen) und täterbezogenen (= besonders persönlichen) Merkmalen demgegenüber innerhalb der Gruppe der persönlichen Merkmale selbst vornehmen. Dabei sollen nur die täterbezogenen Merkmale in den Anwendungsbereich des § 28 StGB einbezogen werden. Allerdings ist auch innerhalb der Differenzierungslösung umstritten, wie zu bestimmen ist, ob ein bestimmtes Merkmal tatbezogen oder täterbezogen ist.

Von Teilen der Literatur wird die Tatbezogenheit dabei als Rechtsgutsbezogenheit, oder zumindest als Kriterium für ihr Vorliegen, verstanden.[557] Die Anwendung von § 28 Abs. 1 StGB soll immer dann ausscheiden, wenn sich das persönliche Merkmal auf das tatbestandlich geschützte Rechtsgut bezieht.[558] Konsequenz ist, dass die Zurechnung des Merkmals auf Grundlage der §§ 26 f. StGB erfolgt, sodass es nicht erforderlich ist, dass die Teilnehmer das persönliche Merkmal in ihrer Person selbst aufweisen.

---

553 Roxin, AT II, § 27 Rn. 1.

554 Schünemann Jura 1980, 354 (365 ff.); Schünemann, FS Küper, S. 561 (569 f).

555 LK-StGB/*Roggenbuck*, § 145a Rn. 28; SK-StGB/*Wolters*, § 145a Rn. 4.

556 MüKo-StGB/*Joecks*, § 28 Rn. 24.

557 Geppert ZStW 82 (1970), 40 (63 f.); Grünwald, GS Kaufmann, S. 555 (559).

558 Roxin, AT II, § 27 Rn. 34.

Auf § 145a StGB übertragen wird vertreten, dass die Täterstellung schon deshalb kein besonderes persönliches Merkmal sein könne, weil rechtsgutsbezogene Erwägungen zur Beschränkung des Täterkreises geführt haben sollen.[559] Hierfür soll sprechen, dass der Zweck der strafrechtlichen Absicherung des § 145a StGB nicht darin besteht die Einhaltung der Weisungen zu erzwingen, sondern darin die Vornahme gefahrträchtigen Verhaltens zu vermeiden.[560] Dem liegt wiederum die Annahme zugrunde, dass den Gesetzgeber nicht personale Elemente, sondern die kriminellen Anfälligkeiten eines bestimmten Täterkreises dazu bewogen haben, dass von § 145a StGB erfasste Verhalten unter Strafe zu stellen.[561]

Diese Annahme wird auf den ersten Blick dadurch, dass die Allgemeinheit durch § 145a StGB vor der Begehung weiterer Straftaten geschützt werden soll, verstärkt. Es drängt sich der Eindruck auf, dass die von dem Adressatenkreis der Führungsaufsicht ausgehenden besonderen Gefahren zur Beschränkung des Täterkreises geführt haben. Der Täterkreis soll demnach nicht auf Grund personaler Elemente beschränkt worden sein, sondern wegen der jeweiligen besonderen Gefahren, für die sich die Weisungsadressaten als anfällig erwiesen haben.[562]

Diese Ansicht verkennt jedoch, dass für die Beschränkung des Täterkreises nicht die Stellung als Führungsaufsichtsproband, sondern die Anordnung und Auswahl der Weisungen nach § 68b Abs. 1 StGB entscheidend ist. Insoweit ist zu berücksichtigen, dass der Anwendungsbereich des § 145a StGB nicht in jedem Fall eröffnet ist, in dem Führungsaufsicht eingetreten ist. Der Straftatbestand kann nur dann verwirklicht werden, wenn Führungsaufsicht eingetreten ist und zusätzlich strafbewehrte Führungsweisungen angeordnet worden sind. Keine Bestrafung droht hingegen, wenn von der Anordnung von Führungsaufsichtsweisungen abgesehen worden ist oder lediglich nicht strafbewehrte Weisungen auf Grundlage von § 68b Abs. 2 StGB angeordnet wurden. Hieraus wird deutlich, dass alleine mit dem Eintritt der Führungsaufsicht noch keine gesteigerte Gefährlichkeit der Führungsaufsichtsprobanden für das geschützte Rechtsgut einhergeht, die eine strafrechtliche Ahndung rechtfertigen könnte. Demnach

---

559 Lackner/Kühl, StGB, § 145a Rn. 1; LK-StGB/*Hanack*, 11. Auflage, § 145a Rn. 24; NK-StGB/*Kretschmer* § 145a Rn. 23; Otto, BT, § 96, Rn. 24; S/S/*Sternberg-Lieben*, StGB, § 145a Rn. 10.

560 S/S/*Sternberg-Lieben*, StGB, § 145a Rn. 10.

561 LK-StGB/*Hanack*, 11. Auflage, § 145a Rn. 29; S/S/*Sternberg-Lieben*, StGB, § 145a Rn. 10.

562 NK-StGB/*Kretschmer* § 145a Rn. 23; S/S/*Sternberg-Lieben*, StGB, § 145a Rn. 10.

kann auch die Täterstellung in § 145a StGB nicht die Funktion erfüllen, dass durch die Norm geschützte Rechtsgut zu bestimmen.

Für dieses Ergebnis spricht weiterhin, dass die Täterstellung, jedenfalls im Anwendungsbereich des § 145a StGB, primär durch die Person des jeweiligen Führungsaufsichtsprobanden gekennzeichnet ist. Das kommt dadurch zum Ausdruck, dass sämtliche strafbewehrte Führungsaufsichtsweisungen stets individuell auf die jeweiligen Führungsaufsichtsprobanden zugeschnitten sein müssen. Die die Führungsaufsicht ausgestaltenden Gerichte haben insofern die Aufgabe sich mit der Persönlichkeit der Führungsaufsichtsprobanden und ihren jeweiligen kriminellen Anfälligkeiten intensiv auseinanderzusetzen. Im Anschluss daran wählen sie aus den im Katalog des § 68b Abs. 1 StGB enthaltenen Weisungen speziell diejenigen aus, die sie für nötig halten, um auf die jeweiligen kriminellen Anfälligkeiten der Weisungsadressaten zu reagieren. Entscheidend ist gerade nicht, dass das den Führungsaufsichtsprobanden untersagte Verhalten bei objektiver Betrachtung besonders gefährlich ist. Es handelt sich vielmehr um Verhaltensweisen, die der Gesetzgeber grundsätzlich für nicht strafwürdig erachtet. Einzig und alleine die individuellen kriminellen Gefährdungen der Führungsaufsichtsprobanden rechtfertigen es, ein ansonsten erlaubtes Verhalten unter Strafe zu stellen.

Weiterhin kann der vorgeschlagene rechtsgutsbezogene Lösungsansatz schon deshalb nicht uneingeschränkt überzeugen, weil er nicht in sämtlichen Fällen zu angemessenen Ergebnissen führt.[563] Die Unzulänglichkeiten des Lösungsansatzes werden insbesondere am Beispiel der für die Strafbarkeit nach §§ 331 ff. StGB vorausgesetzten Amtsträgereigenschaft deutlich. Bei der Amtsträgereigenschaft handelt es sich um ein besonderes persönliches Merkmal.[564] Die Amtsträgereigenschaft wirkt strafbarkeitsbegründend, da ohne sie, beispielsweise der Straftatbestand der Rechtsbeugung (§ 339 StGB), nicht verwirklicht werden kann. Wenn der Täter kein Amtsträger ist, kann er das von der Norm geschützte Rechtsgut nicht verletzen. Daher ist die Amtsträgereigenschaft zudem als rechtsgutsbezogenes Merkmal einzuordnen.[565] Folge dieser Feststellung müsste sein, dass § 28 Abs. 1 StGB im Rahmen der §§ 331 ff. StGB nicht angewendet werden dürfte. Konsequenz wäre wiederum, dass die eine Privatperson treffende Strafe, die einen Richter zur Rechtsbeugung angestiftet hat, nicht nach § 28 Abs. 1 StGB gemildert werden könnte. Dieses Ergebnis steht jedoch im Widerspruch zu dem

563 Vgl. zum Ganzen Roxin, AT II, § 27 Rn. 34 ff.

564 SK-StGB/*Stein/Deiters*, Vor § 331 Rn. 32.

565 Herzberg ZStW 88 (1976), 68 (81); Vogler, FS Lange, S. 265 (270 f.).

Willen des Gesetzgebers, der gerade in diesem Fall die Milderung der Strafe nach § 28 Abs. 1 StGB ermöglichen wollte.[566]

Überzeugender ist es daher, tatbezogene von täterbezogenen Merkmalen danach abzugrenzen, ob das gesetzliche Merkmal überwiegend die Tat, oder überwiegend die Persönlichkeit des Täters kennzeichnet.[567] Das Merkmal ist tatbezogen, wenn es die besondere Gefährlichkeit des Täterverhaltens oder eine besonders schwerwiegende Art der Deliktsausführung beschreibt.[568] Die nicht in den Anwendungsbereich des § 28 Abs. 1 StGB fallenden tatbezogenen Merkmale bringen den sachlichen Unrechtsgehalt der Tat zum Ausdruck und beschreiben den tatbestandlichen Erfolg, das Tatmittel und die Begehungsweise.[569] Demgegenüber sind gesetzliche Merkmale, die primär die Person des Täters kennzeichnen, täterbezogen. Ein Kriterium, das für die Täterbezogenheit spricht, ist erfüllt, wenn durch das persönliche Merkmal eine besondere Pflichtenstellung höchstpersönlicher Art begründet wird.[570] Von der Rechtsprechung wurden beispielsweise die Eigenschaft als Amtsträger, die Stellung als Arzt oder Rechtsanwalt in § 203 StGB[571], die Schuldnerstellung bei § 283 Abs. 1 und Abs. 2 StGB[572], die Vermögensbetreuungspflicht bei § 266 StGB[573], die Bandenmitgliedschaft[574] und das Mordmerkmal der niederen Beweggründe als täterbezogen eingeordnet.[575]

Allerdings wird auch bei der Anwendung dieser Grundsätze vertreten, dass es sich bei der Täterstellung in § 145a StGB um ein tatbezogenes Merkmal handelt, da die Durchsetzbarkeit richterlicher Weisungen das Ziel des Straftatbestands sein soll.[576] Darüber hinaus wird versucht, die Unanwendbarkeit des § 28 Abs. 1 StGB auf § 145a StGB aus einem Vergleich mit § 145c StGB abzuleiten. Bei § 145c StGB sollen persönlichkeitsbezogene Merkmale für das Handlungsunrecht unerheblich sein, weil nicht nur die von dem Berufsverbot betroffenen Personen selbst Täter sein können, sondern auch Dritte.[577] Bereits

566 Vgl. E 1962, BT-Drucks IV/650, S. 152.

567 BGHSt 17, 215 (217); Krey/Esser, AT, Rn. 1019.

568 BGHSt 41, 1 (2).

569 BGHSt 23, 103 (105); Wessels/Beulke/Satzger, AT, Rn. 874.

570 BGHSt 41, 1 (2); Wessels/Beulke/Satzger, AT, 46. Auflage, Rn. 800.

571 Heintschel-Heinegg/*Kudlich*, StGB, § 28 Rn. 6.

572 BGH NJW 2013, 949 (950).

573 BGH StV 2012, 285 (285).

574 BGHSt 46, 120 (128); BGH NStZ 2013, 102 (103).

575 BGHSt 25, 287 (289). Dieser Befund gilt nicht nur für das Mordmerkmal der niedrigen Beweggründe, sondern für sämtliche subjektiven Mordmerkmale.

576 Matt/Renzikowski/*Dietmeier*, StGB, § 145a Rn. 8; MüKo-StGB/*Groß*, § 145a Rn. 8.

577 S/S/*Sternberg-Lieben*, StGB, § 145a Rn. 10.

aus dem Wortlaut der Norm wird deutlich, dass die Lösung für § 145c StGB überzeugend ist (Wer einen Beruf [...] für sich oder einen anderen ausübt oder durch einen anderen für sich ausüben lässt [...].). Demnach kann jede Person Täter sein, die die von dem Berufsverbot betroffene Person für sich tätig werden lässt, oder für sie handelt.[578] Da der Straftatbestand auch von Dritten verwirklicht werden kann, ist die Annahme konsequent, dass täterbezogene Merkmale für das durch § 145c StGB pönalisierte Unrecht keine ausschlaggebende Bedeutung spielen und § 28 Abs. 1 StGB die Teilnehmerstrafbarkeit nicht mildert.[579]

Dieses Argument kann jedoch nicht auf § 145a StGB übertragen werden, da sich der Straftatbestand ausschließlich gegen Personen richtet, die unter Führungsaufsicht stehen. Anders als im Rahmen von § 145c StGB erstreckte der Gesetzgeber die Strafbarkeit nach § 145a StGB nicht auf Dritte, die Weisungsverstöße für die Führungsaufsichtsprobanden begehen. Der Umstand, dass nur die unter Führungsaufsicht stehenden Personen Täter sein können, deutet viel mehr darauf hin, dass die Täterstellung, ein täterbezogenes, die Strafbarkeit begründendes, persönliches Merkmal ist.[580] Zudem zielt der Straftatbestand nicht in erster Linie darauf ab die Einhaltung von Führungsaufsichtsweisungen erzwingbar zu machen, sondern die Allgemeinheit vor der erneuten Begehung von Straftaten zu schützen. Dies soll dadurch geschehen, dass die Weisungsadressaten davor geschützt werden mit kriminellen Reizen in Berührung zu kommen, für die sie sich als kriminell anfällig erwiesen haben, oder dass das Entstehen derartiger Reize zumindest überwacht wird. Die Möglichkeit die Einhaltung der Weisungen über § 145a StGB erzwingbar zu machen, ist demgegenüber nur ein mittelbarer Vorteil des Straftatbestands, der ihn nicht unmittelbar charakterisiert.

Noch deutlicher wird die Täterbezogenheit der Täterstellung im vorliegenden Fall, wenn die zu der Parallelproblematik bei § 370 Abs. 1 Nr. 2 AO[581] angestellten Erwägungen betrachtet werden.[582] Nach § 370 Abs. 1 Nr. 2 AO wird

---

578 S/S/*Sternberg-Lieben*, StGB, § 145c Rn. 6.

579 AnwK-StGB/*Graf v. Schlieffen*, § 145c Rn. 8; HK-GS/*M. Heinrich*, StGB, § 145c Rn. 8; Fischer, StGB, § 145c Rn. 11; Lehmann, S. 189; MüKo-StGB/*Zopfs*, § 145c Rn. 15; NK-StGB/*Kretschmer*, § 145c Rn. 15; SSW-StGB/*Jeßberger*, § 145c Rn. 7; S/S/*Sternberg-Lieben*, StGB, § 145c Rn. 6; a.A. Tröndle/Fischer, StGB, 53. Auflage, § 145c Rn. 3b; SK-StGB/*Wolters*, § 145c Rn. 4.

580 Im Ergebnis zustimmend: AnwK-StGB/*Graf v. Schlieffen*, § 145a Rn. 2; Heintschel-Heinegg/*Heuchemer*, StGB, § 145a Rn. 4; Fischer, StGB, § 145a Rn. 4; LK-StGB/*Roggenbuck*, § 145a Rn. 28; SK-StGB/*Wolters*, § 145a Rn. 4.

581 Abgabenordnung.

582 Für die Tatbezogenheit von § 370 Abs. 1 Nr. 2 StGB: BGHSt 41, 1 (3 f.).

bestraft, wer die Finanzbehörden pflichtwidrig über steuerlich erhebliche Tatsachen in Unkenntnis lässt und dadurch Steuern verkürzt oder für sich oder einen anderen einen nicht gerechtfertigten Steuervorteil erlangt. Die durch § 370 Abs. 1 Nr. 2 AO begründete Erklärungspflicht knüpft an objektive Vorgänge des täglichen Lebens an und trifft jeden, bei dem die steuerrechtlichen Voraussetzungen vorliegen. Das bedeutet, dass die Strafbarkeit nicht an eine vorrechtliche Pflichtenstellung oder eine besondere Pflichtenstellung höchstpersönlicher Art anknüpft. § 370 Abs. 1 Nr. 2 AO enthält vielmehr ein tatbezogenes strafrechtliches „Jedermann-Gebot", das sich an einen nicht durch individuelle Merkmale gekennzeichneten Personenkreis richtet.[583]

Im Unterschied zu den für jeden Steuerpflichtigen geltenden Steuergesetzen, richtet sich § 145a StGB einzig und alleine an Personen, die unter Führungsaufsicht stehen. Der von § 145a StGB erfasste Personenkreis wird durch das individuelle Merkmal, Adressat einer strafbewehrten Weisung zu sein, beschränkt und von der Allgemeinheit abgegrenzt. Da § 145a StGB nur für den eng umgrenzten Kreis der Führungsaufsichtsprobanden gilt, ist der Straftatbestand geradezu das Gegenteil eines für die Allgemeinheit geltenden „Jedermann-Gesetzes".

Darüber hinaus wir durch die Tätereigenschaft weder der tatbestandliche Erfolg, das Tatmittel, noch die Begehungsweise beschrieben, sodass sie nicht selbst den sachlichen Unrechtsgehalt der Tat zum Ausdruck bringt. Dies gilt, obwohl durch die Weisungen gefahrträchtiges Verhalten der Führungsaufsichtsprobanden vermieden werden soll und damit ein gewisser Bezug zur Tat vorhanden ist. Dennoch geht es bei dem Merkmal nicht in erster Linie darum den von dem Tatbestand erfassten Geschehensablauf zu beschreiben, sondern davor den jeweiligen Führungsaufsichtsprobanden individuell bei der Legalbewährung zu unterstützen und die Allgemeinheit vor drohenden Rückfällen zu schützen. Daher überwiegt die Täterbezogenheit gegenüber der Tatbezogenheit und die Anwendung von § 28 Abs. 1 StGB kommt grundsätzlich in Betracht.

Auch die dritte und letzte Anwendungsvoraussetzung des § 28 Abs. 1 StGB ist erfüllt, da es sich bei der Täterstellung, um ein strafbarkeitsbegründendes, und kein strafmodifizierendes gesetzliches Merkmal, handelt.[584] Täter des § 145a StGB können ausschließlich Führungsaufsichtsprobanden sein, die mit strafbewehrten Weisungen belegt wurden. Sofern andere Personen Handlungen vernehmen, die auf Grundlage des § 68b Abs. 1 StGB untersagt werden könnten,

583 BGHSt 41, 1 (5).

584 Vgl. zu dieser Abgrenzung: MüKo-StGB/*Joecks*, § 28 Rn. 47 ff.; S/S/*Heine/Weißer*, StGB, § 28 Rn. 23; SK-StGB/*Hoyer*, § 28 Rn. 43.

wird kein Straftatbestand verwirklicht. Demnach handelt es sich bei der Täterstellung um ein strafbarkeitsbegründendes Merkmal, da bei seinem nicht Vorliegen die weiteren Merkmale von § 145a StGB kein straftatbestandsmäßiges Verhalten beschreiben.[585]

C. Verstoß gegen Führungsaufsichtsweisungen

Erste tatbestandliche Voraussetzung für eine Verurteilung nach § 145a StGB ist, dass gegen strafbewehrte Führungsaufsichtsweisungen verstoßen worden ist. Weisungsverstöße liegen vor, wenn die Führungsaufsichtsprobanden die ihnen auferlegten Weisungen nicht oder zumindest nicht vollständig befolgt haben.[586] Ebenfalls erforderlich ist, dass die Weisungsverstöße während der Geltungsdauer der Führungsaufsicht begangen worden sind.

I. Verstoß während der Führungsaufsicht

Weisungsverstöße sind daher nur geeignet die Strafbarkeit nach § 145a StGB zu begründen, wenn sie nach Beginn der Führungsaufsicht und vor ihrem Ende begangen worden sind. Das gilt jedenfalls dann, wenn die Führungsaufsichtsweisungen weder befristet angeordnet noch vorzeitig aufgehoben worden sind.[587]

Die Führungsaufsicht beginnt gem. § 68c Abs. 4 S. 1 StGB mit der Rechtskraft ihrer Anordnung, wenn sie auf Grundlage von § 68 Abs. 1 StGB kraft Richterspruchs angeordnet worden ist. Da die Anordnung der Führungsaufsicht im Urteil erfolgt, ist auf die Rechtskraft des Urteils abzustellen.[588] Anders stellt sich die Situation hingegen dar, wenn die Führungsaufsicht im Anschluss an den Straf- oder Maßregelvollzug kraft Gesetzes (§ 68 Abs. 2 StGB) eingetreten ist. Wird die Unterbringung im Maßregelvollzug für erledigt erklärt (§§ 67d Abs. 3 S. 2 StGB, Abs. 4 S. 3, Abs. 5 S. 2, Abs. 6 S. 2 StGB) oder wurde eine Haftstrafe vollständig verbüßt (§ 68f Abs. 1 S. 1 StGB), tritt die Führungsaufsicht erst mit

---

585 Demgegenüber wirkt ein gesetzliches Merkmal strafmodifizierend, wenn auch bei seinem Fehlen ein Straftatbestand erfüllt wird. Sein Hinzutreten führt lediglich dazu, dass die Strafe nun aus seinem Strafrahmen entnommen wird und nicht mehr aus dem des ansonsten erfüllten Delikts.

586 Fischer, StGB, § 145a Rn. 7; Lackner/Kühl, StGB, § 145a Rn. 2; MüKo-StGB/*Groß*, § 145a Rn. 14; S/S/*Sternberg-Lieben*, StGB, § 145a Rn. 6.

587 Vgl. hierzu Gliederungspunkt § 5 C. II. 1. d.

588 SK-StGB/*Sinn*, § 68 Rn. 15.

der Entlassung aus dem Straf- oder Maßregelvollzug ein.[589] Einer besonderen gerichtlichen Entscheidung, durch die der Eintritt der Führungsaufsicht angeordnet wird, bedarf es in diesen Fällen nicht. Etwas anderes gilt nur in den Fällen, in denen die Führungsaufsicht im Anschluss an eine zur Bewährung ausgesetzte Maßregel eingetreten ist (§§ 67b Abs. 2, 67c Abs. 1 S. 1 HS 2, Abs. 2 S. 4 HS 1 StGB, 67d Abs. 2 S. 3 StGB). In diesen Konstellationen beginnt die Führungsaufsicht erst in dem Zeitpunkt, in dem die Aussetzungsentscheidung in Rechtskraft erwächst.[590] Eine Ausnahme von diesem Grundsatz ist nur zu machen, wenn in der Aussetzungsentscheidung angeordnet worden ist, dass die Führungsaufsicht zu einem späteren Zeitpunkt beginnen soll.[591]

Von dem Beginn der Führungsaufsicht ist der Zeitpunkt ihrer Ausgestaltung zu unterscheiden. Erst ab dem Zeitpunkt, in dem strafbewehrte Führungsaufsichtsweisungen angeordnet worden sind, kommt eine Verurteilung auf Grundlage von § 145a StGB in Betracht. Im Fall der gerichtlich angeordneten Führungsaufsicht (§ 68 Abs. 1 StGB) können die Führungsaufsichtsweisungen gem. § 268a Abs. 2, Abs. 1 StPO, zusammen mit dem Urteil, durch besonderen Beschluss ausgestaltet werden. Es ist allerdings ebenfalls möglich Führungsaufsichtsweisungen gem. § 68d Abs. 1 StGB zu einem späteren Zeitpunkt anzuordnen. In diesem Fall trifft die zuständige Strafvollstreckungskammer die Entscheidung über die Ausgestaltung der Führungsaufsicht gem. §§ 463 Abs. 2, 453 Abs. 1 S. 1 StPO durch Beschluss. Wirksam angeordnet sind die Weisungen in beiden Konstellationen jedenfalls dann, wenn sie gem. § 268a Abs. 2, Abs. 1 StPO beziehungsweise §§ 463 Abs. 2, 453 Abs. 1 S. 1 StPO verkündet oder gem. § 35 StPO bekannt gemacht worden sind.[592] Keine Rolle spielt hingegen, ob der neben dem Urteil angeordnete Beschluss nach § 268a StPO rechtskräftig geworden ist, oder ob gegen ihn gem. § 305a Abs. 1 S. 1 StPO Beschwerde eingelegt wurde.[593] Das ergibt sich zum einen daraus, dass die Führungsaufsicht durch den Beschluss nur ausgestaltet und nicht angeordnet wird. Zum anderen entfaltet die einfache Beschwerde nach §§ 463 Abs. 2, 453 Abs. 2 StPO gem. § 307 Abs. 1 StPO keine Suspensivwirkung.

---

589 Fischer, StGB, § 68c Rn. 16; Lackner/Kühl, StGB, § 68c Rn. 3; LK-StGB/*Schneider*, § 68c Rn. 29; S/S/*Kinzig*, StGB, § 68c Rn. 4.

590 Lackner/Kühl, StGB, § 68c Rn. 3; LK-StGB/*Schneider*, § 68c Rn. 29; S/S/*Kinzig*, StGB, § 68c Rn. 4.

591 BT-Drucks. 16/1993, S. 21.

592 LK-StGB/*Roggenbuck*, § 145a Rn. 16; MüKo-StGB/*Groß*, § 145a Rn. 11.

593 Fischer, StGB, § 68c Rn. 15; LK-StGB/Schneider, § 68c Rn. 27; S/S/*Kinzig*, StGB, § 68c Rn. 4.

Grundsätzlich endet die Führungsaufsicht mit dem Ablauf ihrer Geltungsdauer, wenn keine abweichende Geltung der einzelnen Führungsaufsichtsweisungen bestimmt worden ist. Darüber hinaus endet die Führungsaufsicht gem. § 68e Abs. 1 S. 1 StGB kraft Gesetzes, wenn mit dem Vollzug einer freiheitsentziehenden Maßregel oder dem Vollzug einer Freiheitsstrafe, neben der eine freiheitsentziehende Maßregel angeordnet wurde, begonnen worden ist, und wenn gem. § 68e Abs. 1 S. 1 Nr. 3 StGB eine neue Führungsaufsicht eingetreten ist. Die Führungsaufsicht wird hingegen gem. § 68g Abs. 2 S. 1 StGB durch Aufhebung beendet, wenn zu erwarten ist, dass die Führungsaufsichtsprobanden auch ohne sie keine Straftaten mehr begehen werden.

Ab dem Zeitpunkt, in dem die Führungsaufsicht beendet oder aufgehoben worden ist, sind Weisungsverstöße nicht mehr geeignet strafrechtliche Folgen auszulösen. Allerdings ändert der Ablauf der Befristung oder die Aufhebung der Weisung nichts daran, dass ein während ihrer Geltung begangener Weisungsverstoß nach wie vor strafrechtlich geahndet werden kann.[594]

Besonderheiten bestehen hingegen, wenn die Weisungsverstöße in einem Zeitraum begangen worden sind, der nicht in die Dauer der Führungsaufsicht eingerechnet wird, oder in dem der Vollzug der Führungsaufsicht geruht hat.

Nicht in die gerichtlich angeordnete Geltungsdauer der Führungsaufsicht eingerechnet werden Zeiten, in denen die Führungsaufsichtsprobanden flüchtig sind, sich verborgen halten oder auf behördliche Anordnung in einer Anstalt verwahrt werden (§ 68c Abs. 4 S. 2 StGB). Führungsaufsichtsprobanden sind beispielsweise flüchtig, wenn sie ihre Wohnung für eine längere Zeit verlassen, um für die mit der Durchführung der Führungsaufsicht befassten Organe unerreichbar zu sein.[595] Grund für die Regelung ist, dass auf die Angewiesen in diesem Zeitraum weder betreuend noch überwachend eingewirkt werden kann.[596] Die §§ 68 ff. StGB können daher keinen Beitrag leisten, um die künftige Begehung von Straftaten durch die Weisungsadressaten präventiv zu verhindern. Da der Zweck der Führungsaufsicht mangels Einwirkungsmöglichkeit nicht erreicht werden kann, soll die Einwirkung zu einem späteren Zeitpunkt nachgeholt werden können. Daher führt die Nichtanrechnung der Zeiten zu keiner Unterbrechung der Führungsaufsicht.[597] Das bedeutet wiederum, dass Weisungsverstöße auch dann geeignet sind das Blankett des § 145a StGB auszufüllen, wenn die

594 MüKo-StGB/*Groß*, § 145a Rn. 11.
595 S/S/*Kinzig*, § 68c Rn. 6.
596 LK-StGB/*Schneider*, § 68c Rn. 31.
597 S/S/*Sternberg-Lieben*, StGB, § 145a Rn. 6; SK-StGB/*Sinn*, § 68c Rn. 12.

Zeit, in der sie begangen wurden, nicht in die Dauer der Führungsaufsicht eingerechnet werden.

Etwas anderes gilt allerdings, wenn die Führungsaufsicht im Zeitpunkt, in dem der Weisungsverstoß begangen worden ist, geruht hat. Wurde die Führungsaufsicht kraft Richterspruchs (§ 68 Abs. 1 StGB) angeordnet, verbüßt der Täter nach dem Eintritt der Rechtskraft des Urteils im Regelfall zuerst seine Freiheitsstrafe. § 68e Abs. 1 S. 2 StGB ordnet in dieser Konstellation an, dass die Führungsaufsicht solange ruht wie die Freiheitsstrafe vollstreckt wird. Das Ruhen der Führungsaufsicht hat zur Folge, dass ihr komplettes Einwirkungssystem suspendiert wird.[598] Strafbewehrte Weisungen nach § 68b Abs. 1 StGB treten während des Vollzugs außer Kraft.[599] Gleiches gilt, wenn gem. § 68g Abs. 2 S. 1 StGB bestimmt worden ist, dass die Führungsaufsicht bis zum Ablauf der Bewährungszeit ruht, was möglich ist, wenn die Aussetzung zur Bewährung und die Führungsaufsicht auf Grund derselben Tat angeordnet worden sind. Das Ruhen der Führungsaufsicht hat in beiden Fällen zur Folge, dass die Missachtung strafbewehrter Weisungen nicht geeignet ist die Strafbarkeit von Weisungsverstößen nach § 145a StGB auszulösen.[600]

II. Rechtmäßigkeit der Führungsaufsichtsweisungen

Um auf Grundlage von § 145a StGB strafrechtlich belangt werden zu können, müssen die Führungsaufsichtsprobanden gegen wirksam und strafbewehrt angeordnete Führungsaufsichtsweisungen verstoßen haben. Voraussetzung für eine Verurteilung ist demnach das Vorliegen einer hinreichend bestimmten, rechtmäßigen und strafbewehrten Führungsaufsichtsweisung.[601]

1. Anforderungen an die Bestimmtheit der Weisungen

Eine Verurteilung nach § 145a StGB setzt voraus, dass die Weisungsadressaten gegen eine hinreichend bestimmte Weisung der in § 68b Abs. 1 StGB genannten Art verstoßen haben. Umstritten ist in diesem Zusammenhang allerdings, welchen Grad an Bestimmtheit die Weisungen erreichen müssen, und welche Informationen angegeben werden müssen, damit diese Anforderungen erfüllt werden.

---

598 OLG Karlsruhe MDR 1989, 663 (663); LK-StGB/*Schneider*, § 68e Rn. 5.

599 LK-StGB/*Schneider*, § 68e Rn. 5.

600 LK-StGB/*Roggenbuck*, § 145a Rn. 15; MüKo-StGB/*Groß*, § 145a Rn. 14; NK-StGB/*Kretschmer* § 145a Rn. 18; SK-StGB/*Wolters*, § 145a Rn. 6.

601 Lackner/Kühl, StGB, § 145a Rn. 2.

a. Anforderungen an die Bestimmtheit strafbewehrter Weisungen

Daher muss untersucht werden, welche konkreten Anforderungen im Einzelfall an die Bestimmtheit von strafbewehrten Führungsaufsichtsweisungen zu stellen sind. Für die Praxis ist diese Frage schon deshalb von erheblicher Bedeutung, weil die die Führungsaufsicht ausgestaltenden Gerichte wissen müssen, wie präzise sie die Weisungen abzufassen haben, damit sie das Blankett des § 145a StGB ausfüllen können. Gleiches gilt für die Weisungsadressaten, die alleine anhand der Führungsaufsichtsweisungen erkennen können müssen, welche Verhaltenspflichten ihnen auferlegt worden sind.

Bevor bestimmt werden kann, welchen Grad an Bestimmtheit die richterlich angeordneten Weisungen erreichen müssen, ist zu klären, ob die ausreichende Bestimmtheit der Weisungen am Maßstab des Art. 103 Abs. 2 GG oder § 68b Abs. 1 S. 2 StGB zu messen ist.[602] Für eine bloß deklaratorische Wirkung des § 68b Abs. 1 S. 2 StGB spricht, dass bereits auf Ebene von § 145a StGB gefordert wird, dass gegen eine bestimmte Weisung der in § 68b Abs. 1 StGB genannten Art verstoßen worden sein muss. § 68b Abs. 1 S. 2 StGB wiederholt dieses bereits in § 145a StGB enthaltene tatbestandliche Erfordernis lediglich ein zweites Mal. Darüber hinaus würde der Rückgriff auf § 68b Abs. 1 S. 2 StGB den falschen Eindruck erwecken, dass der Bestimmtheitsgrundsatz nur für Weisungen gilt, die auf Grundlage von § 68b Abs. 1 StGB angeordnet worden sind, da § 68b Abs. 1 S. 2 StGB systematisch § 68b Abs. 1 StGB zugeordnet ist. Das könnte andernfalls dahingehend gedeutet werden, dass der Bestimmtheitsgrundsatz keine Geltung für Führungsaufsichtsweisungen beansprucht, die auf Grundlage von § 68b Abs. 2 StGB angeordnet worden sind.[603] Allerdings müssen auch die zuletzt genannten Weisungen ausreichend bestimmt sein, damit die Führungsaufsichtsprobanden erkennen können, wann Weisungsverstöße den Widerruf der Bewährung zur Folge haben können. All das spricht dafür die Bestimmtheit von Weisungen am Maßstab des Art. 103 Abs. 2 StGB zu messen.[604]

---

602 An dieser Stelle wirkt sich aus, dass der Bestimmtheitsgrundsatz bei Blankettstrafgesetzen auf zwei Ebenen zu berücksichtigen ist. Einerseits muss das Blankett des §§ 145a, § 68b Abs. 1 StGB selbst ausreichend bestimmt sein (Vgl. hierzu Gliederungspunkt § 4 B.). Gleiches gilt aber auch für die das Blankett ausfüllende richterliche Weisung, die auf Grundlage des § 68b Abs. 1 StGB angeordnet worden ist.

603 Vgl zu dieser Problematik: Groß, jurisPR-StrafR 8/2009 Anm. 2.

604 Für eine bloß klarstellende Funktion des § 68b Abs. 1 S. 2 StGB: OLG Frankfurt NStZ-RR 2009, 27 (28). Im Ergebnis zustimmend: Bräuchle, S. 33; Sachs/*Sachs*, GG, Art. 103 Rn. 67/68; a.A. Anm. Groth zu KG, JR 1988, 258 (259). Das OLG Rostock,

Anerkannt ist in diesem Zusammenhang, dass die Führungsaufsichtsweisungen zumindest den Anforderungen genügen müssen, die Art. 103 Abs. 2 GG an die Bestimmtheit von Straftatbeständen stellt.[605] Uneinigkeit besteht allerdings bezüglich der Frage, ob die von dem Bundesverfassungsgericht zu Art. 103 Abs. 2 GG entwickelten Grundsätze uneingeschränkt auf § 145a StGB übertragen werden dürfen.

Wenn das der Fall wäre, wären Weisungen immer dann hinreichend bestimmt, wenn sie das den Führungsaufsichtsprobanden abverlangte Verhalten inhaltlich so präzise beschreiben, wie es von dem Tatbestand einer Strafnorm erwartet wird.[606] Allerdings entschied das Bundesverfassungsgericht ebenfalls, dass die Bestimmtheitsanforderungen an Straftatbestände nicht übersteigert werden dürfen.[607] Strafvorschriften sollen nicht starr und kasuistisch sein.[608] Stattdessen sollen sie der Vielgestaltigkeit des Lebens, dem Wandel der Verhältnisse und den Besonderheiten des Einzelfalls gerecht werden.[609] Auch Begriffe, die auslegungsbedürftig sind und bei den Adressaten möglicherweise Zweifel darüber hervorrufen, ob ein bestimmtes Verhalten unter den gesetzlichen Straftatbestand fällt, können wegen der Allgemeinheit und Abstraktheit von Strafgesetzen ausreichend bestimmt sein.[610] In Grenzfällen tragen nach Auffassung des Bundesverfassungsgerichts die Normadressaten das Risiko sich strafbar zu machen.[611] Auf die richterlichen Weisungen übertragen würde dies bedeuten, dass sie das verlangte oder verbotene Verhalten lediglich so genau umreißen müssen, wie es von der Tatbestandsbeschreibung einer Strafnorm erwartet wird.[612] Dieser Maßstab wird in der Literatur zum Teil ausdrücklich auf § 145a StGB übertragen.[613]

Auf den ersten Blick wird diese Ansicht von der Rechtsprechung und einem Großteil der Literatur begründungslos übernommen.[614] Viele Gerichte messen

---

Beschl. vom 22.02.2011 – I Ws 39/11 –, juris Rn. 18 greift ebenfalls auf § 68b Abs. 1 S. 2 StGB zurück.

605 BGHSt 58, 72 (74); KG Berlin JR 1987, 124 (124).

606 Vgl. BGHSt 58, 72 (74); 136 (138); Lackner/Kühl, StGB, § 145a Rn. 2.

607 BVerfGE 48, 48 (56).

608 BVerfGE 48, 48 (56).

609 BVerfGE 48, 48 (56); 45, 363 (371).

610 Vgl. hierzu: BVerfGE 48, 48 (56); 45, 363 (371).

611 BVerfGE 47, 109 (121).

612 So z.B.: KG Berlin JR 1987, 124 (124); AnwK-StGB/*Graf v. Schlieffen* § 145a Rn. 3; LK-StGB/*Roggenbuck*, § 145a Rn. 8.

613 Raabe, S. 134.

614 BGHSt 58, 136 (138); KG Berlin StV 2008, 147 (147); KG Berlin JR 1987, 124 (124); Lackner/Kühl, StGB, § 145a Rn. 2; S/S/*Sternberg-Lieben*, StGB, § 145a Rn. 5; SK-StGB/*Wolters*, § 145a Rn. 8. Vgl. auch: OLG Karlsruhe NStZ 1995, 446 (447) zu § 145c

die Bestimmtheit von Führungsaufsichtsweisungen ganz selbstverständlich und ohne Erläuterung an Art. 103 Abs. 2 GG, was auf die vollständige Übernahme des hierzu entwickelten Maßstabs hindeutet. Das könnte bedeuteten, dass die Führungsaufsichtsprobanden in Grenzfällen das Risiko zu tragen haben, ob ein bestimmtes Verhalten weisungswidrig ist und damit den Straftatbestand des § 145a StGB erfüllt. Allerdings muss ebenfalls berücksichtigt werden, dass der Straftatbestand des § 145a StGB insofern besonders ist, als dass das Blankett des § 145a StGB durch kein Gesetz im formellen oder materiellen Sinne, sondern durch richterliche Weisungen, ausgefüllt wird. Für eine Verschärfung der Bestimmtheitsanforderungen spricht, dass es sich bei Führungsaufsichtsweisungen um konkret-individuelle Regelungen handelt, die sich an Einzelpersonen richten und auf diese individuell abgestimmt werden müssen. Anders als bei allgemein geltenden Strafgesetzen, müssen Führungsaufsichtsweisungen nicht der Vielgestaltigkeit des Lebens und dem Wandel der Verhältnisse Rechnung tragen. Daher kommt ihnen keine über den Einzelfall hinausgehende Bedeutung zu, und es besteht kein Bedürfnis nach abstrakter Flexibilität.[615] Zudem sind, anders als bei Straftatbeständen, bei richterlichen Weisungen keine übergeordneten Belange vorhanden, die es rechtfertigen könnten die Führungsaufsichtsprobanden mit dem Risiko der falschen Deutung zu belasten. Zu unbestimmt ist daher beispielsweise die Weisung, durch die einem Adressaten die selbständige oder angestellte Tätigkeit im Bereich der Finanzdienstleistungen untersagt wird.[616] Dem Begriff der „Finanzdienstleistungen" wird nicht alleine dadurch der nötige Grad an Bestimmtheit verliehen, dass aus der in § 1 FinDAG[617] enthaltenen Legaldefinition deutlich wird, dass alle Dienstleistungen erfasst sind, die Kapitalanlagen und andere Finanzprodukte wie insbesondere Kredite, Bausparverträge und Versicherungen betreffen. Der Begriff Finanzdienstleistung hätte in der Weisung selbst präzise beschrieben werden müssen. Nicht ausreichend ist hingegen, wenn sich die Weisungsadressaten die Bedeutung des Begriffs erst aus

StGB; a.A. Kwaschnik, S. 232; LK-StGB/*Roggenbuck* § 145a Rn. 8; NK-StGB/*Kretschmer*, § 145a Rn. 14; Anm. Stree zu OLG Karlsruhe, NStZ 1995, 447 (448): Stree legt dar, wo die Grundsätze der zu § 145c StGB ergangenen Entscheidung auf § 145a StGB übertragen werden können.

615 MüKo-StGB/*Groß*, § 145a Rn. 9; SSW-StGB/*Jeßberger*, § 145a Rn. 6.

616 A.A. OLG Hamburg, Beschl. vom 04.03.2008 – 2 Ws 205/07 –, juris Rn. 34.

617 Finanzdienstleistungsaufsichtsgesetz.

der Zusammenschau von § 1 FinDAG mit der richterlichen Weisung herleiten müssen.[618]

Anhand dieses Beispiels wird deutlich, dass den Führungsaufsichtsprobanden durch die Weisung selbst deutlich gemacht werden muss, welches Tun oder Unterlassen von ihnen erwartet wird, damit sie ihr Verhalten danach ausrichten können.[619] Die richterlichen Weisungen sind jedenfalls so bestimmt abzufassen, dass die Führungsaufsichtsprobanden erkennen können, was von ihnen erwartet wird. Den Weisungsadressaten darf keinesfalls das Risiko auferlegt werden unbewusst den strafbaren Bereich zu betreten, weil die Weisungen unklar oder mehrdeutig formuliert sind. Unklarheiten dürfen sich, anders als es Art. 103 Abs. 2 GG in Grenzfällen bei abstrakt-generell wirkenden Straftatbeständen zulässt, nicht zuungunsten der Weisungsadressaten auswirken. Nicht ausreichend ist daher die bloße Wiederholung des Gesetzestextes von § 68b Abs. 1 StGB, ohne dass eine individuelle Konkretisierung erfolgt.[620] Gleiches gilt, wenn das den Weisungsadressaten abverlangte Verhalten erst durch die Aufsichtsstelle inhaltlich und seinem Umfang nach genau festgelegt werden muss.[621]

Wichtig ist in diesem Zusammenhang auch, dass eine Modifikation der Bestimmtheitsanforderungen zulässig ist und dennoch auf Art. 103 Abs. 2 GG als Maßstab für die Bestimmtheit abgestellt werden darf. Art. 103 Abs. 2 GG enthält keinen starren Maßstab. Der Grad an Bestimmtheit, dem der jeweilige Straftatbestand genügen muss, hängt vielmehr von seinen jeweiligen Besonderheiten ab.[622] Die Anforderungen an die Bestimmtheit werden umso strenger, je intensiver in Grundrechte eingegriffen wird.[623] Auf § 145a StGB übertragen bedeutet dies, dass sich der Grad an Bestimmtheit, den die richterlichen Weisungen im konkreten Einzelfall erreichen müssen, anhand der Intensität bestimmt, mit der auf die Weisungsadressaten eingewirkt wird.[624]

---

618 Weitere Bedenken bestehen gegen die Weisung wegen einer möglichen Umgehung der §§ 70 ff. StGB.

619 BGHSt 58, 136 (138); OLG Hamm NStZ-RR 2011, 141 (141); OLG München NStZ 2010, 218 (219).

620 OLG Dresden StV 2010, 642 (643); OLG Dresden NJW 2009, 3315 (3316); OLG Dresden NStZ-RR 2008, 326 (326 f.); NK-StGB/*Kretschmer*, § 145a Rn. 14.

621 KG Berlin JR 1987, 124 (124).

622 BVerfGE 26, 41 (43).

623 BVerfGE 105, 135 (155); Sodan, GG, Art. 103 Rn. 19.

624 BVerfG StV 2012, 481 (482) zu Weisungen nach § 56c StGB.

Wird ein strenger Maßstab an die Bestimmtheit von Weisungen angelegt, stellt sich die Folgefrage, ob es zulässig ist in richterlichen Weisungen ausfüllungsbedürftige Rechtsbegriffe zu verwenden. In diesem Zusammenhang wird vertreten, dass richterliche Weisungen ihrem Inhalt nach unzweideutig bestimmt und ihrem Umfang nach genau abgrenzbar sein müssen.[625] Das könnte so verstanden werden, dass die Verwendung von ausfüllungsbedürftigen Begriffen in Weisungen generell unzulässig sein soll.

Ein solches Verständnis des Begriffs „bestimmte Weisung" steht allerdings weder mit dem Willen des Gesetzgebers in Einklang, noch ist es von Verfassungswegen zwingend geboten. Die Verwendung ausfüllungsbedürftiger Rechtsbegriffe kann beispielsweise nötig sein, wenn den Führungsaufsichtsprobanden auf Grundlage von § 68b Abs. 1 S. 1 Nr. 2 StGB der Aufenthalt an „bestimmten Orten", oder, auf Grundlage von § 68b Abs. 1 S. 1 Nr. 5 StGB, der Besitz „bestimmter Gegenstände" untersagt werden soll.

Gegen ein kompromissloses Verbot ausfüllungsbedürftiger Begriffe spricht in diesem Zusammenhang, dass es regelmäßig gar nicht möglich ist, sämtliche Eventualitäten in den Wortlaut der richterlichen Weisungen aufzunehmen. Beispielhaft sei auf Situationen verwiesen, in denen den Weisungsadressaten der Aufenthalt an Orten verboten werden soll, an denen sich typischerweise Kinder aufzuhalten pflegen. Um ein Leerlaufen derartiger Verbote zu vermeiden, muss es zulässig sein, die von dem Ortsverbot erfassten Orte nur ihrer Art und Gattung nach zu bezeichnen.[626] Das ist jedenfalls solange zulässig, wie die von dem Verbot erfassten Orte durch eine beispielhafte Aufzählung eingegrenzt werden.

Zu unbestimmt sind demgegenüber die § 68b Abs. 1 S. 1 Nr. 2 StGB konkretisierenden Weisungen „sich nicht an Orten aufzuhalten, die erfahrungsgemäß Menschen zum Treffpunkt dienen, die illegale Betäubungsmittel konsumieren oder mit illegalen Betäubungsmitteln handeln"[627] oder das Verbot „sich an Orten aufzuhalten, die vorwiegend von Kindern und Jugendlichen besucht werden"[628]. Aus beiden Weisungen wird nicht deutlich, welche Orte von dem Verbot erfasst sind, und auf wessen Erfahrung bei der Einstufung der Treffpunkte abzustellen ist.[629]

---

625 NK-StGB/*Kretschmer*, § 145a Rn. 14 unter Verweis auf den von Preiser ZStW 81 (1969), 249 (257) gemachten Alternativvorschlag zur Fassung des Straftatbestandes.

626 AnwK-StGB/*Kilian*, § 68b Rn. 10; NK-StGB/*Ostendorf*, § 68b Rn. 10; S/S/*Kinzig*, StGB, § 68b Rn. 6; SSW-StGB/*Jehle/Harrendorf*, § 68b Rn. 6.

627 OLG Dresden NStZ-RR 2008, 326 (327).

628 OLG Jena, Beschl. vom 23.04.2013 – 1 Ws 106/13 –, juris Rn. 25.

629 OLG Dresden StV 2010, 642 (642).

Etwas anders gilt jedoch, wenn der Aufenthalt an Orten verboten wird, an denen sich typischerweise Kinder und Jugendliche befinden, wie an Schulen, Kindergärten, Kinderspielplätzen. Durch die Aufzählung bestimmter Orte, an denen sich typischerweise Kinder aufzuhalten pflegen, wird den Weisungsadressaten deutlich gemacht, welche Örtlichkeiten sie zu meiden haben.[630] Hierdurch wird sichergestellt, dass die Führungsaufsichtsprobanden die zu meidenden Örtlichkeiten anhand der Aufzählung mit hinreichender Sicherheit erkennen können.[631] Halten sich die Weisungsadressaten nun in einem Freizeitpark auf, verstoßen sie gegen § 68b Abs. 1 S. 1 Nr. 2 StGB, auch wenn dieser Ort selbst nicht ausdrücklich in der Weisung aufgezählt worden ist. Gleiches gilt, wenn den Weisungsadressaten auf Grundlage von § 68b Abs. 1 S. 1 Nr. 5 StGB der Besitz bestimmter Werkzeuge oder Materialien, die zur Fesselung geeignet sind, untersagt wird.[632] Das gilt jedenfalls dann, wenn die Gegenstände in der Weisung näher beschrieben sind und sie durch eine beispielhafte Aufzählung typisch erfasster Gegenstände weiter konkretisiert werden.

Im Ergebnis bleibt festzuhalten, dass die Verwendung ausfüllungsbedürftiger Begriffe bei der Formulierung von strafbewehrten Führungsaufsichtsweisungen in engem Umfang zulässig ist. Art. 103 Abs. 2 GG verlangt nicht, dass die Weisungen bis in letzte Detail präzisiert sein müssen.[633] An die Ausgestaltung der Weisungen dürfen insofern keine überspannten Anforderungen gestellt werden.[634] Dennoch muss immer, wenn ausfüllungsbedürftige Rechtsbegriffe verwendet werden, die von dem Verbot erfassten Gegenstände oder Orte anhand einer beispielhaften Aufzählung konkretisiert werden.

b. Angabe des der Anordnung der Weisung zugrunde liegenden Grundes

Fraglich ist weiterhin, ob der Bestimmtheitsgrundsatz die Gerichte auch zur Angabe der Gründe verpflichtet, die sie zur Anordnung der Weisung veranlasst haben. Das würde bedeuten, dass in den schriftlich fixierten Weisungen, über die Bestimmung des untersagten Verhaltens hinaus, der Grund angeben werden

---

630 Vgl. hierzu: BGHSt 58, 136 (139).

631 BGH NStZ-RR 2014, 78 (78); KG Berlin, Beschl. vom 22.01.2014 – 2 Ws 14/14 -141 AR 10/14 –, juris Rn. 10.

632 Zum Begriff „bestimmte Werkzeuge“: OLG Köln, Beschl. vom 14.11.2011 – III-2 Ws 688/11 –, juris Rn. 21 ff. Zum Begriff Materialien: OLG Hamm, Beschl. vom 08.05.2014 – III-1 Ws 176/14 –, juris Rn. 2 ff.

633 BVerfG StV 2012, 481 (482) zu Weisungen nach § 56c StGB.

634 KG Berlin JR 1987, 124 (124). Vgl. auch Anm. Stree zu OLG Zweibrücken, JR 1990, 122 (123) zu Weisungen nach § 56c StGB.

müsste, der die Gerichte zur Anordnung der Weisungen veranlasst hat. Für die Weisungsadressaten hätte dies den Vorteil, dass sie leichter erkennen könnten, was von ihnen erwartet wird.

Dennoch hat das OLG Hamburg entschieden, dass der in § 145a StGB verwendete Begriff „bestimmten Weisung" nur verlangt, dass das Verhalten, zu dem die Führungsaufsichtsprobanden angewiesen werden, ausreichend bestimmt sein muss.[635] Gegenstand der Entscheidung war ein Fall, in dem der Weisungsadressat eine Meldeweisung nach § 68b Abs. 1 S. 1 Nr. 7 StGB missachtet hatte. Dies tat er in der Annahme, dass die der Kontrolle seines Aufenthaltes dienende Weisung sinnlos sei, weil die Aufsichtsstelle ohnehin durch den (ihn ebenfalls überwachenden) Verfassungsschutz Kenntnis von seinem Aufenthaltsort hatte. Der Weisungsadressat verkannte, dass die Überwachung nicht der einzige Zweck der Weisung nach § 68b Abs. 1 S. 1 Nr. 7 StGB ist. Neben der Überwachung kann die Weisung ebenfalls dazu dienen die Aufsichtsstellen in die Lage zu versetzen kritische Entwicklungen bei den Weisungsadressaten frühzeitig erkennen zu können.[636] Letztlich irrte sich der Weisungsadressat über den Zweck, der mit der Weisung verfolgt worden ist.

Gegen die Pflicht den der Weisung zugrundeliegenden Grund angeben zu müssen spricht, dass das Tatbestandsmerkmal „bestimmte Weisung" nur darauf abzielt, dass die durch die richterlichen Weisungen angeordneten Verhaltens Ge- und Verbote hinreichend bestimmt abzufassen sind. Hierdurch soll sichergestellt werden, dass die Weisungsadressaten erkennen können, was von ihnen erwartet wird. Die Aufnahme des mit der jeweiligen Weisung verfolgten Zwecks in den Wortlaut der Weisung ist hierzu nicht zwingend erforderlich. Außerdem erhöht die zusätzliche Angabe des mit der Weisung verfolgten Zwecks die Bestimmtheit der Weisung nicht weiter. Demnach ist der Zweck der Weisung kein Teil des objektiven Tatbestands der Norm. Er muss folglich nicht in die schriftlich fixierte Weisung aufgenommen werden.[637]

Das bedeutet allerdings nicht, dass die Gerichte von der Pflicht befreit sind, in dem die Führungsaufsicht ausgestaltenden Beschluss, zu begründen, weshalb die jeweilige strafbewehrte Weisung angeordnet worden ist. Alles andere wäre nicht mit der Verpflichtung, die Weisungen auf den jeweiligen Täter und

---

635 OLG Hamburg NJW 1985, 1232 (1233). Kritisch hierzu: Ostendorf JZ 1987, 335 (336).

636 BT-Drucks. 16/1993, S. 19.

637 Im Ergebnis zustimmend: Fischer, StGB, § 145a Rn. 6; LK-StGB/*Roggenbuck* § 145a Rn. 9; MüKo-StGB/*Groß*, § 145a Rn. 9. Vgl. auch: S/S/*Sternberg-Lieben*, StGB, § 145a Rn. 9, der das Problem im Rahmen des subjektiven Tatbestands behandelt.

seine spezielle Gefährlichkeit anzupassen, vereinbar. Um diese Verpflichtung zu erfüllen, und das ihnen eingeräumte Ermessen ordnungsgemäß auszuüben, müssen die Gerichte die Tatsachen, die ihrer Entscheidung zugrundeliegen in der Beschlussbegründung dokumentieren. Ob eine ordnungsgemäße Ausübung des Ermessens stattgefunden hat, kann nur anhand der Anordnungsbegründung überprüft werden, weshalb eine solche Begründung unbedingt erforderlich ist.[638]

c. Pflicht zur Belehrung über die Strafbewertheit von Weisungen

Umstritten ist weiterhin, ob der Bestimmtheitsgrundsatz (Art. 103 Abs. 2 GG) verlangt, dass die Führungsaufsichtsprobanden auf die strafrechtliche Folge von Weisungsverstößen hingewiesen werden müssen. Ein solcher Hinweis könnte mündlich, durch schriftlichen Hinweis auf § 68b Abs. 1 StGB oder gar durch einen schriftlichen Hinweis auf § 145a StGB selbst erfolgen.

(1) Exkurs: § 268a Abs. 3 S. 2 StPO als objektive Bedingung der Strafbarkeit[639]

In diesem Zusammenhang ist weiterhin zu untersuchen, ob die nach § 268a Abs. 3 S. 2 StPO und §§ 463 Abs. 1, 453a StPO erforderliche Belehrung darüber, dass der Verstoß gegen eine Weisung nach § 68b Abs. 1 StGB gem. § 145a StGB sanktionsbewehrt ist, als objektive Bedingung der Strafbarkeit zu qualifizieren ist.

In der Literatur wird vertreten, dass die gem. § 268a Abs. 3 S. 2 StPO erforderliche Belehrung dogmatisch als objektive Bedingung der Strafbarkeit einzuordnen sei.[640] Dies wird damit begründet, dass es sich bei § 145a StGB um ein Blankettgesetz handelt, welches erst durch die richterlichen Führungsaufsichtsweisungen ausgefüllt wird.[641] Letztlich vervollständigt erst das die strafbewehrte Weisung anordnende Gericht den bisher unvollständigen Straftatbestand. Wegen dieser Besonderheit soll es zwingend erforderlich sein die Verkündungsform einzuhalten.[642] Nur so soll den Grundgedanken des Art. 103 Abs. 2 GG und des § 1 StGB

---

638 OLG Jena StV 2008, 88 (88); OLG Dresden NStZ 2008, 572 (572); NK-StGB/*Kretschmer*, § 145a Rn. 15.

639 Der Exkurs wird an dieser Stelle abgehandelt, da es auch bei § 268a Abs. 3 S. 2 StPO um die Frage geht, ob eine Belehrung über die Strafbewertheit von Weisungsverstößen zu erfolgen hat.

640 MüKo-StGB/*Groß*, § 145a Rn. 12.

641 MüKo-StGB/*Groß*, § 145a Rn. 12.

642 MüKo-StGB/*Groß*, § 145a Rn. 12.

Rechnung getragen werden können.[643] Gleichzeitig soll hierdurch sichergestellt werden, dass das pönalisierte Verhalten überhaupt strafwürdig ist.[644]

Dogmatisch betrachtet handelt es sich bei einer objektiven Bedingung der Strafbarkeit, um einen zur materiellen Strafbarkeitsvoraussetzung zählenden Tatbestandsannex.[645] Das Besondere an ihr ist jedoch, dass sie außerhalb des Unrechtstatbestandes steht. Die Bedingung muss objektiv vorliegen, ohne von dem Vorsatz der Täter umfasst sein zu müssen.[646] Eine Bestrafung kann somit nur erfolgen, wenn die zusätzlichen Umstände (= objektive Bedingung der Strafbarkeit) zur Tathandlung hinzukommen. Das heißt konkret: „Während der Gesetzgeber bei der Schaffung von Unrechtstatbeständen diejenigen Merkmale zusammenfasst, die den jeweiligen Deliktstyp verkörpern und dessen arteigenen Unwert näher kennzeichnen (s. Rn. 184), bringt er durch das Hinzufügen einer objektiven Strafbarkeitsbedingung zum Ausdruck, dass er ein Strafbedürfnis nur dort für gegeben hält, wo (neben Tatbestandsmäßigkeit, Rechtswidrigkeit und Schuld) zusätzlich auch die Voraussetzungen dieser Strafbarkeitsbedingung erfüllt sind“[647].

An dem Konstrukt der „objektiven Bedingung der Strafbarkeit“ wird kritisiert, dass die sich aus dem Schuldprinzip abzuleitenden allgemeinen Voraussetzungen, die für die Zurechnung des tatbestandlichen Unrechts gelten, suspendiert werden sollen.[648] Dem Gesetzgeber wird insoweit vorgeworfen, dass die als objektive Bedingung der Strafbarkeit zu qualifizierenden Merkmale in der Regel aus rein kriminalpolitischen Gründen aus dem Unrechts- und Schuldzusammenhang ausgenommen werden.[649]

In neuerer Zeit wird die Diskussion über die Zulässigkeit dieser gesetzlichen Regelungstechnik anhand des Straftatbestands § 184j StGB geführt. Nach § 184j StGB wird bestraft wer eine Straftat dadurch fördert, dass er sich an einer Personengruppe beteiligt, die eine andere Person zur Begehung einer Straftat an ihr bedrängt. Die Strafbarkeit wird allerdings dahingehend eingeschränkt, dass zusätzlich von einem Beteiligten der Gruppe eine Straftat nach § 177 StGB oder § 184i StGB begangen worden sein muss. Besonders an dem vielfach kritisierten Straftatbestand[650] ist, dass der Gesetzgeber bereits in der Gesetzesbegründung

643 MüKo-StGB/Groß, § 145a Rn. 12.
644 MüKo-StGB/Groß, § 145a Rn. 12.
645 Wessels/Beulke/Satzger, AT, Rn. 214.
646 Roxin, AT I, § 23 Rn. 2; Wessels/Beulke/Satzger, AT, Rn. 214.
647 Wessels/Beulke/Satzger, AT, Rn. 214.
648 Frister, AT, § 21 Rn. 6.
649 Kindhäuser/Zimmermann, AT, § 6 Rn. 13.
650 Hoven/Weigend JZ 2017, 182 (190 f.); Renzikowski NJW 2016, 3553 (3557).

selbst klargestellt hat, dass die Begehung einer Straftat nach § 177 StGB oder § 184i StGB als objektive Bedingung der Strafbarkeit zu qualifizieren sein soll.[651] Demnach muss, anders als im Fall des § 145a StGB, nicht durch Auslegung ermittelt werden, ob es sich bei der Strafbarkeitsvoraussetzung, um eine objektive Bedingung der Strafbarkeit handelt oder nicht.

Der Gesetzesbegründung nach soll § 184j StGB ein neues und gewichtiges Phänomen bekämpfen, welches nicht von § 177 Abs. 6 S. 2 Nr. 2 StGB erfasst sein soll.[652] Dem liegt die Annahme zugrunde, dass Sexualstraftaten, die aus einer Gruppe heraus begangen werden, über ein erhöhtes Gefahrenpotential verfügen.[653] Dies soll zum einen daraus resultieren, dass die Chancen zu fliehen oder sich verteidigen zu können eingeschränkt werden, wenn das Opfer von einer Vielzahl von Tätern bedroht wird.[654] Zum anderen soll verhindert werden, dass die Hemmschwelle Straftaten zu begehen, auf Grund gruppendynamischer Prozesse, abnimmt beziehungsweise gar nicht erst entsteht.[655]

Problematisch an § 184j StGB ist jedoch, dass die Straftat nach § 177 StGB oder § 184i StGB nicht an derselben Person begangen worden sein muss, wie das bedrängen, sondern dass auch ein Mitglied der Gruppe Tatopfer sein kann.[656] In letzter Konsequenz bedeutet dies, dass auch der Täter des § 184j StGB selbst Opfer der Straftat nach § 177 StGB oder § 184i StGB sein kann.[657] An der hieraus deutlich werdenden nahezu vollständigen Loslösung der Verbindung zwischen der Tathandlung des § 184j StGB und dem Eintritt der objektiven Bedingung der Strafbarkeit wird kritisiert, dass dies mit dem Schuldprinzip nur schwer vereinbar sein soll.[658] In diesem Zusammenhang wird auch bemängelt, dass § 184j StGB zu Unrecht davon ausgeht, dass in jeder Situation, in der Straftaten aus einer Gruppe heraus begangen werden, die abstrakte Gefahr der Begehung von Sexualdelikten bestehen soll.[659] Dass dieser Einschätzung des Gesetzgebers nicht uneingeschränkt gefolgt werden kann, wird schon daran deutlich, dass es Gruppen gibt, die auf die Begehung bestimmter Delikte beziehungsweise Deliktsgruppen spezialisiert sind, ohne jemals ein Sexualdelikt begehen zu wollen.[660]

---

651 BT-Drucks. 18/9097, S. 32.
652 BT-Drucks. 18/9097, S. 32.
653 BT-Drucks. 18/9097, S. 31.
654 BT-Drucks. 18/9097, S. 31.
655 BT-Drucks. 18/9097, S. 31.
656 Hoven/Weigend JZ 2017, 182 (190 f.).
657 Fischer, StGB, § 184j Rn. 19.
658 Fischer, StGB, § 184j Rn. 20.
659 Bauer R&P 2017, 46 (57).
660 Bauer R&P 2017, 46 (57 f.).

Diese an § 184j StGB geäußerte Kritik ist allerdings nicht auf den Straftatbestand des § 145a StGB übertragbar, weil das durch § 145a StGB pönalisierte Verhalten bereits bei isolierter Betrachtung des objektiven Tatbestands, unabhängig vom Vorliegen der objektiven Bedingung der Strafbarkeit, strafwürdiges Unrecht erfasst. Grund hierfür ist, dass, wie bereits erwähnt, durch die Missachtung sämtlicher im Katalog des § 68b Abs. 1 StGB enthaltenen Weisungen eine abstrakte Gefahrenlage erzeugt werden kann. Zudem besteht zwischen den strafbewehrten Führungsaufsichtsweisungen und der durch die Missachtung eintretenden Gefährdung des Maßregelzwecks, auf Grund des individuellen Zuschnitts der Weisungen auf den jeweiligen Weisungsadressaten, ein Zusammenhang. Demnach besteht zwischen der Tathandlung und dem Eintritt der objektiven Bedingung der Strafbarkeit eine Verbindung, sodass auch diese an § 184j StGB geäußerte Kritik nicht auf § 145a StGB übertragen werden kann.

Dennoch wird anhand der an § 184j StGB geäußerten Kritik deutlich, dass die Arbeit mit objektiven Strafbarkeitsbedingungen jedenfalls dann verfassungsrechtlich zulässig sein kann, wenn von ihnen eine täterfreundliche Wirkung ausgeht. Bei Vorliegen sämtlicher Strafbarkeitsvoraussetzungen sieht der Gesetzgeber eine Bestrafung nur dann als kriminalpolitisch notwendig an, wenn zusätzlich die objektive Bedingung der Strafbarkeit eingetreten ist.[661] Die Strafbarkeitsbedingung entfaltet keine strafbarkeitsbegründende Wirkung, sondern beschränkt eine an sich bestehende Strafbarkeit.[662] Beispiele für Straftatbestände, die über eine objektive Bedingung der Strafbarkeit verfügen, sind § 231 StGB[663] („schwere Folge") und § 323a StGB[664] („Begehung einer rechtswidrigen Tat").[665] Sowohl durch § 231 StGB, wie auch durch § 323a StGB, werden abstrakt gefährliche Verhaltensweisen pönalisiert. Eine Strafe soll aber nur verhängt werden können, wenn durch das Hinzutreten zusätzlicher Umstände ein Strafbedürfnis eintritt.

Mit Blick auf § 231 StGB und § 323a StGB wird deutlich, dass es speziell bei Gefährdungsdelikten sinnvoll sein kann die Strafbarkeit durch objektive Strafbarkeitsbedingungen zu begrenzen. Ziel ist, dass von den Gefährdungsstraftatbeständen nur solche Verhaltensweisen erfasst werden, die ein so hohes Maß an Gefährdung erreicht haben, dass aus kriminalpolitischer Sicht eine

661 Satzger NStZ 1998, 112 (117).
662 Satzger NStZ 1998, 112 (117); Satzger, Jura 2006, 108 (110 f.).
663 BGHSt 16, 130 (132); 14, 132 (134 f.).
664 BGHSt 16, 124 (125 f.).
665 Ausführlich zur objektiven Bedingung der Strafbarkeit: Satzger Jura 2006, 108 (108 ff.).

Sanktionierung erforderlich ist.[666] Da es sich bei § 145a StGB ebenfalls um ein Gefährdungsdelikt handelt, könnte die Belehrung über die Strafbewertheit der Weisung dort ebenfalls als objektive Bedingung der Strafbarkeit einzuordnen sein.

Der gerade gezogene Vergleich mit § 231 StGB und § 323a StGB ist allerdings alleine unter der Voraussetzung überzeugend, dass der Gesetzgeber die Pönalisierung von Weisungsverstößen nur für kriminalpolitisch notwendig erachtet, wenn die Führungsaufsichtsprobanden zuvor über die Strafbarkeit belehrt worden sind. Das wäre der Fall, wenn die Belehrungspflicht mit dem Ziel eingeführt worden wäre sicherzustellen, dass § 145a StGB einzig solche Fälle erfasst, in denen tatsächlich ein Strafbedürfnis besteht. Diese Annahme wäre wiederum nur dann überzeugend, wenn zwischen einem Weisungsverstoß, der nach einer Belehrung, und einem Weisungsverstoß, der ohne eine Belehrung erfolgt ist, ein die Strafwürdigkeit betreffender qualitativer Unterschied bestehen würde.

Hiergegen spricht, dass der Gesetzgeber mit jeder der in § 68b Abs. 1 StGB enthaltenen Weisungen die Möglichkeit eröffnen will, eine bestimmte kriminelle Gefährdung auszuschalten. Mit Hilfe der Weisungen nach § 68b Abs. 1 S. 1 Nr. 2–6, 10 StGB sollen bestimmte kriminelle Reize ausgeschaltet werden, für die sich die Weisungsadressaten in der Vergangenheit als anfällig erwiesen haben. Die Weisungen nach § 68b Abs. 1 S. 1 Nr. 1, 7–9, 11, 12 StGB sollen hingegen dem Entstehen einer abstrakten Gefährdungslage vorbeugen, die daraus resultieren kann, dass sich die Führungsaufsichtsprobanden der für ihre Legalbewährung erforderlichen Kontrolle entziehen. Sämtliche von § 68b Abs. 1 StGB erfassten Verhaltensweisen oder Zustände haben gemein, dass die Missachtung von Weisungen das Entstehen einer abstrakten Gefährdungslage zur Folge hat. Um dem Entstehen dieser Gefahrenlage vorzubeugen, und die Allgemeinheit vor der Begehung weiterer Straftaten zu schützen, hat sich der Gesetzgeber entschieden die Weisungsverstöße unter Strafe zu stellen. Allerdings soll eine Bestrafung nur erfolgen können, wenn durch den Weisungsverstoß der Zweck der Maßregel gefährdet worden ist. Ziel der Maßregel ist die Führungsaufsichtsprobanden präventiv von der erneuten Begehung von Straftaten abzuhalten, in dem sie betreut und überwacht werden. Hierdurch sollen sowohl die Weisungsadressaten, wie auch die Allgemeinheit, vor den Folgen eines Rückfalls geschützt werden. Unter Berücksichtigung dieser Zielsetzung gibt es keinen Grund alleine

---

666 Satzger NStZ 1998, 112 (117). Ähnlich: Freund/Rostalski, § 2 Rn. 97: „Indikator der qualifizierten Gefährlichkeit".

deshalb von einem geringeren Strafbedürfnis auszugehen, weil eine Belehrung über die Sanktionsnorm des § 145a StGB unterblieben ist.

Als weiteres Argument für die zwingende Einhaltung der Verkündungsform könnte angeführt werden, dass § 145a StGB die strukturelle Besonderheit aufweist, dass die die Führungsaufsicht ausgestaltenden Gerichte ausnahmsweise selbst einen Straftatbestand schaffen.[667] Hierfür spricht, dass strafbewehrte Führungsaufsichtsweisungen nur dann den nötigen Grad an Bestimmtheit erreichen, der nötig ist um das Blankett des § 145a StGB auszufüllen, wenn das strafbare Verhalten durch die jeweilige richterliche Weisung präzisiert worden ist.[668] Dem ist zuzugestehen, dass es mit Blick auf die sonstigen Straftatbestände des StGB ungewöhnlich ist, dass ein Blankettstraftatbestand durch eine Weisung der Judikative ausgefüllt wird. Dennoch überzeugt die Behauptung, dass die Gerichte durch die Anordnung strafbewehrter Weisungen selbst Straftatbestände erschaffen, nicht.[669] Der Gesetzgeber hat den Gerichten in § 68b Abs. 1 StGB einen ausdifferenzierten Katalog von Weisungen, die angeordnet werden können, zur Verfügung gestellt. Dieser Katalog ist abschließend, sodass die Legislative selbst und abschließend darüber entschieden hat, welche Weisungen strafbewehrt angeordnet werden dürfen und welche nicht. Bei der Ausgestaltung der Führungsaufsicht sind die Gerichte an den Katalog des § 68b Abs. 1 StGB, die ihm zugrundeliegenden Zwecke und die dort normierten Anordnungsvoraussetzungen, gebunden. Die Gerichte eröffnen durch die Anordnung von strafbewehrten Führungsaufsichtsweisungen lediglich den von dem Gesetzgeber in § 145a StGB normierten Anwendungsbereich der Norm. Folglich hat die Judikative lediglich die Aufgabe die in § 68b Abs. 1 StGB zur Verfügung gestellten Regelungen an den jeweiligen Einzelfall anzupassen. Da die Gerichte nicht befugt sind den Katalog des § 68b Abs. 1 StGB zu erweitern, erfolgte keine Übertragung legislativer Befugnisse auf die Rechtsprechung. Alles andere wäre nicht mit dem Gewaltenteilungsgrundsatz des Art. 20 Abs. 2 GG vereinbar, nach dem der Gesetzgeber die Strafbarkeit und ihre Voraussetzungen im Wesentlichen selbst festlegen muss.

Im Ergebnis bleibt festzuhalten, dass eine Belehrung nach § 268a Abs. 3 S. 1 und S. 2 StGB oder nach §§ 463 Abs. 1, 453a StPO über die Strafbewertheit

---

667 MüKo-StGB/*Groß*, § 145a Rn. 12.

668 BGHSt 58, 136 (137 f.).

669 Vgl. hierzu Gliederungspunkt § 4 C.

von Weisungsverstößen wünschenswert ist.[670] Für eine Verurteilung nach § 145a StGB ist sie jedoch keine zwingende Voraussetzung.[671]

Die Problematik der unterbliebenen mündlichen Belehrung ist vielmehr dem subjektiven Tatbestand zuzuordnen. Sofern eine fehlendende oder unzureichende Belehrung erfolgt ist, muss genau ermittelt werden, ob die Führungsaufsichtsprobanden überhaupt vorsätzlich gehandelt haben. Insofern ist zu auch prüfen, ob die Weisungsadressaten einem Verbotsirrtum nach § 17 StGB unterlegen sind.[672] Das kann insbesondere der Fall sein, wenn die Belehrung unterblieben ist und die Führungsaufsichtsprobanden keine Vorerfahrungen mit der Führungsaufsicht und Führungsaufsichtsweisungen gemacht haben.[673]

(2) Form der Belehrung

Unabhängig hiervon wird vertreten, dass es unter Berücksichtigung des Bestimmtheitsgrundsatzes unverzichtbar sein soll in den Beschlüssen, durch die die Führungsaufsichtsweisungen angeordnet werden, anzugeben, ob die Weisungen auf Grundlage von § 68b Abs. 1 StGB angeordnet worden sind oder nicht.[674] In diesem Zusammenhang wird auch empfohlen, dass der Verweis auf § 68b Abs. 1 StGB bereits in der Beschlussformel selbst erfolgen soll.[675] Wird nicht angegeben, ob die Weisungen auf Grundlage von § 68b Abs. 1 StGB angeordnet wird, soll gegen Art. 103 Abs. 2 GG verstoßen werden.[676] Konsequenz hieraus soll sein, dass die Weisungen unwirksam sind und keine Bestrafung nach § 145a StGB auslösen können.

Die Sinnhaftigkeit dieses Vorschlags wird insbesondere in den Fällen deutlich, in denen die angeordneten Führungsaufsichtsweisungen unklar formuliert

---

670 Bei der Belehrung über die Strafbewertheit muss auf eventuelle geistige Einschränkungen der Führungsaufsichtsprobanden Rücksicht genommen werden: OLG Rostock, Beschl. vom 23.11.2011 – I Ws 345/11 –, juris Rn. 26.

671 Fischer, StGB, § 145a Rn. 7; LK-StGB/*Roggenbuck*, § 145a Rn. 13; Matt/Renzikowski/*Dietmeier*, StGB, § 145a Rn. 5; S/S/*Sternberg-Lieben*, StGB, § 145a Rn. 8; SK-StPO/*Velten*, § 268a Rn. 10.

672 Matt/Renzikowski/*Dietmeier*, StGB, § 145a Rn. 5; S/S/*Sternberg-Lieben*, StGB, § 145a Rn. 8.

673 NK-StGB/*Ostendorf*, § 68b Rn. 8.

674 LK-StGB/*Roggenbuck*, § 145a Rn. 9.

675 OLG Karlsruhe NStZ–RR 2011, 30 (30); Groß, jurisPR-StrafR 3/2011 Anm. 1 mit grundsätzlich zustimmender Anmerkung zur zitierten Entscheidung des OLG Karlsruhe.

676 OLG Jena StV 2008, 88 (88).

sind und nicht eindeutig bestimmt werden kann, ob sie ihre Rechtsgrundlage in § 68b Abs. 1 StGB oder § 68b Abs. 2 StGB finden sollen.[677] In diesem Zusammenhang sei beispielhaft auf die Schwierigkeiten verwiesen, die bei der Abgrenzung von strafbewehrten Vorstellungsweisungen (§ 68b Abs. 1 S. 1 Nr. 11 StGB) von nicht strafbewehrten Therapieweisungen (§ 68b Abs. 2 S. 2 StGB) entstehen können.[678] Schwierigkeiten können insbesondere auftreten, wenn Vorstellungs- und Therapieweisungen kombiniert und in einer einzigen Weisung zusammengefasst werden. Die Weisungsadressaten können zwar erkennen, welches Verhalten von ihnen erwartet wird. Es kann allerdings Schwierigkeiten bereiten die Unterscheidung zu treffen welcher Teil der Weisung auf § 68b Abs. 1 StGB und welcher auf § 68b Abs. 2 StGB gestützt wird. Da nur solche Führungsaufsichtsweisungen, die auf Grundlage von § 68b Abs. 1 StGB angeordnet worden sind, den Anwendungsbereich des § 145a StGB eröffnen, können die Führungsaufsichtsprobanden nicht ohne weiteres erkennen, wann die Missachtung der Weisungen eine Bestrafung nach § 145a StGB zur Folge haben kann.

Obwohl dieser Ansatz von dem berechtigten Ziel getragen ist, die Weisungsadressaten davor zu bewahren, unbewusst die Grenze der Strafbarkeit zu überschreiten, kann die praktische Umsetzung nicht vollends überzeugen. Um den Weisungsadressaten bewusst zu machen, ob ein Weisungsverstoß strafbewehrt ist oder nicht, wird der bloße Hinweis auf § 68b Abs. 1 StGB oder § 68b Abs. 2 StGB regelmäßig nicht genügen. Verkannt wird, dass die durchschnittlichen Führungsaufsichtsprobanden, alleine aus dem Hinweis auf § 68b Abs. 1 StGB, nicht zwangsläufig den Schluss ziehen werden, dass ein Weisungsverstoß eine strafrechtliche Folge nach sich ziehen kann.[679] Alleine die Angabe der Rechtsgrundlage, auf deren Grundlage die Weisungen angeordnet worden sind, beinhaltet für Nicht-Juristen nicht die Aussage, dass die Missachtung der Weisungen strafrechtliche Folgen auslösen können. Von daher kann die Hinweispflicht zwar einen Beitrag dazu leisten den die Führungsaufsicht ausgestaltenden Beschluss transparenter zu gestalten. Den Führungsaufsichtsprobanden selbst wird hingegen, ohne zusätzliche Erläuterungen, nicht unmittelbar bewusst gemacht, welche Weisungsverstöße in den Anwendungsbereich des § 145a StGB fallen.

---

677 Beispiele finden sich in OLG Rostock, Beschl. vom 05.07.2012 – I Ws 184/12 –, juris Rn. 5: Abgrenzung § 68b Abs. 1 S. 1 Nr. 11 StGB zu § 68b Abs. 2 S. 1 StGB; OLG Rostock, Beschl. vom 23.11.2011 – I Ws 345/11 –, juris Rn. 18; OLG Frankfurt NStZ-RR 2009, 27 (28): Abgrenzung § 68b Abs. 1 S. 1 Nr. 10 StGB zu § 68b Abs. 2 S. 3 StGB.

678 OLG Rostock, Beschl. vom 05.07.2012 – I Ws 184/12 –, juris Rn. 5; S/S/*Kinzig*, StGB, § 68b Rn. 14b.

679 Vgl. hierzu: OLG Saarbrücken NStZ-RR 2016, 243 (243).

Daher wird noch weitergehend gefordert, dass die Gerichte in den die Führungsaufsicht ausgestaltenden Beschlüssen selbst schriftlich klarstellen müssen, welche Weisungen strafbewehrt sind.[680] Nur durch diesen schriftlichen Hinweis soll den Weisungsadressaten ausreichend Klarheit über den Charakter der ihnen auferlegten Weisungen verschafft werden. Außerdem soll ihnen verdeutlicht werden, dass ihnen ein grundsätzlich zulässiges Verhalten ausnahmsweise strafbewehrt untersagt wird.[681] Hierzu soll in der Beschlussformel selbst auf die Strafbewertheit von Weisungsverstößen hinzuweisen sein.[682]

Dies soll gelten, obwohl sich in § 145a StGB selbst kein unmittelbarer Hinweis auf eine solche Verpflichtung finden lässt. In diesem Zusammenhang soll der Besonderheit, dass das Blankett des § 145a StGB erst durch richterlich angeordnete Weisungen ausgefüllt wird, besondere Bedeutung zukommen.[683] Die richterlichen Weisungen werden Teil des gesetzlichen Tatbestandes und müssen sich daher an Art. 103 Abs. 2 GG messen lassen. Ein Ziel von Art. 103 Abs. 2 GG ist es sicherzustellen, dass jeder Bürger von Anfang an weiß, welches Verhalten unter Strafe steht, damit er sich dementsprechend verhalten kann.[684] Das ist im Rahmen von § 145a StGB schon deshalb von besonderer Bedeutung sein, weil durch den Straftatbestand Handlungen unter Strafe gestellt werden, die für Nicht-Führungsaufsichtsprobanden keine strafrechtlichen Konsequenzen zur Folge haben. Weiterer Klarstellungsbedarf soll daraus resultieren, dass nur die Missachtung von Weisungen, die auf Grundlage von § 68b Abs. 1 StGB angeordnet worden sind, zu einer erneuten strafrechtlichen Verurteilung führen können.[685] Verstöße gegen Weisungen, die auf Grundlage von § 68b Abs. 2 StGB angeordnet wurden

---

680 BGH StraFo 2015, 471 (472); a.A. OLG Hamm, Beschl. vom 10.07.2018 – III-4 Ws 103/18 –, juris Rn. 33 ff.; LG Verden, Beschl. vom 19.06.2017 – 1 Qs 218/16 –, juris; SK-StGB/*Wolters*, § 145a Rn. 8; SSW-StGB/*Jeßberger*, 2. Auflage, § 145a Rn. 6; S/S/*Sternberg-Lieben*, 29. Auflage, StGB, § 145a Rn. 5. Ähnlich: OLG Karlsruhe NStZ–RR 2011, 30 (30) und MüKo-StGB/*Groß*, § 145a Rn. 12, die einen Hinweis auf die Strafbewehrung allerdings aus Gründen der gerichtlichen Fürsorgepflicht für geboten halten.

681 Eine mündliche Belehrung nach §§ 268a Abs. 3, 453a, 463 Abs. 1 StPO reicht hingegen nicht aus: OLG Saarbrücken NStZ-RR 2016, 243 (244).

682 Ein gelungenes Beispiel hierzu findet sich in: LG Bamberg, Beschl. vom 04.08.2015 – StVK 229/13 –, juris Rn. 16.

683 MüKo-StGB/*Groß*, § 145a Rn. 12.

684 Kingreen/Poscher, Grundrechte, Rn. 1257; Mangoldt/Klein/Stark/*Nolte/Aust*, GG, Art. 103 Rn. 140; Ruderich, S. 202; Sachs/*Degenhart*, GG, Art. 103 Rn. 63; Sodan, GG, Art. 103 Rn. 15.

685 Hierduch soll den Führungsaufsichtsprobanden Klarheit über den Charakter der Weisung verschafft werden: LK-StGB/*Roggenbuck*, § 145a Rn. 9 StGB.

lösen, abgesehen von einem eventuellen Bewährungswiderruf, hingegen keine strafrechtlichen Folgen aus.

Gegen diesen Lösungsansatz spricht jedoch, dass die objektive und subjektive Tatseite in unzulässiger Art und Weise miteinander vermischt werden. Ein vorsätzlicher Verstoß gegen eine bestimmte Weisung der in § 68b Abs. 1 StGB genannten Art kann nur angenommen werden, wenn die Führungsaufsichtsprobanden Kenntnis davon erlangt haben, dass gegen sie eine Führungsaufsichtsweisung angeordnet worden ist. Daher kommt eine vorsätzliche Tatbestandsverwirklichung nur in Betracht, wenn sich die Weisungsadressaten im Zeitpunkt des Weisungsverstoßes darüber im Klaren gewesen sind, dass sie gegen eine strafbewehrte richterliche Weisung verstießen.[686] Ausreichend ist dabei, wenn sich die Weisungsadressaten in Form des sachgedanklichen Mitbewusstseins darüber im Klaren gewesen sind gegen eine strafbewehrte Weisung zu verstoßen. Nicht erforderlich ist hingegen, dass sie im Augenblick der Tat an die Weisung dachten und ihnen unmittelbar bewusst gewesen ist, dass sie diese missachten.[687]

Hieraus wird deutlich, dass die Unkenntnis von der Strafbewertheit bestimmter Weisungsverstöße allenfalls einen Irrtum über die Strafbewertheit von Weisungsverstößen hervorrufen kann. Ist eine Belehrung über die Strafbewertheit von Weisungsverstößen unterblieben könnten die Führungsaufsichtsprobanden irrtümlich angenommen haben, dass sie gegen keine bestimmte Führungsaufsichtsweisung der in § 68b Abs. 1 StGB genannten Art verstoßen haben, sondern lediglich gegen eine Weisung nach § 68b Abs. 2 StGB. Letztlich irren sich die Weisungsadressaten demnach darüber gegen eine bestimmte Weisung der in § 68b Abs. 1 StGB genannten Art verstoßen zu haben. Gehen sie nun irrtümlich davon aus, dass die richterliche Weisung zu unbestimmt sei, weil die Belehrung über die Strafbewertheit des Weisungsverstoßes unterblieben ist, haben sie das Tatbestandsmerkmal Verstoß gegen eine bestimmte Weisung der in § 68b Abs. 1 StGB genannten Art in ihre Vorstellung aufgenommen. Demnach unterliegen die Führungsaufsichtsprobanden schon deshalb keinem Tatbestandsirrtum, weil ihnen bewusst gewesen ist gegen eine Führungsaufsichtsweisung zu verstoßen. Hieraus folgt, dass sie keinem vorsatzausschließenden

686 NK-StGB/*Schild/Kretschmer*, § 145a Rn. 21.

687 LK-StGB/*Roggenbuck*, § 145a Rn. 26; MüKo-StGB/*Groß*, § 145a Rn. 18; SK-StGB/*Wolters*, § 145a Rn. 10.

Tatbestandsirrtum, sondern lediglich einem unbeachtlichen Subsumtionsirrtum, unterlegen haben.[688]

Gegen eine Hinweispflicht auf die Strafbewertheit von Weisungsverstößen spricht weiterhin, dass § 145a StGB selbst nur verlangt, dass gegen eine bestimmte Weisung der in § 68b Abs. 1 StGB genannten Art verstoßen worden ist. Einen Anhaltspunkt dafür, dass ein Hinweis auf § 68b Abs. 1 StGB Wirksamkeitsvoraussetzung der Weisung ist, findet sich im Wortlaut von § 145a StGB nicht.

Neben dem Wortlaut spricht auch der Zweck des Tatbestandsmerkmals „bestimmte Weisung“ für dieses Ergebnis. Zweck des Tatbestandsmerkmals ist es sicherzustellen, dass die Führungsaufsichtsweisungen so bestimmt formuliert werden, dass die Weisungsadressaten erkennen können, was sie zu tun und was sie zu unterlassen haben. In der Regel werden die im Katalog des § 68b Abs. 1 StGB enthaltenen Weisungen durch die richterlich angeordneten Führungsaufsichtsweisungen weiter konkretisiert. Es ist nicht einleuchtend wieso, aus Gründen der Bestimmtheit, eine Pflicht bestehen soll, auf § 68b Abs. 1 StGB hinzuweisen, obwohl die Formulierungen dort unbestimmter sind, als in den konkret ausformulierten richterlichen Führungsaufsichtsweisungen.

Im Ergebnis bedeutet dies, dass alleine der Verstoß gegen eine auf Grundlage von § 68b Abs. 1 StGB angeordnete Führungsaufsichtsweisung Voraussetzung für die strafrechtliche Verurteilung ist. Ein Hinweis auf die der jeweiligen Weisung zugrundeliegende Nummer des § 68b Abs. 1 StGB ist ebenso wenig erforderlich, wie auf die Strafbewertheit von Weisungsverstößen.[689]

d. *Angabe der Geltungsdauer der Weisungen*

Fraglich ist weiterhin, ob der Bestimmtheitsgrundsatz nach Art. 103 Abs. 2 GG verlangt, dass die Dauer, für die die Führungsaufsichtsweisungen gelten sollen, in den Weisungen selbst angegeben werden.

---

688 Im Ergebnis zustimmend: LK-StGB/*Roggenbuck*, § 145a Rn. 26. Nach Sternberg-Lieben/Sternberg-Lieben JuS 2012, 884 (887) führt ein Irrtum über die Existenz und den Inhalt einer Führungsaufsichtsweisung zum vorsatzausschließenden Tatbestandsirrtum.

689 Eine Verurteilung nach § 145a StGB ist demnach auch möglich, wenn nicht ausdrücklich auf § 68b Abs. 1 StGB hingewiesen worden ist: MüKo StGB/*Groß*, § 145a Rn. 12; S/S/*Sternberg-Lieben*, StGB, 29. Auflage, § 145a Rn. 5. Vgl. auch OLG Brandenburg, Beschl. vom 11.04.2011 – 1 Ws 53/11 –, juris Rn. 6, dass es für ausreichend erachtet, wenn aus dem Wortlaut der Weisung deutlich wird, dass sie auf § 68b Abs. 2 StGB gestützt wurde.

Problematisch ist insoweit, dass die Geltungsdauer der Weisungen nicht in jedem Fall mit derjenigen der Führungsaufsicht identisch sein muss. Es ist ebenfalls möglich die strafbewehrten Weisungen nur für einen Teil der Geltungsdauer der Führungsaufsicht anzuordnen. Hierin liegt eine wichtige Besonderheit von § 145a StGB. Im Unterschied zu vielen anderen Straftatbeständen des StGB, wie beispielsweise dem Diebstahl (§ 242 StGB) oder dem Betrug (§ 263 StGB), die zeitlich unbefristet und für jedermann gelten, pönalisiert § 145a StGB das weisungswidrige Verhalten nur, solange die Führungsaufsichtsweisungen wirksam sind. Ist der Zeitraum, für den die Weisungen gelten sollen abgelaufen, dürfen die Führungsaufsichtsprobanden die ehemals strafbewehrt untersagten Handlungen wieder tätigen, ohne dass eine Verurteilung nach § 145a StGB droht. Das gilt selbst dann, wenn die Weisungsadressaten weiterhin unter Führungsaufsicht stehen sollten.

Ein weiteres Argument für die Pflicht zur Angabe der Geltungsdauer der richterlichen Weisungen ist, dass von den Weisungen Verhaltensweisen erfasst werden, die für Personen, die nicht unter Führungsaufsicht stehen, grundsätzlich straffrei sind. Nur, wenn den Führungsaufsichtsprobanden die Geltungsdauer der Weisungen mitgeteilt wird, können sie sicher erkennen, in welchem Zeitraum Weisungsverstöße geeignet sind, strafrechtliche Folgen auszulösen. Den Führungsaufsichtsprobanden darf das weisungswidrige Verhalten nämlich nur ausnahmsweise, und in der Regel nicht dauerhaft, verboten werden. Folglich müssen die Weisungsadressaten in die Lage versetzt werden, sicher erkennen zu können, in welchem Zeitraum Weisungsverstöße geeignet sind, strafrechtliche Folgen auszulösen. Um diese Vorhersehbarkeit für die Weisungsadressaten herzustellen, könnte es nötig sein, die Geltungsdauer des Verhaltensgebots in der Weisung selbst anzugeben. Insofern wird vertreten, dass die Führungsaufsichtsweisungen, bei dem Fehlen einer Zeitangabe, zu unbestimmt und damit unwirksam sind.[690]

Dem ist allerdings entgegenzuhalten, dass die Geltungsdauer der Weisungen, auch ohne die ausdrückliche Angabe eines Zeitraums, aus der Gesamtschau der das Blankett ausfüllenden Regelungen ermittelt werden kann. § 68b Abs. 1 S. 1 HS 1 StGB ermächtigt die Gerichte zur Anordnung strafbewehrter Weisungen für die Dauer der Führungsaufsicht oder für kürzere Zeit. Die die Führungsaufsicht ausgestaltenden Gerichte sind somit gesetzlich ermächtigt,

690 LK-StGB/*Roggenbuck* § 145a Rn. 9. Allerdings soll die unterlassene Zeitangabe dann nicht zur Unbestimmtheit führen, wenn erkennbar ist, dass sie für die gesamte Dauer der Führungsaufsicht gelten soll.

die Geltungsdauer der strafbewehrten Weisungen auf einen Teil der Führungsaufsicht zu begrenzen. Wenn die Gerichte von dieser Möglichkeit Gebrauch machen und die Weisung befristen wollen, müssen sie dies ausdrücklich klarstellen. Geschieht dies nicht, gilt die jeweilige Führungsaufsichtsweisung für die komplette Dauer der Führungsaufsicht.[691]

Neben dem Wortlaut des Gesetzes spricht für dieses Ergebnis auch der Vergleich mit der Regelung des § 68c Abs. 1 S. 2 StGB. Dort ist geregelt, dass der Vollzug der Führungsaufsicht in der Regel bis zur regulären Höchstfrist von fünf Jahren erforderlich ist.[692] Aus § 68 c Abs. 1 S. 2 StGB wird deutlich, dass der Gesetzgeber im Regelfall eine längerfristige Einwirkung auf die Führungsaufsichtsprobanden für erforderlich hält.[693] Bei den auf Grundlage von § 68b Abs. 1 StGB angeordneten Weisungen handelt es sich um eines der wichtigsten Mittel, mit dem auf die Führungsaufsichtsprobanden, und ihre jeweiligen kriminellen Gefährdungen, eingewirkt werden kann. Wenn es nun für erforderlich gehalten wird in der Regel für fünf Jahre auf Führungsaufsichtsprobanden einzuwirken, damit sie künftig keine Straftaten mehr begehen, spricht das dafür, dass diese Beurteilung auch für die ebenfalls angeordneten Führungsaufsichtsweisungen gilt. Es wäre widersprüchlich einerseits den Vollzug der Führungsaufsicht bis zu ihrer regulären Höchstfrist für grundsätzlich erforderlich zu halten. Andererseits aber zu verlangen, dass zu der Geltungsdauer jeder einzelnen Führungsaufsichtsweisung Stellung genommen werden muss. Eine andere Beurteilung ist nur gerechtfertigt, wenn sich während der Durchführung der Führungsaufsicht herausstellt, dass die Weisungen nicht mehr für eine erfolgreiche Legalbewährung benötigt werden, weil sich die Gegebenheiten zwischenzeitlich geändert haben. In diesem Fall sind die Gerichte gem. § 68d Abs. 1 StGB befugt die Weisungen nach § 68b Abs. 1 StGB nachträglich aufzuheben oder zu ändern.

Daher hat das Fehlen einer Zeitangabe nicht die Unwirksamkeit der Führungsaufsichtsweisungen zur Folge. Konsequenz der unterlassenen Angabe der

---

691 Im Ergebnis zustimmend: Maurach/Gössel/Zipf, AT 2, § 69 Rn. 9; MüKo-StGB/*Groß*, § 145a Rn. 11; S/S/*Sternberg-Lieben*, StGB, § 145a Rn. 5; SK-StGB/*Sinn*, § 68b Rn. 2.

692 KG Berlin, Beschl. vom 20.06.2011 – 2 Ws 159/11 – 1 AR 590/11 –, juris Rn. 10; LK-StGB/*Schneider*, § 68c Rn. 4; Meier, S. 305; MüKo-StGB/*Groß*, § 68c Rn. 4; NK-StGB/*Ostendorf*, § 68c Rn. 1; SSW-StGB/*Jehle/Harrendorf*, § 68c Rn. 1; S/S/*Kinzig*, StGB, § 68c Rn. 1; SK-StGB/*Sinn*, § 68c Rn. 2; a.A. OLG Dresden, Beschl. vom 12.12.2008 – 2 Ws 380/08 –, juris Rn. 7.

693 Vgl. hierzu die Untersuchung von: Dimmek, S. 104. Diese deutet daraufhin, dass sich die Gerichte bei der Entscheidung über die Dauer der Führungsaufsicht an der Schwere des Anlassdelikts orientieren.

Geltungsdauer ist vielmehr, dass die Weisungen für die komplette Dauer der Führungsaufsicht gelten.

e. Mehrdeutige Weisungen und Bestimmtheitsgrundsatz

Probleme bereitet weiterhin der Umgang mit Weisungen, die unklar formuliert sind und von den Führungsaufsichtsprobanden auf unterschiedliche Art und Weise verstanden werden können. Grundsätzlich ist anerkannt, dass sich Zweifel in diesem Bereich zugunsten der Weisungsadressaten auswirken.[694] Zu klären ist lediglich die dogmatische Herleitung dieses Ergebnisses.

Die infolge einer mehrdeutig formulierten Weisung eingetretenen Zweifel könnten sich nach dem Grundsatz in dubio pro reo zugunsten der Führungsaufsichtsprobanden auswirken.[695] Eine Verurteilung der Angeklagten ist demnach nur möglich, wenn nach dem Abschluss der Beweisaufnahme zur Überzeugung des Gerichts feststeht, dass sie die Straftat begangen haben.[696] Klassischer Anwendungsbereich des Zweifelssatzes sind Schuld- und Straffragen.[697] Der in dubio pro reo Grundsatz darf allerdings nur angewandt werden, wenn sich die Zweifel des Gerichts auf Tatsachen beziehen.[698] Auf Rechtsfragen findet der Grundsatz hingegen keine Anwendung.[699] Diese sind alleine durch Auslegung und Subsumtion zu klären.[700]

Aus diesen Erwägungen wird deutlich, dass der Zweifelssatz nicht angewandt werden darf, wenn es um den Umgang mit mehrdeutigen Weisungen geht, da keine Zweifel im tatsächlichen Bereich bestehen. Entscheidend ist alleine die Rechtsfrage, ob die Weisungen so präzise formuliert sind, dass sie den Anforderungen nach Art. 103 Abs. 2 GG genügen. Diesen Anforderungen wird eine Weisung jedenfalls dann nicht gerecht, wenn das verlangte Verhalten erst unter Berücksichtigung des Weisungszwecks ermittelt werden kann. Das gilt selbst dann, wenn sich aus der Weisung denknotwendig und zwangsläufig ergibt, was von den Führungsaufsichtsprobanden erwartet wird.[701] Ebenso wenig reicht es

---

694 MüKo-StGB/*Groß*, § 145a Rn. 9.

695 Ausführlich zum Grundsatz in dubio pro reo: Meyer-Goßner/Schmitt, StPO, § 261 Rn. 26 ff.

696 Rengier, AT, § 57 Rn. 1; Wessels/Beulke/Satzger, AT, Rn. 1298.

697 Roxin/Schünemann, StPO, § 45 Rn. 59; Volk/Engländer, StPO, § 18 Rn. 21.

698 Kindhäuser/Schumann, StPO, § 23 Rn. 71.

699 BGHSt 14, 68 (73); KK-StPO/*Ott*, § 261 Rn. 71.

700 KK-StPO/*Ott*, § 261 Rn. 71; Kindhäuser/Schumann, StPO, § 23 Rn. 71. Ähnlich: Walter JZ 2006, 340 (346).

701 OLG München NStZ 2010, 218 (219).

aus, wenn die Weisungsadressaten bei gutem Willen noch hätten erkennen können, was das Gericht von ihnen verlangt.[702] Mehrdeutige Weisungen sind folglich zu unbestimmt und verstoßen damit gegen Art. 103 Abs. 2 GG.[703]

2. *Weitere Rechtmäßigkeitsvoraussetzungen*

Über den Wortlaut des § 145a StGB hinaus müssen wirksame Führungsaufsichtsweisungen nicht nur hinreichend bestimmt, sondern ebenfalls in rechtmäßiger Art und Weise angeordnet worden sein. Führungsaufsichtsweisungen sind nur rechtmäßig, wenn sie zulässig sind und den Weisungsadressaten zugemutet werden können. Das gilt, obwohl § 145a StGB selbst nur von bestimmten, nicht aber von zulässigen, Weisungen spricht. Die Rechtmäßigkeit der Weisungen ist als ungeschriebenes Tatbestandsmerkmal in den gesetzlichen Tatbestand hineinzulesen.[704]

Daher können Weisungen, die zu unbestimmt oder aus anderen Gründen rechtlich fehlerhaft sind, nicht Grundlage einer strafrechtlichen Verurteilung sein.[705] Die Weisungen sind unwirksam und daher nicht geeignet den objektiven Tatbestand des § 145a StGB zu erfüllen.[706]

a. *Zulässigkeit von Führungsaufsichtsweisungen*

Richterliche Weisung sind nur geeignet, das Blankett des § 145a StGB auszufüllen, wenn sie in zulässiger Weise wirksam angeordnet worden sind.[707] Führungsaufsichtsweisungen sind wirksam angeordnet, wenn sie auf Grundlage von § 68b Abs. 1 StGB angeordnet worden sind, die Gerichte ihr Ermessen ordnungsgemäß ausgeübt haben, das Verhalten nicht bereits von einem anderen Straftatbestand erfasst ist und durch die jeweilige Weisung nicht der Anwendungsbereich einer anderen Maßregel umgangen wird. Eigenständige Bedeutung gewinnt das Kriterium der Zulässigkeit insbesondere, wenn eine unzulässige

---

702 OLG München NStZ 2010, 218 (219); MüKo-StGB/*Groß*, § 145a Rn. 9; S/S/*Sternberg-Lieben*, StGB, § 145a Rn. 5.

703 So auch: MüKo-StGB/*Groß*, § 145a Rn. 9.

704 Vgl. hierzu beispielsweise: OLG Dresden StV 2015, 699 (700).

705 OLG München StV 2009, 542 (543); LK-StGB/*Roggenbuck*, § 145a Rn. 8, 10, 11; Matt/Renzikowski/*Dietmeier*, StGB, § 145a Rn. 4; MüKo-StGB/*Groß*, § 145a Rn. 9 f.; S/S/*Sternberg-Lieben*, StGB, § 145a Rn. 5, 5a.

706 OLG München StV 2009, 542 (543).

707 Für die Zulässigkeit der Weisung als Wirksamkeitsvoraussetzung: AnwK-StGB/*Graf v. Schlieffen*, § 145a Rn. 3; Fischer, StGB, § 145a Rn. 6; LK-StGB/*Roggenbuck*, § 145a Rn. 10; NK-StGB/*Kretschmer*, § 145a Rn. 15; SSW-StGB/*Jeßberger*, § 145a Rn. 7.

Weisung ausreichend bestimmt ist und sie daher nicht bereits wegen eines Verstoßes gegen Art. 103 Abs. 2 GG unwirksam ist.

Dafür, dass die Zulässigkeit eine Wirksamkeitsvoraussetzung von Führungsaufsichtsweisungen ist, spricht der Vergleich von § 145a StGB mit § 56f StGB und § 67g StGB. § 56f Abs. 1 S. 1 Nr. 2 StGB regelt den Widerruf der Strafaussetzung zur Bewährung für den Fall, dass die Bewährungshilfeprobanden grob und beharrlich gegen Bewährungshilfeweisungen verstoßen haben. Der Widerruf der Strafaussetzung nach § 56f Abs. 1 S. 1 Nr. 2 StGB setzt dabei voraus, dass die Weisungen, gegen die verstoßen wurde, zulässig sind.[708] Gleiches gilt, wenn die Aussetzung der Unterbringung wegen grober oder beharrlicher Weisungsverstöße nach § 67g Abs. 1 S. 1 Nr. 2 StGB widerrufen werden soll.[709] Es wäre widersprüchlich, einerseits den Widerruf der Straf- oder Maßregelaussetzung zur Bewährung nicht zuzulassen, wenn die Betroffenen gegen unzulässige Weisungen verstoßen haben und es andererseits zu erlauben, dass eine unzulässige Weisung die Grundlage für eine Verurteilung nach § 145a StGB bildet. Konsequenterweise darf der Verstoß gegen eine unzulässige Führungsaufsichtsweisung ebenso wenig zu einer strafrechtlichen Verurteilung führen, wie zu einem Widerruf der Straf- oder Maßregelaussetzung. Neben diesem rechtsvergleichenden Argument sprechen weiterhin systematische Gründe dafür die Zulässigkeit der Führungsaufsichtsweisungen als ungeschriebenes Tatbestandsmerkmal des § 145a StGB anzusehen. Dadurch, dass der Gesetzgeber in § 68b Abs. 1 StGB einen enumerativen Katalog von Führungsaufsichtsweisungen geschaffen hat, kommt sein Wille zum Ausdruck, dass ausschließlich die dort aufgeführten Weisungen strafbewehrt angeordnet werden dürfen. Die für die Ausgestaltung der Führungsaufsicht zuständigen Gerichte sind folglich nur ermächtigt, die im Katalog des § 68b Abs. 1 StGB enthaltenen Weisungen anzuordnen und auf den jeweiligen Einzelfall zuzuschneiden. Nicht zulässig ist es hingegen, eigenmächtig weitere Weisungen zu erfinden, die ihre Grundlage nicht im Katalog des § 68b Abs. 1 StGB finden, und in den Anwendungsbereich des § 145a StGB mit einzubeziehen. Folglich kann eine Weisung, die ihre gesetzliche Grundlage nicht in § 68b Abs. 1 StGB findet oder deren Anordnungsvoraussetzungen nicht vorliegen, keine strafrechtliche Verurteilung rechtfertigen.

---

708 OLG Oldenburg NStZ 2008, 461 (461), OLG Schleswig StraFo 2007, 424 (424); AnwK-StGB/*Trüg*, § 56f Rn. 18; LK-StGB/*Hubrach*, § 56f Rn. 18; Matt/Renzikowski/*Bußmann*, StGB, § 56f Rn. 7; MüKo-StGB/*Groß*, § 56f Rn. 11; S/S/*Kinzig*, StGB, § 56f Rn. 12; SK-StGB/*Schall*, § 56f Rn. 19.

709 LK-StGB/*Rissing-van Saan/Peglau*, § 67g Rn. 47.

Eine weitere Rechtmäßigkeitsvoraussetzung ist, dass die die Führungsaufsicht ausgestaltenden Gerichte das ihnen durch § 68b Abs. 1 S. 1 HS 1 StGB eingeräumte Ermessen fehlerfrei ausgeübt haben. Das bedeutet, dass die angeordneten Weisungen das Ziel verfolgen müssen, die Weisungsadressaten von der erneuten Begehung von Straftaten abzuhalten. Das kann nur gelingen, wenn die Weisungen auf den jeweiligen Täter, seine Taten und die von ihm ausgehende Gefährlichkeit abgestimmt werden.[710] Ziel ist es eine schematische Anwendung von § 68b Abs. 1 StGB zu verhindern und sicherzustellen, dass die Weisungen auf den jeweiligen Führungsaufsichtsprobanden konkret zugeschnitten sind. Dies kann wiederum nur gelingen, wenn die die Führungsaufsicht ausgestaltenden Gerichte die für ihre Entscheidung über die Ausgestaltung der Führungsaufsicht maßgeblichen Tatsachen festgestellt haben. Nur in diesem Fall kann mit Sicherheit festgestellt werden, dass die Gerichte bei ihrer Entscheidung die notwendigen Informationen hatten, um eine ordnungsgemäße Ermessensausübung vorzunehmen. Es ist daher erforderlich, dass die Gerichte die angeordneten Weisungen in nachvollziehbarer Weise begründen.[711] Dabei werden die Anforderungen an die Begründung umso höher, je stärker die Weisungen in die Lebensführung des Führungsaufsichtsprobanden eingreifen.[712]

Führungsaufsichtsweisungen sind weiterhin rechtswidrig, wenn das von ihnen erfasste Verhalten bereits von einem anderen Straftatbestand erfasst wird und die Bestrafung nach § 145a StGB eine unzulässige Doppelbestrafung zur Folge hätte. Exemplarisch sei auf die Weisung verwiesen keine Betäubungsmittel im Sinne des BtMG zu besitzen oder zu erwerben.[713] Die Handlungen sind bereits durch § 29 Abs. 1 S. 1 Nr. 1 BtMG und § 29 Abs. 1 S. 1 Nr. 3 BtMG mit Strafe bedroht. Sofern sich die Gerichte nun dazu entschließen sollten eine identische Weisung anzuordnen, könnten die Führungsaufsichtsprobanden sowohl nach § 145a StGB, wie auch nach § 29 Abs. 1 S. 1 Nr. 1 und Nr. 3 BtMG, strafrechtlich belangt werden. In diesem Fall bedarf es des zusätzlichen Druckmittels des § 145a StGB nicht, um auf die vorhandenen kriminellen Anfälligkeiten der Weisungsadressaten zu reagieren. Somit sind die strafbewehrten Weisungen nicht geeignet, einen eigenen Beitrag zur künftigen Vermeidung von Straftaten zu leisten. Alles andere würde der das allgemeine Strafrecht ergänzenden Funktion

710 OLG Dresen NStZ 2008, 572 (572).

711 OLG Hamm NStZ-RR 2009, 260 (260); OLG Dresen NStZ 2008, 572 (572); NK-StGB/*Kretschmer*, § 145a Rn. 15; a.A. OLG Köln NStZ-RR 2012, 94 (94 f.).

712 OLG Jena, Beschl. vom 26.10.2009 – 1 Ws 431/09 –, juris Rn. 29 ff.

713 OLG Dresden StV 2010, 642 (643); NK-StGB/*Kretschmer*, § 145a Rn. 15.

der §§ 68 ff. StGB zuwiderlaufen, die das Ziel verfolgt gefahrgeneigte Verhaltensweisen zu unterbinden.[714] Ein vergleichbares Problem kann auftreten, wenn die richterlichen Weisungen in der Sache eine Maßregelanordnung enthalten.[715] Es droht die Gefahr, dass die strengen Voraussetzungen, unter denen die Maßregeln angeordnet werden dürfen, durch den Rückgriff auf § 68b Abs. 1 StGB umgangen werden, was insbesondere bei den Weisungen nach § 68b Abs. 1 S. 1 Nr. 4 StGB und § 68b Abs. 1 S. 1 Nr. 6 StGB problematisch sein kann.[716]

b. Zumutbarkeit von Weisungen, § 68b Abs. 3 StGB

(1) Maßstab der Zumutbarkeit

Eine weitere Wirksamkeitsvoraussetzung von Führungsaufsichtsweisungen ist, dass den Führungsaufsichtsprobanden ihre Einhaltung zugemutet werden kann.[717] Das gilt, obwohl sich im Wortlaut des § 145a StGB keine Anhaltspunkte auf ein solches Zumutbarkeitskriterium finden lassen. Einzig § 68b Abs. 3 StGB fordert, dass die Führungsaufsichtsweisungen keine unzumutbaren Anforderungen an die Lebensführung der Führungsaufsichtsprobanden stellen dürfen.[718] Dass die Zumutbarkeit dennoch Rechtmäßigkeitsvoraussetzung von Führungsaufsichtsweisungen ist, ergibt sich daraus, dass sie einen Spezialfall ihrer Zulässigkeit darstellt.[719]

Führungsaufsichtsweisungen verstoßen gegen § 68b Abs. 3 StGB, wenn sie unzumutbare Anforderungen an die Lebensführung der Führungsaufsichtsprobanden stellen.[720] Bei der Beurteilung, ob Weisungen den Weisungsadressaten

---

714 NK-StGB/*Kretschmer*, § 145a Rn. 15; OLG Hamm, Beschl. vom 08.05.2014 – III-1 Ws 176/14 –, juris Rn. 6; OLG Rostock, Beschl. vom 15.11.2013 – 1 Ss 79/13(90/13) –, juris, die eine Weisung, die den Besitz von Waffen und anderen Gegenständen untersagt, für zulässig halten.

715 Beispielhaft: Fernholz-Niemeier, S. 42 ff.

716 Vgl. hierzu Gliederungspunkte § 5 D. IV. 1. und § 5. D. VI.

717 AnwK-StGB/*Graf v. Schlieffen*, § 145a Rn. 3; Fischer, StGB, § 145a Rn. 6; Lackner/Kühl, StGB, § 145a Rn. 2; LK-StGB/*Roggenbuck*, § 145a Rn. 11; Matt/Renzikowski/*Dietmeier*, StGB, § 145a Rn. 4; MüKo-StGB/*Groß*, § 145a Rn. 10; SSW-StGB/*Jeßberger*, § 145a Rn. 7; S/S/*Sternberg-Lieben*, StGB, § 145a Rn. 5a.

718 Das Bundesverfassungsgericht (BVerfG EuGRZ 2011, 88 (90)) bezeichnet § 68b Abs. 3 StGB als einfachgesetzliche Konkretisierung des verfassungsrechtlichen Verhältnismäßigkeitsgrundsatzes.

719 LK-StGB/*Roggenbuck*, § 145a Rn. 11.

720 SSW-StGB/*Jeßberger*, § 145a Rn. 6.

zugemutet werden dürfen, müssen sämtliche Umstände des Einzelfalls berücksichtigt werden. Das gilt insbesondere für die persönlichen Verhältnisse, in denen die Führungsaufsichtsprobanden leben und ihre anerkennenswerten Interessen.[721] Führungsaufsichtsweisung sind jedenfalls dann unzumutbar, wenn sie gegen uneinschränkbare Grundrechte verstoßen oder sonst einen unzumutbaren Eingriff in die Lebensführung der Weisungsadressaten enthalten.[722]

Umstritten ist in diesem Zusammenhang allerdings, wie groß die den Führungsaufsichtsprobanden konkret abverlangten Anstrengungen sein dürfen. Besondere Probleme bereitet dabei die Frage, ob bei der Ermittlung des Zumutbarkeitsmaßstabs des § 68b Abs. 3 StGB auf den zu § 56c Abs. 1 S. 2 StGB entwickelten Maßstab zurückgegriffen werden darf. Insofern wird vertreten, dass zwischen dem Zumutbarkeitsmaßstab des § 56c Abs. 1 S. 2 StGB und dem des § 68b Abs. 3 StGB keine Unterschiede gemacht werden dürfen.[723] Konsequenz wäre, dass Personen, die unter Führungsaufsicht stehen, genau so viel zugemutet werden kann wie Personen, die unter Bewährungshilfe stehen.

Diesem Ansatz wird entgegengehalten, dass es unbillig sein soll mit der gleichen Intensität auf Führungsaufsichtsprobanden einzuwirken wie dies im Rahmen der Bewährungshilfe geschieht. Hierfür spricht, dass die Weisungsadressaten in den Fällen des § 68f Abs. 1 StGB ihre Strafe voll verbüßt haben bevor die Führungsaufsicht eingetreten ist.[724] Trotz der unbedingten Entlassung aus dem Strafvollzug stehen die Führungsaufsichtsprobanden weiterhin unter staatlicher Aufsicht, wodurch sie in besonderem Maße belastet werden. Das ist deshalb problematisch, weil die Schuld der Weisungsadressaten mit der vollständigen Verbüßung ihrer Haftstrafe abgegolten ist. Erschwerend kommt hinzu, dass ein Verstoß gegen Führungsaufsichtsweisungen eine erneute strafrechtliche Verurteilung zur Folge haben kann und das selbst dann, wenn es trotz der Missachtung von Weisungen nicht zur erneuten Begehung von Straftaten neben § 145a StGB gekommen ist. Demgegenüber droht den Bewährungsaufsichtsprobanden im Fall von Weisungsverstößen keine zusätzliche Bestrafung, sondern alleine der Widerruf der Strafaussetzung. Ein weiterer Unterschied zwischen Führungsaufsicht und Bewährungshilfe besteht darin, dass die Strafaussetzung

---

721 S/S/*Kinzig*, StGB, § 68b Rn. 25.

722 BGHSt 58, 136 (138); SSW-StGB/*Jeßberger*, § 145a Rn. 7.

723 Vgl. OLG Hamburg StraFo 2008, 481 (482); LK-StGB/Schneider, § 68b Rn. 11; Lutz NStZ 2000,127 (129) geht ebenfalls von einem identischen Maßstab aus.

724 Eine ähnliche Problematik kann auftreten, wenn die Führungsaufsichtsprobanden aus dem Maßregelvollzug entlassen worden sind, weil die Maßregel für erledigt erklärt worden ist.

zur Bewährung gem. § 56f Abs. 1 S. 1 Nr. 2 StGB nur widerrufen werden kann, wenn gröblich und beharrlich gegen Weisungen verstoßen wurde. § 145a StGB verfügt hingegen über kein vergleichbares, die Strafbarkeit einschränkendes, Kriterium, sodass weniger schwerwiegende Verstöße Grundlage einer Verurteilung sein können. Es ist daher möglich, dass ein Verstoß gegen eine auf Grundlage von § 68b Abs. 1 StGB angeordneten Weisung schneller zu einer staatlichen Reaktion führt, als dies bei Weisungen nach § 56c StGB der Fall ist. Daraus, dass der Verstoß gegen Führungsaufsichtsweisungen eine weitere strafrechtliche Verurteilung nach sich ziehen kann, die sogar an geringere Voraussetzungen geknüpft ist, könnte geschlossen werden, dass die Führungsaufsichtsprobanden zumindest durch die Führungsaufsichtsweisungen selbst weniger stark belastet werden dürfen. Das soll wiederum zur Folge haben, dass die Zumutbarkeitsprüfung bei § 68b Abs. 3 StGB strenger durchzuführen ist als es im Rahmen von § 56c Abs. 1 S. 2 StGB geschieht.[725]

Trotz der Vielzahl an vorgetragenen Argumenten ist im Ergebnis keiner der beiden Ansichten zu folgen. Richtigerweise dürfen die Weisungsadressaten durch die Führungsaufsichtsweisungen stärker belastet werden, als dass im Rahmen der Bewährungshilfe geschieht.[726] Das gilt, obwohl die Führungsaufsichtsprobanden durch § 145a StGB stärker belastet werden als die unter Bewährung stehenden Personen. Für die Erhöhung des Zumutbarkeitsmaßstabs spricht, dass Führungsaufsichtsweisungen bereits auf Grund ihrer gesetzlichen Zweckbestimmung ausnahmslos in die Lebensführung ihrer Adressaten eingreifen.[727] Nur so können sie dabei helfen, den Zweck der §§ 68 ff. StGB zu erreichen und die Führungsaufsichtsprobanden von der erneuten Begehung von Straftaten abzuhalten. Dieses Ziel soll erreicht werden, indem den Weisungsadressaten geholfen und gleichzeitig die Allgemeinheit vor der erneuten Begehung von Straftaten geschützt wird. Obwohl mit den Bewährungshilfeweisungen ebenfalls der spezialpräventive Zweck verfolgt wird die Begehung weiterer Straftaten zu verhindern, besteht ein entscheidender Unterschied zu § 68b Abs. 1 StGB. Im Vordergrund jeder Bewährungsweisung muss das Ziel stehen, den Adressaten bei dem Führen eines

---

725 OLG Celle StV 2010, 495 (496); Beck Blutalkohol 2013, 153 (159); Heintschel-Heinegg/*Heuchemer*, StGB, § 68b Rn. 7; BtMPrax/*Jehle*, 11. Kapitel, Rn. 310; Fischer, StGB, § 68b Rn. 3; NK-StGB/*Ostendorf*, § 68b Rn. 6.

726 Im Ergebnis zustimmend: MüKo-StGB/*Groß*, § 68b Rn. 8; SK-StGB/*Sinn*, § 68b Rn. 1; a.A. OLG Celle StV 2010, 495 (496); Heintschel-Heinegg/*Heuchemer*, StGB, § 68b Rn. 7; Fischer, StGB, § 68b Rn. 3; NK-StGB/*Ostendorf*, § 68b Rn. 6.

727 SK-StGB/*Sinn*, § 68b Rn. 1.

gesetzestreuen Lebens zu helfen.[728] Das wird aus § 56c Abs. 1 S. 1 StGB deutlich, wo verlangt wird, dass die Bewährungshilfeprobanden der Hilfe durch die Weisungen bedürfen muss. Konsequenterweise sind Bewährungshilfeweisungen, die ausschließlich dazu dienen den Täter zu überwachen und die Allgemeinheit vor ihm zu schützen, unzulässig.[729] Demgegenüber kann im Rahmen der §§ 68 ff. StGB die Überwachungsfunktion gegenüber der Betreuungsfunktion im Vordergrund stehen. Besonders bei Tätern, die mit einer negativen Legalprognose (§ 67c Abs. 1 S. 1 Nr. 2 StGB, § 67d Abs. 2 S. 2, Abs. 3 S. 1, Abs. 4 S. 1, Abs. 5 S. 1, Abs. 6 S. 1 Alt. 2, § 68 Abs. 1, § 68f Abs. 1 S. 1 StGB) aus dem Straf- oder Maßregelvollzug entlassen worden sind, kann das Überwachungselement das dominierende Element der Führungsaufsicht darstellen. Das gilt um so mehr im Anwendungsbereich des § 145a StGB, in dem das die Allgemeinheit sichernde Element der Führungsaufsicht noch weiter im Vordergrund steht.[730]

Dafür, dass den Führungsaufsichtsprobanden im Rahmen von § 68b Abs. 3 StGB mehr zugemutet werden darf, spricht weiterhin, dass es sich bei der Führungsaufsicht um eine Maßregel der Besserung und Sicherung handelt. Als Maßregel verfügt die Führungsaufsicht generell über eine höhere Eingriffsintensität als die Bewährungshilfe.[731] Bereits der historische Gesetzgeber erkannte, dass auf Führungsaufsichtsprobanden stärker eingewirkt werden muss als auf Bewährungshilfeprobanden.[732] Damit deckt sich, dass die im Katalog des § 68b Abs. 1 StGB enthaltenen Weisungen in ihrer Intensität weit über das hinausgehen, was bei Weisungen im Rahmen der Bewährungsaufsicht üblich ist.[733]

Ein weiteres Indiz, das auf ein höheres Einwirkungsbedürfnis hindeutet ist, dass den Aufsichtsstellen weitergehende strafprozessuale Befugnisse eingeräumt worden sind als den an der Durchführung der Bewährungshilfe beteiligten Organe. Die Leiter der Führungsaufsichtsstellen haben beispielsweise

---

728 Vgl. nur OLG Jena, Beschl. vom 13.12.2010 – 1 Ws 455/10 Rn. 23: „Hilfestellung zur Lebensführung"; NK-StGB/*Ostendorf*, § 56c Rn. 1: „Hilfecharakter dominierend sein".

729 OLG Frankfurt StraFo 2007, 383 (383 f.); Lackner/Kühl, StGB, § 56c Rn. 4; NK-StGB /*Ostendorf*, § 56c Rn. 1; S/S/*Kinzig*, StGB, § 56c Rn. 1; Streng, Rn. 200.

730 Der kontrollierende Charakter der Führungsaufsichtsweisungen wird betont bei: AnwK-StGB/*Kilian*, § 68b Rn. 4; Heintschel-Heinegg/*Heuchemer*, StGB, § 68b Rn. 2; MüKo-StGB/*Groß*, § 68b Rn. 2.

731 MüKo-StGB/*Groß*, § 68b Rn. 8. Vgl. auch: Maelicke NKrimP 2004, 75 (75), der davon ausgeht, dass die Führungsaufsicht wegen ihrer stärker beaufsichtigenden und reglementierenden Wirkung als Maßregel ausgestaltet ist.

732 Vgl. BT-Drucks. V/4095, S. 35. So auch: Stöckel BayVbl. 1975, 5 (6).

733 Roxin/Stree/Zipf/Jung, S. 99.

gem. § 463a Abs. 1 S. 2 in Verbindung mit § 131a Abs. 1 StPO die Kompetenz die Weisungsadressaten zur Aufenthaltsermittlung auszuschreiben. Weiterhin können sie gem. § 463a Abs. 2 StPO sowohl die Führungsaufsichtsprobanden (§ 163e Abs. 1 StPO), wie auch ihre Kraftfahrzeuge (§ 163e Abs. 2 StPO), zur generellen Überwachung ausschreiben lassen.[734] Es wäre widersprüchlich, die Führungsaufsichtsprobanden durch die gesetzlichen Regelungen einerseits stärker zu belasten als es durch die §§ 56 ff. StGB geschieht, andererseits aber zu vertreten, dass den Weisungsadressaten weniger zugemutet werden darf als den Bewährungshilfeprobanden.[735]

Der Gesetzgeber hat somit sowohl durch den eingriffsintensiven Katalog des § 68b Abs. 1 StGB, als auch durch die in § 463a StPO zur Verfügung gestellten strafprozessualen Befugnisse, seinem Willen Ausdruck verliehen, dass auf die Führungsaufsichtsprobanden intensiver eingewirkt werden darf als es im Rahmen der §§ 56 ff. StGB geschieht.

(2) Das Subsidiaritätsprinzip

Eine weitere im Rahmen des § 68b Abs. 3 StGB zu berücksichtigende Besonderheit des Maßregelrechts ist das sog. Subsidiaritätsprinzip.[736] Unter Berücksichtigung des Subsidiaritätsprinzips dürfen Maßregeln nur angeordnet werden, wenn die Allgemeinheit nicht durch weniger einschneidende Maßnahmen zuverlässig vor der konkreten Gefährlichkeit der Täter geschützt werden kann.[737] Praktisch bedeutsam ist das Subsidiaritätsprinzip vor allem bei den freiheitsentziehenden Maßregeln, die auf Grundlage der §§ 63, 64, 66 StGB angeordnet werden können.

Auffallend ist, dass das Subsidiaritätsprinzip in Rechtsprechung und Literatur im Zusammenhang mit Maßregeln, die keinen Freiheitsentzug zur Folge haben, kaum thematisiert wird. Dennoch kann es auch dort eine Rolle spielen und darf daher nicht gänzlich unberücksichtigt bleiben.[738] Sowohl bei der Anordnung wie auch bei der Ausgestaltung der Führungsaufsicht muss daher darauf geachtet

---

734 Die Ausschreibung zur polizeilichen Beobachtung ist, insbesondere wenn Weisungen nach § 68b Abs. 1 S. 1 Nr. 2 StGB und § 68b Abs. 1 S. 1 Nr. 10 StGB angeordnet worden sind, eine Grundvoraussetzung für das Gelingen der Kooperation der an der Durchführung der Führungsaufsicht beteiligten Stellen: Kammermeier BewHi 2016, 73 (78).

735 Vermittelnd: Ruderich, S. 146: Für jede Weisung soll eine individuelle Zumutbarkeitsgrenze ausgelotet werden.

736 Vgl. hierzu: Brand, S. 123 ff.; LK-StGB/*Schöch*, Vor § 61 Rn. 74 ff.

737 LK-StGB/*Schöch*, Vor § 61 Rn. 74.

738 Siehe diesbezüglich LK-StGB/*Schöch*, Vor § 61 Rn. 75.

werden, dass sich die angeordneten Maßnahmen auf das für die Zweckerreichung unerlässliche Maß beschränken.

Da den Gerichten bei der Frage, ob sie die Führungsaufsicht kraft Richterspruchs (§ 68 Abs. 1 StGB) anordnen wollen, ein Ermessensspielraum eingeräumt worden ist, kann der Subsidiaritätsgrundsatz bereits auf dieser Ebene berücksichtigt werden.[739] Darüber hinaus muss der Subsidiaritätsgrundsatz, unabhängig davon, ob die Führungsaufsicht angeordnet oder kraft Gesetzes eingetreten ist, bei der Ausgestaltung der Führungsaufsicht berücksichtigt werden. Bei der Auswahl der strafbewehrten Weisungen ist darauf zu achten, dass nur diejenigen Weisungen angeordnet werden, die unbedingt erforderlich sind, um die Führungsaufsichtsprobanden von der erneuten Begehung von Straftaten abzuhalten.

Als weniger einschneidende Alternative zur Anordnung strafbewehrter Weisungen könnte die Abgabe freiwilliger Zusagen durch die Weisungsadressaten analog § 56c Abs. 4 StGB in Betracht kommen oder die Anordnung nicht strafbewehrter Weisungen auf Grundlage von § 68b Abs. 2 StGB.

Geben die Bewährungshilfeprobanden freiwillig Zusagen ab, die in ihrer Wirkung den ansonsten notwendigen Bewährungshilfeweisungen entsprechen, und ist die Einhaltung der Zusagen zu erwarten, sehen die Gerichte in der Regel vorläufig von der Anordnung von Bewährungshilfeweisungen ab.[740] Zum Teil wird § 56c Abs. 4 StGB gar so verstanden, dass die Gerichte verpflichtet sind, von der Anordnung von Weisungen vorläufig abzusehen, wenn die Voraussetzungen des § 56c Abs. 4 StGB erfüllt sind.[741]

Gegen eine entsprechende Anwendung von § 56c Abs. 4 StGB im Rahmen der §§ 68 ff. StGB spricht jedoch, dass der Gesetzgeber in § 68b StGB bewusst davon abgesehen hat, eine dem § 56c Abs. 4 StGB vergleichbare Regelung zu schaffen. Aus dem Wortlaut des § 68b Abs. 1 S. 1 HS 1 StGB („kann") wird vielmehr deutlich, dass die Anordnung strafbewehrter Weisungen in das Ermessen der Gerichte gestellt worden ist. Es fehlt daher schon an der für eine Analogie erforderlichen planwidrigen Regelungslücke, da der Gesetzgeber trotz der mehrmaligen Novellierung des § 68b StGB keine dem § 56c Abs. 4 StGB vergleichbare Regelung geschaffen hat.

---

739 S/S/*Kinzig*, StGB, § 68 Rn. 9.

740 Fischer, StGB, § 56c Rn. 14.

741 Heintschel-Heinegg/*von Heintschel-Heinegg*, StGB, § 56c Rn. 22; Matt/Renzikowski/*Bußmann*, StGB, § 56c Rn. 21; S/S/*Kinzig*, StGB, § 56c Rn. 32; SK-StGB/*Schall*, § 56c Rn. 19. Einschränkend: LK-StGB/*Hubrach*, § 56c Rn. 22. Kritisch zu § 56c Abs. 4 StGB: SSW-StGB/*Claus*, § 56c Rn. 17.

Darüber hinaus ist die Interessenlage bei § 56c StGB nicht mit der bei § 68b Abs. 1 StGB vergleichbar. Während die von §§ 56 ff. StGB erfassten Personen in der Regel über eine positive Legalprognose verfügen, ist dies bei vielen Führungsaufsichtsprobanden nicht der Fall. Die Adressaten von strafbewehrten Führungsaufsichtsweisungen bedürfen auf Grund ihrer vielfach schlechten Legalprognose häufig einer intensiveren Einwirkung, als dies bei Bewährungshilfeprobanden der Fall ist. Die erhöhte Einwirkungsbedürftigkeit der Führungsaufsichtsprobanden wird aus der Systematik der §§ 68 ff. StGB, und dabei insbesondere an § 68c Abs. 1 S. 2 StGB, deutlich. In § 68c Abs. 1 S. 2 StGB hat der Gesetzgeber die Vermutung aufgestellt, dass die Führungsaufsicht in der Regel für die Dauer von fünf Jahren vollzogen werden muss.[742] Im Unterschied hierzu muss die Dauer der Bewährungsaufsicht gem. § 56a Abs. 1 S. 1 StGB in jedem Einzelfall selbst bestimmt werden.[743] Die Bewährungszeit muss gem. § 56a Abs. 1 S. 2 StGB mindestens zwei und darf höchstens fünf Jahre betragen. Bereits aus der unterschiedlichen Konzeption von § 68c StGB und § 56a StGB wird deutlich, dass der Gesetzgeber davon ausgeht, dass auf Führungsaufsichtsprobanden regelmäßig länger eingewirkt werden muss als dies im Rahmen der §§ 56 ff. StGB erforderlich ist.

Weiterhin muss – wie schon erwähnt – das Leisten von Hilfe und Betreuung, anders als es bei der Bewährungsaufsicht der Fall ist, nicht zwingend im Vordergrund der Führungsaufsicht stehen. Die über eine negative Legalprognose verfügenden Führungsaufsichtsprobanden benötigen vielfach einer engmaschigeren Überwachung, um erfolgreich den Weg zurück in die Legalität beschreiten zu können. Da die §§ 68 ff. StGB im Anwendungsbereich des § 145a StGB vorrangig dem Schutz der Allgemeinheit dienen, ist die Interessenlage nicht mit der bei §§ 56 ff. StGB vergleichbar. Es ist nicht mit dem Sinn und Zweck des § 145a StGB vereinbar, bei dem Vorliegen der Voraussetzungen des § 56c Abs. 4 StGB, von der Anordnung strafbewehrter Weisungen abzusehen.[744] Ansonsten würde die Überwachungsunktion in unzulässiger Weise hinter die Betreuungsfunktion zurückgedrängt.

---

742 KG Berlin, Beschl. vom 20.06.2011 – 2 Ws 159/11 – 1 AR 590/11 –, juris Rn. 10; LK-StGB/*Schneider*, § 68c Rn. 4; Meier, S. 305; MüKo-StGB/*Groß*, § 68c Rn. 4; NK-StGB/*Ostendorf*, § 68c Rn. 1; SSW-StGB/*Jehle/Harrendorf*, § 68c Rn. 1; S/S/*Kinzig*, StGB, § 68c Rn. 1; SK-StGB/*Sinn*, § 68c Rn. 2; a.A. OLG Dresden, Beschl. vom 12.12.2008 – 2 Ws 380/08 –, juris Rn. 7.

743 Eine Ausnahme befindet sich für den Fall der Aussetzung des Strafrestes bei lebenslanger Freiheitsstrafe in § 57a Abs. 3 S. 1 StGB.

744 Im Ergebnis zustimmend: MüKo-StGB/*Groß*, § 68b Rn. 4.

Das bedeutet, dass die Anordnung strafbewehrter Führungsaufsichtsweisungen auch dann im pflichtgemäßen Ermessen der Gerichte steht, wenn die Führungsaufsichtsprobanden freiwillig bestimmte Zusagen abgegeben haben. Eingeschränkt wird das Ermessen nur durch die Verpflichtung, die Weisungen individuell und möglichst genau auf die einzelnen Führungsaufsichtsprobanden zuzuschneiden.[745] Die Verpflichtung von der Anordnung strafbewehrter Weisungen abzusehen, besteht demgegenüber nur, wenn bereits im Zeitpunkt ihrer Anordnung erkennbar ist, dass sie unzulässig oder unzweckmäßig sind.[746]

Zudem wird vorgeschlagen, dass die Gerichte vor der Anordnung strafbewehrter Führungsaufsichtsweisungen zu prüfen haben, ob sie sich nicht mit sanktionslosen Weisungen nach § 68b Abs. 2 StGB begnügen wollen.[747] Die nicht strafbewehrten Weisungen nach § 68b Abs. 2 StGB könnten im Vergleich zu den Weisungen nach § 68b Abs. 1 StGB, die in den Anwendungsbereich des § 145a StGB fallen, die weniger einschneidenden Maßnahmen darstellen.

Der vorrangige Rückgriff auf nicht strafbewehrte Weisungen bietet jedoch nur dann einen vergleichbaren Schutz, wenn die Führungsaufsichtsprobanden bedingt aus dem Straf- oder Maßregelvollzug entlassen worden sind. In diesen Fällen besteht mit dem drohenden Widerruf der Strafaussetzung ein Druckmittel, um die Führungsaufsichtsprobanden zur Einhaltung der Weisungen zu motivieren. Sofern die Führungsaufsichtsprobanden nach Vollverbüßung einer Haftstrafe oder nach der Erledigung einer freiheitsentziehenden Maßregel aus dem Vollzug entlassen worden sind, fehlt dieses Druckmittel hingegen.[748] Ein Verstoß gegen eine auf Grundlage des § 68b Abs. 2 StGB angeordnete Weisung hätte damit keinerlei Konsequenzen. Das ist problematisch, weil nicht erwartet werden kann, dass jeder Weisungsadressat in der Lage sein wird, die Eigenmotivation aufzubringen, die Weisungen aus freien Stücken zu befolgen. Somit bestünde die Gefahr, dass die Führungsaufsichtsweisungen den Charakter von unverbindlichen Verhaltensempfehlungen erhalten. Hieran anknüpfend wird

---

745 OLG Jena NStZ–RR 2010, 189 (190).

746 Einschränkend: LK-StGB/Schneider, § 68b Rn. 7, der vorschlägt, dass von der Anordnung von Weisungen in geeigneten Fällen abgesehen werden kann, wenn der Verurteilte entsprechende Zusicherungen abgegeben hat. Vgl. auch: Jacobsen, Führungsaufsicht und ihre Klientel, S. 53.

747 LK-StGB/*Schneider*, § 68b Rn. 7.

748 Zu den Vollverbüßern: Groth NJW 1979, 743 (743). Zu Maßregeln, die für erledigt erklärt worden sind: BT-Drucks. 7/1261, S. 8, wo der Gesetzgeber darauf hinweist, dass wegen des Fehlens einer Widerrufsmöglichkeit ein Bedürfnis für § 67d Abs. 4 S. 3 StGB besteht.

die Wichtigkeit einer strafrechtlichen Ahndung von Weisungsverstößen und damit die Beibehaltung des § 145a StGB betont.[749] Zudem wird deutlich, dass es sich bei Weisungen, die auf Grundlage von § 68b Abs. 2 StGB angeordnet worden sind, zwar um eine weniger einschneidende Maßnahme handelt, die aber nicht vorzugswürdig ist, weil sie nicht in gleichem Maße geeignet ist die Allgemeinheit vor der konkreten Gefährlichkeit der Weisungsadressaten zu schützen.

c. Konnexitätserfordernis

Fraglich ist weiterhin, ob bei der Ausgestaltung der Führungsaufsicht darauf geachtet werden muss, dass die die Führungsaufsicht auslösende Anlasstat und die konkret angeordneten Führungsaufsichtsweisungen in einer inhaltlichen Verbindung stehen, d. h. konnex, zueinander sind. Diese Problematik kann sich in zwei unterschiedliche Richtungen auswirken. Einerseits könnten die Gerichte verpflichtet sein, sich bei der Ausgestaltung der Führungsaufsicht ausschließlich an der in der Anlasstat zum Ausdruck kommenden Gefährlichkeit der Führungsaufsichtsprobanden zu orientieren. Andererseits könnte angenommen werden, dass die Führungsaufsichtsweisungen so auszugestalten sind, dass sie nur die Begehung von weiteren Straftaten verhindern sollen, derentwegen selbst Führungsaufsicht angeordnet werden könnte.

(1) Konnexität zwischen Führungsaufsichtsweisungen und Anlasstat

Wenn die angeordneten Führungsaufsichtsweisungen ausschließlich eine Reaktion auf die in der Anlasstat zum Ausdruck kommende Gefährlichkeit der Weisungsadressaten darstellen dürfen, könnte mit ihnen ausschließlich auf die sich in der Anlasstat offenbarende Gefährlichkeit der einzelnen Führungsaufsichtsprobanden reagiert werden.[750] Das bedeutet, dass nur solche Führungsaufsichtsweisungen angeordnet werden dürften, die dazu dienen die Begehung von Delikten zu verhindern, die dem Anlassdelikt gleichen. Unberücksichtigt bleiben müssten demzufolge andere bekannte kriminelle Anfälligkeiten der Weisungsadressaten, die jedoch nicht in der Anlasstat zum Ausdruck gekommen sind.

Für die Notwendigkeit einer Rückbindung der Weisungen an die Anlasstat könnte der Wortlaut der § 68b Abs. 1 S. 1 Nr. 2–6, 10 StGB sprechen. Sämtliche

---

749 E 1962, BT-Drucks. IV/650, S. 613 f. zur Sicherungsaufsicht; Schäfer, Niederschriften, Band 3, S. 241. Ähnlich: Voll, Niederschriften, Band 3, S. 242 f.

750 So: S/S/*Kinzig*, StGB, § 68b Rn. 1, der verlangt, dass die Weisungen einen inneren Bezug zur Anlasstat haben. Baur/Kinzig, S. 356 nehmen an, dass die Anlasstat mittelbar beschränkende Wirkung entfaltet.

dort aufgeführte Weisungen weisen die Gemeinsamkeit auf, dass mit ihrer Hilfe kriminogene Reize ausgeschaltet werden sollen, für die sich die Führungsaufsichtsprobanden als anfällig erwiesen haben. Die Anordnung von Führungsaufsichtsweisungen ist die staatliche Reaktion auf die in der Anlasstat zum Ausdruck gekommene individuelle kriminelle Anfälligkeit der Weisungsadressaten. Erster Anknüpfungspunkt zur Beurteilung der individuellen Kriminalitätsgefährdung ist daher die Verurteilung, die den Eintritt der Führungsaufsicht ausgelöst hat. Durch sie sind bestimmte kriminelle Anfälligkeiten in besonders deutlicher Art und Weise offenkundig geworden.

Das OLG Karlsruhe[751] und das OLG Dresden[752] folgen dieser Ansicht scheinbar, wenn sie verlangen, dass zwischen einem Kontaktverbot (§ 68b Abs. 1 S. 1 Nr. 3 StGB) und der die Maßregel begründenden Straftat ein innerer Bezug bestehen muss. Konkret wird verlangt, dass die durch das Kontaktverbot zu dem Opfer geschützten Opferschutzinteressen anhand der maßregelbegründenden Straftaten zu ermitteln sind.[753]

In beiden Fällen wurde den Weisungsadressaten verboten, Kontakt zu ihren Kindern aufzunehmen, die jedoch nicht Opfer der Anlasstat gewesen sind und von denen keine kriminellen Reize auf die Führungsaufsichtsprobanden ausgingen. In diesem Zusammenhang ist wichtig, dass nur die durch die Straftat verletzte Person, die Träger des unmittelbar verletzen Rechtsguts ist, Tatopfer sein kann.[754] Aus dieser Definition ergibt sich, dass das Kontaktverbot zu den gemeinsamen Kindern nicht auf § 68b Abs. 1 S. 1 Nr. 3 Alt. 1 StGB gestützt werden kann, wenn alleine ihre Mutter Opfer der früheren Straftaten geworden ist. Würde man demgegenüber zulassen, dass den Führungsaufsichtsprobanden auch der Kontakt zu ihren Kindern verboten wird, ohne dass die einschränkenden Voraussetzungen des § 68b Abs. 1 S. 1 Nr. 3 Alt. 2 StGB erfüllt sein müssen, würde das Kontaktverbot nach § 68b Abs. 1 S. 1 Nr. 3 Alt. 1 StGB zweckentfremdet. Es würde dazu benutzt, in unzulässiger Weise zivilrechtliche und familienrechtliche Regelungen zu umgehen, mit deren Hilfe der Kontakt ebenfalls untersagt werden kann. Gegenstand beider Entscheidungen waren somit Fälle, in denen bereits die Anordnungsvoraussetzungen des § 68b Abs. 1 S. 1 Nr. 3 StGB nicht erfüllt waren, und die Anordnung des Kontaktverbots schon deshalb

751 OLG Karlsruhe, Beschl. vom 05.08.2010 – 1 Ws 107/10 –, juris Rn. 17 (Auszugsweise abgedruckt in: OLG Karlsruhe NStZ-RR 2011, 30).

752 OLG Dresden StV 2010, 641 (641 f.).

753 OLG Dresden StV 2010, 641 (641 f.).

754 Fischer, StGB, § 77 Rn. 2; MüKo-StGB/*Groß*, § 68b Rn. 15.

rechtswidrig war. Sie können daher nicht als Argument für das Vorhandensein eines Konnexitätserfordernis angeführt werden.

Gegen das generelle Erfordernis eines inneren Zusammenhangs zwischen Anlasstat und Führungsaufsichtsweisungen spricht zudem die Systematik des § 68b Abs. 1 StGB. Den Führungsaufsichtsprobanden werden durch die § 68b Abs. 1 S. 1 Nr. 1, 7, 8, 11, 12 StGB Verhaltensgebote auferlegt, die für die Allgemeinheit grundsätzlich straffrei sind. Diese Verhaltensweisen werden nur deshalb für strafwürdig erachtet, weil in der die Führungsaufsicht auslösenden Anlasstat eine allgemeine kriminelle Anfälligkeit der Weisungsadressaten zum Ausdruck gekommen ist. Dennoch dienen Weisungen, die auf Grundlage der § 68b Abs. 1 S. 1 Nr. 1, 7, 8, 11, 12 StGB angeordnet worden sind, nicht unmittelbar dazu kriminogene Reize auszuschalten. Es ist schwer vorstellbar, wie beispielsweise durch Melde- und Vorstellungsweisungen (§ 68b Abs. 1 S. 1 Nr. 7, 8, 11 StGB) konkrete kriminogene Reize ausgeschaltet werden sollen, für die sich die Weisungsadressaten in der Anlasstat als anfällig erwiesen haben. Ziel der Weisungen ist vielmehr, neben der Überwachung, Kontakt zu den Weisungsadressaten zu halten, um im Bedarfsfall auf sie einwirken zu können. Durch die § 68b Abs. 1 S. 1 Nr. 1, 7, 8, 11, 12 StGB hat der Gesetzgeber daher seinem Willen Ausdruck verliehen, dass eine unmittelbare Rückbindung der Führungsaufsichtsweisungen an die Anlasstat nicht in jedem Fall zwingend erforderlich ist. Andernfalls dürften die Weisungen regelmäßig nicht angeordnet werden, weil sie keine Reaktion auf die in der Anlasstat zum Ausdruck kommende kriminelle Gefährdung sein müssten. Dies kommt letztlich auch im Wortlaut der § 68b Abs. 1 S. 1 Nr. 2, 6-10 StGB zum Ausdruck, wo nicht verlangt wird, dass bei der Ausgestaltung der Führungsaufsicht nur auf die in der Anlasstat zum Ausdruck kommende Gefährlichkeit reagiert werden darf. Ziel ist vielmehr, ganz generell kriminogene Reize auszuschalten, um die Begehung weiterer Straftaten zu verhindern.

Diese Lösung deckt sich mit dem Ziel des Rechtsinstituts Führungsaufsicht, die Begehung jeder weiteren Straftat präventiv zu verhindern. Häufig werden die Weisungsadressaten längere Zeit im Straf- oder Maßregelvollzug verbracht haben, bevor die Führungsaufsicht eingetreten ist. Insofern sei nur auf die Fälle verwiesen, in denen die Führungsaufsicht auf Grundlage der § 67c Abs. 1 S. 1 Nr. 2 StGB, § 67d Abs. 2 S. 2, Abs. 3 S. 1, Abs. 4 S. 1, Abs. 5 S. 1, Abs. 6 S. 1 Alt. 2, § 68 Abs. 1, § 68f Abs. 1 S. 1 StGB eingetreten ist. Es ist durchaus möglich, dass im Laufe des Straf- oder Maßregelvollzugs kriminelle Anfälligkeiten entdeckt werden oder neu entstehen, die nicht in der Anlasstat zum Ausdruck gekommen sind. Um den Schutz der Allgemeinheit in ausreichendem Umfang zu gewährleisten, ist es nötig Vorkommnisse berücksichtigen zu dürfen, die zwischen der Begehung des Anlassdelikts und dem Eintritt der Führungsaufsicht geschehen sind.

Im Ergebnis bleibt festzuhalten, dass die Gerichte die Anlasstat bei der Ausgestaltung der Führungsaufsicht zu berücksichtigen haben. Allerdings dürfen sie ebenfalls die sonstigen bekannten Umstände berücksichtigen. Werden während des Vollzugs Umstände bekannt, die nahelegen, dass die in der Anlasstat zum Ausdruck kommende Gefährlichkeit nicht mehr besteht, hat die Anordnung strafbewehrter Weisungen zu unterbleiben. Erlangen die Gerichte im Zeitraum zwischen Anlasstat und Beginn der Führungsaufsicht Kenntnis von Umständen, die die Anordnung einer Weisung rechtfertigen, darf dies bei der Ausgestaltung der Führungsaufsicht ebenfalls berücksichtigt werden. Zielführender als ein strenges Konnexitätserfordernis ist ein Individualisierungsgebot. Die Gerichte sind verpflichtet, sich bei der Ausgestaltung der Führungsaufsicht individuell an der aktuellen Gefährlichkeit des jeweiligen Führungsaufsichtsprobanden zu orientieren.[755] Dabei muss die Anlasstat, die Persönlichkeit des Täters und das Umfeld, in dem die Weisungsadressaten voraussichtlich leben werden, berücksichtigt werden.

(2) Konnexität zwischen Anlasstat, Weisung und zu erwartender Straftat

Weiterhin könnte angenommen werden, dass strafbewehrte Führungsaufsichtsweisungen nur zur Verhütung solcher Straftaten angeordnet werden dürfen, derentwegen selbst Führungsaufsicht angeordnet werden kann.[756]

Ein erstes Argument gegen eine solche immanente Beschränkung der Anordnung von Führungsaufsichtsweisungen ist, dass dies unter Berücksichtigung von § 68 StGB inkonsequent wäre. Die Führungsaufsicht kann gem. § 68 Abs. 1 StGB angeordnet werden, wenn die Gefahr besteht, dass die Weisungsadressaten weitere Straftaten begehen werden. Eine Einschränkung auf erhebliche rechtswidrige Taten, wie ihn beispielsweise § 70 StGB kennt, oder Taten, die mit der Anlasstat vergleichbar sind, wurde nicht normiert. Hieraus ergibt sich im Umkehrschluss, dass die Gefahr, dass beliebige weitere Straftaten begangen werden, für die Anordnung der Führungsaufsicht nach § 68 Abs. 1 StGB ausreichen muss.[757] Dies deckt

---

755 OLG Hamm NStZ-RR 2009, 260 (260); OLG Dresden NStZ 2008, 572 (572); OLG Jena, Beschl. vom 02.03.2006 – 1 Ws 66/06 –, juris Rn. 31.

756 NK-StGB/*Ostendorf*, § 68b Rn. 13 zu § 68b Abs. 1 S. 1 Nr. 5 StGB. Einschränkend: LK-StGB/*Schneider*, § 68b Rn. 28.

757 Im Ergebnis zustimmend: Dessecker, S. 132 f.; HK-GS/*Pflieger/Braasch*, StGB, § 68 Rn. 2; Fischer, StGB, § 68 Rn. 5: „befürchteten Straftaten müssen nach dem Wortlaut weder einschlägig noch erheblich sein"; S/S/*Kinzig*, StGB, § 68 Rn. 6 will zumindest Bagatelldelikte ausnehmen. Einschränkend LK-StGB/*Schneider*, § 68 Rn. 10 und SK-StGB/*Sinn*, § 68 Rn. 8: Straftaten von einiger Erheblichkeit.

sich mit den Fällen, in denen eine auf Grundlage von § 68f Abs. 1 S. 1 StGB kraft Gesetzes eingetretene Führungsaufsicht gem. § 68f Abs. 2 StGB entfallen soll, weil zu erwarten ist, dass von den Führungsaufsichtsprobanden keine weiteren Straftaten begangen werden.[758] Auch § 68f Abs. 2 StGB kennt keine Einschränkung auf die drohende Begehung weiterer erheblicher rechtswidriger Taten. Unter Berücksichtigung von § 68 Abs. 1 StGB und § 68f Abs. 2 StGB wäre es inkonsequent, einerseits die Gefahr beliebiger rechtswidriger Taten für die Anordnung der Führungsaufsicht ausreichen zu lassen, andererseits aber zu verlangen, dass die Führungsaufsicht so ausgestaltet werden muss, dass sie nur Delikte verhindert, derentwegen wiederum Führungsaufsicht angeordnet werden könnte.

Zweitens sprechen systematische Gründe gegen die vorgeschlagene Beschränkung. § 68b Abs. 1 StGB verzichtet nicht generell darauf, die Anordnung von Führungsaufsichtsweisungen an die Gefahr, dass künftig bestimmte Delikte begangen werden, zu knüpfen. So lässt § 68b Abs. 1 S. 3 Nr. 3 StGB die Anordnung der elektronischen Aufenthaltsüberwachung nur zu, wenn die Gefahr besteht, dass die Weisungsadressaten weitere Straftaten der in § 66 Abs. 3 S. 1 StGB genannten Art begehen werden. Daraus, dass die § 68b Abs. 1 S. 1 Nr. 1–11 StGB eine solche Einschränkung nicht kennen, kann im Umkehrschluss gefolgert werden, dass sie dort weder besteht noch gewollt ist.

Ein drittes Argument gegen das Konnexitätserfordernis ergibt sich aus der Betrachtung von § 67g StGB und § 145a StGB. § 67g Abs. 1 S. 1 Nr. 1 StGB lässt den Widerruf einer zur Bewährung ausgesetzten Unterbringung zu, wenn die Weisungsadressaten eine rechtswidrige Tat begangen haben und sich hieraus ergibt, dass der Zweck der Maßregel die Unterbringung im Maßregelvollzug erforderlich macht. Missachten die Führungsaufsichtsprobanden eine strafbewehrte Führungsaufsichtsweisung darf eine Bestrafung auf Grundlage des § 145a StGB ebenfalls nur erfolgen, wenn hierdurch der Zweck der Maßregel gefährdet wird. Zweck der Maßregel ist die Begehung weiterer Straftaten zu verhindern. Eine dahingehende Einschränkung, dass § 67g StGB und § 145a StGB nur dazu dienen, Taten zu verhindern, derentwegen wiederum Führungsaufsicht angeordnet werden könnte, besteht nicht. Es wäre widersprüchlich einerseits jeden Weisungsverstoß zu sanktionieren unabhängig davon, ob durch ihn

---

758 Das gilt hingegen nicht für § 67d Abs. 2 StGB. Hier bezieht sich die Prognose nur auf Taten, die geeignet sind die Anordnung der Maßregel zu rechtfertigen. Vgl. BVerfGE 70, 297 (313); Fischer, StGB, § 67d Abs. 10; MüKo-StGB/*Veh*, § 67d Rn. 16; NK-StGB/*Pollähne*, § 67d Rn. 20; Nowakowski, FS von Weber, S. 98 (117 f.); Streng, Rn. 425.

die Gefahr der neuerlichen Begehung von Straftaten droht, wegen derer Führungsaufsicht angeordnet werden könnte. Andererseits aber nur solche Führungsaufsichtsweisungen anordnen zu dürfen, die die erneute Begehung von Straftaten verhindern sollen, wegen derer erneut Führungsaufsicht angeordnet werden könnte.

Da das Ziel der §§ 68 ff. StGB darin besteht, die Begehung sämtlicher weiterer Straftaten zu verhindern, ist die Führungsaufsicht so auszugestalten, dass rechtswidrige Taten im Allgemeinen vermieden werden.[759] Vorausgesetzt wird nur, dass die Weisungen in einem inhaltlich sinnvollen Zusammenhang mit dem Gesetzeszweck stehen.[760]

III. Gefährdung des Maßregelzwecks

1. Bestimmung der Deliktsnatur des § 145a StGB

Bevor untersucht wird wie der Begriff „Gefährdung des Maßregelzwecks" auszulegen ist, muss bestimmt werden, ob die Strafbarkeitsvoraussetzung als Tatbestandsmerkmal oder als objektive Bedingung der Strafbarkeit zu qualifizieren ist.[761] Wie diese Frage beantwortet wird, hängt eng damit zusammen, ob § 145a StGB als abstraktes oder konkretes Gefährdungsdelikt eingeordnet wird. Konkrete Gefährdungsdelikte zeichnen sich dadurch aus, dass die Verletzung des von der Strafvorschrift geschützten Rechtsguts konkret und ernsthaft gedroht haben muss und der Nichteintritt der Verletzung alleine vom Zufall abhing.[762] Abstrakte Gefährdungsdelikte zeichnen sich demgegenüber dadurch aus, dass eine Handlung vorgenommen worden sein muss, welche abstrakt-generell den Eintritt einer Schädigung zur Folge haben kann.[763] Auf § 145a StGB übertragen bedeutet dies, dass es sich bei dem Straftatbestand um ein konkretes Gefährdungsdelikt handeln würde, wenn die „Gefährdung des Maßregelzwecks"

---

759 Im Ergebnis zustimmend: OLG Nürnberg, Beschl. vom 21.07.2016 – 2 Ws 366/16 –, juris Rn. 38; MüKo-StGB/*Groß*, § 68b Rn. 5. So schon: Gallas, Niederschriften, Band 12, S. 361.

760 So zu § 68b Abs. 1 S. 1 Nr. 12 StGB: OLG Saarbrücken, Beschl. vom 02.10.2013 – 1 Ws 160/13, 1 Ws 194/13 –juris Rn. 51; OLG Hamm, Beschl. vom 21.06.2012 – III-2 Ws 190-191/12 –, juris Rn. 73.

761 Vgl. zu den Kriterien, anhand derer ein Merkmal als objektive Bedingung der Strafbarkeit qualifiziert wird, Gliederungspunkt § 5 C. II. 1. c. (1).

762 SSW-StGB/*Kudlich*, Vorb. §§ 13 ff. StGB, Rn. 26.

763 SSW-StGB/*Kudlich*, Vorb. §§ 13 ff. StGB, Rn. 26.

als Tatbestandsmerkmal qualifiziert wird.[764] Demgegenüber würde es sich bei § 145a StGB um ein abstraktes Gefährdungsdelikt handeln, wenn die Gefährdung des Maßregelzwecks als objektive Bedingung der Strafbarkeit qualifiziert werden würde.

Für die Einordnung als Tatbestandsmerkmal spricht in erster Linie der Wortlaut des § 145a StGB. Dort wird verlangt, dass die Gefährdung des Maßregelzwecks durch den Weisungsverstoß hervorgerufen worden sein muss. Dass der Weisungsverstoß kausal für die Gefährdung des Maßregelzwecks gewesen sein muss, könnte als Indiz darauf gedeutet werden, dass es sich bei der Gefährdung des Maßregelzwecks um ein Tatbestandsmerkmal und bei § 145a StGB um ein konkretes Gefährdungsdelikt handelt.

Allerdings ist der Wortlaut der Norm insoweit nicht eindeutig, wie aus dem Vergleich von § 145a StGB mit § 231 StGB deutlich wird. Auch im Rahmen von § 231 StGB wird verlangt, dass die schweren Folgen Tod eines Menschen beziehungsweise die schwere Körperverletzung nach § 226 StGB durch eine Schlägerei oder einen Angriff eingetreten sein müssen. Obwohl verlangt wird, dass die schwere Folge in Folge der Schlägerei beziehungsweise dem Angriff eingetreten ist, wird sie nicht als Tatbestandsmerkmal, sondern als objektive Bedingung der Strafbarkeit, qualifiziert.[765] Hieran wird deutlich, dass alleine aus der Verwendung des Wortes „durch" nicht geschlossen werden darf, dass es sich bei der „Gefährdung des Maßregelzwecks" um ein Tatbestandsmerkmal handelt. Der Wortlaut von § 145a StGB ist insofern nicht eindeutig, sodass beide Auslegungsmöglichkeiten von ihm gedeckt sind.

Deshalb kommt der Funktion, die die Strafbarkeitsvoraussetzung „Gefährdung des Maßregelzwecks" im Rahmen des Straftatbestands zu erfüllen hat

764 Für die Einordnung als Tatbestandsmerkmal: KG Berlin, Beschl. vom 01.02.2008 – (4) 1 Ss 19/08 (19/08) –, juris Rn. 6; Groth NJW 1979, 743 (746 f.); Lackner/Kühl, StGB, § 145a Rn. 3; LK-StGB/*Roggenbuck*, § 145a Rn. 17; Matt/Renzikowski/*Dietmeier*, StGB, § 145a Rn. 6; MüKo-StGB/*Groß*, § 145a Rn. 15; S/S/*Sternberg-Lieben*, StGB, § 145a Rn. 7. Vgl. insoweit auch Sax JZ 1976, 80 (84), der in Fn. 104 vertritt, dass das Rechtsgut des § 145a StGB in den objektiven Tatbestand der Norm aufgenommen worden ist und somit vom Vorsatz umfasst sein muss. A.A. Fernholz-Niemeier, S. 58 ff.; Kett-Straub, FS Streng, S. 309 (321); Pollähne StV 2014, 161 (165); SK-Wolters/Horn § 145a Rn. 2 f., die davon ausgehen, dass es sich um eine objektive Bedingung der Strafbarkeit handelt.

765 Für die Einordnung der schweren Folge als objektive Bedingung der Strafbarkeit beispielsweise: SSW-StGB/*Momsen-Pflanz/Momsen*, § 231 Rn. 15.

entscheidende Bedeutung zu. Insoweit fällt auf, dass sich einige der im Rahmen der §§ 68 ff StGB auftretenden Probleme mittelbar in der gesetzlichen Konzeption von § 145a StGB widerspiegeln. Das gilt insbesondere für das, aus der Doppelnatur der Führungsaufsicht resultierende, Spannungsverhältnis von Betreuungs- und Überwachungsfunktion, das so oft an den §§ 68 ff. StGB kritisiert wird.

An der strafbarkeitsbeschränkenden Wirkung des Merkmals „Gefährdung des Maßregelzwecks" kann gezweifelt werden, wenn das Ziel des § 145 StGB darin gesehen wird den Führungsaufsichtsprobanden dabei zu helfen ein gesetzestreues Leben zu führen. Bei diesem Verständnis dient § 145a StGB in erster Linie als Mittel um den Weisungsadressaten dabei zu helfen die notwendige Motivation aufzubringen, um die angeordneten Führungsaufsichtsweisungen einzuhalten. Das könnte dahingehend interpretiert werden, dass alleine das weisungswidrige Verhalten nicht ausreichend ist, um die Führungsaufsichtsprobanden strafrechtlich zur Rechenschaft ziehen zu können. Nur wenn zu erwarten ist, dass die strafrechtliche Verurteilung den Führungsaufsichtsprobanden dabei helfen wird nicht erneut straffällig zu werden, wäre der Maßregelzweck gefährdet. Durch die bloße Missachtung von Führungsaufsichtsweisungen würde hingegen kein strafwürdiges Unrecht verwirklicht werden.[766] Folgt man dieser Ansicht, würde das Merkmal „Gefährdung des Maßregelzwecks" eine strafbarkeitsbegründende Funktion erfüllen, was für die Einordnung als Tatbestandsmerkmal sprechen würde.[767]

Gegen diesen Ansatz spricht jedoch, dass er dem Betreuungselement der §§ 68 ff. StGB im Rahmen von § 145 StGB eine zu große Bedeutung beimisst. Verkannt wird, dass durch die §§ 68 ff. StGB die Allgemeinheit ebenfalls vor den Führungsaufsichtsprobanden geschützt werden soll. Daraus, dass die Allgemeinheit durch § 145a StGB davor geschützt werden soll erneut Opfer von Straftaten zu werden, wird vielmehr deutlich wie sehr das repressive Element im Anwendungsbereich des Straftatbestands im Vordergrund steht. Wenn sich die Führungsaufsichtsprobanden in eine Situation begeben, die sie in die

766 Vgl. hierzu: Kwaschnik, S. 238. Kwaschnik misst dem Einwand, dass sich das tatbestandsausfüllende Verhalten in der Missachtung von Führungsaufsichtsweisungen erschöpfen würde, wenn die Gefährdung des Maßregelzwecks als objektive Bedingung der Strafbarkeit eingeordnet werden würde, besondere Bedeutung zu. Mit Blick auf den Schuldgrundsatz hält er ihn für so gewichtig, dass er die Gefährdung des Maßregelzwecks als Tatbestandsmerkmal qualifiziert.

767 So z.B. Groth NJW 1979, 743 (747), der die „Gefährdung des Maßregelzwecks" als strafbarkeitsbegründendes Merkmal einordnet.

Versuchung führen könnte erneut straffällig zu werden, gefährden sie nicht nur ihre eigene Resozialisierung, sondern bedrohen ebenfalls die Rechtsgüter Dritter.[768] Die Weisungsadressaten stellen sich bewusst dem Bemühen entgegen, sie von der Begehung neuer Straftaten abzuhalten.[769]

Einen weiteren Hinweis auf die Einordnung der „Gefährdung des Maßregelzwecks“ als objektive Bedingung der Strafbarkeit kann aus dem Vergleich von § 145a StGB mit den abstrakten Gefährdungsdelikten § 184j StGB[770], § 323a StGB und § 231 StGB abgeleitet werden.

Die Tathandlungen des § 323a StGB bestehen im vorsätzlichen oder fahrlässigen sich in einen Rausch versetzen.[771] Durch § 231 StGB wird die Beteiligung an einer Schlägerei unter Strafe gestellt, was erforderlich ist, um der besonderen Gefährlichkeit von Schlägereien zu begegnen und den Problemen, die sich bei dem Nachweis von Einzelverantwortlichkeiten ergeben können.[772] Auch bezüglich § 184j StGB wird vorgebracht, dass der Straftatbestand in erster Linie der Vermeidung von Beweisproblemen dienen soll.[773]

Auf § 145a StGB übertragen könnte in diesem Zusammenhang ebenfalls kritisiert werden, dass die Gefährdung des Maßregelzwecks nur deshalb als objektive Bedingung der Strafbarkeit eingeordnet wird, um Beweisschwierigkeiten vorzubeugen. Auf den ersten Blick werden diese Bedenken dadurch gestützt, dass es ein mittelbares Ziel des § 145a StGB ist Druck auf die Führungsaufsichtsprobanden ausüben zu können, um sie zur Einhaltung der qualifizierten Weisungen zu verpflichten. Dieses Ziel könnte vielfach nicht erreicht werden, wenn die „Gefährdung des Maßregelzwecks“ als Tatbestandsmerkmal eingeordnet werden würde. Neben dem Bewusstsein gegen eine bestimmte Weisung zu verstoßen, muss nämlich auch die hierdurch eintretende Gefährdung des Maßregelzwecks von dem Vorsatz umfasst sein.[774] Das bedeutet, dass sich der Vorsatz auch auf

---

768 Groth NJW 1979, 743 (747).

769 HK-GS/*M. Heinrich*, StGB, § 145a Rn. 1; Groth NJW 1979, 743 (747); S/S/*Sternberg-Lieben*, StGB, § 145a Rn. 2.

770 So auch: MüKo-StGB/*Renzikowski*, § 184j Rn. 6; SSW-StGB/Wolters, § 184j Rn. 5; a.A. NK-StGB/*Frommel*, § 184j Rn. 1.

771 Auf die abstrakte Gefährlichkeit eines Vollrausches weist unter anderem hin: Baumann/Weber/Mitsch/Eisele, AT, § 20 Rn. 2.

772 BGHSt 14, 132 (134 f.); 33, 100 (103).

773 Fischer, FS Neumann, S. 1089 (1098 f.); Renzikowski NJW 2016, 3553 (3557).

774 Fischer, StGB, § 145a Rn. 10; LK-StGB/*Roggenbuck*, § 145a Rn. 26 f.; MüKo-StGB/*Groß*, § 145a Rn. 18; S/S/*Sternberg-Lieben*, StGB, § 145a Rn. 9; a.A. SK-StGB/*Wolters*, § 145a Rn. 15.

den Eintritt der Gefahrenlage beziehen (sog. Gefährdungsvorsatz) müsste, wenn § 145a StGB als konkretes Gefährdungsdelikt qualifiziert werden würde.[775] Eine Verurteilung auf Grundlage von § 145a StGB würde demnach stets voraussetzen, dass die Führungsaufsichtsprobanden den Zweck der Maßregel Führungsaufsicht gekannt und verstanden haben.[776] Weisungsadressaten, die den Zweck der Maßregel durch einen vorsätzlichen Weisungsverstoß unbewusst gefährden, würden demgegenüber straffrei bleiben. Folge hieraus könnte das Entstehen erheblicher Strafbarkeitslücken sein. Das könnte wiederum im Widerspruch zu dem Ziel stehen, dass durch § 145a StGB die Allgemeinheit vor der erneuten Begehung von Straftaten geschützt werden soll. Dieser Schutz kann auch dann erforderlich sein, wenn sich die Weisungsadressaten der Gefährdung des Maßregelzwecks nicht bewusst sind.

Die entscheidende Erwägung ist jedoch, auch an dieser Stelle, die Frage, ob durch die von § 145a StGB pönalisierten Verhaltensweisen auch dann noch strafwürdiges Unrecht erfasst wird, wenn die zusätzliche Strafbarkeitsvoraussetzung „Gefährdung des Maßregelzwecks" gestrichen werden würde. Die Bedenken, dass die „Gefährdung des Maßregelzwecks" aus rein kriminalpolitischen Gründen als objektive Bedingung der Strafbarkeit eingeordnet wird, würden an Gewicht verlieren, wenn das pönalisierte Verhalten auch ohne die einschränkende Strafbarkeitsvoraussetzung strafwürdiges Unrecht erfassen würde.

In diesem Zusammenhang zeigt der Vergleich mit § 323a StGB und § 231 StGB, dass der Gesetzgeber das von den Straftatbeständen erfasste Verhalten nur dann unter Strafe stellen will, wenn zusätzliche die jeweilige objektive Bedingung der Strafbarkeit eingetreten ist. So wird die Beteiligung an einer Schlägerei oder an einem Angriff mehrerer nur bestraft, wenn zusätzlich die jeweils geforderte schwere Folge eingetreten ist. Auch das grundsätzlich straffrei mögliche sich Berauschen soll nur dann strafrechtliche Folgen auslösen, wenn in diesem Zustand eine Straftat begangen worden ist. Ist die objektive Bedingung der Strafbarkeit hingegen nicht eingetreten, bleibt das Handeln strafrechtlich folgenlos. Zweck der objektiven Strafbarkeitsbedingung ist in beiden Fällen die Strafbarkeit eines an sich strafwürdigen Verhaltens auf bestimmte Fälle zu beschränken.

§ 145a StGB setzt im Vergleich mit § 323a StGB jedoch deutlich früher an, da nicht nur das sich Berauschen, sondern bereits jedweder Konsum von

---

775 Lackner/Kühl, StGB, § 15 Rn. 28.
776 SK-StGB/*Wolters*, § 145a Rn. 3.

Der erweiternden Auslegung liegt folglich die Feststellung zugrunde, dass die legislative Grundentscheidung, dass sämtliche der in § 68b Abs. 1 StGB aufgeführten Weisungen strafwürdiges Unrecht enthalten können, nicht unterlaufen werden darf. § 145a StGB enthält ein Sonderstrafrecht für Führungsaufsichtsprobanden, das sich daraus rechtfertigt, dass die strafbewehrten Weisungen individuell auf ihre jeweiligen kriminellen Anfälligkeiten zugeschnitten sind. Wie sich unter anderem anhand der in der Vergangenheit begangenen Straftaten gezeigt hat, sind die Führungsaufsichtsprobanden in bestimmten Situationen oder unter bestimmten Umständen besonders kriminalitätsgefährdet. Diese Diagnose unterscheidet sie von sonstigen Personen, für die das durch § 145a StGB in Verbindung mit § 68b Abs. 1 StGB pönalisierte Verhalten, für nicht strafwürdig erachtet wird. Auch die Weisungen nach § 68b Abs. 1 StGB dürfen nur angeordnet werden, wenn sie geeignet sind die Weisungsadressaten von der neuerlichen Begehung von Straftaten abzuhalten. Hierdurch wird gewährleistet, dass nur diejenigen Führungsaufsichtsprobanden mit strafbewehrten Weisungen belastet werden, die ihrer helfenden und überwachenden Wirkung tatsächlich bedürfen, um nicht erneut straffällig zu werden. Unter Berücksichtigung dieser Besonderheiten kann es durchaus gerechtfertigt sein den Führungsaufsichtsprobanden besondere Meldepflichten oder Überwachungspflichten aufzuerlegen und deren Missachtung unter Strafe zu stellen, obwohl dies gegenüber Normalbürgern nicht zulässig wäre.

Neben diesem systematischen Argument sprechen ebenfalls teleologische Gründe für ein weites Verständnis der objektiven Strafbarkeitsbedingung. Hinter § 145a StGB verbirgt sich mittelbar die gesetzgeberische Intention notfalls Druck auf die Weisungsadressaten ausüben zu können. Die Führungsaufsichtsprobanden sollen durch die drohende Stellung eines Strafantrags zur Einhaltung der Weisungen gezwungen werden. Die Drohung mit dem Stellen eines Strafantrags kann jedoch nur dann abschreckende Wirkung entfalten, wenn ein Verstoß gegen Führungsaufsichtsweisungen, auch gegen die nach § 68b Abs. 1 S. 1 Nr. 1, 7–9, 11, 12 StGB, grundsätzlich geeignet ist den Blankettstraftatbestand des § 145a StGB auszufüllen.

Dennoch kann dieser Ansicht nicht uneingeschränkt gefolgt werden, da der objektiven Bedingung der Strafbarkeit ansonsten ihre strafbarkeitsbeschränkende Funktion genommen werden würde. Es ist daher stets erforderlich, dass eine an dem Anordnungs- oder Eintrittsgrund der Führungsaufsicht orientierte Täterprognose vorgenommen wird, wenn geprüft wird, ob der Tatbestand des § 145a StGB erfüllt ist. Maßgeblicher Zeitpunkt für die Vornahme der Prognose ist derjenige des Weisungsverstoßes. Maßgeblich für die Frage, ob eine „Gefährdung des Maßregelzwecks" vorliegt, ist daher, ob gegen eine Weisung der in

§ 68b Abs. 1 S. 1 Nr. 2–6, 10 StGB oder eine der in § 68b Abs. 1 S. 1 Nr. 1, 7–9, 11, 12 StGB genannten Art verstoßen worden ist.

Kommen die Führungsaufsichtsprobanden infolge der Missachtung von Weisungen nach § 68b Abs. 1 S. 1 Nr. 2–6, 10 StGB mit Reizen in Berührung, für die sie sich in der Vergangenheit als kriminell anfällig erwiesen haben, besteht eine Vermutung dafür, dass gleichfalls der Maßregelzweck gefährdet worden ist.

Haben sich die Weisungsadressaten hingegen durch den Weisungsverstoß lediglich der für ihre Legalbewährung erforderlichen planmäßigen Überwachung entzogen (§ 68b Abs. 1 S. 1 Nr. 1, 7–9, 11, 12 StGB), kommt der Legalprognose maßgebliche Bedeutung zu. Ein wichtiges, auf die „Gefährdung des Maßregelzwecks" hindeutendes, Indiz liegt vor, wenn den Führungsaufsichtsprobanden im Zeitpunkt des Weisungsverstoßes eine negative Legalprognose (§ 67c Abs. 1 S. 1 Nr. 2 StGB, § 67d Abs. 2 S. 2, Abs. 3 S. 1, Abs. 4 S. 1, Abs. 5 S. 1, Abs. 6 S. 1 Alt. 2, § 68 Abs. 1, § 68f Abs. 1 S. 1 StGB) zu stellen war. Missachten diese Täter die ihnen auferlegten Kontrollweisungen ist in der Regel zugleich der Maßregelzweck gefährdet. Etwas anderes gilt nur, wenn die Führungsaufsicht auf Grundlage des § 67b Abs. 1, § 67c Abs. 1 S. 1 Nr. 1, Abs. 2 S. 4 HS 2 StGB oder des § 67d Abs. 2 S. 1 StGB eingetreten ist, da die Führungsaufsichtsprobanden in diesen Fällen regelmäßig über eine positive Legalprognose verfügen. In diesem Fall führen Weisungsverstöße nicht typsicherweise zu einer „Gefährdung des Maßregelzwecks". Das gilt jedenfalls dann, wenn trotz der Weisungsverstöße nicht zu erwarten ist, dass die Führungsaufsichtsprobanden erneut straffällig werden.

Diese Unterscheidung hat zur Folge, dass Führungsaufsichtsprobanden, die über eine negative Legalprognose verfügen einem höheren Bestrafungsrisiko ausgesetzt sind, als diejenigen, die mit einer positiven Legalprognose aus dem Vollzug entlassen worden sind.

Eingeschränkt wird dieser gegenwärtig weite Anwendungsbereich auf erster Stufe jedoch dadurch, dass der bisherige Verlauf der Führungsaufsicht und die zwischenzeitliche Entwicklung der Weisungsadressaten berücksichtigt werden muss. Haben sich ursprünglich stark kriminalitätsgefährdete Führungsaufsichtsprobanden über eine längere Zeit in Freiheit beanstandungsfrei bewährt, muss dies Berücksichtigung finden, wenn untersucht wird, ob der Maßregelzweck gefährdet worden ist.

Auf zweiter Stufe ist das sonstige Verhalten der Führungsaufsichtsprobanden, das nicht im unmittelbaren Zusammenhang mit dem Weisungsverstoß steht, zu berücksichtigen. Ohne die Berücksichtigung des sonstigen Verhaltens der Weisungsadressaten ist es vielfach nicht möglich festzustellen, ob die objektive

Bedingung der Strafbarkeit eingetreten ist. Diese Feststellung ist in der Regel nur möglich, wenn berücksichtigt wird wie und weshalb es zu dem vorgeworfen weisungswidrigen Verhalten gekommen ist.[792] Alles andere hätte zudem erhebliche Nachteile für diejenigen Führungsaufsichtsprobanden zur Folge, die über eine negative Legalprognose verfügen, und bei denen der Straftatbestand des § 145a StGB vielfach erfüllt sein wird, wenn Führungsaufsichtsweisungen missachtet werden. Nicht überzeugend ist es demnach zu verlangen, dass die Tathandlung „Weisungsverstoß" isoliert betrachten werden muss, wenn ermittelt wird, ob durch den Weisungsverstoß eine „Gefährdung des Maßregelzwecks" eingetreten ist. Konsequenz dieser Sichtweise wäre, dass die „Gefährdung des Maßregelzwecks" ihre alleinige Ursache in der Missachtung der Führungsaufsichtsweisungen haben dürfte, ohne dass zugleich die Begleitumstände der Tat Berücksichtigung berücksichtigt werden dürften.[793]

Eine Verurteilung auf Grundlage von § 145a StGB darf demnach nicht erfolgen, wenn aus dem sonstigen Verhalten der Weisungsadressaten deutlich wird, dass sie trotz des Weisungsverstoßes nicht in die Gefahr geführt wurden, erneut straffällig zu werden.[794] Um dieses Ziel zu erreichen muss zumindest das sonstige Verhalten der Weisungsadressaten, das Schlüsse darauf zulässt, ob sie infolge des Weisungsverstoßes in die Versuchung geführt wurden erneut Straftaten zu begehen, bei der Aburteilung berücksichtigt werden.[795] Im Umkehrschluss darf allerdings ebenfalls berücksichtigt werden, wenn die über eine positive Legalprognose verfügenden Täter gegen eine Weisung verstoßen haben und aus dem sonstigen Verhalten deutlich wird, dass infolge des Weisungsverstoßes eine „Gefährdung des Maßregelzwecks" eingetreten ist.

---

792 OLG Dresden StV 2015, 699 (700).

793 Gegen die Berücksichtigungsfähigkeit des sonstigen Verhaltens: Fischer, StGB, § 145a Rn. 9; Matt/Renzikowski/*Dietmeier*, StGB, § 145a Rn. 6; NK-StGB/*Kretschmer*, § 145a Rn. 19; Wassermann-StGB/*Schild*, § 145a Rn. 16. Kritisch hierzu ebenfalls: LK-StGB/*Hanack*, 11. Auflage, § 145a Rn. 24.

794 Ähnlich: BGHSt 58, 72 (76). Der BGH entschied, dass der Maßregelzweck jedenfalls dann nicht gefährdet ist, wenn der Führungsaufsichtsproband weisungswidrig keinen Kontakt zu seinem Bewährungshelfer hält, dafür aber in Kontakt mit dem für ihn zuständigen Polizeibeamten steht.

795 Für die Berücksichtigungsfähigkeit des sonstigen Verhaltens: KG Berlin StV 2014, 144 (145); AG Straubing, Beschl. vom 13.05.2015 – 4 Ds 133 Js 93977/14 –, juris Rn. 28; HK-GS/*M. Heinrich*, StGB, § 145a Rn. 6; Lackner/Kühl, StGB, § 145a Rn. 3; LK-StGB/*Roggenbuck*, § 145a Rn. 22; Otto, BT, § 96, Rn. 24; S/S/*Sternberg-Lieben*, StGB, § 145a Rn. 7.

Von verfehlten Weisungen wird gesprochen, wenn die Weisungen von Anfang an, das heißt bereits im Zeitpunkt ihrer Anordnung, objektiv unnötig und für den Maßregelzweck irrelevant waren.[806] Unzweckmäßige Weisungen liegen hingegen vor, wenn sich nachträglich herausstellt, dass sie kein taugliches Mittel zur Verhinderung weiterer Straftaten und zur Senkung der Rückfallgefahr sind.[807] Gemeint sind Weisungen, die im Zeitpunkt ihrer Anordnung zur Abwendung der Gefahr geeignet waren, die aber im Laufe der Durchführung der Führungsaufsicht unnötig und damit unzweckmäßig geworden sind.

Beiden Arten von Weisungen haben, gleichwohl ob sie verfehlt oder unzweckmäßig sind, die Gemeinsamkeit, dass sie wirksam entstanden sind.[808] Die Problematik des Umgangs mit diesen Weisungen muss daher im Rahmen der objektiven Bedingung der Strafbarkeit Gefährdung des Maßregelzwecks gelöst werden. Weisungsverstöße sind für die Gefährdung des Maßregelzwecks nur kausal, wenn festgestellt werden kann, dass die Befolgung der Weisungen im konkreten Fall zur Abwendung der Gefahr grundsätzlich geeignet war.[809] Sofern die Weisungen gar nicht geeignet waren die Weisungsadressaten vor speziell für sie gefährlichen Situationen zu bewahren, tritt durch den Verstoß keine Maßregelzweckgefährdung ein. Das bedeutet allerdings nicht, dass Verstöße gegen Weisungen, deren Unzweckmäßigkeit nachträglich eingetreten ist, stets strafrechtlich folgenlos bleiben. Vielmehr ist danach zu differenzieren, ob die Unzweckmäßigkeit vor oder nach der Missachtung der Weisungen eingetreten ist. Auf jeden Fall bleiben die, während der Dauer der Führungsaufsicht begangenen Weisungsverstöße, die bis zu dem Eintritt der Unzweckmäßigkeit begangen worden sind, von § 145a StGB erfasst.[810]

Nicht überzeugend ist es hingegen diejenigen Weisungsadressaten, denen jede Resozialisierungsbereitschaft fehlt, und die von Beginn an zur Begehung neuer Straftaten entschlossen waren, nicht nach § 145a StGB zu bestrafen.[811] Die Gefährdung des Maßregelzwecks kann nicht mit dem Argument abgelehnt

806 MüKo-StGB/*Groß*, § 145a Rn. 17.

807 AnwK-StGB/*Graf v. Schlieffen*, § 145a Rn. 4; LK-StGB/*Roggenbuck*, § 145a Rn. 21.

808 OLG Dresden StV 2015, 699 (700); LK-StGB/*Roggenbuck*, § 145a Rn. 12; S/S/*Sternberg-Lieben*, StGB, § 145a Rn. 5a; a.A. NK-StGB/*Kretschmer*, § 145a Rn. 15, der das Problem unter dem Punkt Rechtmäßigkeit der Weisungen diskutiert.

809 Fischer, StGB, § 145a Rn. 9.

810 MüKo-StGB/*Groß*, § 145a Rn. 17.

811 So aber: Fernholz-Niemeier, S. 75 f.; SSW-StGB/*Jeßberger*, § 145a Rn. 10. Gleiches gilt, wenn der Wille zur Resozialisierung erst während der Durchführung der Führungsaufsicht verloren geht.

werden, dass die Führungsaufsicht in diesem Fall ohnehin wirkungslos sei und ihr Zweck daher nicht gefährdet werden könne.[812] Ziel der §§ 68 ff. StGB, und im Besonderen des § 145a StGB, ist es einer solchen Einstellung der Führungsaufsichtsprobanden entgegenzuwirken.[813] Es wäre widersprüchlich gerade den Anwendungsbereich von § 145a StGB auszunehmen, an dem die disziplinierende Wirkung des Straftatbestands am dringendsten nötig ist. Folglich kommt es für die Frage, ob die Weisung verfehlt oder unzweckmäßig ist, auf den Charakter der Weisung und auf ihre grundsätzliche Eignung, dazu die Weisungsadressaten von der erneuten Begehung von Straftaten abzuhalten, an. Ob die Weisungsadressaten ohnehin zur Tatbegehung entschlossen waren, ist demgegenüber unbeachtlich.[814]

D. Der Weisungskatalog des § 68b Abs. 1 StGB

I. § 68b Abs. 1 S. 1 Nr. 1 StGB: Das Mobilitätsverbot

Auf Grundlage von § 68b Abs. 1 S. 1 Nr. 1 StGB können die Führungsaufsichtsprobanden angewiesen werden, ihren Wohn- oder Aufenthaltsort oder einen anderen bestimmten Bereich nicht ohne Erlaubnis der Aufsichtsstellen zu verlassen. § 68b Abs. 1 S. 1 Nr. 1 StGB liegt der Gedanke zugrunde, dass durch das ungenehmigte Verlassen der Gebotszone eine abstrakte Gefahrenlage entstehen kann. Zu dem Entstehen einer solchen Gefahrenlage kann es kommen, wenn die Aufsichtsstellen die Kontrolle über die Weisungsadressaten verlieren. Folge ist, dass sich die von den Führungsaufsichtsprobanden ausgehende Gefahr weiter

812 Unzulässig ist ebenfalls die Führungsaufsicht aufzuheben, weil keine Hoffnung auf eine erfolgreiche Legalbewährung besteht. So auch: Anm. Koepsel zu LG Bonn, NStZ 1994, 359 (360).

813 Daher handeln die Weisungsadressaten auch dann vorsätzlich, wenn sie im Zeitpunkt des Weisungsverstoßes nicht bereit waren ein straffreies Leben zu führen. Die Führungsaufsichtsprobanden erhöhen das Risiko der erneuten Begehung von Straftaten in ganz besonders hohem Maße, wenn sie die Weisungen missachten, obwohl sie sich entschlossen haben, erneut Straftaten zu begehen. (So auch: S/S/*Sternberg-Lieben*, StGB, § 145a Rn. 9. Zweifelnd: NK-StGB/*Kretschmer*, § 145a Rn. 21. Verneinend: NK-StGB/Schild, 3. Auflage, § 145a Rn. 19).

814 Im Ergebnis zustimmend: LK-StGB/*Roggenbuck*, § 145a Rn. 21; MüKo-StGB/*Groß*, § 145a Rn. 15.

verstärkt, weil sie sich der für ihre Legalbewährung dringend benötigten staatlichen Kontrolle entziehen.

Wenn den Weisungsadressaten verboten wird ihren Wohn- oder Aufenthaltsort zu verlassen, ist hierunter die Gemeinde als unterste Gebietskörperschaft zu verstehen.[815] Unter den Begriff „bestimmter Bereich“ kann hingegen ein größeres Gebiet, oder ein Teilgebiet, gefasst werden.[816] Es ist demnach möglich, den Führungsaufsichtsprobanden das Verlassen eines Teils einer größeren Stadt, oder eines Landkreises, zu verbieten.[817] Bezieht sich das Mobilitätsverbot auf einen Teil einer größeren Stadt, müssen in der Weisung die vom Verbot erfassten Stadtteile aufgeführt sein, um der Weisung den nötigen Grad an Bestimmtheit zu verleihen.[818]

Bedenklich ist hingegen, wenn den Weisungsadressaten das Verlassen eines Bundeslandes oder des kompletten Gebiets der Bundesrepublik Deutschland untersagt wird.[819] In diesen Fällen erstreckt sich die Gebotszone auf flächenmäßig so große Gebiete, dass die Führungsaufsichtsprobanden von den Aufsichtsstellen kaum effektiv überwacht werden können. In der Sicherstellung der planmäßigen Überwachung der Weisungsadressaten liegt jedoch der Hauptzweck von Mobilitätsverboten. Sofern die Einhaltung einer so ausgestalteten Weisung nicht mit Hilfe der elektronischen Aufenthaltsüberwachung überwacht wird (§ 68b Abs. 1 S. 1 Nr. 12 StGB), ist diese Kontrolle praktisch nicht zu leisten.[820] Daher dürfen derart weit gefasste Mobilitätsbeschränkungen nur angeordnet werden, wenn ihre Einhaltung zugleich elektronisch überwacht wird.

---

815 KG Berlin NStZ-RR 2014, 175 (175); MüKo-StGB/*Groß*, § 68b Rn. 12; NK-StGB/*Ostendorf*, § 68b Rn. 9.

816 KG Berlin NStZ-RR 2014, 175 (175); OLG Rostock, Beschl. vom 23.11.2011 – I Ws 345/11 –, juris Rn. 21.

817 Zum Landkreis: NK-StGB/*Ostendorf*, § 68b Rn. 9.

818 KG Berlin NStZ-RR 2014, 175 (175).

819 Zum Bundesland: OLG Saarbrücken, Beschl. vom 02.10.2013 – 1 Ws 160/13, 1 Ws 194/13 –, juris Rn. 59; OLG Düsseldorf StV 1982, 174 (174); NK-StGB/*Ostendorf*, § 68b Rn. 9; SSW-StGB/*Jehle/Harrendorf*, § 68b Rn. 5; S/S/Kinzig, StGB, § 68b Rn. 5. Zum Staatsgebiet der Bundesrepublik Deutschland: OLG Nürnberg, Beschl. vom 05.09.2012 – 2 Ws 464/12 –, juris Rn. 8; Baur/Kinzig, S. 375; S/S/*Kinzig*, StGB, § 68b Rn. 5.

820 Ähnlich für den Bereich Bundesland: LK-StGB/*Schneider*, § 68b Rn. 20; Matt/Renzikowski/*Eschelbach*, StGB, § 68b Rn. 2, der allerdings bei Stadtstaaten eine Ausnahme machen will. Zweifelnd ebenfalls: MüKo-StGB/*Groß*, § 68b Rn. 12.

1. *Mobilitätsverbot mit der Wirkung eines Hausarrests*

Fraglich ist weiterhin, ob den Weisungsadressaten auf Grundlage von § 68b Abs. 1 S. 1 Nr. 1 StGB ein bestimmter Wohn- oder Aufenthaltsort zugewiesen werden darf.

In der Rechtsprechung wird es zum Teil für zulässig gehalten, den Führungsaufsichtsprobanden den Wohn- und Aufenthaltsort „offene Station eines psychiatrischen Krankenhauses“ zuzuweisen.[821] Dies wird damit begründet, dass eine offene Einrichtung ein bestimmter Bereich im Sinne des § 68b Abs. 1 S. 1 Nr. 1 StGB sei.[822] Noch weitergehend wird die Zuweisung bestimmter Wohnorte gar für uneingeschränkt zulässig gehalten.[823] Eine weitere Möglichkeit eine vergleichbare Wirkung zu erzeugen, ohne aber zugleich einen Wohnort zuweisen zu müssen, besteht darin die Mobilitätsbeschränkungen so eng auszugestalten, dass sie in ihrer Wirkung einem Hausarrest gleichkommen.

Für eine extensive Auslegung von § 68b Abs. 1 S. 1 Nr. 1 StGB spricht dabei vor allem, dass die planmäßige Überwachung der Führungsaufsichtsprobanden, und damit der Hauptzweck der Weisung, durch die Zuweisung eines Aufenthaltsortes am effektivsten verwirklicht werden kann.

Derart eng ausgestaltete Mobilitätsbeschränkungen würden die Führungsaufsicht ihrem Charakter nach den freiheitsentziehenden Maßregeln annähern.[824] Ebenfalls angenommen werden könnte, dass die Mobilitätsbeschränkungen ihrem Charakter nach dem offenen Vollzug einer Freiheitsstrafe nach § 10 Abs. 1 StVollzG[825] angenähert werden. Gem. § 141 Abs. 2 StVollzG sehen Anstalten, in denen die Freiheitsstrafen im offenen Vollzug vollstreckt werden, keine oder verminderte Vorkehrungen vor, die das Entweichen der Strafgefangenen verhindern sollen. Ziel ist es, den Strafgefangenen so viel Freiheit wie unbedingt nötig zu entziehen und ihnen gleichzeitig möglichst normale

---

821 OLG Düsseldorf MDR 1990, 743 (743). Zustimmend: OLG Schleswig SchlHA, 1999, 170 (171 f.).

822 OLG Celle, Beschl. vom 30.05.2011 – 2 Ws 423/10 –, juris Rn. 54.

823 OLG Hamm, Beschl. vom 29.06.2017 – 4 Ws 408/16 –, Rn. 32, juris; OLG Hamm, Beschl. vom 10.01.2013 – III-5 Ws 358/12, III-5 Ws 359/12, juris Rn. 32.

824 Die Weisung in einem offenen Heim für Suchtkranke zu wohnen soll keinen Hausarrest darstellen und daher auf § 68b Abs. 1 S. 1 Nr. 1 StGB gestützt werden können: OLG Celle, Beschl. vom 30.05.2011 – 2 Ws 423/10 –, juris Rn. 54. Das soll jedenfalls dann gelten, wenn es sich bei dem Heim um eine offene Einrichtung handelt, und die generelle Erlaubnis erteilt worden ist, die Einrichtung zumindest für Spaziergänge und Einkaufsfahrten zu verlassen.

825 Strafvollzugsgesetz.

Lebensumstände zu bieten und Kontakt mit der Gesellschaft zu ermöglichen.[826] Durch den vollständigen oder teilweisen Verzicht auf Sicherheit wird die Lebenssituation der Strafgefangenen an die allgemeinen Lebensverhältnisse angeglichen.[827]

Die Ziele des offenen Vollzugs unterscheiden sich allerdings bereits wegen des unterschiedlichen Adressatenkreises erheblich von denen der Führungsaufsicht. Die Gruppe der Führungsaufsichtsprobanden setzt sich aus Personen zusammen, die bedingt aus dem Vollzug entlassen wurden, ihre Haftstrafe vollständig verbüßt haben oder deren Unterbringung im Maßregelvollzug für erledigt erklärt worden ist. Gerade Personen, die ihre Haftstrafe vollständig verbüßt haben, oder deren Maßregel für erledigt erklärt worden ist, verfügen regelmäßig über eine schlechtere Legalprognose als die Strafgefangenen, die sich im offenen Vollzug befinden. Zudem handelt es sich bei der Führungsaufsicht, anders als bei dem offenen Vollzug, um eine ambulante Maßnahme, die sich im Regelfall an den stationären Vollzug anschließt. Dieser Charakter darf der Führungsaufsicht nicht durch die Ausgestaltung der Maßnahme als quasi stationärer Maßregel genommen werden. Entscheidend ist insoweit, dass die Führungsaufsicht nicht als Fortsetzung der Anstaltsunterbringung erscheinen darf. Nur wenn dieser Anforderung genüge getan wird, bleibt der Charakter der Führungsaufsicht als freiheitsbeschränkender, nicht freiheitsentziehender, Maßregel erhalten.

Insoweit sei auch auf die Unterschiede zwischen dem elektronisch überwachten Hausarrest und einer mittels elektronischer Aufenthaltsüberwachung (§ 68b Abs. 1 S. 1 Nr. 12 StGB) abgesicherten Mobilitätsbeschränkung verwiesen. Der elektronisch überwachte Hausarrest kann beispielsweise auf Grundlage von § 16 Abs. 3 HStVollzG[828] oder § 16 Abs. 3 HessJStVollzG[829] angeordnet werden. Darüber hinaus kann der elektronisch überwachten Hausarrest zumindest potentiell als Bewährungshilfeweisung auf Grundlage von § 56c Abs. 2 Nr. 1 StGB angeordnet werden.[830] Durch den Hausarrest soll den Straftätern beim Erlernen von Selbstdisziplin geholfen werden, wodurch sie wiederum in die Lage versetzt werden sollen sich selbst zu helfen.[831] Um dieses Ziel zu erreichen wird die Fortbewegungsfreiheit bei dem Hausarrest in der Regel auf die Unterkunft und den Arbeitsplatz beschränkt. Die elektronisch überwachten

---

826 Feest/Lesting/Lindemann/*Lesting*, StVollzG, § 15 LandesR Rn. 4.
827 Laubenthal, StVollzG, Rn. 346.
828 Hessisches Strafvollzugsgesetz.
829 Hessisches Jugendstrafvollzugsgesetz.
830 Schlömer, S. 190 f.; Wittstamm, S. 144 ff.; a.A. Walter ZfStrVo 1999, 287 (291).
831 Thiele Kriminalistik 1999, 440 (441).

Führungsaufsichtsprobanden verfügen hingegen über mehr Freiheiten, da sie sich freier bewegen können und nicht an eine bestimmte Wohnung gebunden sind. Das ergibt sich aus dem Wortlaut des § 68b Abs. 1 S. 1 Nr. 1 StGB, der nur den Ausspruch des Verbots erlaubt die Gebotszone ohne Erlaubnis der Aufsichtsstelle zu verlassen. Die Einordnung der Führungsaufsicht als freiheitsbeschränkender Maßregel verlangt, dass die Gebotszone eine gewisse Größe aufweist, in der sich die Weisungsadressaten bewegen können. Maßgeblicher Unterschied zwischen der elektronischen Aufenthaltsüberwachung und dem elektronisch überwachten Hausarrest ist daher die Reichweite der Aufenthaltsbeschränkung.[832] Diese gesetzgeberische Grundentscheidung darf nicht durch die Anordnung von Mobilitätsverboten unterlaufen werden, die zwar nicht formal, aber in ihrer Wirkung, einer Freiheitsentziehung gleichkommen.[833] Hieran ändert sich auch dann nichts, wenn die Weisungsadressaten in einem offenen Heim untergebracht sind und ihnen eine Generalerlaubnis erteilt worden ist, dieses unbeaufsichtigt verlassen zu dürfen um spazieren zu gehen und Einkäufe tätigen zu können. Es ist nicht möglich, den Charakter der Führungsaufsicht als nicht freiheitsentziehende Maßregel dadurch zu erhalten, dass den Weisungsadressaten lediglich punktuell bestimmte Freiheiten eingeräumt werden.

Gegen die Zulässigkeit von derart eng ausgestalteten Weisungen spricht darüber hinaus der Wortlaut des § 68b Abs. 1 S. 1 Nr. 1 StGB. Den Führungsaufsichtsprobanden darf nur verboten werden, die Gebotszone ohne Erlaubnis der Aufsichtsstellen zu verlassen. Nicht geregelt ist hingegen, dass den Führungsaufsichtsprobanden ein bestimmter Wohnort zugewiesen werden darf.

Es ist daher nur zulässig das Verlassen eines bestimmten Ortes zu verbieten. Nicht zulässig ist es hingegen die Weisungsadressaten anzuweisen, ein bestimmtes Grundstück nicht zu verlassen.[834] Ebenfalls nicht von dem Wortlaut des § 68b Abs. 1 S. 1 Nr. 1 StGB gedeckt, ist die Zuweisung einer Wohnung.[835] Die Gebotszone darf weiterhin nicht so eng gezogen werden, als dass die Führungsaufsichtsprobanden ein einzelnes Gebäude oder einen Gebäudeteil nicht ohne

---

832 Hochmayr NStZ 2013, 13 (14).

833 Dessecker, FS Heinz, S. 631 (638); Harders, S. 119. Ähnlich: LK-StGB/*Schneider*, § 68b Rn. 20.

834 MüKo-StGB/*Groß*, § 68b Rn. 12.

835 Im Ergebnis zustimmend: OLG Dresden Rpfleger 2016, 53 (54); OLG Jena NStZ–RR 2012, 158 (158); Baur/Kinzig, S. 375; Heintschel-Heinegg/*Heuchemer*, StGB, § 68b Rn. 8; Fischer, StGB, § 68b Rn. 4; LK-StGB/Schneider, § 68b Rn. 20; Matt/Renzikowski/*Eschelbach*, StGB, § 68b Rn. 2; NK-StGB/*Ostendorf*, § 68b Rn. 9; Ruderich, S. 148; SSW-StGB/*Jehle/Harrendorf*, § 68b Rn. 5; S/S/Kinzig, StGB, § 68b Rn. 5.

Erlaubnis der Aufsichtsstelle verlassen dürften.[836] Das gilt selbst dann, wenn das Verlassen des Aufenthaltsortes nur zeitweise untersagt wird.[837]

2. *Das Verlassen der Gebotszone*

a. *Bestimmung des Zeitintervalls*

Nähere Betrachtung verdient ebenfalls die Frage, wie lange die Weisungsadressaten die Gebotszone verlassen dürfen, bevor ein Verlassen im Sinne des § 68b Abs. 1 S. 1 Nr. 1 StGB vorliegt.

Was unter dem Begriff „Verlassen" zu verstehen ist, ergibt sich aus der Zusammenschau von § 68b Abs. 1 S. 1 Nr. 1 StGB und § 68b Abs. 1 S. 1 Nr. 8 StGB. Der dauerhafte Wechsel des Wohnortes ist gem. § 68b Abs. 1 S. 1 Nr. 8 StGB sanktionslos möglich, solange die Weisungsadressaten diesen zuvor bei den Aufsichtsstellen angezeigt haben. Der Wohnsitzwechsel steht unter keinem Erlaubnisvorbehalt und kann von den Aufsichtsstellen selbst dann nicht untersagt werden, wenn sie aus nachvollziehbaren Gründen nicht mit dem Umzug einverstanden sind. Wenn aber der dauerhafte Wechsel des Wohnsitzes von § 68b Abs. 1 S. 1 Nr. 8 StGB erfasst und lediglich anzeigepflichtig ist, kann § 68b Abs. 1 S. 1 Nr. 1 StGB nicht das dauerhafte, sondern nur das vorübergehende Verlassen der Gebotszone erfassen.[838] Hierfür spricht auch, dass § 68b Abs. 1 S. 1 Nr. 1 StGB keine Rechtsgrundlage dafür bietet, den Weisungsadressaten einen bestimmten Wohnort zuzuweisen, was jedoch faktisch geschehen würde, wenn den Führungsaufsichtsprobanden das dauerhafte Verlassen der Gebotszone verboten würde.

Das führt allerdings zu der Folgefrage, für welchen Zeitraum die Weisungsadressaten die Gebotszone verlassen haben müssen, damit ein Verlassen im Sinne des § 68b Abs. 1 S. 1 Nr. 1 StGB vorliegt. In der Literatur wird der Begriff des Verlassens vielfach einschränkend ausgelegt. An einem Verlassen soll es fehlen, wenn sich die Führungsaufsichtsprobanden ganz kurzzeitig aus der Gebotszone entfernt haben.[839] Ein kurzzeitiges Entfernen soll beispielsweise vorliegen, wenn die Gebotszone für maximal einen Tag verlassen wird.[840] Das soll selbst dann

---

836 KG Berlin NStZ-RR 2014, 175 (175).

837 OLG Saarbrücken, Beschl. vom 02.10.2013 – 1 Ws 160/13, 1 Ws 194/13 –, juris Rn. 59.

838 Im Ergebnis zustimmend: OLG Rostock, Beschl. vom 21.09.2016 – 20 Ws 234/16 –, juris Rn. 29; OLG Jena, Beschl. vom 23.04.2013 – 1 Ws 106/13 –, juris Rn. 20; OLG Rostock, Beschl. vom 23.11.2011 – I Ws 345/11 –, juris Rn. 25; OLG Jena NStZ-RR 2010, 189 (190).

839 Fischer, StGB, § 68b Rn. 4; LK-StGB/*Schneider*, § 68b Rn. 20; Matt/Renzikowski/*Eschelbach*, StGB, § 68b Rn. 2; NK-StGB/*Ostendorf*, 4. Auflage, § 68b Rn. 9.

840 AnwK-StGB/*Kilian*, § 68b Rn. 9; Heintschel-Heinegg/*Heuchemer*, StGB, § 68b Rn. 8.

gelten, wenn die Führungsaufsichtsprobanden die Gebotszone verlassen haben, um Straftaten zu begehen.[841] Vorteil dieses Lösungsansatzes ist, dass die Weisungsadressaten weit weniger stark belastet werden und damit die Vereinbarkeit der Weisungen mit § 68b Abs. 3 StGB sichergestellt wird.

Dennoch muss sich diese Lösung entgegenhalten lassen, dass ein solches Verständnis des Begriffs „Verlassen" nicht vom Wortlaut des § 68b Abs. 1 S. 1 Nr. 1 StGB gedeckt ist. In dem allgemeinen Sprachgebrauch versteht man unter Verlassen jedes Verlassen der Gebotszone, so kurzfristig es auch gewesen sein mag.[842] Selbst, wenn man dies anders sehen würde, wäre die zuvor vorgeschlagene Lösung nicht mit Art. 103 Abs. 2 GG vereinbar. Für die Adressaten der Weisung wäre nicht erkennbar, wann sie die Grenze des kurzfristigen Verlassens überschreiten und damit den gem. § 145a StGB strafbaren Bereich betreten. Alleine aus dem Begriff kurzfristig wird nicht deutlich, welches Zeitintervall hierunter zu verstehen ist. Gemeint sein könnten ein, zwei oder sieben Tage. Zudem wäre eine generell geltende Definition des Begriffs kurzfristig nicht mit der Pflicht vereinbar, die Führungsaufsichtsweisungen individuell auf jeden einzelnen Führungsaufsichtsprobanden anzupassen. Je nach krimineller Gefährdung kann es notwendig sein, jedes noch so kurzfristige, oder eben erst ein mehrtägiges Verlassen dem Erlaubnisvorbehalt der Aufsichtsstelle zu unterstellen. Durch ein Arbeiten mit starren Zeitintervallen würde diesem Erfordernis nicht entsprochen.

Die Gerichte müssen daher vor der Anordnung jeder Weisung prüfen, ob, und wenn ja, für welches Zeitintervall der Führungsaufsichtsproband die Gebotszone ohne Erlaubnis verlassen können muss, damit ihm die Weisung noch zugemutet werden kann.[843] Wird der Begriff „Verlassen" nicht einschränkend modifiziert, ist jedes Verlassen der Gebotszone, so kurzfristig es auch sein mag, weisungswidrig. Konsequenz einer so ausgestalteten Weisung ist, dass die Weisungsadressaten vor jedem Verlassen der Gebotszone eine schriftliche Erlaubnis beantragen müssen. Erst wenn die Aufsichtsstellen die Erlaubnis erteilt haben und sie dem jeweiligen Führungsaufsichtsprobanden zugegangen ist, darf die Gebotszone verlassen werden.[844]

841 NK-StGB/*Ostendorf*, § 68b Rn. 9.
842 So auch: Maltry BewHi 2013, 117 (122).
843 S/S/*Kinzig*, StGB, § 68b Rn. 5.
844 OLG Jena NStZ-RR 2010, 189 (190).

In diesem Zusammenhang ist auch zu berücksichtigen, dass nur zumutbare Weisungen (§ 68b Abs. 3 StGB) geeignet sind, das Blankett des § 145a StGB auszufüllen. Unter Berücksichtigung von § 68b Abs. 3 StGB kann es daher nur in Ausnahmefällen zulässig sein, den Führungsaufsichtsprobanden jedes noch so kurzfriste Verlassen der Gebotszone zu verbieten.[845] Der Rechtfertigungsbedarf der Weisung ist dabei umso höher, je stärker in die Lebensführung der Führungsaufsichtsprobanden eingegriffen wird.[846] Insbesondere der Eingriff in Art. 11 Abs. 1 GG wiegt umso schwerer je enger die räumlichen Grenzen der Gebotszone gezogen werden.[847] Das hat zur Folge, dass das kurzfristige Verlassen jedenfalls dann hingenommen werden muss, wenn die Grenzen der Gebotszone eng gezogen werden sollen.[848]

Wenn den Weisungsadressaten das kurzfristige Verlassen der Gebotszone gestattet werden muss, um die Zumutbarkeit der Weisungen sicherzustellen, hat sich die Bemessung des Zeitintervalls an den Belastungen, die die Weisung für die Führungsaufsichtsprobanden bedeuten und die von ihnen ausgehende Gefährlichkeit zu orientieren. Bei der Ausgestaltung ist insofern darauf zu achten, dass sowohl die Lebensbezüge und Versorgungsbezüge, wie auch die arbeitsbedingte Freizügigkeit, erhalten bleiben. Keinesfalls darf die Weisung die Wirkung eines Berufsverbots entfalten.[849] Daher kann es aus Gründen der Zumutbarkeit erforderlich sein, bereits in der Weisung den Wohnort und Arbeitsort zu benennen, und das regelmäßige Verlassen des Wohnortes zu bestimmten Zwecken zuzulassen.[850] Eine weitere Möglichkeit die Weisung zumutbar auszugestalten ist, sie mit einer zeitlichen Komponente zu versehen.[851] Die Weisungsadressaten können

845 KG Berlin NStZ–RR 2014, 175 (175); OLG Jena, Beschl. vom 23.04.2013 – 1 Ws 106/13 –, juris Rn. 22; OLG Nürnberg, Beschl. vom 11.03.2013 – 1 Ws 307/12 –, juris Rn. 33 ff.; OLG Nürnberg, Beschl. vom 05.09.2012 – 2 Ws 464/12 –, juris Rn. 10.

846 OLG Jena, Beschl. vom 23.04.2013 – 1 Ws 106/13 –, juris Rn. 23.

847 Nicht in Art. 11 Abs. 1 GG, sondern in Art. 2 Abs. 1 in Verbindung mit Art. 1 Abs. 1 GG, wird eingegriffen, wenn den Führungsaufsichtsprobanden das Verlassen des Staatsgebiets der Bundesrepublik Deutschland verboten werden soll (OLG Jena NStZ–RR 2012, 158 (158)). Art. 11 Abs. 1 GG gewährleistet nur die Freizügigkeit innerhalb des Bundesgebiets. Nicht vom Schutzbereich erfasst ist die Freiheit auszuwandern oder das Bundesgebiet zu verlassen (von Münch/Kunig/*Kunig*, GG, Art. 11 Rn. 15; Schmidt-Bleibtreu/Hofmann/Henneke/*Gnatzy*, GG, Art. 11 Rn. 20).

848 Dessecker, FS Heinz, S. 631 (637).

849 LK-StGB/Schneider, § 68b Rn. 20.

850 NK-StGB/*Ostendorf*, § 68b Rn. 9.

851 MüKo-StGB/*Groß*, § 68b Rn. 12.

angewiesen werden, die Gebotszone zu bestimmten Tageszeiten, am Wochenende oder zu bestimmten Ereignissen nicht zu verlassen.

Andererseits muss bei der Ausgestaltung der Weisung bedacht werden, dass nur dann eine Chance besteht, die Einhaltung der Mobilitätsbeschränkung zu überwachen, wenn das Zeitintervall, für das die Gebotszone erlaubnisfrei verlassen werden darf, nicht zu großzügig bemessen ist. Wenn eine Weisung nach § 68b Abs. 1 S. 1 Nr. 1 StGB den Führungsaufsichtsprobanden nur dann zugemutet werden kann, wenn ihnen ein mehrtägiges Verlassen der Gebotszone gestattet ist, sollte daher gänzlich von der Anordnung einer Mobilitätsbeschränkung abgesehen werden. Durch die Anordnung einer kaum kontrollierbaren Weisung droht die Mobilitätsbeschränkung den Charakter einer unverbindlichen Verhaltensempfehlung zu erhalten. Zudem wird der Eindruck erweckt, dass die Führungsaufsichtsprobanden durch eine objektiv unnötige Weisung schikaniert werden. In diesen Fällen ist es effektiver mit Meldeweisungen nach § 68b Abs. 1 S. 1 Nr. 7 StGB und § 68b Abs. 1 S. 1 Nr. 8 StGB zu arbeiten. Daher bietet sich die Anordnung von Mobilitätsbeschränkungen insbesondere in Fällen schwerer Kriminalität an, in denen jedwedes Verlassen der Gebotszone verboten werden kann.

b. Modifikation des Zumutbarkeitsmaßstabs

Fraglich ist weiterhin, ob und wenn ja, welche Auswirkungen es auf den Zumutbarkeitsmaßstab hat, wenn die Mobilitätsbeschränkung durch die elektronische Aufenthaltsüberwachung (§ 68b Abs. 1 S. 1 Nr. 12 StGB) flankiert wird.

Problematisch ist, dass das Verlassen der Gebotszone aus technischen Gründen nur in engen Grenzen zugelassen werden kann.[852] Außerhalb der Gebotszone kann die Funktionsfähigkeit der elektronischen Aufenthaltsüberwachung nicht in vollem Umfang gewährleistet werden. Die Probleme resultieren unter anderem daraus, dass durch das erlaubnisfreie Verlassen der Gebotszone automatisch Alarm und damit staatliche Gegenmaßnahmen ausgelöst werden.[853]

Ebenfalls problematisch ist, wenn den Führungsaufsichtsprobanden jedes Verlassen der Gebotszone untersagt wird, um sicherzustellen, dass die elektronische Aufenthaltsüberwachung auch während eines Auslandsaufenthalts der Weisungsadressaten durchgeführt werden kann.[854] Auslandsreisen werden in diesen Konstellationen von den Aufsichtsstellen nur gestattet, wenn der ausländische

852 Maltry, S. 27 (34).
853 OLG Nürnberg, Beschl. vom 11.03.2013 – 1 Ws 307/12 –, juris Rn. 34.
854 OLG Nürnberg, Beschl. vom 05.09.2012 – 2 Ws 464/12 –, juris Rn. 10.

Staat zuvor eingewilligt hat, dass die elektronische Aufenthaltsüberwachung während des Auslandsaufenthaltes der Weisungsadressaten auf seinem Hoheitsgebiet durchgeführt werden dürfen.

In beiden Konstellationen ist es aus technischen beziehungsweise aus rechtlichen Gründen nötig den Weisungsadressaten jedes – noch so kurzfristige – Verlassen der Gebotszone zu verbieten. Wenn es in diesen Konstellationen zulässig wäre den Führungsaufsichtsprobanden das Verlassen der Gebotszone zu verbieten, um die Funktionsfähigkeit der Aufenthaltsüberwachung sicherzustellen, hätte die Kombination von § 68b Abs. 1 S. 1 Nr. 1 StGB mit § 68b Abs. 1 S. 1 Nr. 12 StGB mittelbar eine Verschärfung des Zumutbarkeitsmaßstabs zur Folge.[855]

Gegen die Modifizierung des Maßstabs von § 68b Abs. 3 StGB spricht jedoch, dass der Gesetzgeber in der Gesetzesbegründung zu § 68b Abs. 1 S. 1 Nr. 12 StGB klargestellt hat, dass es nicht zulässig sein soll die Führungsaufsichtsprobanden anzuweisen, sich nur an Orten aufzuhalten, an denen die Aufenthaltsüberwachung technisch möglich ist.[856] Wenn die Gebotszone nicht auf Orte beschränkt werden darf, an denen die technische Funktionsfähigkeit der Aufenthaltsüberwachung nicht beeinträchtigt wird, darf richtigerweise auch das Verlassen der Gebotszone nicht alleine deshalb verboten werden, weil dies – auf Grund technischer Unzulänglichkeiten – automatisch staatliche Gegenmaßnahmen auslöst. Weiterhin ist zu berücksichtigen, dass durch die Kombination von § 68b Abs. 1 S. 1 Nr. 1 StGB mit § 68b Abs. 1 S. 1 Nr. 12 StGB das Ziel verfolgt wird, die Einhaltung von Mobilitätsverboten besser kontrollieren zu können, um sicherzustellen, dass die Weisungen beachtet werden. Nicht bezweckt wird hingegen, dass die technischen Grenzen der elektronischen Aufenthaltsüberwachung dazu führen, dass den Betroffenen mehr zugemutet werden kann. Demnach kann es im Ergebnis am Zumutbarkeitsmaßstab des § 68b Abs. 3 StGB nichts ändern, ob § 68b Abs. 1 S. 1 Nr. 1 StGB isoliert oder in Verbindung mit § 68b Abs. 1 S. 1 Nr. 12 StGB angeordnet worden ist.

Nichtsdestotrotz wird es in den meisten Fällen, in denen die Anordnungsvoraussetzungen der elektronischen Aufenthaltsüberwachung vorliegen, zulässig sein, den Weisungsadressaten das Verlassen der Gebotszone zu verbieten. Dies ergibt sich daraus, dass die elektronische Aufenthaltsüberwachung, anders als die Weisungen nach § 68b Abs. 1 S. 1 Nr. 1–11 StGB, nur bei Vorliegen der zusätzlichen Voraussetzungen des § 68b Abs. 1 S. 3 StGB angeordnet werden darf. Gem. § 68b Abs. 1 S. 3 Nr. 2 StGB ist zum einen erforderlich, dass die Anlasstat im

---

855 Kritisch zur Verschärfung des Zumutbarkeitsmaßstabs: S/S/*Kinzig*, StGB, § 68b Rn. 5.
856 Vgl. BT-Drucks. 13/9062, S. 9.

Katalog des § 66 Abs. 3 S. 1 StGB enthalten ist. In § 66 Abs. 3 S. 1 StGB nahm der Gesetzgeber jedoch nur solche Straftaten auf, die die besondere Gefährlichkeit der Täter indizieren.[857] Zum anderen muss gem. § 68b Abs. 1 S. 3 Nr. 3 StGB die Gefahr bestehen, dass die Weisungsadressaten erneut erhebliche rechtswidrige Straftaten begehen. Die elektronische Aufenthaltsüberwachung darf somit nur angeordnet werden, wenn die Führungsaufsichtsprobanden nach wie vor gefährlich sind und die Allgemeinheit vor ihnen geschützt werden muss.

Die hohen Anordnungsvoraussetzungen des § 68b Abs. 1 S. 3 StGB stellen demnach sicher, dass nur Führungsaufsichtsprobanden, bei denen die Gefahr besteht, dass sie erneut erhebliche Straftaten begehen, Adressaten einer Weisung nach § 68b Abs. 1 S. 1 Nr. 12 StGB sein können. In diesen Fällen wird das Sicherheitsbedürfnis der Allgemeinheit – auch bei eng gezogenen Gebotszonen – regelmäßig so groß sein, dass es das Interesse des Führungsaufsichtsprobanden die Gebotszone verlassen zu dürfen überwiegt und auch kein kurzfristiges Verlassen verboten werden kann.[858]

3. *Erteilung der Erlaubnis durch die Aufsichtsstelle*

Eine weitere Besonderheit des § 68b Abs. 1 S. 1 Nr. 1 StGB besteht darin, dass die Aufsichtsstellen die Missachtung der Mobilitätsbeschränkungen gestatten können, was zur Folge hat, dass das weisungswidrige Verhalten keine strafrechtlichen Konsequenzen nach sich zieht. Das gilt allerdings nur, wenn das Verlassen der Gebotszone im Voraus gestattet worden ist. Die nachträgliche Genehmigung ist hingegen nicht ausreichend.[859] Ebenfalls unzulässig ist es, die Bewährungshilfe zu ermächtigen, die Erlaubnis zu erteilen.[860]

Fraglich ist insoweit, ob die Weisungsadressaten einen Anspruch darauf haben, dass ihnen das Verlassen der Gebotszone von den Aufsichtsstellen gestattet wird, oder ob das Ermessen der Aufsichtsstellen zumindest dahingehend eingeschränkt wird, dass die Erlaubnis nur in Ausnahmefällen versagt werden darf.[861] Folge wäre, dass die Erteilung der Erlaubnis zur Regel und ihre Versagung zur Ausnahme gemacht wird.

857 Vgl. BT-Drucks. 17/3403, S. 36.

858 Im Ergebnis zustimmend: Maltry, S. 27 (34 f.). Einschränkend: Bräuchle, S. 39 f.

859 MüKo-StGB/*Groß*, § 68b Rn. 13.

860 Eine solche Weisung kann allenfalls auf Grundlage von § 68b Abs. 2 StGB angeordnet werden. Vgl. hierzu: OLG Nürnberg, Beschl. vom 21.01.2011 – 1 Ws 713/10 –, juris Rn. 11

861 Für einen Anspruch auf Erteilung der Erlaubnis: S/S/*Kinzig*, StGB, § 68b Rn. 5. Dafür, dass die Erlaubnis nur in Ausnahmefällen versagt werden darf: Baur/Kinzig, S. 379.

Das ist jedoch weder mit der Systematik des Mobilitätsverbots, noch mit dem Zweck der §§ 68 ff. StGB, vereinbar. Systematisch ist § 68b Abs. 1 S. 1 Nr. 1 StGB so konzipiert, dass ein Verlassen der Gebotszone grundsätzlich untersagt ist. Eine Ausnahme wird nur gemacht, wenn die Aufsichtsstellen diese im Einzelfall genehmigt haben. Nähme man nun an, dass die Erlaubnis im Regelfall zu erteilen wäre, würde das in § 68b Abs. 1 S. 1 Nr. 1 StGB normierte Regel-Ausnahme-Verhältnis in sein Gegenteil verkehrt.

Darüber hinaus lässt sich die Annahme, dass ein Anspruch auf Erteilung der Erlaubnis besteht, nur schwer mit der Doppelfunktion der Führungsaufsicht in Einklang bringen. Bevor Führungsaufsichtsweisungen angeordnet werden, muss geprüft werden, welche Weisungen erforderlich sind, um die Betreuungs- und Überwachungsfunktion der Führungsaufsicht in einen angemessenen Ausgleich zu bringen. Der Überwachungsfunktion kommt dabei eine umso gewichtigere Rolle zu, je höher die Kriminalitätsgefährdung der Weisungsadressaten ist. Es wäre widersprüchlich, die Doppelfunktion bei der Anordnung der Weisungen zu berücksichtigen, nicht aber bei der Frage, ob eine Ausnahme vom Mobilitätsverbot erteilt werden soll. Insbesondere bei Führungsaufsichtsprobanden, die über eine negative Legalprognose verfügen, ist es nicht überzeugend die Anordnung von Mobilitätsbeschränkungen für erforderlich zu halten und ihnen gleichzeitig einen Anspruch auf Erteilung der Erlaubnis zum Verlassen der Gebotszone zuzusprechen.

Gegen die Annahme, dass die Erlaubnis zu dem Verlassen der Gebotszone im Regelfall ausgesprochen werden muss, spricht weiterhin, dass die Gestattungen von den Aufsichtsstellen erteilt werden müssen. Die Aufsichtsstellen sind gem. § 68a Abs. 3 StGB für die Überwachung des Verhaltens der Führungsaufsichtsprobanden zuständig, während die Bewährungshilfe vorrangig für das Leisten von Hilfe und Betreuung verantwortlich ist. Dass die Erlaubnis einzig von den für die Überwachung zuständigen Aufsichtsstellen erteilt werden darf, ist ein weiteres Indiz dafür, dass dem Sicherheitsbedürfnis der Allgemeinheit für die Ermessensausübung eine erhebliche Bedeutung zukommen kann.

Die Aufsichtsstellen haben daher in jedem Einzelfall, unter Ausübung ihres pflichtgemäßen Ermessens, ergebnisoffen zu prüfen, ob sie die Erlaubnis erteilen können oder nicht. Den Führungsaufsichtsprobanden steht lediglich ein Anspruch auf schnellstmögliche Entscheidung zu.[862] Da das Gesetz keine

862 Im Ergebnis zustimmend: MüKo-StGB/*Groß*, § 68b Rn. 34.

Kriterien für die Ermessensausübung nennt, haben sie die Entscheidung am Zweck der Weisung, die planmäßige Überwachung der Führungsaufsichtsprobanden sicherzustellen, und den berechtigten Interessen der Führungsaufsichtsprobanden am Verlassen der Gebotszone zu orientieren.[863]

Wenn die Weisungsadressaten mit dem Ergebnis der Entscheidung der Aufsichtsstellen nicht einverstanden sind, steht ihnen zudem die Möglichkeit offen sich gerichtlich gegen die Entscheidung zu wehren.[864] Obwohl es sich bei der Erlaubnis die Gebotszone zu verlassen um einen begünstigenden Justizverwaltungsakt[865] handelt, greift die Sonderzuweisung des § 23 Abs. 1 EGGVG nicht ein.[866] § 23 Abs. 1 EGGVG kommt auf Grund der Subsidiaritätsregel des § 23 Abs. 3 EGGVG im Rahmen von § 68b Abs. 1 S. 1 Nr. 1 StGB keine eigenständige Bedeutung zu. Die Zuständigkeit der Strafvollstreckungskammern für die Entscheidung ergibt sich vielmehr aus § 68a Abs. 5 StGB, durch den der aus Art. 19 Abs. 4 GG abgeleitete verfassungsrechtliche Anspruch auf gerichtliche Entscheidung einfachgesetzlich ausgestaltet wird.[867]

Die Strafvollstreckungskammern haben dabei einerseits die Möglichkeit die Aufsichtsstellen anzuweisen eine verweigerte Erlaubnis zu erteilen oder eine

863 Die Erlaubnis zu dem Verlassen der Gebotszone ist beispielsweise zu erteilen, wenn ein Führungsaufsichtsproband gesundheitlich bedingt eine weit entfernte Spezialklinik aufsuchen muss oder zur Beerdigung eines Elternteils fahren will: MüKo-StGB/*Groß*, § 68b Rn. 13.

864 Auf die Rechtschutzmöglichkeit der Vollstreckungsbehörden weist hin: MüKo-StGB/*Groß*, § 68b Rn. 34.

865 Von einem Justizverwaltungsakt wird gesprochen, wenn eine Justizbehörde zur Regelung einer einzelnen Angelegenheit, auf einem der in § 23 Abs. 1 EGGVG genannten Gebiet, hoheitlich handelt (OVG Hamburg NJW 1970, 1699 (1700); KK-StPO/*Mayer*, § 23 EGGVG Rn. 21; Löwe-Rosenberg/*Böttcher*, StPO, EGGVG § 23 Rn. 44). Wenn die gem. § 295 Abs. 1 EGStGB dem Geschäftsbereich der Landesjustizverwaltungen zugeordneten Aufsichtsstellen den Weisungsadressaten erlauben die Gebotszone zu verlassen, liegt ein solcher Justizverwaltungsakte vor.

866 Für die Einordnung als Justizverwaltungsakt: Baur/Kinzig, S. 378; MüKo-StGB/*Groß*, § 68b Rn. 34 spricht von Justizverfügung.

867 Im Ergebnis zustimmend: OLG Düsseldorf StraFo 2004, 426 (426); AnwK-StGB/Kilian, § 68b Rn. 9; LK-StGB/*Schneider*, § 68b Rn. 20; SSW-StGB/*Jehle/Harrendorf*, § 68b Rn. 5. Vgl. zum Parallelproblem bei § 463a Abs. 2 StPO: OLG Brandenburg, Beschl. vom 30.04.2008 – 1 Ws 89/08 –, juris Rn. 9 f.; OLG München, Beschl. vom 23.05.2006 – 3 VAs 35/06 –, juris Rn. 12 f.

erteilte Erlaubnis zu widerrufen.[868] Andererseits sind die Strafvollstreckungskammern ebenfalls befugt die Erlaubnis selbst zu erteilen. Das Recht die Aufsichtsstellen zu bestimmten Weisungen zu verpflichten schließt die Befugnis, die Erlaubnis zum Verlassen der Gebotszone selbst zu erteilen, ein.[869]

II. § 68b Abs. 1 S. 1 Nr. 2 StGB: Ortsverbot

Auf Grundlage von § 68b Abs. 1 S. 1 Nr. 2 StGB besteht die Möglichkeit, die Führungsaufsichtsprobanden anzuweisen, sich nicht an Orten aufzuhalten, die ihnen die Gelegenheit oder den Anreiz bieten können erneut Straftaten zu begehen.

Das Ortsverbot nach § 68b Abs. 1 S. 1 Nr. 2 StGB ist eine der Führungsaufsichtsweisungen, die vielfach modifiziert werden muss, um ihr den nötigen Grad an Bestimmtheit zu verleihen. Unproblematisch sind einzig die Fälle, in denen sich das Verbot auf einen einzigen und präzise beschriebenen Ort bezieht. Allerdings ist es in vielen Fällen schlicht nicht möglich sämtliche Orte, von denen kriminogene Reize auf die Führungsaufsichtsprobanden ausgehen können, abschließend aufzuzählen. Daher bietet es sich an Ortsverbote so abzufassen, dass die von der Weisung erfassten Orte nur ihrer Art und Gattung nach beschrieben sind.[870] Dieses praktische Bedürfnis entbindet die Gerichte jedoch nicht von der Pflicht die vom Verbot erfassten Orte so präzise zu beschreiben, dass den Anforderungen des Art. 103 Abs. 2 GG genügen getan ist. Nicht ausreichend bestimmt ist daher die Weisung „sich nicht an Orten aufzuhalten, die erfahrungsgemäß Menschen zum Treffpunkt dienen, die illegale Betäubungsmittel konsumieren oder handeln“[871]. Gleiches gilt für das Verbot „sich nicht an Orten aufzuhalten, die vorwiegend von Kindern und Jugendlichen besucht werden“[872]. Aus beiden Weisungen wird nicht deutlich, welche Orte von den

868 Die Zuständigkeit der Strafvollstreckungskammern für die Erteilung der Erlaubnis ergibt sich aus § 463 Abs. 2 in Verbindung mit § 453 StPO. Gegen die gerichtliche Entscheidung kann dann wiederum Beschwerde nach § 463 Abs. 2 in Verbindung mit § 453 Abs. 2 StPO eingelegt werden.

869 LK-StGB/Schneider, § 68b Rn. 20; MüKo-StGB/*Groß*, § 68b Rn. 13; S/S/*Kinzig*, StGB, § 68b Rn. 5.

870 Für die Zulässigkeit solcher Weisungen auch: AnwK-StGB/*Kilian*, § 68b Rn. 10; NK-StGB/*Ostendorf*, § 68b Rn. 10; SSW-StGB/*Jehle/Harrendorf*, § 68b Rn. 6; S/S/*Kinzig*, StGB, § 68b Rn. 6.

871 OLG Dresden NStZ-RR 2008, 326 (327).

872 OLG Jena, Beschl. vom 23.04.2013 – 1 Ws 106/13 –, juris Rn. 24.

Verboten erfasst werden und auf wessen Erfahrung bei der Einstufung der Treffpunkte abzustellen ist.[873]

Den Weisungen kann aber dadurch der nötige Grad an Bestimmtheit verliehen werden, dass die betroffenen Orte durch eine beispielhafte Aufzählung bestimmter Plätze eingegrenzt werden. Hierdurch können die Führungsaufsichtsprobanden mit hinreichender Sicherheit erkennen, welche Örtlichkeiten von ihnen gemieden werden müssen.[874] Ausreichend bestimmt ist demnach die Weisung, sich nicht an Orten aufzuhalten, an denen sich üblicherweise Kinder und Jugendliche unter 16 Jahren, wie zum Beispiel Kinderspielplätze, Kindergarten, Schulen, aufzuhalten pflegen.[875] Durch die Aufzählung potentiell erfasster Orte wird den Weisungsadressaten mit dem nötigen Grad an Bestimmtheit verdeutlicht, dass nur Orte von dem Verbot erfasst werden, an denen sich ihrer Zweckbestimmung nach Kinder und Jugendliche unter 16 Jahren aufzuhalten pflegen. Besuchen die Führungsaufsichtsprobanden dennoch einen Freizeitpark, verstoßen sie gegen das Ortsverbot, selbst wenn dieser Ort nicht ausdrücklich in der Weisung genannt ist.[876] Weitere Orte, die vom Ortsverbot erfasst sein können, sind „Spieler- und Zuhälterlokale, Kinderspielplätze, öffentliche Bäder, Bedürfnisanstalten, öffentliche Anlagen, Bahnhöfe und Postämter“[877]. Es ist im Einzelfall aber auch möglich größere Gebiete in das Verbot mit einzubeziehen.[878] Das gilt beispielsweise für Prostitutionsviertel, Vergnügungsviertel, Jahrmärkte, Dealer-Treffpunkte, Grenzbereiche und Freihäfen.[879]

1. *Aufenthalt in der Gebotszone*

Erhebliche praktische Probleme bereitet, dass § 68b Abs. 1 S. 1 Nr. 2 StGB lediglich den weisungswidrigen Aufenthalt in der Verbotszone erfasst. Das bloße Betreten der vom Ortsverbot erfassten Örtlichkeiten ist hingegen nicht

---

873 OLG Dresden StV 2010, 642 (642).

874 BGH NStZ-RR 2014, 78 (78); KG Berlin, Beschl. vom 22.01.2014 - 2 Ws 14/14 -141 AR 10/14 –, juris Rn. 10.

875 BGHSt 58, 136 (139).

876 Vgl. hierzu BGH NStZ-RR 2014, 78 (78).

877 E 1962, BT-Drucks IV/650, S. 222.

878 Ebenfalls zulässig ist die Weisung bestimmte Ortsteile einer Großstadt nicht betreten zu dürfen. Die Weisungsadressaten können die Grenzen des erfassten Ortsteils anhand von Kartenmaterial in Erfahrung bringen: KG Berlin, Beschl. vom 05.05.2014 – 2 Ws 163/14 –, juris Rn. 10.

879 Vgl. hierzu: AnwK-StGB/*Kilian*, § 68b Rn. 10; LK-StGB/*Schneider*, § 68b Rn. 21; NK-StGB/*Ostendorf*, § 68b Rn. 10.

weisungswidrig ist. Von einem Betreten wird gesprochen, wenn der Ort von den Weisungsadressaten lediglich über- oder durchquert wird.[880]

Die Möglichkeit den vom Verbot erfassten Ort straffrei betreten zu können, erzeugt die Gefahr, dass sich die Weisungsadressaten solange in der Verbotszone aufhalten bis die Polizei erscheint. Indem die Weisungsadressaten den Verbotsort bei Erscheinen der Polizei unverzüglich verlassen, können sie das Strafbarkeitsrisiko minimieren, weil ihnen der Aufenthalt in der Regel nur schwer nachgewiesen werden kann. Um zu verhindern, dass das Verbot durch die Führungsaufsichtsprobanden umgangen wird, wird vertreten, dass das Verbot bereits unterhalb des Verweilens an einem Ort eingreifen muss.[881] Diese Einschränkung ist jedoch wenig trennscharf und insbesondere mit Blick auf Art. 103 Abs. 2 GG kann ihr nicht gefolgt werden. Es ist kein sachliches Kriterium vorhanden, mit dessen Hilfe die zeitliche Grenze zwischen dem erlaubten Durchqueren und dem verbotenen Verweilen gezogen werden kann. Es wäre daher wünschenswert, dass der Gesetzgeber den Begriff des „sich aufhalten", durch den des Betretens ersetzt. Hierdurch würde zum einen dem Bestimmtheitsgrundsatz genüge getan, da die Adressaten der Weisung zweifelsfrei erkennen könnten, dass sie sich bereits mit dem bloßen Betreten der Verbotszone einem Strafbarkeitsrisiko aussetzen. Zum anderen könnte effektiv verhindert werden, dass die Führungsaufsichtsprobanden erneut mit kriminogenen Reizen in Berührung kommen, die von bestimmten Orten ausgehen und für die sie sich als anfällig erwiesen haben.

Besonderheiten weisen ebenfalls die Fälle auf, in denen die Führungsaufsichtsprobanden den vom Aufenthaltsverbot erfassten Bereich aus berechtigten Gründen betreten. Diese Problematik wurde bereits während der Beratungen zu dem E 1962 erkannt. Der damalige Gesetzentwurf sah vor, dass es Weisungsadressaten verboten sein sollte sich ohne zwingenden Grund an den vom Verbot erfassten Orten aufzuhalten.[882] Als Beispiel für einen zwingenden Grund, wurde das Lösen einer Fahrkarte, das Aufgeben eines Telegramms oder das Herbeirufen eines Arztes genannt.[883] Obwohl diese (wohl zu unbestimmte[884]) Formulierung keinen Eingang in den Wortlaut des § 68b Abs. 1 S. 1 Nr. 2 StGB gefunden hat, muss dieser Umstand bei der Auslegung der Norm Berücksichtigung finden.

880 LK-StGB/*Schneider*, § 68b Rn. 21; NK-StGB/*Ostendorf*, § 68b Rn. 10; S/S/*Kinzig*, StGB, § 68b Rn. 6; SK-StGB/*Sinn*, § 68b Rn. 8.

881 MüKo-StGB/*Groß*, § 68b Rn. 14.

882 Siehe § 93 Abs. 1 Nr. 2 E 1962: Zur Sicherungsaufsicht.

883 E 1962, BT-Drucks IV/650, S. 222.

884 LK-StGB/*Schneider*, § 68b Rn. 21 (unter Verweis auf: BT-Drucks V/4095, S. 36).

Die Gesetzeshistorie deutet daraufhin, dass den Führungsaufsichtsprobanden das Betreten bestimmter Örtlichkeiten nicht ausnahmslos untersagt werden sollte. Daher bietet es sich an in geeigneten Fällen bereits die richterliche Weisung einschränkend abzufassen. Hierdurch kann sichergestellt werden, dass die Ortsverbote den Weisungsadressaten zugemutet werden können.[885]

Ein Beispiel für eine modifizierungsbedürftige Weisung ist das Verbot einen Bahnhof zu betreten, durch das den Führungsaufsichtsprobanden die Möglichkeit genommen wird, mit dem Zug zur Arbeit zu fahren. Um das Ortsverbot zumutbar auszugestalten bietet es sich an die Weisung so zu modifizieren, dass es Ausnahmen für die Anfahrt und Abfahrt Arbeitsplatz enthält.[886] Sinnvoll ist in diesem Zusammenhang insbesondere die Aufnahme zeitlicher Beschränkungen in die Führungsaufsichtsweisung.[887] Die Sinnhaftigkeit solcher Einschränkungen wird zudem deutlich, wenn den Führungsaufsichtsprobanden der Aufenthalt an Orten verboten wird, von denen nur temporär kriminogene Reize ausgehen. Das ist beispielsweise der Fall, wenn den Führungsaufsichtsprobanden verboten wird sich Schulen zu nähern. Da sich während der Ferienzeit keine Schüler auf dem Schulgelände aufhalten, gibt es keinen sachlichen Grund den Weisungsadressaten den Aufenthalt zu untersagen.[888]

Noch weiter entschärft wird die Problematik des rechtmäßigen Betretens von vom Ortsverbot erfassten Örtlichkeiten durch das die Strafbarkeit nach § 145a StGB einschränkende Merkmal der Gefährdung des Maßregelzwecks. Der Zweck der Maßregel ist jedenfalls dann nicht gefährdet, wenn die Weisungsadressaten bei der Begehung eines Weisungsverstoßes aus anerkennenswerten Motiven gehandelt haben.[889]

---

885 Das Bundesverfassungsgericht erachtete es hingegen für zulässig eine Weisung so eng auszugestalten, dass dem Weisungsadressaten der Aufenthalt in seiner eigenen Wohnung unmöglich gemacht wird: BVerfG NJW 2008, 2493 (2493).

886 MüKo-StGB/*Groß*, § 68b Rn. 14.

887 MüKo-StGB/*Groß*, § 68b Rn. 14; S/S/*Kinzig*, StGB, § 68b Rn. 6.

888 Vgl. hierzu: OLG Nürnberg, Beschl. vom 29.11.2007 – 1 Ws 716/07 –, juris Rn. 12 ff. Das OLG hielt es für zulässig einem Weisungsadressaten, dessen Eltern in einer Dienstwohnung auf einem Schulgelände lebten, das Betreten von Schulgeländen zu verbieten. Die Weisung wurde dabei auch ohne zeitliche Einschränkung für zumutbar gehalten.

889 Vgl. Wassermann-StGB/*Schild*, § 145a Rn. 17; HK-GS/*M. Heinrich*, StGB, § 145a Rn. 8; LK-StGB/*Roggenbuck*, § 145a Rn. 19; NK-StGB/*Kretschmer*, § 145a Rn. 20; SSW-StGB/*Jeßberger*, § 145a Rn. 10; S/S/*Sternberg-Lieben*, StGB, § 145a Rn. 7; a.A. MüKo-StGB/*Groß*, § 145a Rn. 16.

2. *Der Weisungszweck als Grenze des Ortsverbots*

Fraglich ist weiterhin, ob den Weisungsadressaten auf Grundlage von § 68b Abs. 1 S. 1 Nr. 2 StGB untersagt werden darf das Staatsgebiet der Bundesrepublik Deutschland zu betreten.

Für die Rechtmäßigkeit einer solchen Weisung spricht, dass es zulässig ist, die Führungsaufsicht auslandsbezogen auszugestalten.[890] Von auslandsbezogener Führungsaufsicht wird gesprochen, wenn die Weisungsadressaten nach der Entlassung aus dem Straf- oder Maßregelvollzug ihren Wohnsitz im Ausland begründen wollen. Dass eine speziell auf Auslandssachverhalte zugeschnittene Führungsaufsicht möglich sein soll, wird aus § 463a Abs. 5 S. 2 StPO deutlich. Dort hat der Gesetzgeber die örtliche Zuständigkeit der Aufsichtsstellen für den Fall geregelt, dass die Führungsaufsichtsprobanden keinen Wohnsitz im Geltungsbereich der StPO haben. Wenn schon der Eintritt der Führungsaufsicht nicht voraussetzt, dass die Führungsaufsichtsprobanden in Deutschland leben, kann dies für die strafbewehrte Anordnung von Führungsaufsichtsweisungen ebenfalls keine Voraussetzung sein.

Allerdings wird es den Aufsichtsstellen in diesen Konstellationen besonders schwerfallen, ihre Verpflichtung, die Einhaltung der Weisungen zu überwachen, zu erfüllen, da sie auf fremdem Staatsgebiet nicht hoheitlich tätig werden dürfen. In diesen Fällen kann die Kontrolle der Weisungsadressaten nur erfolgen, indem die deutsche Aufsichtsstelle die Einhaltung der Weisungen im Ausland mit überwacht. Zudem können die ausländischen Stellen im Wege der Rechtshilfe ersucht werden, die Einhaltung der Weisungen zu überwachen. Innerhalb der Europäischen Union ist hierzu der Rahmenbeschluss 2008/947/JI ergangen, der sich mit der gegenseitigen Anerkennung von Urteilen und Bewährungsentscheidungen im Hinblick auf die Überwachung von Bewährungsmaßnahmen und alternativen Sanktionen befasst.[891]

Hält man die Anordnung von Führungsaufsichtsweisungen für den Fall für zulässig, dass die Führungsaufsichtsprobanden im Ausland leben, könnte man die Weisung im Ausland leben zu müssen, ebenfalls für zulässig erachten. Es könnte sich insoweit um einen Spezialfall der auslandsbezogen ausgestalteten

---

890 Vgl. zur auslandsbezogenen Ausgestaltung der Führungsaufsicht: OLG Braunschweig, Beschl. vom 18.11.2013 – 1 Ws 333/13 –, juris Rn. 13 ff.; OLG München NStZ-RR 2013, 211 (211 f.); Groß, jurisPR-StrafR 3/2014 Anm. 1.

891 Bei der Führungsaufsicht handelt es sich gem. 90b Abs. 1 S. 1 Nr. 6 IRG um eine alternative Sanktion im Sinne des Art. 4 Abs. 1 RB 2008/947/JI, die in den Anwendungsbereich des Rahmenbeschlusses fällt.

Führungsaufsicht handeln, bei deren Durchführung die Aufsichtsstelle im Wege der Rechtshilfe von ausländischen Stellen unterstützt wird.

Gegen diese Ansicht spricht jedoch, dass die beiden gerade genannten Konstellationen wesensverschieden sind und daher nicht miteinander verglichen werden dürfen. Wird die Führungsaufsicht auslandsbezogen ausgestaltet, geht es darum, den Führungsaufsichtsprobanden im Ausland betreuend und überwachend zur Seite zu stehen. Trotz der Vollzugsschwierigkeiten, die sich aus der grenzüberschreitenden behördlichen Zusammenarbeit ergeben, bleibt es bei dem Ziel, die Führungsaufsichtsprobanden präventiv von der Begehung weiterer Straftaten abzuhalten. Im Unterschied hierzu bewirkt die Weisung, sich nicht in Deutschland aufzuhalten, lediglich, dass die Weisungsadressaten das Staatsgebiet der Bundesrepublik Deutschland verlassen und während der Dauer der Führungsaufsicht nicht wieder betreten dürfen. Es ist nicht ersichtlich, wie den Weisungsadressaten hierdurch bei der Legalbewährung geholfen werden soll, wenn es ihnen durch das Ortsverbot unmöglich gemacht wird, in Deutschland Hilfe in Anspruch zu nehmen. Zweck einer solchen Weisung ist es vielmehr, zu verhindern, dass die Weisungsadressaten erneut deutsches Hoheitsgebiet betreten und dort weitere Straftaten begehen. Das ist nicht mit dem hinter den §§ 68 ff. StGB stehenden Ziel, die Begehung weiterer Straftaten zu verhindern, vereinbar, der nicht darauf beschränkt ist, Straftaten auf deutschem Hoheitsgebiet zu verhindern. Vielmehr sollen ganz generell Straftaten verhindert werden, gleich wo sie begangen werden könnten.

Bei der Beurteilung der Rechtmäßigkeit derartiger Weisungen darf außerdem die grundrechtliche Dimension nicht unberücksichtigt bleiben. Hierbei ist zu unterscheiden, ob das Ortsverbot an einen deutschen Staatsbürger, an einen Unionsbürger, der nicht zugleich deutscher Staatsangehöriger ist, oder an den angehörigen eines Drittstaates adressiert ist.

Art. 11 Abs. 1 GG garantiert die Freizügigkeit aller Deutschen. Unter Freizügigkeit ist dabei das Recht zu verstehen sich an jedem Ort, der sich auf dem Staatsgebiet der Bundesrepublik Deutschland befindet, aufzuhalten und Wohnsitz zu nehmen.[892] Geschützt wird durch Art. 11 Abs. 1 GG allerdings nicht nur die Freizügigkeit im Bundesgebiet, „sondern auch die Freizügigkeit in das Bundesgebiet“[893].[894] Der Schutzbereich des Art. 11 Abs. 1 GG erfasst daher ebenfalls das Recht in die Bundesrepublik Deutschland einzureisen, um sich dort

892 BVerfGE 80, 137 (150); 43, 203 (211).
893 BVerfGE 2,266 (273).
894 Vgl. hierzu aus: Jarass/Pieroth, GG, Art. 11 Rn. 3.

aufzuhalten beziehungsweise einen Wohnsitz zu begründen. Das bedeutet, dass ein im Ausland lebender Inländer nicht ohne weiteres daran gehindert werden darf, sich im Inland aufzuhalten oder dort erneut einen Wohnsitz zu begründen.

Weiterhin ist zu berücksichtigen, dass Art. 11 Abs. 1 GG, neben dieser positiven, auch über eine negative Dimension verfügt.[895] Dem Recht sich überall im Bundesgebiet aufhalten zu dürfen und einen Wohnsitz zu begründen, ist die Befugnis immanent im Bundesgebiet verbleiben zu dürfen.[896] Konsequenz hieraus ist, dass auch dann in den Schutzbereich des Art. 11 Abs. 1 GG eingegriffen wird, wenn ein sich im Inland befindender deutscher Staatsbürger angewiesen wird, das Bundesgebiet zu verlassen.

Mangels verfassungsimmanenter Schranken könnte dieser Eingriff alleine auf Grundlage von Art. 11 Abs. 2 GG gerechtfertigt sein. In Betracht kommt hier einzig der Kriminalvorbehalt des Art. 11 Abs. 2 Alt. 5 StGB, wonach Einschränkungen des Art. 11 GG zur Vorbeugung strafbarer Handlungen zulässig sind. Insoweit ist allerdings zu berücksichtigen, dass das Gebot das Bundesgebiet zu verlassen einen erheblichen Einfluss auf die individuelle Lebensgestaltung hat und demnach einen besonders intensiven Grundrechtseingriff darstellt.[897] Daher wird es regelmäßig bereits aus Gründen der Verhältnismäßigkeit nicht zulässig sein einen deutschen Staatsbürger aus dem Bundesgebiet zu verweisen. Darüber hinaus ist die Einschränkung des Freizügigkeitsrechts nur dann auf Grundlage von Art. 11 Abs. 2 Alt. 5 StGB zulässig, wenn dies erforderlich ist, um die Begehung weiterer Straftaten zu verhindern.[898]

Hier könnte man sich nun auf den Standpunkt stellen, dass gerade bei Führungsaufsichtsprobanden, die mit einer negativen Legalprognose aus dem Straf- oder Maßregelvollzug entlassen worden sind, regelmäßig die Erwartung bestehen wird, dass sie auch in Zukunft straffällig werden. Allerdings würde dies, selbst wenn das der Fall sein sollte, nichts daran ändern, dass ein derart ausgestaltetes Ortsverbot nicht dazu dient der künftigen Begehung von Straftaten vorzubeugen. Auf einfachgesetzlicher Ebene spiegeln sich diese die Geeignetheit der Maßnahme betreffenden Bedenken in der Frage wieder, ob ein in dieser Form ausgestaltetes Ortsverbot im Widerspruch zu dem Zweck steht

---

895 Dreier/*Wollenschläger*, GG, Art. 11 Rn. 37.

896 Merten/Papier/*Merten*, HGR II; § 42 Rn. 164. Vgl. zu der Diskussion in welchem Artikel des GG das Wohnrecht im Bundesgebiet verortet werden kann: Mertens/Papier/*Mertens*, HGR IV, § 94 Rn. 77-79.

897 Mertens/Papier/*Mertens*, HGR IV, § 94 Rn. 105.

898 Mertens/Papier/*Mertens*, HGR IV, § 94 Rn. 105; Schmidt-Bleibtreu/Hofmann/Henneke/*Gnatzy*, GG, Art. 11 Rn. 26.

§ 68b Abs. 1 S. 1 Nr. 2 StGB steht, den der Gesetzgeber mit dieser Weisung erfüllen will. Zweck von Ortsverboten ist es, kriminogene Reize auszuschalten, die von bestimmten Orten ausgehen, und für die sich die Weisungsadressaten als anfällig erwiesen haben.[899] Das Verbot, sich im Inland aufzuhalten dürfte, nur angeordnet werden, wenn von dem gesamten Staatsgebiet der Bundesrepublik Deutschland kriminogene Reize ausgehen, vor denen die Weisungsadressaten geschützt werden müssen. Ein solcher Fall ist praktisch jedoch nicht vorstellbar, da die von erheblich kriminalitätsbelasteten Personen ausgehende Gefahr nicht dadurch reduziert wird, dass sie angewiesen werden im Ausland zu leben. Auf die verfassungsrechtliche Ebene übertragen bedeutet dies, dass derart ausgestaltete Ortsverbote regelmäßig nicht geeignet sind die Begehung von Straftaten zu verhindern, weshalb sie ihre Rechtfertigung nicht in Art. 11 Abs. 2 Alt. 5 StGB finden können.

Demnach sind Weisungem, die Führungsaufsichtsprobanden mit deutscher Staatsangehörigkeit verpflichten, sich nicht auf dem Gebiet der Bundesrepublik Deutschland aufzuhalten, rechtswidrig.[900]

Die soeben entwickelten Maßstäbe sind, vorbehaltlich speziellerer Reglungen in der EU-Freizügigkeitsrichtlinie beziehungsweise dem Freizügigkeitsgesetz/EU, entsprechend anzuwenden, wenn Unionsbürger Adressaten eines derart ausgestalteten Ortsverbots sind. Unionsbürgern, die nicht über die deutsche Staatsangehörigkeit verfügen, ist grundsätzlich das inländischen Staatsbürgern eingeräumte Schutzniveau entsprechend zu gewähren.[901] Drittstaatenangehörige können sich zur Begründung eines Freizügigkeitsrechts demgegenüber nur auf Art. 2 Abs. 1 GG berufen.[902] Aber auch insofern ist die Weisung das Bundesgebiet nicht betreten zu dürfen unzulässig, da sie im Widerspruch zum Zweck des § 68b Abs. 1 S. 1 Nr. 2 StGB steht.

---

899 Vgl. LK-StGB/*Schneider*, § 68b Rn. 21; Ruderich, S. 150; SSW-StGB/*Jehle/Harrendorf*, § 68b Rn. 6; S/S/*Kinzig*, StGB, § 68b Rn. 6.

900 Für die Unzulässigkeit einer solchen Weisung: OLG Köln NStZ 2010, 153 (153).

901 Umstritten ist insoweit nur, ob die deutschen Grundrechte auf EU-Ausländer anwendbar sind, oder ob die Rechtfertigung des Grundrechtseingriffs im Rahmen von Art. 2 Abs. 1 GG entsprechend zu modifizieren ist: Dreier/*Wollenschläger*, GG, Art. 11 Rn. 40.

902 Vgl. insofern: BVerfGE 35, 382 (399 ff.).

III. § 68b Abs. 1 S. 1 Nr. 3 StGB: Personenkontakte

Die Führungsaufsichtsprobanden können auf Grundlage von § 68b Abs. 1 S. 1 Nr. 3 StGB angewiesen werden zu dem Tatopfer der Anlasstat, bestimmten Personen oder Personengruppen, die ihnen die Gelegenheit oder den Anreiz zur Begehung von weiteren Straftaten bieten können, keinen Kontakt aufzunehmen, nicht mit ihnen zu verkehren und sie nicht zu beschäftigen, auszubilden oder zu beherbergen.

Welche Handlungen in den konkreten Einzelfällen untersagt werden, hängt dabei von den speziellen kriminellen Gefährdungen der einzelnen Angewiesen ab. Zudem muss bei der Ausgestaltung der Weisungen darauf geachtet werden, dass sie sich in das Gesamtgefüge der Bestrebungen zu dem Täter Opfer-Ausgleich und den Maßnahmen nach dem Gewaltschutzgesetz einfügen.[903]

Ziel von Kontaktverboten ist es, zu verhindern, dass die Weisungsadressaten erneut Kontakt zu potentiellen und früheren Opfern herstellen. Den Weisungsadressaten wird hierzu untersagt aktiv und aus eigenem Antrieb unmittelbar Kontakt zu einer bestimmten Person oder einer bestimmten Personengruppe herzustellen.[904] Der Begriff Kontakt umfasst dabei nicht nur die unmittelbare und physische Begegnung. Verboten werden kann ebenfalls die elektronische Kommunikation, die Kommunikation per Brief und die Kommunikation über einen Mittelsmann.[905] Gleiches gilt für moderne Kommunikationsmittel wie soziale Medien oder Messanger Dienste. Keine Kontaktaufnahme liegt hingegen vor, wenn die Weisungsadressaten unaufgefordert von einer Person besucht wurden und den Kontakt lediglich nicht unterbunden haben.[906]

Um Strafbarkeitslücken zu vermeiden, sollten daher regelmäßig Kontakt- und Verkehrsverbote miteinander kombiniert werden.[907] Mit Hilfe von Verkehrsverboten kann den Weisungsadressaten untersagt werden, bestehende Kontakte zu den von dem Verbot erfassten Personen fortzuführen oder weiter zu unterhalten.[908] Erfasst sind demnach Fälle, in denen die Weisungsadressaten den Kontakt

---

903 Kerner BewHi 2006, 49 (52); Pollähne KritV 2007, 386 (408).

904 BGHSt 58, 136 (138); BGH NStZ–RR 2016, 10 (10). Kritisch zu dieser Definition: Berster HRRS 2016, 18 (20 f.)

905 MüKo-StGB/*Groß*, § 68b Rn. 15.

906 BGH NStZ–RR 2016, 10 (10).

907 Der historische Gesetzgeber sah ursprünglich von der Aufnahme eines Verkehrsverbots in § 68b Abs. 1 S. 1 Nr. 3 StGB ab, da er ein solches Verbot für zu unbestimmt hielt: BT-Drucks. V/4095, S. 36; S/S/*Stree*, 27. Auflage, § 68b Rn. 7. Für die Vereinbarkeit mit Art. 103 Abs. 2 GG: Groß, FS Böttcher, S. 579 (590).

908 BT-Drucks. 16/1993, S. 18; LK-StGB/*Schneider*, § 68b Rn. 22.

nicht selbst aktiv hergestellt haben, ihn aber im Anschluss an die Kontaktaufnahme aktiv aufrechterhielten.[909] Sinn macht ein solches Verbot daher vor allem in Fällen, in denen der Kontakt zwischen den Führungsaufsichtsprobanden und den von dem Verbot erfassten Personen bereits vor der Anordnung der Weisungen bestanden hat und nicht neu hergestellt werden muss.

Darüber hinaus kann den Führungsaufsichtsprobanden auf Grundlage von § 68b Abs. 1 S. 1 Nr. 3 StGB verboten werden, bestimmte Personen oder Personengruppen zu beschäftigen, auszubilden oder zu beherbergen. Durch das Verbot sollen Lehrlinge, Angestellte und Angehörige bestimmter Berufsgruppen geschützt werden.[910] Eine Beschäftigung setzt nicht voraus, dass die geschützten Personen ein Arbeitsverhältnis mit den Weisungsadressaten eingehen. Ausreichend ist, wenn die gefährdeten Personen gelegentlich zu Dienstleistungen herangezogen werden. Ebenso wenig setzt das Ausbilden das formale Bestehen eines Ausbildungsverhältnisses voraus.[911]

Mit Hilfe eines Beherbergungsverbots kann den Weisungsadressaten das private, kurze Aufnehmen fremder Personen in den eigenen Haushalt untersagt werden.[912] Erfasst von dem Verbot sind sowohl entgeltliche wie auch unentgeltliche Übernachtungen.[913] Ein Beispiel für ein zulässiges Beherbergungsverbot ist das an einen Pädophilen gerichtete Verbot Kinder in seiner Wohnung übernachten zu lassen.[914] Allerdings muss darauf geachtet werden, dass das Beherbergungsverbot nicht faktisch die Wirkung eines Berufsverbots entfalten darf.[915]

Auf Grundlage von § 68b Abs. 1 S. 1 Nr. 3 StGB können die Führungsaufsichtsprobanden hingegen nicht angewiesen werden einen gewissen Mindestabstand zu der von dem Verbot geschützten Person zu halten.[916] Zulässig ist einzig, die in § 68b Abs. 1 S. 1 Nr. 3 StGB aufgeführten Tathandlungen zu untersagen. Ein Annährungsverbot ist dort nicht normiert. Das ist auch konsequent, da ein solches Verbot seinem Charakter nach einem Ortsverbot nach § 68b Abs. 1 S. 1 Nr. 2 StGB ähnelt. Während den Weisungsadressaten durch

---

909 Baur/Kinzig, S. 386.

910 Heintschel-Heinegg/*Heuchemer*, StGB, § 68b Rn. 11.

911 MüKo-StGB/*Groß*, § 68b Rn. 15.

912 MüKo-StGB/*Groß*, § 68b Rn. 15.

913 LK-StGB/*Schneider*, § 68b Rn. 22; Ruderich, S. 153.

914 MüKo-StGB/*Groß*, § 68b Rn. 15.

915 LK-StGB/*Schneider*, § 68b Rn. 22; Matt/Renzikowski/*Eschelbach*, StGB, § 68b Rn. 5.

916 Baur/Kinzig, S. 386; a.A. wohl OLG Hamm, Beschl. vom 06.03 2014 – 2 Ws 38/14 –, juris Rn. 15, dass das Abstandsgebot nur wegen eines Verstoßes gegen den Bestimmtheitsgrundsatz für rechtswidrig erachtet.

ein Ortsverbot untersagt wird, sich in der Verbotszone aufzuhalten, kann ihnen durch ein Annährungsverbot verboten werden, sich einer Person räumlich zu nähern. Alles andere wäre auch nicht mit Art. 103 Abs. 2 GG vereinbar, der gewährleisten soll, dass jeder Bürger weiß, welches Verhalten strafbewehrt untersagt ist, um sich dementsprechend verhalten zu können.[917] Anders als bei Ortsverboten können die Verbotszonen bei der Anordnung von Annährungsverboten nicht mit Hilfe von Kartenmaterial bestimmt werden. Den Führungsaufsichtsprobanden wird im Regelfall nicht bekannt sein, wo sich die durch die Weisung geschützte Person aktuell befindet. Daher können die Führungsaufsichtsprobanden schon aus rein tatsächlichen Gründen nicht angewiesen werden zu einem ihnen unbekannten Aufenthaltsort Abstand zu halten. An diesem Ergebnis ändert sich auch dann nichts, wenn in der Weisung ein Mindestabstand genannt ist, der zur geschützten Person gehalten werden muss.

1. Adressatenkreis der Weisung

Den Führungsaufsichtsprobanden kann auf Grundlage von § 68b Abs. 1 S. 1 Nr. 3 StGB der Kontakt zu sämtlichen Personen, die auf sie kriminalitätsstimulierend wirken und zu den früheren Tatopfern, verboten werden. Demnach kann der Kontakt zu potentiellen Tatgenossen und potentiellen künftigen Tatopfern untersagt werden.[918]

Soll der Kontakt zu bestimmten einzelnen Personen untersagt werden, müssen die von dem Verbot erfassten Personen namentlich bezeichnet werden.[919] Einer Präzisierung bedürfen die Kontaktverbote ebenfalls, wenn der Kontakt zu einer bestimmten Gruppe von Personen verboten werden soll. In diesem Fall müssen die die Führungsaufsicht ausgestaltenden Gerichte die von dem Verbot erfassten Gruppen klar anhand von Merkmalen kennzeichnen. Solche Merkmale können das Alter und das Geschlecht der Personengruppe sein.[920] Zulässig ist es beispielsweise, den Führungsaufsichtsprobanden den Kontakt zu den Personengruppen Kinder und Jugendliche zu untersagen.[921] Dient die Weisung dem Schutz von Minderjährigen, sind Personen bis zur Grenze von 18 Jahren in den Schutzbereich der Führungsaufsichtsweisung mit einbezogen.[922]

---

917 Kingreen/Poscher, Grundrechte, Rn. 1257; Ruderich, S. 202; Sachs/*Degenhart*, GG, Art. 103 Rn. 63; Sodan, GG, Art. 103 Rn. 15.

918 Matt/Renzikowski/*Eschelbach*, StGB, § 68b Rn. 5.

919 LK-StGB/*Schneider*, § 68b Rn. 22.

920 LK-StGB/*Schneider*, § 68b Rn. 22; SK-StGB/*Sinn*, § 68b Rn. 9.

921 BT-Drucks. 16/1993, S. 18.

922 OLG Hamburg, Beschl. vom 06.10.2011 – 2 Ws 83/11 –, juris Rn. 61.

Darüber hinaus muss der Kreis von Personen, auf den sich das Kontaktverbot erstreckt, für die Weisungsadressaten zumindest bestimmbar sein.[923] Da Führungsaufsichtsweisungen strafbarkeitsbegründende Wirkung entfalten, müssen sie über einen höheren Präzisionsgrad verfügen als Kontaktverbote, die auf Grundlage von § 56c Abs. 2 Nr. 3 StGB angeordnet werden.[924] Nicht möglich ist es daher den Weisungsadressaten zu untersagen, sich den Bediensteten des Ausländeramtes, der Justizvollzugsanstalt, der Staatsanwaltschaft und des Landgerichts räumlich zu nähern.[925] Eine derart offen formulierte Weisung untersagt nicht nur den Kontakt zu Personen, die unmittelbar in das Kerngeschäft der Justiz eingebunden sind, sondern ebenfalls zu dort beschäftigten Reinigungskräften. Da die Weisungsadressaten regelmäßig nicht sämtliche Beschäftigte dieser Institutionen kennen werden, können sie nicht bestimmen, zu welchen Personen ihnen die Kontaktaufnahme strafbewehrt untersagt ist.

Nicht ausreichend bestimmt ist ebenfalls die Weisung, keinen Kontakt zu Personen, die der rechten Szene angehören, aufzunehmen und nicht mit ihnen zu verkehren.[926] Bei der rechten Szene handelt es sich um keine bestimmte Gruppe im Sinne des § 68b Abs. 1 S. 1 Nr. 3 StGB. Es wird vielmehr ein Milieuverbot ausgesprochen, das es den Weisungsadressaten nicht ermöglicht, den von dem Verbot erfassten Personenkreis präzise zu ermitteln.[927] Um den nötigen Grad an Bestimmtheit zu erreichen, hätten in der Weisung einzelne Personen oder Organisationen, auf die sich das Verbot bezieht, konkret benannt werden müssen.[928]

---

923 OLG Hamm, Beschl. vom 06.03 2014 – 2 Ws 38/14 –, juris Rn. 16.

924 MüKo-StGB/*Groß*, § 68b Rn. 15.

925 OLG Hamm, Beschl. vom 06.03.2014 – 2 Ws 38/14 –, juris Rn. 16.

926 OLG Jena, Beschl. vom 26.10.2009 – 1Ws 431/09 Rn. 25; OLG Jena NStZ 2006, 39 (40) zu § 56c Abs. 2 Nr. 3 StGB. Ähnlich: OLG Hamm, Beschl. vom 28.09.2010 –III-3 Ws 393/10 –, juris Rn. 9 ff. zum Begriff der „Drogenszene".

927 Ein weiteres Beispiel für ein unzulässiges Milieuverbot zur Rockerszene findet sich in: OLG Düsseldorf, Beschl. vom 25.04.2016 – III-1 Ws 97-100/16 –, juris Rn. 14. Albrecht, jurisPR-StrafR 13/2016 Anm. 4 weist darauf hin, dass die vom Verbot erfassten Personen und Vereine möglichst namentlich bezeichnet werden sollten.

928 Ebenfalls zu unbestimmt ist das Gebot keinen Kontakt zu Personen aufzunehmen, die in Betrieben oder für Personen tätig sind, die Prostitution oder Zuhälterei ausüben oder ausüben lassen: OLG Hamm, Beschl. vom 30.08.2012 – III-1 Ws 395/12, III-1 Ws 396/12–, juris Rn. 25.

2. Das Kontaktverbot zu dem früheren Tatopfer

Die Möglichkeit den Kontakt zu dem Tatopfer der Anlasstat zu untersagen wurde im Jahr 2007 durch das FührAufRefG ausdrücklich in § 68b Abs. 1 S. 1 Nr. 3 StGB aufgenommen.[929] Davor mussten Kontaktverbote zu den früheren Tatopfern auf § 68b Abs. 2 StGB gestützt werden.[930] Das galt jedenfalls solange wie von den Tatopfern selbst keine kriminogenen Reize auf die Weisungsadressaten ausgingen. Die Rechtslage war vor allem für die unter Führungsaufsicht stehenden Vollverbüßer und die Untergebrachten, deren Maßregel für erledigt erklärt worden ist, unbefriedigend. Diesem Personenkreis konnte bei der Missachtung des Kontaktverbots nicht mit dem Widerruf der Bewährung gedroht werden, was zur Folge hatte, dass die Weisungen faktisch nicht durchsetzbar waren.[931] Gerade in diesen Fällen besteht jedoch aus Opferschutzgesichtspunkten ein dringendes Bedürfnis, den Weisungsadressaten zu verbieten, erneut Kontakt zu den früheren Tatopfern aufzunehmen.

Allerdings drängt sich auch nach der Novellierung des § 68b Abs. 1 S. 1 Nr. 3 StGB noch der Eindruck auf, dass ein Kontaktverbot zu den früheren Tatopfern nur angeordnet werden darf, wenn von ihnen kriminogene Reize ausgehen, die den Weisungsadressaten Anlass zur Begehung weiterer Straftaten bieten können.[932] In diesem Sinne wird nach wie vor vertreten, dass § 68b Abs. 1 S. 1 Nr. 3 Alt. 1 StGB über seinen Wortlaut hinaus einschränkend auszulegen sei.[933] Der Kontakt zu den früheren Tatopfern soll auch dann nicht verboten werden dürfen, wenn keine Gefahr besteht, dass die in der Vergangenheit geschädigten Personen erneut Opfer von Straftaten werden.[934] Diese einschränkende Auslegung wird damit begründet, dass die Weisung nach § 68b Abs. 1 S. 1 Nr. 3 StGB sowohl der Verhütung weiterer Straftaten als auch dem Opferschutz dient.[935] Wenn die geschützten Personen nicht der Gefahr ausgesetzt sind, erneut Opfer von Straftaten zu werden, soll es keines Kontaktverbots bedürfen, um sie zu schützen. Weiterhin wird argumentiert, dass ein Kontaktverbot nur dann verhältnismäßig sein soll, wenn hierfür tatsächlich ein Bedürfnis

---

929 Das Kontaktverbot zielt insbesondere auf auf Sexualstraftäter ab: Kett-Straub, FS Streng, S. 309 (311).

930 BT-Drucks. 16/1993, S. 18.

931 Schneider NStZ 2007, 441 (443).

932 Ruderich, S. 154; SSW-StGB/*Jehle/Harrendorf*, § 68b Rn. 7.

933 OLG Dresden StV 2010, 641 (642).

934 OLG Dresden StV 2010, 641 (642).

935 OLG Dresden StV 2010, 641 (641 f.).

besteht.[936] Kriterien, anhand derer dies beurteilt werden könnte, sind die Verfassung der Opfer, ihre Einstellung zu Tat und Täter und der Grad an Wahrscheinlichkeit, mit dem zu erwarten ist, dass sich Täter und Opfer noch einmal begegnen.

Gerade dies sollte jedoch nach dem Willen des Gesetzgebers keine Anordnungsvoraussetzung mehr sein, um den Kontakt zu dem Tatopfer verbieten zu können.[937] Nach der Gesetzesbegründung soll durch § 68b Abs. 1 S. 1 Nr. 3 Alt. 1 StGB nicht nur die Begehung weiterer Straftaten verhindert werden, sondern ebenfalls, dass der bei den Tatopfern ohnehin schon angerichtete Schaden weiter vertieft wird.[938] Andernfalls würde es für § 68b Abs. 1 S. 1 Nr. 3 Alt. 1 StGB auch keinen eigenen Anwendungsbereich geben, da das Kontaktverbot bereits auf Grundlage der vorherigen Fassung der Norm hätte angeordnet werden können.

Die Weisungsadressaten sollen daher durch das Kontaktverbot zu ihren früheren Tatopfern davon abgehalten werden, die Tatopfer erneut zu bedrohen oder zu belästigen.[939] Mit Hilfe der Weisung soll demnach das Sicherheitsgefühl der früheren Tatopfer angehoben und stabilisiert werden.[940] Außerdem soll dem Umstand Rechnung getragen werden, dass die Tatopfer den Straftätern häufig nicht wieder begegnen wollen oder die Annährung gar fürchten. Darauf, ob diese Furcht objektiv begründet ist, kommt es nicht an.[941] Dieses Verständnis deckt sich zudem mit dem Sinn der die Kontaktverbote flankierenden Regelung des § 406d Abs. 2 Nr. 1 StPO. Nach § 406d Abs. 2 Nr. 1 StPO muss den Tatopfern[942] auf Antrag mitgeteilt werden, ob den Weisungsadressaten verboten wurde, mit

---

936 Zum Kontaktverbot nach § 56c Abs. 2 Nr. 3 StGB: MüKo-StGB/*Groß*, § 56c Rn. 27.

937 Auf den Zweck des Opferschutzes weißen hin: OLG Dresden StV 2010, 641 (642); Baur/Kinzig, S. 385; Heintschel-Heinegg/*Heuchemer*, StGB, § 68b Rn. 11; LK-StGB/*Schneider*, § 68b Rn. 22; NK-StGB/*Ostendorf*, § 68b Rn. 11; Schneider NStZ 2007, 441 (443). Kritisch: Pollähne KritV 2007, 386 (408).

938 BT-Drucks. 16/1993, S. 18 f.

939 HK-GS/*Pflieger/Braasch*, StGB, § 68b Rn. 2. Nach Ostendorf, Die Neugestaltung der Führungsaufsicht, S. 405 (410) sollen zudem Wiederholungstaten verhindert werden.

940 Groß, FS Böttcher, S. 579 (590 f.).

941 Groß, FS Böttcher, S. 579 (590 f.).

942 Das Gesetz selbst spricht in § 406d StPO vom „Verletzten“. Was unter dem Begriff zu verstehen ist, bestimmt das Gesetz hingegen nicht. Meyer-Goßner/Schmitt, StPO, Vor § 406d Rn. 2 will den Begriff entsprechend der Bedeutung, den er im Rahmen von § 172 StPO hat, verstehen. Das bedeutet, dass jedenfalls das Tatopfer als Verletzter im Sinne des § 406d StPO anzusehen ist.

ihnen in Kontakt zu treten oder zu verkehren.[943] Auch mit der Hinweispflicht nach § 406d Abs. 2 Nr. 1 StPO wird der Zweck verfolgt, das Sicherheitsgefühl der früheren Tatopfer zu stärken.[944] Ein weiteres Ziel kann darin liegen sekundäre Traumatisierungen des Opfers, beispielsweise durch die erneute Befragung oder die neuerliche Konfrontation mit dem Täter, zu verhindern, die sich zu dem primären Trauma des Opfers hinzuaddieren können.[945]

Darüber hinaus kommt es bei dem Schutz der früheren Tatopfer gerade nicht auf die Persönlichkeit der Weisungsadressaten an. Das Kontaktverbot zu den früheren Tatopfern ist insoweit ein Sonderfall, als dass von ihnen ausnahmsweise keine kriminogenen Reize ausgehen müssen. Der Zweck der opferschützenden Weisung geht in diesem Fall über den der präventiven Verhinderung weiterer Straftaten hinaus. Mit Hilfe der Weisung soll verhindert werden, dass der bereits durch die Tat angerichtete Schaden bei den früheren Tatopfern weiter vertieft wird.[946] Eine Vertiefung des seelischen Schadens tritt aber nicht erst ein, wenn die Gefahr besteht, dass die damals verletzten Personen erneut Opfer von Straftaten der Führungsaufsichtsprobanden werden wird. Hierfür kann bereits ausreichen, wenn die Tatopfer durch den Kontakt zu den Führungsaufsichtsprobanden an die früheren Taten erinnert werden und hierdurch nicht in der Lage sind, mit der Vergangenheit abzuschließen.

Unabhängig hiervon ist, bei der Beurteilung der Rechtmäßigkeit eines Kontaktverbots zum früheren Tatopfer, stets zu prüfen wer Tatopfer der Anlasstat geworden ist, um bestimmen zu können, welche Personen genau in den Schutzbereich des § 68b Abs. 1 S. 1 Nr. 3 Alt. 1 StGB mit einbezogen werden. Tatopfer ist nur die durch die Straftat verletzte Person, die Träger des unmittelbar verletzen Rechtsguts ist.[947] Der Kontakt zu Angehörigen oder Hinterbliebenen der Tatopfer kann daher nicht alleine aus Opferschutzgesichtspunkten heraus verboten werden, sondern nur, wenn von ihnen selbst kriminogene Reize ausgehen. Ist das nicht der Fall darf ein Kontaktverbot einzig auf Grundlage von § 68b Abs. 2 StGB angeordnet werden.[948] Gleiches gilt, wenn den Weisungsadressaten nicht nur

943 Auf das Antragsrecht des § 406d Abs. 2 Nr. 1 StPO sind die Tatopfer gem. § 406h S. 1 StPO hinzuweisen.

944 Vgl. hierzu: BT-Drucks. 16/1993, S. 18. Auch in der Literatur wird § 406d StPO positiv bewertet: Kett-Straub ZIS 2017, 341 (346).

945 Kritisch zur empirischen Nachweisbarkeit des Phänomens der sekundären Viktimisierung: Kölbel/Bork, S. 36 f.

946 BT-Drucks. 16/1993, S. 18.

947 Fischer, StGB, § 77 Rn. 2; MüKo-StGB/*Groß*, § 68b Rn. 15.

948 Insoweit soll es unzulässig sein einem Führungsaufsichtsprobanden den Kontakt zu seinem Sohn zu verbieten, wenn sich die von ihm begangenen Anlasstaten

der Kontakt zu den Opfern der Anlasstat, sondern ebenfalls zu Opfern früherer Straftaten verboten werden soll.[949]

Im Ergebnis ist festzuhalten, dass der Kontakt zu dem früheren Tatopfer auch dann untersagt werden darf, wenn keine Gefahr besteht, dass die durch die Weisung geschützte Person erneut Opfer einer Straftat wird. Der Kontakt zu sonstigen Personen darf demgegenüber nur untersagt werden, wenn von diesen kriminogene Reize ausgehen, für die die Weisungsadressaten als anfällig erwiesen haben.

3. *Verhältnis von § 68b Abs. 1 S. 1 Nr. 3 StGB zu zivilrechtlichen Unterlassungsansprüchen*

Zu Überschneidungen zwischen § 68b Abs. 1 S. 1 Nr. 3 StGB und den § 823 BGB[950] beziehungsweise § 1004 BGB kann es kommen, weil der Kontakt zu den gefährdeten Personen unter Umständen ebenfalls mittels zivilrechtlicher Unterlassungsansprüche unterbunden werden kann.

Insofern muss allerdings berücksichtigt werden, dass die Anwendungsbereiche von § 823 Abs. 1 BGB und § 1004 BGB eine Vielzahl von Lebenssachverhalten erfassen, die nicht notwendigerweise einen strafrechtlichen Bezug aufweisen müssen. Die Führungsaufsicht tritt demgegenüber nur bei Vorliegen eines Anordnungs- oder Eintrittsgrunds nach § 68 StGB ein. Darüber hinaus dürfen Kontaktverbote nur bei Vorliegen der zusätzlichen Voraussetzungen des § 68b Abs. 1 S. 1 Nr. 3 StGB ausgesprochen werden. In § 68b Abs. 1 S. 1 Nr. 3 StGB findet sich daher eine spezielle strafrechtliche Regelung, auf deren Grundlage den Führungsaufsichtsprobanden der Kontakt zu bestimmten Personen oder Personengruppen untersagt werden kann. Das bedeutet, dass das Kontaktverbot in seinem Anwendungsbereich lex specialis zu den § 823 Abs. 1 BGB und § 1004 BGB ist und den allgemeineren zivilrechtlichen Regelungen vorgeht. Eine unzulässige Umgehung zivilrechtlicher Regelungen liegt demnach nur dann vor, wenn die Kontaktverbote nach § 68b Abs. 1 S. 1 Nr. 3 StGB mit dem Ziel angeordnet werden, die allgemeine zivilrechtlichen Regelungen zu umgehen oder zu

---

ausschließlich gegen weibliche Personen gerichtet haben. Da der Sohn weder Opfer von Straftaten geworden ist, und nur von weiblichen Personen kriminogene Reize ausgehen, darf dem Vater der Kontakt zu ihm nicht strafbewehrt untersagt werden (OLG Hamm, Beschl. vom 20.05 2014 – III-2 Ws 91/14 –, juris Rn. 13. Ähnlich: OLG Dresden StV 2015, 699 (701)).

949 KG Berlin, Beschl. vom 19.12.2014 – 2 Ws 386/14 – 141 AR 604/14 –, juris Rn. 28.

950 Bürgerliches Gesetzbuch.

erweitern. Es ist demnach nur dann unzulässig Kontaktverbote auf Grundlage des § 68b Abs. 1 S. 1 Nr. 3 StGB auszusprechen, wenn damit keine kriminogenen Reize ausgeschaltet werden sollen, sondern ein sachfremder zivilrechtlicher Lebenssachverhalt geregelt werden soll.

Ein Konflikt zu zivilrechtlichen Regelungen kann jedoch entstehen, wenn das Kontaktverbot so formuliert wird, dass ebenfalls der Kontakt zu Familienangehörigen der Führungsaufsichtsprobanden von dem Verbot umfasst ist. Unzulässig ist es jedenfalls den Kontakt zu bestimmten Personengruppen (Frauen, Kindern) zu verbieten, ohne zugleich die Familienangehörigen (Ehefrau, Kinder) von dem Verbot auszunehmen.[951]

Sind Führungsaufsichtsprobanden und Tatopfer miteinander verheiratet, greift das Kontaktverbot in den Schutzbereich von Art. 6 Abs. 1 GG ein, was bei der Formulierung der Weisung berücksichtigt werden muss.[952] Der Schutz von Art. 6 Abs. 1 GG erstreckt sich auf das eheliche Zusammenleben.[953] Staatlicher Zwang, der das räumliche Zusammenleben der Ehegatten erschwert oder verhindert, ist verfassungswidrig, wenn er nicht im Einzelfall durch gewichtigere Gesichtspunkte gerechtfertigt ist.[954] Da gewichtigere Gesichtspunkte bei der höchstpersönlichen Entscheidung, ob eine Trennung erfolgen soll oder nicht, nicht denkbar sind, ist die Trennung eine durch Art. 6 Abs. 1 GG geschützte freie Entscheidung der Ehegatten.[955] Diese darf keinesfalls durch die Entscheidung eines Gerichts ersetzt werden.[956] Nur, wenn sich die Ehegatten zuvor voneinander getrennt haben, darf den Weisungsadressaten der Kontakt zu ihren Ehepartner untersagt werden.[957] Allerdings werden Kontaktverbote auch in dieser

---

951 OLG Jena, Beschl. vom 02.03.2006 – 1 Ws 66/06 –, juris Rn. 34; NK-StGB/*Ostendorf*, § 68b Rn. 11.

952 Vgl. hierzu: OLG Karlsruhe, Beschl. vom 05.08.2010 – 1 Ws 107/10 –, juris Rn. 16 f. (auszugsweise abgedruckt in OLG Karlsruhe NStZ-RR 2011, 30). In den Schutzbereich des Art. 6 Abs. 1 StGB wird hingegen nicht eingegriffen, wenn der Führungsaufsichtsproband und die durch das Kontaktverbot geschützte Person nicht miteinander verheiratet sind: OLG Rostock, Beschl. vom 07.02.2014 – Ws 9/14 –, juris Rn. 45; Jarass/Pieroth, Art. 6 Rn. 5; von Münch/Kunig/*Coester-Waltjen*, GG, Art. 6 Rn. 5, 7.

953 Jarass/Pieroth, Art. 6 Rn. 6.

954 Mangoldt/Klein/Stark/*Robbers*, GG, Art. 6 Rn. 74.

955 Vgl. hierzu: OLG Jena, Beschl. vom 02.03.2006 – 1 Ws 66/06 –, juris Rn. 34; LK-StGB/*Schneider*, § 68b Rn. 22; Ruderich, S. 153; SK-StGB/*Sinn*, § 68b Rn. 9 zum Beherbergungsverbot.

956 Nach Kingreen/Poscher, Grundrechte, Rn. 753 fällt selbst das Recht die Ehe zu scheiden in den Schutzbereich des Art. 6 Abs. 1 GG.

957 LK-StGB/*Schneider*, § 68b Rn. 22; Ruderich, S. 153.

Konstellation rechtswidrig, wenn sich die getrennt lebenden Ehegatten zu einem späteren Zeitpunkt wieder versöhnen.[958]

Weitere Schwierigkeiten können entstehen, wenn Täter und Tatopfer gemeinsame Kinder haben und die Führungsaufsichtsprobanden nach der Haftentlassung angewiesen werden, keinen Kontakt zu ihren Ehepartnern oder Kindern aufzunehmen. Eine unzulässige Umgehung familienrechtlicher Regelungen kann beispielsweise vorliegen, wenn den Weisungsadressaten der Kontakt zu ihren Kindern verboten wird, die weder Opfer von Straftaten geworden sind und von denen keine kriminogenen Reize auf das unter Führungsaufsicht stehende Elternteil ausgehen. Die Trennung eines minderjährigen Kindes von seinen Eltern ist unter Berücksichtigung von Art. 6 Abs. 3 GG ausschließlich durch vormundschaftsgerichtliche Entscheidung möglich.[959] Die Trennung darf angeordnet werden, wenn die Gefahr der Verwahrlosung durch Versagen der Erziehungsberechtigten oder aus anderen Gründen besteht.[960] Rechtsgrundlagen, auf deren Grundlage die Trennung angeordnet werden darf, finden sich in § 1666 BGB, §§ 1632 Abs. 4, 1666a, 1682 BGB und § 42 SGB VIII. Dürfte der Kontakt nun auf Grundlage von § 68b Abs. 1 S. 1 Nr. 3 StGB untersagt, ohne dass die verfassungsrechtlichen Vorgaben erfüllt sind, könnten die speziellen familien- und vormundschaftsgerichtlichen Regelungen unterlaufen werden.[961].

Ein Kontaktverbot ist hingegen dann von Art. 6 Abs. 3 GG gedeckt, wenn aus den Straftaten ein Versagen der Erziehungsberechtigten deutlich wird. Ein Versagen kann vorliegen, wenn ein Erziehungsberechtigter seinen Erziehungspflichten dauerhaft nicht nachgekommen ist.[962] Das kann wiederum dann der Fall sein, wenn das körperliche, geistige oder seelische Wohl der Kinder bei dem Verbleib in ihren Familien nachhaltig gefährdet ist.[963] Sind die Kinder selbst Opfer der die Führungsaufsicht auslösenden Taten geworden, sind die ein Kontaktverbot rechtfertigenden verfassungsrechtlichen Vorgaben regelmäßig erfüllt. Das folgt daraus, dass die Führungsaufsicht in der Regel nur im Anschluss an

958 Nicht zulässig ist es das Kontaktverbot unter die Bedingung zu stellen, dass die geschützte Person nicht mit der Kontaktaufnahme einverstanden ist: OLG Nürnberg, Beschl. vom 21.07.2016 – 2 Ws 366/16 –, juris Rn. 34.

959 LK-StGB/*Schneider*, § 68b Rn. 22; S/S/*Kinzig*, StGB § 68b Rn. 7.

960 Sachs/*Sachs*, GG, Art. 6 Rn. 85.

961 Vgl. zu der Frage des Konkurrenzverhältnisses ebenfalls: OLG Karlsruhe NStZ–RR 2011, 30; OLG Dresden StV 2010, 641 (642); NK-StGB/*Ostendorf*, § 68b Rn. 11; SSW-StGB/*Jehle/Harrendorf*, § 68b Rn. 7; S/S/*Kinzig*, StGB, § 68b Rn. 7.

962 von Münch/Kunig/*Coester-Waltjen*, Art. 6 Rn. 103.

963 BVerfG NJW 2011, 3355 (3356).

erhebliche Straftaten eintritt, durch die das körperliche und seelische Wohl der Kinder gefährdet wird. Bei Vorliegen dieser Voraussetzungen darf den Weisungsadressaten auf Grundlage von § 68b Abs. 1 S. 1 Nr. 3 StGB der Kontakt zu ihren eigenen Kindern verboten werden.[964] Zulässig ist es ebenfalls die Kontaktaufnahme zu dem eigenen Kind, das mit seiner Mutter, die Opfer der Anlasstat geworden ist, in einer Wohnung, zu erschweren, indem den Weisungsadressaten verboten wird, mit dem Tatopfer der Anlasstat in einer Wohnung zu leben. Eine direkte Kontaktaufnahme zur Mutter des Kindes bedarf es nicht, um den Kontakt zu dem gemeinsamen Kind herzustellen, da dieser ebenfalls vom Jugendamt vermittelt werden kann.[965]

IV. § 68b Abs. 1 S. 1 Nr. 4 StGB: Tätigkeitsverbot

Die Führungsaufsichtsprobanden können auf Grundlage von § 68b Abs. 1 S. 1 Nr. 4 StGB angewiesen werden bestimmte Tätigkeiten nicht auszuüben, die sie zur Begehung von weiteren Straftaten missbrauchen könnten.

1. Verhältnis von Berufsverbot (§§ 70 ff. StGB) und Tätigkeitsverbot

Ein Hauptproblem, das bei der Anordnung und Ausgestaltung von Weisungen nach § 68b Abs. 1 S. 1 Nr. 4 StGB auftreten kann, ist die Frage, ob Tätigkeitsverbote so ausgestaltet werden dürfen, dass sie in ihrer Wirkung einem strafrechtlichen Berufsverbot gleichen.[966] Wäre das zulässig dürfte den Weisungsadressaten nicht nur einzelne Tätigkeiten innerhalb eines Berufsbildes, sondern auch die Ausübung kompletter Berufe untersagt werden. Insoweit stellt sich die Frage, ob die Anordnung berufsverbotsgleicher Führungsaufsichtsweisungen zulässig ist, oder eine unzulässige Umgehung der §§ 70 ff. StGB darstellt.

---

964 Anders Baur/Kinzig, S. 386, die ein Kontakt- und Verkehrsverbot, das sich auf minderjährige Abkömmlinge bezieht, für grundsätzlich ausgeschlossen halten. Die zitierten Gerichtsentscheidungen (OLG Dresden NStZ 2010, 154 und OLG Karlsruhe NStZ-RR 2011, 30) befassen sich aber mit Fällen, in denen das Kind selbst nicht Opfer der Anlasstat gewesen ist und sind daher nicht übertragbar. Gleiches gilt für die ebenfalls zitierte Entscheidung des OLG Jena, Beschl. vom 02.03.2006 – 1 Ws 66/06 –, juris, die sich mit einem Kontaktverbot befasst, das sich auf Personengruppen bezieht.

965 Für die Zulässigkeit einer solchen Weisung ebenfalls: OLG Rostock, Beschl. vom 07.02.2014 – Ws 9/14 –, juris Rn. 45; OLG Bamberg NJW 2011, 2151 (2151 f.).

966 Kritisch auch: Skott, Niederschriften, Band 3, S. 239.

a. Kumulative Anordnung von Berufsverboten und berufsverbotsgleichen Weisungen

Die Anordnung berufsverbotsgleicher Weisungen im Vollstreckungsverfahren kommt jedenfalls dann nicht in Betracht, wenn bereits im Erkenntnisverfahren ein Berufsverbot auf Grundlage der §§ 70 ff. StGB angeordnet worden ist. Das gilt, obwohl es gem. § 72 StGB im Grundsatz zulässig ist mehrere Maßregeln nebeneinander anzuordnen.[967] Dieser Grundsatz wird allerdings durch § 72 Abs. 1 S. 1 StGB insoweit eingeschränkt, als dass einzig die erfolgversprechendste Maßregel angeordnet werden darf, wenn die Gefahr der Begehung weiterer rechtswidriger Taten bereits durch sie abgewendet werden kann.[968] Wenn die Ausübung des Berufs bereits auf Grundlage der §§ 70 ff. StGB untersagt ist, bedarf es keiner zusätzlichen berufsverbotsgleichen Weisung, um die Allgemeinheit vor den Gefahren zu schützen, die aus der Berufsausübung resultieren. Daher ist die Anordnung berufsverbotsgleicher Weisungen (§ 68b Abs. 1 S. 1 Nr. 4 StGB), jedenfalls dann, aus Gründen der Subsidiarität (§ 72 Abs. 1 S. 1 StGB), unzulässig, wenn bereits im Erkenntnisverfahren ein Berufsverbot angeordnet worden ist.

b. Anordnung einer berufsverbotsgleichen Weisung bei Nichtvorliegen der Voraussetzungen des § 70 Abs. 1 StGB

Die zweite Fallgruppe erfasst Konstellationen, in denen berufsverbotsgleiche Führungsaufsichtsweisungen erst im Vollstreckungsverfahren angeordnet werden sollen. Im Erkenntnisverfahren konnte zuvor kein Berufsverbot ausgesprochen werden, weil die Voraussetzungen der §§ 70 ff. StGB nicht vorgelegen haben.

In diesen Fällen liegt kein Fall der Maßregelkonkurrenz vor, sodass die Lösung nicht auf § 72 Abs. 1 S. 1 StGB gestützt werden kann. Demnach stellt sich die Folgefrage, ob die Wirkungen eines Berufsverbotes unter zu Hilfenahme von § 68b Abs. 1 S. 1 Nr. 4 StGB hergestellt werden dürfen. Hierbei ist danach zu differenzieren, ob sich die Tatsachengrundlage im Zeitpunkt der Anordnung der berufsverbotsgleichen Weisungen gegenüber derjenigen, die bei der Aburteilung der Anlasstat bestanden hat, verändert hat oder nicht.

---

967 HK-GS/*Rössner*, StGB, § 72 Rn. 1.

968 Fischer, StGB, § 72 Rn. 2; LK-StGB/*Hanack*, § 72 Rn. 6 f. und MüKo-StGB/*Bockemühl*, § 72 Rn. 3: Hauptzweck ist die Abwehr der weiteren Gefährlichkeit des Täters.

(1) Lösung bei gleichbleibender Tatsachenlage

Für die Zulässigkeit berufsverbotsgleicher Weisungen haben sich mehrere Obergerichte ausgesprochen.[969] Dafür, dass ein auf Grundlage von § 68b Abs. 1 S. 1 Nr. 4 StGB angeordnetes Tätigkeitsverbot die Wirkung eines Berufsverbotes entfalten darf, werden Wortlaut, Historie, Systematik und Zweck der Norm angeführt.

Für die Zulässigkeit berufsverbotsgleicher Weisungen könnte sprechen, dass bereits in dem, der Einführung der §§ 68 ff. StGB vorausgehenden, Gesetzgebungsverfahren die tatbestandliche Einschränkung des Tätigkeitsverbots diskutiert wurde.[970] Dass die erwogenen Einschränkungen keinen Eingang in den Wortlaut des § 68b Abs. 1 S. 1 Nr. 4 StGB gefunden haben, wird als Argument dafür gewertet, dass eine Einschränkung letztlich nicht gewollt war.[971] Hierfür spricht auch, dass bereits in der Begründung zu dem E 1962 die Berufe und Berufsgruppen Bademeister, Masseure, Erzieher in Erziehungsheimen, Jugendleiter in Jugendverbänden und Kellner in Nachtlokalen als Beispiele für verbotsfähige Tätigkeiten aufgeführt werden.[972] Sowohl bei der Arbeit als Masseur wie auch bei der als Bademeister handelt es sich um Berufe und nicht um bloße Tätigkeiten innerhalb eines Berufsbildes. Hieraus könnte wiederum abgeleitet werden, dass die Verfasser des E 1962 davon ausgingen, dass die §§ 70 ff. StGB der Anordnung berufsverbotsgleicher Weisungen nicht generell entgegenstehen sollten.

Neben der Historie kann auch der Wortlaut des § 68b Abs. 1 S. 1 Nr. 4 StGB für die Zulässigkeit berufsverbotsgleicher Weisungen angeführt werden. § 68b Abs. 1 S. 1 Nr. 4 StGB spricht im Plural davon, dass bestimmte Tätigkeiten

---

969 Vgl. hierzu: OLG Hamm, Beschl. vom 14.11.2013 – III-3 Ws 279-280/13, –, juris Rn. 17; OLG Hamm NStZ-RR 2010, 90 (90); OLG Hamburg StraFo 2008, 481 (481 f.). Im Ergebnis zustimmend: Kammeier/Pollähne/*Trenckmann*, Maßregelvollzugsrecht, L 298; Peglau, jurisPR-StrafR 11/2008 Anm. 1; HK-GS/*Pflieger*, StGB, 3. Auflage, § 68b Rn. 2 will berufsverbotsgleiche Weisungen zulassen, wenn dies zum Schutz der Allgemeinheit erforderlich ist; Lackner/Kühl, StGB. § 68b Rn. 2 geht davon aus, dass sich die Maßregeln regelmäßig, aber nicht zwingend, ausschließen. Vgl. Anm. van Els zu OLG Düsseldorf NJW 1968, 2156 (2157) zu einem vergleichbaren Problem im Verhältnis von § 10 JGG zu §§ 37, 42m StGB a.F.

970 Liegen die Voraussetzungen für die Anordnung einer Maßregel nicht vor, sollen deren Folgen nicht auf dem Umweg des § 68b StGB hergestellt werden dürfen: BT-Drucks. V/4095, S. 36.

971 S/S/*Stree*, StGB, 26. Auflage, § 68b Rn. 8.

972 E 1962, BT-Drucks. IV/650, S. 222.

verboten werden dürfen. Verboten werden können demnach einzelne Tätigkeiten, die typischerweise mit der Ausübung eines bestimmten Berufs verbunden sind. Ebenfalls von § 68b Abs. 1 S. 1 Nr. 4 StGB gedeckt ist es mehrere Tätigkeiten innerhalb eines Berufsbildes zu untersagen. Wenn es nun aber zulässig ist mehrere Tätigkeiten zu verbieten, könnten auch Weisungen zulässig sein, durch die so viele Tätigkeiten verboten werden, dass die Weisungen faktisch in ihrer Wirkung einem Berufsverbot gleichen.

Aus systematischer Sicht könnte § 72 Abs. 2 StGB als Argument für die Zulässigkeit berufsverbotsgleicher Weisungen angeführt werden. § 72 Abs. 2 StGB lässt es zu mehrere Maßregeln nebeneinander anzuordnen, wenn unsicher ist, welche Maßregel am geeignetsten ist, um das erstrebte Ziel zu erreichen. Daher ist es grundsätzlich zulässig die Maßregel Berufsverbot und die Maßregel Führungsaufsicht nebeneinander anzuordnen.[973] Das prinzipiell mögliche Nebeneinander der Maßregeln könnte als Indiz dafür gewertet werden, dass die Anordnung berufsverbotsgleicher Weisungen zumindest dann zulässig ist, wenn die Anordnungsvoraussetzungen der §§ 70 ff. StGB im Erkenntnisverfahren nicht vorgelegen haben.

Ein letztes Argument für die Zulässigkeit berufsverbotsgleicher Weisungen kann aus dem Vergleich von § 68b StGB mit § 56c StGB abgeleitet werden. Auf Grundlage von § 56c Abs. 2 Nr. 1 StGB können den Bewährungshilfeprobanden einzelne Tätigkeiten aber auch die Ausübung kompletter Berufe untersagt werden.[974] Die Anordnung berufsverbotsgleicher Bewährungsweisungen ist zulässig, wenn das Verbot mit Blick auf die Wiedereingliederung der Betroffenen sinnvoll ist.[975] Das ist zum Beispiel der Fall, wenn den Bewährungshilfeprobanden erst durch die Weisung die für die Strafaussetzung erforderliche positive Sozialprognose gestellt werden kann. Wenn nun aber schon auf Grundlage von § 56c Abs. 2 Nr. 1 StGB berufsverbotsgleiche Weisungen angeordnet werden dürfen, muss dies erst Recht im Rahmen der Führungsaufsicht möglich sein. Hierfür spricht, dass die regelmäßig über keine positive Sozialprognose verfügenden Weisungsadressaten in besonderem Maße der stützenden Hilfe und Kontrolle bedürfen und ihnen daher im Rahmen von § 68b StGB mehr zugemutet werden darf, als es im Rahmen der Bewährungsaufsicht erlaubt ist.[976]

---

973 LK-StGB/*Hanack*, § 72 Rn. 28.

974 BGHSt 9, 258 (259 f.); OLG Frankfurt, Beschl. vom 11.09.2012 – 3 Ws 771/12 –, juris Rn. 4; LK-StGB/*Hubrach*, § 56c Rn. 7.

975 BGHSt 9, 258 (259 f.).

976 Vgl. hierzu Gliederungspunkt § 5 C. II. 2. B (1).

Als Zwischenfazit bleibt festzuhalten, dass jedenfalls der Wortlaut des § 68b Abs. 1 S. 1 Nr. 4 StGB der Anordnung berufsverbotsgleicher Weisungen nicht zwingend entgegensteht. Dennoch bestehen erhebliche Bedenken dagegen, die Anordnung berufsverbotsgleicher Weisungen zuzulassen. Das gilt zumindest dann, wenn die Voraussetzungen der §§ 70 ff. StGB bei der Aburteilung der Anlasstat nicht vorgelegen haben und während der Durchführung der Führungsaufsicht keine neuen Umstände eingetreten sind, die die Anordnung rechtfertigen können.

Der Vergleich mit § 56c StGB kann schon deshalb nicht überzeugen, weil die Bewährungshilfeprobanden durch die Anordnung berufsverbotsgleicher Bewährungsweisungen entlastet werden können. Unter Umständen ist die Aussetzung von Freiheitsstrafen zur Bewährung nur möglich, weil es die Anordnung von Bewährungshilfeweisungen möglich macht eine positive Legalprognose zu stellen. Im Rahmen der Führungsaufsicht können berufsverbotsgleiche Weisungen nur dann eine vergleichbare entlastende Wirkung entfalten, wenn es darum geht die Unterbringung im Maßregelvollzug zur Bewährung auszusetzen. Tritt die Führungsaufsicht hingegen im Anschluss an eine voll verbüßte Haftstrafe oder eine für erledigt erklärte Maßregel ein, werden die Weisungsadressaten durch die Weisung zusätzlich belastet.

Darüber hinaus ist es auch im Rahmen der §§ 56 ff. StGB umstritten, ob berufsverbotsgleiche Weisungen ihre Rechtsgrundlage in § 56c Abs. 2 Nr. 1 StGB finden können.[977] Auch im Rahmen der §§ 56 ff. StGB wird vorgebracht, dass § 70 StGB gegenüber § 56c StGB lex specialis sei, wenn es um die Anordnung von Berufsverboten geht. Nur so soll verhindert werden können, dass die in § 70 StGB normierten strengen Anordnungsvoraussetzungen umgangen werden, da die Bewährungsweisungen lediglich der Zumutbarkeitsgrenze des § 56c Abs. 1 S. 2 StGB unterliegen.[978] Da schon im Recht der Bewährungsaufsicht umstritten ist, ob berufsverbotsgleiche Weisungen auf Grundlage von § 56c Abs. 2 Nr. 1 StGB angeordnet werden dürfen, kann das Argument, dass dies erst recht auf Grundlage von § 68b Abs. 1 S. 1 Nr. 4 StGB möglich sein muss, nicht überzeugen.

Weiterhin spricht es nicht für die Zulässigkeit berufsverbotsgleicher Weisungen, dass § 72 Abs. 2 StGB die kumulative Anordnung von § 70 ff. StGB und §§ 68 ff. StGB grundsätzlich zulässt.[979] Die Kumulation von Führungsaufsicht

---

977 KG Berlin NStZ–RR 2006, 137 (138); OLG Zweibrücken NJW 2004, 1190 (1191); S/S/*Kinzig*, StGB, § 56c Rn. 14; SK-StGB/*Schall*, § 56c Rn. 4, 9.

978 Vgl. zu § 42l StGB a.F. und § 24 StGB a.F. Anm. Peters zu BGH, JZ 1957, 64 (65).

979 NK-StGB/*Pollähne*, § 72 Rn. 8.

und Berufsverbot, kann vor allem dann sinnvoll sein, wenn sich die Maßregeln gegenseitig ergänzen. Exemplarisch sei auf das Beispiel eines pädophilen Bademeisters verwiesen, dem die Ausübung seines Berufs auf Grundlage der § 70 ff. StGB untersagt wird. Das Berufsverbot kann durch die Verbote flankiert und effektuiert werden, sich nicht in öffentlichen Duschen von Schwimmbädern aufzuhalten (§ 68b Abs. 1 S. 1 Nr. 2 StGB) und keinen Kontakt zu Kindern und Jugendlichen aufzunehmen (§ 68b Abs. 1 S. 1 Nr. 3 StGB). Nicht zielführend ist die kumulative Anordnung der beiden Maßregeln hingegen, wenn sich der Regelungsgegenstand der Führungsaufsichtsweisungen inhaltlich mit dem des § 70 StGB deckt. In diesem Fall wird das Berufsverbot durch die Führungsaufsichtsweisung nicht ergänzt, sondern ersetzt.

Dieses Ergebnis deckt sich damit, dass § 72 Abs. 2 StGB die kumulative Anordnung von Maßregeln typischerweise in zwei Fallkonstellationen zulässt. Die Kumulation darf zum einen erfolgen, wenn verschiedenartige Gefahren begrenzt werden sollen.[980] Zum anderen dürfen Maßregeln kumulativ angeordnet werden, wenn nicht festgestellt werden kann, ob der Maßregelzweck bereits durch eine einzelne von ihnen erreicht werden wird.[981] Ordnen die die Führungsaufsicht ausgestaltenden Gerichte statt eines Berufsverbots eine berufsverbotsgleiche Weisung an, liegt keiner der beiden Fälle vor. Durch beide Maßregeln soll die berufsspezifische Gefährlichkeit der Betroffenen neutralisiert werden, indem ihnen die Berufsausübung untersagt wird. Folglich sind die durch § 70 StGB und § 68b Abs. 1 S. 1 Nr. 4 StGB bekämpften Gefahren identisch. Da beide Maßregeln dasselbe Ziel mit ähnlichen Mitteln verfolgen, wird der Maßregelzweck bereits durch die §§ 70 ff. StGB erreicht. Der kumulativen Anordnung einer berufsverbotsgleichen Führungsaufsichtsweisung bedarf es daher nicht.

Für die Unzulässigkeit berufsverbotsgleicher Weisungen spricht darüber hinaus, dass die strengen Voraussetzungen, unter denen die §§ 70 ff. StGB die Anordnung eines Berufsverbots zulassen, nicht durch den Rückgriff auf § 68b Abs. 1 S. 1 Nr. 4 StGB ausgehöhlt werden dürfen.[982] Bereits im Gesetzgebungsverfahren bestand Einigkeit, dass die Wirkungen eines Berufsverbots bei Nichtvorliegen der Anordnungsvoraussetzungen nicht durch den Rückgriff auf den Katalog des § 68b Abs. 1 StGB hergestellt werden dürfen.[983] Diese

980 LK-StGB/*Hanack*, § 72 Rn. 17; SSW-StGB/*Jehle*, § 72 Rn. 5.

981 BGH NStZ–RR 2008, 336 (337) und BGH NStZ 2000, 587 (589) zum Verhältnis von § 64 StGB zu § 66 StGB; SSW-StGB/*Jehle/Harrendorf*, § 72 Rn. 5; S/S/*Kinzig*, StGB, § 72 Rn. 5.

982 Vgl. hierzu allgemein: BT-Drucks. V/4095, S. 36.

983 BT-Drucks. V/4095, S. 36.

gesetzgeberische Grundentscheidung darf nicht durch die Anordnung berufsverbotsgleicher Weisungen unterlaufen werden.[984] Andernfalls würden sowohl die eigenständigen Anordnungsvoraussetzungen der §§ 70 ff. StGB, wie auch die rechtsstaatlich gebotene Verfahrensweise, umgangen werden. Ein Berufsverbot darf nur angeordnet werden, wenn die Verurteilten, unter Missbrauch ihres Berufs oder Gewerbes oder unter grober Verletzung der mit ihnen verbundenen Pflichten, rechtswidrige Taten begangen haben. Die Täter müssen wegen der Tat verurteilt worden sein oder nur deswegen nicht verurteilt worden sein, weil ihre Schuldunfähigkeit erwiesen oder nicht auszuschließen ist. Weitere Voraussetzung ist, dass die Gesamtwürdigung der Täter und ihrer Taten die Gefahr erkennen lässt, dass sie bei der weiteren Ausübung ihres Berufs erhebliche rechtswidrige Taten der bezeichneten Art begehen werden.

Die Anordnung berufsverbotsgleicher Weisungen verlangt hingegen lediglich die Prognose, dass die Führungsaufsichtsprobanden die Tätigkeit zur künftigen Begehung von Straftaten missbrauchen könnten.[985] Nicht erforderlich ist, dass zwischen den strafbaren Handlungen und der von den Führungsaufsichtsprobanden ausgeübten Tätigkeiten eine berufstypische Verbindung besteht. Die Weisungen sind zudem nur dann unzulässig, wenn die Weisungsadressaten durch das Tätigkeitsverbot in ihrer Lebensführung unzumutbar belastet werden (§ 68b Abs. 3 StGB). Neben der drohenden Umgehung der strengen Anordnungsvoraussetzungen der §§ 70 ff. StGB besteht ebenfalls die Gefahr, dass dem Verurteilten die Verschonungsmöglichkeit des § 70a StGB abgeschnitten wird.[986]

Im Ergebnis ist festzuhalten, dass die §§ 70 ff. StGB jedenfalls dann Sperrwirkung gegenüber § 68b Abs. 1 S. 1 Nr. 4 StGB entfalten, wenn die Voraussetzungen zur Anordnung eines Berufsverbots im Zeitpunkt der Aburteilung nicht vorlagen und nachträglich keine neuen Umstände eingetreten sind, die die Anordnung rechtfertigen würden.[987]

---

984 NK-StGB/*Pollähne*, § 70 Rn. 2.

985 OLG Hamm NStZ-RR 2010, 90 (91).

986 OLG Dresden NStZ 2008, 572 (572 f.); OLG Jena, Beschl. vom 02.03.2006 – 1 Ws 66/06 –, juris Rn. 34.

987 Für diese Konstellation im Ergebnis zustimmend: OLG Dresden NStZ 2008, 572 (573 f.); OLG Jena, Beschl. vom 02.03.2006 – 1 Ws 66/06 –, juris Rn. 34; AnwK-StGB/*Kilian*, § 68b Rn. 13; Fischer, StGB, § 68b Rn. 7; Meier, 3. Auflage, S. 262; MüKo-StGB/*Groß*, § 68b Rn. 16; SSW-StGB/*Jehle/Harrendorf*, § 68b Rn. 8; SK-StGB/*Sinn*, § 68b Rn. 10. Zusammenfassend: Groß, jurisPR-StrafR 13/2008 Anm. 2. Ähnlich OLG Frankfurt NStZ-RR 2011, 140 (140), das eine berufsverbotsgleiche Weisung zumindest dann für unzulässig hält, wenn kein Berufsverbot nach § 70 StGB angeordnet

(2) Lösung bei dem Vorliegen neuer Tatsachen

Fraglich ist weiterhin, ob die nachträgliche Anordnung berufsverbotsgleicher Führungsaufsichtsweisungen auf Grundlage von § 68d Abs. 1 StGB zumindest dann zulässig ist, wenn die der Weisung zugrundliegenden Umstände erst nach dem Eintritt der Führungsaufsicht entstanden sind oder die Gerichte erst nach dem Eintritt der Führungsaufsicht Kenntnis von anfänglich vorliegenden Umständen erlangt haben.

Diese Konstellation unterscheidet sich von der vorigen insoweit, als dass im Erkenntnisverfahren nur deshalb kein Berufsverbot angeordnet werden konnte, weil die maßgeblichen Umstände zu dem Zeitpunkt der Aburteilung noch nicht vorgelegen haben oder zumindest nicht bekannt gewesen sind. Demnach droht schon deshalb keine Umgehung der §§ 70 ff. StGB, weil die maßgeblichen Umstände im Zeitpunkt der Aburteilung noch nicht vorgelegen haben.

Dennoch werden gegen die Anordnung berufsverbotsgleicher Weisungen im Vollstreckungsverfahren rechtsstaatliche Bedenken vorgebracht.[988] Da Berufsverbote stark in den Schutzbereich des Art. 12 Abs. 1 S. 1 GG eingreifen, könnten sie nur zulässig sein, wenn die strengen Anordnungsvoraussetzungen des § 70 StGB erfüllt sind. Das wäre insbesondere dann der Fall, wenn die in den §§ 70 ff. StGB enthaltenen Regelungen abschließende Wirkung entfalten sollen, da ihr Zweck darin besteht den Eingriff in Art. 12 Abs. 1 S. 1 GG verfassungskonform auszugestalten.[989]

Als weiterer Kritikpunkt an der nachträglichen Anordnung berufsverbotsgleicher Weisungen wird vorgebracht, dass das Vollstreckungsverfahren, anders als das Erkenntnisverfahren, grundsätzlich schriftlich durchgeführt wird.[990] Das kann dazu führen, dass berufsverbotsgleiche Weisungen angeordnet werden, ohne dass sich die Gerichte einen persönlichen Eindruck von den Weisungsadressaten verschafft haben.

Weitere Bedenken werden wegen der im Vollstreckungsverfahren bestehenden beschränkten Rechtschutzmöglichkeiten geäußert. Die im Vollstreckungsverfahren getroffenen Entscheidungen können gem. §§ 463 Abs. 2, 453 Abs. 2 S. 2 StPO nur eingeschränkt überprüft werden.[991] Wird eine

worden ist; KG Berlin StraFo 2008, 483 (484) äußert Bedenken gegen berufsverbotsgleiche Weisungen.

988 Vgl. insoweit: NK-StGB/*Ostendorf*, § 68b Rn. 12.

989 Im Ergebnis zustimmen: LK-StGB/*Schneider*, § 68b Rn. 23.

990 KG Berlin StraFo 2008, 483 (484).

991 KG Berlin StraFo 2008, 483 (484).

Beschwerde gegen die Ausgestaltung der Führungsaufsicht erhoben, kann diese demnach nur darauf gestützt werden, dass die angeordneten Führungsaufsichtsweisungen gesetzeswidrig sind.[992]

In diesem Zusammenhang ist allerdings zu berücksichtigen, dass es sich bei der Einschränkung des Überprüfungsmaßstabs um eine gesetzgeberische Grundentscheidung für das Vollstreckungsverfahren handelt, die nicht nur für die Führungsaufsicht gilt. Da die Ausgestaltung der Führungsaufsicht im Vollstreckungsverfahren der Regelfall ist, hat sich der Gesetzgeber bewusst für einen beschränkten Überprüfungsmaßstab strafbewehrter Führungsaufsichtsweisungen entschieden. Dies geschah im Bewusstsein, dass durch die Führungsaufsichtsweisungen in ganz erheblichem Maße auf die Weisungsadressaten eingewirkt wird. Weiter entschärft wird diese Problematik dadurch, dass die Rechtmäßigkeit der Führungsaufsichtsweisungen ein zweites Mal geprüft wird, wenn eine Verurteilung auf Grundlage von § 145a StGB erfolgen soll. Zu der neuerlichen Überprüfung der Rechtmäßigkeit kommt es, da es ein ungeschriebenes Tatbestandsmerkmal des § 145a StGB ist, dass die Weisungen, gegen die verstoßen worden sind, rechtmäßig sein müssen.[993]

Eine nachträgliche Änderung führungsaufsichtsrechtlicher Weisungen darf darüber hinaus nach § 68d Abs. 1 StGB nur erfolgen, wenn neue Umstände ein führungsaufsichtsrechtliches Einschreiten erforderlich machen.[994] Nicht ausreichend ist hingegen, dass bekannte Umstände nachträglich abweichend beurteilt werden. Sind die relevanten Umstände erst während der Durchführung der Führungsaufsicht eingetreten oder sind die die Anordnung einer berufsverbotsgleichen Weisung erforderlich machenden Umstände erst nachträglich bekannt geworden, bestehen demnach keine Bedenken gegen die spätere Anordnung der Weisung. Da die Umstände im Erkenntnisverfahren nicht bekannt oder schlicht noch nicht vorhanden waren, war keine Möglichkeit vorhanden zu prüfen, ob die Anordnung von Berufsverboten erfolgen kann. Weil sich die erkennenden Gerichte nicht mit den §§ 70 ff. StGB beschäftigt haben, erfolgt durch die nachträgliche Anordnung berufsverbotsgleicher Weisungen

---

992 OLG Bamberg StV 2012, 737 (737); KG Berlin StraFo 2008, 483 (483); Meyer-Goßner/Schmitt, StPO, § 463 Rn. 5.

993 Vgl. hierzu Gliederungspunkt § 5 C. II. 2.

994 OLG Nürnberg, Beschl. vom 11.03.2013 – 1 Ws 307/12 –, juris Rn. 30; OLG Köln, Beschl. vom 14.11.2011 – III-2 Ws 688/11 –, juris Rn. 14; OLG Frankfurt NStZ–RR 2011, 63 (63); Baur/Kinzig, S. 560; Fischer, StGB, § 68d Rn. 2; Lackner/Kühl, StGB, § 68d Rn. 1; Matt/Renzikowski/*Eschelbach*, StGB, § 68d Rn. 1 f.; NK-StGB/*Ostendorf* § 68d Rn. 4.

keine verfahrensrechtlich unzulässige Abänderung des erstinstanzlichen Urteils. Stattdessen liegt eine eigenständige Entscheidung der Vollstreckungsgerichte vor, die an die Anlassverurteilung anknüpft, dabei aber Tatsachen verwertet, die nicht Gegenstand der früheren Hauptsacheverfahren waren. In diesem Fall tritt § 68b Abs. 1 S. 1 Nr. 4 StGB nicht konkurrierend, sondern ergänzend neben die §§ 70 ff. StGB. Während die §§ 70 ff. StGB unmittelbar an die begangene Straftat anknüpfen, kommt § 68b Abs. 1 S. 1 Nr. 4 StGB erst zur Anwendung, wenn der Straf- oder Maßregelvollzug nicht zu einer verbesserten Legalprognose beigetragen hat.

Für die Zulässigkeit berufsverbotsgleicher Weisungen spricht in dieser Sonderkonstellation weiterhin, dass nur so das Ziel der Führungsaufsicht, unabhängig von der Schuld des Täters, präventiv die Begehung weiterer Straftaten zu verhindern, effektiv verwirklicht werden kann. Nur, wenn der Strafvollstreckungskammer die Kompetenz zusteht nachträglich berufsverbotsgleiche Weisungen anzuordnen, um hierdurch auf später entstehende oder später bekannt gewordene kriminelle Gefährdungen zu reagieren, kann das Ziel kriminelle Gefährdungen zu vermeiden effektiv erreicht werden.

Nicht überzeugend ist weiterhin der Einwand, dass ein Berufsverbot nur bei Vorliegen der Anordnungsvoraussetzungen der §§ 70 ff. StGB mit Art. 12 GG vereinbar ist.[995] Entschließen sich die Strafvollstreckungskammern dazu berufsverbotsgleiche Weisungen anzuordnen, greifen sie auf zweiter Stufe (= subjektive Zulassungsbeschränkung) in Art. 12 Abs. 1 S. 1 GG ein. Subjektive Zulassungsbeschränkungen liegen beispielsweise vor, wenn eine Norm subjektive Zulassungsvoraussetzungen zu einem Beruf normiert.[996] Gleiches gilt für Normen, die regeln, ob und wie lange ein Beruf fortgesetzt werden darf.[997] Ein Charakteristikum subjektiver Zulassungsbeschränkungen ist, dass sie der Risikosphäre des Einzelnen zuzurechnen sind.[998] Sie sind nur zulässig, wenn ein überragendes Gemeinschaftsgut geschützt werden soll.[999]

§ 68b Abs. 1 S. 1 Nr. 4 StGB knüpft die Anordnung von Tätigkeitsverboten lediglich an die Voraussetzung, dass die Berufsausübung genutzt werden kann, um erneut Straftaten zu begehen. Die Weisung darf daher bereits dann

---

995 So auch: Stree, S. 210 f., der davon ausging, dass die § 68b Abs. 1 S. 1 Nr. 4 StGB entsprechende Norm im E 1962 mit Art. 12 GG vereinbar ist.

996 Vgl. hierzu: Sodan, GG, Art. 12 Rn. 32.

997 BVerfGE 44, 105 (117); 25, 88 (101).

998 BVerfGE 86, 28 (39); Mangoldt/Klein/Stark/*Manssen*, GG, Art. 12 Rn. 141.

999 BVerfGE 75, 246 (267 f.); 7, 377 (405 f.); Mangoldt/Klein/Stark/*Manssen*, GG, Art. 12 Rn. 140.

angeordnet werden, wenn von der Berufsausübung kriminogene Reize auf den Weisungsadressaten ausgehen. § 68b Abs. 1 S. 1 Nr. 4 StGB knüpft folglich an die in der Anlasstat zum Ausdruck gekommenen subjektiven kriminellen Anfälligkeiten der Führungsaufsichtsprobanden an. Immer wenn Rechtsgüter Dritter durch die Berufsausübung der Weisungsadressaten in Gefahr gebracht werden, kann es zu deren Schutz gerechtfertigt sein die Freiheit der Weisungsadressaten einzuschränken. Das bedeutet wiederum, dass der durch eine berufsverbotsgleiche Weisung erfolgende Eingriff in Art. 12 Abs. 1 GG auch dann verhältnismäßig sein kann, wenn die zusätzlichen Anordnungsvoraussetzungen des § 70 StGB nicht erfüllt sind. Die verfassungsrechtlichen Vorgaben setzen nicht zwingend voraus, dass zwischen strafbarer Handlung und ausgeübter Tätigkeit eine berufstypische Verbindung bestehen muss. Allerdings ist § 68b Abs. 1 S. 1 Nr. 4 StGB insoweit einschränkend auszulegen, als dass infolge der Berufsausübung erhebliche Rechtsverletzungen erwartet werden müssen. Da durch berufsverbotsgleiche Weisung erheblich in den Schutzbereich des Art. 12 Abs. 1 S. 1 GG eingegriffen wird, darf an die Erheblichkeit kein zu geringer Maßstab angelegt werden.[1000] Nicht ausreichend sind zum Beispiel einfache Beleidigungen, kleine Diebstähle und kleine Betrügereien.

Dieses Ergebnis steht zudem im Einklang mit § 56e StGB, der Parallelvorschrift zu § 68d StGB, im Recht der Bewährungsaufsicht. Gem. § 56e StGB ist es zulässig, nachträglich Bewährungsweisungen zu treffen, zu ändern oder aufzuheben. Die nachträgliche Änderung der Bewährungsweisungen darf allerdings nur erfolgen, wenn sich die Sachlage und Rechtslage geändert hat.[1001] Gleiches gilt, wenn die Ausgestaltungsentscheidung trotz bekannter Tatsachengrundlage versehentlich unterlassen worden ist.[1002] Es ist kein Grund dafür ersichtlich die nachträgliche Anordnung von Weisungen auf Grundlage von § 56e StGB zuzulassen nicht aber im Rahmen von § 68d StGB.

Modifikationsbedarf besteht nur insoweit, als dass berufsverbotsgleiche Weisungen nicht in einem rein schriftlichen Verfahren angeordnet werden

---

1000 Vgl. zu § 70 StGB: Fischer, StGB, § 70 Rn. 9; MüKo-StGB/*Bockemühl*, § 70 Rn. 18; SSW-StGB/*Harrendorf*, § 70 Rn. 14; S/S/*Kinzig*, StGB, § 70 Rn. 15. Ähnlich: Sander, Sonderheft Schäfer, S. 57 (59), der verlangt, dass die rechtswidrigen Taten von einigem Gewicht sind.

1001 OLG Stuttgart NStZ-RR 2004, 89 (89); OLG Stuttgart NJW 1969; 1220 (1220 f.); Fischer, StGB, § 56e Rn. 2; Lackner/Kühl, StGB, § 56e Rn. 1; LK-StGB/*Hubrach*, § 56e Rn. 3.

1002 OLG Frankfurt NStZ-RR 2011, 63 (64); OLG Hamm StV 2001, 226 (227) zu §§ 56 ff. StGB.

sollen. Nach § 463 Abs. 2 in Verbindung mit § 453 Abs. 1 S. 1 StPO treffen die, die Führungsaufsicht ausgestaltenden Strafvollstreckungskammern die Entscheidung, welche Weisungen angeordnet werden, ohne mündliche Verhandlung durch Beschluss. Eine mündliche Anhörung der Verurteilten ist gem. § 453 Abs. 1 S. 2 StPO nur erforderlich, wenn über den Widerruf der Strafaussetzung entschieden werden muss.[1003] Ansonsten sind die Verurteilten lediglich zu hören.[1004] Bei der Anhörung handelt es sich um kein mit formalisierten Garantien und Regularien ausgestattetes Verfahren, das mit einer Hauptverhandlung verglichen werden kann.[1005] Um zu verhindern, dass berufsverbotsgleiche Weisungen in einem rein schriftlich geführten Verfahren angeordnet werden, ist § 453 Abs. 1 S. 2 StPO so auszulegen, dass unter dem Begriff „Anhörung“ eine mündliche Anhörung zu verstehen ist. Die Strafvollstreckungskammern sind somit jedenfalls dann verpflichtet, sich im Rahmen einer mündlichen Anhörung einen persönlichen Eindruck von den Führungsaufsichtsprobanden zu verschaffen, wenn sie nachträglich eine berufsverbotsgleiche Führungsaufsichtsweisung anordnen wollen.

Da der Rückgriff auf § 68b Abs. 1 S. 1 Nr. 4 StGB weder durch die §§ 70 ff. StGB noch durch § 72 StGB gesperrt ist, besteht kein Grund, auf die Anordnung berufsverbotsgleicher Weisungen im Vollstreckungsverfahren verzichten zu müssen.[1006]

c. Anordnung einer berufsverbotsgleichen Weisung bei Vorliegen der Voraussetzungen des § 70 Abs. 1 StGB

Näherer Betrachtung bedarf weiterhin die Frage, ob es zulässig ist, berufsverbotsgleiche Weisungen anzuordnen, wenn im Erkenntnisverfahren sowohl die Voraussetzungen zur Anordnung eines Berufsverbots (§§ 70 ff. StGB), als auch die zur Anordnung einer berufsverbotsgleichen Weisung nach § 68b Abs. 1 S. 1 Nr. 4 StGB, vorgelegen haben.

Die Problematik eines gerichtlichen Wahlrechts zwischen den §§ 70 ff. StGB und § 68b Abs. 1 S. 1 Nr. 4 StGB kann dabei auftreten, wenn die Führungsaufsicht gem. § 68 Abs. 1 StGB angeordnet oder gem. § 67b Abs. 2 StGB eingetreten ist

1003 SSW-StPO/*Hanft*, § 453 Rn. 4.

1004 Groß, jurisPR-StrafR 5/2012 Anm. 1, stellt klar, dass eine mündliche Anhörung nicht erforderlich ist.

1005 SK-StPO/*Paeffgen*, § 453 Rn. 7.

1006 A.A. Kretschmer, S. 235 f; LK-StGB/*Schneider*, § 68b Rn. 26.

und bereits im Erkenntnisverfahren die Möglichkeit bestanden hat ein Berufsverbot auszusprechen.[1007] Alternativ bestand ebenfalls die Möglichkeit auf die Anordnung eines Berufsverbots zu verzichten, um stattdessen im Anschluss an das Erkenntnisverfahren eine berufsverbotsgleiche Weisung anordnen zu können.

Die Besonderheit dieser Konstellation besteht darin, dass keine Umgehung der hohen Anordnungsvoraussetzungen der §§ 70 ff. StGB droht, da die Voraussetzungen für die Anordnung eines Berufsverbots vorgelegen haben. Daher muss in diesem Fall entschieden werden, ob die §§ 70 ff. StGB gegenüber § 68b Abs. 1 S. 1 Nr. 4 StGB abschließende Wirkung entfalten und damit einer nachträglichen Anordnung berufsverbotsgleicher Weisungen entgegenstehen.

Fraglich ist in diesem Zusammenhang, ob die Anordnung berufsverbotsgleicher Weisungen zumindest dann zulässig ist, wenn die Anordnungsvoraussetzungen der § 70 ff. StGB im Erkenntnisverfahren vorgelegen haben und trotzdem von der Anordnung eines Berufsverbots abgesehen worden ist.[1008] Für die Zulässigkeit dieses Vorgehens spricht, dass in dieser Konstellation keine Umgehung der Anordnungsvoraussetzungen der §§ 70 ff. StGB droht, da ohnehin die Möglichkeit bestand, ein Berufsverbot auszusprechen.

Gegen diesen Lösungsansatz spricht hingegen, dass auch dann ein Fall der Maßregelkonkurrenz vorliegt, wenn zwischen den §§ 70 ff. StGB und § 68b Abs. 1 S. 1 Nr. 4 StGB gewählt werden kann. Gem. § 72 Abs. 1 S. 1 StGB ist es nicht zulässig mehrere Maßregeln anzuordnen, wenn der erstrebte Zweck bereits durch eine einzelne Maßregel erreicht wird. Sind die Anordnungsvoraussetzungen zweier Maßregeln erfüllt, muss folglich geprüft werden, welche davon geeigneter ist, um das erstrebte Ziel zu erreichen.[1009] Durch § 70 StGB soll die Allgemeinheit vor den Betroffenen geschützt werden, indem ihnen die Ausübung ihres Berufs untersagt wird. § 68b Abs. 1 S. 1 Nr. 4 StGB versucht

---

1007 In den Fällen des § 68 Abs. 1 StGB wird der Eintritt der Führungsaufsicht in dem Urteil neben der Strafe angeordnet (LK-StGB/*Hanack*, § 68 Rn. 28; SSW-StGB/*Jehle/Harrendorf*, § 68 Rn. 9; S/S/*Kinzig*, StGB, § 68 Rn. 10). Mit Aburteilung können die Gerichte durch Beschluss, der gem. § 268a Abs. 2 StPO mit dem Urteil zu verkünden ist, über die Ausgestaltung der Führungsaufsicht und darüber, welche strafbewehrten Führungsaufsichtsweisungen (§ 68b Abs. 1 StGB) sie anordnen wollen, entscheiden. Zu einer ähnlichen Konstellation kann es kommen, wenn die Unterbringung im Maßregelvollzug gem. § 67b Abs. 1 StGB zur Bewährung ausgesetzt worden ist.

1008 OLG Karlsruhe NStZ 1995, 291 (291): Das Gericht ließ das Verhältnis von § 68b Abs. 1 S. 1 Nr. 4 StGB zu § 70 StGB ausdrücklich offen.

1009 LK-StGB/*Hanack*, § 72 Rn. 7.

die Begehung weiterer Straftaten zu verhindern, indem die Weisungsadressaten davor geschützt werden, mit kriminellen Reizen in Berührung zu kommen. In beiden Fällen wird den Betroffenen zur Erreichung dieses Ziels die Ausübung ihres Berufs untersagt, woraus deutlich wird, dass die Maßregeln nahezu identische Ziele verfolgen. Das eine Mal geschieht dies durch die Anordnung eines Berufsverbots. Das andere Mal durch die Anordnung einer berufsverbotsgleichen Weisung. Beide Maßregeln haben zudem gemeinsam, dass die Betroffenen unter zur Hilfenahme strafrechtlicher Normen (§ 145a StGB, § 145c StGB) zur Einhaltung des jeweiligen Verbots gezwungen werden sollen. Da beide Maßregeln geeignet sind die Betroffenen an der Berufsausübung zu hindern, kann nicht festgellt werden, welche Maßregel zweckmäßiger ist, um das erstrebte Ziel zu erreichen.

Für diesen Fall bestimmt § 72 Abs. 1 S. 2 StGB, dass der Maßregel der Vorrang einzuräumen ist, die die Betroffenen weniger stark belastet. Welche Maßregel weniger belastend ist, muss unter Berücksichtigung der konkreten Gegebenheiten des Einzelfalls, der Persönlichkeit des Täters und anhand der gesamten Umstände ermittelt werden.[1010] Hierbei ist ein objektiver Maßstab anzulegen.[1011]

Von der Anordnung von Berufsverboten könnte abzusehen sein, wenn die Führungsaufsicht hinreichend Schutz vor den spezifischen Gefahren der Verurteilten bietet.[1012] Dies könnte so verstanden werden, dass die §§ 68 ff. StGB den §§ 70 ff. StGB, und damit auch berufsverbotsgleiche Führungsaufsichtsweisungen einem Berufsverbot, vorzuziehen sind. Hierfür spricht ebenfalls, dass die Führungsaufsicht für die Betroffenen weit weniger belastend sein kann als es ein Berufsverbot ist. Ein Vorteil von Führungsaufsichtsweisungen ist, dass mit ihrer Hilfe punktuell kriminogene Reize ausgeschaltet werden können. Durch ein auf Grundlage des § 68b Abs. 1 S. 1 Nr. 4 StGB angeordnetes Tätigkeitsverbot, von dem nur einzelne Tätigkeiten innerhalb eines Berufes erfasst werden, werden die Betroffenen weniger stark belastet als durch ein komplettes Berufsverbot. Gleiches gilt, wenn die berufsbedingte kriminelle Gefährdung der Führungsaufsichtsprobanden bereits dadurch neutralisiert wird, dass ihnen das Betreten

---

1010 Bruns ZStW 60 (1941), 474 (490 f.; 496 f.); LK-StGB/*Hanack*, § 72 Rn. 13. Vgl. hierzu auch: SSW-StGB/*Jehle/Harrendorf*, § 72 Rn. 4.

1011 LK-StGB/*Hanack*, § 72 Rn. 13.

1012 So z.B.: Göppinger/Witter, S. 236 (Fn. 275). Ähnlich: von Heintschel-Heinegg/*Stoll*, StGB, § 72 Rn. 5, der allerdings für den Fall, dass gewichtige Gründe für die Annahme vorliegen, dass ein Berufsverbot weniger belastend als die Führungsaufsicht sei, eine Ausnahme machen will. A.A. Fischer, StGB, § 72 Rn. 10; LK StGB/*Hanack*, § 72 Rn. 14.

bestimmter Orte (§ 68b Abs. 1 S. 1 Nr. 2 StGB) oder der Kontakt zu bestimmten Personengruppen (§ 68b Abs. 1 S. 1 Nr. 3 StGB) untersagt wird. Wenn die drohenden kriminellen Gefährdungen bereits durch flankierende Führungsaufsichtsweisungen ausgeschaltet werden können, ist dies das mildere Mittel gegenüber den § 70 ff. StGB. Anhand dieser Beispiele wird allerdings auch deutlich, dass die Führungsaufsicht die Betroffenen nur dann weniger beschwert, wenn sie sich inhaltlich von einem Berufsverbot unterscheidet. Das ist nicht der Fall, wenn das Tätigkeitsverbot so ausgestaltet ist, dass es in seinen Wirkungen einem Berufsverbot gleichkommt.

Bei näherer Betrachtung der §§ 68 ff. StGB, § 145a StGB und § 463a StPO wird vielmehr deutlich, dass die Betroffenen durch eine berufsverbotsgleiche Weisung regelmäßig stärker belastet werden, als durch ein Berufsverbot. Ein erstes Argument hierfür ist, dass das Berufsverbot gem. § 70 Abs. 1 S. 1 StGB im Regelfall eine Dauer von einem bis zu fünf Jahren hat. Nur in Ausnahmefällen darf das Berufsverbot nach § 70 Abs. 1 S. 2 StGB unbefristet angeordnet werden.[1013] Die konkrete Dauer bestimmen die Gerichte im Rahmen der pflichtgemäßen Ausübung des ihnen eingeräumten Ermessens.[1014] Maßgeblich für die Festsetzung der Dauer ist wie lange die Gefährlichkeit der Täter voraussichtlich andauern wird.[1015] Im Unterschied hierzu hat der Gesetzgeber in § 68c Abs. 1 S. 2 StGB die Vermutung aufgestellt, dass die Führungsaufsicht regelmäßig fünf Jahre lang vollzogen werden muss.[1016] Da die Führungsaufsicht, anders als das Berufsverbot, in der Regel für fünf Jahre vollzogen wird, erfolgt regelmäßig eine längere Einwirkung, die die Betroffenen daher stärker belastet. Zweitens hat die Anordnung berufsverbotsgleicher Weisungen zur Folge, dass die Führungsaufsichtsprobanden den einschneidenden strafprozessualen Befugnissen der Aufsichtsstelle ausgesetzt sind. Die Leiter der Führungsaufsichtsstellen haben gem. § 463a Abs. 1 S. 2 in Verbindung mit § 131a Abs. 1 StPO die Kompetenz, den Führungsaufsichtsprobanden zur Aufenthaltsermittlung auszuschreiben.

1013 LK-StGB/*Hanack*, § 70 Rn. 63: „extreme Fälle". Vgl. BGH NStZ 1995, 124 (124 f.): schwerste Berufskriminalität.

1014 S/S/*Kinzig*, StGB, § 70 Rn. 22.

1015 Fischer, StGB, § 70 Rn. 13; LK-StGB/*Hanack*, § 70 Rn. 59; SSW-StGB/*Harrendorf*, § 70 Rn. 20; S/S/*Kinzig*, StGB, § 70 Rn. 23.

1016 KG Berlin, Beschl. vom 20.06.2011 – 2 Ws 159/11 – 1 AR 590/11 –, juris Rn. 10; LK-StGB/*Schneider*, § 68c Rn. 4; Meier, S. 305; MüKo-StGB/*Groß*, § 68c Rn. 4; NK-StGB/*Ostendorf*, § 68c Rn. 1; SSW-StGB/*Jehle/Harrendorf*, § 68c Rn. 1; S/S/*Kinzig*, StGB, § 68c Rn. 1; SK-StGB/*Sinn*, § 68c Rn. 2; a.A. OLG Dresden, Beschl. vom 12.12.2008 – 2 Ws 380/08 –, juris Rn. 7.

Weiterhin können sie die Weisungsadressaten (§ 163e Abs. 1 StPO), wie auch ihre Kraftfahrzeuge (§ 163e Abs. 2 StPO), zur Überwachung ausschreiben lassen (§ 463a Abs. 2 StPO). Wird hingegen ein Berufsverbot angeordnet, bestehen diese Einwirkungsmöglichkeiten der Aufsichtsstellen nicht. Drittens werden die Führungsaufsichtsprobanden durch die Strafandrohung des § 145a StGB, der eine Freiheitsstrafe von bis zu drei Jahren vorsieht, stärker belastet. In Extremfällen kann eine Verurteilung nach § 145a StGB gem. § 66 Abs. 1 S. 1 Nr. 1 lit. c StGB gar die Anordnung von Sicherungsverwahrung zur Folge haben. Weitaus milder sind die Sanktionen, wenn gegen ein auf Grundlage von § 70 StGB angeordnetes Berufsverbot verstoßen wird. Im schlimmsten Fall droht gem. § 145c StGB eine Freiheitsstrafe von bis zu einem Jahr.

Im Ergebnis ist festzuhalten, dass die Führungsaufsicht gegenüber den § 70 ff. StGB jedenfalls dann nicht die mildere Maßregel ist, wenn das Tätigkeitsverbot als berufsverbotsgleiche Weisung ausgestaltet ist. Folglich besteht gem. § 72 Abs. 1 S. 2 StGB selbst dann kein Wahlrecht zwischen § 68b Abs. 1 S. 1 Nr. 4 StGB und § 70 StGB, wenn beide Maßregeln hätten angeordnet werden können. In diesem Fall muss das weniger belastende Berufsverbot angeordnet werden.

Ebenfalls unzulässig ist die nachträgliche Anordnung berufsverbotsgleicher Weisungen im Vollstreckungsverfahren, wenn im Erkenntnisverfahren bewusst von der Anordnung eines Berufsverbots abgesehen worden ist, obwohl die Anordnungsvoraussetzungen erfüllt waren. Wenn sich die erkennenden Gerichte bewusst gegen die Anordnung von Berufsverboten entschieden haben, besteht die Gefahr, dass die Entscheidung, kein Berufsverbot anzuordnen, unterlaufen wird.[1017] Darüber hinaus droht durch die nachträgliche Anordnung berufsverbotsgleicher Weisungen, dass eine verfahrensrechtlich nicht vorgesehene Korrektur eines rechtskräftigen Urteils im Vollstreckungsverfahren erfolgt. Insoweit besteht die Möglichkeit, dass die zuständige Strafvollstreckungskammer die dem Urteil des erkennenden Gerichts zugrundeliegenden Tatsachen abweichend würdigt. Da die Abänderung eines Urteils im Vollstreckungsverfahren verfahrensrechtlich nicht zulässig ist, dürfen die Vollstreckungsgerichte bei gleichbleibender Tatsachenlage im Vollstreckungsverfahren keine berufsverbotsgleichen Weisungen anordnen.[1018]

1017 OLG Jena, Beschl. vom 02.03.2006 – 1 Ws 66/06 –, juris Rn. 34; LK-StGB/*Schneider*, § 68b Rn. 23 (unter Verweis auf BT-Drs V/4095, S. 36).

1018 Ähnlich: OLG Frankfurt NStZ-RR 2011, 140 (140), das eine berufsverbotsgleiche Weisung zumindest dann für unzulässig hält, wenn kein Berufsverbot nach § 70 StGB angeordnet worden ist.

2. *Verhältnis von Führungsaufsicht und Verwaltungsrecht*

Fraglich ist weiterhin, in welchem Verhältnis § 68b Abs. 1 S. 1 Nr. 4 StGB zu der Gewerbeordnung, und dabei insbesondere zu der Gewerbeuntersagung, steht. In diesem Zusammenhang ist zu klären, ob im Verwaltungsverfahren eine Gewerbeuntersagung ausgesprochen werden darf, wenn im Strafverfahren ein Tätigkeitsverbot angeordnet wurde oder bewusst von der Anordnung abgesehen worden ist. Konsequenz wäre entweder, dass die Ausübung der Tätigkeit sowohl strafrechtlich, wie auch gewerberechtlich untersagt ist, oder dass die Gewerbeuntersagung an die Stelle des Tätigkeitsverbots tritt.

Wichtig ist in diesem Zusammenhang der Umstand, dass mit beiden Maßnahmen unterschiedliche Zielsetzungen verfolgt werden. Ziel von Führungsaufsichtsweisungen ist es präventiv die Begehung weiterer Straftaten zu verhindern. Demgegenüber kann eine gewerberechtliche Untersagung auch auf nicht strafrechtliches Verhalten gestützt werden, und ein Verschulden der Gewerbetreibenden ist nicht erforderlich. Der Zweck der Gewerbeuntersagung liegt vielmehr darin unzuverlässige Gewerbetreibende von der weiteren Gewerbeausübung abzuhalten, wenn die Gefahr besteht, dass durch die Ausübung des Gewerbes weiterhin zentrale Rechtsgüter geschädigt werden.[1019]

Da die beiden Maßnahmen unterschiedliche Zielsetzungen verfolgen, steht ein punktuelles Tätigkeitsverbot einer (erweiterten) Gewerbeuntersagung nach § 35 GewO[1020] nicht entgegen. Tätigkeitsverbote, durch die den Weisungsadressaten einzelne Tätigkeiten im Rahmen der Berufsausübung untersagt werden, entfalten daher gegenüber dem Gewerberecht keine abschließende Wirkung.[1021] Insoweit ist auch zu berücksichtigen, dass die Begründung des Beschlusses, mit dem eine Weisung nach § 68b Abs. 1 S. 1 Nr. 4 StGB angeordnet worden ist im Gewerbeuntersagungsverfahren, trotz der Regelung des § 35 Abs. 3 GewO, nicht erheblich ist. Die Behörden sind nur an die dort abschließend aufgeführten Teile der strafgerichtlichen Entscheidung gebunden. Beschlüsse in Führungsaufsichtssachen sind dort nicht genannt, sodass die Verwaltungsgerichte auch bei dem Vorhandensein einer Weisung nach § 68b Abs. 1 S. 1 Nr. 4 StGB eine Gewerbeuntersagung verfügen dürfen.[1022]

1019 Korte/Repkewitz/Schulze-Werner/*Heß*, GewO, § 35 Rn. 30.

1020 Gewerbeordnung.

1021 OVG Lüneburg NVwZ-RR 2011, 895 (896).

1022 Pielow/*Brüning*, GewO, § 35 Rn. 86.

3. *Außerberufliche und punktuelle Tätigkeitsverbote*

Folgt man der hier vertretenen Auffassung[1023], dass berufsverbotsgleiche Weisungen im Regelfall nicht von § 68b Abs. 1 S. 1 Nr. 4 StGB gedeckt sind, fallen in der Regel lediglich außerberufliche Tätigkeiten und spezifische Tätigkeiten innerhalb der Berufsausübung in den Anwendungsbereich der Norm.[1024]

Ein Hauptanwendungsfall von § 68b Abs. 1 S. 1 Nr. 4 StGB ist demnach das Verbot bestimmten außerberuflichen Tätigkeiten nachzugehen. Werden außerberufliche Tätigkeiten auf Grundlage von § 68b Abs. 1 S. 1 Nr. 4 StGB verboten, ist die Anordnung von Tätigkeitsverboten nicht auf bestimmte einzelne Tätigkeiten begrenzt.[1025] Es können vielmehr sowohl ehrenamtliche Tätigkeiten, als auch Hobbys, untersagt werden.[1026] Beispiele für untersagungsfähige Tätigkeiten sind die ehrenamtliche Leitung einer Jugendgruppe und die Tätigkeit in einem Jugendfreizeitlager während des Urlaubs.[1027] Ebenso kann einem Hobby-Chemiker, der ein Sprengstoffdelikt begangen hat, das weitere Betreiben seines Privatlabors untersagt werden.[1028]

Die Abgrenzung der beruflichen zur außerberuflichen Sphäre kann allerdings Schwierigkeiten bereiten, wenn die Tätigkeit sowohl Beruf, wie auch Ehrenamt, sein kann. Beispielhaft sei auf die Konstellation verwiesen, in der die Weisungsadressaten den Beruf des Jugendbetreuers oder den des Feuerwehrmanns ausüben. Zulässig ist es Jugendbetreuern die ehrenamtliche Tätigkeit in einem Sportverein zu untersagen. Diese Bewertung ändert sich allerdings, wenn die Weisungsadressaten beim Sportverein angestellt sind und durch die Tätigkeit ihren Lebensunterhalt bestreiten. Eine ähnliche Problematik kann bei Feuerwehrmännern auftreten, bei denen die Führungsaufsicht infolge der Verurteilung wegen eines Brandstiftungsdelikts eingetreten ist. Während es zulässig ist,

---

1023 Eine Ausnahme von diesen Grundsätzen wird nur zugelassen, wenn die der Anordnung der berufsverbotsgleichen Weisungen zugrundliegenden Tatsachen erst während der Durchführung der Führungsaufsicht entstanden sind oder die damals schon vorliegenden Tatsachen erst später bekannt wurden.

1024 OLG Dresden NStZ 2008, 572 (572 f.); OLG Jena, Beschl. vom 02.03.2006 – 1 Ws 66/06 –, juris Rn. 34; NK-StGB/*Ostendorf*, § 68b Rn. 12; Kretschmer, S. 236; S/S/*Kinzig*, StGB, § 68b Rn. 8; SSW-StGB/*Jehle/Harrendorf*, § 68b Rn. 8.

1025 Durch die Untersagung außerberuflicher Tätigkeiten wird nicht in Art. 12 Abs. 1 GG eingegriffen, sondern in die allgemeine Handlungsfreiheit der Betroffenen (Art. 2 Abs. 1, Art. 1 Abs. 1 GG).

1026 MüKo-StGB/*Groß*, § 68b Rn. 16.

1027 S/S/*Kinzig*, StGB, § 68b Rn. 8.

1028 MüKo-StGB/*Groß*, § 68b Rn. 16.

den wegen Brandstiftung verurteilten Führungsaufsichtsprobanden die Tätigkeit in der freiwilligen Feuerwehr zu untersagen, darf ihnen nicht verboten werden den Beruf des Feuerwehrmannes auszuüben.[1029]

Neben dem Verbot außerberuflicher Tätigkeiten können weiterhin spezifische Tätigkeiten innerhalb eines Berufsbildes untersagt werden, wenn die Ausübung des Berufs hierdurch nicht grundsätzlich ausgeschlossen wird.[1030] Solche Berufsausübungsregelungen sind gerechtfertigt, wenn sie von vernünftigen Erwägungen des Allgemeinwohles getragen werden, die die Regelung als zweckmäßig erscheinen lassen.[1031] Ein zulässiges punktuelles Tätigkeitsverbot liegt beispielsweise vor, wenn den Führungsaufsichtsprobanden jede Tätigkeit in dem Bereich der Herstellung, des Verkaufs und des Vertriebs von Produkten und Behandlungsformen zur Verbesserung, Förderung der Gesundheit, des Allgemeinbefindens und des Schutzes vor schädlichen Einflüssen untersagt wird.[1032] Anhand der Formulierung können die Führungsaufsichtsprobanden erkennen, dass der Gesundheitsbereich im umfassenden Sinne von dem Verbot erfasst ist und innerhalb dieses Bereichs jede berufliche Tätigkeit verboten ist. Darüber hinaus ist die Weisung so formuliert, dass den Weisungsadressaten jede andere kaufmännische Berufstätigkeit erlaubt bleibt.

Zulässig ist ebenfalls das an einen Masseur gerichtete Verbot, keine Jugendlichen zu massieren und das an einen Kellner adressierte Verbot, nicht in Nachtlokalen zu arbeiten.[1033]

Nicht ausreichend bestimmt sind hingegen Weisungen, durch die den Adressaten untersagt wird keine Tätigkeiten auszuüben, die sie den Umständen nach zur Begehung von Straftaten missbrauchen können, insbesondere die Beaufsichtigung, Beherbergung oder Erziehung von Kindern und Jugendlichen. Die Weisungsadressaten können nicht mit dem erforderlichen Grad an Sicherheit erkennen, welche Tätigkeiten ihnen untersagt sind. Umfasst könnte beispielsweise auch das Arbeiten in einem Supermarkt sein, wo die Weisungsadressaten mit Kindern in Kontakt kommen können.

1029 Beide Beispiele sind entnommen aus: NK-StGB/Ostendorf, § 68b Rn. 12.

1030 OLG Frankfurt NStZ-RR 2011, 140 (140); OLG Jena, Beschl. vom 02.03.2006 – 1 Ws 66/06 –, juris Rn. 34.

1031 BVerfGE 30, 336 (351); 7, 377 (405); Mangoldt/Klein/Stark/*Manssen*, GG, Art. 12 Rn. 140.

1032 OLG Frankfurt NStZ-RR 2011, 140 (140).

1033 LK-StGB/*Schneider*, § 68b Rn. 25; MüKo-StGB/*Groß*, § 68b Rn. 16; S/S/*Kinzig*, StGB, § 68b Rn. 8.

V. § 68b Abs. 1 S. 1 Nr. 5 StGB: Besitzverbot

Auf Grundlage des § 68b Abs. 1 S. 1 Nr. 5 StGB darf den Weisungsadressaten untersagt werden, bestimmte Gegenstände zu besitzen, bei sich zu führen oder für sich verwahren zu lassen.[1034] Das gilt allerdings nur für solche Gegenstände, die den Führungsaufsichtsprobanden Gelegenheit oder Anreiz zur Begehung weiterer Straftaten bieten können.

Der in § 68b Abs. 1 S. 1 Nr. 5 StGB verwendete Begriff des Besitzens ist zivilrechtsakzessorisch auszulegen. Es dürfen daher sämtliche Formen des zivilrechtlichen Besitzens verboten werden.[1035] Unter Besitz versteht man die von dem natürlichen Besitzwillen getragene tatsächliche Machtbeziehung einer Person zu einer Sache.[1036] Den Führungsaufsichtsprobanden darf allerdings auch untersagt werden eine Sache mit mehreren anderen gemeinschaftlich zu besitzen (sog. Mitbesitz nach § 866 BGB[1037]). Ebenfalls verboten werden darf der mittelbare Besitz an Gegenständen, bei dem die Sachherrschaft von dem tatsächlichen Gewalthaber vermittelt wird, der wiederum selbst Besitzer ist.[1038]

Wichtig ist insoweit, dass den Führungsaufsichtsprobanden auf Grundlage von § 68b Abs. 1 S. 1 Nr. 5 StGB nur Handlungen verboten werden dürfen.[1039] Der Begriff Besitz beschreibt hingegen die Beziehung von Menschen zu Sachen und damit einen Zustand.[1040] Demnach sind Weisungen jedenfalls dann rechtlich fehlerhaft, wenn den Führungsaufsichtsprobanden untersagt wird etwas zu besitzen. Soll erreicht werden, dass die Weisungsadressaten den Besitz an einem bestimmten Gegenstand aufgeben, müssen sie hierzu vielmehr explizit angewiesen werden.[1041] Die Führungsaufsichtsprobanden müssen demnach verpflichtet werden den Besitz an einzelnen Gegenständen aufzugeben oder Dritte zu einem solchen Verhalten zu veranlassen (nicht verwahren zu lassen).[1042]

1034 Das führungsaufsichtsrechtliche Besitzverbot entspricht § 56c Abs. 2 Nr. 4 StGB.

1035 OLG Hamburg, Beschl. vom 06.10.2011 – 2 Ws 83/11 –, juris Rn. 60; S/S/*Kinzig*, StGB, § 68b Rn. 10.

1036 MüKo-BGB/*Joost*, § 854 Rn. 3.

1037 Bamberger/Roth/Hau/Poseck/*Fritzsche*, BGB, § 866 Rn. 3.

1038 Jauernig/*Berger*, BGB, § 854 Rn. 3.

1039 Struensee, FS Grünwald, S. 713 (713) stellt klar, dass das Besitzen kein Verhalten darstellt.

1040 LK-StGB/*Schneider*, § 68b Rn. 28; Ruderich, S. 157; SK-StGB/*Sinn*, § 68b Rn. 11; a.A. LK-StGB/*Hanack*, 11. Auflage, § 68b Rn. 28, der darauf abstellt, dass ein Besitzverbot auf ein gegenwärtiges und künftiges Verhalten gerichtet ist.

1041 LK-StGB/*Schneider*, § 68b Rn. 28.

1042 SK-StGB/*Sinn*, § 68b Rn. 11.

Zulässig ist es weiterhin, den Führungsaufsichtsprobanden zu verbieten, den Besitz an bestimmten Gegenständen zu erwerben.[1043] Hierzu kann den Weisungsadressaten untersagt werden, bestimmte Gegenstände in Besitz zu nehmen. Darüber hinaus kann den Weisungsadressaten auch das bei sich Führen und das Verwahren bestimmter Gegenstände untersagt werden.[1044] Ein bei sich Führen liegt vor, wenn sich der Gegenstand in Griffweite befindet oder sich die Weisungsadressaten des Gegenstandes ohne nennenswerten Zeitaufwand bedienen können.[1045] Unter „Verwahrung" wird hingegen jede Form der Verwahrung verstanden, nicht nur die amtliche.[1046]

Als Beispiele für Gegenstände, deren Besitz verboten werden darf, werden unter anderem Fälschungsmittel, Diebeswerkzeug, Wildereigerät und Gegenstände zum Betäubungsmittelkonsum genannt.[1047] Denkbar ist ebenfalls die Weisung ein Motorrad oder ein sonstiges Fahrzeug für bestimmte Zeit der Polizei zur Aufbewahrung zu übergeben.[1048] Nicht verboten werden kann den Führungsaufsichtsprobanden hingegen der Besitz von alkoholischen Getränken, da es sich bei Alkohol um keinen Gegenstand handelt.[1049]

Bei der Formulierung von Besitzverboten muss zudem berücksichtigt werden, ob der Besitz von gefährlichen Gegenständen oder von Gegenständen des täglichen Lebens untersagt werden soll. Wird der Besitz gefährlicher Gegenstände untersagt, muss geprüft werden, ob deren Besitz nicht bereits durch andere Strafvorschriften sanktioniert ist. Ist dies der Fall, wird den Weisungsadressaten der Besitz von Gegenständen strafbewehrt untersagt, die sie ohnehin nicht besitzen dürfen. Konsequenz wäre eine potentielle Doppelbestrafung des identischen

---

1043 LK-StGB/*Schneider*, § 68b Rn. 28.

1044 SK-StGB/*Sinn*, § 68b Rn. 11. Der in § 68b Abs. 1 S. 1 Nr. 5 StGB verwendete Begriff des bei sich Führen ist in gleicher Weise auszulegen, wie dies im Rahmen von § 244 Abs. 1 Nr. 1 lit. a StGB geschieht: SSW-StGB/*Claus*, § 56c Rn. 13 zu § 56c Abs. 2 Nr. 4 StGB.

1045 BGHSt 31, 105 (105) zu § 250 Abs. 1 Nr. 1 StGB; Fischer, StGB, § 244 Rn. 27; Anm. Lenckner zu BGH NStZ 1998, 257 (257) betreffend § 30a Abs. 2 Nr. 2 BtmG.

1046 SSW-StGB/*Claus*, § 56c Rn. 13.

1047 Vgl. zu dieser Aufzählung: E 1962, BT-Drucks IV/650, S. 222; AnwK-StGB/*Kilian*, § 68b Rn. 14; Fischer, StGB, § 56c Rn. 9; Lackner/Kühl, StGB, § 56c Rn. 7; S/S/*Kinzig*, StGB, § 68b Rn. 10; SK-StGB/*Sinn*, § 68b Rn. 11.

1048 Vgl. zu dieser Aufzählung die Kommentierungen von: MüKo-StGB/*Groß*, § 56c Rn. 28; LK-StGB/*Hubrach*, § 56c Rn. 12; S/S/*Kinzig*, StGB, § 56c Rn. 18.

1049 OLG München, Beschl. vom 21.06.2011 – 1 Ws 488 – 494/11 –, juris Rn. 24; SSW-StGB/*Jehle/Harrendorf*, § 68b Rn. 14. Unter dem Begriff Gegenstände verstehe man nur feste Körper: MüKo-StGB/*Hardtung*, § 224 Rn. 15.

Verhaltens. Dies würde der komplementären Funktion der §§ 68 ff. StGB widersprechen, die darauf abzielt, gefahrgeneigtes Verhalten zu unterbinden.[1050]

Unzulässig ist demnach die Weisung, keine Betäubungsmittel zu besitzen, weil das weisungswidrige Verhalten bereits durch § 29 BtmG strafbewehrt untersagt ist.[1051] Gleiches gilt für die Weisung, keine Waffen oder waffenähnlichen Gegenstände zu besitzen, wenn der Besitz bereits nach dem WaffG[1052] strafbar oder ordnungswidrig ist.[1053]

Nicht ausreichend ist die allgemeine Bezeichnung der erfassten Gegenstände hingegen, wenn der Besitz von ungefährlichen Gegenständen des täglichen Lebens untersagt werden soll. Ausfüllungsbedürftige Rechtsbegriffe wie Diebeswerkzeug, Werkzeuge, die zu dem Aufbruch von Autos geeignet sind oder Materialien, die zur Fesselung geeignet sind, müssen durch eine beispielhafte Aufzählung bestimmter Gegenstände konkretisiert werden, um den nötigen Grad an Bestimmtheit zu erreichen. Sinnvoll kann es zudem sein, den Weisungsadressaten den Besitz der von dem Verbot erfassten Gegenstände nur außerhalb ihrer Wohnungen oder ihres befriedeten Besitztums zu verbieten.[1054] Wenn möglich sollten bereits in der Weisung selbst Ausnahmen für regelmäßig auftretende Alltagssituationen enthalten sein, in denen die Führungsaufsichtsprobanden im Besitz der an sich ungefährlichen Gegenstände sein dürfen.[1055]

Wenig sinnvoll ist es hingegen Weisungsadressaten, die im Bereich der organisierten Kriminalität aktiv sind, das Benutzen von Mobiltelefonen zu untersagen.[1056] Es ist bereits zweifelhaft, ob von dem Gegenstand Mobiltelefon

---

1050 NK-StGB/*Kretschmer*, § 145a Rn. 15.

1051 Ähnlich: OLG Dresden StV 2010, 642 (643), das annimmt, dass sich eine Weisung in diesem Fall erübrigt; a.A. OLG Hamm, Beschl. vom 10.01.2013 – III-5 Ws 358/12, III-5 Ws 359/12, juris Rn. 35.

1052 Waffengesetz.

1053 Ähnlich: SSW-StGB/*Claus*, § 56c Rn. 13; a.A. OLG Hamm, Beschl. vom 08.05.2014 – III-1 Ws 176/14 –, juris Rn. 6 und OLG Rostock, Beschl. vom 15.11.2013 – 1 Ss 79/13(90/13) –, juris, die eine Weisung, die den Besitz von Waffen und anderen Gegenständen untersagt, für zulässig halten.

1054 Zur Wohnung: OLG Hamm, Beschl. vom 08.05.2014 – III-1 Ws 176/14 –, juris Rn. 2 ff. Zum befriedeten Besitztum: OLG Köln, Beschl. vom 14.11.2011 – III-2 Ws 688/11 –, juris Rn. 21 ff.

1055 So sollten z.B. Schnürsenkel ausgenommen sein, wenn dem Führungsaufsichtsprobanden der Besitz von Materialien, die zur Fesselung geeignet sind, untersagt worden ist.

1056 So aber: Lutz NStZ 2000, 127 (128 f.). Ähnlich: LG Berlin, Beschl. vom 13.12.2017 – 509 Qs 42/17. Das LG hält es für zulässig den Besitz internetfähiger Smartphones zu verbieten.

kriminogene Reize ausgehen können.[1057] Nicht überzeugend ist jedenfalls der Versuch, dies damit begründen zu wollen, dass in der organisierten Kriminalität größtenteils über Mobiltelefone kommuniziert wird. Im Zeitalter der digitalen Kommunikation kann nicht ernsthaft davon ausgegangen werden, dass die Führungsaufsichtsprobanden ohne Mobiltelefon von den Informations- und Befehlswegen einer kriminellen Organisation abgeschnitten werden und dadurch vor kriminogenen Reizen geschützt werden können.[1058]

Zusammenfassend lässt sich festhalten, dass der Besitz von Gegenständen, die für die legale private (Freizeit, Haushalt) und berufliche Tätigkeit benötigt werden, nur auf Grund einer strengen Einzelfallprüfung untersagt werden darf.[1059] Kommt dennoch eine Verurteilung wegen des Besitzes von Gegenständen des täglichen Lebens nach § 145a StGB in Betracht, muss genau geprüft werden, ob der subjektive Tatbestand der Norm ebenfalls verwirklicht worden ist. Ist der Besitz von ungefährlichen Gegenständen des täglichen Lebens von dem Verbot erfasst, ist eine konkrete Gefährlichkeit des jeweiligen Führungsaufsichtsprobanden erforderlich, die in der Bereitschaft liegt, den Gegenstand zu kriminellen Zwecken zu verwenden.[1060]

Keine Anordnungsvoraussetzung ist hingegen, dass die von dem Besitzverbot erfassten Gegenstände bei der Verwirklichung von Delikten eingesetzt werden könnten, derentwegen wiederum Führungsaufsicht angeordnet werden kann.[1061] Hieran ändert sich auch dann nichts, wenn zwischen befürchteter künftiger Straftat und der die Führungsaufsicht auslösenden Anlasstat eine kriminelle Kontinuität besteht, was der Fall sein soll, wenn die Führungsaufsicht kraft Richterspruchs (§ 68 Abs. 1 StGB) angeordnet worden ist.[1062] Andernfalls wäre es das alleinige Ziel von Besitzverboten die künftige Begehung von Delikten zu verhindern, die ihrem Wesen nach dem Anlassdelikt gleichen.

1057 Ein Handyverbot für unzumutbar hält: MüKo-StGB/*Groß*, § 56c Rn. 28. Zweifel bezüglich der Kontrollmöglichkeiten äußert: LK-StGB/*Hubrach*, § 56c Rn. 12.

1058 Vgl. hierzu OLG Hamm K&R 2016, 129 (130), das ein auf Grundlage des § 56c Abs. 1 S. 1 StGB angeordnetes Internetverbot für zumutbar hält. Im Rahmen der Führungsaufsicht könnte eine solche Weisung allenfalls auf § 68b Abs. 2 S. 1 StGB gestützt werden. Kritisch zum totalen Internetverbot: Wieduwilt K&R 2016, 131 (131 ff.).

1059 S/S/*Kinzig*, StGB, § 68b Rn. 10.

1060 LK-StGB/*Schneider*, § 68b Rn. 16; Raabe, S. 105 f.

1061 So aber: NK-StGB/*Ostendorf*, § 68b Rn. 13.

1062 A.A. LK-StGB/*Schneider*, § 68b Rn. 28, der im Fall des § 68b Abs. 1 StGB verlangt, dass „Gegenstände zur Verwendung bei Delikten geeignet sein müssen, derentwegen Führungsaufsicht angeordnet werden kann".

Für dieses Ergebnis spricht auch, dass bereits mehrfach erwähnte Ziel der §§ 68 ff. StGB, die generelle Begehung weiterer Straftaten zu verhindern. Zweck der §§ 68 ff. StGB ist die erfolgreiche Legalbewährung der Weisungsadressaten sicherzustellen, wozu eine umfassende Betreuung und Überwachung notwendig sein kann. Es ist kein sachlicher Grund erkennbar, wieso dem Betroffenen die unter Umständen dringend erforderliche führungsaufsichtsrechtliche Hilfe und Kontrolle versagt werden sollte, nur weil die befürchteten Straftaten nicht mit dem Anlassdelikt vergleichbar sind.[1063] Ziel ist es daher jedwede weitere Straftat der Führungsaufsichtsprobanden, gleich welcher Art, präventiv zu verhindern. Mit dieser Zielsetzung wäre es nicht vereinbar, dass nur der Besitz solcher Gegenstände untersagt werden darf, die bei der Begehung von Straftaten verwendet werden könnten, die mit dem Anlassdelikt vergleichbar sind.

VI. § 68b Abs. 1 S. 1 Nr. 6 StGB: Fahrzeugverbot

Auf Grundlage von § 68b Abs. 1 S. 1 Nr. 6 StGB können die Führungsaufsichtsprobanden angewiesen werden keine Kraftfahrzeuge, bestimmte Arten von Kraftfahrzeugen oder andere Fahrzeuge zu halten oder zu führen, wenn sie diese zur erneuten Begehung von Straftaten missbrauchen könnten.

Wenn den Weisungsadressaten das Halten und Führen von Kraftfahrzeugen und anderen Fahrzeugen untersagt wird, erfasst dieses Verbot Fahrzeuge, die durch Maschinenkraft bewegt werden und Landkraftfahrzeuge allerdings nur, wenn sie nicht an Bahngleise gebunden sind.[1064] Es ist daher zulässig den Weisungsadressaten das Führen von Land-, Wasser- und Luftfahrzeugen zu untersagen.[1065] Wegen der großen Spannbreite der möglicherweise erfassten Fahrzeuge, muss bei der Formulierung der Weisungen allerdings genau darauf geachtet werden, dass die von dem Verbot erfassten Fahrzeugarten hinreichend genau bestimmt und beschrieben werden.

Vom Fahrzeugverbot erfasst können demnach sämtliche Fortbewegungsmittel sein, deren Benutzung nur bei dem Besitz einer bestimmten Erlaubnis zulässig ist. Darüber hinaus können sämtliche Fahrzeuge, für die die speziellen Pflichten von Kraftfahrzeugführern nicht gelten, in das Verbot mit einbezogen werden.[1066] Das

---

1063 Im Ergebnis zustimmend: Baur/Kinzig, S. 393; MüKo-StGB/*Groß*, § 68b Rn. 5, 17; Ruderich, S. 157; S/S/*Kinzig*, StGB, § 68b Rn. 10.

1064 Vgl. hierzu die Definition in § 248b Abs. 4 StGB.

1065 NK-StGB/*Ostendorf*, § 68b Rn. 14.

1066 LK-StGB/*Schneider*, § 68b Rn. 30.

ist zum Beispiel bei Motorbooten, Kähnen, Fahrrädern und Sportflugzeugen der Fall.[1067]

Wenn von dem Verbot Fahrzeuge erfasst werden deren Benutzung eine bestimmte Erlaubnis voraussetzt, müssen die die Führungsaufsicht ausgestaltenden Gerichte bei der Formulierung der Weisungen auf das Konkurrenzverhältnis zwischen § 68b Abs. 1 S. 1 Nr. 6 StGB zu §§ 69 ff. StGB Rücksicht nehmen. Umstritten ist in diesem Zusammenhang insbesondere, ob auf Grundlage von § 68b Abs. 1 S. 1 Nr. 6 StGB fahrverbotsgleiche Weisungen angeordnet werden dürfen. Diese Problematik ist mit derjenigen vergleichbar, die bei der Abgrenzung von § 68b Abs. 1 S. 1 Nr. 4 StGB zu den §§ 70 ff. StGB auftritt.[1068] Auch im Rahmen von § 68b Abs. 1 S. 1 Nr. 6 StGB werden fahrverbotsgleiche Weisungen für zulässig gehalten, wenn sie in ihrer Wirkung der Entziehung der Fahrerlaubnis gleichkommen.[1069] Eine vermittelnde Ansicht stimmt dem zumindest dann zu, wenn den Führungsaufsichtsprobanden im Ausgangsverfahren die Fahrerlaubnis entzogen oder eine isolierte Sperre angeordnet worden ist.[1070]

Allerdings kann aus denselben Gründen, aus denen berufsverbotsgleiche Weisungen unzulässig sind,[1071] im Ergebnis keiner der beiden Ansichten gefolgt werden, da andernfalls eine unzulässige Umgehung der §§ 69 ff. StGB und des § 72 StGB droht.[1072] Eine nachträgliche Anordnung fahrverbotsgleicher Weisungen auf Grundlage von § 68d Abs. 1 StGB kommt nur in Betracht, wenn die der fahrverbotsgleichen Weisung zugrundliegenden Umstände erst während

---

1067 Vgl. hierzu: E 1962, BT-Drucks IV/650, S. 222; MüKo-StGB/*Groß*, § 68b Rn. 18; SK-StGB/*Sinn*, § 68b Rn. 12; S/S/*Kinzig*, StGB, § 68b Rn. 11.

1068 Vgl. die Ausführungen unter Gliederungspunkt § 5 D. IV. 1.

1069 KG Berlin, Beschl. vom 22.06.2015 – 2 Ws 136/15 – 141 AR 278/15 –, juris Rn. 21 ff.

1070 OLG Frankfurt NStZ–RR 2011, 59 (59 f.); HK-GS/*Pflieger*, StGB, 3. Auflage, § 68b Rn. 2; S/S/*Stree*, 27. Auflage, StGB, § 68b Rn. 11. Lackner/Kühl, StGB, § 68b Rn. 2 nimmt an, dass sich die Maßregeln nicht generell ausschließen.

1071 Vgl. hierzu Gliederungspunkt § 5 D. IV. 1.

1072 Im Ergebnis zustimmend: KG Berlin, Beschl. vom 08.10.1998 – 1 AR 854/96 – 5 Ws 572/98 –, juris Rn. 11 ff.; Heintschel-Heinegg/*Heuchemer*, StGB, § 68b Rn. 12; Kretschmer, S. 236; MüKo-StGB/*Groß*, § 68b Rn. 18; NK-StGB/*Ostendorf*, § 68b Rn. 14; SSW-StGB/*Jehle*/*Harrendorf*, § 68b Rn. 10; SK-StGB/*Sinn*, § 68b Rn. 12. Missverständlich: LK-StGB/*Schneider*, § 68b Rn. 29, der eine fahrverbotsgleiche Weisung zumindest dann nicht zulassen will, wenn die Voraussetzungen der §§ 69 ff. StGB nicht erfüllt sind. Gleichzeitig wird auf die Kommentierung zu § 68b Abs. 1 S. 1 Nr. 4 StGB verwiesen, wo ein genereller Vorrang der §§ 70 ff. StGB vertreten wird. Vgl. Fischer, StGB, § 56c Rn. 4 zum Parallelproblem bei der Bewährungsaufsicht. Vgl. OLG Düsseldorf NJW 1968, 2156 (2156 f.) und Mrozynski JR 1983, 397 (402) zum Verhältnis von § 10 Abs. 1 JGG zu § 69 StGB.

der Durchführung der Führungsaufsicht entstanden sind oder anfänglich vorliegende Umstände nachträglich bekannt wurden.

Ist für das Führen von Fahrzeugen keine Erlaubnis erforderlich, besteht zwischen § 68b Abs. 1 S. 1 Nr. 6 StGB und § 69 StGB hingegen kein Konkurrenzverhältnis, weil die von dem Verbot erfassten Fahrzeuge nicht in den Anwendungsbereich des § 69 StGB fallen. Da kein Konkurrenzverhältnis zwischen den Maßregeln besteht, darf uneingeschränkt auf § 68b Abs. 1 S. 1 Nr. 6 StGB zurückgegriffen werden.[1073]

Zulässig ist ebenfalls die Anordnung punktueller Fahrzeugverbote.[1074] Charakteristisch für punktuelle Fahrzeugverbote ist, dass sie zwangsläufig enger ausgestaltet sein müssen, als die Entziehung der Fahrerlaubnis nach § 69 StGB. Vorteil der punktuellen Ausgestaltung ist, dass die Fahrzeugverbote speziell auf die Bedürfnisse der jeweiligen Führungsaufsichtsprobanden zugeschnitten werden können. Weiterhin sind sie für die Führungsaufsichtsprobanden weit weniger belastend als die vollständige Entziehung der Fahrerlaubnis. Die Anordnung punktueller Fahrzeugverbote bietet sich außerdem an, wenn die Weisungsadressaten nur in bestimmten Situationen kriminell gefährdet sind (zum Beispiel bei nächtlichen Barbesuchen). Die von dem Verbot erfassten Fahrzeugarten, Fahrzeiten, Örtlichkeiten und Strecken können auf den jeweiligen Führungsaufsichtsprobanden und seine kriminelle Gefährdung individuell zugeschnitten werden. Zudem kann das Führungsverbot auf bestimmte Regionen oder bestimmte Zeiten beschränkt werden. Es ist demnach zulässig Fahrten zur Nachtzeit oder außerhalb der Berufstätigkeit zu verbieten.[1075] Wenn von der Möglichkeit Gebrauch gemacht wird, das Fahrzeugverbot in dieser Art und Weise zu beschränken, muss allerdings darauf geachtet werden die von dem Verbot erfassten Fahrzeugarten, die verbotenen Fahrzeiten, die erfassten Örtlichkeiten und Strecken hinreichend genau zu beschreiben.

Unzulässig sind punktuelle Fahrzeugverbote hingegen, wenn den Führungsaufsichtsprobanden untersagt wird, die Fahrzeuge zu strafbaren Handlungen, zu Diebstählen und zu dem Transport von Hehlergut zu verwenden. Die Unzulässigkeit der Weisungen ergibt sich daraus, dass das weisungswidrige Verhalten in aller Regel bereits von anderen Straftatbeständen erfasst ist.[1076]

1073 NK-StGB/*Ostendorf*, § 68b Rn. 14; SK-StGB/*Sinn*, § 68b Rn. 12.

1074 KG Berlin, Beschl. vom 08.10.1998 – 1 AR 854/96 – 5 Ws 572/98 Rn. 11; LK-StGB/*Schneider*, § 68b Rn. 30.

1075 S/S/*Kinzig*, StGB, § 68b Rn. 11.

1076 LK-StGB/*Schneider*, § 68b Rn. 31.

Weiterhin kann den Weisungsadressaten auf Grundlage von § 68b Abs. 1 S. 1 Nr. 6 StGB das Halten von Fahrzeugen untersagt werden.[1077] Halter eines Fahrzeugs ist, wer es „für eigene Rechnung in Gebrauch hat und die Verfügungsgewalt darüber besitzt, die ein solcher Gebrauch voraussetzt“[1078]. Die Anordnung von Halteverboten kommt beispielsweise in Betracht, wenn hierdurch das Verbot der Entzug der Fahrerlaubnis nach den §§ 69 ff. StGB flankiert werden soll. Das gilt insbesondere für die Fälle, in denen den Weisungsadressaten die Fahrerlaubnis entzogen worden ist, und dennoch die Gefahr besteht, dass sie ohne Führerschein fahren. Gleiches gilt, wenn die Gefahr besteht, dass die Führungsaufsichtsprobanden ihr Fahrzeug bei der Begehung von Straftaten von anderen Personen führen lassen. In diesen Konstellationen ist ein Fahrverbot oder die Entziehung der Fahrerlaubnis nicht ausreichend, um auf die von den Führungsaufsichtsprobanden ausgehende Gefährlichkeit zu reagieren, weshalb es der zusätzlichen Anordnung eines Halterverbots bedarf. Das gilt auch, wenn die Weisungsadressaten durch die sofortige Verfügbarkeit eines Fahrzeugs dazu verführt werden können, erneut alkoholisiert zu fahren.[1079] Wenn die Weisungsadressaten verpflichtet werden keine Fahrzeuge zu halten, müssen sie unter Umständen ihre Verfügungsgewalt über ein Fahrzeug aktiv aufgeben. Darüber hinaus können sie auch angewiesen werden, kein Fahrzeug in Gebrauch zu nehmen.[1080] Durch ein solches Verbot kann verhindert werden, dass die Führungsaufsichtsprobanden künftig Halter eines Fahrzeugs werden.

VII. § 68b Abs. 1 S. 1 Nr. 7 StGB: Meldepflicht

Auf Grundlage von § 68b Abs. 1 S. 1 Nr. 7 StGB können die Führungsaufsichtsprobanden verpflichtet werden, sich zu bestimmten Zeiten bei der Aufsichtsstelle, einer bestimmten Dienststelle oder dem Bewährungshelfer zu melden. Die führungsaufsichtsrechtliche Meldepflicht weist dabei Ähnlichkeiten zur Bewährungsweisung nach § 56c Abs. 2 Nr. 2 StGB auf, von der sie sich nur bezüglich der potentiellen Meldestellen unterscheidet.

1077 KG Berlin, Beschl. vom 08.10.1998 – 1 AR 854/96 – 5 Ws 572/98 –, juris Rn. 10; MüKo-StGB/*Groß*, § 68b Rn. 18; NK-StGB/*Ostendorf*, § 68b Rn. 14; SK-StGB/*Sinn*, § 68b Rn. 12.

1078 BGH NJW 1954, 1198 (1198).

1079 KG Berlin, Beschl. vom 22.06.2015 – 2 Ws 136/15 – 141 AR 278/15 –, juris Rn. 20.

1080 SK-StGB/*Sinn*, § 68b Rn. 12. In diesem Fall handelt es sich bei § 145a StGB um ein echtes Unterlassungsdelikt.

Bei der Ausgestaltung der Weisung muss der in § 68b Abs. 1 S. 1 Nr. 7 StGB verwendete unbestimmte Rechtsbegriff „bestimmte Dienststelle“ insofern konkretisiert werden, als dass die Behörde, die als Meldestelle eingesetzt werden soll, in der Weisung konkret bezeichnet wird.[1081] Dienststelle kann dabei jede staatliche Behörde sein.[1082] Dass jede staatliche Behörde Dienststelle sein kann, bedeutet jedoch nicht, dass alle Behörden als Meldestellen zur Verfügung stehen müssen.[1083]

Grundsätzlich möglich ist es daher auch die Polizei als Meldestelle einzusetzen.[1084] Hierbei muss allerdings berücksichtigt werden, dass der regelmäßige Kontakt mit der Polizei eine demoralisierende Wirkung auf Personen entfalten kann, die mit einer positiven Legalprognose aus dem Vollzug entlassen worden sind.[1085] Es besteht die Gefahr, dass die Weisungsadressaten Vorbehalte gegen die Strafverfolgungsbehörde Polizei haben, was wiederum ihre Resozialisierung beeinträchtigen kann. Daher sollte die Polizei nur in Ausnahmefällen und nur dann als Meldestelle eingesetzt werden, wenn die Führungsaufsicht sicherungsintensiv ausgestaltet werden soll, weil die Weisungsadressaten über eine negative Legalprognose verfügen.

Wenn möglich sollte stattdessen eine andere Behörde als Meldestelle eingesetzt werden.[1086] Gerade in Fällen, in denen trotz einer positiven Legalprognose der Führungsaufsichtsprobanden die Anordnung einer Meldeweisung für erforderlich gehalten wird, bietet sich die Einsetzung der Bewährungshilfe als Meldestelle an.[1087] Aus praktischen Gründen spricht hierfür, dass die Führungsaufsichtsprobanden während der Führungsaufsicht ohnehin schon nach § 68a Abs. 1 HS 2 StGB einem Bewährungshelfer unterstellt sind. Darüber hinaus haben die konkret zuständigen Bewährungshelfer regelmäßig den intensivsten

---

1081 Es reicht jedenfalls dann aus die Meldestelle abstrakt, das heißt ohne Name und Adresse, zu benennen, wenn sie identifizierbar und lokalisierbar ist („zuständige Polizeidienstelle“): Groß, FS Heintschel-Heinegg, S. 161 (167).

1082 LK-StGB/*Schneider*, § 68b Rn. 32.

1083 MüKo-StGB/*Groß*, § 56c Rn. 25.

1084 Baur/Kinzig, S. 400; Fischer, StGB, § 68b Rn. 10; Kammeier/Pollähne/*Trenckmann*, Maßregelvollzugsrecht, L 298; MüKo-StGB/*Groß*, § 68b Rn. 19.

1085 Kritisch zur Einsetzung der Polizei als Meldestelle ebenfalls: Popp NKrimP 2015, 266 (272).

1086 LK-StGB/*Schneider*, § 68a Rn. 9, § 68b Rn. 32; NK-StGB/*Ostendorf*, § 68b Rn. 15; Ruderich S. 159 f. Kritisch zur Einsetzung der Polizei als Meldestelle bereits: Lange, Niederschriften, Band 1, S. 290.

1087 Für die Einsetzung der Bewährungshilfe als Meldestelle spricht sich ebenfalls aus: Kammermeier BewHi 2013, 159 (165).

Kontakt zu den Führungsaufsichtsprobanden. Die Bewährungshelfer kennen die ihnen zugeteilten Personen am besten und können daher kritische Entwicklungen am schnellsten erkennen.[1088] Die Führungsaufsichtsprobanden sollten daher verpflichtet werden sich bei der Dienststelle des für sie zuständigen Bewährungshelfers zu melden.[1089] Im besten Fall wird gar der für den jeweiligen Führungsaufsichtsprobanden zuständige Bewährungshelfer als Meldeadressat eingesetzt.[1090]

Andere natürliche Personen können hingegen nicht als Meldestellen eingesetzt werden. Gleiches gilt für private Organisationen, bei denen es sich ebenfalls nicht um Dienststellen im Sinne des § 68b Abs. 1 S. 1 Nr. 7 StGB handelt.[1091] Sollen die Führungsaufsichtsprobanden dennoch verpflichtet werden, sich bei privaten Organisationen oder sonstigen natürlichen Personen zu melden, kann die Weisung alleine auf § 68 Abs. 2 StGB gestützt werden.[1092]

Konkretisierungsbedürftig ist, neben der Meldestelle, weiterhin die Form, in der die Meldung zu erfolgen hat. § 68b Abs. 1 S. 1 Nr. 7 StGB ermächtigt die Gerichte lediglich zur Anordnung von Meldeweisungen ohne jedoch zu regeln, in welcher Form die Meldungen zu erfolgen haben.

Der in § 68b Abs. 1 S. 1 Nr. 7 StGB verwendete Begriff „Melden" könnte dahingehend einschränkend auszulegen sein, dass stets ein persönliches Erscheinen der Weisungsadressaten bei der Meldestelle erforderlich ist.[1093] Hierfür spricht, dass Meldeweisungen nur dann ihre Funktion erfüllen können, wenn sich die Meldestellen bei Anlass der Meldungen einen persönlichen Eindruck von den Weisungsadressaten verschaffen können. Nur so soll sichergestellt werden können, dass kritische Entwicklungen frühzeitig erkannt werden und damit die Gefahr reduziert wird, dass weitere Straftaten begangen werden.[1094] Die telefonische Kontaktaufnahme soll demgegenüber nicht ausreichen, um die Meldeverpflichtung zu erfüllen, da diese Form der Kontaktaufnahme nicht dem Zweck

1088 BT-Drucks. 16/1993, S. 19.

1089 OLG Düsseldorf JR 2003, 168 (170); BayOblG, Beschl. vom 08.05.1995 – 5St RR 9/95 –, juris Rn. 19; OLG Stuttgart NStZ 1990, 279 (279).

1090 Kritisch hierzu: Ruderich, S. 161.

1091 LK-StGB/*Schneider*, § 68b Rn. 32; MüKo-StGB/*Groß*, § 68b Rn. 19.

1092 Für wohl zulässig hält dies: MüKo-StGB/*Groß*, § 68b Rn. 19.

1093 OLG München NStZ 2010, 218 (219): Nur eine persönliche Meldung entspricht dem Zweck des § 68b Abs. 1 S. 1 Nr. 7 StGB. Vgl. auch Fischer, StGB, § 56c Rn. 7 zu § 56c Abs. 2 Nr. 2 StGB.

1094 Kritisch zu telefonischen Meldungen: LK-StGB/*Schneider*, § 68b Rn. 33. Vgl. auch MüKo-StGB/*Groß*, § 56c Rn. 25 zu § 56c Abs. 2 Nr. 2 StGB.

der Weisung entspricht.[1095] Erfolgt die Meldung telefonisch wissen die Meldestellen weder sicher, wo sich die Führungsaufsichtsprobanden aufhalten, noch wie es ihnen geht.

Allerdings ist zu berücksichtigen, dass § 68b Abs. 1 S. 1 Nr. 7 StGB die Gerichte lediglich zur Anordnung von Meldeweisungen ermächtigt ohne jedoch zu regeln, in welcher Form die Meldung zu erfolgen hat. Unter dem Begriff „Melden" ist die Kontaktaufnahme der Führungsaufsichtsprobanden zur Meldestelle zu verstehen unabhängig von der Art, in der sie erfolgt. Bei der Meldung handelt es sich demnach um einen rein bürokratischen Akt, der nicht zwingend persönlich erfolgen muss. Obwohl es sinnvoll ist die Führungsaufsichtsprobanden zu verpflichten persönlich bei den Meldestellen zu erscheinen, findet die einschränkende Auslegung des Begriffs „Melden" keine Grundlage im Wortlaut des § 68b Abs. 1 S. 1 Nr. 7 StGB. Aus Gründen der Zweckmäßigkeit sollten die Meldeweisung daher dahingehend konkretisiert werden, dass die Meldung persönlich zu erfolgen hat.

Weiterhin ist zu berücksichtigen, dass die Weisungsadressaten, auf Grundlage von § 68b Abs. 1 S. 1 Nr. 7 StGB, nur verpflichtet werden dürfen sich bei der Meldestelle zu melden. Nicht zulässig ist es, die Führungsaufsichtsprobanden anzuweisen, sich bei Anlass der Meldung einem Betreuungsgespräch zu stellen, oder mit dem Bewährungshelfer zusammenzuarbeiten. Unwirksam ist demnach die Weisung, sich einmal im Monat bei dem Bewährungshelfer zu melden und dessen Weisungen gewissenhaft Folge zu leisten.[1096] Aus dem Wortlaut der Weisung wird nicht deutlich, ob die Weisungsadressaten nur verpflichtet werden sollen, sich auf der Dienststelle des Bewährungshelfers zu melden, oder ob sie sich ebenfalls einem Betreuungsgespräch mit dem Bewährungshelfer stellen müssen. Während die erste Möglichkeit von § 68b Abs. 1 S. 1 Nr. 7 StGB gedeckt ist, kann die Verpflichtung zur Durchführung eines Betreuungsgesprächs nur auf Grundlage von § 68b Abs. 2 StGB angeordnet werden.[1097]

Als letztes Erfordernis muss bei der Ausgestaltung der Weisungen darauf geachtet werden konkrete Vorgaben zu machen, anhand derer ermittelt werden kann, wann sich die Führungsaufsichtsprobanden bei der jeweiligen Meldestelle zu melden haben.[1098] Die Meldeweisung müssen Bestimmungen zu dem

---

1095 Ruderich, S. 160; S/S/*Stree/Kinzig*, 28. Auflage, StGB, § 68b Rn. 12.

1096 OLG Bamberg StV 2012, 737 (739); OLG Jena StV 2008, 88 (88); AnwK-StGB/*Kilian*, § 68b Rn. 16.

1097 OLG Stuttgart NStZ 1990, 279 (279); Ruderich, S. 159.

1098 OLG Hamm, Beschl. vom 21.06.2012 – III-2 Ws 190-191/12 –, juris Rn. 32; KG Berlin JR 1987, 124 (125); MüKo-StGB/*Groß*, § 68b Rn. 19.

Meldeturnus und zur Anzahl der Meldungen enthalten.[1099] Dabei ist die Angabe der Mindestfrequenz, in der die Meldungen zu erfolgen haben nicht ausreichend, wenn nicht zugleich die Höchstfrequenz festgelegt wird.[1100] Zudem muss darauf geachtet werden, dass die Abstände zwischen denen die Meldungen zu erfolgen haben nicht zu eng fixiert sind.[1101] Es muss bei der Bestimmung des Zeitpunktes, zu dem sich die Weisungsadressaten melden müssen, auch auf die Berufe der jeweiligen Führungsaufsichtsprobanden und sonstige resozialisierungsförderliche Umstände Rücksicht genommen werden.[1102] Die Meldezeiten, Meldeintervalle und Meldemodalitäten sind daher so auszugestalten, dass sie von den Weisungsadressaten ohne nennenswerte Beeinträchtigung ihres Berufes und anderer resozialisierungsfördernder Umstände eingehalten werden können.

Nicht zulässig ist es die Rahmenbedingungen der Meldepflicht in das Ermessen der Bewährungshilfe zu stellen, um hierdurch eine größere Flexibilität zu ermöglichen. Durch ein solches Vorgehen würde die gerichtliche Zuständigkeit zur Anordnung von Weisungen unterlaufen.[1103] Daher sind Bewährungshilfe und Aufsichtsstellen nur innerhalb der von den Gerichten festgelegten Vorgaben dispositionsbefugt. Den Meldestellen darf einzig die Befugnis übertragen werden den konkreten Termin, innerhalb des gerichtlich festgelegten Intervalls, zu bestimmen. Insoweit ist auch zu berücksichtigen, dass die Führungsaufsichtsprobanden selbst dann gegen die Meldeweisung verstoßen, wenn sie im Einvernehmen mit der Bewährungshilfe einen Meldetermin außerhalb des gerichtlich festgelegten Zeitraums vereinbaren.[1104]

VIII. § 68b Abs. 1 S. 1 Nr. 8 StGB: Anzeigepflicht

Die Führungsaufsichtsprobanden können auf Grundlage von § 68b Abs. 1 S. 1 Nr. 8 StGB angewiesen werden, jeden Wechsel ihrer Wohnung und ihres Arbeitsplatzes unverzüglich den Aufsichtsstellen zu melden.

Die Freiheit, die Wohnung oder den Arbeitsplatz wechseln zu dürfen, wird durch die Anzeigepflicht hingegen nicht eingeschränkt. Das ergibt sich daraus, dass die Wechsel von Wohnung und Arbeitsplatz lediglich anzeigepflichtig sind.

1099 Zum Meldeturnus: OLG Naumburg NStZ–RR 2010, 324 (324); Ruderich, S. 160.

1100 OLG Bamberg StV 2010, 737 (739).

1101 LK-StGB/*Schneider*, § 68b Rn. 33.

1102 OLG Hamburg, Beschl. vom 06.10.2011 – 2 Ws 83/11 –, juris Rn. 62: Zu Erschwernissen der Berufsausübung: KG Berlin JR 1987, 124 (125); LK-StGB/*Hubrach*, § 56c Rn. 10; LK-StGB/*Schneider*, § 68b Rn. 33; S/S/*Kinzig*, StGB, § 68b Rn. 12.

1103 S/S/*Kinzig*, StGB, § 68b Rn. 12.

1104 BGH NJW 2013, 710 (710 f.).

Eine Erlaubnis der Aufsichtsstellen zum Wechsel muss hingegen nicht eingeholt werden. Nicht von § 68b Abs. 1 S. 1 Nr. 8 StGB gedeckt sind folglich Weisungen, durch die den Führungsaufsichtsprobanden der Wechsel der Wohnung oder des Arbeitsplatzes gänzlich untersagt wird.[1105]

Daher können die Führungsaufsichtsprobanden auch nicht verpflichtet werden, den Wechsel ihrer Wohnung oder ihres Arbeitsplatzes vorab bei den Aufsichtsstellen anzuzeigen, sondern nur den Wechsel mitzuteilen, nachdem er stattgefunden hat.[1106] Unzulässig ist ebenfalls die Weisung, die Wohnung oder den Arbeitsplatz aufzugeben oder ihn nur mit der Erlaubnis der Aufsichtsstellen zu wechseln[1107] und die Weisung einen festen Wohnsitz zu begründen[1108].

Fraglich ist allerdings, ob die Führungsaufsichtsprobanden verpflichtet werden dürfen, den Aufsichtsstellen den bloßen Verlust ihres Arbeitsplatzes anzuzeigen.[1109] Hierfür sprechen vor allem teleologische Gründe, da ein anerkennenswertes Bedürfnis der Aufsichtsstellen besteht, über die zwischenzeitlich eingetretene Arbeitslosigkeit informiert zu werden. Mit dem Verlust des Arbeitsplatzes geht regelmäßig der Verlust des Erwerbseinkommens einher. Infolge dessen können die Weisungsadressaten in die Versuchung geraten, ihren Lebensunterhalt durch kriminelle Machenschaften zu verdienen. Durch die Anzeigepflicht des Verlusts des Arbeitsplatzes könnten die staatlichen Stellen in die Lage versetzt werden, zumindest das Entstehen derartiger krimineller Gefährdungen überwachen zu können.

Dennoch lässt sich ein derartiges Verständnis des Begriffs „Wechsel" schwer mit der allgemeinen Bedeutung des Begriffs in Einklang bringen. Von einem Wechsel des Arbeitsplatzes kann nur gesprochen werden, wenn der Führungsaufsichtsproband seinen Arbeitsplatz bewusst aufgibt und durch eine neue Arbeitsstelle ersetzt. Geht der Arbeitsplatz mit der Beendigung des Arbeitsverhältnisses hingegen verloren, ohne dass ein neues Beschäftigungsverhältnis begründet wird, liegt weder ein bewusstes Aufgeben, noch ein Ersetzen vor, sodass der Arbeitsplatz schlicht verloren geht.

1105 MüKo-StGB/*Groß*, § 68b Rn. 20.

1106 OLG Hamm, Beschl. vom 28.09.2010 – III-3 Ws 393/10 –, juris Rn. 7; OLG Dresden, Beschl. vom 12.12.2008 – 2 Ws 380/08 –, juris Rn. 8 f.; MüKo-StGB/*Groß*, § 68b Rn. 20.

1107 OLG Jena NStZ–RR 2010, 189 (190).

1108 OLG Dresden, Beschl. vom 12.12.2008 – 2 Ws 380/08 –, juris Rn. 8 f.; S/S/*Kinzig*, StGB, § 68b Rn. 13; a.A. OLG Köln NStZ–RR 2012, 94 (94).

1109 Hierfür sprechen sich aus: LG Bamberg, Beschl. vom 04.08.2015 – StVK 229/13 –, juris; AnwK-StGB/*Kilian*, § 68b Rn. 17; Fischer, StGB, § 68b Rn. 11; Ruderich, S. 162; S/S/*Kinzig*, StGB, § 68b Rn. 13.

Da § 68b Abs. 1 S. 1 Nr. 8 StGB nur von dem Wechsel, nicht aber von dem Verlust, des Arbeitsplatzes spricht, dürfen die Weisungsadressaten nicht verpflichtet werden den bloßen Verlust anzuzeigen. Ebenfalls unzulässig sind Weisungen, durch die die Verpflichtung ausgesprochen wird, sich um einen Arbeitsplatz zu bemühen[1110] und die Weisung den Wechsel erst nach vorheriger Rücksprache oder gar mit Zustimmung der Aufsichtsstellen vorzunehmen.[1111]

Eine weitere Besonderheit, die bei der Individualisierung der Weisung auf den jeweiligen Führungsaufsichtsprobanden beachtet werden muss ist, dass der unbestimmte Rechtsbegriff „unverzüglich" durch eine näher konkretisierte Fristangabe zu ersetzen ist.[1112] Um dem Begriff „unverzüglich" den nötigen Grad an Bestimmtheit zu verleihen, reicht es nicht aus, den Maßstab des § 121 BGB zu übernehmen und damit eine Anzeige als ordnungsgemäß anzusehen, wenn sie ohne schuldhaftes Zögern erfolgt ist. Ab wann die Grenze zu dem schuldhaften Zögern überschritten ist, kann nicht generell, sondern nur anhand der Umstände des jeweiligen Einzelfalls ermittelt werden. Daher ist der unbestimmte Rechtsbegriff „unverzüglich" geeignet, bei den Adressaten Zweifel hervorzurufen ab wann die Grenze zu dem strafbaren Verhalten überschritten wird. Nur wenn in der Weisung ausdrücklich normiert ist, bis wann die Anzeige zu erfolgen hat, verfügt sie über den nötigen Grad an Bestimmtheit, um das Blankett des § 145a StGB ausfüllen zu können.

Anders als bei § 68b Abs. 1 S. 1 Nr. 7 StGB ist es bei § 68b Abs. 1 S. 1 Nr. 8 StGB hingegen nicht erforderlich die Form anzugeben, in der die Anzeige zu erfolgen hat. Zweck der Anzeigepflicht ist nicht den Aufsichtsstellen zu ermöglichen sich einen persönlichen Eindruck von den Führungsaufsichtsprobanden zu verschaffen. Sichergestellt werden soll vielmehr, dass die Aufsichtsstellen wissen, wo die Führungsaufsichtsprobanden arbeiten, leben und sich aufhalten. Hierfür spielt es keine Rolle, ob die Meldung mündlich, telefonisch oder durch einen Beauftragten erfolgt.[1113]

1110 HK-GS/*Pflieger/Braasch*, StGB, § 68b Rn. 2.

1111 Vgl. OLG Dresden RPfleger 2016, 53 (55); OLG Hamm, Beschl. vom 14.11.2013 – III-3 Ws 279/13, III-3 Ws 280/13, –, juris Rn. 21; OLG Hamm, Beschl. vom 21.06.2012 – III-2 Ws 190-191/12 –, juris Rn. 44; OLG Bamberg StV 2012, 737 (739); OLG Hamm R&P 2010, 98 (99).

1112 Für empfehlenswert halten das zumindest: LG Bamberg, Beschl. vom 04.08.2015 – StVK 229/13 –, juris; HK-GS/*Pflieger/Braasch*, StGB, § 68b Rn. 2; Lackner/Kühl, StGB, § 68b Rn. 2; NK-StGB/*Ostendorf*, § 68b Rn. 16; S/S/*Kinzig*, StGB, § 68b Rn. 13; Ruderich, S. 162; a.A. Groß, FS Heintschel-Heinegg, S. 161 (167 f.).

1113 LK-StGB/*Schneider*, § 68b Rn. 34; S/S/*Kinzig*, StGB, § 68b Rn. 13.

IX. § 68b Abs. 1 S. 1 Nr. 9 StGB: Meldung bei Erwerbslosigkeit

Auf Grundlage von § 68b Abs. 1 S. 1 Nr. 9 StGB können die Weisungsadressaten angewiesen werden, sich im Fall der Erwerbslosigkeit bei der zuständigen Agentur für Arbeit oder einer anderen zur Arbeitsvermittlung zugelassenen Stelle zu melden.

Eine Meldeweisung nach § 68b Abs. 1 S. 1 Nr. 9 StGB darf nur angeordnet werden, wenn die Weisungsadressaten über kein eigenes Einkommen verfügen.[1114] Das ergibt sich daraus, dass es Ziel der Weisung ist auf kriminogene Risikofaktoren zu reagieren, die mit der Erwerbslosigkeit verbunden sein können.[1115] Mit Hilfe der Meldepflicht wird versucht den Führungsaufsichtsprobanden eine dauerhafte Beschäftigung zu vermitteln, die sie in wirtschaftlicher und psychischer Hinsicht stabilisiert.[1116] Verfügen die Führungsaufsichtsprobanden über ein eigenes Einkommen, mit dem sie ihren Lebensunterhalt bestreiten können, besteht kein Bedürfnis ihnen eine weitere Arbeitsstelle zu vermitteln.

Ist diese Voraussetzung erfüllt, dürfen die Weisungsadressaten auf Grundlage von § 68b Abs. 1 S. 1 Nr. 9 StGB nur verpflichtet werden, sich bei der Meldestelle zu melden, wobei die Möglichkeit besteht, die gesetzlich zur Arbeitsvermittlung vorgesehenen Folgemeldungen mit in die Weisung einzubeziehen.[1117] Unzulässig ist es hingegen, den Adressaten der Weisung Verhaltensweisen aufzuerlegen, die über die Pflicht zur Meldung bei der Meldestelle hinausgehen und dem Finden oder Erhalten eines Arbeitsplatzes dienen.[1118] Nicht zulässig ist ebenfalls die Weisung, eine angebotene Arbeit anzunehmen[1119] und die Weisung, sich ernsthaft um eine Arbeitsstelle zu bemühen.[1120]

1114 MüKo-StGB/*Groß*, § 68b Rn. 21.

1115 Baur/Kinzig, S. 404; Heintschel-Heinegg/*Heuchemer*, StGB, § 68b Rn. 17.

1116 LG Bamberg, Beschl. vom 04.08.2015 – StVK 229/13 –, juris Rn. 16.

1117 LG Bamberg, Beschl. vom 04.08.2015 – StVK 229/13 –, juris.

1118 S/S/*Kinzig*, StGB, § 68b Rn. 14.

1119 AnwK-StGB/*Kilian*, § 68b Rn. 18; HK-GS/*Pflieger/Braasch*, StGB, § 68b Rn. 2; Lackner/Kühl, StGB, § 68b Rn. 2; LK-StGB/*Schneider*, § 68b Rn. 35; MüKo-StGB/*Groß*, § 68b Rn. 21; SSW-StGB/*Jehle/Harrendorf*, § 68b Rn. 13; S/S/*Kinzig*, StGB, § 68b Rn. 14. Noch weitergehend: NK-StGB/*Ostendorf*, § 68b Rn. 17, der vorschlägt den Führungsaufsichtsprobanden darüber zu belehren, dass er nicht zur Annahme einer Arbeitsstelle verpflichtet ist.

1120 OLG München, Beschl. vom 29.07.2014 – 3 Ws 581/14 –, juris Rn. 33; Fischer, StGB, § 68b Rn. 12; SSW-StGB/*Jehle/Harrendorf*, § 68b Rn. 13; S/S/*Kinzig*, StGB, § 68b Rn. 14; a.A. OLG Köln, Beschl. vom 04.04.2014 – III-2 Ws 181/14 –, juris Rn. 19.

Darüber hinaus sollte der in § 68b Abs. 1 S. 1 Nr. 9 StGB verwendete Begriff „unverzüglich“ bei der Ausformulierung der Meldepflicht konkretisiert werden. Eine Konkretisierung sollte erfolgen, wenn die künftige Erwerbslosigkeit der Führungsaufsichtsprobanden bereits zum Zeitpunkt ihrer Entlassung aus dem Vollzug absehbar ist. Durch eine nah am Entlassungszeitpunkt liegende Meldepflicht kann dafür gesorgt werden, dass den Weisungsadressaten eine berufliche Perspektive eröffnet wird. Zudem ist, mit Blick auf Art. 103 Abs. 2 GG, die Angabe eines präzisen Zeitpunktes oder Zeitraums erforderlich, bis zu dem die Meldung erfolgt sein muss. Daher muss die Weisung einen bestimmten Zeitpunkt oder einen bestimmten Zeitraum enthalten, innerhalb dessen die Weisungsadressaten ihrer Meldeverpflichtung nachzukommen haben.[1121] Diesen Anforderungen genügt eine Weisung nicht, durch die die Weisungsadressaten verpflichtet werden, sich umgehend mit der Meldestelle in Kontakt zu setzen.[1122]

X. § 68b Abs. 1 S. 1 Nr. 10 StGB: Abstinenz- und Kontrollweisung

Auf Grundlage von § 68b Abs. 1 S. 1 Nr. 10 StGB können die Führungsaufsichtsprobanden angewiesen werden, keine alkoholischen Getränke oder andere berauschende Mittel zu sich zu nehmen. Darüber hinaus können sie verpflichtet werden, sich Alkoholkontrollen oder Suchtmittelkontrollen zu unterziehen, die allerdings mit keinem körperlichen Eingriff verbunden sein dürfen.

1. Das Rauschmittelverbot nach § 68b Abs. 1 S. 1 Nr. 10 Alt. 1 StGB

a. Voraussetzungen für die Anordnung eines Rauschmittelverbots

Den Führungsaufsichtsprobanden darf der Konsum von Rauschmitteln nur verboten werden, wenn auf Grund bestimmter Tatsachen Gründe für die Annahme bestehen, dass der Konsum von Rauschmitteln einen Beitrag zur erneuten Begehung von Straftaten leisten wird.

1121 Heintschel-Heinegg/*Heuchemer*, StGB, § 68b Rn. 17; LK-StGB/*Schneider*, § 68b Rn. 35; S/S/*Kinzig*, StGB, § 68b Rn. 14. Anders: NK-StGB/*Ostendorf*, § 68b Rn. 17, der annimmt, dass eine bestimmte Meldefrist im Beschluss lediglich angegeben werden „sollte“; Ruderich, S. 163 hält die Angabe einer Frist für „ratsam“. Kritsich Baur/Kinzig, S. 405, der durch die Angabe eines Zeitraums keinen Zuwachs an Weisungsbestimmtheit feststellen mag.

1122 OLG München, Beschl. vom 29.07.2014 – 3 Ws 581/14 –, juris Rn. 34.

Anordnungsvoraussetzung ist damit das Vorliegen bestimmter Tatsachen, die darauf hindeuten, dass der Konsum von Rauschmitteln kriminalitätsstimulierende Wirkung auf die Weisungsadressaten entfaltet. Nicht ausreichend, um die Anordnung von Abstinenzweisungen rechtfertigen zu können, sind demgegenüber bloße Mutmaßungen, die einen Delinquenzrückfall vermuten lassen.[1123] Von dem Vorliegen der Anordnungsvoraussetzungen kann in der Regel ausgegangen werden, wenn die die Führungsaufsicht auslösende Anlasstat unter Rauschmitteleinfluss begangen worden ist.[1124] Eine Ausnahme von diesem Grundsatz ist nur zu machen, wenn die Weisungsadressaten bei der Begehung der Anlasstat, ohne ein Alkoholproblem zu haben, unter Alkoholeinfluss standen und auch keine sonstigen Umstände des Einzelfalls ein Rauschmittelverbot erforderlich machen.[1125]

Darüber hinaus kann es Konstellationen geben, in denen die Anordnung von Rauschmittelverboten zulässig ist, obwohl die Anlasstat nicht unter Alkoholeinfluss begangen wurde.[1126] § 68b Abs. 1 S. 1 Nr. 10 StGB knüpft die Anordnung von Rauschmittelverboten nicht an die Voraussetzung, dass die alkoholbedingte Enthemmung unmittelbar zur Begehung weiterer Strafen geführt hat. Ausreichend ist, dass Gründe für die Annahme vorliegen, dass der Rauschmittelkonsum zur Begehung weiterer Straftaten beitragen kann. Daher darf das Verbot auch dann angeordnet werden, wenn der Rauschmittelkonsum aller Wahrscheinlichkeit nach nur einen mittelbaren Beitrag zur erneuten Begehung von Straftaten leisten wird.[1127] Das ist beispielsweise der Fall, wenn die Gefahr besteht, dass die Führungsaufsichtsprobanden infolge des Rauschmittelkonsums in die

---

1123 Vgl. OLG Nürnberg, Beschl. vom 15.06.2011 – 1 Ws 253/11 –, juris Rn. 6; OLG Hamm, Beschl. vom 11.03.2010 – III-2 Ws 39/10 –, juris Rn. 21; OLG Dresden NStZ-RR 2008, 27 (27); Ruderich, S. 163.

1124 OLG Köln, Beschl. vom 10.08.2007 – 2 Ws 392/07 –, juris Rn. 12; MüKo-StGB/*Groß*, § 68b Rn. 22.

1125 S/S/*Kinzig*, StGB, § 68b Rn. 14a.

1126 Missverständlich insoweit: SSW-StGB/*Jehle/Harrendorf*, § 68b Rn. 14, der einen „symptomatischen Zusammenhang“ zwischen Rauschmittelmissbrauch und den konkret drohenden Straftaten verlangt. Dies kann so verstanden werden, dass nur Taten erfasst sind, die unter Alkoholeinfluss begangen werden. Allerdings lassen die dort zitierten Gerichtsentscheidungen auch mittelbare Beiträge ausreichen (OLG Hamm, Beschl. vom 15.04.2010 – III-2 Ws 59/10 –, juris) oder nehmen zu dieser Frage keine Stellung (OLG Nürnberg, Beschl. vom 15.06.2011 – 1 Ws 253/11 –, juris), sodass wohl keine abweichende Meinung vertreten werden soll.

1127 OLG Köln, Beschl. vom 04.04.2014 – III-2 Ws 181/14 –, juris Rn. 23; KG Berlin StV 2015, 507 (507 f.); OLG Hamm, Beschl. vom 15.04.2010 – III-2 Ws 59/10 –, juris

Beschaffungskriminalität abgleiten.[1128] Maßgeblich ist dabei nicht das abstrakte Rückfallrisiko der Führungsaufsichtsprobanden, sondern die Wahrscheinlichkeit, dass der Konsum von Rauschmitteln einen Beitrag zu weiteren strafbaren Handlungen leisten wird.[1129]

Es ist daher zulässig, dass durch § 68b Abs. 1 S. 1 Nr. 10 Alt. 1 StGB der an sich straffreie Konsum von Rauschmitteln mittelbar unter Strafe gestellt wird.[1130]

b. Umfang des Rauschmittelverbots

§ 68b Abs. 1 S. 1 Nr. 10 Alt. 1 StGB erlaubt es, den Führungsaufsichtsprobanden den Konsum von Rauschmitteln zu untersagen. Einigkeit besteht insoweit, als dass der Konsum von Rauschmitteln vollständig untersagt werden darf, da die Führungsaufsichtsprobanden auf Grundlage von § 68b Abs. 1 S. 1 Nr. 10 Alt. 1 StGB angewiesen werden können keine alkoholischen Getränke zu sich zu nehmen. Neben der Beschränkung des Rauschmittelverbots besteht weiterhin die Möglichkeit das Verbot auf bestimmte Rauschmittel zu beschränken.[1131] Umstritten ist allerdings, ob der Konsum von Rauschmitteln nur vollständig oder auch partiell untersagt werden darf. Diese Streitfrage wird vor allem bei Alkohol virulent, wo es sinnvoll sein kann, den Konsum nicht generell, sondern nur im Übermaß zu verbieten.

Ein relatives Alkoholverbot könnte beispielsweise bei Personen angeordnet werden, die bei der Begehung der Anlasstat, ohne ein Alkoholproblem zu haben, unter Alkoholeinfluss standen, und bei denen das Gericht eine Einwirkung für erforderlich hält. Demgegenüber sollten absolute Rauschmittelverbote angeordnet werden, wenn der jeweilige Führungsaufsichtsproband durch wiederholte Alkoholexzesse aufgefallen ist, eine Abhängigkeit besteht oder er unter Alkoholeinfluss zur Begehung erheblicher Straftaten neigt.

Gegen die Zulässigkeit von partiellen Alkoholverboten spricht, dass ehemals alkoholkranken Personen mit einem Verbot unter Umständen eher geschadet als geholfen wird. Um einen Rückfall in die Alkoholabhängigkeit zu vermeiden, bedarf es regelmäßig dem kompletten Verzicht auf Alkohol. Bereits der Konsum

---

Rn. 19; OLG Köln, Beschl. vom 10.08.2007 – 2 Ws 392/07 –, juris Rn. 12; Heintschel-Heinegg/*Heuchemer*, StGB, § 68b Rn. 17.2.

1128 OLG Köln, Beschl. vom 22.11.2012 – III-2 Ws 776/12 –, juris Rn. 24.

1129 OLG München NStZ–RR 2012, 324 (324); Fischer, StGB, § 68b Rn. 14; Peglau NJW 2007, 1158 (1159); S/S/*Kinzig*, StGB, § 68b Rn. 14a.

1130 A.A. OLG München NStZ–RR 2012, 324 (325); Ruderich, S. 166. Kritisch Pollähne, Führungsaufsicht als Grenzwache, S. 87 (93); Pollähne KritV 2007, 386 (409).

1131 S/S/*Kinzig*, StGB, § 68b Rn. 14a.

von kleinen Mengen Alkohol kann ausreichen, um die Sucht wieder aufleben zu lassen. Entfaltet bereits der Konsum geringer Mengen Alkohol kriminalitätsstimulierende Wirkung auf die Weisungsadressaten, ist ein absolutes Verbot erforderlich, um der Begehung weiterer Straftaten effektiv entgegenzuwirken.

Diese Ansicht überzeugt allerdings nur, wenn die Weisungsadressaten akut alkoholabhängig sind oder eine frühere Rauschmittelabhängigkeit überwunden haben. Ist das nicht der Fall, soll ein absolutes Alkoholverbot hingegen resozialisierungsfeindliche Wirkung entfalten können. Im europäischen Kulturkreis soll es in etlichen Situationen sozial akzeptiert und üblich, Alkohol zu konsumieren.[1132] Ein absolutes Alkoholverbot soll die Führungsaufsichtsprobanden daher zwingen können gesellschaftliche Kreise zu meiden, die für ihre Wiedereingliederung förderlich sind, weil dort üblicherweise Alkohol konsumiert wird.[1133] Um diese resozialisierungsfeindliche Wirkung zu vermeiden, wird vorgeschlagen, dass das die Führungsaufsicht ausgestaltenden Gerichte prüfen müssen, ob statt eines absoluten ein relatives Trinkverbot angeordnet werden kann.[1134]

Die Anordnung partieller Trinkverbote steht dabei auch nicht im Widerspruch zu dem Grundsatz nulla poena sine lege.[1135] Auch wenn die Anordnung partieller Alkoholverbote zugelassen wird, wird der Katalog des § 68b Abs. 1 StGB nicht über seinen Wortlaut hinaus erweitert. § 68b Abs. 1 S. 1 Nr. 10 Alt. 1 StGB spricht im Plural davon, dass die Führungsaufsichtsprobanden angewiesen werden können, keine alkoholischen Getränke zu sich zu nehmen. Entscheidend ist dabei nicht das Wort „keine“, das tatsächlich nur ein vollständiges Verbot zulassen würde, sondern der Begriff „Getränke“. Dadurch, dass der Gesetzgeber in § 68b Abs. 1 S. 1 Nr. 10 Alt. 1 StGB den Begriff „Getränke“ in der Mehrzahl verwendet, bringt er zum Ausdruck, dass es möglich sein soll, den Konsum mehrerer alkoholischer Getränke zu verbieten. Wenn aber die Möglichkeit besteht, den Konsum mehrerer Getränke zu verbieten, bedeutet dies im Umkehrschluss, dass den Führungsaufsichtsprobanden erlaubt werden kann zumindest ein alkoholisches Getränk zu sich zu nehmen. § 68b Abs. 1 S. 1 Nr. 10 Alt. 1 StGB erlaubt demnach sowohl die Anordnung absoluter, wie auch die Anordnung relativer, Trinkverbote.[1136]

1132 Groß, FS Böttcher, S. 579 (587).

1133 LK-StGB/*Schneider*, § 68b Rn. 36.

1134 MüKo-StGB/*Groß*, § 68b Rn. 22.

1135 A.A. Groß, jurisPR-StrafR 3/2014 Anm. 1.

1136 Ein relatives Alkoholverbot für zulässig halten: OLG München, Beschl. vom 09.08.2011 – 1 Ws 645 – 648/11 –, juris Rn. 18; LG Bamberg, Beschl. vom

Daher gilt: Wird bereits der Konsum eines einzigen Getränks untersagt, ist der Alkoholkonsum vollständig verboten (= absolutes Alkoholverbot). Soll hingegen ein partielles Alkoholverbot angeordnet werden, ist den Weisungsadressaten nur der Konsum mehrerer alkoholischer Getränke untersagt.

Um die Vereinbarkeit mit Art. 103 Abs. 2 GG zu gewährleisten, darf das Verbot allerdings nicht auf bestimmte Promillegrenzen oder den Konsum von Alkohol im Übermaß beschränkt werden. Dies stünde im Widerspruch zu Art. 103 Abs. 2 GG, der sicherstellen soll, dass jeder Bürger von Anfang an wissen kann, welches Verhalten unter Strafe steht, damit er sich dementsprechend verhalten kann.[1137] Den Weisungsadressaten steht im Regelfall keine präzise Messmöglichkeit zur Verfügung, mit deren Hilfe sie selbst ermitteln können, wann sie die Grenze überschreiten. Gleiches gilt für das Verbot Alkohol im Übermaß zu konsumieren. Es gibt keine sachlichen Kriterien, mit deren Hilfe festgestellt werden kann, ab wann die Grenze von dem Maß zum Übermaß überschritten ist. Daher ist der Begriff des Übermaßes durch die Angabe maximaler Mengenangaben, die nicht überschritten werden dürfen, zu konkretisieren. Ein partielles Alkoholverbot kann beispielsweise so ausgestaltet werden, dass in der Weisung bestimmte Höchstmengen angegeben werden, die maximal konsumiert werden dürfen.

c. *Zumutbarkeit des Rauschmittelverbots*

Besondere Probleme bei der Ausgestaltung von Rauschmittelverboten bereitet die Frage, unter welchen Voraussetzungen den Führungsaufsichtsprobanden ein solches Verbot zugemutet werden kann. Das gilt insbesondere für die Fälle, in denen die Rauschmittelabhängigkeit der Weisungsadressaten im Vollzug nicht erfolgreich behandelt worden ist.

In diesem Zusammenhang wird vertreten, dass Abstinenzweisungen gegen rauschmittelabhängige Führungsaufsichtsprobanden nur angeordnet werden dürfen, wenn diese zuvor eine Therapie erfolgreich abgeschlossen haben.[1138]

04.08.2015 – StVK 229/13 –, juris Rn. 13; MüKo-StGB/*Groß*, § 68b Rn. 22; a.A. OLG Braunschweig, Beschl. vom 18.11.2013 – 1 Ws 333/13 –, juris Rn. 22; OLG Frankfurt NStZ–RR 2011, 290 (290 f.); Heintschel-Heinegg/*Heuchemer*, StGB, § 68b Rn. 17.1; HK-GS/*Pflieger/Braasch*, StGB, § 68b Rn. 2; Fischer, StGB, § 68b Rn. 13; Groß, jurisPR-StrafR 3/2014 Anm. 1; S/S/*Kinzig*, StGB, § 68b Rn. 14a.

1137 Kingreen/Poscher, Grundrechte, Rn. 1257; Mangoldt/Klein/Stark/*Nolte/Aust*, GG, Art. 103 Rn. 140; Ruderich, S. 202; Sachs/*Degenhart*, GG, Art. 103 Rn. 63; Sodan, GG, Art. 103 Rn. 15.

1138 OLG Saarbrücken, Beschl. vom 13.07.2015 – 1 Ws 114/15 –, juris Rn. 10 ff.; OLG Celle StV 2010, 495 (495 f.); OLG Dresden NJW 2009, 3315 (3316); AG Freiburg, Urt.

Andernfalls könnte von den Weisungsadressaten ein Verhalten verlangt werden, bei dem von vorneherein feststeht, dass sie es nicht erfüllen können.[1139] Der Rauschmittelkonsum ist bei bestehender Rauschmittelsucht lediglich ein Symptom der Abhängigkeit. Bloße Symptome lassen sich jedoch nicht verbieten.[1140] Diesen Gedanken aufgreifend wird die Vorstellung, dass ein chronisch kranker Rauschmittelabhängiger wegen eines Verstoßes gegen das Abstinenzverbot strafrechtlich belangt wird, als schwer erträglich bezeichnet.[1141] Ein weiteres Argument gegen die Zumutbarkeit von Abstinenzweisungen ist, dass bei rauschmittelabhängigen Weisungsadressaten das mit den §§ 68 ff. StGB verfolgte Ziel, die Begehung weiterer Straftaten zu verhindern, nicht erreicht werden kann. Stattdessen könnte der Zweck der Führungsaufsicht in sein Gegenteil verkehrt werden. Es besteht die Gefahr, dass die Weisung die Führungsaufsichtsprobanden nicht davon abhält erneut straffällig zu werden, sondern sie geradezu zurück in die Kriminalität drängt. Durch die Pönalisierung des an sich straffreien Rauschmittelkonsums wird eine weitere Gefahrenquelle eröffnet, die es den ohnehin schon kriminalitätsgefährdeten Führungsaufsichtsprobanden leicht macht erneut straffällig zu werden.

Dem ist insofern zuzustimmen, als dass eine Abstinenzweisung in erster Linie bei Führungsaufsichtsprobanden angeordnet werden sollte, die im Vollzug erfolgreich behandelt worden sind.[1142] Mit Hilfe von Abstinenzweisungen kann versuchten werden sicherzustellen, dass die Weisungsadressaten im Anschluss an ihre Entlassung abstinent bleiben.[1143]

Dennoch hat eine nicht erfolgreich therapeutisch behandelte Rauschmittelabhängigkeit nicht automatisch die Unzumutbarkeit von Abstinenzweisungen zur Folge.[1144] Eine solche Einschränkung lässt sich weder aus § 68b Abs. 3 StGB noch

---

vom 02.02.2011 – 23 Ds 240 Js 34839/09 – AK 318/10 –, juris Rn. 37 ff., HK-GS/*Pflieger/Braasch*, StGB, § 68b Rn. 2; LK-StGB/*Roggenbuck*, § 145a Rn. 6; BtMPrax/*Jehle*, Kapitel 11 Rn. 317; MüKo-StGB/*Groß*, 2. Auflage, § 68b Rn. 22; Ruderich, S. 165.

1139 OLG Saarbrücken, Beschl. vom 13.07.2015 – 1 Ws 114/15 –, juris Rn. 13.

1140 Hahn NKrimP 2007, 7 (7).

1141 Pollähne KritV 2007, 386 (409); Schalast R&P 2006, 59 (60).

1142 So auch: OLG Bamberg, Beschl. vom 18.06.2014 – 3 Ss 76/14 –, juris Rn. 3; OLG Köln, Beschl. vom 22.11.2012 – III-2 Ws 776/12 –, juris Rn. 25; OLG Köln NStZ-RR 2011, 62 (63); OLG Hamm, Beschl. vom 11.03.2010 – III-2 Ws 39/10 –, juris Rn. 21; OLG Hamm, Beschl. vom 10.01.2013 – III-5 Ws 358/12, III-5 Ws 359/12, juris Rn. 38.

1143 Schneider NStZ 2007, 441 (443).

1144 OLG Bamberg, Beschl. vom 18.06.2014 – 3 Ss 76/14 –, juris Rn. 3; OLG München, Beschl. vom 08.04.2014 – 2 Ws 278-279/14 –, juris Rn. 9 f.; OLG Hamm, Beschl.

aus § 68b Abs. 1 S. 1 Nr. 10 StGB ableiten. Zum einen hat der Gesetzgeber im Katalog des § 68b Abs. 1 StGB nicht zwischen behandelten und nicht erfolgreich behandelten Rauschmittelabhängigen unterschieden. Wäre gewollt, dass nur erfolgreich behandelte Personen potentielle Weisungsadressaten sind, müsste dies aus dem Wortlaut des § 68b Abs. 1 S. 1 Nr. 10 StGB deutlich werden.[1145] Zum anderen spricht der Eintrittsgrund des § 67d Abs. 5 StGB dagegen die Anordnung eines Abstinenzverbots an den erfolgreichen Abschluss einer Therapie zu knüpfen. Nach § 67d Abs. 5 S. 2 StGB tritt Führungsaufsicht kraft Gesetzes ein, wenn die Unterbringung in einer Entziehungsanstalt für erledigt erklärt worden ist, weil die Voraussetzungen des § 64 S. 2 StGB nicht mehr vorliegen. Die Unterbringung ist für erledigt zu erklären, wenn das Ziel der Maßregel, mangels hinreichend konkreter Aussicht auf einen Behandlungserfolg, nicht mehr erreicht werden kann.[1146] Das ist der Fall, wenn keine konkrete Behandlungsaussicht darauf besteht die Betroffenen zu heilen, oder sie zumindest über eine gewisse Zeit vor einem Rückfall in den Hang zu bewahren und sie hierdurch von der erneuten Begehung erheblicher rechtswidriger Taten abzuhalten.[1147] Es wäre widersinnig die Führungsaufsicht bei nicht erfolgreich behandelten Maßregelpatienten kraft Gesetzes eintreten zu lassen, gleichzeitig aber die Anordnung eines Rauschmittelverbots für unzumutbar zu halten. Das würde bedeuten, dass auf die von der Suchkrankheit ausgehenden kriminellen Gefährdungen nicht reagiert werden dürfte, obwohl diese eine der zentralen Rückfallgefahren darstellen. Dass der Gesetzgeber die Führungsaufsicht in den Fällen des § 67d Abs. 5 S. 2 StGB dennoch kraft Gesetzes eintreten lässt, spricht dafür, dass die Anordnung von Rauschmittelverboten gegenüber nicht erfolgreich behandelten Rauschmittelabhängigen nicht generell ausgeschlossen sein soll. Bei näherer Betrachtung zeigt sich vielmehr, dass gerade die nicht erfolgreich behandelten Personen in besonderem Maße der stützenden Funktion von Rauschmittelverboten bedürfen. Das gilt in besonderem Maße für die Weisungsadressaten, denen es unter

---

vom 10.01.2013 – III-5 Ws 358/12, III-5 Ws 359/12, juris Rn. 39; OLG Köln, Beschl. vom 22.11.2012 – III-2 Ws 776/12 –, juris Rn. 25; OLG Rostock NStZ-RR 2012, 222 (222); OLG Köln NStZ-RR 2011, 62 (63); OLG München NJW 2010, 3527 (3528); Kammeier/Pollähne/*Trenckmann*, Maßregelvollzugsrecht, L 300; SK-StGB/*Sinn*, § 68b Rn. 14. Mit dieser Ansicht sympathisieren nun auch Baur/Kinzig, S. 412 und Groß, jurisPR-StrafR 1/2015 Anm. 1.

1145 OLG Köln NStZ-RR 2011, 62 (63).

1146 BVerfGE 91, 1 (34 f.).

1147 OLG Celle, Beschl. vom 22.02.2010 – 2 Ws 41/10 –, juris Rn. 7; AnwK-StGB/*Kilian*, § 67d Rn. 24; LK-StGB/*Rissing-van Saan/Peglau*, § 67d Rn. 37.

den strukturierten Bedingungen des Straf- oder Maßregelvollzugs gelungen ist abstinent zu leben.[1148] Gerade diese Personen bedürfen vielfach der Hilfe einer Abstinenzweisung, um in Freiheit nicht wieder in alte Verhaltensweisen zurückzufallen. Diesen Personen von Anfang an die Fähigkeit abzusprechen in Freiheit rauschmittelfrei zu leben, ist ein Zeichen von fehlendem Vertrauen in den Adressatenkreis der Führungsaufsicht.[1149]

Berücksichtigt werden muss in diesem Zusammenhang auch, dass die Führungsaufsichtsprobanden nicht notwendigerweise entlastet werden würden, wenn die Anordnung eines Rauschmittelverbots unterbleiben müsste. Insoweit sei auf die Fälle verwiesen, in denen die Führungsaufsicht gem. § 67b Abs. 2 StGB oder § 67d Abs. 2 S. 1 StGB kraft Gesetzes eingetreten ist. In beiden Fällen muss dem Untergebrachten eine positive Legalprognose gestellt werden, damit die Unterbringung im Maßregelvollzug zur Bewährung ausgesetzt werden kann. Es gibt Fälle, in denen den Untergebrachten nur deswegen die hierfür erforderliche positive Legalprognose gestellt werden kann, weil sie angewiesen werden können auf den Konsum von Rauschmitteln zu verzichten. Wäre es nicht möglich, die Weisungsadressaten hierzu zu verpflichten, könnte das zur Folge haben, dass die Maßregel nicht zur Bewährung ausgesetzt werden könnte und die Untergebrachten im Maßregelvollzug verbleiben müssten.

Ein letztes Argument für die Zumutbarkeit von Abstinenzweisungen ergibt sich aus dem Vergleich von § 68b Abs. 3 StGB mit § 56c Abs. 1 S. 2 StGB. Es ist zulässig Bewährungshilfeprobanden auf Grundlage des § 56c Abs. 1 S. 1 StGB anzuweisen keine Drogen zu nehmen und keinen Alkohol zu konsumieren.[1150] Das gilt selbst dann, wenn die Weisungsadressaten unter einem langjährigen Suchtproblem leiden. Wenn eine solche Weisung schon auf Grundlage des § 56c Abs. 1 S. 1 StGB angeordnet werden darf, muss dies erst Recht im Rahmen von § 68b Abs. 1 S. 1 Nr. 10 Alt. 1 StGB möglich sein, da den Weisungsadressaten gem. § 68b Abs. 3 StGB nach hier vertretener Auffassung mehr zugemutet werden kann als den Bewährungshilfeprobanden nach § 56c Abs. 1 S. 2 StGB.[1151]

Folglich kommt die Anordnung von Rauschmittelweisungen auch gegenüber Führungsaufsichtsprobanden in Betracht, die im Vollzug nicht erfolgreich

1148 OLG München, Beschl. vom 08.04.2014 – 2 Ws 278-279/14 –, juris Rn. 10; OLG München NJW 2010, 3527 (3528).

1149 OLG Köln NStZ-RR 2011, 62 (63).

1150 OLG Hamm NStZ-RR 2008, 220 (221); OLG Düsseldorf NStZ 1984, 332 (332); Lackner/Kühl, StGB § 56c Rn. 6; LK-StGB/*Hubrach*, § 56c Rn. 8; MüKo-StGB/*Groß*, § 56c Rn. 34.

1151 Vgl. hierzu Gliederungspunkt § 5 C. II. 2. b.

behandelt worden sind. Eine Ausnahme ist nur für Personen zu machen, die nicht in der Lage sind rauschmittelfrei zu leben, weil ihnen die Fähigkeit zur Abstinenz fehlt.[1152] Gleiches gilt für Weisungsadressaten, die zu dem Zeitpunkt der Ausgestaltung der Führungsaufsicht akut körperlich rauschmittelabhängig sind.

In allen anderen Fällen ist anhand der Umstände des jeweiligen Einzelfalls zu ermitteln, ob den Führungsaufsichtsprobanden die Weisung, rauschmittelabstinent zu leben, zugemutet werden kann. Dies ist anhand der aktuellen Gefährlichkeit der Führungsaufsichtsprobanden, der Wertigkeit der gefährdeten Rechtsgüter, der Ursache der Rückfallgefährdung und der Rückfallwahrscheinlichkeit zu ermitteln. Je größer die von den Führungsaufsichtsprobanden ausgehende Gefahr ist und je höherwertiger die bedrohten Rechtsgüter sind, umso mehr kann ihnen zugemutet werden. Bedeutung kommt ebenfalls der Frage zu, ob die Rückfallgefährdung Folge der langjährigen körperlichen, aber derzeit nicht akuten, Abhängigkeit ist, oder ob sie auf Grund einer charakterlichen Labilität droht.[1153] Wenn die Führungsaufsichtsprobanden psychisch labil und deshalb rückfallgefährdet sind, kann ihnen ein effektiv ausgestaltetes Rauschmittelverbot unter Umständen den nötigen Halt geben, um nicht rückfällig zu werden. Als letztes Kriterium ist die Rückfallwahrscheinlichkeit in die Abwägung mit einzubeziehen. Entscheidend ist, wie hoch die Wahrscheinlichkeit liegt, dass die Weisung einen Beitrag leisten kann die erneute Straffälligkeit der Weisungsadressaten zu vermeiden. Je höher die Rückfallwahrscheinlichkeit ist, umso höher muss die von den Führungsaufsichtsprobanden ausgehende Gefährlichkeit sein, um ein Rauschmittelverbot rechtfertigen zu können. Bei einer extrem hohen Rückfallgefahr darf der suchtanfällige Führungsaufsichtsproband nur bei der Gefährdung hochwertiger Rechtsgüter der Gefahr ausgesetzt werden, sich gem. § 145a StGB strafbar zu machen.[1154] Kommt es dennoch zur Aburteilung

1152 OLG München NStZ-RR 2012, 324 (324 f.). Auch in den Entscheidungen des OLG Rostock NStZ-RR 2012, 222 (222) („schwerwiegende Rückfälle gab es in letzter Zeit nicht") und des OLG Köln NStZ-RR 2011, 62 (63), die zum Teil so verstanden werden, dass ein Rauschmittelverbot auch bei abstinenzunfähigen Personen angeordnet werden darf, ging es um Personen, die im Vollzug größtenteils abstinent lebten.

1153 Vgl. hierzu auch: OLG Hamm, Beschl. vom 10.01.2013 – III-5 Ws 358/12, III-5 Ws 359/12, juris Rn. 39.

1154 Auch das Bundesverfassungsgericht geht davon aus, dass eine an einen suchmittelabhängigen Führungsaufsichtsprobanden adressierte Abstinenzweisung nicht generell unzulässig ist (BVerfG StV 2016, 661 (664)).

einer Tat nach § 145a StGB, ist zu prüfen, ob die Strafe nach §§ 21, 49 Abs. 1 StGB gemildert werden kann.[1155]

2. *Die Kontrollweisung nach § 68b Abs. 1 S. 1 Nr. 10 Alt. 2 StGB*

Die Führungsaufsichtsprobanden können auf Grundlage von § 68b Abs. 1 S. 1 Nr. 10 Alt. 2 StGB angewiesen werden sich Rauschmittelkontrollen zu unterziehen. Allerdings dürfen sie – wie schon erwähnt – nur zur Durchführung solcher Kontrollen verpflichtet werden, die mit keinem körperlichen Eingriff verbunden sind.[1156]

Die Anordnung von Kontrollweisungen kommt als flankierende Maßnahme zu einem ebenfalls angeordneten Rauschmittelverbot in Betracht.[1157] Ziel ist es zu kontrollieren, ob ein gleichzeitig angeordnetes Rauschmittelverbot eingehalten wird. Allerdings ist die Kumulation der beiden Weisungen nicht zwingend erforderlich. Wenn sich Aufsichtsstellen und Bewährungshilfe ein verlässliches Bild von dem Suchtverhalten der Führungsaufsichtsprobanden machen wollen, kann es sinnvoll sein die Rauschmittelkontrolle losgelöst von einer Abstinenzweisung anzuordnen.[1158] In diesem Fall dient die Weisung dazu, dass mit dem Rauschmittelkonsum einhergehende Kriminalitätsrisiko einzudämmen.[1159]

Um den Kontrollweisungen den nötigen Grad an Bestimmtheit zu verleihen, müssen die zentralen Modalitäten der Kontrolle von dem die Führungsaufsicht ausgestaltenden Gerichten selbst festgelegt werden. Die Weisungen müssen so präzise formuliert werden, dass ihre nähere Ausgestaltung weder den Aufsichtsstellen noch der Bewährungshilfe überlassen bleibt.[1160] Geregelt werden muss die Frequenz der Kontrollen, das heißt die zulässige Höchstzahl innerhalb

---

1155 Vgl. hierzu BGH, Beschl. vom 21.06.2016 – 5 StR 194/16 –, juris. Der BGH hob die Verurteilung wegen gefährlicher Körperverletzung auf, weil nicht geprüft wurde, ob die Strafe, des gegen eine Abstinenzweisung verstoßenden Täters, gem. §§ 20, 49 Abs. 1 StGB zu mildern gewesen wäre.

1156 Vgl. hierzu: BT-Drucks. 16/1993, S. 19; OLG Dresden NStZ–RR 2007, 27 (27); NK-StGB/*Ostendorf*, § 68b Rn. 18; SSW-StGB/*Jehle/Harrendorf*, § 68b Rn. 14; SK-StGB/*Sinn*, § 68b Rn. 14.

1157 OLG Frankfurt NStZ–RR 2011, 290 (290); Fischer, StGB, § 68b Rn. 16; MüKo-StGB/*Groß*, § 68b Rn. 22; Peglau NJW 2007, 1158 (1159); S/S/*Kinzig*, StGB, § 68b Rn. 14a.

1158 OLG München NStZ–RR 2012, 324 (325).

1159 OLG München NStZ–RR 2012, 324 (325); Baur/Kinzig, S. 408; S/S/Kinzig, StGB, § 68b Rn. 14a.

1160 OLG Frankfurt NStZ–RR 2009, 27 (28); S/S/*Kinzig*, StGB, § 68b Rn. 14a.

eines bestimmten Zeitraums, die Art ihrer Durchführung und die durchführende Stelle, was die Nennung des Orts der Kontrollen einschließt.[1161] Bei der Festlegung der Höchstfrequenz der Kontrollen haben sich die Gerichte an der Gefährlichkeit der Weisungsadressaten und den Auswirkungen auf ihr Leben zu orientieren. Zulässig ist jedenfalls die Weisung sich maximal vier Kontrollen pro Quartal unterziehen zu müssen.[1162] In begründeten Einzelfällen kann auch eine höhere Höchstfrequenz zulässig sein, wobei in Extremfällen eine wöchentliche Kontrolle zulässig sein kann. Die Bestimmung des konkreten Zeitpunktes, an dem die Kontrolle durchgeführt wird, kann hingegen der Bewährungshilfe überlassen werden. Nur so wird gewährleistet, dass eine unangekündigte, und für die Weisungsadressaten in ihrer zeitlichen Abfolge nicht vorhersehbare, Kontrolle stattfindet.

a. Zulässige Kontrollmethoden

Mit Blick auf den Verhältnismäßigkeitsgrundsatz entschied sich der Gesetzgeber nur solche Kontrollmethoden zuzulassen, die mit keinem körperlichen Eingriff verbunden sind.[1163] Zulässige Messmethoden sind beispielweise Urinkontrollen, Atemalkoholmessungen und Kontrollvorstellungen bei Drogenberatungsstellen.[1164] Umstritten ist hingegen, ob die Entnahme von Haaren ein zulässiges Kontrollmittel ist.

Wenn die Entnahme von Haaren als körperlicher Eingriff qualifiziert werden würde, dürfte die Maßnahme nicht auf § 68b Abs. 1 S. 1 Nr. 10 Alt. 2 StGB gestützt werden.[1165] Hierfür könnte sprechen, dass in § 68b Abs. 2 S. 4 StGB normiert wurde, dass körperliche Eingriffe nur mit Einwilligung der Weisungsadressaten vorgenommen werden dürfen. Daher könnten auch Kontrollmaßnahmen, die mit geringfügigen körperlichen Eingriffen verbunden sind, und die die körperliche Unversehrtheit nur unerheblich beeinträchtigen, verboten

---

1161 KG Berlin StV 2015, 507 (508); OLG Rostock, Beschl. vom 22.02.2011 – I Ws 39/11 –, juris Rn. 18; OLG München NJW 2010, 3527 (3528); OLG Frankfurt NStZ–RR 2009, 27, (28); BtMPrax/*Jehle*, Kapitel 11, Rn. 317; MüKo-StGB/*Groß*, § 68b Rn. 22.

1162 OLG München NJW 2010, 3527 (3528).

1163 Eine elektronische transdermale Alkoholmessung für zulässig hält: Beck Blutalkohol 2013, 153 (160 f.).

1164 BT-Drucks. 16/1993, S. 19; Fischer, StGB, § 68b Rn. 16; LK-StGB/*Schneider*, § 68b Rn. 36; NK-StGB/*Ostendorf*, § 68b Rn. 18; SK-StGB/*Sinn*, § 68b Rn. 14.

1165 OLG Nürnberg NStZ–RR 2012, 261 (261). Kritisch hierzu: Lampe, jurisPR-StrafR 3/2012 Anm. 3; OLG München NStZ 2011, 94 (94 f.); Peglau NJW 2007, 1158 (1159 f.); S/S/*Kinzig*, StGB, § 68b Rn. 14a.

sein. Hiermit deckt sich, dass es nicht zulässig ist die Weisungsadressaten zu verpflichten sich einer Blutkontrolle zu unterziehen.[1166]

Gegen diesen Lösungsansatz spricht jedoch, dass sowohl das prozessuale, wie auch das materielle, Recht verlangt, dass der körperliche Eingriff ein Mindestmaß an Erheblichkeit erreicht. Im Strafprozessrecht ist anerkannt, dass die Veränderung der Haartracht, was die Entnahme von Haaren einschließen kann, keinen körperlichen Eingriff im Sinne des § 81a Abs. 1 S. 2 StPO darstellt.[1167] Eine weitere materiell rechtliche Parallele zu dem körperlichen Eingriff nach § 68b Abs. 1 S. 1 Nr. 10 StGB findet sich im Tatbestand des § 223 StGB. Eine Körperverletzung liegt beispielsweise vor, wenn das Opfer körperlich misshandelt worden ist. Unter körperlicher Misshandlung wird jede üble und unangemessene Behandlung verstanden, die das körperliche Wohlbefinden oder die körperliche Unversehrtheit nicht nur unerheblich beeinträchtigt.[1168] Ob die Misshandlung die Erheblichkeitsschwelle überschritten hat, wird aus der Sicht eines objektiven Betrachters beurteilt und richtet sich nach Dauer und Intensität der störenden Einwirkung.[1169] Grundsätzlich gilt, dass das Abschneiden von Haaren den Tatbestand der Körperverletzung erfüllen kann.[1170] Die Erheblichkeitsschwelle ist jedenfalls dann überschritten, wenn dem Tatopfer das Haupthaar ganz oder zu wesentlichen Teilen abgeschnitten worden ist.

Um eine Haarprobe zu entnehmen, müssen den Betroffenen hingegen nur einige wenige Haare abgeschnitten werden. Bei der Entnahme von Haaren empfinden die Führungsaufsichtsprobanden jedenfalls dann keinen Schmerz, solange sie ordnungsgemäß durchgeführt wird. Zudem ist der Verlust der zur Kontrolle benötigten Haare selbst unmittelbar nach dem Entfernen in der Regel optisch nicht wahrnehmbar.

Das alles spricht dafür, dass Dauer und Intensität der Einwirkung äußerst gering sind. Selbst, wenn die Haarentnahme für die Führungsaufsichtsprobanden subjektiv unangenehm sein mag, ist der Eingriff aus Sicht eines objektiven

---

1166 So auch: BtMPrax/*Jehle*, Kapitel 11, Rn. 318; Fischer, StGB, § 68b Rn. 16; SSW-StGB/*Jehle/Harrendorf*, § 68b Rn. 14; S/S/*Kinzig*, StGB, § 68b Rn. 14a; SK-StGB/*Sinn*, § 68b Rn. 14. Kritisch hierzu: Wolf Rpfleger 2007, 293 (294).

1167 BVerfGE 47, 239 (246 f., 248); KK-StPO/*Hadamizky*, § 81a Rn. 6; Kohlhaas DRiZ 1972, 316 (317); Meyer-Goßner/Schmitt, StPO, § 81a Rn. 23; a.A. KMR-StPO/*Bosch*, § 81a Rn. 3; Grünwald JZ 1981, 423 (426); Odenthal NStZ 1985, 433 (434 f.).

1168 BGHSt 25, 277 (278); 14, 269 (271).

1169 BGHSt 53, 145 (158); S/S/*Sternberg-Lieben*, StGB, § 223 Rn. 4a.

1170 BGH NStZ–RR 2009, 50 (50); BGH NJW 1966, 1763 (1763): In beiden Fällen ging es um das vollständige Abschneiden des Haupthaares.

Betrachters unerheblich. Folglich handelt es sich bei der Abnahme der Haarprobe um keinen körperlichen Eingriff.[1171] Konsequenz ist, dass die Entnahme von Haarproben auf Grundlage von § 68b Abs. 1 S. 1 Nr. 10 Alt. 2 zulässig ist.[1172]

b. Verwertung der durch die Rauschmittelkontrolle gewonnenen Erkenntnisse

(1) Selbstbelastungsfreiheit und Rauschmittelkontrolle

Weitere Probleme kann die Anordnung strafbewehrter Rauschmittelkontrollen in Konstellationen bereiten, in denen die Weisung im Konflikt mit dem Grundsatz der Selbstbelastungsfreiheit steht.[1173] Durch den Grundsatz „nemo tenetur se ipsum accusare“ sollen die Beschuldigten davor geschützt werden an ihrer eigenen strafrechtlichen Überführung mitwirken zu müssen.[1174] Die Beschuldigten sollen nicht dazu gezwungen werden dürfen eine Aussage zu tätigen und sich so selbst einer Straftat zu bezichtigen. Darüber hinaus haben sie die Freiheit zu entscheiden, ob sie an der Aufklärung des Sachverhalts in anderer Weise aktiv mittwirken wollen oder nicht.[1175] Daher dürfen die Beschuldigten nicht zu „Tests, Tatrekonstruktionen, Schriftproben oder zur Schaffung ähnlicher, für die Erstattung eines Gutachtens notwendiger Anknüpfungstatsachen gezwungen werden“[1176].

In diesem Zusammenhang besteht eine erste Besonderheit darin, dass der Grundsatz der Selbstbelastungsfreiheit meist in Verbindung mit der Beschuldigtenstellung diskutiert wird. Ein Tatverdächtiger ist Beschuldigter, wenn das Verfahren gegen ihn als Beschuldigter betrieben wird.[1177] Das ist in der Regel der Fall, wenn die Strafverfolgungsbehörden ein förmliches Ermittlungsverfahren

---

1171 OLG München, Beschl. vom 08.04.2014 – 2 Ws 278-279/14 –, juris Rn. 19.; OLG München StraFo 2011, 102 (102); OLG München NJW 2010, 3527 (3528 f.); BtMPrax/*Jehle*, Kapitel 11, Rn. 319; MüKo-StGB/*Groß*, § 68b Rn. 22; Ruderich, S. 164; SSW-StGB/*Jehle/Harrendorf*, § 68b Rn. 14. Ähnlich: Lampe, jurisPR-StrafR 3/2012 Anm. 3.

1172 Eine weitere Möglichkeit die Einhaltung eines Abstinenzverbots zu überwachen ist den Weisungsadressaten zur polizeilichen Beobachtung auszuschreiben. Dies empfiehlt: Kammermeier BewHi 2016, 73 (78).

1173 Vgl. hierzu: Böse GA 2002, 98 (98); Meyer-Goßner/Schmitt, StPO, Einl. 29a; Safferling/Hartwig ZIS 2009, 784 (784). Vgl. hierzu auch: Art. 14 Abs. 3 lit. g IPBPR.

1174 Beulke/Swoboda, StPO, Rn. 125.

1175 BGH NJW 1996, 2940 (2942).

1176 BGHSt 34, 39 (46).

1177 BGHSt 10, 8 (12); Meyer-Goßner/Schmitt, StPO, Einl 76.

eingeleitet haben.[1178] Die Beschuldigtenstellung kann allerdings ebenfalls durch einen konkludenten Inkulpationsakt begründet werden, wenn die Strafverfolgungsbehörden, mit dem erkennbaren Ziel wegen einer Straftat strafrechtlich gegen den Betroffenen vorzugehen, Ermittlungsmaßnahmen ergreifen.[1179]

Auf § 68b Abs. 1 S. 1 Nr. 10 StGB übertragen bedeutet dies allerdings nicht, dass die Adressaten von Kontrollweisungen alleine dadurch, dass sie sich Rauschmittelkontrollen unterziehen müssen, Beschuldigte eines Strafverfahrens werden. Ziel der Kontrollweisung ist es gerade nicht Beweise zu sammeln, um dann wegen möglicher Weisungsverstöße strafrechtlich gegen die Führungsaufsichtsprobanden vorgehen zu können. Stattdessen wird mit den Weisungen bezweckt, die Führungsaufsichtsprobanden präventiv von der Begehung weiterer Straftaten abzuhalten. Um die Führungsaufsichtsprobanden bei der Erreichung dieses Ziels zu unterstützen, kann ihnen der Konsum von Rauschmitteln untersagt und die Einhaltung dieser Weisung wiederum durch Rauschmittelkontrollen überwacht werden. Hieraus wird deutlich, dass alleine die Adressatenstellung der Führungsaufsichtsprobanden nicht zur Folge hat, dass sie Beschuldigte in einem Strafverfahren werden.

Dennoch muss untersucht werden, ob die kumulative Anordnung von Abstinenzweisungen und Rauschmittelkontrollen gegen den Grundsatz der Selbstbelastungsfreiheit verstoßen kann. Durch den Grundsatz der Selbstbelastungsfreiheit werden nämlich ebenfalls Personen, die keine Beschuldigten sind, davor geschützt mittels staatlichen Zwangs zur Abgabe von Erklärungen gezwungen zu werden, die die Einleitung eines Strafverfahrens zur Folge haben können. Selbst wenn die Äußerungen im Vorfeld strafrechtlicher Ermittlungen erfolgt sind, treffen die Betroffenen Nachteile, die mit denen von Beschuldigten im Strafverfahren vergleichbar sind.

Kontrollweisungen stehen jedenfalls dann nicht im Konflikt mit dem Grundsatz der Selbstbelastungsfreiheit, wenn sie isoliert, das heißt unabhängig von einer Abstinenzweisung, angeordnet worden sind. Immer wenn Kontrollweisungen isoliert angeordnet werden, sind die Weisungsadressaten lediglich dazu verpflichtet, bei der Kontrollstelle zu erscheinen und sich der Rauschmittelkontrolle zu unterziehen. Kommen sie dieser Pflicht nach, droht ihnen selbst dann keine Strafe, wenn ihnen durch die Kontrolle der Konsum von Rauschmitteln nachgewiesen werden kann. Da die Handlung Mitwirkung an der Durchführung einer Rauschmittelkontrolle, unabhängig von dem Ergebnis der Kontrolle,

1178 BGHSt 34, 138 (140).
1179 BGH JR 2007, 300 (302).

keine strafrechtlichen Folgen auslöst, besteht kein Konflikt mit dem Grundsatz der Selbstbelastungsfreiheit.

Schwierigkeiten bereiten hingegen all die Fälle, in denen die Rauschmittelkontrolle dazu dient, die Einhaltung einer ebenfalls angeordneten Abstinenzweisung zu überwachen. Das Problem tritt in seiner ganzen Tragweite zutage, wenn die Führungsaufsicht im Anschluss an eine voll verbüßte Haftstrafe oder eine für erledigt erklärte Maßregel eingetreten ist. In beiden Fällen war es nicht möglich, den Strafvollzug beziehungsweise den Maßregelvollzug zur Bewährung auszusetzen. Es bedarf daher dem Druckmittel des § 145a StGB, um die Weisungsadressaten zur Einhaltung von Abstinenzverboten, und diese wiederum flankierenden Kontrollweisungen, zu animieren.

Durch die verpflichtende Teilnahme an Rauschmittelkontrollen können die Weisungsadressaten unter Umständen gezwungen werden, aktiv an ihrer eigenen Überführung mitzuwirken. Die Führungsaufsichtsprobanden stehen vor dem Dilemma, an der Aufklärung des Sachverhalts mitwirken zu müssen, indem sie sich der Kontrolle unterziehen. Sind sie zur Kooperation bereit und wird ihnen durch die Kontrolle der Rauschmittelkonsum nachgewiesen, kann dies wegen der Missachtung des Abstinenzverbots eine Verurteilung nach § 145a StGB zur Folge haben. Entschließen sich die Weisungsadressaten hingegen die Kontrollweisung zu missachten, können sie sich ebenfalls gem. § 145a StGB strafbar machen.

Folglich muss untersucht werden, ob die Kumulation von Abstinenzweisungen mit Kontrollweisungen gegen den Grundsatz der Selbstbelastungsfreiheit verstößt. Ob § 68b Abs. 1 S. 1 Nr. 10 StGB in seiner derzeitigen Form verfassungskonform ist, kann nur bei einer Gesamtbetrachtung der Norm im Gefüge des § 68b Abs. 1 StGB beurteilt werden.

Eine Besonderheit dieser Konstellation ist, dass die Wirkungen des nemo-tenetur Grundsatzes in der Rechtsprechung und der Literatur überwiegend im Rahmen des Strafprozessrechts problematisiert werden. Dennoch kann der Grundsatz auch im Rahmen von materiell rechtlichen Straftatbeständen eine Rolle spielen. Das ist immer dann der Fall, wenn die mangelnde Mitwirkungsbereitschaft von Personen an der Aufklärung von Straftaten ihrerseits zur strafbaren Handlung erklärt wird.[1180]

Für die Frage, ob mit der Kumulation von Abstinenzweisungen und Kontrollweisungen gegen den Grundsatz der Selbstbelastungsfreiheit verstoßen wird, kommt dem mit § 68b Abs. 1 S. 1 Nr. 10 Alt. 2 StGB verfolgten Zweck

---

1180 Verrel, S. 86.

entscheidende Bedeutung zu. Überwachende Weisungen, die nur mittelbar selbstbelastende Wirkung entfalten, sind jedenfalls dann verfassungsrechtlich zulässig, wenn sie insgesamt über einen präventiven Charakter verfügen.[1181] Mit der Kontrollweisung nach § 68b Abs. 1 S. 1 Nr. 10 Alt. 2 StGB wird das den §§ 68 ff. StGB immanente Hauptziel verfolgt, die Führungsaufsichtsprobanden präventiv von der Begehung weiterer Straftaten abzuhalten. Dies soll dadurch geschehen, dass sie durch die planmäßige Überwachung davor bewahrt werden, erneut das Rauschmittel zu konsumieren, das auf sie eine kriminalitätsstimulierende Wirkung entfaltet. Folglich ist es nicht Zweck der Weisung, strafrechtlichen Zwang auf die Führungsaufsichtsprobanden auszuüben, damit sie an ihrer eigenen Überführung mitwirken, sondern die erneute Begehung von Straftaten zu verhindern. Demnach ist es kein vorrangiges Ziel von Rauschmittelverboten flankierenden Kontrollweisungen Informationen zu sammeln, um die Überwachten bei Bedarf gem. § 145a StGB verurteilen zu können. Obwohl Kontrollweisungen mittelbar selbstbelastende Wirkung entfalten können, verfügen sie insgesamt über einen präventiven Charakter.

Dennoch bestehen Bedenken gegen die Zulässigkeit der durch Rauschmittelkontrollen gewonnenen Erkenntnisse, da der präventiv wirkenden Weisung nach § 68b Abs. 1 S. 1 Nr. 10 StGB im Fall eines Strafverfahrens durch § 145a StGB ein repressiver Charakter verliehen wird. Auch wenn man davon ausgeht, dass die Kombination der Weisungen nicht gegen den Grundsatz der Selbstbelastungsfreiheit verstößt, bestehen Bedenken gegen die Verwertbarkeit der durch die Rauschmittelkontrolle gewonnenen Ergebnisse. Dies gilt insbesondere auf Grund des erhöhten Entdeckungsrisikos von Weisungsverstößen, das sich aus der Kombination von Kontrollweisungen mit Abstinenzweisungen ergibt. Es kann nicht ernsthaft bestritten werden, dass regelmäßig durchgeführte Rauschmittelkontrollen die Gefahr, dass Verstöße gegen Abstinenzweisungen aufgedeckt werden, exorbitant erhöhen.

Zu einer aktiven Selbstbelastung kann es beispielsweise kommen, wenn die mit Hilfe der Strafandrohung erzwungenen Erkenntnisse aus der Rauschmittelkontrolle in einem sich hieran anschließenden Strafverfahren verwertet werden sollen. Werden die Führungsaufsichtsprobanden verpflichtet an der Durchführung von Atemalkoholmessungen mitzuwirken oder Urinproben abzugeben, wird ihnen ein aktives Handeln abverlangt, das zur eigenen Überführung beitragen kann.[1182] Keine Bedenken bestehen hingegen gegen die Entnahme von

1181 Bohlander ZfStrVo 1991, 293 (297).

1182 Zum Atemalkohol: BGH VRS 39, 184 (185); Cierniak/Herb NZV 2012, 409 (410 f.).

Haarproben. Werden die Haare von Mitarbeitern der Kontrollstelle entnommen, müssen dies die Betroffenen lediglich passiv dulden. Einen aktiven Beitrag zur eigenen Überführung leisten sie nicht.

Entschärft wird diese Problematik, wenn die Führungsaufsicht auf Grundlage der §§ 67b Abs. 2, 67c Abs. 1 S. 1, 67c Abs. 2 S. 4; 67d Abs. 2 S. 3 StGB eingetreten ist. Das Rauschmittelverbot und die Kontrollweisung können in dieser Konstellation auf Grundlage von § 68b Abs. 2 S. 1 StGB als nicht strafbewehrte Weisungen angeordnet werden. Eine strafrechtliche Sanktionierung nach § 145a StGB ist nicht erforderlich, um die Führungsaufsichtsprobanden zur Einhaltung der Weisungen zu motivieren. Wird grob oder beharrlich gegen Führungsaufsichtsweisungen verstoßen, kann die zur Bewährung ausgesetzte Unterbringung im Maßregelvollzug gem. § 67g Abs. 1 S. 1 Nr. 2 StGB widerrufen werden. Obwohl die Weisungsadressaten durch den drohenden Widerruf der Bewährung gezwungen sein können an der Feststellung eines Weisungsverstoßes mitzuwirken, liegt kein Verstoß gegen den Grundsatz der Selbstbelastungsfreiheit vor. Die Maßregel wurde bereits im Erkenntnisverfahren angeordnet, in dem die Weisungsadressaten wegen der Anlasstat verurteilt worden sind. Folge des Aussetzungswiderrufs ist lediglich, dass die zur Bewährung ausgesetzte Maßregel nun vollstreckt wird. Der Bewährungswiderruf stellt daher keinen neuen selbstständigen Akt der Selbstbelastung eines strafbaren Verhaltens dar, weil den Führungsaufsichtsprobanden ihr früheres strafbares Tun bereits im Rahmen der vorhergehenden strafrechtlichen Verurteilung nachgewiesen wurde.[1183]

Größere Probleme bereiten die Konstellationen, in denen die Weisungsadressaten aus dem Straf- oder Maßregelvollzug entlassen worden sind, ohne gleichzeitig unter Bewährungsaufsicht zu stehen. In dieser Konstellation können die Führungsaufsichtsprobanden nur durch eine drohende Bestrafung nach § 145a StGB zur Einhaltung der Weisungen gezwungen werden.

Um die durch Atemalkoholmessungen und Urinproben drohende aktive Selbstbelastung der Weisungsadressaten zu vermeiden, wird vertreten, dass das Ergebnis der Rauschmittelkontrolle in einem sich anschließenden Strafverfahren nach § 145a StGB nicht verwertet werden darf.[1184] Dieser Lösungsansatz hat für die Weisungsadressaten den Vorteil, dass ihr Ziel, infolge der

---

1183 BVerfG NStZ 1993, 482 (482) in einer vergleichbaren Entscheidung zu § 56c StGB.

1184 OLG München NStZ–RR 2012, 324 (325); Baur/Kinzig, S. 412; Baur/Groß JuS 2010, 404 (406); Pollähne, Führungsaufsicht als Grenzwache, S. 87 (93); Pollähne KritV 2007, 386 (409); Ruderich, S. 165 f.; S/S/*Kinzig*, StGB, § 68b Rn. 14a; Verrel, S. 63 (Fn. 379). Ähnlich: OLG Oldenburg NStZ–RR 2006, 28 (28), dass die an einen Untersuchungsgefangenen gerichtete Anordnung, zur Aufrechterhaltung der

Rauschmittelkontrolle keiner Strafverfolgung ausgesetzt zu sein, weitgehend erreicht wird.

Allerdings kommt der Problematik einer eventuellen Selbstbelastung in der Praxis eine weitaus geringere Bedeutung zu, als auf den ersten Blick erscheint. Die Gefahr einer drohendenden Selbstbelastung der Weisungsadressaten wird zum einen durch das Strafantragserfordernis des § 145a S. 2 StGB entschärft. Nicht jeder durch eine Rauschmittelkontrolle aufgedeckte Verstoß gegen eine Abstinenzweisung löst automatisch ein Strafverfahren aus. Im Regelfall werden die Aufsichtsstellen versuchen mit sämtlichen zur Verfügung stehenden Mitteln auf den Führungsaufsichtsprobanden einzuwirken, bevor sie als letztes Mittel einen Strafantrag stellen.[1185]

Zum anderen werden die Weisungsadressaten, selbst wenn sich die Aufsichtsstellen dazu entscheiden einen Strafantrag nach § 145a S. 2 StGB zu stellen, durch das vorgeschlagene Beweisverwertungsverbot bei weitem nicht so effektiv geschützt wie es auf den ersten Blick erscheint. Dies ergibt sich daraus, dass mit der Weisung, sich einer Rauschmittelkontrolle unterziehen zu müssen, implizit die Verpflichtung verbunden ist bei der kontrollierenden Stelle zu erscheinen. Erscheinen die Führungsaufsichtsprobanden nicht zu dem vereinbarten Termin oder lassen sie die Kontrolle nicht durchführen, verstoßen sie gegen die Kontrollweisung. In diesem Fall darf der Sachverhalt, mangels aktiver Selbstbelastung, in einem Strafverfahren nach § 145a StGB gegen die Weisungsadressaten verwertet werden.

Anders zu beurteilen ist der Sachverhalt hingegen, wenn die Weisungsadressaten die ihnen auferlegte Pflicht, an der Kontrolle aktiv mitzuwirken, erfüllen und dabei festgestellt wird, dass sie gegen ein ebenfalls angeordnetes Abstinenzverbot verstoßen haben. In diesem Fall könnten die durch die Rauschmittelkontrolle gewonnenen Erkenntnisse nicht in einem Strafverfahren nach § 145a StGB wegen des Verstoßes gegen eine Abstinenzweisung zulasten der Weisungsadressaten verwertet werden.

Insofern käme es zu dem widersinnigen Ergebnis, dass ein unkooperativer Führungsaufsichtsproband, der nicht zur Kontrolle erscheint oder die Kontrolle verweigert, strafrechtlich belangt werden könnte, während ein Führungsaufsichtsproband, der gegen die Abstinenzweisung verstoßen aber an der Kontrolle mitgewirkt hat, unter dem Schutz des Beweisverwertungsverbots steht. Das ist

Anstaltsordnung, eine Urinprobe abzugeben für keine unzulässige Selbstbelastung hält, weil sie in einem Strafverfahren nicht verwertbar ist.

1185 OLG Rostock NStZ-RR 2012, 222 (222); OLG Köln NStZ-RR 2011, 62 (63).

insofern widersprüchlich, als dass der sich freiwillig selbstbelastende Führungsaufsichtsproband auf Grund des Beweisverwertungsverbots regelmäßig nicht strafrechtlich belangt werden könnte. Dahingegen droht den Weisungsadressaten, die sich selbst schützen wollen, indem sie die Mitwirkung an der Kontrolle verweigern, eine strafrechtliche Verurteilung droht.

Neben diesen praktischen Erwägungen muss in diesem Zusammenhang ebenfalls bedacht werden, dass die Kombination der aktiven Pflicht an der Kontrolle mitzuwirken dazu dient, die auf ein passives Unterlassen gerichtete Hauptpflicht abzusichern.[1186] Ziel der Kontrolle ist es die Weisungsadressaten dazu zu animieren, den kriminalitätsstimulierenden Rauschmittelkonsum zu unterlassen. Noch deutlicher als bei § 68b Abs. 1 S. 1 Nr. 10 StGB tritt das Zusammenspiel von aktiver Hauptpflicht und passiver Hilfspflicht an § 68b Abs. 1 S. 1 Nr. 12 StGB zutage, der im Anschluss genauer dargestellt werden wird. Die Führungsaufsichtsprobanden können auf Grundlage von § 68b Abs. 1 S. 1 Nr. 12 StGB angewiesen werden, die für die elektronische Überwachung ihres Aufenthaltsortes erforderlichen technischen Mittel ständig in betriebsbereitem Zustand bei sich zu führen und deren Funktionsfähigkeit nicht zu beeinträchtigen. Hieraus ergibt sich, dass den Weisungsadressaten sowohl Handlungspflichten wie auch Unterlassungspflichten auferlegt werden dürfen, um das Funktionieren der Aufenthaltsüberwachung zu gewährleisten. Die überwachten Personen werden zu den aktiven Handlungen, Tragen des Transmitters und Aufladen des Akkus des zur Überwachung notwendigen Geräts, verpflichtet. Probleme mit dem Grundsatz der Selbstbelastungsfreiheit können entstehen, wenn die durch die elektronische Aufenthaltsüberwachung gewonnenen Erkenntnisse verwertet werden sollen, um die Überwachten einer Straftat zu überführen. Gem. § 463a Abs. 4 S. 2 Nr. 5 StPO ist es zulässig, die durch die Aufenthaltsüberwachung gewonnenen Daten zur Verfolgung von Straftaten der in § 66 Abs. 3 S. 1 StGB genannten Art zu verwenden. Darüber hinaus dient die Aufenthaltsüberwachung gem. § 463a Abs. 4 S. 2 Nr. 3 StPO dazu, die Einhaltung von Weisungen nach § 68b Abs. 1 S. 1 Nr. 1, 2 StGB zu überwachen. Auch in diesem Fall sollen die Daten in einem Strafverfahren nach § 145a StGB verwendet werden dürfen, um Weisungsverstöße nachweisen zu können. In beiden Fällen ist es daher möglich, dass die Überwachten aktiv an ihrer eigenen Überführung mitgewirkt haben, sodass die durch die elektronische Aufenthaltsüberwachung gewonnenen Daten konsequenterweise ebenfalls unverwertbar sein müssten. Eine solche Auslegung würde jedoch den Zweck des § 68b Abs. 1 S. 1 Nr. 12 StGB, die

1186 Geppert Blutalkohol 1991, 31 (36) zu § 142 StGB.

Einhaltung der flankierten Primärweisung zu überwachen und die Führungsaufsichtsprobanden spezialpräventiv von der Begehung weiterer Straftaten abzuhalten, ad absurdum führen.

Aus dieser Betrachtung wird deutlich, dass Weisungen, die auf Grundlage von § 68b Abs. 1 S. 1 Nr. 12 StGB angeordnet worden sind, nicht isoliert betrachtet werden dürfen. Das gilt jedenfalls dann, wenn mit der elektronischen Überwachung das Ziel verfolgt wird, die Einhaltung weiterer Führungsaufsichtsweisungen zu überwachen oder die erneute Begehung schwerer Straftaten zu verhindern. Immer, wenn die Aufenthaltsüberwachung eine Mobilitätsbeschränkung (§ 68b Abs. 1 S. 1 Nr. 1 StGB), ein Ortsverbot (§ 68b Abs. 1 S. 1 Nr. 2 StGB) oder eine andere Weisung flankieren soll, ist sie als Annex zu dieser Weisung zu betrachten. Die aktive Überwachung ist untrennbar mit dem Hauptzweck der passiven Hauptpflicht verbunden und tritt ihr gegenüber in den Hintergrund. Daher dürfen die durch die elektronische Aufenthaltsüberwachung gewonnen Erkenntnisse auch dann in einem Strafverfahren nach § 145a StGB verwendet werden, obwohl sie durch ein aktives Mitwirken der überwachten Person gewonnen worden sind.

Entscheiden sich die die Führungsaufsicht ausgestaltenden Gerichte zur kumulativen Anordnung von Rauschmittelverbot und Kontrollweisung ist diese Situation mit der bei § 68b Abs. 1 S. 1 Nr. 12 StGB vergleichbar. Die aktive Teilnahme an einer Rauschmittelkontrolle dient dazu die Pflicht, den Konsum von Rauschmitteln zu unterlassen, zu überwachen. Das Hauptziel liegt jedoch weiterhin darin, die Führungsaufsichtsprobanden zu motivieren, nicht erneut Rauschmittel zu konsumieren. Wenn die Weisungsadressaten nun durch Abgabe einer Urinkontrolle oder der Mitwirkung an einer Atemalkoholmessung zur aktiven Mitwirkung verpflichtet werden, ist dies stets als untergeordnete Hilfspflicht zur passiven Hauptpflicht des § 68b Abs. 1 S. 1 Nr. 10 Alt. 1 StGB zu sehen. Immer, wenn die Weisungen kombiniert angeordnet worden sind, bilden sie einen untrennbaren Zusammenhang und die Kontrollweisung stellt lediglich einen Annex zur passiven Abstinenzpflicht dar, die deren Charakter nicht verändert. Eine isolierte Betrachtung des § 68b Abs. 1 S. 1 Nr. 10 Alt. 2 StGB würde diesem Umstand nicht gerecht werden und ist daher nicht vorzunehmen.[1187]

1187 NK-StGB/*Schild/Kretschmer*, 4. Auflage, § 145a Rn. 26 lassen offen, ob ein positiver Befund im Strafverfahren verwendet werden darf. Zu einem Verwertungsverbot tendiert nun aber: NK-StGB/*Kretschmer*, § 145a Rn. 28.

(2) Rückgriff auf § 81a StPO

Umstritten ist weiterhin, ob es in bestimmten Situationen zulässig ist die Abgabe von Blut- oder Haarproben auf Grundlage von § 81a StPO zu erzwingen. Der Rückgriff auf § 81a StPO könnte unzulässig sein, weil andernfalls die gesetzgeberische Entscheidung nur Kontrollmethoden zuzulassen, die mit keinem körperlichen Eingriff verbunden sind, unterlaufen würde.[1188]

Gegen diese Ansicht spricht jedoch, dass der Gesetzgeber in der Begründung zu dem FührAufRefG klargestellt hat, dass er die Kontrollmöglichkeiten aus Gründen der Verhältnismäßigkeit eingeschränkt hat.[1189] Ziel der Beschränkung auf Kontrollmethoden, die mit keinem körperlichen Eingriff verbunden sind, ist es zu verhindern, dass die Rauschmittelkontrollen regelmäßig mittels Blutentnahmen durchgeführt werden. Es sollte hingegen kein enumerativer Katalog mit zulässigen Kontrollmethoden geschaffen werden, weshalb § 68b Abs. 1 S. 1 Nr. 10 Alt. 2 StGB keine abschließende Wirkung gegenüber § 81a StPO entfaltet.

Die Vornahme von Maßnahmen nach § 81a StPO ist daher immer dann möglich, wenn sich die Weisungsadressaten weigern, an der Kontrolle mitzuwirken und darüber hinaus zusätzliche Anhaltspunkte für die Verwirklichung einer Straftat nach § 145a StGB vorliegen.[1190]

3. *Kostentragung der Rauschmittelkontrolle*

Näherer Untersuchung bedarf weiterhin die im Gesetz nicht geregelte Frage, wer die Kosten der Rauschmittelkontrollen zu tragen hat. Kosten, die bei Erfüllung von Kontrollweisungen entstehen können, sind, neben den durch die Untersuchung anfallenden Kosten, die Kosten der Anreise und Abreise zu der Stelle, an der die Kontrollen durchgeführt werden.

Die Kosten der Rauschmittelkontrolle sind jedenfalls nicht in der Kostenentscheidung des Strafverfahrens enthalten.[1191] Hieran ändert

1188 So: NK-StGB/*Ostendorf*, § 68b Rn. 18; Ruderich. S. 164.

1189 BT-Drucks. 16/1993, S. 19.

1190 BT-Drucks. 16/1993, S. 19; Baur/Kinzig, S. 412; S/S/*Kinzig*, StGB, § 68b Rn. 14a. Dem folgend: Böhm, Maßregelrecht im Wandel, S. 23 (26).

1191 OLG Braunschweig, Beschl. vom 18.11.2013 – 1 Ws 333/13 –, juris Rn. 24; OLG München NStZ-RR 2012, 324 (325); OLG Jena NStZ-RR 2011, 296 (296); OLG Bremen NStZ 2011, 216 (216 f.) zu § 68b Abs. 2 StGB; OLG Dresden NStZ 2009, 268 (268); OLG Nürnberg, Beschl. vom 23.03.2009 – 1 Ws 94/09 –, juris Rn. 15. Offengelassen von: Meyer-Goßner/Schmitt, StPO, § 464a Rn. 3. Peglau, jurisPR-StrafR 7/2010 Anm. 2 schlägt unter anderem eine analoge Anwendung des § 464a Abs. 1 S. 2 StPO vor.

auch § 465 Abs. 1 S. 1 StPO nichts, der die Straftäter verpflichtet die gesamten Kosten des Strafverfahrens zu tragen, wenn sie verurteilt oder mit einer Maßregel der Besserung und Sicherung belegt worden sind.[1192] In § 464a Abs. 1 S. 2 StPO wird insoweit lediglich bestimmt, dass die Kosten der Vollstreckung der Rechtsfolgen der Tat zu den Kosten des Strafverfahrens zählen. Bei den durch die Erfüllung von Führungsaufsichtsweisungen erzeugten Kosten handelt es sich um keine Kosten, die bei der Vollstreckung der Rechtsfolgen der Tat angefallen sind. Das ergibt sich daraus, dass die Weisungsadressaten nicht mit vollstreckungsrechtlichen Mitteln gezwungen werden können, die angeordneten Weisungen zu erfüllen. Verstoßen sie gegen Führungsaufsichtsweisungen wird hierauf nicht mit Zwangsmitteln reagiert, sondern mit einer strafrechtlichen Verurteilung auf Grundlage von § 145a StGB.

Aus dieser Analyse wird deutlich, dass der Gesetzgeber selbst die Kostentragungspflicht nicht geregelt hat. Für die Kostentragungspflicht der Staatskasse spricht, dass die §§ 68 ff. StGB darauf abzielen, die Gefahr der künftigen Begehung weiterer Straftaten zu reduzieren. Demnach soll der polizeiliche Präventionsaspekt für die Charakterisierung der Maßregel prägend sein, sodass die Kostenlast von der Staatskasse zu tragen ist.[1193]

Dem ist allerdings entgegenzuhalten, dass auch das öffentliche Recht eine Kostentragungspflicht des die Gefahr veranlassenden Störers kennt. Das gilt jedenfalls dann, wenn die staatlichen Handlungen dazu dienen Gefahren abzuwehren. An diesem Punkt kommt der Doppelfunktion der Führungsaufsicht entscheidende Bedeutung zu. Neben der Überwachung soll durch die Maßregel ebenfalls die Betreuung der Führungsaufsichtsprobanden sichergestellt werden. Das gilt insbesondere, wenn die Führungsaufsichtsweisungen auf Grundlage von § 68b Abs. 2 StGB angeordnet worden sind.[1194] Der polizeiliche Präventionsaspekt steht nicht in jedem Fall im Vordergrund, weshalb es nicht überzeugend ist der Staatskasse die Kosten der Rauschmittelkontrollen generell aufzuerlegen.

1192 SK-StPO/*Degener*, § 465 Rn. 13 stellt klar, dass der Begriff Verfahren das „gesamte Strafverfahren" erfasst.

1193 Für die Kostentragungspflicht der Staatskasse: OLG Dresden NStZ 2009, 268 (268). Bestätigt durch OLG Dresden, Beschl. vom 02.11.2011 – 2 Ws 433/11 –, juris Rn. 10 für den Fall des § 68f Abs. 1 S. 1 StGB. Kritisch zur Kostentragung durch den Führungsaufsichtsprobanden: Groß, Kriminalgesetzgebung und Zeitgeist, S. 579 (594); Ostendorf, Die Neugestaltung der Führungsaufsicht, S. 405 (410 f.). Allgemein zur Kostentragung im Maßregelvollzug: Eisenberg JR 2006, 57 (58 f.).

1194 Es wäre beispielsweise unbillig einem therapiebedürftigen vermögenslosen Führungsaufsichtsprobanden die kompletten Kosten der Therapie aufzuerlegen.

Andernfalls hätte die Rauschmittelkontrolle nicht im Strafgesetzbuch, sondern in den Polizeiaufgabengesetzen der Bundesländer geregelt werden müssen.

Dieses Ergebnis deckt sich damit, dass in der Begründung zu dem FührAuf-RefG darauf hingewiesen worden ist, dass es sinnvoll sein kann, Alkoholkontrollen kostenfrei oder gegen einen geringen Kostenbeitrag anzubieten.[1195] Aus der offen gehaltenen Formulierung wird deutlich, dass die Übernahme der Kosten durch die Staatskasse in bestimmten Fällen als sinnvoll angesehen wird und möglich sein soll. Im Umkehrschluss bedeutet dies allerdings auch, dass die durch die Kontrolle anfallenden Kosten nicht generell der Staatskasse aufzuerlegen sind. Daher können die über die Ausgestaltung der Führungsaufsicht entscheidenden Gerichte, in einer Annexentscheidung, über die Pflicht zur Kostentragung entscheiden.[1196] Hierbei ist allerdings zu beachten, dass keine Pflicht besteht die Kostentragung zu regeln.[1197] Art. 103 Abs. 2 GG verlangt nur, dass die Weisungen so präzise formuliert werden, dass die Führungsaufsichtsprobanden erkennen können, welches Verhalten von ihnen erwartet wird, damit sie ihr Verhalten dann danach ausrichten können.[1198] Erwartet wird von den Weisungsadressaten jedoch nur, dass sie sich Rauschmittelkontrollen unterziehen. Die Kosten, die infolge der Kontrolle entstehen, sind lediglich ein Reflex der Rauschmittelkontrolle.

Konsequenz einer unterlassenen Bestimmung der Kostentragungspflicht ist, dass die Führungsaufsichtsprobanden die Kosten zu tragen haben. Dies ist Ausfluss des Grundsatzes, dass die mit der Erfüllung der Weisung einhergehenden Kosten grundsätzlich den Führungsaufsichtsprobanden als Veranlasser aufzuerlegen sind.[1199] Diese haben den Eintritt der Führungsaufsicht ausgelöst, indem sie die Anlasstat begangen haben. Das Veranlasserprinzip findet seine Grenzen

---

1195 BT-Drucks. 16/1993, S. 19.

1196 OLG Braunschweig, Beschl. vom 18.11.2013 – 1 Ws 333/13 –, juris Rn. 24; OLG Stuttgart StV 2013, 168 (168); OLG München NStZ–RR 2012, 324 (325); OLG Jena NStZ–RR 2011, 296 (296); a.A. OLG Dresden, Beschl. vom 02.11.2011 – 2 Ws 433/11 –, juris Rn. 11 ff.

1197 So aber: OLG Rostock, Beschl. vom 22.02.2011 – I Ws 39/11 –, juris Rn. 18; OLG München NStZ 2011, 94 (95); OLG Koblenz, Beschl. vom 23.03.2011 – 1 Ws 161/11 –, juris.

1198 BGHSt 58, 136 (138); OLG Hamm, Beschl. vom 28.09.2010 – III-3 Ws 393/10 –, juris Rn. 7; OLG München NStZ 2010, 218 (219).

1199 OLG Koblenz, Beschl. vom 08.05.2014 – 2 Ws 216/14 –, juris Rn. 10; OLG Stuttgart StV 2013, 168 (168) zu § 56c Abs. 1 StGB; OLG München NStZ–RR 2012, 324 (325); OLG Jena NStZ–RR 2011, 296 (296); OLG Nürnberg, Beschl. vom 23.03.2009 – 1 Ws 94/09 –, juris Rn. 16; Groß, jurisPR-StrafR 3/2011 Anm. 1; Kammermeier BewHi 2013, 159 (166); SSW-StGB/*Jehle/Harrendorf*, § 68b Rn. 14; SK-StGB/*Sinn*, § 68b

allerdings wiederum in § 68b Abs. 3 StGB. Durch die Begrenzung der Kostentragungspflicht soll gewährleistet werden, dass die Resozialisierungsbemühungen nicht durch die Kostentragungspflicht vereitelt werden.[1200] Den Weisungsadressaten soll nicht alleine deswegen die Chance auf Wiedereingliederung in die Gesellschaft genommen werden, weil ihnen die finanziellen Mittel fehlen, um die Weisungen zu erfüllen. Alles andere widerspräche auch dem Zweck der Führungsaufsicht, die einen Beitrag zur Wiedereingliederung der straffällig gewordenen Personen in die Gesellschaft leisten will. Um dies zu ermöglichen, muss der Staat Rahmenbedingungen schaffen, die eine Wiedereingliederung der Weisungsadressaten in die Gesellschaft ermöglichen und fördern.

Den Weisungsadressaten dürfen demnach nur dann die Kosten der Rauschmittelkontrolle auferleget werden, wenn ihnen die Kostentragung zugemutet werden kann. Wann die Grenze zur Unzumutbarkeit überschritten ist, kann nicht generell, sondern nur für jeden Einzelfall separat bestimmt werden. Die Zumutbarkeitsgrenze ist jedenfalls dann überschritten, wenn die durch die Rauschmittelkontrolle verursachten Kosten die finanzielle Leistungsfähigkeit der Weisungsadressaten übersteigen.[1201] Dabei darf die Zumutbarkeitsgrenze allerdings nicht so eng gezogen werden, dass die Kosten für die Kontrollen im Regelfall von der Staatskasse zu tragen sind.

XI. § 68b Abs. 1 S. 1 Nr. 11 StGB: Vorstellungsweisung

Die Vorstellungsweisung wurde im Jahr 2007 durch das FührAufRefG in den Katalog des § 68b Abs. 1 StGB aufgenommenen. Seitdem können die Weisungsadressaten auf Grundlage von § 68b Abs. 1 S. 1 Nr. 11 StGB verpflichtet werden, sich zu bestimmten Zeiten oder in bestimmten Abständen bei einem Arzt, einem Psychotherapeuten oder einer forensischen Ambulanz vorzustellen. Erwähnenswert ist in diesem Zusammenhang auch, dass die Vorstellungsweisungen gem. § 463a Abs. 3 StPO notfalls mittels eines Vorführungsbefehls, den die Gerichte

---

Rn. 14. Ähnlich: OLG Bremen NStZ 2011, 216 (217) und OLG Brandenburg, Beschl. vom 11.04.2011 – 1 Ws 53/11 –, juris Rn. 11 zu § 68b Abs. 2.

1200 SK-StGB/*Sinn*, § 68b Rn. 14.

1201 OLG Köln, Beschl. vom 04.04.2014 – III-2 Ws 181/14 –, juris Rn. 25; OLG München NStZ-RR 2012, 324 (325); OLG Jena NStZ-RR 2011, 296 (296); OLG Nürnberg, Beschl. vom 23.03.2009 – 1 Ws 94/09 –, juris Rn. 19; SSW-StGB/*Jehle/Harrendorf*, § 68b Rn. 14. Ähnlich: OLG Stuttgart StV 2013, 168 (168) zu § 56c Abs. 1 StGB und OLG Bremen NStZ 2011, 216 (216 f.) zu § 68b Abs. 2 StGB.

auf Antrag der Aufsichtsstellen erlassen, zwangsweise durchgesetzt werden können.[1202]

Bei der Ausgestaltung der Vorstellungsweisung muss darauf geachtet werden, die Weisungen einerseits so zu formulieren, dass sie noch von dem Wortlaut des § 68b Abs. 1 S. 1 Nr. 11 StGB gedeckt ist und den Weisungsadressaten andererseits noch zugemutet werden können.

Mittels Vorstellungsweisungen soll ein Initialzwang auf die Weisungsadressaten ausgeübt werden, durch den die Bereitschaft geweckt werden soll eine Therapie zu beginnen. Daher macht die Anordnung von Vorstellungsweisungen vor allem gegenüber therapiebedürftigen Personen Sinn.[1203] Es kann deshalb keine Anordnungsvoraussetzung sein, dass die Weisungsadressaten therapiebereit sind.[1204]

Zulässig ist es beispielsweise, die Weisungsadressaten auf Grundlage von § 68b Abs. 1 S. 1 Nr. 11 StGB anzuweisen, einen Termin bei einem Arzt zu vereinbaren und dort zu erscheinen.[1205] In der Weisung muss bestimmt sein, bei welcher Einrichtung oder Person die Vorstellung zu erfolgen hat, wie häufig dies zu geschehen hat, wie die Erfüllung der Weisung nachzuweisen ist und wie lange sie gelten soll.[1206] Die Auswahl des Therapeuten sollte im Einverständnis mit den Führungsaufsichtsprobanden getroffen werden.[1207] Keine Grundlage in § 68b Abs. 1 S. 1 Nr. 11 StGB findet hingegen die Weisung, die behandelnden Ärzte von der Schweigepflicht zu entbinden.[1208]

Darüber hinaus muss darauf geachtet werden, dass die Weisung in einer den Weisungsadressaten zumutbaren Art und Weise ausgestaltet wird. Das bedeutet, dass sonstige resozialisierende Faktoren, wie zum Beispiel die Berufstätigkeit, berücksichtigt werden müssen.[1209] Weiterhin ist die Anreisedauer der

1202 LK-StGB/*Schneider*, § 68b Rn. 37.

1203 MüKo-StGB/*Groß*, § 68b Rn. 23.

1204 Ähnlich: S/S/*Kinzig*, StGB, § 68b Rn. 14b, der allerdings von einem Vorrang der Kontrollfunktion ausgeht.

1205 Fischer, StGB, § 68b Rn. 17; MüKo-StGB/*Groß*, § 68b Rn. 23.

1206 Vgl. hierzu: OLG Rostock, Beschl. vom 05.07.2012 – I Ws 184/12 –, juris Rn. 6; KG Berlin NStZ–RR 2008, 278 (278); OLG Dresden NStZ–RR 2008, 27 (28). Nicht ausreichend bestimmt ist hingegen die Weisung sich mindestens zwei Mal im Monat in eine Beratungs- oder Behandlungseinrichtung zu begeben (OLG Frankfurt NStZ–RR 2008, 27 (28); SK-StGB/*Sinn*, § 68b Rn. 15).

1207 MüKo-StGB/*Groß*, § 68b Rn. 23.

1208 Ähnlich: KG Berlin NStZ–RR 2007, 169 (169).

1209 OLG Hamburg, Beschl. vom 06.10.2011 – 2 Ws 83/11 –, juris Rn. 63, wo diese Frage jedoch nicht entscheidungserheblich war.

Führungsaufsichtsprobanden bei der Auswahl des Ortes zu berücksichtigen, an dem sie sich vorzustellen haben.[1210]

Unabhängig hiervon muss darauf geachtet werden die strafbewehrten Vorstellungsweisungen von den nicht strafbewehrten Therapieweisungen abzugrenzen, damit für die Weisungsadressaten erkennbar ist, ob weisungswidriges Verhalten auf Grundlage von § 145a StGB strafrechtlich geahndet werden kann.[1211] Therapieweisungen dürfen, anders als Vorstellungsweisungen, nur auf Grundlage von § 68b Abs. 2 S. 2 StGB angeordnet werden und fallen damit nicht in den Anwendungsbereich des § 145a StGB.[1212]

Der gesetzgeberischen Entscheidung, zwischen Vorstellungs- und Therapieweisung zu differenzieren, lagen grundrechtliche Erwägungen zugrunde.[1213] Bereits die nicht strafbewehrten Weisungen an einer Therapie teilnehmen zu müssen (§ 68b Abs. 2 S. 2 StGB) greifen erheblich in den Schutzbereich des Art. 2 Abs. 1 in Verbindung mit Art. 1 Abs. 1 GG ein.[1214] Darüber hinaus ist fraglich, ob eine mittels strafbewehrter Weisungen erzwungene Therapie überhaupt geeignet ist einen Behandlungserfolg herbeizuführen, da der Erfolg einer Therapie regelmäßig von der Bereitschaft der Führungsaufsichtsprobanden abhängt sich auf sie einzulassen.[1215]

Diese Feststellung ändert allerdings nichts daran, dass die Weisungen in einem engen sachlichen Zusammenhang stehen, weshalb stets zu prüfen ist, ob Vorstellungs- und Therapieweisungen in sinnvoller Art und Weise miteinander kombiniert werden können. Durch die Kombination kann die Therapiebereitschaft der Weisungsadressaten nachhaltig abgesichert werden, um so die

---

1210 OLG Brandenburg, Beschl. vom 11.04.2011 – 1 Ws 53/11 –, juris Rn. 10. Nicht zulässig ist es die Weisungsadressaten anzuweisen sich bei einer forensischen Ambulanz vorzustellen, wenn in dem jeweiligen Bundesland noch keine solche Ambulanz errichtet worden ist: OLG Dresden, Beschl. vom 08.06.2011 – 2 Ws 282/11, 2 Ws 0282/11 –, juris Rn. 3.

1211 Ein Beispiel für ein Behandlungsgutachten, das zur Frage erstellt wurde, ob eine Vorstellungs- und eine Therapieweisung angeordnet werden soll, findet sich in: Scheurer/Beckers Kriminalistik 2016, 172 (175 ff.).

1212 Fischer, StGB, § 68b Rn. 17; MüKo-StGB/*Groß*, § 68b Rn. 23. Boetticher, Rechtliche Rahmenbedingungen, S. 15 (34) spricht sich für eine Aufnahme der Therapieweisung in den Katalog des § 68b Abs. 1 StGB aus.

1213 Groß, FS Böttcher, S. 579 (587); MüKo-StGB/*Groß*, § 68b Rn. 23; Peglau NJW 2007, 1158 (1159). Kritisch zu § 68b Abs. 1 S. 1 Nr. 11 StGB: Pollähne KritV 2007, 386 (409 f.).

1214 BT-Drucks. 16/1993, S. 19 f.

1215 Ähnlich: Kerner BewHi 2006, 49 (52); Schneider NStZ 2007, 441 (443 f.).

Chancen auf eine erfolgreiche Behandlung zu erhöhen.[1216] Mit Hilfe von Vorstellungsweisungen kann Druck auf die Weisungsadressaten ausgeübt werden, Kontakt mit Therapeuten aufzunehmen. Das ist insbesondere in all den Fällen sinnvoll, in denen die Gefahr besteht, dass die Therapiebereitschaft der Weisungsadressaten im Laufe der Zeit nachlässt und der Erlass eines Vorführungsbefehls nötig werden könnte.

XII. § 68b Abs. 1 S. 1 Nr. 12 StGB: elektronische Aufenthaltsüberwachung

Im Jahr 2010 wurde § 68b Abs. 1 S. 1 Nr. 12 StGB durch das SichVNOG in den Katalog des § 68b Abs. 1 StGB aufgenommen.[1217] Die Führungsaufsichtsprobanden können seitdem auf Grundlage von § 68b Abs. 1 S. 1 Nr. 12 StGB strafbewehrt angewiesen werden, die für die elektronische Überwachung ihres Aufenthaltsortes erforderlichen technischen Mittel ständig in betriebsbereitem Zustand bei sich zu führen und deren Funktionsfähigkeit nicht zu beeinträchtigen.[1218] Hierdurch können den Weisungsadressaten sowohl Handlungs-, wie auch Unterlassungspflichten auferlegt werden.[1219]

Bezüglich der technischen Ausgestaltung der Aufenthaltsüberwachung wurde § 68b Abs. 1 S. 1 Nr. 12 StGB bewusst offen formuliert. Hierdurch sollte sichergestellt werden, dass künftige technische Entwicklungen berücksichtigt werden können.[1220] Es ist daher grundsätzlich zulässig, die Aufenthaltsüberwachung auf unterschiedliche Art und Weise durchzuführen.[1221] In der Praxis erfolgt die elektronische Aufenthaltsüberwachung derzeit zumeist durch eine Fußfessel,

---

1216 Schneider NStZ 2007, 441 (443); S/S/*Kinzig*, StGB, § 68b Rn. 14b.

1217 Vgl. zur Vereinbarkeit mit höherrangigem Recht: Kaiser, Auf Schritt und Tritt, S. 131 ff.

1218 Eine beachtliche Bedeutung hat die elektronische Aufenthaltsüberwachung in Großbritannien, wo seit 1999 über 400.000 Probanden elektronisch überwacht wurden: Häßler/Schütt/Pobocha FFP 2013, 56 (58).

1219 Die Führungsaufsicht wurde schon vor der Einführung des § 68b Abs. 1 S. 1 Nr. 12 StGB als mögliches Einsatzgebiet der elektronischen Aufenthaltsüberwachung erkannt (vgl. hierzu: Mayer, S. 39; Hudy, S. 173 ff.).

1220 Vgl. zu den Erfahrungen der Praxis mit der elektronischen Aufenthaltsüberwachung: Albrecht/Arnold/Schädler ZRP 2000, 466 (466 ff.).

1221 BT-Drucks. 17/3403, S. 35 f.; MüKo-StGB/*Groß*, § 68b Rn. 24; SSW-StGB/*Jehle/Harrendorf*, § 68b Rn. 16; S/S/*Kinzig*, StGB, § 68b Rn. 14c. Beispiele wie die elektronische Aufenthaltsüberwachung künftig durchgeführt werden könnte, finden sich bei: Kaiser, Auf Schritt und Tritt, S. 98 f.

die am Fußgelenk der Weisungsadressaten befestigt wird.[1222] Geortet werden die überwachten Personen über GPS und Funkzellenortung.[1223] Die Überwachung erfolgt dabei bundeseinheitlich durch die Gemeinsamen Überwachungsstelle der Länder (= GÜL).[1224] Aufgabe der GÜL ist es unter anderem bei vermeintlichen Weisungsverstößen zu prüfen, ob tatsächlich ein Verstoß erfolgt ist, und ob es sich um einen versehentlichen oder leicht korrigierbaren Verstoß handelt.[1225]

Die Zahl der elektronisch überwachten Person ist seit dem Jahr 2013 kontinuierlich angestiegen, wobei im Bundesland Bayern im bundesweiten Vergleich am häufigsten Gebrauch von der Weisung gemacht wird. Im Jahr 2015 wurde gegenüber 76 Personen die elektronische Aufenthaltsüberwachung angeordnet, wobei alleine 25 Anordnungen auf den Freistaat Bayern entfielen.[1226] Auffallend ist zudem, dass sämtliche der elektronisch überwachten Personen männlich waren.[1227]

1. *Spezielle Anordnungsvoraussetzungen des § 68b Abs. 1 S. 3 StGB*

Um die Verfassungskonformität der elektronischen Aufenthaltsüberwachung sicherzustellen, wurden in § 68b Abs. 1 S. 3 StGB zusätzliche Voraussetzungen normiert, die vorliegen müssen, damit die Weisung angeordnet werden darf.[1228] Hierdurch soll gewährleistet werden, dass die Weisungen nur in speziellen Fällen

---

1222 Bislang existieren zwei gängige Systeme. Beim sog. einteiligen System tragen die Weisungsadressaten eine GPS-Sendeeinheit am Fußgelenk. Zusätzlich wird eine weitere Sendeeinheit in der Wohnung des jeweiligen Weisungsadressaten installiert, die verhindert, dass Positionsdaten innerhalb der Wohnung gesammelt werden. Beim sog. zweiteiligen System müssen die Weisungsadressaten, neben der GPS-Sendeeinheit am Fußgelenk einen Transmitter an der Hüfte tragen (sog. Personal Tracking Unit = PTU). Die PTU übermittelt die Daten an die Überwachungsstelle. In der Wohnung wird die PTU auf einer Station abgelegt, wodurch die Sammlung von Positionsdaten in der Wohnung verhindert wird: Kaiser, Auf Schritt und Tritt, S. 97.

1223 Zu den Überwachungssystemen und ihrem technischen Hintergrund: Harders, S. 27 ff.; Hudy, S. 32 ff, Kaiser, Auf Schritt und Tritt, S. 94 ff.

1224 Vgl. zur Organisation und Arbeitsweise der GÜL: Kaiser, Auf Schritt und Tritt, S. 77 ff.

1225 Fünfsinn/Kolz StV 2016, 191 (192).

1226 https://www.bayern.de/gemeinsame-elektronische-ueberwachungsstelle-der-laender-guel-in-bad-vilbel-hessens-justizministerin-eva-kuehne-hoermann-empfaengt-bayerns-justizminister-prof-dr-winfried-bausback-moeglichkeit/; abgerufen am 21.12.2019.

1227 Bräuchle, S. 93.

1228 Fischer, StGB, § 68b Rn. 18.

und bei Personen mit erhöhtem Gefahrenpotential angeordnet werden dürfen. Die Anordnungsvoraussetzungen sind teils formeller (§ 68b Abs. 1 S. 3 Nr. 1, 2 StGB) und teils materieller (§ 68b Abs. 1 S. 3 Nr. 3, 4 StGB) Natur.[1229]

Wurde die Aufenthaltsüberwachung angeordnet, obwohl die formalen Voraussetzungen des § 68b Abs. 1 S. 3 Nr. 1, 2 StGB nicht erfüllt waren, ist die Weisung fehlerhaft und damit unwirksam.[1230] Sind hingegen die materiellen Anordnungsvoraussetzungen nicht (mehr) erfüllt, ändert dies nichts an der Wirksamkeit der Weisungen. Es muss vielmehr geprüft werden, ob die Weisungsverstöße tatsächlich zu einer Gefährdung des Maßregelzwecks geführt haben.[1231] Nur wenn das der Fall ist, darf eine Verurteilung nach § 145a StGB erfolgen.

a. § 68b Abs. 1 S. 3 Nr. 1 StGB

Erste Anordnungsvoraussetzung ist, dass gegen die Führungsaufsichtsprobanden eine (Gesamt-) Freiheitsstrafe von mindestens drei Jahren vollständig vollstreckt worden ist oder die Führungsaufsicht eintrat, weil eine Maßregel für erledigt erklärt wurde. In Ausnahme hiervon senkt § 68b Abs. 1 S. 5 StGB diese Voraussetzung für bestimmte Delikte dahingehend ab, dass lediglich eine zweijährige (Gesamt-) Freiheitsstrafe vollständig vollstreckt worden sein muss.

Durch § 68b Abs. 1 S. 3 Nr. 1 StGB soll sichergestellt werden, dass Personen aus dem Anwendungsbereich des § 68b Abs. 1 S. 1 Nr. 12 StGB fallen, die auf Grund einer positiven Legalprognose aus dem Vollzug entlassen worden sind.[1232] § 68b Abs. 1 S. 3 Nr. 1 Alt. 1 StGB erfasst daher all die Fälle, in denen der Straf- oder der Maßregelvollzug nur wegen dem Erreichen der Höchstfrist beendet worden ist, und die Weisungsadressaten mit einer negativen Legalprognose aus dem Vollzug entlassen worden sind. Erfasst sind daher all die Fälle, in denen die Führungsaufsicht gem. § 67d Abs. 3 S. 1, Abs. 4 S. 1, Abs. 5 S. 1, Abs. 6 S. 1, § 68f Abs. 1 S. 1 StGB eingetreten ist.[1233]

1229 Fischer, StGB, § 68b Rn. 18; Lackner/Kühl, StGB, § 68b Rn. 2; SSW-StGB/*Jehle/Harrendorf*, § 68b Rn. 16.

1230 MüKo-StGB/*Groß*, § 145a Rn. 10.

1231 Zu der Unterscheidung zwischen formellen und materiellen Anordnungsvoraussetzungen: MüKo-StGB/*Groß*, § 145a Rn. 10.

1232 BT-Drucks. 17/3403, S. 36.

1233 Im Fall des § 68f Abs. 1 StGB – mit Ausnahme des § 68b Abs. 1 S. 5 StGB – allerdings nur, wenn eine mindestens dreijährige Haftstrafe vollständig vollstreckt worden ist.

b. § 68b Abs. 1 S. 3 Nr. 2 StGB

Zweite Anordnungsvoraussetzung ist, dass die (Gesamt-) Freiheitsstrafe oder die Unterbringung wegen einer oder mehrerer Straftaten der in § 66 Abs. 3 S. 1 StGB genannten Art verhängt oder angeordnet worden ist, § 68b Abs. 1 S. 3 Nr. 2 StGB.

Die formelle Voraussetzung des § 68b Abs. 1 S. 3 Nr. 2 Alt. 1 StGB ist erfüllt, wenn die Führungsaufsichtsprobanden wegen einer Tat der in § 66 Abs. 3 S. 1 StGB genannten Art zu einer Einzelstrafe von mindestens drei Jahren verurteilt worden sind. Gleiches gilt, wenn die Führungsaufsichtsprobanden wegen mehrerer Katalogstraftaten zu einer Gesamtfreiheitsstrafe von mindestens drei Jahren verurteilt wurden.

Problematisch sind allerdings die Fälle, in denen die Weisungsadressaten zu einer mindestens dreijährigen Gesamtfreiheitsstrafe verurteilt wurden, die sich sowohl aus Katalogtaten, wie auch aus Nichtkatalogtaten zusammensetzt.

Ausreichend, um die Voraussetzungen des § 68b Abs. 1 S. 3 Nr. 2 StGB zu erfüllen, könnte sein, wenn der Verurteilung lediglich eine einzige Katalogtat zugrunde liegt.[1234] Das würde bedeuten, dass es zulässig ist die Dreijahresgrenze des § 68b Abs. 1 S. 3 Nr. 1 StGB durch die Einbeziehung von ebenfalls verwirklichten Nichtkatalogtaten in die Gesamtfreiheitsstrafe zu überwinden.

Hiergegen spricht jedoch sowohl der Wortlaut wie auch die Systematik der § 68b Abs. 1 S. 3 Nr. 1, 2 StGB. Der offen formulierte § 68b Abs. 1 S. 3 Nr. 1 Alt. 1 StGB soll durch § 68b Abs. 1 S. 3 Nr. 2 StGB weiter eingeschränkt werden. Die Einschränkung erfolgt, indem verlangt wird, dass die mindestens dreijährige und vollständig vollstreckte (Gesamt-) Freiheitsstrafe wegen einer oder mehrerer Taten der in § 66 Abs. 3 S. 1 StGB genannten Art verhängt worden sein muss. Daraus, dass im Wortlaut des § 68b Abs. 1 S. 3 Nr. 2 StGB der bestimmte Artikel „die" verwendet wird, wird deutlich, dass die Dreijahresgrenze alleine durch die den Katalogtaten zuzuordnenden Strafen überschritten werden muss. Hätte der Gesetzgeber zulassen wollen, dass die Dreijahresgrenze durch die Einbeziehung von Nichtkatalogtaten überschritten werden kann, hätte er in § 68b Abs. 1 S. 3 Nr. 2 StGB in unbestimmter Form von „einer" (Gesamt-) Freiheitsstrafe sprechen müssen.

Neben Wortlaut und Systematik spricht ebenfalls der Teleos der Norm für dieses Ergebnis. Durch den Verweis auf § 66 Abs. 3 S. 1 StGB wollte der Gesetzgeber sicherstellen, dass die elektronische Aufenthaltsüberwachung nur bei schwer kriminellen Tätern angeordnet werden darf.[1235] In § 66 Abs. 3 S. 1 StGB

1234 So wohl Brauneisen StV 2011, 311 (313), der davon spricht, dass der Verurteilung lediglich „eine" Katalogstraftat zugrunde liegen muss.

1235 BT-Drucks. 17/3403, S. 36.

sind nur solche Delikte aufgeführt, deren wiederholte Begehung ein Indiz dafür sind, dass es sich bei den Weisungsadressaten um besonders gefährliche Straftäter handelt.[1236] Um sicherzustellen, dass die in § 66 Abs. 3 S. 1 StGB aufgeführten Anlasstaten nicht nur abstrakt, sondern auch im jeweiligen Einzelfall, schwer wiegen, wird als zusätzliche Voraussetzung verlangt, dass eine mindestens dreijährige (Gesamt-) Freiheitsstrafe verhängt worden ist. Folglich kann die elektronische Aufenthaltsüberwachung nur angeordnet werden, wenn die verwirklichten Katalogtat(en) im Einzelfall so schwer wiegen, dass die Mindestfreiheitsstrafe erreicht wird. Diese doppelte Begrenzung würde umgangen werden, wenn die Dreijahresgrenze durch die Einbeziehung von Nichtkatalogtaten in die Gesamtfreiheitsstrafe überschritten werden könnte.

Das bedeutet jedoch nicht, dass sich die Gesamtfreiheitsstrafe ausschließlich aus Katalogtaten zusammensetzen muss. Die formellen Anordnungsvoraussetzungen können ebenfalls erfüllt sein, wenn sich eine Gesamtfreiheitsstrafe aus Katalogtaten und Nichtkatalogtaten zusammensetzt. In diesem Fall haben die Gerichte die Aufgabe, eine hypothetische Gesamtstrafe für die Katalogtaten zu bilden. Nur, wenn diese hypothetische Gesamtfreiheitsstrafe isoliert betrachtet die Dreijahresgrenze des § 68b Abs. 1 S. 3 Nr. 1 StGB überschreitet, sind die Voraussetzungen des § 68b Abs. 1 S. 3 Nr. 2 StGB erfüllt.[1237]

c. § 68b Abs. 1 S. 3 Nr. 3 StGB

Dritte und erste materielle Voraussetzung für die Anordnung der elektronischen Aufenthaltsüberwachung ist das Bestehen der Gefahr, dass die Weisungsadressaten weitere Straftaten der in § 66 Abs. 3 S. 1 StGB genannten Art begehen werden.

Diese Anordnungsvoraussetzung ist insofern besonders, als dass im Unterschied zu den § 68b Abs. 1 S. 1 Nr. 1-11 StGB zwischen Anlasstat und den befürchteten künftigen Straftaten ausnahmsweise ein Zusammenhang bestehen muss. Ein über § 66 Abs. 3 S. 1 StGB hinausgehender kriminologischer

1236 BT-Drucks. 13/9062, S. 9.

1237 OLG Jena, Beschl. vom 17.03.2016 – 1 Ws 66/16, 1 Ws 103/16 –, juris Rn. 12 ff.; OLG Frankfurt NStZ-RR 2013, 60 (60 f.); S/S/*Kinzig*, StGB, § 68b Rn. 14c; SK-StGB/*Sinn*, § 68b Rn. 16. Vgl. zum Parallelproblem bei § 68f Abs. 1 S. 1 StGB: Stree, FS Baumann, S. 281 (284); a.A. Schüddekopf StraFo 2008, 141 (141 ff.) zu § 68f Abs. 1 S. 1 StGB. Ob der Anteil der Katalogtaten an der Gesamtfreiheitsstrafe die Mindesthöhe erreicht, muss in Zweifelsfällen anhand der Grundsätze der §§ 458 Abs. 1, 463 Abs. 1 StPO gerichtlich geklärt werden.

Zusammenhang zwischen Anlasstat und befürchteter Tat muss demgegenüber nicht bestehen.[1238]

Näher betrachtet werden muss weiterhin, was unter dem in § 68b Abs. 1 S. 3 Nr. 3 StGB verwendeten Begriff der drohenden Gefahr zu verstehen ist. Insofern muss untersucht werden, wie groß die von den Weisungsadressaten ausgehende Gefahr sein muss, damit die elektronische Aufenthaltsüberwachung angeordnet werden darf.

Nicht zwingend erforderlich, um die Prognose nach § 68b Abs. 1 S. 3 Nr. 3 StGB vornehmen zu können, soll die Einholung eines Sachverständigengutachtens sein.[1239] Das soll jedenfalls dann gelten, wenn die vorliegenden Erkenntnisse eine ausreichende Beurteilungsgrundlage bieten, um die Gefährlichkeitsprognose vorzunehmen.[1240] Nur wenn keine ausreichende Beurteilungsgrundlage vorhanden ist, macht das Gebot der bestmöglichen Sachaufklärung das Einholen eines Sachverständigengutachtens erforderlich.[1241] In der Praxis wird von der Möglichkeit ein Sachverständigengutachten einzuholen äußerst zurückhaltend Gebrauch gemacht.[1242]

Nach dem Willen des Gesetzgebers soll die elektronische Aufenthaltsüberwachung nur angeordnet werden dürfen, wenn die begründete Wahrscheinlichkeit besteht, dass die Führungsaufsichtsprobanden erneut Straftaten der in § 66 Abs. 3 S. 1 StGB genannten Art begehen werden.[1243]

1238 MüKo-StGB/*Groß*, § 68b Rn. 25.

1239 In Mecklenburg-Vorpommern wird bei der Anordnung der elektronischen Aufenthaltsüberwachung vor Haftentlassung von der Justizvollzugsanstalt oder der Staatsanwaltschaft eine Fallkonferenz einberaumt. In diese werden Polizei, Bewährungshilfe, Aufsichtsstellen und forensische Ambulanz mit einbezogen. Vgl. hierzu: Kammermeier BewHi 2013, 159 (169 f.).

1240 OLG Hamm, Beschl. vom 21.06.2012 – III-2 Ws 190-191/12 –, juris Rn. 71; SSW-StGB/*Jehle/Harrendorf*, § 68b Rn. 16. Kritisch: Haverkamp/Schwedler/Wößner R&P 2012, 9 (11); Haverkamp/Schwedler/Wößner NKrimP 2012, 62 (63).

1241 OLG Nürnberg, Beschl. vom 08.05.2014 – 2 Ws 37 – 38/14 –, juris Rn. 46. Ein Praxisbeispiel wie die Begutachtung stattfindet, findet sich in: Häßler/Schütt/Pobocha FFP 2013, 56 (58).

1242 Bräuchle, S. 103 f. Nach dem OLG Saarbrücken, Beschl. vom 08.03.2019 – 1 Ws 36/19 –, juris soll es jedenfalls nach einer sechs Jahre andauernden elektronischen Aufenthaltsüberwachung erforderlich sein können, vor der Entscheidung über die Aufhebung oder die Fortsetzung dieser Weisung ein Prognosegutachten betreffend die Gefährlichkeit des Verurteilten einzuholen.

1243 BT-Drucks. 17/3403, S. 37. Zu den Problemen bei der Erstellung solcher Prognosen: Haverkamp/Schwedler/Wößner R&P 2012, 9 (13 ff.); Haverkamp/Schwedler/Wößner NKrimP 2012, 62 (63).

Daher ist es jedenfalls nicht zulässig den Gefahrbegriff des § 67d Abs. 3 S. 1 StGB auf § 68b Abs. 1 S. 3 Nr. 3 StGB zu übertragen.[1244] Gem. § 67d Abs. 3 S. 1 StGB muss die Unterbringung im Maßregelvollzug zwingend für erledigt erklärt werden, falls keine Gefahr besteht, dass die Untergebrachten künftig erhebliche Straftaten begehen werden, durch die die Opfer seelisch oder körperlich schwer geschädigt werden. Die Fortdauer der Unterbringung im Maßregelvollzug darf nur angeordnet werden, wenn die hochgradige Gefahr der erneuten Begehung schwerster Gewalt- oder Sexualstraftaten positiv festgestellt werden kann.[1245] § 68b Abs. 1 S. 1 Nr. 3 StGB lässt es für die Anordnung der elektronischen Aufenthaltsüberwachung demgegenüber ausreichen, dass die Begehung neuer Straftaten der in § 66 Abs. 3 S. 1 StGB genannten Art droht.[1246] Folglich unterscheiden sich § 68b Abs. 1 S. 3 Nr. 3 StGB und § 67d Abs. 3 S. 1 StGB hinsichtlich des Grades der Wahrscheinlichkeit, mit dem die neuen Taten drohen müssen.

Der Gesetzgeber selbst wollte in § 68b Abs. 1 S. 1 Nr. 3 StGB an die in § 64 S. 1 StGB, § 68c Abs. 2, Abs. 3 StGB und § 66 StGB (letztgenannter jedenfalls dem Grunde nach) enthaltenen Gefährlichkeitsschwellen anknüpfen.[1247]

Wenn an die Gefahrenschwellen des § 66 Abs. 1 S. 1 Nr. 4 StGB und die des § 64 S. 1 StGB angeknüpft werden soll, setzt dies voraus, dass sie sich diese tatsächlich decken. Nur wenn dies der Fall sein sollte, kann der in § 68b Abs. 1 S. 3 Nr. 3 StGB verwendete Gefahrbegriff aus den beiden Normen abgeleitet werden.

Die Prognose nach § 66 Abs. 1 S. 1 Nr. 4 StGB verlangt, dass von den Straftätern, auf Grund eines Hanges, weitere erhebliche rechtswidrige Taten zu erwarten sein müssen, die den Rechtsfrieden erheblich stören und die Täter deshalb für die Allgemeinheit gefährlich sind.[1248] Bei der Vornahme der Gefahrprognose muss eine Gesamtbewertung der Persönlichkeit des jeweiligen Täters und der

---

1244 Missverständlich insoweit: OLG Rostock NStZ 2011, 521 (522).

1245 Fischer, StGB, § 67d Rn. 15a. Vgl auch: von Harbu, Das neue Recht der Sicherungsverwahrung, S. 117. Von Harbu weist darauf hin, dass die Vollstreckung der Sicherungsverwahrung über die Dauer von zehn Jahren hinaus die besondere Ausnahme bleiben soll.

1246 OLG München, Beschl. vom 24.06.2015 – 1 Ws 405 – 407/15 –, juris Rn. 42.

1247 Vgl. BT-Drucks. 17/3403, S. 37; OLG München, Beschl. vom 24.06.2015 – 1 Ws 405 – 407/15 –, juris Rn. 42 (stellt nur auf § 64 S. 1 StGB ab); OLG Hamburg, Beschl. vom 05.11.2013 – 2 Ws 190/13 –, juris Rn. 25; OLG Saarbrücken, Beschl. vom 02.10.2013 – 1 Ws 160/13, 1 Ws 194/13 –, juris Rn. 39.

1248 BGHSt 1, 94 (100); BGH StV 2008, 301 (302); BGH NStZ-RR 2003, 108 (108 f.); Detter NStZ 2002, 415 (419); S/S/*Kinzig*, StGB, § 66 Rn. 39.

Symptom- und Anlasstaten vorgenommen werden.[1249] Wird die Persönlichkeit der Täter beurteilt, müssen alle kriminologisch wichtigen Tatsachen aufgeklärt und berücksichtigt werden, einschließlich der sonstigen Vorstrafen und Vortaten. Eine Gefahr im Sinne des § 66 Abs. 1 S. 1 Nr. 4 StGB besteht nur, wenn die Erwartung in Form einer bestimmten Wahrscheinlichkeit besteht.[1250] Nicht ausreichend, um von der Gefährlichkeit der Täter ausgehen zu können, ist dabei allerdings die allgemeine Wiederholungsgefahr. Vielmehr ist erforderlich, dass die Wiederholungsgefahr in so erhöhtem Maß besteht, dass sie mit bestimmter Wahrscheinlichkeit vorausgesehen werden kann.[1251]

Ein erster Unterschied zwischen § 66 StGB und § 68b Abs. 1 S. 1 Nr. 12 StGB besteht in den unterschiedlichen Anordnungsvoraussetzungen. § 68b Abs. 1 S. 3 Nr. 3 StGB verzichtet darauf, dass von den Straftätern, wegen ihres Hanges, weitere erhebliche rechtswidrige Taten erwartet werden müssen. Weiterhin setzt die Anordnung der elektronischen Aufenthaltsüberwachung nicht voraus, dass die erwarteten Taten eine erhebliche Störung des Rechtsfriedens zur Folge haben können.

Abgesehen von den unterschiedlichen Anordnungsvoraussetzungen ist auffallend, dass § 68b Abs. 1 S. 3 Nr. 3 StGB und § 64 S. 1 StGB, anders als § 66 Abs. 1 S. 1 Nr. 4 StGB, eine begründete und keine bestimmte Wahrscheinlichkeit verlangen. Die unterschiedliche Terminologie verstärkt die Annahme, dass an die Wahrscheinlichkeitsprognose unterschiedlich Anforderungen gestellt werden müssen. Neben den terminologischen Unterschieden spricht weiterhin die unterschiedliche Eingriffsintensität der Maßnahmen für eine abweichende Prognosewahrscheinlichkeit. Das gilt insbesondere für das Verhältnis von § 64 S. 1 StGB zu § 66 StGB. Die unterschiedliche Intensität der Maßregeln kommt bereits dadurch zum Ausdruck, dass die Unterbringung in einer Entziehungsanstalt gem. § 67d Abs. 1 S. 1 StGB auf zwei Jahre begrenzt ist.[1252] Die

---

1249 BGH StV 2008, 301 (302); BGH NStZ-RR 2005, 39 (39); BGH NStZ 2001, 595 (596); S/S/*Kinzig*, StGB, § 66 Rn. 39.

1250 Kritisch zum Begriff der „bestimmten Wahrscheinlichkeit“: Anm. Schmidt zu BGH, JR 1986, 431 (431).

1251 BGH NStZ-RR 2003, 108 (108 f.); BGH wistra 1988, 22 (23); BGH JR 1968, 430 (430); BGH GA 1965, 28 (28), wo der BGH missverständlicher Weise von einer „hohen Wahrscheinlichkeit“ spricht, um dann im Ergebnis eine „bestimmte Wahrscheinlichkeit“ ausreichen zu lassen. Nicht erforderlich ist hingegen, dass eine extrem hohe Wiederholungsgefahr besteht: BGH wistra 1988, 22 (23); SSW-StGB/*Harrendorf*, § 66 Rn. 30.

1252 Trenckmann NStZ 2011, 322 (322) berichtet, dass die durchschnittliche Behandlungsdauer eines erfolgreich behandelten Suchtkranken etwa drei Jahre beträgt.

Unterbringung in der Sicherungsverwahrung kann hingegen länger andauern. Diesen Gedanken aufgreifend wird vertreten, dass an die Wahrscheinlichkeit der zu erwartenden Straftaten in § 64 S. 1 StGB etwas geringere Anforderungen zu stellen sind, als dies bei § 66 Abs. 1 S. 1 Nr. 4 StGB der Fall ist.[1253]

Die daraus folgende Frage ist, ob die im Vergleich zu § 66 Abs. 1 S. 1 Nr. 4 StGB abgesenkte Gefährlichkeitsschwelle des § 64 S. 1 StGB auf § 68b Abs. 1 S. 3 Nr. 3 StGB übertragen werden darf. Für eine noch weitere Absenkung der Gefährlichkeitsschwelle bei § 68b Abs. 1 S. 3 Nr. 3 StGB spricht, dass es sich bei der elektronischen Aufenthaltsüberwachung, anders als bei § 64 StGB und § 66 StGB um eine freiheitsbeschränkende, keine freiheitsentziehende, Maßregel handelt. Durch die Beschränkung ihrer Freiheit werden die elektronisch überwachten Führungsaufsichtsprobanden weniger stark belastet als Personen, die sich im geschlossenen Maßregelvollzug befinden. Insofern könnte man annehmen, dass Führungsaufsicht für die Weisungsadressaten schon deshalb weniger belastend ist, und damit geringere Anforderungen an die Gefahrenprognose zu stellen sind, weil die Maßregel in Freiheit vollzogen wird.

Gegen diese Annahme spricht jedoch, dass die elektronische Aufenthaltsüberwachung in bestimmten Einzelfällen wesentlich belastender wirken kann, als es die Unterbringung in einer Entziehungsanstalt tut. Anders als die nach spätestens zwei Jahre endende Unterbringung in einer Entziehungsanstalt (§ 67d Abs. 1 StGB) dauert die Führungsaufsicht gem. § 68c Abs. 1 S. 1 StGB in der Regel fünf Jahre an. In besonderen Fällen kann sie auf Grundlage von § 68c Abs. 2, Abs. 3 StGB sogar unbefristet angeordnet werden. Zwar haben die Gerichte gem. § 68d Abs. 2 S. 1 StGB spätestens vor Ablauf von zwei Jahren zu prüfen, ob die elektronische Aufenthaltsüberwachung zu beenden ist. Das ändert aber nichts daran, dass es grundsätzlich möglich ist, ihre Fortdauer über zwei Jahre hinaus zu verlängern.[1254] Weiterhin werden die Weisungsadressaten während der Dauer der elektronischen Aufenthaltsüberwachung durch den Weisungsverstöße sanktionierenden § 145a StGB erheblich belastet. Neben der hohen Strafandrohung von Freiheitsstrafe bis zu drei Jahren, kann

---

1253 So auch: OLG München, Beschl. vom 24.06.2015 – 1 Ws 405 – 407/15 –, juris Rn. 47: Bei der elektronischen Aufenthaltsüberwachung handelt es sich um keine ambulante Sicherungsverwahrung. Im Rahmen der Gefährlichkeitsprognose sind daher nicht dieselben Maßstäbe anzuwenden; Lackner/Kühl, StGB, § 64 Rn. 5; S/S/*Kinzig*, StGB, § 64 Rn. 12.

1254 Bei der Prüfung nach § 68d Abs. 2 S. 1 StGB hat das Gericht darauf zu achten, dass die Eingriffsintensität nach zweijähriger Dauer stärker ist als zu Beginn der Anordnung (OLG Nürnberg, Beschl. vom 08.05.2014 – 2 Ws 37 – 38/14 –, juris Rn. 34).

eine Verurteilung nach § 145a StGB im Extremfall gem. § 66 Abs. 1 S. 1 Nr. 1 lit. a. StGB gar die Anordnung von Sicherungsverwahrung zur Folge haben.[1255] Daher werden die Betroffenen durch die Unterbringung nach § 64 S. 1 StGB und die Führungsaufsichtsweisung nach § 68b Abs. 1 S. 1 Nr. 12 StGB ähnlich stark belastet, sodass die Gefahrenbegriffe deckungsgleich sind.[1256]

Bei der Vornahme der Gefährlichkeitsprognose muss eine Gesamtwürdigung der Täter, ihres Vorlebens und der Anlasstaten vorgenommen werden, bei der die im Vollzug gewonnenen Erkenntnisse zu berücksichtigen sind.[1257] Wenn die Gerichte nach § 68d Abs. 2 S. 1 StGB zu einem späteren Zeitpunkt erneut prüfen müssen, ob die elektronische Aufenthaltsüberwachung weiterhin erfolgen soll, haben sie zudem das Verhalten der Führungsaufsichtsprobanden während der Führungsaufsicht zu berücksichtigen.[1258]

Auch für § 68b Abs. 1 S. 3 Nr. 3 StGB gilt, dass eine bloße abstrakte Gefahrenprognose, die sich auf statistische Rückfallwahrscheinlichkeiten stützt, nicht ausreicht, um die Anordnung der Weisung zu rechtfertigen.[1259] Andererseits ist keine Wahrscheinlichkeit höheren Grades[1260] und keine naheliegende konkrete Gefahr[1261] erforderlich.[1262] Nicht erforderlich ist weiterhin, dass künftige Straftaten der in § 66 Abs. 3 S. 1 StGB genannten Art ernsthaft erwartet werden müssen.[1263] Ausreichend für die Anordnung der elektronischen Aufenthaltsüberwachung ist es daher, wenn die begründete, das heißt naheliegende,

1255 Beachte, dass § 68b Abs. 1 S. 1 Nr. 3 StGB die Gefahr verlangt, dass Taten der in § 66 Abs. 3 S. 1 StGB genannten Art begangenen werden. § 64 S. 1 StGB setzt lediglich die Gefahr der Begehung „erheblicher rechtswidriger Taten“ voraus. LK-StGB/*Schöch*, § 64 Rn. 93 weist darauf hin, dass „drohende Taten im weit gespannten Bereich der „mittleren Kriminalität““ ausreichen können.

1256 So auch: Maltry BewHi 2013, 117 (118).

1257 OLG Nürnberg, Beschl. vom 08.05.2014 – 2 Ws 37 – 38/14 –, juris Rn. 33; OLG Rostock NStZ 2011, 521 (522); SSW-StGB/*Jehle/Harrendorf*, § 68b Rn. 16.

1258 OLG Nürnberg, Beschl. vom 08.05.2014 – 2 Ws 37 – 38/14 –, juris Rn. 34.

1259 OLG Stuttgart Justiz 2016, 36 (39); OLG München, Beschl. vom 24.06.2015 – 1 Ws 405 – 407/15 –, juris Rn. 48.

1260 Zu § 63 StGB: BVerfG NJW 2012, 513 (514); BGH NStZ-RR 2013, 145 (147); HK-GS/*Braasch*, StGB, § 63 Rn. 11.

1261 KG Berlin NStZ-RR 2014, 175 (176).

1262 Kritisch zu der praktischen Durchführbarkeit der Differenzierung: Frisch, S. 8 ff.; Sterng, Rn. 409.

1263 Für § 66 Abs. 1 S. 1 Nr. 4 StGB stellen auf das ernsthafte Erwarten künftiger Straftaten ab: BGH NStZ 2007, 464 (464); S/S/*Kinzig*, StGB, § 66 Rn. 39. Ähnlich: LK-StGB/ Rissing-van Sann/Peglau, § 66 Rn. 204, die von „ernsthaft zu besorgen“ sprechen.

Wahrscheinlichkeit besteht, dass die Weisungsadressaten erneut straffällig werden.[1264]

d. § 68b Abs. 1 S. 3 Nr. 4 StGB

Vierte und letzte Anordnungsvoraussetzung ist, dass die elektronische Aufenthaltsüberwachung erforderlich ist, um die Weisungsadressaten, durch die Möglichkeit der Datenverwendung nach § 463a Abs. 4 S. 2 StPO, von der Begehung weiterer Straftaten der in § 66 Abs. 3 S. 1 StGB genannten Art abzuhalten.

(1) Erforderlichkeit der Weisung

§ 68b Abs. 1 S. 3 Nr. 4 StGB verlangt, dass die elektronische Aufenthaltsüberwachung erforderlich und geeignet sein muss, um die Weisungsadressaten von der Begehung weiterer Straftaten der in § 66 Abs. 3 S. 1 StGB genannten Art abzuhalten.[1265] Das ist der Fall, wenn ohne die Kontrolle eine erhöhte Rückfallgefahr der Führungsaufsichtsprobanden besteht. Die Erforderlichkeit wird dabei anhand des erwarteten künftigen Verhaltens der Führungsaufsichtsprobanden bestimmt, weshalb an die Überzeugungsbildung keine überzogenen Anforderungen gestellt werden dürfen.[1266] Daher darf die elektronische Aufenthaltsüberwachung auch angeordnet werden, wenn sie nicht auf bestimmte Gebiete und Örtlichkeiten beschränkt ist.[1267] Selbst bei Beziehungstaten im nichtöffentlichen Raum kann die elektronische Aufenthaltsüberwachung in bestimmten Situationen zulässig sein.[1268] Das gilt insbesondere, wenn die Führungsaufsichtsprobanden planen Straftaten in ihrer eigenen Wohnung zu begehen. Auch in diesem

---

1264 Auf das Kriterium der naheliegenden Gefahr stellen ab (allerdings zu § 64 StGB): LK-StGB/*Schöch*, § 64 Rn. 84; MüKo-StGB/*von Gemmeren*, § 64 Rn. 55. Das OLG München, Beschl. vom 24.06.2015 – 1 Ws 405–407/15 –, juris Rn. 41, stellt nun auch auf eine naheliegende Gefahr ab.

1265 KG Berlin NStZ–RR 2014, 175 (175); OLG Hamm, Beschl. vom 23.07.2013 – III-3 Ws 204/13 –, juris Rn. 19; OLG Nürnberg, Beschl. vom 11.03.2013 -- 1 Ws 307/12 –, juris Rn. 45; Fischer, StGB, § 68b Rn. 19.

1266 OLG München, Beschl. vom 24.06.2015 – 1 Ws 405–407/15 –, juris Rn. 51; OLG Hamburg, Beschl. vom 05.11.2013 – 2 Ws 190/13 –, juris Rn. 87.

1267 OLG Bamberg StV 2012, 737 (740); OLG Rostock NStZ 2011, 521 (522); Brauneisen StV 2011, 311 (312); Haverkamp/Schwedler/Wößner R&P 2012, 9 (11); MüKo-StGB/*Groß*, § 68b Rn. 24; S/S/*Kinzig*, StGB, § 68b Rn. 14c.

1268 OLG Nürnberg, Beschl. vom 11.03.2013 – 1 Ws 307/12 –, juris Rn. 47; SSW-StGB/*Jehle/Harrendorf*, § 68b Rn. 16. Allerdings können die Gerichte von der Anordnung der Weisung ermessensfehlerfrei absehen (OLG Dresden NStZ–RR 2015, 208 (209)).

Fall wird ihnen mit Hilfe der Weisung bewusst gemacht, dass ihr Aufenthaltsort zur Tatzeit nachvollzogen werden kann, wodurch sie davon abgehalten werden sollen die geplanten Taten zu begehen.[1269]

(2) Verwertung der Daten, § 463a Abs. 4 S. 2 Nr. 1-2, 4 StPO

Die Rechtsgrundlage für die Erhebung und Speicherung der durch die elektronische Aufenthaltsüberwachung gewonnenen Daten findet sich in § 463a Abs. 4 S. 1 StPO.[1270] § 463a Abs. 4 S. 2 StPO führt fünf Zwecke auf, zu deren Verwirklichung die durch die Aufenthaltsüberwachung gewonnenen Erkenntnisse verwertet werden dürfen. Ziel von § 463a Abs. 4 S. 2 StPO ist es, die Verwertungsmöglichkeiten der durch die elektronische Aufenthaltsüberwachung gesammelten Daten zu begrenzen.

Die Daten dürfen gem. § 463a Abs. 4 S. 2 Nr. 1 StPO zur Feststellung verwendet werden, ob gegen eine auf Grundlage von § 68b Abs. 1 S. 1 Nr. 1, 2, 12 StGB angeordnete Mobilitätsbeschränkung oder ein Ortsverbot verstoßen wurde. Darüber hinaus ist die Verwendung der Daten zulässig um zu prüfen, ob die Weisungsadressaten die zur Aufenthaltsüberwachung notwendigen elektronischen Geräte ständig in betriebsbereitem Zustand bei sich geführt haben, ohne ihre Funktionsfähigkeit zu beeinträchtigen. Das schließt die Befugnis ein mit Hilfe der Daten zu prüfen, ob die zur Überwachung notwendigen Geräte funktionsfähig sind.[1271] Hierdurch soll überprüfbar gemacht werden, ob die überwachten Führungsaufsichtsprobanden tatsächlich gegen die ihnen auferlegten Weisungen verstoßen haben, oder ob dem festgestellten Weisungsverstoß lediglich ein technischer Fehler zugrunde lag.

§ 463a Abs. 4 S. 2 Nr. 2 StPO lässt die Verwertung der Daten zu, um den an der Durchführung der Führungsaufsicht beteiligten Stellen zu ermöglichen, auf Weisungsverstöße zu reagieren und Abwehrmaßnahmen zu treffen. Die Aufsichtsstellen haben beispielsweise die Möglichkeit nachträglich die zusätzliche Anordnung von Weisungen oder die Abänderung von bereits angeordneten Führungsaufsichtsweisungen nach § 68d Abs. 1 StGB zu beantragen. Eine weitere Möglichkeit auf Weisungsverstöße zu reagieren besteht darin die Führungsaufsichtsprobanden stärker zu betreuen und gegebenenfalls zu überwachen.[1272]

1269 Kritisch zur präventiven Wirkung der Weisung: Haverkamp/Schwedler/Wößner R&P 2012, 9 (15 f.).

1270 SK-StPO/*Paeffgen*, § 463a Rn. 8e.

1271 KMR-StPO/*Stöckel*, § 463a Rn. 17.

1272 KG Berlin NStZ–RR 2014, 175 (175).

Die Verwertung der Daten darf gem. § 463a Abs. 4 S. 2 Nr. 4 StPO zudem erfolgen, wenn erhebliche gegenwärtige Gefahren für das Leben, die körperliche Unversehrtheit, die persönliche Freiheit oder die sexuelle Selbstbestimmung Dritter abgewehrt werden müssen. Die Verwertungsmöglichkeit der Daten dient nach § 463a Abs. 4 S. 2 Nr. 4 StPO dazu die Begehung künftiger Straftaten präventiv zu verhindern.[1273] Mit Hilfe der durch die Aufenthaltsüberwachung gewonnenen Erkenntnisse haben die Aufsichtsstellen die Möglichkeit, Fehlentwicklungen zu erkennen, um die Begehung neuer Katalogtaten zu verhindern. Die Behörden sollen bei einer akuten Gefährdungslage in die Lage versetzt werden, rechtzeitig zur Gefahrenabwehr einzuschreiten.[1274]

(3) Der Grundsatz der Selbstbelastungsfreiheit (§ 463a Abs. 4 S. 2 Nr. 3, 5 StPO)

Bedenken gegen die Verwertung der durch die Aufenthaltsüberwachung gewonnenen Daten in einem Strafverfahren bestehen hingegen, wenn die Daten gem. § 463a Abs. 4 S. 2 Nr. 3 StPO verwendet werden sollen, um Verstöße gegen Weisungen nach § 68b Abs. 1 S. 1 Nr. 1, 2, 12 StGB strafrechtlich zu ahnden. Gleiches gilt, wenn die Daten gem. § 463a Abs. 4 S. 2 Nr. 5 StPO zur Verfolgung von Straftaten der in § 66 Abs. 3 S. 1 StGB genannten Art oder zur Ahndung unterschwelliger Taten verwendet werden sollen.[1275]

Diese Problematik deckt sich mit der bei § 68b Abs. 1 S. 1 Nr. 10 Alt. 2 StGB diskutierten, weist allerdings auch weitere Besonderheiten auf, aus denen die problematischen Folgen eines Beweisverwertungsverbots besonders deutlich werden.

1273 SK-StPO/*Paeffgen*, § 463a Rn. 8e bezeichnet diese präventiv polizeiliche Zielsetzung als in der StPO nicht regelungsfähig.

1274 Als Anwendungsfall wird die Situation genannt, in der die Führungsaufsichtsprobanden der Kindesentführung verdächtigt werden: KMR-StPO/*Stöckel*, § 463a Rn. 18. Die elektronische Aufenthaltsüberwachung kann den Behörden dabei helfen, den aktuellen Aufenthaltsort des Weisungsadressaten festzustellen. Selbst wenn die zur Überwachung notwendigen Geräte beeinträchtigt wurden, können anhand der früheren Aufenthaltsorte Rückschlüsse auf den aktuellen Aufenthaltsort gezogen werden, um so die erneute Begehung von Straftaten zu verhindern.

1275 Die Verwertung ist auch zulässig, wenn sich die begangene Straftat, innerhalb derselben prozessualen Tat ex post als unterschwellig herausstellt. Das gilt jedenfalls dann, wenn sich der Tatverdacht im Zeitpunkt des Datenabrufs (ex ante) auf eine Tat der in § 66 Abs. 3 S. 1 StGB genannten Art bezogen hat. Vgl. hierzu die grundsätzlichen Ausführungen von: Allgayer/Klein wistra 2010, 130 (131 f.); Graf, StPO, § 463a Rn. 12.

Auf Grundlage von § 68b Abs. 1 S. 1 Nr. 12 StGB können die Weisungsadressaten dazu verpflichtet werden, den Transmitter in betriebsbereitem Zustand bei sich zu führen. An der Erfüllung dieser Verpflichtung müssen die Führungsaufsichtsprobanden aktiv mitwirken, in dem sie den Transmitter bei sich tragen und regelmäßig aufzuladen haben. Eine unzulässige Selbstbelastung droht, da die Führungsaufsichtsprobanden durch die Mitwirkung an der elektronischen Aufenthaltsüberwachung bei der Sammlung von Daten helfen, die dann Grundlage ihrer späteren strafrechtlichen Verurteilung werden können.

Auch wenn § 68b Abs. 1 S. 1 Nr. 12 StGB selbst nicht gegen den „nemo-tenetur-Grundsatz" verstößt, könnten zumindest die durch die Aufenthaltsüberwachung gewonnen Daten in einem sich hieran anschließenden Strafverfahren unverwertbar sein. Der Gesetzgeber selbst geht davon aus, dass die durch die Aufenthaltsüberwachung gewonnenen Erkenntnisse in diesen Fällen einer strafrechtlichen Verurteilung zugrunde gelegt werden dürfen. Durch die Verwertung der erhobenen Daten sollen die Weisungsadressaten zum einen spezialpräventiv von der Begehung weiterer erheblicher Straftaten abgehalten werden. Zum andern sollen die Daten zur Aufklärung und Verfolgung von Straftaten verwendet werden dürfen, wenn es um besonders schwere Straftaten der in § 66 Abs. 3 S. 1 StGB genannten Art und solche nach § 145a StGB geht.[1276] Hierfür spricht auch, dass die elektronische Aufenthaltsüberwachung lediglich einen Annex zu den Primärweisungen Mobilitätsbeschränkung und Aufenthaltsverbot darstellt.[1277]

Neben diesen bereits im Rahmen von § 68b Abs. 1 S. 1 Nr. 10 Alt. 2 StGB vorgebrachten Argumenten, besteht die Besonderheit, dass die Anordnungsvoraussetzungen des § 68b Abs. 1 S. 3 StGB regelmäßig nicht vorliegen würden, wenn die gewonnen Daten unverwertbar wären. § 68b Abs. 1 S. 3 Nr. 4 StGB gestattet die Anordnung der elektronischen Aufenthaltsüberwachung nur, wenn sie erforderlich und geeignet ist, um die Führungsaufsichtsprobanden durch die Datenverwendung von der Begehung weiterer Straftaten der in § 66 Abs. 3 S. 1 StGB genannten Art abzuhalten. Voraussetzung für die Anordnung ist damit, dass die Weisung geeignet ist, das Entdeckungsrisiko eventuell begangener Straftaten objektiv zu erhöhen, wenn die Weisungsadressaten erneut straffällig werden sollten. Durch die Aufenthaltsüberwachung wird den Weisungsadressaten bewusst gemacht, dass ihr Aufenthaltsort nachvollzogen werden kann. Hierdurch soll die innere psychische Schwelle, erneut Straftaten zu begehen, erhöht werden.[1278]

1276 Vgl. hierzu § 463a Abs. 4. S. 2 Nr. 3, 5 StPO.

1277 Vgl. hierzu Gliederungspunkt § 5 D. X. 2. b. (1).

1278 OLG München, Beschl. vom 24.06.2015 – 1 Ws 405–407/15 –, juris Rn. 52.

Wenn die Weisungsadressaten nun aber wissen, dass die Daten weder zur Ahndung von Weisungsverstößen nach § 145a StGB, noch von sonstigen Straftaten der in § 66 Abs. 3 S. 1 StGB genannten Art, verwendet werden dürfen, wird die Aufenthaltsüberwachung in den seltensten Fällen geeignet sein, die Führungsaufsichtsprobanden von der erneuten Begehung von Straftaten abzuhalten. Auch wenn die Möglichkeit bestehen bleibt die Daten für Maßnahmen nach § 463a Abs. 4 S. 2 Nr. 1, 2, 4 StPO zu verwenden, werden sich die in der Regel hafterfahrenen Führungsaufsichtsprobanden durch die Weisung kaum davon beeindrucken lassen. Die Möglichkeit die Daten zur Feststellung von Weisungsverstößen (§ 463a Abs. 4 S. 2 Nr. 1 StPO), zu dem Ergreifen von Maßnahmen der Führungsaufsicht (§ 463a Abs. 4 S. 2 Nr. 2 StPO) oder zur Abwehr von erheblichen gegenwärtigen Gefahren für bestimmte Rechtsgüter (§ 463a Abs. 4 S. 2 Nr. 4 StPO) zu verwerten, entfaltet nicht die gleiche abschreckende Wirkung wie eine drohende strafrechtliche Verurteilung. Demnach verlöre die elektronische Aufenthaltsüberwachung einen Großteil ihrer spezialpräventiven Wirkung, wenn die aus ihr gewonnenen Erkenntnisse strafprozessual nicht verwertbar wären. Der für eine Verurteilung nach § 145a StGB erforderliche Weisungsverstoß wird den Weisungsadressaten, ohne die Daten der Aufenthaltsüberwachung, im Regelfall nur schwer nachweisbar sein, solange die Polizei sie nicht auf frischer Tat ertappt.

Folglich hätte das Verbot, die durch die elektronische Aufenthaltsüberwachung gewonnenen Daten zu verwerten, zur Folge, dass die Anordnungsvoraussetzungen des § 68b Abs. 1 S. 3 StGB in den meisten Fällen nicht erfüllt wären und die Weisung nach § 68b Abs. 1 S. 1 Nr. 12 StGB regelmäßig nicht angeordnet werden dürfte.

Im Ergebnis ist festzuhalten, dass die Verwertung der durch die elektronische Aufenthaltsüberwachung gewonnenen Daten, wie auch die Kontrollweisung nach § 68b Abs. 1 S. 1 Nr. 10 Alt. 2 StGB, nicht gegen den Grundsatz der Selbstbelastungsfreiheit verstößt.[1279]

2. *Inhalt der Weisung nach § 68b Abs. 1 S. 1 Nr. 12 StGB*

Die Führungsaufsichtsprobanden können auf Grundlage von § 68b Abs. 1 S. 1 Nr. 12 StGB angewiesen werden, die zur elektronischen Aufenthaltsüberwachung erforderlichen Mittel ständig in betriebsbereitem Zustand bei sich zu führen.[1280] Ausreichend bestimmt ist beispielsweise die Weisung, sich die für die

---

1279 Gegen ein Beweisverwertungsverbot auch: Kaiser, Auf Schritt und Tritt, S. 160.

1280 Ein konkretes Formulierungsbeispiel für die Weisung nach § 68b Abs. 1 S. 1 Nr. 12 StGB gibt: Maltry BewHi 2013, 117 (121 f.).

elektronische Aufenthaltsüberwachung erforderlichen technischen Mittel anlegen zu lassen, diese ständig in betriebsbereitem Zustand bei sich zu führen und deren Funktionsfähigkeit nicht zu beeinträchtigen.[1281] Die Führungsaufsichtsprobanden können erkennen, dass sie die Anlegung der elektronischen Fußfessel dulden müssen und sie ständig bei sich zu führen haben. Sowohl die Vorgabe zur Betriebsbereitschaft wie auch die Vorgabe, die Funktionsfähigkeit nicht zu beeinträchtigen, knüpfen an den Gesetzeswortlaut an. Die Weisungsadressaten trifft die Pflicht, das Gerät in einem hinreichend aufgeladenen Zustand zu halten oder aber die Energieversorgung auf sonstige Art und Weise sicherzustellen.[1282] In der Praxis wird am häufigsten dadurch gegen § 68b Abs. 1 S. 1 Nr. 12 StGB verstoßen, dass der Akku des Trackers nicht ausreichend geladen ist.[1283] Darüber hinaus können die Weisungsadressaten anhand der Formulierung erkennen, dass sie das Gerät weder manipulieren noch beschädigen dürfen.[1284]

Zudem sind die die Führungsaufsicht ausgestaltenden Gerichte verpflichtet, die Dauer der elektronischen Aufenthaltsüberwachung selbst festzulegen.[1285] Diese Entscheidung darf weder der Aufsichtsstelle, dem Bewährungshelfer noch der forensischen Ambulanz überlassen werden.[1286] Enthält die Weisung keine zeitliche Begrenzung der Geltungsdauer, führt dies jedoch nicht automatisch zu ihrer Unwirksamkeit.[1287] Wie bereits dargestellt, hat das Fehlen einer zeitlichen Begrenzung lediglich zur Folge, dass die Weisung für die komplette Dauer der Führungsaufsicht gilt.[1288] Bei § 68b Abs. 1 S. 1 Nr. 12 StGB besteht darüber hinaus die Besonderheit, dass durch die in § 68d Abs. 2 S. 1 StGB normierte gesetzliche Höchstfrist von zwei Jahren eine regelmäßige gerichtliche Überprüfung der Weisung sichergestellt ist.[1289]

Nicht geregelt ist hingegen, ob die Wohnung der Führungsaufsichtsprobanden betreten werden darf, um die für die elektronische Aufenthaltsüberwachung nötige Infrastruktur, insbesondere die sog. „Home-Unit", zu installieren und im Fall von technischen Defekten, Reparaturen durchzuführen. Die Home-Unit gewährleistet, dass die Wohnung, wie von § 462a Abs. 4 S. 1 HS 2, Abs. 7,

---

1281 OLG Hamburg, Beschl. vom 05.11.2013 – 2 Ws 190/13 –, juris Rn. 98.
1282 BT-Drucks. 17/3403, S. 36.
1283 Bräuchle, S. 119.
1284 BT-Drucks. 17/3403, S. 36.
1285 OLG Rostock NStZ 2011, 521 (522 f.).
1286 OLG Rostock NStZ 2011, 521 (522 f.); SSW-StGB/*Jehle/Harrendorf*, § 68b Rn. 16.
1287 OLG Hamm, Beschl. vom 21.06.2012 – III-2 Ws 190-191/12 –, juris Rn. 95 f.
1288 Vgl. hierzu Gliederungspunkt § 5 C. II. 1. d.
1289 OLG Hamm, Beschl. vom 21.06.2012 – III-2 Ws 190-191/12 –, juris Rn. 75.

Abs. 8 StPO gefordert, ein erhebungsfreier Raum bleibt und lediglich eine Präsensfeststellung vorgenommen wird, ohne dass jedoch GPS Daten erhoben werden.

§ 68b Abs. 1 S. 1 Nr. 12 StGB selbst enthält kein solches Betretungsrecht, da dort lediglich die Durchführung der elektronischen Aufenthaltsüberwachung geregelt wird, nicht aber deren Installation. Ebenso wenig kann aus der Norm eine Annexkompetenz zu dem Betreten der Wohnung abgeleitet werden.[1290] Alleine das Bedürfnis die Wohnung zu betreten, rechtfertigt es nicht sie ohne oder gegen den Willen der Führungsaufsichtsprobanden zu betreten. Es ist eine der Schwierigkeiten der Führungsaufsicht, dass die Einhaltung der Weisungen nicht unmittelbar erzwungen werden kann, sondern nur mit der drohenden strafrechtlichen Sanktionierung mittelbar Druck ausgeübt werden kann. Die Weisungsadressaten können daher lediglich auf Grundlage von § 68b Abs. 2 StGB angewiesen werden, eine Home-Unit in ihrer Wohnung aufzustellen und an der Beseitigung von Störungen durch den Vor-Ort-Service mitzuwirken.[1291]

Wann die Weisung den Weisungsadressaten zugemutet werden kann, muss anhand der besonderen Umstände des Einzelfalls und der besonderen Verhältnisse und Interessen der Führungsaufsichtsprobanden ermittelt werden.[1292] Es muss jedenfalls berücksichtigt werden, dass durch die elektronische Aufenthaltsüberwachung tief in das Recht der Führungsaufsichtsprobanden auf informationelle Selbstbestimmung (Art. 2 Abs. 1 GG in Verbindung mit Art. 1 Abs. 1 GG[1293]) eingegriffen wird.[1294] Das gilt, obwohl durch die kurzen Speicherfristen der gewonnen Daten und dadurch, dass die Wohnung der Führungsaufsichtsprobanden zu einem erhebungsfreien Raum erklärt worden ist, eine verfassungswidrige Rundumüberwachung vermieden werden soll.[1295].

1290 Im Ergebnis zustimmend: Brauneisen StV 2011, 311 (313).

1291 OLG Saarbrücken, Beschl. vom 02.10.2013 – 1 Ws 160/13, 1 Ws 194/13 –, juris Rn. 53; OLG Nürnberg, Beschl. vom 11.03.2013 -- 1 Ws 307/12 –, juris Rn. 52; OLG Bamberg StV 2012, 737 (740).

1292 OLG Saarbrücken, Beschl. vom 02.10.2013 – 1 Ws 160/13, 1 Ws 194/13 –, juris Rn. 51.

1293 Das Recht auf informationelle Selbstbestimmung wird von dem Bundesverfassungsgericht aus Art. 2 Abs. 1 i.V.m Art. 1 Abs. 1 GG abgeleitet: BVerfGE 65, 1 (41 ff.).

1294 An dem die Wohnung zum erhebungsfreien Raum erklärenden § 463a Abs. 4 S. 2 StPO wird insofern kritisiert, dass das Dilemma zwischen dem Recht der Überwachten auf informationelle Selbstbestimmung und dem Schutz der Allgemeinheit nur unbefriedigend gelöst wird: S/S/*Kinzig*, StGB, § 68b Rn. 14c; SK-StGB/*Sinn*, § 68b Rn. 16.

1295 BT-Drucks. 17/3403, S. 18; SSW-StGB/*Jehle/Harrendorf*, § 68b Rn. 16.

Die die Führungsaufsicht ausgestaltenden Gerichte stehen somit vor der Herausforderung, den Grundrechtseingriff und das Sicherheitsbedürfnis der Allgemeinheit in einen gerechten und vertretbaren Ausgleich zu bringen.[1296] Dabei ist zu beachten, dass auch die elektronische Aufenthaltsüberwachung in einem Mindestmaß stützend wirken muss.[1297]

Weiterhin muss berücksichtigt werden, dass die Lebensführung der Weisungsadressaten nicht allein deswegen beeinträchtigt werden darf, weil sie geringfügige Straftaten begangen haben, oder weil sie von der Begehung unbedeutender Straftaten abgehalten werden sollen.[1298] Bei der Abwägung ist außerdem zu berücksichtigen, dass die Eingriffsintensität der Überwachung umso intensiver wird, je länger die Führungsaufsicht andauert.[1299] Hieraus folgt, dass das Interesse der Allgemeinheit an der Überwachung umso schwerer wiegen muss, je länger die Führungsaufsicht andauert. Ein Abwägungskriterium sind die im Fall eines Rückfalls bedrohten Rechtsgüter potentieller Opfer.[1300] Je höherwertig die gefährdeten Rechtsgüter dritter Personen sind, umso mehr darf den Weisungsadressaten zugemutet werden. Ebenfalls berücksichtigt werden darf, wenn die Führungsaufsichtsprobanden im Straf- oder Maßregelvollzug die Durchführung einer Therapie verweigert haben und die von ihnen ausgehende Gefahr deswegen weiterhin besteht.[1301] Dennoch ist die Weisung die Fußfessel bereits im Straf- oder Maßregelvollzug zu tragen unverhältnismäßig.[1302] Die Allgemeinheit hat jedenfalls solange kein schützenswertes Interesse daran, dass der Aufenthalt der Führungsaufsichtsprobanden überwacht wird, wie sie sich im geschlossenen Straf- oder Maßregelvollzug befinden.

Da die Führungsaufsichtsprobanden die Fußfessel ständig tragen, das heißt ununterbrochen bei sich führen müssen, dürfen von den zur Aufenthaltsüberwachung verwendeten Geräten keine unzumutbaren gesundheitlichen oder beruflichen Beeinträchtigungen ausgehen.[1303] Diese Voraussetzung ist jedenfalls

1296 OLG München, Beschl. vom 24.06.2015 – 1 Ws 405-407/15 –, juris Rn. 56.

1297 OLG Bamberg StV 2012, 737 (740).

1298 OLG Nürnberg, Beschl. vom 11.03.2013 -- 1 Ws 307/12 –, juris Rn. 55; OLG Bamberg StV 2012, 737 (740).

1299 OLG Stuttgart Justiz 2016, 36 (40); OLG Nürnberg, Beschl. vom 08.05.2014 – 2 Ws 37-38/14 –, juris Rn. 34.

1300 OLG Hamburg, Beschl. vom 05.11.2013 – 2 Ws 190/13 –, juris Rn. 104; OLG Hamm, Beschl. vom 23.07.2013 – III-3 Ws 204/13 –, juris Rn. 21.

1301 OLG Nürnberg, Beschl. vom 11.03.2013 – 1 Ws 307/12 –, juris Rn. 56; OLG Bamberg StV 2012, 737 (740).

1302 OLG Nürnberg, Beschl. vom 17.09.2012 – 2 Ws 390/12 –, juris.

1303 OLG Bamberg StV 2012, 737 (740); OLG Hamburg StraFo 2011, 525 (526).

dann erfüllt, wenn die von dem Transmitter ausgehende Strahlenbelastung nicht höher ist, als die von einem Mobiltelefon ausgehenden.[1304] Die Geräte müssen außerdem technisch so beschaffen sein, dass sie bei Nässe funktionieren.

Zudem müssen die Geräte so konstruiert sein, dass im Alltag nicht für jeden sofort erkennbar ist, dass die Führungsaufsichtsprobanden Fußfesselträger sind.[1305] Eine unzulässige Stigmatisierung läge beispielsweise vor, wenn der zur Überwachung notwendige Transmitter an einer Stelle des Körpers befestigt wäre, an der er auf den ersten Blick auffallen würde.[1306] Die Pflicht eine Fußfessel zu tragen, die unter einer langen Hose verstreckt werden kann, ist hingegen keine unzulässige öffentliche Bloßstellung. Hieran ändert auch der Umstand nichts, dass die Fußfessel bei dem Tragen von kurzer Sommerkleidung von Dritten erkannt werden kann. Bei der Wahl ihrer Kleidung sind die Führungsaufsichtsprobanden frei und können hierdurch beeinflussen, ob sie sich so kleiden, dass jemand von der Überwachung erfährt.[1307] Alleine die Möglichkeit, dass die elektronische Fußfessel von Dritten zufällig entdeckt werden kann, ändert nichts an ihrer Zulässigkeit, da dies dem Bereich des allgemeinen Lebensrisikos zuzuordnen ist. Besonders deutlich wird diese Zuordnung daran, dass auch ein unangekündigter Besuch des Bewährungshelfers in der Wohnung der Weisungsadressaten zur Folge haben kann, dass Dritte von der Überwachung erfahren.[1308] Das Risiko der zufälligen Entdeckung der Überwachungsmaßnahmen kann den Weisungsadressaten weder bei dem persönlichen Besuch eines Bewährungshelfers noch bei dem Tragen eines Transmitters, der der elektronischen Aufenthaltsüberwachung dient, abgenommen werden.

E. Das Strafantragserfordernis nach § 145a S. 2 StGB

Zu beachten ist weiterhin, dass § 145a StGB als absolutes Antragsdelikt ausgestaltet ist. Weisungsverstöße können nur strafrechtlich verfolgt werden, wenn

1304 MüKo-StGB/*Groß*, § 68b Rn. 24.

1305 MüKo-StGB/*Groß*, § 68b Rn. 24; NK-StGB/*Ostendorf*, § 68b Rn. 19a. Vgl. auch Harders, S. 108 und Laun, S. 167, die darauf hinweisen, dass Stigmatisierungseffekte auf Grund der geringen Größe der Fußfessel gering sind. Mayer, S. 269 weist daraufhin, dass im untersuchten Modellprojekt der Sender am Fuß von nicht eingeweihten Dritten selten gesehen wurde.

1306 Unzulässig wäre es beispielsweise den Transmitter am Kopf oder am Hals zu befestigen.

1307 Haverkamp, S. 192; Wittstamm, S. 113 zum elektronischen Hausarrest.

1308 Laun, S. 168, weist in diesem Zusammenhang darauf hin, dass auch bei der Entlassung aus dem Strafvollzug die Gefahr besteht dabei beobachtet zu werden.

die Aufsichtsstellen zuvor einen Strafantrag nach § 145a S. 2 StGB gestellt haben. Weder die Staatsanwaltschaft noch die von der Weisung geschützten Personen haben die Möglichkeit, die Einleitung eines Strafverfahrens zu erzwingen, solange sich die Aufsichtsstellen dazu entschließen, von ihrem Strafantragsrecht keinen Gebrauch zu machen.

I. Verfassungsmäßigkeit des Antragserfordernisses nach § 145a S. 2 StGB

Dass § 145a StGB als Antragsdelikt ausgestaltet wurde, ist das Ergebnis einer Kompromissentscheidung.[1309] Bereits während des der Einführung von § 145a StGB vorausgehenden Gesetzgebungsverfahrens waren sich die Beteiligten der Schwierigkeiten bewusst, die die Einführung des Straftatbestands zur Folge haben könnte.[1310] Daher wurde die ursprünglich als Offizialdelikt ausgestaltete Norm in ein Antragsdelikt umgewandelt. Für die Aufsichtsstellen hat dies den Vorteil, dass sie den Führungsaufsichtsprobanden mit der Stellung eines Strafantrags drohen können, um auf sie einzuwirken und sie zur Resozialisierung zu motivieren. Zudem soll das Strafantragserfordernis eine Filterfunktion erfüllen. Durch § 145a S. 2 StGB soll gewährleistet werden, dass nur bedeutsame Zuwiderhandlungen gegen Weisungen strafrechtlich geahndet werden.[1311]

All das ändert aber nichts daran, dass den Aufsichtsstellen durch § 145a S. 2 StGB eine besondere Verantwortung eingeräumt wird, da es von ihrer Entscheidung abhängt, ob die Strafverfolgung von Weisungsverstößen erfolgt. Das den Aufsichtsstellen eingeräumte Ermessen wird insbesondere deshalb als problematisch angesehen, weil die Gerichte an sachwidrig gestellte Strafanträge gebunden sind.[1312] Kritisiert wird zudem, dass den Aufsichtsstellen keine näheren gesetzlichen Maßstäbe an die Hand gegeben worden sind, anhand derer ermittelt werden kann, in welchen Situationen sie von ihrem Recht, einen Strafantrag zu stellen, Gebrauch machen sollen.[1313] Hieran wird bemängelt, dass die Aufsichtsstellen an die Stelle des Gesetzgebers gerückt werden sollen.[1314]

1309 Hiervon berichtet: Floerecke, S. 140 f.

1310 Im Gesetzgebungsverfahren wurde beispielsweise vorgeschlagen das Rechtsinstitut sanktionslos aufzubauen: Jescheck, Niederschriften, Band 3, S. 237.

1311 Vgl. BT-Drucks. V/4095, S. 46. Zudem kann das Antragserfordernis eine Entlastungsfunktion haben: Kett-Straub JA 2011, 694 (695).

1312 NK-StGB/*Schild/Kretschmer*, 4. Auflage, § 145a Rn. 8.

1313 LK-StGB/*Roggenbuck*, § 145a Rn. 30.

1314 LK-StGB/*Roggenbuck*, § 145a Rn. 30.

1. Vereinbarkeit von § 145a S. 2 StGB mit dem Offizialprinzip

Fraglich ist, ob es mit dem in § 152 Abs. 1 StPO zum Ausdruck kommenden Offizialprinzip vereinbar ist die Strafverfolgung davon abhängig zu machen, dass zuvor ein Strafantrag gestellt wird.[1315] Durch das Offizialprinzip wird gewährleistet, dass die Strafverfolgung dem Staat, und nicht dem einzelnen Bürger, obliegt.[1316] Wenn die Strafverfolgung nun alleine dem Staat obliegen soll, ist es zweifelhaft, ob Strafantragserfordernisse mit dem staatlichen Strafmonopol vereinbar sind. Hieran kann kritisiert werden, dass letztlich das individuelle Genugtuungsinteresse der Strafantragsberechtigten darüber entscheidet, ob die Strafverfolgung erfolgt, wodurch zugleich der Rechtsgüterschutz relativiert werden soll.[1317]

Unabhängig von der Frage, ob diese Bedenken grundsätzlich berechtigt sind, können sie auf Grund der strukturellen Besonderheit des § 145a StGB nicht ohne weiteres auf den Straftatbestand übertragen werden. § 145a S. 2 StGB legt das Antragsrecht nämlich nicht in die Hände von Privatpersonen, sondern überträgt es den Aufsichtsstellen als staatlichen Behörden. Anders als Privatpersonen werden die Aufsichtsstellen nicht zur Wahrung privater Rechte tätig, sondern schreiten von Amts wegen ein, wenn sie eine Strafverfolgung für erforderlich halten. Da der Staat den Strafanspruch, ohne die Beteiligung privater Dritter, verwirklichen kann, wird das strafprozessuale Offizialprinzip nicht durchbrochen.[1318]

2. Vereinbarkeit von § 145a S. 2 StGB mit dem Legalitätsprinzip

Weiterhin ist zu prüfen, ob das durch § 145a S. 2 StGB eingeräumte Strafantragsrecht mit dem strafprozessualen Legalitätsprinzip (§ 152 Abs. 2 StPO) vereinbar ist. Das Legalitätsprinzip verpflichtet die Staatsanwaltschaft jeden Verdächtigen zu verfolgen, und bei Vorliegen der erforderlichen Voraussetzungen, anzuklagen.[1319] Durch das Legalitätsprinzip soll Gleichheit vor dem Gesetz gewährleistet werden (Art. 3 Abs. 1 GG), der Staat soll zur effektiven Strafverfolgung verpflichtet und der Gerechtigkeit soll im Rahmen des Möglichen zu dem Durchbruch

---

1315 Kritisch zur Durchbrechung des Offizialprinzips: Weigend, Deliktsopfer und Strafverfahren, S. 444 ff.

1316 Meyer-Goßner/Schmitt, StPO, § 152 Rn. 1.

1317 Zipf GA 1969, 234 (240).

1318 Fernholz-Niemeier, S. 93 f.

1319 Meyer-Goßner/Schmitt, StPO, § 152 Rn. 2; SK-StPO/*Weßlau/Deiters*, Vor §§ 151 ff. Rn. 4, der zudem auf die gesetzlichen Ausnahmen vom Legalitätsprinzip hinweist.

verholfen werden.[1320] Die strafprozessuale Verfolgungspflicht besteht allerdings nur insoweit, als dass gesetzlich nicht anderes bestimmt ist. Einschränkungen des Legalitätsprinzips enthalten beispielsweise die §§ 153 ff. StPO, die Privatklagedelikte (§§ 374 ff. StPO) und § 45 JGG.

Problematisch an § 145a S. 2 StGB ist, dass die Aufsichtsstellen durch die Art und Weise, in der sie ihr Antragsrecht ausüben erheblichen Einfluss auf die Praxis der Strafverfolgung ausüben können. Sie können entscheiden, wann und in welchen Situationen sie einen die Strafverfolgung auslösenden Strafantrag stellen. Das kann insbesondere dann zu unbilligen Ergebnissen führen, wenn sich die Aufsichtsstellen weigern von ihrer Befugnis nach § 145a S. 2 StGB Gebrauch zu machen, obwohl es objektiv nötig ist einen Strafantrag zu stellen. Weder die Staatsanwaltschaft noch die Gerichte haben die Möglichkeit die Aufsichtsstelle zu dem Stellen eines Strafantrags zu zwingen. Hieran ändert sich selbst dann nichts, wenn andere Aufsichtsstellen in ähnlichen Situationen von ihrer Befugnis nach § 145a S. 2 StGB im Regelfall Gebrauch machen. Dieser Zustand bereitet, vor allem mit Blick auf das von dem Legalitätsprinzip verfolgte Ziel die Gleichheit vor dem Gesetz zu gewährleisten, Bedenken.

So unbefriedigend diese Situation mit Blick auf die Einheit der Rechtsordnung sein mag, ist sie doch verfassungsrechtlich unbedenklich. Wenn die Aufsichtsstellen das ihnen durch § 145a S. 2 StGB eingeräumte Ermessen ausüben, treten sie den Weisungsadressaten in keinem Über-/ Unterordnungsverhältnis gegenüber. Daher stellen Strafanträge von Behörden keine Verwaltungsakte dar.[1321] Die den Aufsichtsstellen durch § 145a S. 2 StGB eingeräumte Befugnis Strafanträge zu stellen, unterscheidet sich nicht von den Strafantragsrechten, die Privatpersonen eingeräumt worden sind. Folge ist, dass die die Strafanträge stellenden Behörden bei der Ausübung des ihnen eingeräumten Ermessens nicht an Art. 3 Abs. 1 GG gebunden sind.[1322]

Für die Verfassungsmäßigkeit von § 145a S. 2 StGB spricht weiterhin, dass das Strafantragserfordernis die weisungswidrig handelnden Führungsaufsichtsprobanden in der Regel in zweierlei Hinsicht entlastet. Zum einen wirkt sich ein zurückhaltender Gebrauch des Strafantragsrechts zugunsten der Weisungsadressaten aus, gegen die kein Strafverfahren eingeleitet werden kann. Zum

---

1320 Meyer-Goßner/Schmitt, StPO, § 152 Rn. 2.

1321 LK-StGB/*Schmid*, Vor § 77 ff Rn. 8.

1322 LK-StGB/*Schmid*, Vor § 77 ff Rn. 8. Ähnlich: Fischer, StGB, § 77a Rn. 2 (allerdings zu § 77a StGB); a.A. Tiedemann GA 1964, 353 (358).

anderen ermöglicht es § 145a S. 2 StGB bei unbedeutenden Weisungsverstößen von der unverhältnismäßigen Einleitung eines Strafverfahrens abzusehen.[1323]

II. Kriterien für die Ausübung des Antragsrechts

Obwohl § 145a S. 2 StGB keine verfassungsrechtlichen Gründe entgegenstehen, müssen die Aufsichtsstellen bei der Ausübung des ihnen eingeräumten Ermessens besonders sorgsam sein, da sie gem. Art. 20 Abs. 3 GG zu der pflichtgemäßen Ausübung ihres Ermessens verpflichtet sind.

Um eine sachgemäße Ausübung des den Aufsichtsstellen eingeräumten Ermessens zu gewährleisten, könnte es erforderlich sein die Führungsaufsichtsprobanden abzumahnen bevor ein Strafantrag gestellt wird. Das soll jedenfalls dann gelten, wenn die Weisungsverstöße nicht gleichzeitig eine strafbare Handlung anderer Art darstellen.[1324]

Gegen die Annahme eines Abmahnungserfordernisses beziehungsweise eines Anhörungserfordernisses spricht jedoch, dass § 145a S. 2 StGB selbst kein solches Erfordernis kennt. Zudem würde ein zwingendes Anhörungserfordernis zur Folge haben, dass selbst dann nicht unmittelbar ein Strafantrag gestellt werden kann, wenn dies erforderlich wäre, um eine von den Weisungsadressaten ausgehende gegenwärtige erhebliche Gefahr abzuwehren.

Überzeugender ist es daher, dass die Aufsichtsstellen immer dann von ihrem Antragsrecht Gebrauch machen, wenn dies als geeignet, erforderlich und angemessen erscheint, um den Zweck der Maßregel zu erreichen.[1325] Darüber hinaus müssen sie sich im Klaren darüber sein, dass die Antragstellung einen resozialisierungswilligen und resozialisierungsfähigen Führungsaufsichtsprobanden in die Rückfälligkeit drängen kann, wenn der Antrag zur Unzeit gestellt wird. Darüber hinaus müssen sich die Aufsichtsstellen darüber im Klaren sein, dass § 145a StGB die repressive Seite der Führungsaufsicht noch weiter in den Vordergrund rückt und der Resozialisierungsgedanke bei der Entscheidung über die Stellung eines Strafantrags in den Hintergrund gedrängt wird. Im Grundsatz ist es daher richtig, dass die Aufsichtsstellen einen Strafantrag nur als letztes Mittel stellen sollten und dies auch erst, nachdem versucht worden ist, mit sämtlichen anderen Mitteln auf die Führungsaufsichtsprobanden einzuwirken.[1326]

1323 Für die Verfassungsmäßigkeit von § 145a S. 2 StGB: Fernholz-Niemeier, S. 97, Kwaschnik, S. 239 f.

1324 So z.B.: LK-StGB/*Roggenbuck*, § 145a Rn. 32.

1325 Fernholz-Niemeier, S. 99 ff.

1326 OLG Rostock NStZ-RR 2012, 222 (223); LK-StGB/*Roggenbuck*, § 145a Rn. 31; Matt/Renzikowski/*Dietmeier*, StGB, § 145a 10; NK-StGB/*Kretschmer*, § 145a Rn. 27;

Hiermit deckt sich, dass § 145a S. 2 StGB mit dem Ziel eingeführt worden ist, die Strafbarkeit von Weisungsverstößen auf bedeutsame Zuwiderhandlungen zu beschränken.[1327]

Um eine sachgerechte Ausübung des ihnen eingeräumten Ermessens zu garantieren, sollten sich die Aufsichtsstellen daher daran orientieren, welcher Eintrittsgrund der Führungsaufsicht zugrunde liegt. Zudem haben sie die während der Dauer der Führungsaufsicht in Freiheit erfolgte Entwicklung der Führungsaufsichtsprobanden zu berücksichtigen. Dieser Entwicklung kommt umso größere Bedeutung zu, je länger die Entlassung aus dem Vollzug zurückliegt und die Führungsaufsicht andauert. Bei Führungsaufsichtsprobanden, die über eine positive Legalprognose verfügen (§ 67b Abs. 1, § 67c Abs. 1 S. 1 Nr. 1, Abs. 2 S. 4 HS 2; § 67d Abs. 2 S. 1 StGB), steht die Betreuungsfunktion in der Regel im Vordergrund, sodass von dem Strafantragsrecht äußerst zurückhaltend Gebrauch zu machen ist. Vor der Antragstellung sollten die Aufsichtsstellen intensiv versuchen auf die Führungsaufsichtsprobanden einzuwirken. Insbesondere sollte vermieden werden, dass ihre positive Entwicklung in Freiheit ohne zwingenden Grund durch das Stellen eines Strafantrags unterbrochen wird.

Etwas anderes gilt jedoch in all den Fällen, in denen die Weisungsadressaten über eine negative Legalprognose verfügen (§ 67c Abs. 1 S. 1 Nr. 2 StGB, § 67d Abs. 2 S. 2, Abs. 3 S. 1, Abs. 4 S. 1, Abs. 5 S. 1, Abs. 6 S. 1 Alt. 2, § 68f Abs. 1 S. 1 StGB, § 68 Abs. 1 StGB) und die Allgemeinheit durch die Führungsaufsicht vor ihnen geschützt werden muss. In diesen Fällen steht regelmäßig der Überwachungsaspekt der Maßregel im Vordergrund, sodass den Sicherheitsinteressen der Allgemeinheit bei der Ermessensausübung besondere Bedeutung zukommt. Daher kann es Fälle geben, in denen das sofortige Stellen eines Strafantrags erforderlich ist, ohne dass zuvor sämtliche zur Verfügung stehenden Einwirkungsmöglichkeiten ausgeschöpft worden sein müssen.

Unabhängig von dem Anordnungs- oder Eintrittsgrund der Führungsaufsicht sollte weiterhin davon abgesehen werden einen Strafantrag zu stellen, wenn auf Weisungsverstöße mit dem Widerruf der Strafaussetzung beziehungsweise dem der Unterbringung zur Bewährung reagiert werden kann.[1328] Gleiches gilt, wenn

---

S/S/*Sternberg-Lieben*, StGB, § 145a Rn. 11; SK-StGB/*Wolters*, § 145a Rn. 19. Kritisch zur Ausübung des Strafantragsrechts in der Praxis: OLG Dresden StV 2015, 699 (702).

1327 BT-Drucks. V/4095, S. 46.

1328 Lackner/Kühl, StGB, § 145a Rn. 6. Eine Bestrafung für unzulässig halten hingegen: LK-StGB/*Schneider*, § 68a Rn. 25; NK-StGB/*Ostendorf*, § 68a Rn. 21; S/S/*Sternberg-Lieben*, StGB, § 145a Rn. 12.

eine Verurteilung aus tatsächlichen und rechtlichen Gründen nicht zu erwarten ist.[1329] Fällt die anfängliche vorliegende Gefährdung des Maßregelzwecks nach der Antragstellung weg, haben die Aufsichtsstellen zudem zu prüfen, ob der zuvor gestellte Strafantrag gem. § 77d StGB nachträglich zurückgenommen werden kann.[1330]

In der Praxis wird das Problem unsachgemäßer Strafanträge dadurch entschärft, dass bereits vor der Antragstellung eine zweifache Filterung erfolgt. In der Regel erfährt die Bewährungshilfe, die am meisten Kontakt mit den Führungsaufsichtsprobanden hat, zuerst von begangenen Weisungsverstößen.[1331] Die Bewährungshelfer informieren die Aufsichtsstellen nicht über jeden Weisungsverstoß, um das Vertrauensverhältnis zu den Führungsaufsichtsprobanden nicht vorschnell zu zerstören.[1332] Selbst, wenn sich die Bewährungshelfer zur Weitergabe der Informationen an die Aufsichtsstellen entschließen, kommt es nicht automatisch zur Stellung eines Strafantrags. Auch die Aufsichtsstellen versuchen regelmäßig verhaltenssteuernd auf die Weisungsadressaten einzuwirken, bevor auf § 145a S. 2 StGB zurückgegriffen wird.[1333] Konsequenz hieraus ist, dass die Aufsichtsstellen in der Praxis von dem Strafantragsrecht äußerst zurückhaltend Gebrauch machen.[1334]

III. Die Anhörung des Bewährungshelfers, § 68a Abs. 6 StGB

Gem. § 68a Abs. 6 HS 1 StGB haben die Aufsichtsstellen die Bewährungshilfe anzuhören, bevor sie einen Strafantrag stellen. Mit der Verpflichtung die Bewährungshilfe anzuhören, bevor ein Strafantrag gestellt wird, verfolgt der Gesetzgeber eine doppelte Zielsetzung. Zum einen soll sichergestellt werden, dass die von der Bewährungshilfe vorgebrachten Gesichtspunkte in ausreichendem Maß Berücksichtigung finden.[1335] Zum anderen soll der Stellung von Strafanträgen

---

1329 LK-StGB/*Roggenbuck*, § 145a Rn. 32.

1330 LK-StGB/*Roggenbuck*, § 145a Rn. 25, 29. NK-StGB/*Kretschmer*, § 145a Rn. 27 geht davon aus, dass der Strafantrag zurückgenommen werden „muss".

1331 Anders jedoch, wenn die Polizei von den Weisungsverstößen Kenntnis erhält. Diese informiert hierüber in erster Linie die Aufsichtsstellen. Vgl. hierzu die Umfrage von: Kammermeier BewHi 2016, 73 (79).

1332 Floerecke, Was leistet die Führungsaufsicht? S. 51 (70); Floerecke, S. 144.

1333 Floerecke, S. 144 f.

1334 Floercke, S. 141 ff.; Kurze, S. 478 ff.; Morgenstern/Hecht, BewHi 2011, 177 (193); Neubacher ZStW 118 (2006), 855 (874).

1335 LK-StGB/*Roggenbuck*, § 145a Rn. 29.

entgegengewirkt werden, die dem präventiven Zweck der Maßregel Führungsaufsicht zuwiderlaufen.[1336]

1. Anhörung als Wirksamkeitsvoraussetzung des Strafantrags

In Rechtsprechung und Literatur ist in diesem Zusammenhang allerdings umstritten, ob die Anhörung der Bewährungshilfe eine Wirksamkeitsvoraussetzung des Strafantrags ist.

Wenn die in § 68a Abs. 6, Abs. 7 S. 2 StGB normierte Kooperationspflicht von Aufsichtsstelle, Bewährungshelfer und forensischer Ambulanz erzwingbar gemacht werden soll, spricht dies dafür die Anhörung der Bewährungshilfe als Wirksamkeitsvoraussetzung des Strafantrags einzuordnen.[1337] An der Unwirksamkeit, eines ohne vorheriger Anhörung der Bewährungshilfe gestellten Strafantrags soll sich dabei selbst dann nichts ändern, wenn die Anhörung des zuständigen Bewährungshelfers nach der Antragstellung nachgeholt wird.[1338]

Die große Bedeutung, die der Gesetzgeber dem Anhörungserfordernis einräumt, soll sich daran zeigen, dass der der Antragstellung vorausgehende innerbehördlichen Informationsaustausch im Gesetz selbst geregelt worden ist.[1339] Insoweit wird die Stellung des Bewährungshelfers in der Gesamtkonzeption der Führungsaufsicht als zentral bezeichnet.[1340] Teleologisch spricht für die Einordnung der Anhörung als Wirksamkeitsvoraussetzung des Strafantrags zudem, dass durch die Anhörung des Bewährungshelfers die Qualität der Entscheidung nach § 145a S. 2 StGB deutlich erhöht werden kann. Der Bewährungshelfer kennt die Führungsaufsichtsprobanden in der Regel besser als die Mitarbeiter der Aufsichtsstelle. Ohne die Anhörung der Bewährungshilfe soll die Aufsichtsstelle nicht in der Lage sein zu bewerten, ob durch den Weisungsverstoß tatsächlich eine Gefährdung des Maßregelzwecks eingetreten ist.[1341] Weiterhin soll die

---

1336 LK-StGB/*Schneider*, § 68a Rn. 25.

1337 KG Berlin StV 2014, 144 (144 f.); AG Straubing, Beschl. vom 13.05.2015 – 4 Ds 133 Js 93977/14 –, juris Rn. 34 ff.; AnwK-StGB/*Graf v. Schlieffen*, § 145a Rn. 6; Anm. Dehne-Niemann zu BGH NStZ 2015, 389 (389 f.); Fernholz-Niemeier, S. 102 f.; LK-StGB/*Roggenbuck*, § 145a Rn. 29; NK-StGB/*Ostendorf*, § 68a Rn. 23; NK-StGB/*Kretschmer* § 145a Rn. 26; Anm. Pollähne zu BGH StV 2015, 688 (690); SSW-StGB/*Jeßberger*, § 145a Rn. 15; SK-StGB/*Wolters*, § 145a Rn. 18.

1338 LK/*Roggenbuck*, § 145a Rn. 29. Einschränkend: Anm. Pollähne zu BGH StV 2015, 688 (688 ff.), der darauf hinweist, dass ein Verfahrenshindernis erst mit Ablauf der Antragsfrist nach § 77b StGB entsteht.

1339 Anm. Pollähne zu BGH StV 2015, 688 (689).

1340 NK-StGB/*Kretschmer* § 145a Rn. 26.

1341 Anm. Dehne-Niemann zu BGH NStZ 2015, 389 (389).

Gefahr bestehen, dass die Aufsichtsstellen das ihnen durch § 145a S. 2 StGB eingeräumte Ermessen vorschnell ausüben, wenn die Anhörung der Bewährungshilfe sanktionslos unterbleiben könnte.[1342]

Für die Einordnung von § 68a Abs. 6 HS 1 StGB als behördeninterne nicht justiziable Fakultativvorschrift spricht hingegen, dass es untypisch ist der Verfahrensregelung Anhörungserfordernis eine derart bedeutende Wirkung beizumessen, dass sie auf den nach außen gerichteten Strafantrag durchschlagen soll.[1343] Weiterhin besteht der Zweck von § 68a Abs. 6 HS 1 StGB nicht alleine darin eine sachgerechte Entscheidung über die Stellung des Strafantrags zu gewährleisten. Die Regelung dient ebenfalls dazu die Zusammenarbeit zwischen den beteiligten Stellen zu regeln und sie hierdurch vor unnötigen Belastungen im Betreuungsprozess zu bewahren.[1344] Mit § 68a Abs. 6 HS 1 StGB wird daher das im Innenverhältnis liegende Interesse verfolgt präventiv Konflikte zu schlichten, die im Verhältnis zwischen Aufsichtsstellen und Bewährungshilfe entstehen können.[1345]

Darüber hinaus spricht für die Einordnung von § 68a Abs. 6 StGB als behördeninterne Vorschrift auch die historische Entwicklung der Regelung. Von dem Bundesrat wurde bereits während des Gesetzgebungsverfahrens die Bitte geäußert § 145a S. 2 StGB zugunsten einer Regelung zu streichen, die die Gleichrangigkeit von Aufsichtsstellen und Bewährungshilfe besser zum Ausdruck bringt.[1346] Unter Berücksichtigung dieser Vorbehalte hielt der Gesetzgeber dennoch an § 145a S. 2 StGB fest und reagierte lediglich mit der Einführung des Anhörungserfordernisses nach § 68a Abs. 6 StGB.[1347] Anhand dieser Entwicklung wird deutlich, dass es sich bei § 68a Abs. 6 StGB um das Ergebnis einer gesetzgeberischen Kompromissentscheidung handelt. Sofern der Gesetzgeber der Meinung des Bewährungshelfers tatsächlich ein derart hohes Gewicht hätte beimessen wollen, wäre es naheliegender gewesen, ein Einvernehmen zwischen

---

1342 KG Berlin StV 2014, 144 (146).

1343 MüKo-StGB/*Groß*, § 145a Rn. 19. Auch die Gegenansicht erkennt an, „dass das ordnungsgemäße Zustandekommen exekutiver Verfahrensvoraussetzungen üblicherweise keiner gerichtlichen Überprüfung unterzogen wird" (KG Berlin StV 2014, 144 (144)).

1344 S/S/*Kinzig*, StGB, § 68a Rn. 5. Vgl. Auch Baur/Kinzig, S. 493, die darauf hinweisen, dass § 68a Abs. 6 HS 1 StGB nur der Schaffung einer ausgewogenen Informationsgrundlage dient.

1345 BT-Drucks. 7/1261, S. 12.

1346 BT-Drucks. 7/550, S. 472.

1347 BT-Drucks. 7/1261, S. 12.

Aufsichtsstellen und Bewährungshilfe als Voraussetzung der Antragstellung zu normieren. Daraus, dass der Gesetzeber diesen Weg nicht gegangen ist kann abgeleitet werden, dass der Einschätzung des Bewährungshelfers kein derart hohes Gewicht beizumessen ist, dass die unterbliebene Anhörung die Unwirksamkeit des Strafantrags zur Folge hat.

Gegen die Einordnung von § 68a Abs. 6 HS 1 StGB als Wirksamkeitsvoraussetzung des Strafantrags spricht weiterhin, dass in § 68a Abs. 6 HS 2 StGB ausdrücklich die Unanwendbarkeit von § 68a Abs. 4 StGB angeordnet wird. Hierdurch wird deklaratorisch klargestellt, dass die Bewährungshilfe bei dem Vorliegen von Meinungsverschiedenheiten nicht berechtigt ist das für die Durchführung der Führungsaufsicht zuständige Gericht anzurufen. Das hat zur Folge, dass die Aufsichtsstellen auch dann berechtigt sind einen Strafantrag zu stellen, wenn die Bewährungshilfe damit nicht einverstanden ist. Wenn die Aufsichtsstellen schon bei ausdrücklichem Widerspruch der Bewährungshilfe zur Antragstellung berechtigt sind einen Strafantrag zu stellen, muss dies erst Recht gelten, wenn die Anhörung lediglich unterblieben ist. Es wäre ein bloßer Formalismus die Anhörung als Wirksamkeitsvoraussetzung einzuordnen ohne der Bewährungshilfe die Möglichkeit zu eröffnen unmittelbar Einfluss auf die Entscheidung der Aufsichtsstellen zu nehmen.

Wie dominierend die Stellung der Aufsichtsstellen im Rahmen von § 145a S. 2 StGB ist wird auch daran deutlich, dass sich an der Unanwendbarkeit des § 68a Abs. 6 HS 1 StGB selbst dann nicht ändern würden, wenn der deklaratorisch wirkende zweite Halbsatz des § 68a Abs. 6 StGB gestrichen werden würde. § 68a Abs. 4 StGB erfasst nämlich nur Fälle, in denen sich Aufsichtsstellen und Bewährungshilfe über Fragen der Hilfe und Betreuung uneinig sind. Sofern die Meinungsverschiedenheiten repressive Überwachungsmaßnahmen betreffen, ist § 68a Abs. 4 StGB nicht anwendbar. Repressive Überwachungsaufgaben sind gem. § 68a Abs. 3 StGB vorrangig den Aufsichtsstellen zugewiesen, die dabei lediglich von der Bewährungshilfe unterstützt werden. Auch der Straftatbestand des § 145a StGB ist der repressiven Seite der Führungsaufsicht zuzuordnen.[1348] Das bedeutet wiederum, dass das auch für die Aufgabe gilt bei Bedarf einen Strafantrag nach § 145a S. 2 StGB zu stellen. Eine Verpflichtung der Aufsichtsstellen, auf die Unterstützung der Bewährungshilfe zurückzugreifen, hat der Gesetzgeber nicht normiert. Hieran ändert auch der Umstand nichts,

1348 NK-StGB/*Ostendorf*, Vor §§ 68-68g Rn. 14; Schwind/Blau, 1. Auflage, S. 411. Floerecke KrimJ 1985, 120 (123) merkt an, dass durch § 145a StGB eine zusätzliche Verschärfung der faktischen Kontrolle eintreten kann.

dass die Bewährungshilfe in den meisten Fällen eine genauere Kenntnis von dem jeweiligen Fall und damit von der Sinnhaftigkeit einer möglichen Antragstellung hat.

Mit Blick auf § 68a Abs. 7 S. 2 StGB sprechen zudem verfahrensökonomische Gründe gegen die Einordnung des Anhörungserfordernisses als Wirksamkeitsvoraussetzung. Sofern sich die Führungsaufsichtsprobanden gem. § 68b Abs. 1 S. 1 Nr. 11 StGB bei einer forensischen Ambulanz vorzustellen haben, müsste diese ebenfalls zwingend angehört werden, bevor ein Strafantrag gestellt werden dürfte.[1349] Ordnet man die Anhörung der Bewährungshilfe als Wirksamkeitsvoraussetzung ein, müsste dies konsequenterweise auch für die Anhörung der forensischen Ambulanz gelten, da § 68a Abs. 6 StGB durch § 68a Abs. 7 S. 2 StGB für anwendbar erklärt wird. Für die Aufsichtsstellen würde das bedeuten, dass sie sowohl die Bewährungshilfe, wie auch die forensische Ambulanz, anhören müssten, bevor sie wegen der Missachtung einer Vorstellungsweisung einen Strafantrag stellen dürften. Ein solch langwieriges und bürokratisches Vorgehen birgt die Gefahr in sich, dass die Aufsichtsstellen in dringlichen Fällen nicht in der Lage sind zeitnah auf Weisungsverstöße zu reagieren.

Zuletzt sei darauf hingewiesen, dass die Einordnung des Anhörungserfordernisses als Wirksamkeitsvoraussetzung den Zweck des § 145a S. 2 StGB überspannt und die Entscheidung darüber, ob ein Strafantrag gestellt werden soll, in die Nähe einer gerichtlichen Hauptsacheentscheidung rückt. Dies ist trotz des mit § 145a S. 2 StGB verfolgten Ziels, die Strafbarkeit auf Fälle bedeutsamer Zuwiderhandlungen zu beschränken, nicht vertretbar.[1350] Selbstverständlich sollen die Aufsichtsstellen in Fällen, in denen sie erkennen, dass der Straftatbestand aus tatsächlichen oder rechtlichen Gründen nicht erfüllt ist, von der Antragstellung absehen. Dies ändert aber nichts daran, dass es alleine Aufgabe der erkennenden Gerichte ist zu entscheiden, ob sich die Weisungsadressaten gem. § 145a StGB strafbar gemacht haben. Alleine, dass durch die Anhörung des Bewährungshelfers Prozesse vermieden werden können, an deren Ende mit hoher Wahrscheinlichkeit ein Freispruch steht, ändert nichts an dieser verfassungsrechtlichen Kompetenzverteilung. Letztlich haben nicht die Aufsichtsstellen, unter Berücksichtigung der Kenntnisse der Bewährungshilfe, darüber zu

---

1349 Auf die Anhörungspflicht der forensischen Ambulanz weist hin: Kammeier/Pollähne/*Trenckmann*, Maßregelvollzugsrecht, L 289.

1350 Vgl. zu dem Zweck des § 145a S. 2: BT-Drucks. V/4095, S. 46.

entscheiden, ob der Straftatbestand erfüllt ist, sondern die Gerichte in dem der Antragstellung folgenden Erkenntnisverfahren.

Im Ergebnis bleibt festzuhalten, dass ein durch die Aufsichtsstelle gestellter Strafantrag auch dann wirksam ist, wenn die Bewährungshilfe zuvor nicht angehört worden ist.[1351] Bei dem Anhörungserfordernis handelt es sich um eine behördeninterne nicht justiziable Fakultativvorschrift. Ebenso wenig wie die Bewährungshilfe müssen die Gerichte mit der Stellung des Strafantrags durch die Aufsichtsstellen einverstanden sein.[1352] Dies ergibt sich aus § 68a Abs. 6 HS 1 StGB, der kein gerichtliches Einverständnis mit der Antragstellung fordert. Ein solches Vorgehen wäre zudem überflüssig, da die Gerichte die Eröffnung des Hauptsacheverfahrens gem. § 204 Abs. 1 StPO durch Beschluss ablehnen können, wenn kein hinreichender Verdacht besteht, dass die Angeschuldigten eine Straftat begangen haben.

2. § 68a Abs. 6 HS 1 StGB als Zustimmungserfordernis

Die am weitestgehende Ansicht will § 68a Abs. 6 StGB nicht nur als zwingendes Anhörungserfordernis, sondern als Zustimmungserfordernis interpretieren. Dem Anhörungserfordernis soll eine so herausragende Bedeutung zukommen, dass der Strafantrag nur wirksam sein soll, wenn die Bewährungshilfe der Antragstellung zugestimmt hat.[1353] Dem liegt die Annahme zugrunde, dass die zweifelhafte Legitimität des § 145a StGB durch die Anhörung der Bewährungshilfe verfahrensrechtlich abgesichert wird.[1354] Erst durch die Einflussnahme der speziell ausgebildeten Bewährungshelfer soll der Straftatbestand die in seiner Einzelfallanwendung liegende Legitimität gewinnen.[1355]

1351 So auch: BGH NStZ 2015, 335 (335); Baur/Kinzig, S. 493; Heintschel-Heineg/*Heuchemer*, StGB, § 145a Rn. 13; HK-GS/*Pflieger*/Braasch, StGB, § 68a Rn. 4; Fischer, StGB, § 145 Rn. 13; Matt/Renzikowski/*Dietmeier*, StGB, § 145a Rn. 10; MüKo-StGB/*Groß*, § 68a Rn. 23; MüKo-StGB/*Groß*, § 145a Rn. 19; SSW-StGB/*Jehle/Harrendorf*, § 68a Rn. 6; S/S/*Kinzig*, StGB, § 68a Rn. 5; S/S/*Sternberg-Lieben*, StGB, § 145a Rn. 11.

1352 LK-StGB/*Schneider*, § 68a Rn. 25; a.A. MüKo-StGB/*Groß*, § 68a Rn. 22.

1353 Anm. Dehne-Niemann zu BGH NStZ 2015, 389 (390); a.A. LK-StGB/*Schneider*, § 68a Rn. 25; Matt/Renzikowski/*Dietmeier*, StGB, § 145a Rn. 10; MüKo-StGB/Groß, § 68a Rn. 23; NK-StGB/*Ostendorf*, § 68a Rn. 23; SSW-StGB/*Jehle/Harrendorf*, § 68a Rn. 6; S/S/*Kinzig*, StGB, § 68a Rn. 5.

1354 Anm. Dehne-Niemann zu BGH NStZ 2015, 389 (389 f.).

1355 Anm. Dehne-Niemann zu BGH NStZ 2015, 389 (390).

Diese Ansicht steht jedoch im klaren Widerspruch zu § 68a Abs. 6 HS 1 StGB, der nur die Anhörung, nicht aber die Zustimmung, der Bewährungshilfe im Vorfeld der Stellung des Strafantrags fordert. Darüber hinaus läuft sie der Kompetenzverteilung zwischen Aufsichtsstellen und Bewährungshilfe zuwider, da die Überwachungstätigkeit durch § 68a Abs. 3 StGB den Aufsichtsstellen zugewiesen ist. Da auch der Straftatbestand des § 145a StGB der repressiven Seite der Führungsaufsicht zuzuordnen ist, ist es folgerichtig, dass die Aufsichtsstellen alleine und ohne Zustimmung der Bewährungshilfe über die Stellung des Strafantrags entscheiden dürfen.

§ 6 Fazit

Der Grundkonflikt der Führungsaufsicht liegt in der Spannung, die zwischen den Zielen besteht den Weisungsadressaten bei der Legalbewährung zu helfen und die Allgemeinheit vor der neuerlichen Begehung von Straftaten zu schützen. Etliche der Probleme, die bei der Anwendung der §§ 68 ff. StGB auftreten, spiegeln sich dabei im Rahmen von § 145a StGB in veränderter und verschärfter Form wieder.

Obwohl die Führungsaufsicht, in Abgrenzung zu der Polizeiaufsicht, ursprünglich als resozialisierende Maßregel konzipiert war, verfügt sie zumindest im Anwendungsbereich des § 145a StGB regelmäßig über einen repressiven Charakter. Das zeigt sich daran, dass sämtliche der im Katalog des § 68b Abs. 1 StGB enthaltenen Weisungen in unterschiedlich starker Ausprägung dazu dienen die Führungsaufsichtsprobanden zu überwachen und vor kriminellen Reizen zu schützen, für die sie sich in der Vergangenheit als anfällig erwiesen haben. Durch die Einführung der elektronischen Aufenthaltsüberwachung, die an eine erheblich kriminalitätsbelastete Klientel adressiert ist, wurde die Bedeutung der sichernden Funktion der Führungsaufsicht noch weiter in den Vordergrund gerückt. Das ist auch insoweit konsequent, dass mit 61 % Fälle die Gruppe der sog. Vollverbüßer, die in der Regel mit einer negativen Legalprognose aus dem Strafvollzug entlassen werden, den weitaus größten Teil der Gruppe der Führungsaufsichtsprobanden ausmachen.

Dennoch ist der Gesetzgeber nach wie vor nicht bereit die Maßregel als rein repressives Instrument einzusetzen, was unter anderem daran deutlich wird, dass auch Personen, die über eine positive Legalprognose verfügen, in den Anwendungsbereich der §§ 68 ff. StGB einbezogen werden. Wie unvollkommen dieses Spannungsverhältnis in der Praxis aufgelöst wird, wird immer wieder schmerzhaft sichtbar, wenn Führungsaufsichtsprobanden trotz bestehender Führungsaufsicht erneut erhebliche Straftaten begehen. Jüngstes Beispiel ist insofern der „Staufener Missbrauchsfall", in dem einer der Täter in der Zeit der Tatbegehung unter Führungsaufsicht gestanden haben soll.[1356]

All diese Spannungen ändern allerdings nichts an der Verfassungskonformität des Straftatbestands. Der Straftatbestand verstößt in seiner derzeitigen Fassung weder gegen das Gesetzlichkeitsprinzip noch gegen das Bestimmtheitsgebot.

1356 http://www.faz.net/aktuell/gesellschaft/kriminalitaet/staufen-junge-soll-ueber-50-mal-missbraucht-worden-sein-15548618.html; abgerufen am 21.12.2019.

Zudem stellt die Reaktion mit Kriminalstrafe ein angemessenes Mittel dar, um auf Weisungsverstöße zu reagieren. Anhand der verfassungsrechtlichen Prüfung wurde einerseits deutlich, dass kein gleich geeignetes und milderes Mittel zur Verfügung steht. Im Fall der Streichung des Straftatbestands droht vielmehr eine kompromisslosere Maßregel, wie beispielsweise die Sicherungsverwahrung, an die Stelle der Führungsaufsicht zu treten. Andererseits kann durch die Missachtung strafbewerter Führungsaufsichtweisungen durchaus kriminelles Unrecht verwirklicht werden. Obwohl dies in den Fällen der § 68b Abs. 1 S. 1 Nr. 2–6, 10 StGB deutlicher zu Tage tritt, als in den Fällen nach § 68b Abs. 1 S. 1 Nr. 1, 7–9, 11, 12 StGB ist die Reaktion mit Kriminalstrafe in beiden Fällen zumindest als vertretbare Reaktion auf das verwirklichte Unrecht zu betrachten.

Um eine sachgerechte Anwendung des § 145a StGB zu gewährleisten, ist es daher wichtig in jedem Einzelfall zu bestimmten, ob die Führungsaufsicht helfend oder überwachend wirken soll. Diese Unterscheidung ist insbesondere unter Berücksichtigung der Anordnungs- und Eintrittsgründe der Führungsaufsicht vorzunehmen.

Bedeutung entfaltet diese Frage einerseits zu Beginn der Führungsaufsicht, wenn bestimmt werden muss, ob die Führungsaufsicht helfend und betreuend oder sicherungsintensiv ausgestaltet werden soll. Steht die Resozialisierung der Weisungsadressaten im Vordergrund, sollte, soweit wie möglich, auf die Anordnung strafbewehrter Führungsaufsichtsweisungen verzichtet werden. Steht hingegen das sichernde Element im Vordergrund, muss akzeptiert werden, dass die Weisungsadressaten, für die Dauer der Führungsaufsicht, für die Allgemeinheit als abstrakt gefährlich eingeordnet werden, und dass die Allgemeinheit vor ihnen geschützt werden soll.

Diese zu Beginn der Führungsaufsicht vorzunehmende Beurteilung der Anordnungs- oder Eintrittsgründe der Führungsaufsicht, spielt bei einer eventuell später folgenden Verurteilung nach § 145a StGB erneut eine entscheidende Rolle. Deutlich wird dies vor allem bei der Prüfung, ob der Maßregelzweck durch die Weisungsverstöße gefährdet worden ist. Hierbei gilt, dass der Maßregelzweck jedenfalls dann regelmäßig durch die Missachtung von Führungsaufsichtsweisungen gefährdet worden ist, wenn die Weisungsadressaten gegen Weisungen verstoßen, die auf Grundlage von § 68b Abs. 1 S. 1 Nr. 2–6, 10 StGB angeordnet worden sind. Gleiches gilt für Führungsaufsichtsweisungen, die ihre Grundlage in § 68b Abs. 1 S. 1 Nr. 1, 7–9, 11, 12 StGB finden, jedenfalls dann, wenn die Weisungsadressaten über eine negative Legalprognose verfügen.

Zusammenfassend bleibt festzuhalten, dass der Straftatbestand des § 145a StGB seine Legitimität aus dem individuellen Zuschnitt der Führungsaufsichtsweisungen auf den jeweiligen Weisungsadressaten erhält.

Sowohl das von § 145a StGB geschützte Rechtsgut, wie auch die verfassungsrechtliche Legitimität, kann nur dann ermittelt beziehungsweise sachgemäß bewertet werden, wenn die Klientel der Führungsaufsicht, insbesondere mit Blick auf ihre Kriminalitätsgefährdung betrachtet wird. Hierbei kommt wiederum den in § 68 Abs. 1 StGB genannten Anordnungs- und Eintrittsgründen der Führungsaufsicht entscheidende Bedeutung zu. Gleiches gilt für die Anwendung von § 145a StGB und seine Charakterisierung als abstraktes Gefährdungsdelikt. Alleine die Kriminalitätsgefährdung eines großen Teils der Weisungsadressaten rechtfertigt die Annahme, dass durch die Missachtung von Führungsaufsichtsweisungen eine abstrakte Gefahrenlage erzeugt wird, durch die strafwürdiges Unrecht verwirklicht werden kann.

Unter Berücksichtigung dieser Feststellungen sind die die Auslegung und Anwendung des § 145a StGB betreffenden anfänglich gestellten Fragen wie folgt zu beantworten:

- Welches Rechtsgut wird durch § 145a StGB geschützt?

  Durch § 145a StGB soll das Rechtsgut „Schutz der Allgemeinheit vor der Begehung weiter Straftaten" geschützt werden. § 145a StGB dient demnach nicht dazu konkretisierte Individualgefahren abzuwehren. Stattdessen soll die Allgemeinheit vor den abstrakten Gefahren geschützt werden, die von Führungsaufsichtsprobanden erzeugt werden, die gegen bestimmte Führungsaufsichtsweisungen verstoßen.

- Handelt es sich bei der Täterstellung um ein besonderes persönliches Merkmal im Sinne des § 28 Abs. 1 StGB?

  Da personale Elemente entscheidend für die Beschränkung des Täterkreises sind, ist die Täterstellung als besonderes persönliches Merkmal zu qualifizieren, sodass die Anwendung des § 28 Abs. 1 StGB grundsätzlich in Betracht kommt.

- Welchen Grad an Bestimmtheit müssen Führungsaufsichtsweisungen nach § 68b Abs. 1 StGB erreichen, damit sie das Blankett des § 145a StGB erfüllen können?

  Richterliche Führungsaufsichtsweisungen, die das Blankett des § 145a StGB ausfüllen sollen, müssen einen höheren Grad an Bestimmtheit erreichen, als es von abstrakt-generell geltenden Strafgesetzen erwartet wird. Die Verwendung ausfüllungsbedürftiger Begriffe ist dennoch zulässig, da es im Regelfall nicht möglich ist sämtliche relevante kriminalitätsstimulierende Faktoren, in den Weisungen selbst, abschließend aufzuzählen. Vorausgesetzt wird allerdings, dass die von dem Verbot erfassten Gegenstände oder Orte anhand einer beispielhaften Aufzählung konkretisiert werden.

- Wie stark dürfen die Weisungsadressaten durch Führungsaufsichtsweisungen gem. § 68b Abs. 3 StGB belastet werden?

  Es muss berücksichtigt werden, dass Führungsaufsichtsweisungen bereits auf Grund ihrer gesetzlichen Zweckbestimmung stark in die Lebensführung der Weisungsadressaten eingreifen. Hieran ändert auch der Umstand nichts, dass die Weisungsadressaten vor dem Eintritt der Führungsaufsicht regelmäßig eine längere Zeit im Straf- oder Maßregelvollzug verbracht haben und durch die ambulante Sicherung in Freiheit zusätzlich belastet werden. Entscheidend ist, dass der Gesetzgeber es für erforderlich erachtet bestimmte Tätergruppen in Freiheit weiter zu beobachten, um hierdurch die Allgemeinheit zu schützen. Diese Sicherungsfunktion führt dazu, dass den Weisungsadressaten mehr zugemutet werden darf, als Bewährungshilfeprobanden, denen durch die Bewährungshilfeweisungen vorrangig geholfen werden soll.

- Handelt es sich bei der „Gefährdung des Maßregelzwecks" um eine objektive Bedingung der Strafbarkeit oder um ein Tatbestandsmerkmal?

  Mit der Einordnung von § 145a StGB als abstraktes Gefährdungsdelikt geht die Bewertung der Strafbarkeitsvoraussetzung „Gefährdung des Maßregelzwecks" als objektive Bedingung der Strafbarkeit einher. Das an sich strafwürdige Missachten von Führungsaufsichtsweisungen soll nur dann strafrechtliche Folgen auslösen, wenn zudem der Zweck der Maßregel gefährdet worden ist.

- Welche Voraussetzungen müssen erfüllt sein, damit in Folge von Weisungsverstößen eine Gefährdung des Maßregelzwecks eingetreten ist?

  Von einer Gefährdung des Maßregelzwecks ist nicht nur dann auszugehen, wenn sich durch den Weisungsverstoß die Wahrscheinlichkeit der erneuten Begehung von Straftaten erhöht hat oder das Misslingen der Resozialisierung als wahrscheinlich erscheint. Maßgeblich Bedeutung kommt auch in diesem Zusammenhang dem Anordnungs- oder Eintrittsgrund der Führungsaufsicht zu. Immer wenn die Führungsaufsichtsprobanden über eine negative Legalprognose verfügen deutet dies daraufhin, dass die Missachtung von Führungsaufsichtsweisungen für die Allgemeinheit zugleich die Gefahr erzeugt erneut Opfer von Straftaten zu werden.

- Stellt das Anhörungserfordernis nach § 68a Abs. 6 StGB eine Wirksamkeitsvoraussetzung für den Strafantrag der Aufsichtsstelle nach § 145a S. 2 StGB dar?

  Die Anhörung der Bewährungshilfe nach § 68a Abs. 6 StGB stellt keine Wirksamkeitsvoraussetzung des Strafantrags dar. Auch wenn die Bewährungshilfe in der Praxis stets angehört werden sollte bevor ein Strafantrag gestellt wird, ist dies nach der Konzeption des § 145a S. 2 StGB nicht zwingend erforderlich. Bei § 68a Abs. 6 StGB handelt es sich um eine behördeninterne nicht justiziable Fakultativvorschrift, die dazu dient die Kooperation zwischen Aufsichtsstellen und Bewährungshilfe verfahrensrechtlich abzusichern. Das Anhörungserfordernis dient hingegen nicht dazu die Pönalisierung zu legitimieren und verfolgt daher erst Recht nicht den Zweck die Strafwürdigkeit der von § 145a StGB erfassten Tathandlungen sicherzustellen.

- Dürfen auf Grundlage von § 68b Abs. 1 S. 1 Nr. 4 StGB Weisungen angeordnet werden, die in ihrer Wirkung einem Berufsverbot gleichkommen?

  Grundsätzlich dürfen auf Grundlage von § 68b Abs. 1 S. 1 Nr. 4 StGB keine Weisungen angeordnet werden, die in ihrer Wirkung einem Berufsverbot gleichkommen. Eine Ausnahme ist nur zu machen, wenn die relevanten Umstände erst während der Durchführung der Führungsaufsicht eingetreten sind oder die die Anordnung einer berufsverbotsgleichen Weisung erforderlich machenden Umstände erst nachträglich bekannt wurden. In diesen Fällen bestehen keine Bedenken gegen die spätere Anordnung berufsverbotsgleicher Weisungen.

- Dürfen die durch eine Rauschmittelkontrolle gewonnen Erkenntnisse verwertet werden, wenn eine strafrechtliche Verurteilung nach § 145a StGB erfolgen soll, weil eine Abstinenzweisung missachtet wurde (§ 68b Abs. 1 S. 1 Nr. 10 StGB)?

  Es ist grundsätzlich zulässig Rauschmittelverbote und Kontrollweisungen kumulativ anzuordnen. Werden die beiden Weisungen miteinander kombiniert, bilden sie einen untrennbaren Zusammenhang und die Kontrollweisung stellt einen Annex zur passiven Abstinenzpflicht dar, die deren Charakter nicht verändert. Hieran ändert sich auch dann nichts, wenn die Mitwirkung an der Rauschmittelkontrolle ein aktives Handeln erfordert, da dies als untergeordnete Hilfspflicht zu qualifizieren ist.

Literaturverzeichnis

Albrecht, Florian — Führungsaufsicht berechtigt nicht zu Milieuverbot. In: jurisPR-StrafR 13/2016 Anm. 4.

Albrecht, Hans-Jörg/Arnold, Harald/Schädler, Wolfram — Der hessische Modellversuch zur Anwendung der „elektronischen Fußfessel". In: Zeitschrift für Rechtspolitik 2000, S. 466–473.

Allgayer, Peter/Klein, Oliver — Verwendung und Verwertung von Zufallserkenntnissen. In: Zeitschrift für Wirtschafts- und Steuerstrafrecht 2010, S. 130–133.

Antons, Horst — Möglichkeiten einer gesetzlichen Neuregelung der Führungsaufsicht. In: Bewährungshilfe 1992, S. 282.

Arbeitsgemeinschaft der Führungsaufsichtsstellen in Niedersachsen — BewHi 1987, 213 (213) – **zitiert:** ArG Niedersachsen BewHi 1987, 213 (Seitenanzahl)

Arbeitskreis der Leiter und Sozialarbeiter in den Führungsaufsichtsstellen — BewHi 1988, 237 (237) – **zitiert:** AK Führungsaufsichtsstellen BewHi 1988, 237 (Seitenanzahl).

Athen, Dieter — Zur gegenwärtigen Situation der Behandlung psychisch kranker Rechtsbrecher. In: Monatsschrift für Kriminologie und Strafrechtsreform 1985, S. 34–42.

Aulinger, Susanne — Zwischen justizieller Nachsorge und strafrechtlicher Sozialkontrolle – ambulante Handlungsstrategien bei gefährlichen Sexualstraftätern und ihre rechtlichen Rahmenbedingungen, S. 555–577. In: *Schöch, Heinz/Dölling, Dieter/Helgerth, Roland/König, Peters (Hrsg.)*, Festschrift für Reinhard Böttcher. Recht gestalten – Dem Recht dienen, Berlin, 2007.

Bamberger, Georg/Roth, Herbert/Hau, Wolfgang/Poseck, Roman (Hrsg.) — Kommentar zum Bürgerlichen Gesetzbuch, Band 3 §§ 705–1017, 4. Auflage, München, 2019 – **zitiert:** Bamberger/Roth/Hau/Poseck/*Bearbeiter*, BGB, Paragraph, Randnummer.

Bauer, Thea Christine Der Gruppentatbestand § 184j StGB-E im verabschiedenden Entwurf eines Gesetzes zur Verbesserung des Schutzes der sexuellen Selbstbestimmung. In: Recht & Psychiatrie 2017, S. 46–58.

Baumann, Jürgen Eine Auseinandersetzung zum allgemeinen Teil eines künftigen StGB, In: Goltdammer´s Archiv 1964, S. 193–206.

Baumann, Jürgen Kleine Streitschriften zur Strafrechtsreform, Bielefeld, 1965.

Baumann, Jürgen/Weber, Ulrich/Mitsch, Wolfgang Strafrecht Allgemeiner Teil Lehrbuch, 11. Auflage, Bielefeld, 2003.

Baumann, Jürgen/Weber, Ulrich/Mitsch, Wolfgang/Eisele, Jörg Strafrecht Allgemeiner Teil Lehrbuch, 12. Auflage, Bielefeld, 2016.

Baur, Alexander Anmerkung zu LG Verden. In: Strafverteidiger Forum 2017, S. 514–515.

Baur, Alexander Stellungnahme zum Gesetzentwurf der Bundesregierung zur Ausweitung der elektronischen Aufenthaltsüberwachung auf extremistische Straftäter im Rahmen der Führungsaufsicht. In: Kriminalpolitische Zeitschrift 2017, 119–123.

Baur, Alexander/Groß, Kathrin Die Führungsaufsicht. In: Juristische Schulung 2010, S. 404–406.

Baur, Alexander/Kinzig, Jörg (Hrsg.) Die reformierte Führungsaufsicht: Ergebnisse einer bundesweiten Evaluation, Tübingen, 2015.

Beck, Benjamin Klinische und rechtliche Aspekte einer Abstinenzkontrolle unter besonderer Berücksichtigung kontinuierlicher transdermaler Alkoholmessung. In: Blutalkohol 2013, S. 153–167.

Berg, Johannes/Wiedner, Stefan Die Erledigtenerklärung nach § 67d Abs. 6 StGB bei „Fehleinweisungen“ in den psychiatrischen Maßregelvollzug. In: Strafverteidiger 2007, S. 434–441.

Berster, Lars Verstoß gegen Weisungen während der Führungsaufsicht – Kontaktverbot. In: Onlinezeitschrift für Höchstrichterliche Rechtsprechung zum Strafrecht 2016, S. 18–21.

Beulke, Werner/Swoboda, Sabine Strafprozessrecht, 14. Auflage, Heidelberg, 2018.

Bewährungshilfe e.V. Bonn Denkschrift zur Strafrechtsreform. In: Bewährungshilfe 1968, S. 115–126.

Blauth, Peter „Handeln für einen anderen" nach geltendem und kommendem Strafrecht, Heidelberg, 1968.

Bock, Michael Prävention und Empirie – Über das Verhältnis von Strafzwecken und Erfahrungswissen. In: Juristische Schulung 1994, S. 89–99.

Boetticher, Axel Aktuelle Entwicklungen im Maßregelvollzug und bei der Sicherungsverwahrung – Ambulante Nachsorge für Sexualstraftäter ist Aufgabe der Justiz. In: Neue Zeitschrift für Strafrecht 2005, S. 417–423.

Boetticher, Axel Rechtliche Rahmenbedingungen, S. 15–54. In: *Egg, Rudolf (Hrsg.)*, Ambulante Nachsorge nach Straf- und Maßregelvollzug, Wiesbaden, 2004 (Kriminologie und Praxis, Schriftenreihe der kriminologischen Zentralstelle e.V., Band 44)

Böhm, Alexander Strafvollzug, 3. Auflage, Neuwied, 2003.

Böhm, Bernhard Maßregelrecht im Wandel S. 23–41. In: *Rode, Irmgard Antonia/Kammeier, Heinz/Leipert, Matthias (Hrsg.)*, Einsperren statt behandeln? – Neue Wege im Straf- und Maßregelvollzug, Berlin, 2007 (Schriftenreihe des Instituts für Konfliktforschung, Band 29).

Böse, Martin Die verfassungsrechtlichen Grundlagen des Satzes „Nemo tenetur se ipsum accusare". In: Goltdammer´s Archiv für Strafrecht 2002, S. 98–128.

Bohlander, Michael Elektronisch überwachter Hausarrest als neue Vollzugsform? In: Zeitschrift für Strafvollzug und Straffälligenhilfe 1991, S. 293–298.

Bräuchle, Anne Die elektronische Überwachung gefährlicher Straftäter im Rahmen der Führungsaufsicht, Tübingen, 2016.

Brandt, Ewalt Die Bedeutung des Subsidiaritätsprinzips für die Entpoenalisierungen im Kriminalrecht, Hamburg, 1988.

Brauneisen, Achim Die elektronische Überwachung des Aufenthaltsortes als neues Instrument der Führungsaufsicht. In: Strafverteidiger 2011, S. 311–320.

Breuckmann, Nikolaus Innenansichten des beruflichen Alltags eines Sozialarbeiters in der Führungsaufsichtsstelle, S. 118–144. In: *Dertinger, Christian/Marks, Erich (Hrsg.)*, Führungsaufsicht – Versuch einer Zwischenbilanz zu einem umstrittenen Rechtsinstitut, Bonn, 1990 (Schriftenreihe der deutschen Bewährungshilfe e.V., Band 16).

von Bülow, Detlev Führungsaufsicht und Führungsaufsichtsstellen, S. 145–156. In: *Dertinger, Christian/Marks, Erich (Hrsg.)*, Führungsaufsicht – Versuch einer Zwischenbilanz zu einem umstrittenen Rechtsinstitut, Bonn, 1990 (Schriftenreihe der deutschen Bewährungshilfe e.V., Band 16).

Bruns, Hans- Jürgen Über Häufung und Auswahl konkurrierender Sicherungsmaßregeln. In: Zeitschrift für die gesamte Strafrechtswissenschaft, 60. Band, 1941, S. 474–551.

Bruns, Hans- Jürgen Die Maßregeln der Besserung und Sicherung im StGB-Entwurf 1956. Rechtsdogmatische Gedanken zu kriminalpolitischen Problemen. In: Zeitschrift für die gesamte Strafrechtswissenschaft, 71. Band, 1959, S. 210–251.

Bruns, Hans – Jürgen Grundprobleme der strafrechtlichen Organ- und Vertreterhaftung. In: Goltdammer´s Archiv für Strafrecht 1982, S. 1–36.

Brusten, Manfred Der „labeling approach" in seiner Beziehung zur Praxis der Bewährungshilfe und Führungsaufsicht. In Bewährungshilfe 1978, S. 201–218.

Brusten, Manfred Immer mehr „Vollverbüßer" – immer mehr „Zwangshilfen" – Zehn Jahre Führungsaufsicht: – Zur Entwicklung einer umstrittenen Strafrechtsreform. In: Bewährungshilfe 1986, S. 273–291.

Bundeskriminalamt (Hrsg.) Polizeiliche Kriminalstatistik 2010. Abrufbar unter: https://www.bka.de/SharedDocs/Downloads/DE/Publikationen/PolizeilicheKriminalstatistik/pksJahrbuecherBis2011/pks2010.html?nn=52408; abgerufen am 21.12.2019 – **zitiert:** BKA, PKS 2010.

Bundeskriminalamt (Hrsg.) Polizeiliche Kriminalstatistik 2016. Abrufbar unter: https://www.bka.de/DE/AktuelleInformationen/StatistikenLagebilder/PolizeilicheKriminalstatistik/PKS2016/BKATabellen/bkaTabellenFaelle.html?nn=65720; abgerufen am 21.12.2019 – **zitiert:** BKA, PKS 2016.

Bundeskriminalamt (Hrsg.) Polizeiliche Kriminalstatistik 2017. Abrufbar unter: https://www.bka.de/DE/AktuelleInformationen/StatistikenLagebilder/PolizeilicheKriminalstatistik/PKS2017/Standardtabellen/standardtabellenFaelle.html?nn=96600; abgerufen am 21.12.2019 – **zitiert:** BKA, PKS 2017.

Cierniak, Jürgen/Herb, Gregor Pflicht zur Belehrung über die Freiwilligkeit der Teilnahme an einer Atemalkoholmessung. In: Neue Zeitschrift für Verkehrsrecht 2012, S. 409–413.

Dehne-Niemann, Jan Anmerkung zu BGH. In: Neue Zeitschrift für Strafrecht 2015, S. 389–390.

Dessecker, Axel Gefährlichkeit und Verhältnismäßigkeit – Eine Untersuchung zum Maßregelrecht, Berlin, 2004.

Dessecker, Axel Die Reform der Führungsaufsicht und ihre Grenzen. In: Bewährungshilfe 2007, S. 276–286.

Dessecker, Axel Sanktionsrechtliche Sonderregeln für Sexualstraftäter und ihre Berechtigung, S. 103–116. In: *Görgen, Thomas/Hoffmann-Holland, Klaus/Schneider, Hans/Stock, Jürgen (Hrsg.)*, Interdisziplinäre Kriminologie – Festschrift für Arthur Kreuzer zum 70. Geburtstag, Frankfurt, 2008.

Dessecker, Axel Von der Polizeiaufsicht zur Führungsaufsicht und zurück? S. 631–641. In: *Hilgendorf, Eric/Rengier, Rudolf (Hrsg.)*: Festschrift für Wolfgang Heinz zum 70. Geburtstag, Baden – Baden, 2012.

Dessecker, Axel Die Führungsaufsicht: Entwicklung, Funktionen und empirische Daten. In: Neue Kriminalpolitik 2015, S. 251–265.

Detter, Klaus Zum Strafzumessungs- und Maßregelrecht. In: Neue Zeitschrift für Strafrecht 2002, S. 415–421.

Deutscher Juristentag 59. Deutscher Juristentag: Die Beschlüsse. In: Neue Juristische Wochenschrift 1992, S. 3016–3026.

Dimmek, Bernd Legalbewährung forensisch-psychiatrischer Patienten. Kriterien der Wiedereingliederung aus klinischer Sicht und die Wirksamkeit von Interventionen der Bewährungshilfe im Verlauf der Unterstellung unter Führungsaufsicht, Lengerich, 2012.

Dölling, Dieter Strafeinschätzung und Delinquenz bei Jugendlichen und Heranwachsenden – Ein Beitrag zur empirischen Analyse der generalpräventiven Wirkungen der Strafe, S. 51–85. In: *Kerner, Hans-Jürgen/Kury, Helmut/Sessar, Klaus (Hrsg.)*, Deutsche Forschung zur Kriminalitätsentstehung und Kriminalitätskontrolle, Köln, 1983 (Interdisziplinäre Beiträge zur kriminologischen Forschung).

Dölling, Dieter Generalprävention durch Strafrecht: Realität oder Illusion? In: Zeitschrift für die gesamte Strafrechtswissenschaft 1990 Band 102 (1990), S. 1–20.

Dölling, Dieter Die Weiterentwicklung der Sanktionen ohne Freiheitsentzug im deutschen Strafrecht. In: Zeitschrift für die gesamte Strafrechtswissenschaft 1992 Band 104 (1992), S. 259–289.

Dölling, Dieter/Duttge, Gunnar/Rössner, Dieter (Hrsg.) Gesamtes Strafrecht – StGB – StPO – Nebengesetze Handkommentar, 3. Auflage, Baden – Baden, 2013 – **zitiert:** HK-GS, 3. Auflage, StGB, Paragraph, Randnummer.

Dölling, Dieter/Duttge, Gunnar/König, Stefan/Rössner, Dieter (Hrsg.) Gesamtes Strafrecht – StGB – StPO – Nebengesetze Handkommentar, 4. Auflage, Baden – Baden, 2017 – **zitiert:** HK-GS, StGB, Paragraph, Randnummer.

Dreher, Eduard Niederschriften über die Sitzungen der großen Strafrechtskomission, 12. Band, 2. Lesung des Entwurfs, Allgemeiner Teil, Bonn, 1959.

Dreier, Horst (Hrsg.) Grundgesetz Kommentar, Band I Artikel 1–19, 3. Auflage, Tübingen, 2013 – **zitiert:** Dreier/*Bearbeiter*, GG, Artikel, Randnummer.

Dreier, Horst (Hrsg.) Grundgesetz Kommentar, Band II Artikel 20–82, 3. Auflage, Tübingen, 2015 – **zitiert:** Dreier/*Bearbeiter*, GG, Artikel, Randnummer.

Dreier, Horst (Hrsg.) Grundgesetz Kommentar, Band III Artikel 83–146, 3. Auflage, Tübingen, 2018 – **zitiert:** Dreier/*Bearbeiter*, GG, Artikel, Randnummer.

Dünkel, Frieder/Spieß, Gerhard Perspektiven der Strafaussetzung zur Bewährung und Bewährungshilfe im zukünftigen deutschen Strafrecht. In: Bewährungshilfe 1992, S. 117–138.

Edinger, Thomas Reform der Führungsaufsicht. In: Deutsche Richterzeitung 2006, S. 346–347.

Eisenberg, Ulrich Gutachterkosten in Verfahren zur Prüfung der Voraussetzungen der (vorzeitigen) Entlassung aus dem Vollzug freiheitsentziehender Rechtsfolgen. In: Juristische Rundschau 2006, S. 57–60.

Erb, Volker/Esser, Robert/Franke, Ulrich/Graalmann-Scheerer, Kirstin/Hilger, Hans/Ignor, Alexander (Hrsg.) Löwe-Rosenberg, Die Strafprozessordnung und das Gerichtsverfassungsgesetz, Zehnter Band: GVG, EGGVG, 26. Auflage, Berlin, 2010 – **zitiert:** Löwe/Rosenberg/*Bearbeiter*, StPO, Paragraph, Randnummer.

Feest, Johannes/Lesting, Wolfgang/Lindemann, Michael StVollzG – Kommentar zum Strafvollzugsgesetz, 7. Auflage, Köln, 2017 – **zitiert:** Feest/Lesting/Lindemann/*Bearbeiter*, StVollzG, Paragraph, Randnummer.

Fernholz-Niemeier, Doris Die Pönalisierung von Weisungsverstößen im Rahmen der Führungsaufsicht, Marsberg 1992 (zugleich Diss. Münster 1992).

Fischer, Thomas Strafgesetzbuch mit Nebengesetzen, 67. Auflage, München, 2020 – **zitiert:** Fischer, StGB, Randnummer.

Fischer, Thomas „Straftaten aus der Gruppe“ (§ 184j StGB) – Ein Lehrstück zwischen Horden, Dogmatik und deren Simulation, S. 1089–1104. In: *Saliger, Frank (Hrsg.)*, Festschrift für Ulfried Neumann zum 70. Geburtstag – **zitiert:** Fischer, FS Neumann, S. 1089 (Seitenanzahl).

Floerecke, Peter Die aufgezwungene Hilfe: Vollverbüßer als Adressaten der Führungsaufsicht. In: Kriminologisches Journal 1985, S. 120–124.

Floerecke, Peter Die Entstehung der Gesetzesnorm zur Führungsaufsicht – Die Gesetzgebung von 1962 bis 1975 und die Anwendung der Praxis der Führungsaufsicht, Bonn, 1989 (Schriftenreihe der deutschen Bewährungshilfe e.V., Band 10).

Floerecke, Peter Was leistet die Führungsaufsicht? Empirische Daten zu Ressourcen, Kooperationsstrukturen und Kontrollstrategien eines umstrittenen Rechtsinstituts, S. 51–76. In: *Dertinger, Christian/Marks, Erich (Hrsg.)*, Führungsaufsicht – Versuch einer Zwischenbilanz zu einem umstrittenen Rechtsinstitut, Bonn, 1990 (Schriftenreihe der deutschen Bewährungshilfe e.V., Band 16) – **zitiert:** Floerecke, Was leistet die Führungsaufsicht? S. 51 (Seitenanzahl).

Frank, Reinhard Strafgesetzbuch für das Deutsche Reich, 18. Auflage, Tübingen, 1931.

Freund, Georg/Rostalski, Frauke Strafrecht Allgemeiner Teil. Personale Straftatlehre, 3. Auflage, Berlin, 2019.

Freund, Georg Gefahren und Gefährlichkeiten im Straf- und Maßregelrecht- Wider die Einspurigkeit im Denken und Handeln. In: Goldtdammer´s Archiv 2010, S. 193–210.

Frisch, Wolfgang Prognoseentscheidungen im Strafrecht – Zur normativen Relevanz empirischen Wissens und zur Entscheidung bei Nichtwissen, Heidelberg, 1983.

Frister, Helmut Strafrecht Allgemeiner Teil, 8. Auflage, München, 2018.

Fünfsinn, Helmut/Kolz, Alexander Gegenwärtige Nutzung und Anwendungsperspektiven der Elektronischen Überwachung in Deutschland. In: Strafverteidiger 2016, S. 191–197.

Fuhr, Karl Strafrechtspflege und Socialpolitik. Ein Beitrag zur Reform der Strafgesetzgebung auf Grund rechtsvergleichender und statistischer Erhebungen über die Polizeiaufsicht, Berlin, 1892.

Gallas, Wilhelm Niederschriften über die Sitzungen der großen Strafrechtskomission, 12. Band, 2. Lesung des Entwurfs, Allgemeiner Teil, Bonn, 1959.

Gallas, Wilhelm Der dogmatische Entwurf des Alternativ-Entwurfs. In: Zeitschrift für die gesamte Strafrechtswissenschaft, 80. Band, 1968, S. 1–33.

Geppert, Klaus Zur Problematik des § 50 Abs. 2 im Rahmen der Teilnahme am unechten Unterlassungsdelikt. In: Zeitschrift für die gesamte Strafrechtswissenschaft, 82. Band, 1970, S. 40–73.

Geppert, Klaus Unfallflucht (§ 142 StGB) in strafrechtlicher Sicht und vor dem Hintergrund des „nemo-tenetur-Satzes“. In: Blutalkohol 1991, S. 31–45.

Gercke, Björn/Julius, Karl-Peter/Temming, Dieter/Zöller, Mark — Heidelberger Kommentar. Strafprozessordnung, 6. Auflage, Heidelberg, 2019 – **zitiert:** HK-StPO/*Bearbeiter*, Paragraph, Randnummer.

von Glasenapp, Horst — Die blinde Führungsaufsicht – Erfahrungen aus der Praxis einer Führungsaufsichtsstelle. In: Zeitschrift für Rechtspolitik 1979, S. 31–34.

Göppinger, H. /Witter, H. (Hrsg.) — Handbuch der forensischen Psychiatrie – Band 1, 1. Auflage, Berlin, 1972.

Graebsch, Christine M. / Burkhardt, Sven-Uwe — Vergleichsweise menschlich? Ambulante Sanktionen als Alternative zur Freiheitsentziehung aus europäischer Perspektive (Schriftenreihe des Strafvollzugsarchivs), Wiesbaden, 2015.

Graf, Jürgen Peter — Strafprozessordnung, 3. Auflage, München, 2018 – **zitiert**: Graf, StPO, Paragraph, Randnummer.

Greco, Luís — Was lässt das Bundesverfassungsgericht von der Rechtsgutslehre übrig? Grundgedanken anlässlich der Inzestentscheidung des Bundesverfassungsgerichts. In: Zeitschrift für Internationale Strafrechtsdogmatik 2008, S. 234–238.

Groß, Christian — Kriminalgesetzgebung und Zeitgeist – am Beispiel des Entwurfs eines Gesetzes zur Reform der Führungsaufsicht, S. 579–596. In: *Schöch, Heinz/Dölling, Dieter/Helgerth, Roland/König, Peters (Hrsg.)*, Festschrift für Reinhard Böttcher. Recht gestalten – Dem Recht dienen.

Groß, Christian — Konkretisierung von Weisungen in der Führungsaufsicht. In: jurisPR-StrafR 13/2008 Anm. 2.

Groß, Christian — Verständlichkeit und Bestimmtheit gerichtlicher Weisungen zur Führungsaufsicht. In: jurisPR-StrafR 8/2009 Anm. 2.

Groß, Christian — Strafbewehrung einer Weisung im Rahmen der Führungsaufsicht. In: jurisPR-StrafR 10/2009 Anm. 3.

Groß, Christian — Rechtmäßigkeit und Klarheit von Weisungen im Rahmen der Führungsaufsicht. In: jurisPR-StrafR 3/2011 Anm. 1.

Groß, Christian — Zumutbares Tragen einer elektronischen Fessel. In: jurisPR-StrafR 5/2012 Anm. 1.

Groß, Christian — Führungsaufsicht: Zur Erteilung von Weisungen bei Wohnsitz im Ausland und zur Kostentragungspflicht bei Abstinenzkontrollen. In: jurisPR-StrafR 3/2014 Anm. 1.

Groß, Christian — Rechtmäßigkeit von Weisungen als Voraussetzung für eine Bestrafung nach § 145a StGB. In: jurisPR-StrafR 1/2015 Anm. 1.

Groß, Christian — Zum Postulat der Bestimmtheit bei strafrechtlichen Auflagen und Weisungen, S. 161–174. In: *Bockemühl, Jan/Gierhake, Katrin/Müller, Henning Ernst/Tonio, Walter (Hrsg.)*, Festschrift für Bernd von Heintschel-Heinegg, 2015, München.

Groth, Klaus-Ulrich — Die verfassungsrechtliche Zulässigkeit der Pönalisierung während der Führungsaufsicht begangener Weisungsverstößen. In: Neue Juristische Wochenschrift 1979, S. 743–749.

Groth, Klaus-Ulrich — Anmerkung zu KG. In: Juristische Rundschau 1988, S. 258–259.

Grünwald, Gerald — Sicherungsverwahrung, Arbeitshaus, vorbeugende Verwahrung und Sicherungsaufsicht im Entwurf 1962, In: Zeitschrift für die gesamte Strafrechtswissenschaft 1964 Band 76 (1964), S. 633–668.

Grünwald, Gerald — Probleme der Gegenüberstellung zum Zwecke der Wiedererkennung. In: Juristenzeitung 1981, S. 423–429.

Grünwald, Gerald — Zu den besonderen persönlichen Merkmalen (§ 28 StGB), S. 555–571. In: *Dornseifer, Gerhard/Horn, Eckhard/Schilling, Georg/Schöne, Wolfgang/Struensee, Eberhard/Zielinski, Diethart (Hrsg)*, Gedächtnisschrift für Armin Kaufmann, Köln, 1989.

Häßler, Frank/Schütt, Holger/ Pobocha, Jerzy — Überwachung mittels „elektronischer Fußfessel". In: Forensische Psychiatrie, Psychologie, Kriminologie 2013, S. 56–61.

Hager, Bodo	Zur Problematik der sozialpädagogischen Funktion der Führungsaufsicht. In: Bewährungshilfe 1976, S. 126–133.
Hahn, Gernot	Anmerkungen zur Reform der Führungsaufsicht aus Sicht des Maßregelvollzugs. In: Neue Kriminalpolitik 2007, S. 7–10.
Hanack, Ernst-Walter	Das juristische Konzept der sozialtherapeutischen Anstalt und der sonstigen Maßregeln im neuen Strafrecht der Bundesrepublik, S. 68–91. In: *Göppinger, Hans/Hartmann, R. (Hrsg.)*: Kriminologische Gegenwartsfragen Heft 10 – Vorträge der XVI. Tagung der Gesellschaft für die gesamte Kriminologie vom 7. Bis. 10. Oktober 1971 in Wien.
Hannich, Rolf	Karlsruher Kommentar zur Strafprozessordnung, 8. Auflage, München, 2019 – **zitiert:** KK-StPO/ Bearbeiter, Paragraph, Randnummer.
von Harbu, Anna	Das neue Recht der Sicherungsverwahrung – Die Änderungen durch das „Gesetz zur Bekämpfung von Sexualdelikten und anderen gefährlichen Straftaten", 1999.
Harders, Immo/Rohrbach, Moritz	Führungsaufsicht im Aufwind? Drei Jahre nach der Reform. Bestandsaufnahme und Perspektiven. In: Bewährungshilfe 2011, S. 196–202.
Harders, Immo	Die elektronische Überwachung von Straffälligen, Mönchengladbach, 2014.
Hassenpflug, Helwig	Polizeiaufsicht und Sicherungsaufsicht, München, 1963.
Haverkamp, Rita	Elektronisch überwachter Hausarrestvollzug. Ein Zukunftsmodell für den Anstaltsvollzug? Freiburg, 2002.
Haverkamp, Rita / Schwedler, Andreas / Wößner, Gunda	Die elektronische Aufsicht von als gefährlich eingeschätzten Entlassenen. In: Recht & Psychiatrie 2012, S. 9–20.

Haverkamp, Rita / Schwedler, Andreas / Wößner, Gunda Führungsaufsicht mit satellitengeschützter Überwachung. In: Neue Kriminalpolitik 2012, S. 62–68.

Heinrich, Bernd Strafrecht – Allgemeiner Teil, 6. Auflage, Stuttgart, 2019.

von Heintschel-Heinegg, Bernd (Hrsg.) Strafgesetzbuch, 3. Auflage, 2018, München – **zitiert:** Heintschel-Heinegg/*Bearbeiter*, StGB, Paragraph, Randnummer.

von Heintschel-Heinegg, Bernd /Bockemühl, Jan (Hrsg.) KMR – StPO. Kommentar zur Strafprozessordnung, Band 1: §§ 1–93, Köln, 2011, 94. Lieferung (Stand: September 2019) – **zitiert:** KMR-StPO/*Bearbeiter*, Paragraph, Randnummer.

von Heintschel-Heinegg, Bernd/Bockemühl, Jan (Hrsg.) KMR – StPO. Kommentar zur Strafprozessordnung, Band 7: §§ 417–499, Köln, 2011, 94. Lieferung (Stand: September 2019) – **zitiert:** KMR-StPO/*Bearbeiter*, Paragraph, Randnummer.

Helm, Martin Das Delikt der Gefangenenbefreiung, Berlin, 2010.

Herberger, Scania Wirksamkeit von Sanktionsandrohungen gegenüber Kindern, Jugendlichen und Heranwachsenden im Hinblick auf normkonformes Verhalten, 2000, Aachen.

Hermann, Dieter Werte und Kriminalität. Konzeption einer allgemeinen Kriminalitätstheorie, Wiesbaden, 2003.

Hermann, Dieter/Dölling Dieter Kriminalprävention und Werteorientierung in komplexen Gesellschaften: Analyse zum Einfluss von Lebensstilen und Milieus auf Delinquenz, Viktimisierung und Kriminalitätsfurch, Mainz, 2001 (Mainzer Schriften zur Situation von Kriminalitätsopfern – Weisser Ring (Hrsg.)).

Herzberg, Rolf Dietrich Die Problematik der „besonderen persönlichen Merkmale“ im Strafrecht. In: Zeitschrift für die gesamte Strafrechtswissenschaft, 88. Band, 1976, S. 68–116.

Hochmayr, Gudrun Elektronisch überwachter Hausarrest. Gegenwart und Zukunft in Deutschland und Österreich. In: Neue Zeitschrift für Strafrecht, 2013, S. 13–19.

Hörnle, Tanja Das Verbot des Geschwisterinzests – Verfassungsrechtliche Bestätigung und verfassungsrechtliche Kritik. In: Neue Juristische Wochenschrift 2008, S. 2085–2088.

Hofmann, Hans/Henneke, Hans-Günter (Hrsg.) GG Kommentar zum Grundgesetz, 14. Auflage, Köln, 2018 – **zitiert:** Schmidt-Bleibtreu/Hofmann/Henneke/*Bearbeiter*, GG, Artikel, Randnummer.

Hofstetter, Volker/Rohner, Anne Wenn der Zustand nicht (mehr) vorliegt . . .. In: Recht & Psychiatrie 2007, S. 51–56.

Horn, Eckhard Neuerungen der Kriminalpolitik im deutschen Strafgesetzbuch 1975. In: Zeitschrift für die gesamte Strafrechtswissenschaft, 89. Band, 1977, S. 547–569.

Horstkotte, Hartmuth Ergebnisse-Eindrücke-Fragen. In: Bewährungshilfe 1992, S. 90–100.

Hoven, Elisa Zur Verfassungsmäßigkeit von Blankettstrafgesetzen – Eine Betrachtung der aktuellen Rechtsprechung zu § 52 Abs. 2 VTabakG und § 10 RiFlEtikettG. In: Neue Zeitschrift für Strafrecht 2016, S. 377–383.

Hoven, Elisa/Weigend, Thomas „Nein heißt Nein" – und viele Fragen offen. In: Juristenzeitung 2017, S. 182–191.

Huber, Peter M./Voßkuhle, Andreas (Hrsg.) Kommentar zum Grundgesetz, Band 1: Artikel 1 bis 19 GG, 7. Auflage, München, 2018 – **zitiert:** Mangoldt/Klein/Stark/*Bearbeiter*, GG, Artikel, Randnummer.

Huber, Peter M./Voßkuhle, Andreas (Hrsg.) Kommentar zum Grundgesetz, Band 2: Artikel 20 bis 82 GG, 7. Auflage, München, 2018 – **zitiert:** Mangoldt/Klein/Stark/*Bearbeiter*, GG, Artikel, Randnummer.

Huber, Peter M./Voßkuhle, Andreas (Hrsg.) Kommentar zum Grundgesetz, Band 3: Artikel 83 bis 146 GG, 7. Auflage, München, 2018 – **zitiert:** Mangoldt/Klein/Stark/*Bearbeiter*, GG, Artikel, Randnummer.

Hudy, Marc Elektronisch überwachter Hausarrest, Baden-Baden, 1999.

Jacobsen, H. – Folke Strafvollstreckung zwischen Gefängnis und Psychiatrie. Ist Führungsaufsicht neu und sinnvoll? In: Monatsschrift für Kriminologie und Strafrechtsreform 1984, S. 254–265.

Jacobsen, H. – Folke Der Mythos von den gefährlichen Straftätern. Verlängerung der sozialen Kontrolle durch Führungsaufsicht. In: Kriminologisches Journal 1985, S. 113–119.

Jacobsen, H. – Folke Führungsaufsicht und ihre Klientel. Intentionen und Realitäten eine Maßregel, Köln, 1985 (Interdisziplinäre Beiträge zur kriminologischen Forschung, Band 16) – **zitiert:** Jacobsen, Führungsaufsicht und ihre Klientel, Seitenanzahl.

Jacobsen, H. – Folke Forschungsergebnisse zum Themenkomplex Führungsaufsicht, S. 10–50. In: *Dertinger, Christian/Marks, Erich (Hrsg.)*, Führungsaufsicht – Versuch einer Zwischenbilanz zu einem umstrittenen Rechtsinstitut, Bonn, 1990 (Schriftenreihe der deutschen Bewährungshilfe e.V., Band 16) – **zitiert:** Jacobsen, Forschungsergebnisse zum Themenkomplex Führungsaufsicht, S. 10 (Seitenanzahl).

Jähnke, Burkhard/Laufhütte, Heinrich Wilhelm/Odersky, Walter (Hrsg.) Strafgesetzbuch – Leipziger Kommentar, Band 3: §§ 61 bis 79b, 11. Auflage, Berlin 2006 – **zitiert:** LK-StGB/*Bearbeiter*, 11. Auflage, Paragraph, Randnummer.

Jarass, Hans/Pieroth, Bodo Grundgesetz für die Bundesrepublik Deutschland, 15. Auflage, München, 2018 – **zitiert:** Jarass/Pieroth, Artikel, Randnummer.

Jescheck, Hans-Heinrich Niederschriften über die Sitzungen der Großen Strafrechtskomission, 3. Band, Allgemeiner Teil, 26. – 37. Sitzung, Bonn, 1958.

Jescheck, Hans-Heinrich Die kriminalpolitische Konzeption des Alternativ-Entwurfs eines Strafgesetzbuchs (Allgemeiner Teil) 1962. In: Zeitschrift für die gesamte Strafrechtswissenschaft 1968 Band 80 (1968), S. 54–88.

Jescheck, Hans-Heinrich Strafrechtsreform in Deutschland Allgemeiner Teil. In: Schweizerische Zeitschrift für Strafrecht 1975 Band 91, S. 1–44.

Jescheck, Hans-Heinrich/Weigend, Thomas Lehrbuch des Strafrechts – Allgemeiner Teil, 5. Auflage, Berlin, 1996.

Joecks, Wolfgang/Miebach, Klaus (Hrsg.) Münchner Kommentar zum Strafgesetzbuch, Band 1: §§ 1–37 StGB, 3. Auflage, München, 2017 – **zitiert:** MüKo-StGB/*Bearbeiter*, Paragraph, Randnummer.

Joecks, Wolfgang/Miebach, Klaus (Hrsg.) Münchner Kommentar zum Strafgesetzbuch, Band 2: §§ 38 – 79b StGB, 2. Auflage, München, 2012 – **zitiert:** MüKo-StGB/*Bearbeiter*, 2. Auflage, Paragraph, Randnummer.

Joecks, Wolfgang/Miebach, Klaus (Hrsg.) Münchner Kommentar zum Strafgesetzbuch, Band 2: §§ 38 – 79b StGB, 3. Auflage, München, 2017 – **zitiert:** MüKo-StGB/*Bearbeiter*, Paragraph, Randnummer.

Joecks, Wolfgang/Miebach, Klaus (Hrsg.) Münchner Kommentar zum Strafgesetzbuch, Band 3: §§ 80 – 184g StGB, 3. Auflage, München, 2017 – **zitiert:** MüKo-StGB/*Bearbeiter*, Paragraph, Randnummer.

Joecks, Wolfgang/Miebach, Klaus (Hrsg.) Münchner Kommentar zum Strafgesetzbuch, Band 4: §§ 185–262 StGB, 3. Auflage, München, 2017 – **zitiert:** MüKo-StGB/*Bearbeiter*, Paragraph, Randnummer.

Jung, Heike Das Inzestverbot oder der Europäische Gerichtshof für Menschenrechte auf den Spuren des Bundesverfassungsgerichts. In: Goldtdammer´s Archiv 2012, S. 617–620.

Justizministerium des Landes Nordrhein-Westfalen (Hrsg.) Bericht des Strafrechtsausschusses: Neufassung der Vorschriften über die Führungsaufsicht: Länderauswertung und Empfehlungen – **zitiert:** Sonderausschuss, Unveröffentlichter Bericht, Seitenanzahl.

Kaiser, Anne Auf Schritt und Tritt – die elektronische Aufenthaltsüberwachung. Entwicklung, Rechtsgrundlagen, Verfassungsmäßigkeit, Wiesbaden, 2016 – **zitiert:** Kaiser, Auf Schritt und Tritt, Seitenanzahl.

Kaiser, Günther Befinden sich die kriminalrechtlichen Maßregeln in der Krise? Heidelberg, 1990 – **zitiert**: Kaiser, Seitenanzahl.

Kammeier, Heinz/ Pollähne, Helmut (Hrsg.) Maßregelvollzugsrecht, 4. Auflage, Berlin, 2018.

Kammermeier, Ernst Führungsaufsicht: Vom Schattendasein zum Hoffnungsträger? In: Bewährungshilfe 2013, S. 159–180.

Kammermeier, Ernst Polizei und Führungsaufsicht: Ergebnisse einer Befragung. In: Bewährungshilfe 2016, S. 73–85.

Kaspar, Johannes Aussetzung und Erledigung der Unterbringung in einem psychiatrischen Krankenhaus nach §§ 67b und d StGB. In: Forensische Psychiatrie, Psychologie, Kriminologie 2007, S. 217–225.

Kawamura-Reindl, Gabriele/Schneider, Sabine Lehrbuch Soziale Arbeit mit Straffälligenhilfe, Weinheim, 2015.

Kerner, Hans-Jürgen Stellungnahme des DBH-Fachverbandes zu dem Entwurf eines Gesetzes zur Reform der Führungsaufsicht. In: Bewährungshilfe 2006, S. 49–55.

Kett-Straub, Gabriele Der Strafantrag gem. § 77 StGB. In: Juristische Arbeitsblätter 2011, S. 694–697.

Kett-Straub, Gabriele „Totgeglaubte leben länger“. Eine kritische Bilanz der Führungsaufsicht (§§ 68 ff. StGB) und der Strafbarkeit von Weisungsverstößen (§ 145a StGB), S. 309–324. In: *Safferling, Christoph/Kett-Straub, Gabriele/Jäger, Christian/Kudlich, Hans (Hrsg.)*, Festschrift für Franz Streng zum 70. Geburtstag, 2017, Heidelberg.

Kett-Straub, Gabriele Wie viel Opferschutz verträgt das Strafverfahren? In: Zeitschrift für Internationale Strafrechtsdogmatik 2017, S. 341–346.

Kett-Straub, Gabriele/ Kudlich, Hans Sanktionenrecht, 1. Auflage, München, 2017.

Kindhäuser, Urs/ Zimmermann, Till Strafrecht Allgemeiner Teil, 8. Auflage, Baden-Baden, 2017.

Kindhäuser, Urs Strafgesetzbuch. Lehr- und Praxiskommentar, 8. Auflage, Baden-Baden, 2020– **zitiert:** Kindhäuser/ Hilgendorf, StGB, Paragraph, Randnummer.

Kindhäuser, Urs/ Schumann, Kay Strafprozessrecht, 5. Auflage, Baden – Baden, 2019.

Kindhäuser, Urs/ Neumann, Ulrich/ Paeffgen, Hans-Ulrich (Hrsg.) Strafgesetzbuch, Band 1, 2. Auflage, Baden-Baden, 2005 – **zitiert:** NK-StGB/*Bearbeiter*, 2. Auflage, Paragraph, Randnummer.

Kindhäuser, Urs/ Neumann, Ulrich/ Paeffgen, Hans-Ulrich (Hrsg.) Strafgesetzbuch, Band 1, 3. Auflage, Baden-Baden, 2010 – **zitiert:** NK-StGB/*Bearbeiter*, 3. Auflage, Paragraph, Randnummer.

Kindhäuser, Urs/ Neumann, Ulrich/ Paeffgen, Hans-Ulrich (Hrsg.) Strafgesetzbuch, Band 1, 4. Auflage, Baden-Baden, 2013 – **zitiert:** NK-StGB/*Bearbeiter*, 4. Auflage, Paragraph, Randnummer.

Kindhäuser, Urs/ Neumann, Ulrich/ Paeffgen, Hans-Ulrich (Hrsg.) Strafgesetzbuch, Band 1, 5. Auflage, Baden-Baden, 2017 – **zitiert:** NK-StGB/*Bearbeiter*, Paragraph, Randnummer.

Kindhäuser, Urs/ Neumann, Ulrich/ Paeffgen, Hans-Ulrich (Hrsg.) Strafgesetzbuch, Band 2, 4. Auflage, Baden-Baden, 2013 – **zitiert:** NK-StGB/*Bearbeiter*, 4. Auflage, Paragraph, Randnummer.

Kindhäuser, Urs/ Neumann, Ulrich/ Paeffgen, Hans-Ulrich (Hrsg.) Strafgesetzbuch, Band 2, 5. Auflage, Baden-Baden, 2017 – **zitiert:** NK-StGB/*Bearbeiter*, Paragraph, Randnummer.

Kingreen, Thorsten/ Poscher, Ralf Grundrechte Staatsrecht II, 35. Auflage, Heidelberg, 2019.

Kinzig, Jörg Die Maßregel Führungsaufsicht: vom Stiefkind zur Avantgarde? In: Neue Kriminalpolitik 2015, S. 230–250.

Klesczewski, Diethelm Strafrecht Besonderer Teil, Tübingen, 2016.

Klug, Wolfgang/Schaitl, Heidi Soziale Dienste der Justiz. Perspektiven aus Wissenschaft und Praxis, Mönchengladbach, 2012 (Schriftenreihe der deutschen Bewährungshilfe e.V., Band 38).

Kober, Eva-Maria Bewährungshilfe und Führungsaufsicht in Berlin. Eine deskriptiv-statistische Untersuchung über erwachsene Probanden, deren Unterstellung 1979/1980 beendet wurde, Bonn—Bad Godesberg, 1984 (Schriftenreihe der deutschen Bewährungshilfe e.V., Band 1).

Kölbel, Ralf/Bork, Lena Sekundäre Viktimisierung als Legitimitätsformel, Berlin, 2012.

Koepsel, Klaus Anmerkung zu LG Bonn. In: Neue Zeitschrift für Strafrecht 1994, S. 359–360.

Kohlhaas, Max Die Zulässigkeit der Bartabnahme nach §§ 81a, 81b StPO In: Deutsche Richterzeitung 1972, S. 316–317.

Koller, Matthias Die Erledigung der Unterbringung nach § 63 StGB, S. 229–265. In: *Duncker, Heinfried/Koller, Manfred/ Foerster, Klaus (Hrsg.)*, Forensische Psychiatrie Entwicklungen und Perspektiven – Ulrich Venzlaff zum 85. Geburtstag, Lengerich, 2006.

Koller, Matthias Erledigung der Unterbringung und nachträgliche Sicherungsverwahrung. In: Recht & Psychiatrie 2007, S. 57–68.

Korte, Stefan/Repkewitz, Ulrich/Schulze-Werner, Martin (Hrsg.) Kommentar zur Gewerbeordnung, Band 2: Gewerberechtlicher Teil und Kommentar der Ausführungsverordnungen, Köln, 2018 – **zitiert:** Korte/Repkewitz/Schulze-Werner/*Bearbeiter*, GewO, Paragraph, Randnummer.

Kotz, Peter/Rahlf, Joachim (Hrsg.) Praxis des Betäubungsmittelstrafrechts, Köln, 2013 – **zitiert:** BtMPrax/*Bearbeiter*, Kapitel, Randnummer.

Kretschmer, Joachim Das strafprozessuale Verbot der reformatio in peius und die Maßregeln der Besserung und Sicherung, Berlin, 1999.

Krey, Volker/Esser, Robert Deutsches Strafrecht Allgemeiner Teil, 6. Auflage, Stuttgart, 2016.

Krille, Hans Niederschriften über die Sitzungen der Großen Strafrechtskomission, 3. Band, Allgemeiner Teil, 26. – 37. Sitzung, Bonn, 1958.

Kröber, Hans -Ludwig Psychiatrische Aspekte der Sicherungsverwahrung. In: Monatsschrift für Kriminologie und Strafrechtsreform 2004, S. 261–272.

Kudlich, Hans Der Strafvollzug im Spannungsverhältnis zwischen Vollzugsziel und Sicherheit. In: Juristische Arbeitsblätter 2003, S. 704–712.

Kudlich, Hans Die Relevanz der Rechtsgutstheorie im modernen Verfassungsstaat. In: Zeitschrift für die gesamte Strafrechtswissenschaft Band 127 (2015), S. 635–653.

Kühnel, Peter Über Führungsaufsicht. In: Bewährungshilfe 1972, S. 22–34.

Kunig, Philipp (Hrsg.) Grundgesetz Kommentar. Band 1: Präambel bis Art. 69, 6. Auflage, München, 2012 – **zitiert:** von Münch/Kunig/*Bearbeiter*, GG, Artikel, Randnummer.

Kunig, Philipp (Hrsg.) Grundgesetz Kommentar, Band 2: Art. 70–146, 6. Auflage, München, 2012 – **zitiert:** von Münch/Kunig/*Bearbeiter*, GG, Artikel, Randnummer.

Kurze, Martin Soziale Arbeit und Justiz, Wiesbaden, 1999 (Kriminologie und Praxis, Schriftenreihe der kriminologischen Zentralstelle e.V., Band 26).

Kwaschnik, Sebastian Die Führungsaufsicht im Wandel, Hamburg, 2008.

Lackner, Karl Der Allgemeine Teil des künftigen Strafgesetzbuches in der Auseinandersetzung. In: Juristen Zeitung 1963, S. 617–624.

Lackner, Karl/Kühl, Kristian Strafgesetzbuch – Kommentar, 29. Auflage, München, 2018 – **zitiert:** Lackner/Kühl, StGB, Paragraph, Randnummer.

Lampe, Joachim Haarproben beim Drogenscreening nur mit Einwilligung des Verurteilten? In: jurisPR-StrafR 3/2012 Anm. 3.

Landesarbeitsgemeinschaft der Bewährungshelfer Baden-Württemberg Alternativen zur Führungsaufsicht. In: Bewährungshilfe 1986, S. 295–297 – **zitiert:** LAG Baden-Württemberg BewHi 1986, 295 (Seitenanzahl).

Landesarbeitsgemeinschaft Niedersachsen Resolution zur Abschaffung der Führungsaufsicht. In: Bewährungshilfe 1986, S. 298 – **zitiert:** LAG Niedersachsen BewHi 1986, 298 (Seitenanzahl).

Lange, Richard Niederschriften über die Sitzungen der Großen Strafrechtskomission, 1. Band, Grundsatzfragen, 1. – 13. Sitzung, Bonn, 1956.

Lange, Richard Niederschriften über die Sitzungen der Großen Strafrechtskomission, 3. Band, Allgemeiner Teil, 26. – 37. Sitzung, Bonn, 1958.

Langer, Winrich Zum Begriff der „besonderen persönlichen Merkmale". In: *Warda, Günther/Waider, Heribert/von Hippel, Reinhard/Meurer, Dieter (Hrsg.)*, Festschrift für Richard Lange zum 70. Geburtstag, 1976, Berlin.

Laubenthal, Klaus Die Renaissance der Sicherungsverwahrung. In: Zeitschrift für die gesamte Strafrechtswissenschaft Band 116 (2004), S. 703–750.

Lau, Steffen Forensische Ambulanzen und niedergelassene Ärzte im Kontrollsystem der Führungsaufsicht, S. 165–173. In: *Pollähne, Helmut/Rode, Irmgard (Hrsg.),* Schweigepflicht und Datenschutz. Neue kriminalpolitische Herausforderungen – alte Antworten? Berlin, 2010 (Schriftenreihe des Instituts für Konfliktforschung, Band 33).

Laubenthal, Klaus Strafvollzug, 8. Auflage, Berlin, 2019 – **zitiert:** Laubenthal, StVollzG, Randnummer.

Laufhütte, Wilhelm Heinrich/Rissing-van Saan, Ruth/Tiedemann, Klaus (Hrsg.) Strafgesetzbuch – Leipziger Kommentar, Band 3: §§ 56 bis 79b, 12. Auflage, Berlin 2008 – **zitiert:** LK-StGB/*Bearbeiter*, Paragraph, Randnummer.

Laufhütte, Wilhelm Heinrich/Rissing-van Saan, Ruth/Tiedemann, Klaus (Hrsg.) Strafgesetzbuch – Leipziger Kommentar, Band 5: §§ 110 bis 145d, 12. Auflage, Berlin 2009 – **zitiert:** LK-StGB/*Bearbeiter*, Paragraph, Randnummer.

Laun, Stefan Alternative Sanktionen zum Freiheitsentzug und die Reform des Sanktionensystems, Frankfurt am Main, 2002.

Lehmann, Tanja Der Verstoß gegen das Berufsverbot, Hamburg, 2007.

Leipold, Klaus/Tsambikakis, Michael/Zöller, Mark AnwaltKommentar StGB, 2. Auflage, Heidelberg, 2015 – **zitiert:** AnwK-StGB/*Bearbeiter*, Paragraph, Randnummer.

Lemke, Michael Goltdammer´s Archiv für Strafrecht 1992, S. 235–237.

Lemke, Michael/Vetter, Klaus Die Führungsaufsicht abschaffen? In: Bewährungshilfe 1992, S. 146–151.

Lenckner, Theodor Anmerkung zu BGH. In: Neue Zeitschrift für Strafrecht, 1998, S. 257–258.

Leygraf, Johannes Die Entwicklung der Rechtsprechung zur nachträglichen Sicherungsverwahrung seit 2006. In: Forensische Psychiatrie, Psychologie, Kriminologie 2010, S. 3–11.

Lutz, Hans-Joachim Handyverbot für organisierte Straftäter? In: Neue Zeitschrift für Strafrecht 2000, S. 127–130.

Lutzebäck, Lisa Soziale Dienste der Justiz in Deutschland: Ein Ländervergleich. In: Forum Strafvollzug 2014, S. 79–84.

Maelicke, Bernd Führungsaufsicht – Die kriminalpolitische Bedeutung der Führungsaufsicht war und ist umstritten. In: Neue Kriminalpolitik 2004, S. 75.

Mainz, Gerd — Gericht und Aufsichtsstelle als beteiligte Organe in § 68a StGB. In: Neue Zeitschrift für Strafrecht 1987, S. 541–543.

Mainz, Joachim — Beziehungen zwischen Führungsaufsichtsstelle und der Staatsanwaltschaft bzw. dem Gericht, S. 239–249. In: *Jehle, Jörg-Martin/Sohn, Werner (Hrsg.)*, Organisation und Kooperation der Sozialen Dienste in der Justiz, Wiesbaden, 1994 (Kriminologie und Praxis, Schriftenreihe der kriminologischen Zentralstelle e.V., Band 14).

Maltry, Andreas — Gerichtliche Weisungen im Rahmen der Führungsaufsicht beim Einsatz der elektronischen Aufenthaltsüberwachung (EAÜ), S. 27–43. In: *DBH – Fachverband für Soziale Arbeit, Strafrecht und Kriminalpolitik (Hrsg.)*, Elektronische Überwachung gefährlicher Täter und Umgang mit besorgten Bürgern, Köln, 2012.

Maltry, Andreas — Gerichtliche Weisungen im Rahmen der Führungsaufsicht beim Einsatz der elektronischen Aufenthaltsüberwachung (EAÜ). In: Bewährungshilfe 2013, S. 117–129.

Manzewski, Dirk — Das Landesamt für ambulante Straffälligenarbeit (LaStar). In: Forum Strafvollzug 2012, S. 345–348.

Markwardt, Manfred — Aufbau forensischer Ambulanzen nach § 68b StGB in Bayern, S. 433–442. *In: Jahn, Matthias/Kudlich, Hans/Streng, Franz (Hrsg.)*, Strafrechtspraxis und Reform. Festschrift für Heinz Stöckel zum 70. Geburtstag, Berlin, 2010.

Matt, Holger/Renzikowski, Joachim — Strafgesetzbuch – Kommentar, 1. Auflage, München, 2013 – **zitiert:** Matt/Renzikowski/*Bearbeiter*, Paragraph, Randnummer.

Maurach, Reinhard — Verhandlungen des 43. Deutschen Juristentages, Band 1, München, 1960 – **zitiert:** Maurach, Gutachten, Seitenanzahl.

Maurach, Dieter — Deutsches Strafrecht – Allgemeiner Teil, 4. Auflage, Karlsruhe, 1971.

Maurach, Reinhart/ Schroeder, Friedrich-Christian/Maiwald, Manfred Strafrecht Besonderer Teil – Teilband 2 Straftaten gegen Gemeinschaftswerte, 10. Auflage, Heidelberg, 2012.

Maurach, Dieter/Gössel, Karl-Heinz/Zipf, Heinz Strafrecht Allgemeiner Teil – Teilband 2 Erscheinungsformen des Verbrechens und Rechtsfolgen der Tat, 8. Auflage, Heidelberg, 2014.

Mayer, Markus Modellprojekt der elektronischen Aufenthaltsüberwachung – Studien zur Erprobung einer umstrittenen Maßnahme, Freiburg, 2004.

Meier, Bernd-Dieter Strafrechtliche Sanktionen, 3. Auflage, Heidelberg, 2009.

Meier, Bernd-Dieter Strafrechtliche Sanktionen, 4. Auflage, Heidelberg, 2019.

Merten, Detlef/Papier, Hans-Jürgen (Hrsg.) Handbuch der Grundrechte in Deutschland und Europa. Band II: Grundrechte in Deutschland: Allgemeine Lehren I, Heidelberg, 2006 – **zitiert:** Merten/Papier/*Bearbeiter*, HGR II, Paragraph, Randnummer.

Merten, Detlef/Papier, Hans-Jürgen (Hrsg.) Handbuch der Grundrechte in Deutschland und Europa. Band IV: Grundrechte in Deutschland: Einzelgrundrechte I, Heidelberg, 2011 – **zitiert:** Merten/Papier/*Bearbeiter*, HGR IV, Paragraph, Randnummer.

Meyer-Goßner, Lutz/ Schmitt, Bertram Strafprozessordnung, 62. Auflage, München, 2019 – **zitiert:** Meyer-Goßner/Schmitt, StPO, Paragraph, Randnummer.

Morgenstern, Christine Internationale Mindeststandards für ambulante Strafen und Maßnahmen, Mönchengladbach, 2002.

Morgenstern, Christine Neues zur Führungsaufsicht. In: Neue Kriminalpolitik 2006, S. 152–154.

Morgenstern, Christine/ Hecht, Anja Rechtstatsachen zur Führungsaufsicht im kriminalpolitischen Kontext. In: Bewährungshilfe 2011, S. 177–195.

Mrozynski, Peter Die Wirkung der Unschuldsvermutung auf spezialpräventive Zwecke des Strafrechts. In: Juristenzeitung 1978, S. 255–262.

Mrozynski, Peter Zur Problematik strafrechtlicher Weisungen. In: Juristische Rundschau 1983, S. 397–403.

Müller, Bernd Anordnung und Aussetzung freiheitsentziehender Maßregeln der Besserung und Sicherung, Berlin, 1981.

Murmann, Uwe Grundkurs Strafrecht, 5. Auflage, München, 2019.

Neubacher, Frank Führungsaufsicht, quo vadis? – Eine Maßregel zwischen Sozialkontrolle und Hilfsangebot. In: Bewährungshilfe 2004, S. 73–85.

Neubacher Frank Führungsaufsicht am Scheideweg? In: Neue Kriminalpolitik 2005, S. 28–30.

Neubacher, Frank An den Grenzen des Strafrechts – Stalking, Graffiti, Weisungsverstöße. In Zeitschrift für die gesamte Strafrechtswissenschaft Band 118 (2006), S. 855–877.

Nißl, Günther Die Führungsaufsicht – 20 Jahre Kritik – hier eine Laudatio. In: Neue Zeitschrift für Strafrecht 1995, S. 525–528.

Nowakowski, Friedrich Zur Rechtsstaatlichkeit der vorbeugenden Maßnahmen, S. 98–120. In: *Welzel, Hans/Conrad, Hermann/Kaufmann, Armin/Kaufmann, Hilde (Hrsg.),* Festschrift für Hellmuth von Weber zum 70. Geburtstag, Bonn, 1963.

Odenthal, Hans-Jörg Die Gegenüberstellung zum Zwecke des Wiedererkennens. In: Neue Zeitschrift für Strafrecht 1985, S. 433–438.

Ostendorf, Heribert Strafbare Angriffe auf einzelne Staatsgewalten sowie auf den Bestand staatlicher Maßnahmen. In: Juristen Zeitung 1987, S. 335–340.

Ostendorf, Heribert Anmerkung zu OLG München. In: Zeitschrift für Jugendkriminalrecht und Jugendhilfe 2004, S. 199.

Ostendorf, Heribert Die Neugestaltung der Führungsaufsicht: Eine erfolgreiche Reform? In: *Bannenberg, Britta/ Jehle, Jörg-Martin (Hrsg)*, Gewaltdelinquenz Lange Freiheitsentzüge Delinquenzverläufe, Mönchengladbach, 2011 (Neue Kriminologische Schriftenreihe).

Otto, Harro Grundkurs Strafrecht – Die einzelnen Delikte, 7. Auflage, Berlin, 2005 – **zitiert:** Otto, Grundkurs Strafrecht, BT, Paragraph, Randnummer.

Otto, Harro Die Bedeutung des Bestimmtheitsgrundsatzes für die Auslegung nicht strafrechtlicher Bezugsnormen, S. 81–95. In: *Schneider, Hendrik/Kahlo, Michael/ Klesczewski, Diethelm/Schumann, Heribert (Hrsg)*, Festschrift für Manfred Seebode zum 70. Geburtstag am 15. September 2008, Berlin, 2008.

Patry, Jean-Luc; Schrattbauer, Birgit Rollenkonflikt in der Bewährungshilfe. In: neue praxis 2000, S. 176–187.

Peglau, Jens Das Gesetz zur Reform der Führungsaufsicht und zur Änderung der Vorschriften über die nachträgliche Sicherungsverwahrung. In: Neue Juristische Wochenschrift 2007, S. 1558–1562.

Peglau, Jens Berufsverbotsgleiche Führungsaufsichtsweisung. In: jurisPR-StrafR 11/2008 Anm. 1.

Peglau, Jens Berufsverbotsgleiche Führungsaufsichtsweisung. In: jurisPR-StrafR 7/2010 Anm. 2.

Peglau, Jens Das Gesetz zur bundesrechtlichen Umsetzung des Abstandsgebots im Recht der Sicherungsverwahrung. In: Juristische Rundschau 2013, S. 249–255.

Peters, Karl Anmerkung zu BGH. In: Juristenzeitung 1957, S. 64–66.

Pfeiffer, Gerd Strafprozessordnung, 5. Auflage, München, 2005.

Piel, Milena Anmerkung zu BGH. In: Neue Zeitschrift für Strafrecht 2014, S. 206–207.

Pielow, Johann-Christian (Hrsg.) Gewerbeordnung, 2. Auflage, München, 2016 – **zitiert:** Pielow/Bearbeiter, GewO, Paragraph, Randnummer.

Pitzing, Heinz-Jürgen Ambulante Psychotherapie mit Sexualstraftätern bei Strafaussetzung – Diskrepanz zwischen Gesetzgebung und Praxis, S. 65–85. In: *Egg, Rudolf (Hrsg.)*, Ambulante Nachsorge nach Straf- und Maßregelvollzug, Wiesbaden, 2004 (Kriminologie und Praxis, Schriftenreihe der kriminologischen Zentralstelle e.V., Band 44).

Pollähne, Helmut Effektivere Sicherheit der Bevölkerung und schärfere Kontrolle der Lebensführung – Zur Reform des Maßregelrechts und der Führungsaufsicht. In: Kritische Vierteljahresschrift für Gesetzgebung und Rechtswissenschaft 2007, S. 386–424.

Pollähne, Helmut Führungsaufsicht als Grenzwache. In: *Klimke, Daniela (Hrsg.)*, Exklusion in der Marktgesellschaft, Wiesbaden, 2008, S. 87–105.

Pollähne, Helmut Vollstreckung und Vollzug der Sicherungsverwahrung nach Inkrafttreten des Gesetzes zur bundesrechtlichen Umsetzung des Abstandsgebots im Recht der Sicherungsverwahrung. In: Strafverteidiger 2013, S. 249–258.

Pollähne, Helmut Bestimmte Voraussetzungen der Strafbarkeit von Weisungsverstößen (§ 145a StGB). In: Strafverteidiger 2014, S. 161–168.

Pollähne, Helmut Verpolizeilichung von Bewährungshilfe umd Führungsaufsicht, S. 425–437. In: *Albrecht, Peter-Alexis/Kirsch, Stefan/Neumann, Ulfried/Sinner, Stefan (Hrsg.)*, Festschrift für Walter Kargl zum 70. Geburtstag, Berlin, 2015.

Pollähne, Helmut Anmerkung zu BGH. In: Strafverteidiger 2015, S. 688–690.

Popp, Andreas Zur „Verpolizeilichung“ des Maßregelrechts, S. 113–126. In: *Beulke, Werner/Lüderssen, Klaus/Popp, Andreas/Wittig, Petra (Hrsg.)*, Das Dilemma des rechtsstaatlichen Strafrechts – Symposium für Bernhard Haffke zum 65. Geburtstag, Berlin, 2009.

Popp, Andreas Postmurales Sicherheitsrecht. In: Neue Kriminalpolitik 2015, S. 266–275.

Preiser, Friedrich Bewährungs- und Sicherungsaufsicht. Kritik und Vorschläge zur Strafrechtsreform. In: Zeitschrift für die gesamte Strafrechtswissenschaft Band 81 (1969), S. 249–276.

Preiser, Friedrich Die Führungsaufsicht. In: Zeitschrift für die gesamte Strafrechtswissenschaft Band 81 (1969), S. 912–916.

Quadt, Theo Überlegungen zum Verhältnis von Bewährungshelfer und Führungsaufsichtsstelle. In: Bewährungshilfe 1976, S. 121–126.

Quadt, Theo Führungsaufsicht – eine neue Maßregel der Besserung und Sicherung. Ambulante Hilfe und Betreuung für Verurteilte im Straf- und Maßregelvollzug. In: Zeitschrift für Strafvollzug und Straffälligenhilfe 1978, S. 36–40.

Raabe, Heiko Die Führungsaufsicht im 2. Strafrechtsreformgesetz, Hamburg, 1973.

Radtke, Henning Die Erledigungserklärung im Maßregelvollzug, S. 695–713. In: Dölling, Dieter/Götting, Bert/Meier, Bernd – *Dieter/Verrel, Torsten (Hrsg.)*, Verbrechen – Strafe – Resozialisierung. Festschrift für Heinz Schöch zum 70. Geburtstag, Berlin, 2010.

Rasch, Wilfried Wie soll es weitergehen mit der Führungsaufsicht? S. 157–171. In: *Dertinger, Christian/Marks, Erich (Hrsg.)*, Führungsaufsicht – Versuch einer Zwischenbilanz zu einem umstrittenen Rechtsinstitut, Bonn, 1990 (Schriftenreihe der deutschen Bewährungshilfe e.V., Band 16).

Rengier, Rudolf Strafrecht Allgemeiner Teil, 11. Auflage, München, 2019.

Renzikowski, Joachim Abstand halten! – Die Neuregelung der Sicherungsverwahrung. In: Neue Juristische Wochenschrift 2013, S. 1638–1644.

Renzikowski, Joachim Nein! – Das neue Sexualstrafrecht. In: Neue Juristische Wochenschrift 2016, S. 3553–3558.

Röttle, Reinhard/Wagner, Alois Handbuch der Rechtspraxis – Band 9 – Strafvollstreckung, 8. Auflage, München, 2009.

Rohrbach, Moritz-Philipp Die Entwicklung der Führungsaufsicht unter besonderer Berücksichtigung der Praxis in Mecklenburg-Vorpommern. Mönchengladbach, 2014.

Rohrbach, Moritz-Philipp Die Verschärfung der Führungsaufsicht. In: Monatsschrift für Kriminologie und Strafrecht 2014, S. 245–266.

Rosenkötter, Günter/Louis, Jürgen Das Recht der Ordnungswidrigkeiten, 7. Auflage, Stuttgart, 2011.

Roxin, Claus Strafrecht – Allgemeiner Teil Band I: Grundlagen – Der Aufbau der Verbrechenslehre, München, 2006.

Roxin, Claus Strafrecht – Allgemeiner Teil Band II: Besondere Erscheinungsformen der Straftat, München, 2003.

Roxin, Claus/Stree, Walter/Zipf, Heinz/Jung, Heike Einführung in das neue Strafrecht, München, 1974.

Roxin, Claus/Schünemann, Bernd Strafverfahrensrecht, 29. Auflage, München, 2017.

Ruderich, Daniela Führungsaufsicht – Die Entwicklung und Ausgestaltung des Instituts der Führungsaufsicht auch im Hinblick auf die einzelnen Bundesländer sowie die Darstellung und Bewertung der Übergangskonzepte zum Umgang mit rückfallgefährdeten Sexualstraftätern. Frankfurt am Main, 2014.

Rueber, Kerstin Erledigterklärung einer angeordneten Unterbringung gemäß § 63 StGB bei Unterbringung über mehr als 24 Jahre. In: jurisPR-StrafR 9/2013 Anm. 2.

Sachs, Michael (Hrsg.) Grundgesetz Kommentar, 8. Auflage, München, 2018 – **zitiert:** Sachs/*Bearbeiter*, GG, Artikel, Randnummer.

Säcker, Franz Jürgen/ Rixecker, Roland/Oetker, Hartmut/Limberg, Bettina (Hrsg.) Münchner Kommentar zum Bürgerlichen Gesetzbuch – Band 6 Sachenrecht §§ 854–1296, 7. Auflage, München, 2017 – **zitiert:** MüKo-BGB/*Bearbeiter*, Paragraph, Randnummer.

Safferling, Christoph/ Hartwig, Alena Das Recht zu schweigen und seine Konsequenzen – Entwicklungen in nationalen und internationalen Strafverfahren. In: Zeitschrift für Internationale Strafrechtsdogmatik 2009, S. 784–794.

Sander, Günther M. Überblick zum Berufsverbot nach § 70 StGB unter besonderer Berücksichtigung der Rechtsprechung des BGH, S. 57–61. In: *Boetticher, Axel/Huff, Martin W./Landau, Herbert/Widmaier, Gunther (Hrsg.)*, Sonderheft für Gerhard Schäfer zum 65. Geburtstag, München, 2002.

Satzger, Helmut Die Anwendung des deutschen Strafrechts auf grenzüberschreitende Gefährdungsdelikte. In: Neu Zeitschrift für Strafrecht 1998, S. 112–117.

Satzger, Helmut Die objektive Bedingung der Strafbarkeit. In: Jura 2006, S. 108–113.

Satzger, Helmut/ Schluckebier, Wilhelm/ Widmaier, Gunter (Hrsg.) StGB Strafgesetzbuch – Kommentar, 2. Auflage, Köln, 2014 – **zitiert:** SSW-StGB/*Bearbeiter*, 2. Auflage, Paragraph, Randnummer.

Satzger, Helmut/ Schluckebier, Wilhelm/ Widmaier, Gunter (Hrsg.) StGB Strafgesetzbuch – Kommentar, 4. Auflage, Köln, 2018 – **zitiert:** SSW-StGB/*Bearbeiter*, Paragraph, Randnummer.

Satzger, Helmut/ Schluckebier, Wilhelm/ Widmaier, Gunter (Hrsg.) StPO Strafprozessordnung – Kommentar, 3. Auflage, Köln, 2018 – **zitiert:** SSW-StPO/*Bearbeiter*, Paragraph, Randnummer.

Sax, Walter „Tatbestand“ und Rechtsgutsverletzung. In: Juristenzeitung 1976, S. 80–85.

Schäfer, Karl Niederschriften über die Sitzungen der Großen Strafrechtskomission, 3. Band, Allgemeiner Teil, 26. – 37. Sitzung, Bonn, 1958.

Schafheutle, Josef Niederschriften über die Sitzungen der Großen Strafrechtskomission, 3. Band, Allgemeiner Teil, 26. – 37. Sitzung, Bonn, 1958.

Schalast, Norbert Anmerkungen zum Gesetzentwurf des Bundesjustizministeriums zur Neuregelung der Führungsaufsicht. In: Recht & Psychiatrie 2006, S. 59–64.

Schatz, Holger/Thiel, Andreas Forensische Ambulanzen in Hamburg – Regelangebot für Haftentlassene im Kontext von Führungsaufsicht und Bewährungshilfe. In: Forum Strafvollzug 2009, S. 118–121.

Scheurer, Heinz/Beckers, Anna Präventiver Opferschutz im Strafrecht verankert. In: Kriminalitstik 2016, S. 172–179.

Schipholt, Petra Der Umgang mit einem zweischneidigen Schwert – Zu den Aufgaben der Bewährungshilfe. In: Neue Zeitschrift für Strafrecht 1993, S. 470–473.

Schlömer, Uwe Der elektronisch überwachte Hausarrest, Frankfurt am Main, 1998.

Schmidt, Eberhard Niederschriften über die Sitzungen der Großen Strafrechtskomission, 3. Band, Allgemeiner Teil, 26. – 37. Sitzung, Bonn, 1958.

Schmidt, Eberhard Anmerkung zu BGH, Juristische Rundschau 1986, S. 431. In: Juristische Rundschau 1988.

Schmidt-Jortzig, Edzard Bekämpfung von Sexualdelikten in Deutschland und auf internationaler Ebene. In: Neue Zeitschrift für Strafrecht 1998, S. 441–443.

Schneider, Joachim Rückfallprognose bei Sexualstraftätern – Ein Überblick über die moderne Sexualstraftäter-Prognoseforschung. In: Monatsschrift für Kriminologie und Strafrecht 2002, S. 251–270.

Schneider, Ursula Die Reform der Führungsaufsicht. In: Neu Zeitschrift für Strafrecht 2007, S. 441–447.

Schöch, Heinz Empirische Grundlagen der Generalprävention, S. 1081 – 1106. In: *Vogler, Theo (Hrsg.)*, Festschrift für Hans-Heinrich Jescheck zum 70. Geburtstag, Berlin, 1985.

Schöch, Heinz Bewährungshilfe und Führungsaufsicht in der Strafrechtspflege. In: Neue Zeitschrift für Strafrecht 1992, S. 364–372.

Schöch, Heinz Empfehlen sich Änderungen und Ergänzungen bei den strafrechtlichen Sanktionen ohne Freiheitsentzug? – Gutachten C zum 59. Deutschen Juristentages. In: Deutscher Juristentag, Hannover, 1992 – **zitiert:** Schöch, Gutachten, Seitenanzahl.

Schöch, Heinz Die Rechtswirklichkeit und präventive Effizienz strafrechtlicher Sanktionen, S. 291–326. In: *Jehle, Jörg-Martin (Hrsg.),* Kriminalprävention und Strafjustiz, Wiesbaden, 1996 (Kriminologie und Praxis, Schriftenreihe der kriminologischen Zentralstelle e.V., Band 17).

Schöch, Heinz Bewährungshilfe und humane Strafrechtspflege. In: Bewährungshilfe 2003, S. 211–225.

Schönke, Adolf/Schröder, Horst (Hrsg.) Strafgesetzbuch, Kommentar, 26. Auflage, München, 2001 – **zitiert:** S/S/*Bearbeiter*, 26. Auflage, StGB, Paragraph, Randnummer.

Schönke, Adolf/Schröder, Horst (Hrsg.) Strafgesetzbuch, Kommentar, 27. Auflage, München, 2006 – **zitiert**: S/S/*Bearbeiter*, 27. Auflage, StGB, Paragraph, Randnummer.

Schönke, Adolf/Schröder, Horst (Hrsg.) Strafgesetzbuch, Kommentar, 28. Auflage, München, 2010 – **zitiert**: S/S/*Bearbeiter*, 28. Auflage, StGB, Paragraph, Randnummer.

Schönke, Adolf/Schröder, Horst (Hrsg.) Strafgesetzbuch, Kommentar, 29. Auflage, München, 2014 – **zitiert**: S/S/*Bearbeiter*, StGB, Paragraph, Randnummer.

Schönke, Adolf/Schröder, Horst (Hrsg.) Strafgesetzbuch, Kommentar, 30. Auflage, München, 2018 – **zitiert**: S/S/*Bearbeiter*, StGB, Paragraph, Randnummer.

Schröder, Horst Referat zum Thema: „Die kriminalpolitischen Aufgaben der Strafrechtsreform“, E3–E 24. In: Ständige Deputation des deutschen Juristentages (Hrsg.), Verhandlungen des 43. Deutschen Juristentages, Band 2 (Sitzungsberichte), Teil E, Tübingen, 1962.

Schüddekopf, Klaus	Zum Gesetz zur Reform der Führungsaufsicht vom 13.04.2007 (BGBl I, 513 ff.). In: Strafverteidiger Forum 2008, S. 141 -144.
Schünemann, Bernd	Die Bedeutung der „Besonderen persönlichen Merkmale" für die strafrechtliche Teilnehmer- und Vertreterhaftung (1. Teil). In: Jura 1980, S. 354–367.
Schünemann, Bernd	Die Regeln der Technik im Strafrecht, S. 367–397. *In: Küper, Wilfried/Puppe, Ingeborg/Tenckhoff, Jörg (Hrsg.)*, Festschrift für Karl Lackner zum 70. Geburtstag, Berlin, 1987.
Schünemann, Bernd	Die „besonderen persönlichen Merkmale" des § 28 StGB, S. 561–576. In: *Hettinger, Michael/Zopfs, Jan/Hillenkamp, Thomas (Hrsg.)*, Festschrift für Wilfried Küper zum 70. Geburtstag, Heidelberg, 2007.
Schultz, Hans	Kriminalpolitische Bemerkungen zum Entwurf eines Strafgesetzbuchs, E 1962. In: Juristen Zeitung 1966, S. 113–123.
Schulz, Ekkehard M.	Die Führungsaufsicht. Entstehungsgeschichte, Rechtscharkater und praktische Handhabung in Baden-Württemberg in den Jahren 1975 bis 1978, Frankfurt am Main, 1982.
Schwind, Hans-Dieter/ Blau, Günther (Hrsg.)	Strafvollzug in der Praxis – Eine Einführung in die Probleme und Realitäten des Strafvollzugs und der Entlassungshilfe, 1. Auflage, Berlin, 1976.
Schwind, Hans-Dieter/ Blau, Günther (Hrsg.)	Strafvollzug in der Praxis – Eine Einführung in die Probleme und Realitäten des Strafvollzugs und der Entlassungshilfe, 2. Auflage, Berlin, 1988.
Schwind, Hans-Dieter/ Böhm, Alexander/Jehle, Jörg-Martin/Laubenthal, Klaus	Strafvollzugsgesetz. Bund und Länder, 6. Auflage, Berlin, 2013 – **zitiert:** Schwind/Böhm/Jehle/ Laubenthal, StVollzG, Paragraph, Randnummer.
Seifert, Dieter/Bolten, Stefanie/Möller- Mussavi, Simone	Gescheiterte Wiedereingliederung nach Behandlung im Maßregelvollzug (§ 63 StGB) oder Wie lassen sich Rückfälle verhindern? In: Monatsschrift für Kriminologie und Strafrechtsreform 2003, S. 127–137.

Seifert, Dieter/Möller-Mussavi, Simone Führungsaufsicht und Bewährungshilfe – Erfüllung gesetzlicher Auflagen oder elementarer Bestandteil forensischer Nachsorge? In: Neue Zeitschrift für Strafrecht, S. 131–136.

Sieverts, Rudolg Niederschriften über die Sitzungen der Großen Strafrechtskomission, 3. Band, Allgemeiner Teil, 26. – 37. Sitzung, Bonn, 1958.

Skott Niederschriften über die Sitzungen der Großen Strafrechtskomission, 3. Band, Allgemeiner Teil, 26. – 37. Sitzung, Bonn, 1958.

Sodan, Helge (Hrsg.) Grundgesetz, 4. Auflage, München, 2018 – **zitiert:** Sodan, GG, Artikel, Randnummer.

Statistisches Bundesamt (destatis) (Hrsg.) Fachserie 10 Reihe 3. Rechtspflege: Strafverfolgung 2015, Wiesbaden, 2017. Abrufbar unter: https://www.destatis.de/GPStatistik/servlets/MCRFileNodeServlet/DEHeft_derivate_00030947/2100300157004.pdf;jsessionid=8346F3029A94B4F19A3603961139F0AA; abgerufen am 21.12.2019 – **zitiert:** Statistisches Bundesamt, Strafverfolgungsstatistik 2015.

Statistisches Bundesamt (destatis) (Hrsg.) Fachserie 10 Reihe 3. Rechtspflege: Strafverfolgung 2016, Wiesbaden, 2017. Abrufbar unter: https://www.destatis.de/GPStatistik/servlets/MCRFileNodeServlet/DEHeft_derivate_00034869/2100300167004.pdf, abgerufen am 21.12.2019 – **zitiert:** Statistisches Bundesamt, Strafverfolgungsstatistik 2016.

Statistisches Bundesamt (destatis) (Hrsg.) Fachserie 10 Reihe 3. Rechtspflege: Strafverfolgung 2017, Wiesbaden, 2018. Abrufbar unter: https://www.destatis.de/DE/Themen/Staat/Justiz-Rechtspflege/Publikationen/Downloads-Strafverfolgung-Strafvollzug/strafverfolgung-2100300177004.pdf?__blob=publicationFile&v=5; abgerufen am 21.12.2019 – **zitiert:** Statistisches Bundesamt, Strafverfolgungsstatistik 2017.

Stein, Wolfgang Zur Führungsaufsicht. In: Bewährungshilfe 1975, S. 215–227.

Steinböck, Herbert/Schlie, Markus Krisenintervention gemäß § 67h StGB – Auswirkungen in der Praxis. In: Recht & Psychiatrie 2015, S. 132–139.

Stern, Vivien Ein Auge ist, das alles sieht . . . Elektronische Überwachung als Alternative zur Bewährungshilfe? Die Erfahrungen in Großbritannien. In: Bewährungshilfe 1990, S. 335–343.

Sternberg-Lieben, Detlev/ Sternberg-Lieben, Irene Vorsatz im Strafrecht. In: Juristische Schulung 2012, S. 884–888.

Stöckel, Heinz Das Institut der Führungsaufsicht. In: Bewährungshilfe 1974, S. 251–259.

Stöckel, Heinz Das Institut der Führungsaufsicht. In: Bayrische Verwaltungsblätter 1975, S. 5–9.

Stöckel, Heinz Der Sozialdienst in der Justiz, S. 299–313. In: *Frisch, Wolfgang/Schmid, Werner (Hrsg.),* Festschrift für Hans-Jürgen Bruns zum 70. Geburtstag, Köln, 1978.

Strafrechtsausschuss der Konferenz der Justizministerinnen und Justizminister (Hrsg.) Neufassung der Vorschriften über die Führungsaufsicht: Länderauswertungen und Empfehlungen, 2004 – **zitiert:** Strafrechtsausschuss, Unveröffentlichter Bericht, Seitenanzahl.

Stree, Walter Deliktsfolgen und Grundgesetz, Tübingen, 1960.

Stree, Walter Anmerkung zu OLG Zweibrücken. In: Juristische Rundschau, S. 122–124.

Stree, Walter Probleme der Führungsaufsicht bei Vollverbüssern, S. 281–296. In: *Arzt, Gunther/Fezer, Gerhard/Weber, Ulrich/u.a. (Hrsg.),* Festschrift für Jürgen Baumann zum 70. Geburtstag, 1992, Bielefeld.

Stree, Walter Anmerkung zu OLG Karlsruhe, Neue Zeitschrift für Strafrecht, S. 447. In: Neue Zeitschrift für Strafrecht, S. 447–448.

Streng, Franz Strafrechtliche Folgenorientierung und Kriminalprognose, S. 97–127. In: *Dölling, Dieter (Hrsg.),* Die Täter Individualprognose. Beiträge zu Stand Problemen und Perspektiven der kriminologischen Prognoseforschung, 1995, Heidelberg.

Streng, Franz	Strafrechtliche Sanktionen. Die Strafzumessung und ihre Grundlagen, 3. Auflage, Stuttgart, 2012.
Streng, Franz	Schuldausgleich im Zweckstrafrecht? – Befunde und Überlegungen zu Schuld, Vergeltung und Generalprävention, S. 827–842. In: *Hefendehl, Roland/Hörnle, Tanja/Greco, Luís (Hrsg.)*, Festschrift für Bernd Schünemann zum 70. Geburtstag am 01. November 2014, Berlin, 2014.
Struensee, Eberhard	Besitzdelikte, S. 713–729. In: *Samson, Erich/Dencker, Peters/Frisch, Peter/Frister, Helmut/Reiß, Wolfgang (Hrsg.)*, Festschrift für Gerald Grünwald, Baden – Baden, 1999.
Stürner, Rolf (Hrsg.)	Jauernig Bürgerliches Gesetzbuch, 17. Auflage, München, 2018 – **zitiert:** Jauernig/*Bearbeiter*, BGB, Paragraph, Randnummer.
Thiele, Markus	Elektronisch überwachter Hausarrest. In: Kriminalistik 1999, S. 440–446.
Thieß, Uwe	Ordnungswidrigkeitenrecht, Neuwied, 2002.
Tiedemann, Klaus	Gleichheit und Sozialstaatlichkeit im Strafrecht. Zugleich zur Problematik der §§ 29, 30 StGB, 117, 465, 467 Abs. 2 StPO. In: Goltdammer´s Archiv für Strafrecht 1964, S. 353–376.
Trenckmann, Bettina	Zur Verweildauer im Maßregelvollzug einer Entziehungsanstalt gemäß § 64 StGB. In Neue Zeitschrift für Strafrecht 2011, S. 322–330.
Tröndle, Herbert/Fischer, Thomas	Strafgesetzbuch mit Nebengesetzen, 53. Auflage, München, 2006 – **zitiert:** Tröndle/Fischer, StGB, Randnummer.
Umbach, Dieter C./ Clemens, Thomas	Grundgesetz – Mitarbeiterkommentar und Handbuch Band II Art. 38–146 GG, Heidelberg, 2002, **zitiert:** Umbach/Clemens/*Bearbeiter*, GG, Artikel, Randnummer.
Verrel, Torsten	Die Selbstbelastungsfreiheit im Strafverfahren. Ein Beitrag zur Konturierung eines überdehnten Verfahrensgrundsatzes, München, 2001.

Vogler, Theo	Zur Bedeutung des § 28 StGB für die Teilnahme am unechten Unterlassungsdelikt, S. 265–283 In: *Warda, Günther/Waider, Heribert/von Hippel, Reinhard/Meurer, Dieter (Hrsg.)*, Festschrift für Richard Lange zum 70. Geburtstag, 1976, Berlin.
Volk, Klaus/Engländer, Armin	Grundkurs StPO, 9. Auflage, München, 2018 – **zitiert:** Volk/Engländer, StPO, Paragraph, Randnummer.
Volkmann, Uwe	Qualifizierte Blankettnormen. Zur Problematik einer legislativen Verweisungstechnik. In: Zeitschrift für Rechtspolitik 1995, S. 220–226.
Voll	Niederschriften über die Sitzungen der Großen Strafrechtskomission, 3. Band, Allgemeiner Teil, 26. – 37. Sitzung, Bonn, 1958.
Vollbach, Alexander	Die reformierte Maßregel Führungsaufsicht: Kontaktverbot, Alkoholverbot, Nachsorgeweisung und unbefristete Führungsaufsicht. In: Monatsschrift für Kriminologie und Strafrechtsreform 2006, S. 40–47.
van Els, Hans	Anmerkung zu OLG Düsseldorf. In: Neue Juristische Wochenschrift, S. 2156–2157.
Walter, Michael	Strafaussetzung zur Bewährung, Bewährungshilfe und Führungsaufsicht, S. 151–200. In: *Sieverts, Rudolf/Schneider, Joachim (Hrsg.)*, Handwörterbuch der Kriminologie, Fünfter Band: Nachtrags- und Registerband, 2. Auflage, Berlin, 1998.
Walter, Michael	Elektronisch überwachter Hausarrest als neue Vollzugsform? In: Zeitschrift für Strafvollzug und Straffälligenhilfe 1999, S. 287–295.
Walter, Tonio	Die Beweislast im Strafprozess. In: Juristenzeitung 2006, S. 340–349.
Warda, Heinz-Günther	Die Abgrenzung von Tatbestands- und Verbotsirrtum bei Blankettstrafgesetzen, Berlin, 1955.
Wasssermann, Rudolf (Hrsg.)	Kommentar zum Strafgesetzbuch, Band 3: §§ 80 – 145d, Neuwied, 1986 – **zitiert:** Wassermann-StGB/*Bearbeiter*, Paragraph, Randnummer.

Weber, Matthias M. Katamnesen psychisch auffälliger Straftäter unter Führungsaufsicht, München, 1985.

Wegener, Heidi Die Führungsaufsichtsstelle im Kooperationsgefüge der Sozialen Dienste, S. 251–257. In: *Jehle, Jörg-Martin/Sohn, Werner (Hrsg)*, Organisation und Kooperation der Sozialen Dienste in der Justiz, Wiesbaden, 1994 (Kriminologie und Praxis, Schriftenreihe der kriminologischen Zentralstelle e.V., Band 14).

Weigelt, Enrico Was kann eine reformierte Führungsaufsicht leisten? In: Zeitschrift für Rechtspolitik 2006, S. 253–255.

Weigelt, Enrico/Hohmann-Fricke, Sabine Führungsaufsicht – Unterstellungspraxis und Legalbewährung. In: Bewährungshilfe 2006, S. 216–239.

Weigend, Thomas Deliktsopfer und Strafverfahren, Berlin, 2010.

Wessels, Johannes/Beulke, Werner/Satzger, Helmut Strafrecht Allgemeiner Teil – Die Straftat und ihr Aufbau, 46. Auflage, Heidelberg, 2015

Wessels, Johannes/Beulke, Werner/Satzger, Helmut Strafrecht Allgemeiner Teil – Die Straftat und ihr Aufbau, 49. Auflage, Heidelberg, 2019 – **zitiert:** Wessels/Beulke/Satzger, AT, Randnummer.

Wieduwilt, Hendrik Es braucht eine Fußfessel für das Internet! In: Kommunikation & Recht 2016, S. 131–133.

Wittstamm, Katja Elektronischer Hausarrest? Baden – Baden, 1999.

Wolf, Thomas Strafvollstreckungskammer und Nachsorge, S. 231–245. In: *Egg, Rudolf (Hrsg.)*, Ambulante Nachsorge nach Straf- und Maßregelvollzug, Wiesbaden, 2004 (2004 (Kriminologie und Praxis, Schriftenreihe der kriminologischen Zentralstelle e.V., Band 44)).

Wolf, Thomas Reform der Führungsaufsicht In: Der Deutsche Rechtspfleger 2007, S. 293–295.

Wolter, Jürgen (Hrsg.) Systematischer Kommentar zum Strafgesetzbuch, Band I §§ 1–37, 9. Auflage Köln, 2017 – **zitiert:** SK-StGB/*Bearbeiter*, 8. Auflage, Paragraph, Randnummer.

Wolter, Jürgen (Hrsg.) Systematischer Kommentar zum Strafgesetzbuch, Band II: §§ 38–79b StGB, 9. Auflage, Köln, 2016 – **zitiert:** SK-StGB/*Bearbeiter*, Paragraph Randnummer.

Wolter, Jürgen (Hrsg.) Systematischer Kommentar zum Strafgesetzbuch, Band III §§ 80–173, 9. Auflage, Köln, 2019 – **zitiert:** SK-StGB/*Bearbeiter*, Paragraph, Randnummer.

Wolter, Jürgen (Hrsg.) Systematischer Kommentar zum Strafgesetzbuch, Band VI: §§ 303–358 StGB, 9. Auflage, Köln, 2016 – **zitiert:** SK-StGB/*Bearbeiter*, Paragraph Randnummer.

Wolter, Jürgen (Hrsg.) Systematischer Kommentar zur Strafprozessordnung. Mit GVG und EMRK, Band III: §§ 137–197 StPO, 5. Auflage, Köln, 2016 – **zitiert:** SK-StPO/*Bearbeiter*, Paragraph Randnummer.

Wolter, Jürgen (Hrsg.) Systematischer Kommentar zur Strafprozessordnung. Mit GVG und EMRK, Band V: §§ 246a-295, 5. Auflage, Köln, 2016 – **zitiert:** SK-StPO/*Bearbeiter*, Paragraph, Randnummer.

Wolter, Jürgen (Hrsg.) Systematischer Kommentar zur Strafprozessordnung. Mit GVG und EMRK, Band VIII: §§ 374-495, 4. Auflage, Köln, 2013 – **zitiert:** SK-StPO/*Bearbeiter*, Paragraph, Randnummer.

Zipf, Heinz Strafantrag, Privatklage und staatlicher Strafanspruch. In: Goldtdammer´s Archiv 1969, S. 234–246.

Zipf, Heinz Die Rechtsfolgen der Tat im neuen Strafgesetzbuch. In: Juristische Schulung 1974, S. 273–281.

www.ingramcontent.com/pod-product-compliance
Ingram Content Group UK Ltd.
Pitfield, Milton Keynes, MK11 3LW, UK
UKHW021926290926
8980IPUK00016B/1478

9 783631 818305